主要设备 Equipment

Honor 荣誉

工业企业质量标杆

河南省矿山起重机有限公司实施基于精益生产的先进制造技术改造的实践经验（2014年度）

工业和信息化部

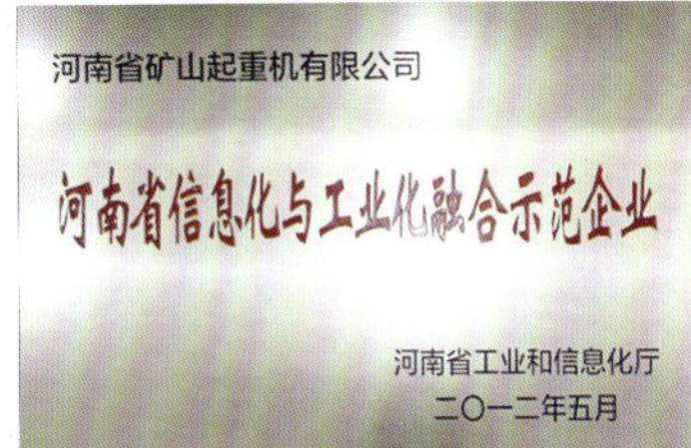

工业区矿山路与纬三路交汇处 邮编：453400 公司官网：www.hnks.com E-mail：hnksky@126.com

NUCLEON

300t游艇搬运机

U形槽罗拉生产线

电动葫芦综合试验台

广告

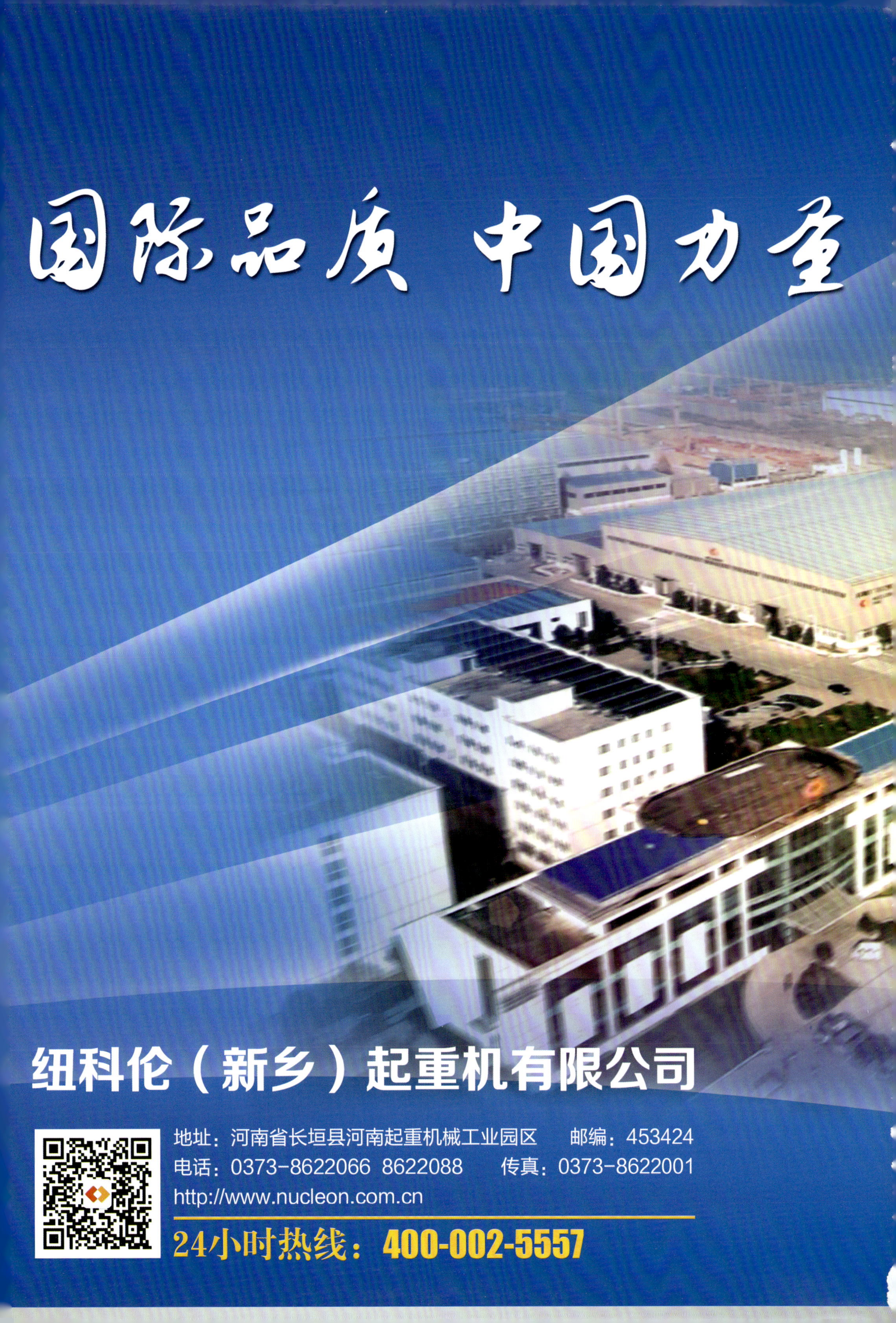
国际品质 中国力量
纽科伦（新乡）起重机有限公司
地址：河南省长垣县河南起重机械工业园区 邮编：453424
电话：0373-8622066 8622088 传真：0373-8622001
http://www.nucleon.com.cn
24小时热线：400-002-5557

手动、环电葫芦

- 手拉葫芦：0.5~50t
- 手扳葫芦：0.75~9t
- HHXG型：0.5~3t
- SHH型：0.25~10t

钢丝绳电动葫芦

- SHA XD型：1.6~12.5t
- SH型：1~20t
- 双梁小车型：3.2~20t

中国平安
PING AN
中国平安财产保险承保
产品责任险5000万元

中国机械工业年鉴系列

中国重型机械工业年鉴

2015

中国机械工业年鉴编辑委员会
中国重型机械工业协会 编

《中国重型机械工业年鉴》2015年版设置综述、大事记、行业篇、市场篇、企业篇、统计资料、标准与质量、政策法规和附录栏目，集中反映2014年重型机械行业的发展情况，详细记录了18个分行业的生产发展、产品产量、市场销售、科技成果及新产品、标准与质量、基本建设及技术改造等情况，公布重型机械行业权威统计数据。其中“企业大事记”栏目梳理了行业重点企业2014年的亮点事件，记录了企业的发展历程。

《中国重型机械工业年鉴》主要发行对象为政府决策机构、机械工业相关企业决策者，从事市场分析、企业规划的中高层管理人员以及国内外投资机构、贸易公司、银行、证券、咨询服务部门和科研单位的机电项目管理人员等。

图书在版编目（CIP）数据

中国重型机械工业年鉴.2015/中国机械工业年鉴编辑委员会，中国重型机械工业协会编.—北京：机械工业出版社，2016.3
（中国机械工业年鉴系列）
ISBN 978-7-111-53190-6

Ⅰ.①中… Ⅱ.①中… ②中… Ⅲ.①重工业—机械工业—中国—2015—年鉴 Ⅳ.①F426.42-54

中国版本图书馆CIP数据核字（2016）第045449号

机械工业出版社（北京市西城区百万庄大街22号 邮政编码 100037）
责任编辑：赵 敏
北京宝昌彩色印刷有限公司印制
2015年4月第1版第1次印刷
210mm×285mm · 22.75印张 · 29插页 · 870千字
定价：360.00元

凡购买此书，如有缺页、倒页、脱页，由本社发行部调换
购书热线电话（010）68326643、88379812

中国机械工业年鉴系列

作为『工业发展报告』

记录企业成长的每一阶段

中国机械工业年鉴

编辑委员会

中国重型机械工业年鉴

鉴证行业发展足迹
振兴重型装备工业

中国重型机械工业年鉴
执行编辑委员会

主　　任	杨建辉	中国重型机械工业协会第六届理事会理事长
常务主任	李　镜	中国重型机械工业协会第六届理事会常务副理事长
副主任委员	岳建忠	中国重型机械工业协会第六届理事会秘书长
	晁春雷	中国重型机械研究院股份公司总经理
	张喜军	北京起重运输机械设计研究院总工程师
	邹声勇	洛阳矿山机械工程设计研究院常务副院长
	王光儒	一重集团大连设计研究院有限公司总裁
	蒋新亮	中国第二重型机械集团公司副总工程师
委　　员	（按姓氏笔画排列）	
	马　宏	中国重型机械工业协会矿山机械分会副秘书长
	王顺亭	国家起重运输机械质量监督检测中心常务副主任
	王祥元	中国重型机械工业协会千斤顶分会秘书长
	王　伟	中国重型机械工业协会大型铸锻件分会副秘书长
	李　志	中国重型机械工业协会破碎粉磨设备专业委员会秘书长
	吕英凡	中国重型机械工业协会洗选设备专业委员会秘书长
	邢德文	中国重型机械工业协会传动部件专业委员会秘书长
	孙吉泽	中国重型机械工业协会桥式起重机专业委员会秘书长
	杨国庆	中国重型机械工业协会油膜轴承分会秘书长
	张荣建	中国重型机械工业协会带式输送机分会代秘书长
	张艳君	中国重型机械工业协会副秘书长
	张维新	中国重型机械工业协会副秘书长
	邵龙成	中国重型机械工业协会散料装卸机械与搬运车辆分会秘书长
	尚　洪	国家质量监督检验检疫总局特种设备局调研员
	周　云	中国重型机械工业协会物流与仓储机械分会秘书长
	赵玉良	中国重型机械工业协会重型基础件分会秘书长
	徐郁琳	中国重型机械工业协会润滑液压设备分会秘书长
	龚建平	中国重型机械工业协会停车设备工作委员会秘书长

中国重型机械工业年鉴

鉴证行业发展足迹

振兴重型装备工业

中国重型机械工业年鉴
编辑出版工作人员

总 编 辑	郭 锐
主 编	李卫玲
副 主 编	刘世博 曹 军
执行主编	赵 敏
编 辑	王迺娟 万鲁信 江道芝
发行服务	王海臣 秦日升 路泽贤
地 址	北京市西城区百万庄大街22号（邮编100037）
编 辑 部	电话（010）88379812 传真（010）68997968
发 行 部	电话（010）88379821 88379825 88379824 88379536
	传真（010）88379825 88379823 68326643 68997966

E-mail:cmiy@vip.163.com

http://www.cmiy.com

中国重型机械工业年鉴

鉴证行业发展足迹

振兴重型装备工业

中国重型机械工业年鉴
特约顾问单位特约顾问

特约顾问单位	特约顾问
卫华集团有限公司	韩红安
中国重型机械研究院股份公司	晁春雷
北京起重运输机械设计研究院	刘小虎
河南省矿山起重机有限公司	崔培军
凯澄起重机械有限公司	黄珑琳
山东山矿机械有限公司	马昭喜
株洲天桥起重机股份有限公司	成固平
山起重型机械股份公司	徐新民
浙江双鸟机械有限公司	张文忠
新乡市中原起重机械总厂有限公司	郝兆庆
武汉电力设备厂	杜　勇
八达机电有限公司	何国胜
江西华伍制动器股份有限公司	谢徐洲
浙江双金机械集团股份有限公司	胡祖尧
安徽盛运重工机械有限责任公司	汪　玉
浙江浙矿重工股份有限公司	陈利华
纽科伦（新乡）起重机有限公司	龙宏欣
广东永通起重机械实业有限公司	叶宏洪
常州市常欣电子衡器有限公司	袁黎萍
浙江冠林机械有限公司	王红华
山东省德州市金宇机械有限公司	金树森
武汉雄驰机电设备有限公司	周尤利

中国重型机械工业年鉴

鉴证行业发展足迹

振兴重型装备工业

中国重型机械工业年鉴
特约顾问单位特约编辑

特约顾问单位	特约编辑
卫华集团有限公司	张元士
中国重型机械研究院股份公司	李俊辉
北京起重运输机械设计研究院	聂索夫
河南省矿山起重机有限公司	任海涛
凯澄起重机械有限公司	薛留成
山东山矿机械有限公司	胡秀万
株洲天桥起重机股份有限公司	李　峰
山起重型机械股份公司	刘永庆
浙江双鸟机械有限公司	韩　剑
新乡市中原起重机械总厂有限公司	杨章顺
武汉电力设备厂	黄　芬
八达机电有限公司	杜左海
江西华伍制动器股份有限公司	陈胜根
浙江双金机械集团股份有限公司	周　玲
安徽盛运重工机械有限责任公司	占宏标
浙江浙矿重工股份有限公司	施欢欢
纽科伦（新乡）起重机有限公司	马辉艳
广东永通起重机械实业有限公司	罗永杰
常州市常欣电子衡器有限公司	包鸿霞
浙江冠林机械有限公司	胡芸芸
山东省德州市金宇机械有限公司	郑晓星
武汉雄驰机电设备有限公司	汤胜利

前　　言

重型机械行业（包括冶金机械、矿山机械、起重运输机械、重型锻压机械和大型铸锻件）是我国装备制造业的重要组成部分，也是关系到国民经济命脉和国家安全的重要产业，主要服务于钢铁、有色、煤炭、电力、建材、水利、交通、石化、国防及机械等国民经济各领域，近些年，部分产品进入民众生活服务领域。

2015 年，在世界经济环境错综复杂、国内经济下行压力加大的背景下，重型机械工业认真贯彻落实中央关于“稳增长、调结构”的工作要求，全行业围绕着“转型升级、两化融合、节能减排”发展主线，努力拼搏、承压前行，在新常态中努力开创行业发展的新空间。2015 年全行业实现主营业务收入 12 226.22 亿元，同比增长 0.61%；进出口总额 238.66 亿美元，同比下降 3.32%；全行业保持了小幅增长的运行态势。

《中国重型机械工业年鉴》2015 年版是自创办以来的第 11 期。作为行业的宣传窗口，他展示了行业企业发展和变化，并与广大用户和关心重型机械行业发展的读者一起，共同见证中国重型机械行业各企业转型升级、持续创新的历程。

2016 年，重型机械行业将认真落实中央经济工作会议决策部署，以实施《中国制造 2025》为抓手，以市场为导向、以企业为主体，以创新为根本，继续加强科技创新，推进转型升级，探索 “制造 + 服务业”“互联网 +”等发展的新途径，创新合作模式和商业模式，在新常态中创出发展的新空间。中国重型机械工业协会希望通过《中国重型机械工业年鉴》展示行业的整体面貌，加强与各界同仁的交流与沟通，共同努力推动我国重型装备制造业的结构调整、转型升级、提质增效，努力实现行业的健康发展。

在《中国重型机械工业年鉴》的编纂过程中，得到了各有关企业和用户的大力支持，也得到了许多行业领域专家的指导，在此表示诚挚的感谢。中国重型机械工业协会将一如既往地为行业企业提供真诚的服务。

中国重型机械工业协会常务副理事长 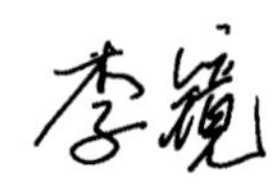

2016 年 2 月

广告索引

广告索引

序号	企业名称	版位
	起重运输机械优秀企业篇	
18	八达机电有限公司	C2～C3
19	北京起重运输机械设计研究院	C4
20	株洲天桥起重机股份有限公司	C5
21	山起重型机械股份公司	C6
22	广东永通起重机械实业有限公司	C7
23	浙江冠林机械有限公司	C8
	名优配套件篇	
24	江西华伍制动器股份有限公司	D2
25	山东省德州市金宇机械有限公司	D3
26	2016亚洲国际动力传动与控制技术展览会	D4

专栏索引

序号	企业名称	版位
	企业大事记	
27	卫华集团有限公司	E2
28	河南省矿山起重机有限公司	E3
29	纽科伦（新乡）起重机有限公司	E4
30	山东山矿机械有限公司	E5
31	武汉电力设备厂	E6
32	《中国重型机械工业年鉴》10周年	E7

创新企业之星
展示企业在转型升级和创新上取得的辉煌成就，
树立装备制造企业先进典型

卫华让世界轻松起来

创新企业之星

广告

地址：河南长垣卫华大道西段

http: //www.cranewh.com

销售电话：0373-8887666、8887667、8887668

销售传真：0373-8887665

卫华集团官方电子商务平台www.whemarketing.com

轮胎式集装箱门机

破碎机

600t吊钩桥式起重机

轨道式集装箱门机

气垫式输送机

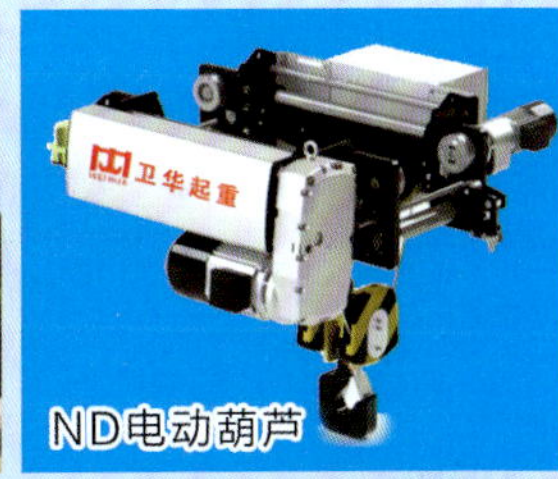
ND电动葫芦

300t吊钩桥式双桥梁起重机

欧式标准双梁起重机

800t造船门式起重机

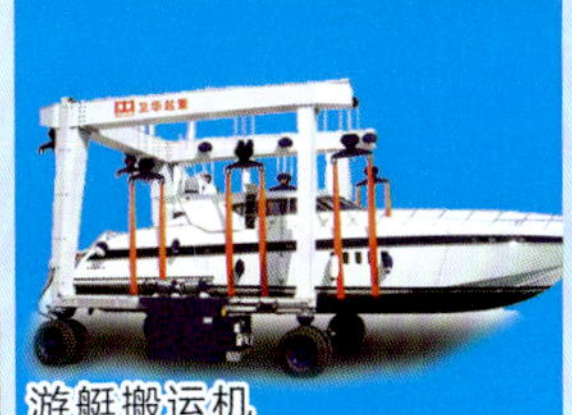
游艇搬运机

NDS型双梁小车式电动葫芦

800t门式起重机

高空制瓦机

自 主 创 新、 重 点 跨 越

支撑发展、引领未来

创新成果

1.FZ15-100 型转子式翻车机系统，整体技术国内领先；

2.CFH- Ⅱ型侧倾式翻车机系统为武汉电力设备厂创新研制，技术领先，国内外尚无同类型产品；

3. 四支点小端环双车翻车机，翻转同步技术国内领先，并且具有节省占地面积的优点；

4. 专门为适应印度、乌兹别克斯坦、南非等国家和地区车型、车况、铁道标准、物料特性和地理气候等条件的翻车机系统设备技术，达到国际领先水平；

5.XLJ 型定船移机式悬链斗卸船机，出口马来西亚、古晋电站，其系统布置和整机可移动技术为世界领先；

6.XLJ 型定机移船式悬链斗卸船机，可移动和接卸万吨驳船，为同类产品接卸船型吨位世界领先，该设备多项技术为武汉电力设备厂所创新，得到了各行业用户的高度赞赏。

企业拥有以翻车机和悬链斗卸船机为核心的国家发明专利，实用新型专利数十项，体现了核心技术的竞争优势。

获奖项目

1992 年，CFH- Ⅱ型侧倾式翻车机获华中电管部门及电力工业部门科技进步奖二等奖

1995 年，XLJ800 型悬链式链斗卸船机获华中电管部门科技进步奖一等奖

2000 年，FZ15-100 型 (C2) 翻车机及调车设备获华中电力集团公司科技进步奖二等奖及国家电力公司科技进步奖三等奖

2013 年具有自主知识产权的《新型折返式两用单车翻车机系统》获中电建科技进步奖一等奖

2014 年具有自主知识产权的《悬链斗卸船机》获中电建科学技术奖一等奖

2014 年根据市场需求自主研发的《车辆翻转机》获得中电建科学技术奖三等奖

WUHAN POWER EQUIPMENT WORK

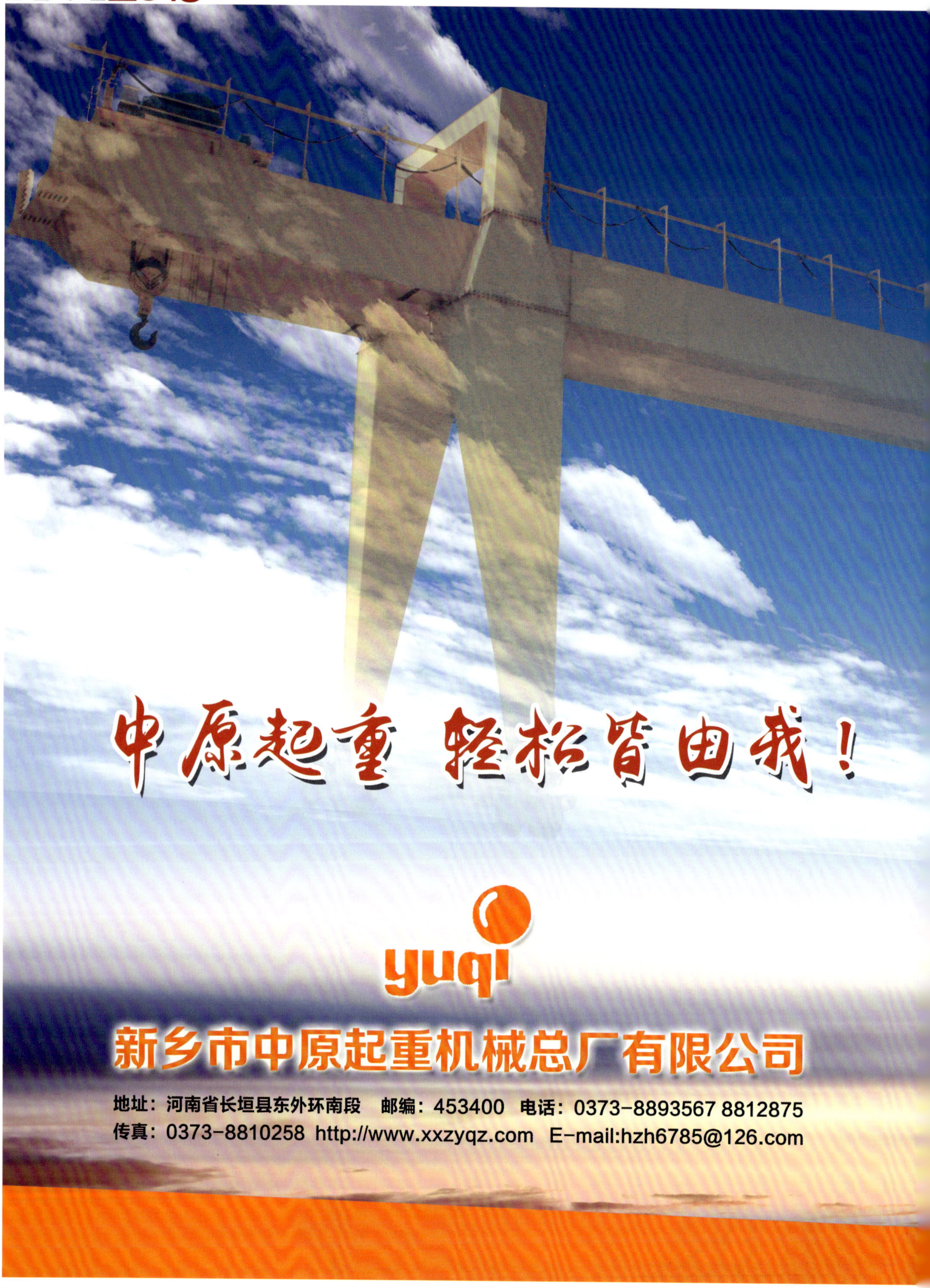
中原起重 轻松管由我！
yuqi
新乡市中原起重机械总厂有限公司
地址：河南省长垣县东外环南段 邮编：453400 电话：0373-8893567 8812875
传真：0373-8810258 http://www.xxzyqz.com E-mail:hzh6785@126.com

创新企业之星

新乡市中原起重机械总厂有限公司创建于1985年，是集研发、生产制造、销售、安装维修、售后服务为一体的规模效益企业，公司占地面积26万m^2，注册资金26 688万元，总资产3.7亿元。

公司拥有各种先进生产、检测、检验设备800多台（套），有全套CAD计算机辅助设计和CAM计算机辅助制造系统及大型数据库，可承接1200以上吨位、大跨度、多功能、智能化、自动化起重机及各类专用和非标起重机的设计生产。

公司主导产品是单双梁桥式、门式起重机，冶金、起重、电磁、绝缘起重机，广泛应用于电力、建材、化工、交通、铁路、油田、煤矿、港口等行业，在全国31个省、市、自治区设立健全的销售网络。产品还远销越南、印度尼西亚、蒙古和新加坡等国家。

公司坚持科技创新，优化和提升产品结构和质量，自主设计制造的“全自动管坯移送装置”“双头双工位钢管内、外圆磨削装置”，获国家和省、市、县多种奖励和荣誉，并已获得三十多项专利。公司自主设计制造的500t/100t桥式起重机、280/80t四梁铸造吊、200/100t造船门机、出口印度尼西亚的门座式旋转港口用起重机等大吨位、大跨度、技术含量高、制造难度大的创新产品得到用户的高度赞扬。

公司是中国重型机械工业协会理事单位、中国重型机械工业协会桥式起重机专业委员会常务理事单位，河南省质量协会会员单位，长垣县慈善协会副会长单位，河南省守合同重信用企业，高新技术企业，河南省科技企业，信用AAA级企业。

全自动管坯移送装置

500t双梁桥式起重机

门式起重机

铸造起重机

欧式起重机

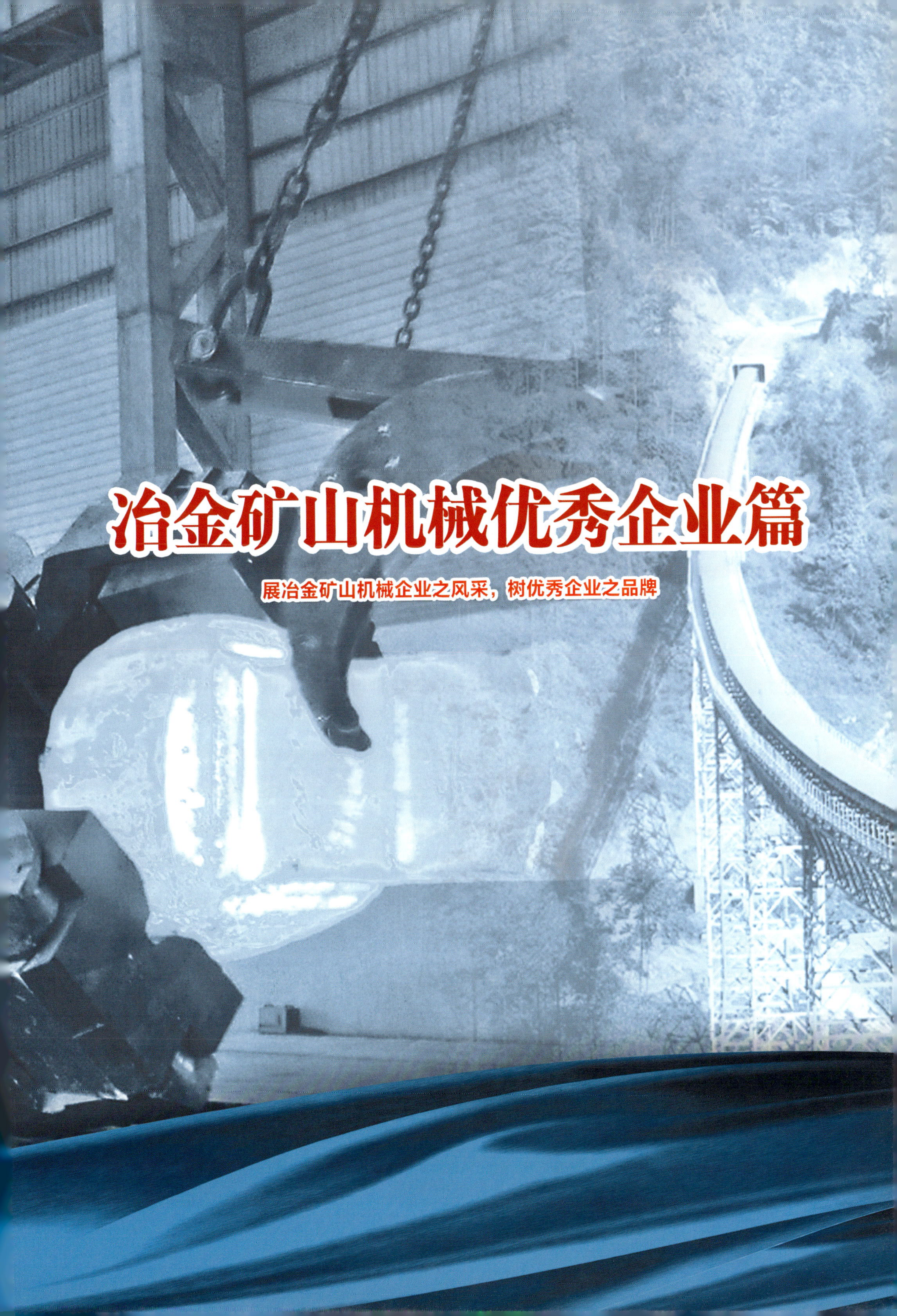

冶金矿山机械优秀企业篇

展冶金矿山机械企业之风采，树优秀企业之品牌

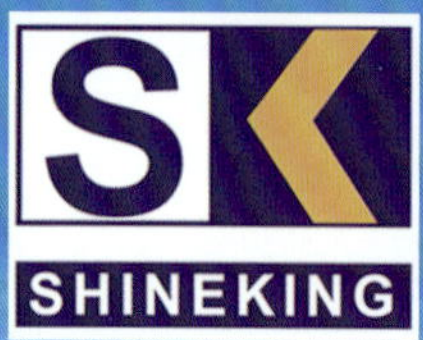

浙江双金机械集团股份有限公司
Zhejiang Shuangjin Machinery Holdings Co., Ltd.

浙江双金机械集团股份有限公司创建于1987年，是一家集矿山机械成套设备的研发、生产、销售及工程项目施工为一体的国家高新技术企业。

公司下设6家控股公司，现有专利百余项。公司自主研发了SJ系列圆锥破碎机，SK系列单缸液压圆锥破碎机，SJ—PE、SJ—HP系列颚式破碎机，SJ—ZS系列圆锥式制砂机，ZS系列水平式直线振动筛，SJ—3YA2160圆振动筛，SJ—TD型带式输送机等大型矿山设备，完成了从原先的整机生产企业到装备制造业的成功转型。同时公司成套设备已进入国家核电工程项目，先后承接了山东石岛湾、湖南桃花江、海南核电石料厂项目，是当前国内发展较迅速的矿山机械成套设备及解决方案供应商之一。

公司始终遵循“诚信创新、百年双金”的经营宗旨，始终坚持以“金牌的技术、金牌的服务”为理念，致力于为广大客户提供质量可靠、技术先进的产品和服务。

冶金矿山机械优秀企业篇

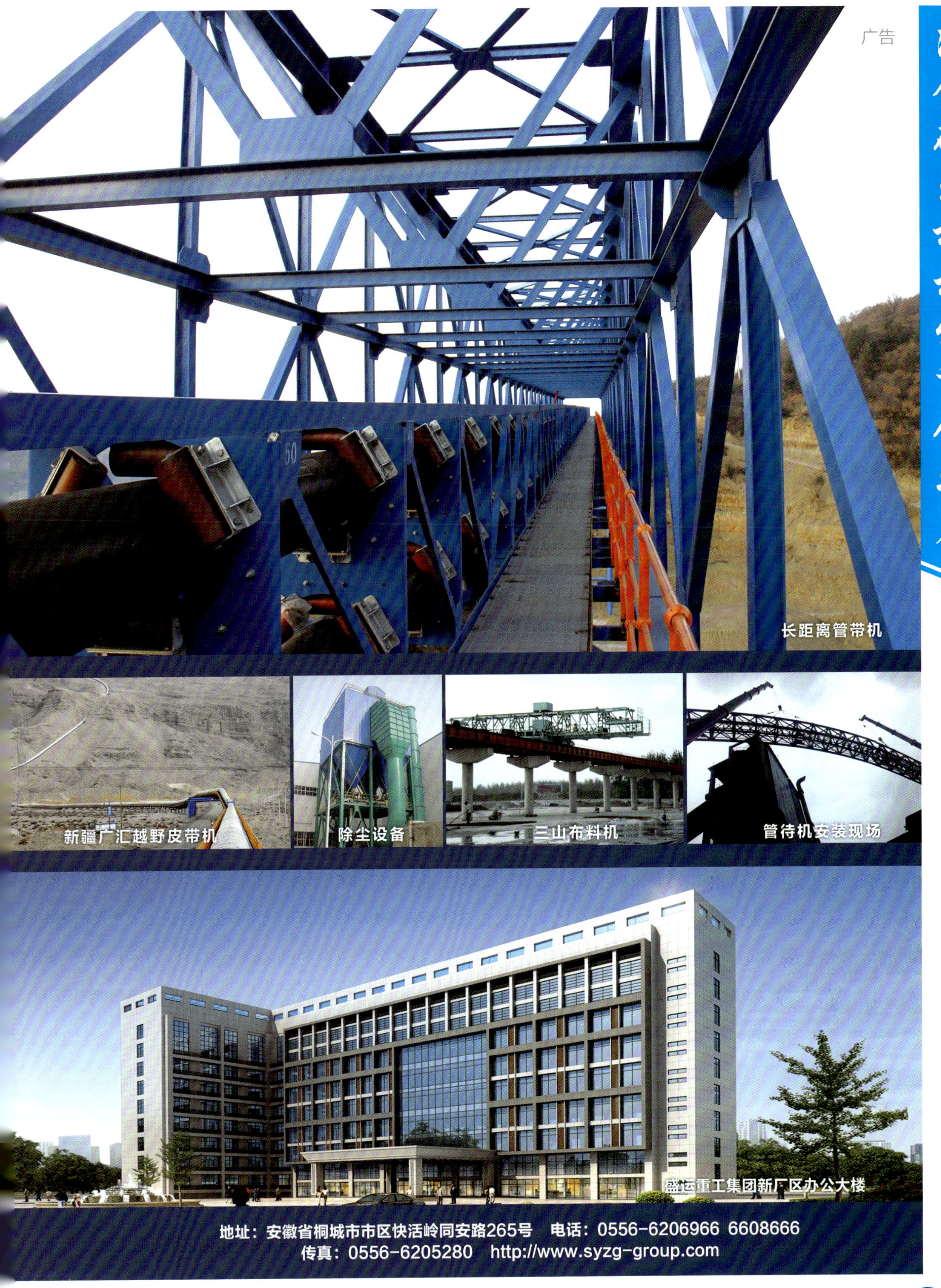

广告
冶金矿山机械优秀企业篇
长距离管带机
新疆广汇越野皮带机
除尘设备
三山布料机
管待机安装现场
盛运重工集团新厂区办公大楼
地址：安徽省桐城市市区快活岭同安路265号 电话：0556-6206966 6608666
传真：0556-6205280 http://www.syzg-group.com

8M轧环机

300t / 750t·m全液压锻造操作机

330×2500mm²宽厚板连铸机成套装备

韩国现代300tRH精炼炉

1 850mm拉弯矫直重卷机组

19 500t自由锻造油压机

12 000t航空级铝合金板材张力拉伸机

1 780mm五机架全连续冷轧机组

转炉煤气干法净化回收系统

中国重型机械研究院股份公司（西安重型机械研究所，简称中国重型院）创建于1956年，1999年转制为科技型企业进入中国机械工业集团有限公司。2006年9月，在西安重型机械研究所基础上组建了中国重型机械研究院。2009年改制为中国重型机械研究院有限公司。2012年变更设立为中国重型机械研究院股份公司。

主营业务涵盖钢铁冶炼、二次精炼、连续铸造、板（带箔）管（棒）型材轧制、精整处理、金属锻造/挤压、拉伸塑性成型、工业烟气净化回收、油页岩炼油与油气输送等所需各种大型、高端工艺装备的研发设计、成套和工程承包。具有建筑、钢铁、市政公用工程（燃气热力）工程咨询甲级资质，建筑工程设计甲级资质，冶金、市政公用燃气工程设计乙级资质。

中国重型院下设15个专业研究所、7个子公司、2个中试工厂、4个分院。2000年以来陆续建成15个国家、地方和行业研发平台，在建研发平台6个，获得上级单位命名的创新基地和团队10个，覆盖了中国重型院精炼、连铸、轧制、锻压、环保、煤化工专业技术领域。“国家冶金重型机械质量监督检验中心”“全国冶金设备标准化技术委员会”挂靠我院，设有博士后科研工作站。

目前在岗员工1 000余人，科研人员占员工总数的80%以上，其中有中国工程院院士1人，“百千万人才工程”人选3人，全国优秀科技工作者2人，全国工程科技领域突出贡献者杰出工程师1人，享受国家特殊津贴专家14人。

自中国重型院成立以来，取得1 300多项科研成果，有300多项科技成果荣获国家、省部、市级奖励，获得数佰项授权专利。2006年进入国家“创新型企业试点单位”，2008年荣获国家新设立的企业技术创新工程科学技术进步奖（全国共5家），2012年评为国家技术转移示范机构，2013年荣获“国家知识产权战略实施先进集体”称号，2014年授予“国家创新人才培养示范基地”。

地址：中国·西安·经济技术开发区草滩生态产业园尚林路3699号　邮编：710032
电话：029-86322329　传真：029-86713965
E-mail：office@xaheavy.com　**http://www.sino-heavymach.com**

治金矿山机械优秀企业篇

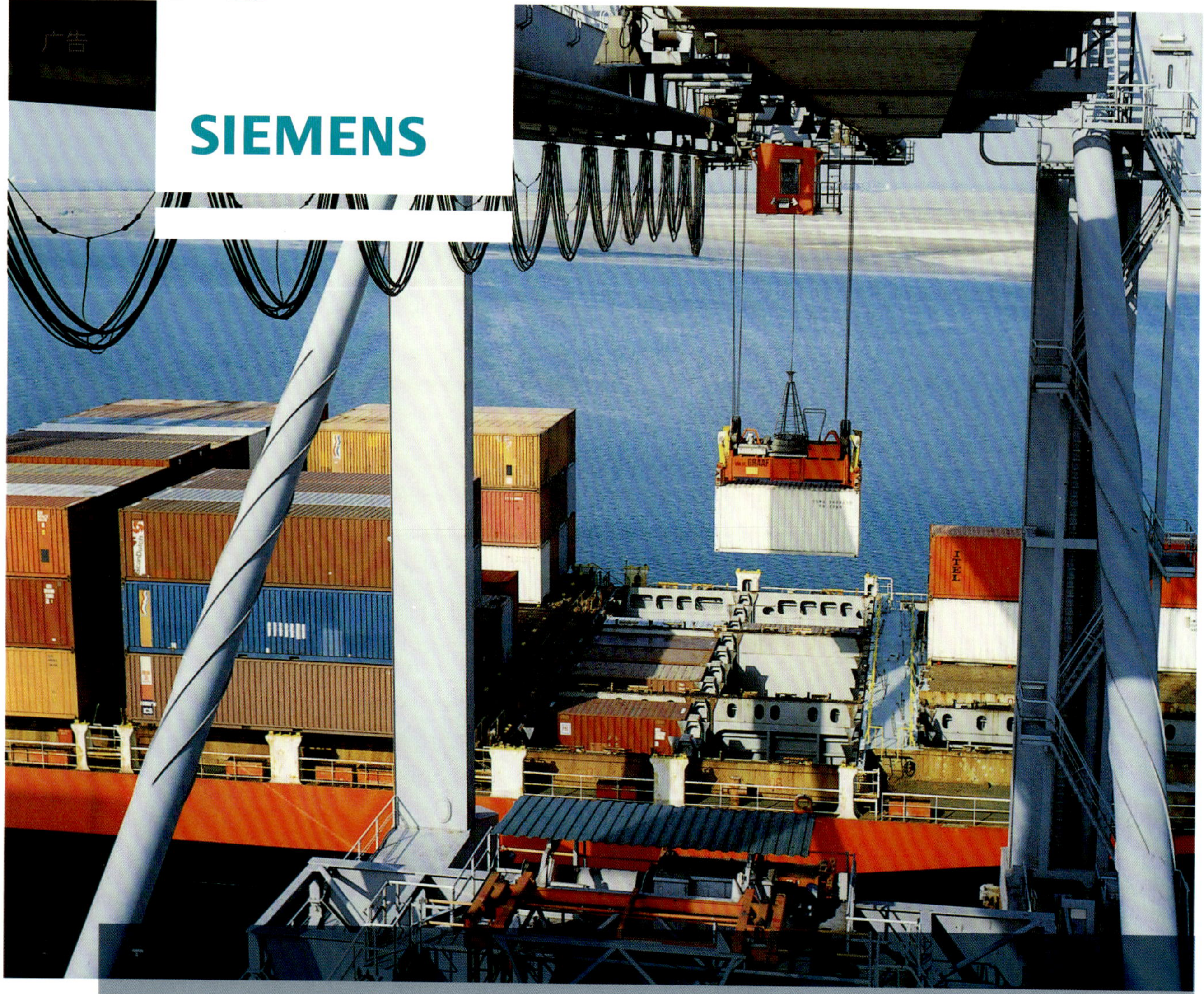

FLENDER drives

西门子弗兰德带给您完整的驱动链解决方案

作为西门子全集成驱动系统（Integrated Drive Systems）的重要组成部分，西门子弗兰德100多年来为世界许多工业驱动应用领域提供着完整的解决方案。针对港口起重机行业，我们提供多种产品组合，包括：专用加长中心距减速机、高性能行星回转减速机、专用行走驱动减速机，以及各种三合一减速电机。满足起升、俯仰、回转、大小车行走等全套传动机构的应用需求。同时我们还提供各种高低速联轴器，弗兰德传动方案是科技与品质的保证。

西门子（中国）有限公司过程工业与驱动集团

公司热线：4006162020　　服务热线：4008104288　　email: 4008104288.cn@siemens.com

siemens.com.cn/fom

起重运输机械
优秀企业篇
展起重运输机械企业品牌价值，引导他们为行业发展做出贡献

中国·八达机电有限公司
BADA MECHANICAL & ELECTRICAL CO.,LTD. · CHINA

公司创建于1993年，是一家集研发、生产、销售为一体的国家高新技术、国家无区域性企业，主要生产“BADA”牌微型电动葫芦、电动绞盘等系列产品。公司资产总额超亿元，员工380余名，技术管理人员100人，厂区建筑面积4.9万㎡，2008年出口交货值2 500万美元。公司系瑞安市50强企业、瑞安市活力和谐企业、温州市大集团培育企业和温州市“五个一批”重点企业、浙江省清洁生产企业；浙江省纳税AAA级信誉企业、经营AAA级诚信企业、银行资信AAA级企业、安全生产标准化企业；全国创名牌重点企业。

公司是全球大型的“单相电动葫芦”制造商，属国家钢丝绳电动葫芦行业标准起草单位之一，设有“浙江省单相电动葫芦技术研发中心”“浙江省企业技术中心”和“国家教育相关部门计算机辅助产品创新设计工程中心八达产业基地”。公司生产的“BADA”牌单相微型电动葫芦PA系列产品，填补了国家微型起重设备的空白，获得13项国家专利，同时被列入“国家重点新产品”和“国家星火计划项目”。产品分别通过了欧盟“CE”“EMC”，德国“GS”“PAHS”，美国“UL”，加拿大“CUL”认证，欧盟“WEEE”“RoHS”绿色双指令认证，多款产品通过TüV的FFU测试。公司通过了ISO9001:2000、ISO14001和GB/T18000认证。产品远销欧美50多个国家和地区，国内外市场占有率均在60%以上，并在欧美16个国家和地区以及中国香港、中国台湾注册了“BADA”牌商标。先后获得“温州名牌产品”“温州知名商标”“浙江名牌产品”“浙江知名商号”和“浙江著名商标”等荣誉。

务实的团队精神、优秀的员工队伍、扎实的管理基础、灵活的经营机制、先进的企业理念、一流的工艺装备、过硬的产品质量、良好的售后服务有效保证了企业的稳定和可持续发展。

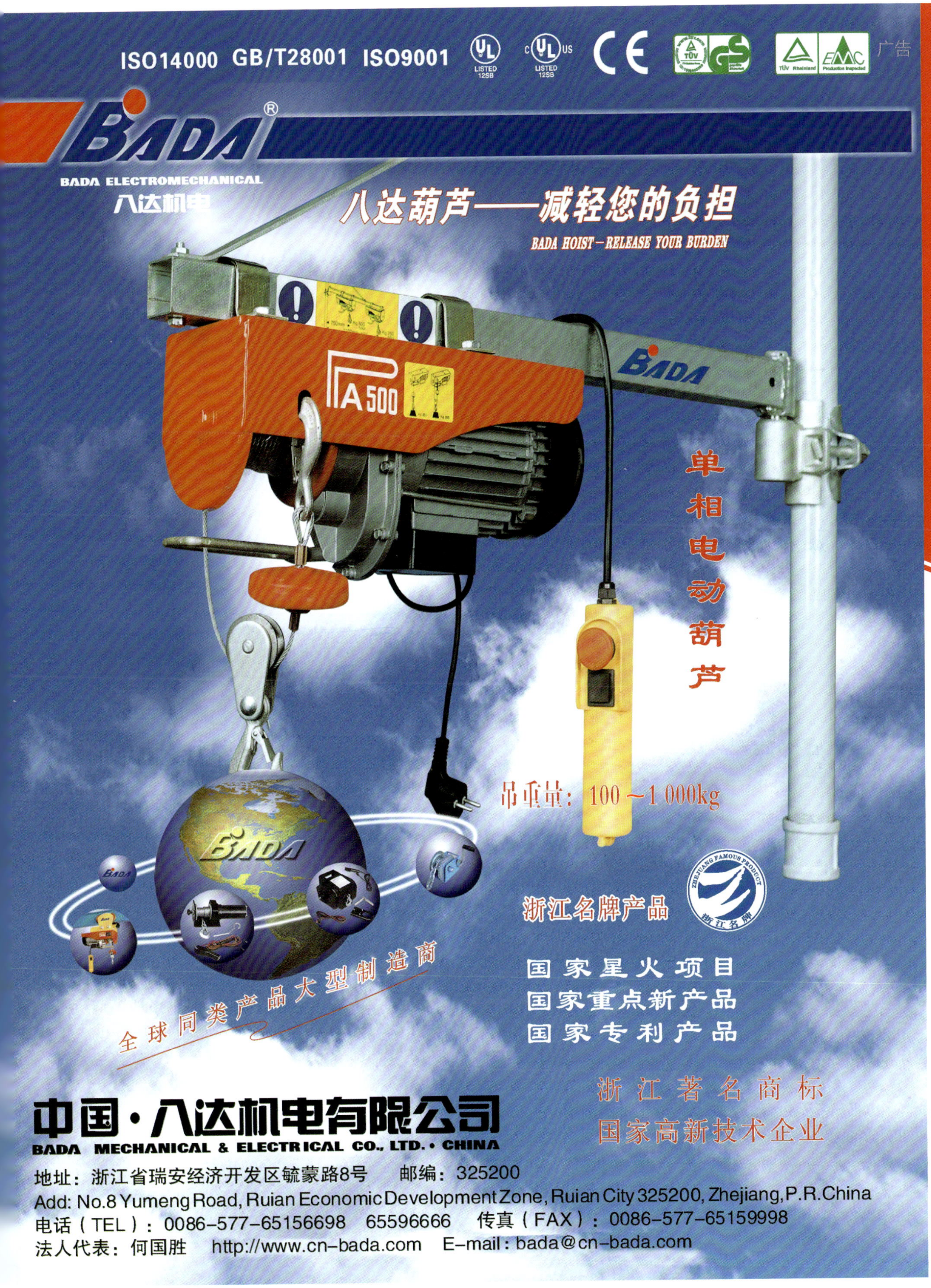

ISO14000 GB/T28001 ISO9001       广告

起重运输机械优秀企业篇

八达葫芦——减轻您的负担

BADA HOIST—RELEASE YOUR BURDEN

单相电动葫芦

吊重量：100～1 000kg

全球同类产品大型制造商

浙江名牌产品

国家星火项目
国家重点新产品
国家专利产品

浙江著名商标
国家高新技术企业

中国·八达机电有限公司
BADA MECHANICAL & ELECTRICAL CO., LTD. • CHINA

地址：浙江省瑞安经济开发区毓蒙路8号　邮编：325200
Add: No.8 Yumeng Road, Ruian Economic Development Zone, Ruian City 325200, Zhejiang, P.R.China
电话（TEL）：0086-577-65156698　65596666　传真（FAX）：0086-577-65159998
法人代表：何国胜　http://www.cn-bada.com　E-mail：bada@cn-bada.com

株洲天桥起重机股份有限公司
ZHUZHOU TIANQIAO CRANE CO.,LTD.

株洲天桥起重机股份有限公司作为国内专业从事高端智能装备制造的上市企业，多年来秉承“先进制造，专业典范”的企业愿景，现已发展成为业务范围涵盖物料搬运装备、有色冶炼智能装备、选煤机械等于一体的企业集团。

在机遇与挑战共存的市场背景下，公司强练内功，以“产品、质量、效益”为核心，整合公司、子公司各业务板块的优势资源，致力为客户提供物料搬运装备、有色冶炼智能装备、选煤机械研发、设计、制造、销售、维保等整体解决方案，公司产品的销售市场和工业服务范围覆盖亚洲、欧洲、美洲和非洲等多个国家和地区。2014年以来，公司先后切入风能发电和新能源电动汽车领域，逐步实现公司业务的横向拓展和产业的升级转型，为公司在新经济、新常态下的发展注入了新活力。

面向未来，公司将以高擎中国重型装备先进制造的旗帜为己任，秉承“诚信、敬业、自强、卓越”的企业精神，坚持“顾客至上、诚信为本、规范管理、精心运作、持续改进、开拓创新”的质量方针，突出创新驱动，加快智能化、信息化融合，实现从产品输出向技术输出的转变，努力把公司打造成为以物料搬运装备为核心的高端智能装备系统解决方案值得信赖的供应商。

地址：湖南省株洲市石峰区田心北门新民路266号
电话：0731-22337000-8028
传真：0731-22337000-8009

机加工中心

国电常州发电厂1 600t/h 卸船机

全功能电解铝天车

铜电解专用起重机

山起重型机械股份公司（原山东起重机厂有限公司）始建于1968年，坐落于山东省青州市，是原机械工业部门在山东定点生产桥门式起重机的专业定点厂。1989年命名为“国家二级企业”，现为中国重型机械协会常务理事单位、桥门式起重机专业委员会副理事长单位、起重机械减量化产业技术创新战略联盟副理事长单位、山东省企业技术中心、山东省桥门式起重机工程技术研究中心、高新技术企业；产品为山东省名牌、山东省著名商标。

公司占地面积25万m²，其中厂房面积8.5万m²。现有职工1 080人，其中工程技术人员128人，高级工程师20人，工程师58人，下设金属结构、机械加工、电气等七个分厂，年吞吐钢材2.5万t。主导产品为500t及以下电动双梁桥式起重机、100t及以下电动门式起重机、240t及以下冶金铸造起重机、智能立体停车设备等20个系列1 000多个规格品种。产品销往全国26个省、市、区，部分出口东南亚及北美地区。

公司技术力量雄厚，设计、制造手段先进。近3年来承担省级技术创新项目13项，2项获省科技进步奖，申请专利23项。负责起草制定国家标准1项，参与制定国家标准4项。

创新和发展是企业永恒的主题。2011年以来先后承担及参加国家科技支撑计划课题3项。其中2015-2017年承担国家科技支撑计划“大吨位桥式起重机轻量化技术推广应用与示范”课题研究，以达到节省材料、减少能耗、降低厂房建筑高度和减少使用维护成本为目标，推动我国起重机械向轻量化、节能型、安全可靠等国际先进水平方向发展。

地址：山东省青州市昭德北路2198号 电话：0536-3203038 传真：0536-3203037 网址：www.sdqz.com 邮箱：sqgf@sdqz.com

广告

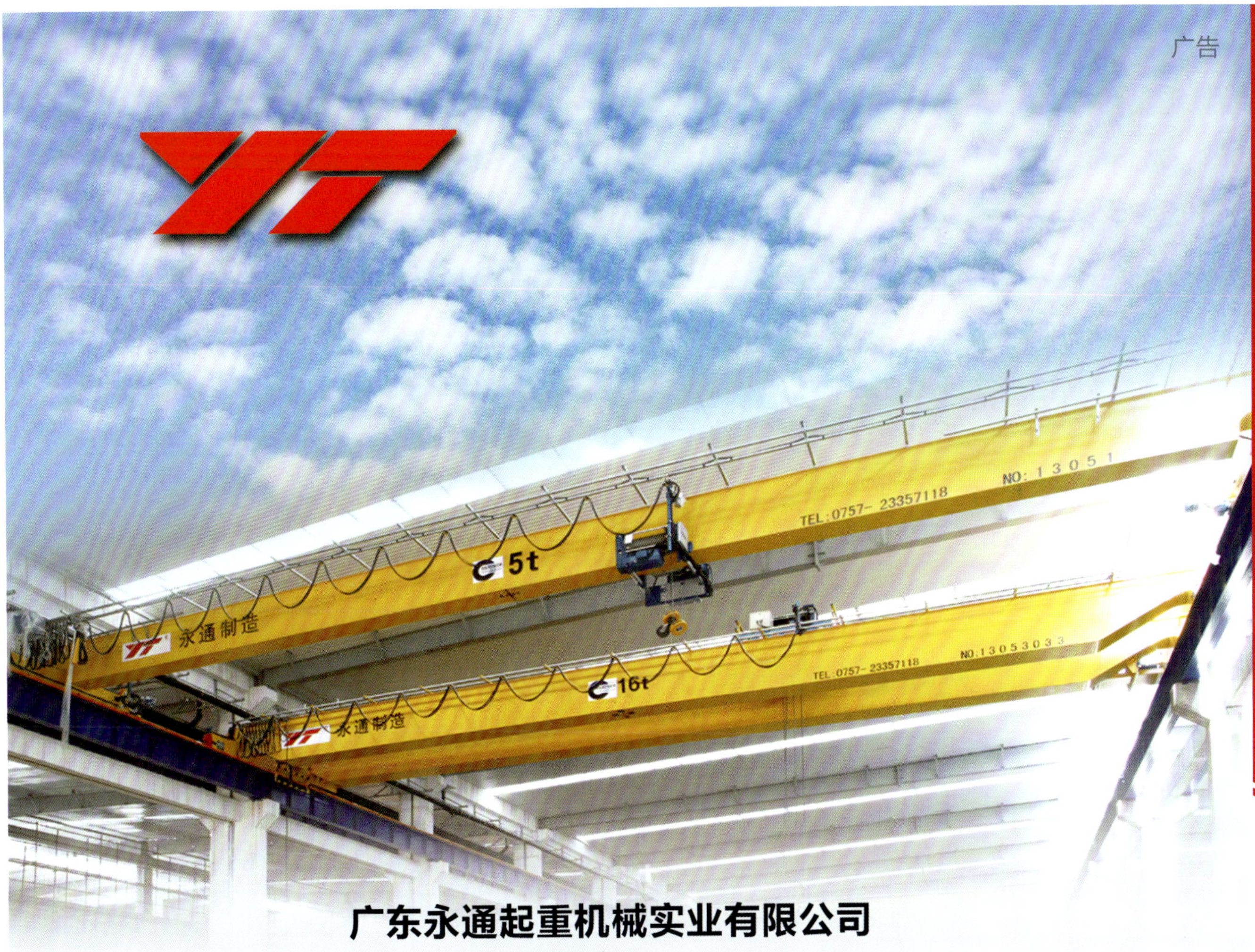

广东永通起重机械实业有限公司

德马格战略合作伙伴

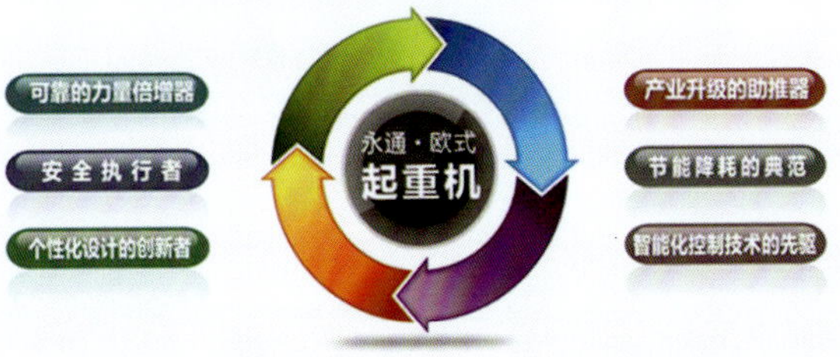

永通欧式起重机是通过吸收德国DEMAG的技术发展起来的现代化高性能起重机。作为DEMAG在中国地区的合作伙伴，永通公司除了服务于DEMAG起重机的制造、安装外，还获得了DEMAG的技术支持。长年接受DEMAG的产品设计、制造工艺、验收标准、精益生产、安装维保、安全保障等一系列的培训。

永通欧式起重机主要采用DEMAG的设计理念和核心零部件，驱动技术和控制技术以及整合国际品牌的部分部件，整合目前在世界上一流的欧式设计技术，打造出的一款静音环保、高性价比、安全、可靠、性能卓越的欧式起重机。

广东永通起重机械实业有限公司

地址：广东省佛山市顺德区陈村镇潭州村委会工业区三路 邮编：528313
电话：0757-23357118　　传真：0757-23357378
E-mail:118@gd-yt.cn　**http://www.gd-yt.cn**

名优配套件篇

根据主机配套的要求，围绕新技术、新产品，
树立名优配套件品牌

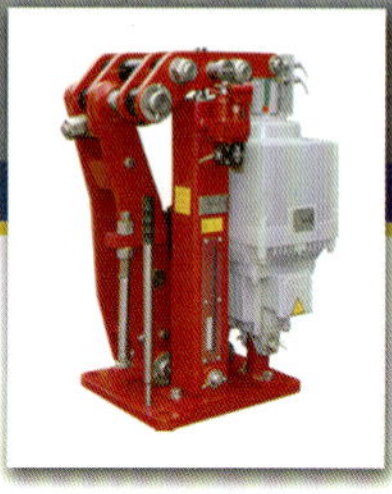

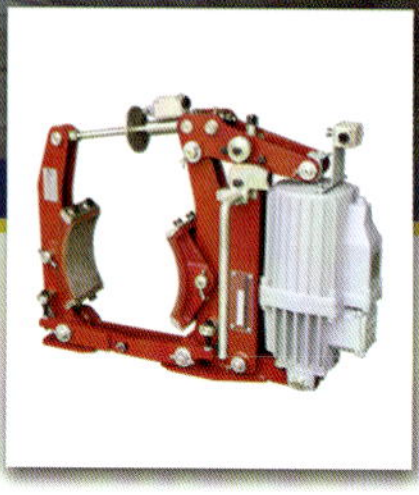

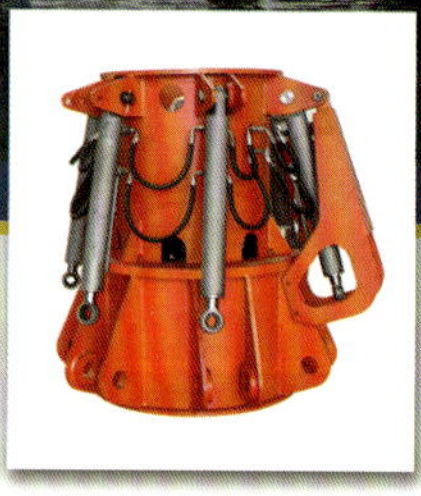

综合索引

中国重型机械工业年鉴二维码

鉴证行业发展足迹
振兴重型装备工业

中国机械工业年鉴系列

《中国机械工业年鉴》

《中国电器工业年鉴》

《中国工程机械工业年鉴》

《中国机床工具工业年鉴》

《中国通用机械工业年鉴》

《中国机械通用零部件工业年鉴》

《中国模具工业年鉴》

《中国液压气动密封工业年鉴》

《中国重型机械工业年鉴》

《中国农业机械工业年鉴》

《中国石油石化设备工业年鉴》

《中国塑料机械工业年鉴》

《中国热处理行业年鉴》

《中国齿轮工业年鉴》

《中国磨料磨具工业年鉴》

《中国机电产品市场年鉴》

《中国机械工业集团年鉴》

中国工业年鉴出版基地

编辑说明

一、《中国机械工业年鉴》是由中国机械工业联合会主管、机械工业信息研究院主办的大型资料性、工具性年刊，创刊于 1984 年。

二、根据行业需要，1998 年中国机械工业年鉴编辑委员会开始出版分行业年鉴，逐步形成了中国机械工业年鉴系列。该系列现已出版了《中国电器工业年鉴》《中国工程机械工业年鉴》《中国机床工具工业年鉴》《中国通用机械工业年鉴》《中国机械通用零部件工业年鉴》《中国模具工业年鉴》《中国液压气动密封工业年鉴》《中国重型机械工业年鉴》《中国农业机械工业年鉴》《中国石油石化设备工业年鉴》《中国塑料机械工业年鉴》《中国热处理行业年鉴》《中国齿轮工业年鉴》《中国磨料磨具工业年鉴》《中国机电产品市场年鉴》和《中国机械工业集团年鉴》。

三、《中国重型机械工业年鉴》作为该年鉴系列之一，2005 年创办，每年出版一期，2015 年为第 11 期。该年鉴集中反映了重型机械行业的发展情况，全面系统地提供了重型机械行业及其企业的主要经济技术指标。

四、《中国重型机械工业年鉴》2015 年版内容由综述、大事记、行业篇、市场篇、企业篇、统计资料、标准与质量、政策法规和附录 9 部分构成，统计资料中的数据为快报数据，由中国重型机械工业协会提供，数据截至 2014 年 12 月 31 日。

五、本年鉴在编纂过程中得到了中国重型机械工业协会及所属分会、研究院所和企业的大力支持和帮助，在此深表谢意。

七、由于水平有限，难免出现错误及疏漏，敬请批评指正。

中国机械工业年鉴编辑部

2016 年 2 月

目　　录

综　　述

大事记

行业篇

市场篇

企业篇

统计资料

标准与质量

政策法规

附　　录

Contents

Summary

Calendar

Industry

Markets

Enterprises

Statistical data

Standards & quality

Policies & legislations

Appendix

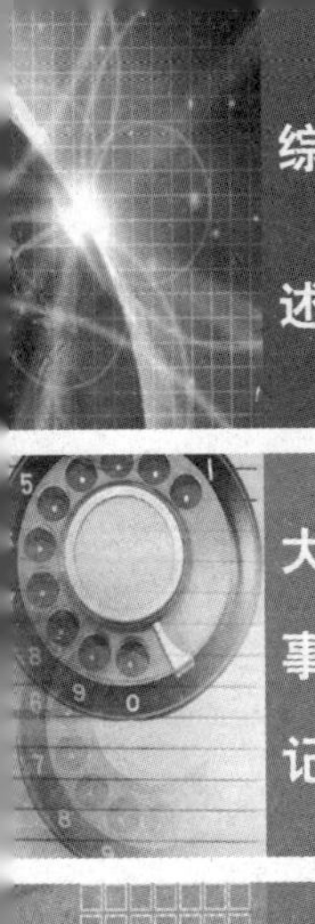

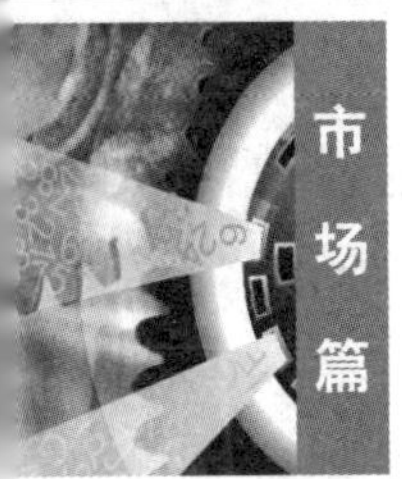

综述

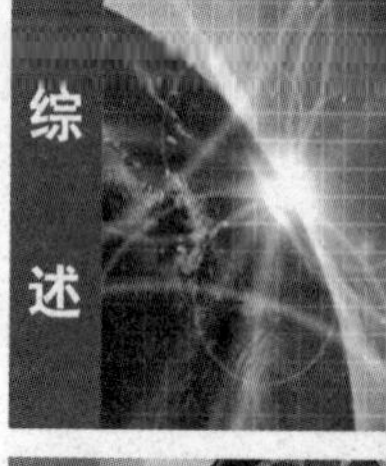

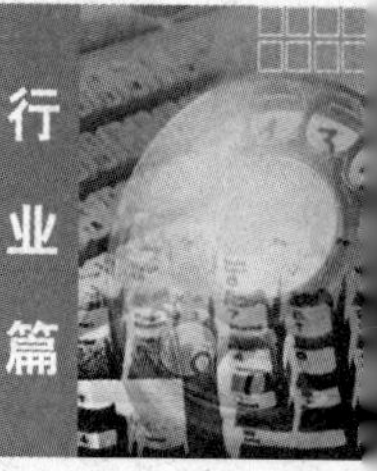

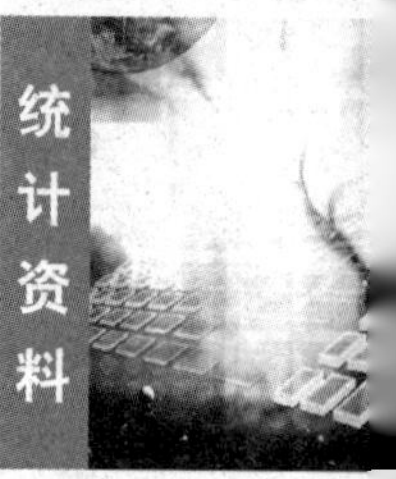

回顾2014年重型机械行业发展状况，公布2014年中国重型机械科学技术奖获奖情况，指出当前行业发展中存在的问题，并提出措施建议

Reviewing the development of heavy machinery industry in 2014, announcing the winners of Science and Technology Award of China heavy machinery industry, pointing out problems existing in the development of heavy machinery industry, and putting forward suggestions on countermeasures

2014年重型机械行业主要经济指标完成情况

重型机械行业是机械工业中冶金机械、重型锻压机械、矿山机械制造业和物料搬运机械制造业以及大型铸锻件制造业的合称。

按照GB/T 4754—2011《国民经济行业分类》新标准的规定，重型机械行业归口的行业小类已由有原冶金设备、采矿采石（矿山）设备和起重运输设备3个行业小类，变更为：冶金设备、矿山机械、轻小型起重设备、起重机、生产专用车辆、连续搬运设备、电梯自动扶梯及升降机和其他物料搬运设备8个行业小类，并从2012年开始执行。

为反映行业实际情况，本文根据行业特点的不同，按冶金机械、矿山机械和物料搬运机械3个分行业来分述（将轻小型起重设备、起重机、生产专用车辆、连续搬运设备、电梯自动扶梯及升降机、其他物料搬运设备归为物料搬运机械）。

一、基本运行情况与趋势

2014年是我国经济持续调整的一年，国民经济增长趋缓，与重型机械行业紧密相关的投资增速持续下滑。2014年全国固定资产投资增速比2013年的19.6%下降了3.9个百分点，连续两年低于20%。钢铁、水泥、发电等重点行业的产量增速均低于10%。

1. 经济指标完成情况

受行业上游需求普遍疲软的影响，重型机械行业增长趋缓的特征已经形成，2014年1—8月，各月累计行业主营业务收入增速基本平稳，在10%以上区间波动。但从9月起出现明显拐点，累计主营业务收入增速环比连续下行，9月下降0.8个百分点，10月下降0.17个百分点，11月下降0.44个百分点，12月下降1.19个百分点。全年重型机械行业主营业务收入增速为7.78%，比上年下降3.05个百分点，略低于10%的预期目标，为2002年以来首次降至个位数。2014年重型机械行业主要经济指标完成情况见表1。2011—2014年重型机械行业及分行业主营收入运行趋势见图1。

表1　2014年重型机械行业主要经济指标完成情况

行业名称	主营业务收入（亿元）	比上年增长（%）	主营业务成本（亿元）	比上年增长（%）	利润总额（亿元）	比上年增长（%）	利润率（%）	上年同期（%）
合计	12 331.40	7.78	10 393.40	8.04	679.67	-4.77	5.51	6.24
冶金机械行业	1 285.82	2.29	1 132.49	3.55	-49.37	-377.67	-3.84	1.41
矿山机械行业	4 139.12	8.13	3 557.56	9.30	215.75	-2.23	5.21	5.76
物料搬运机械行业	6 906.47	8.65	5 703.34	8.18	513.30	8.00	7.43	7.48

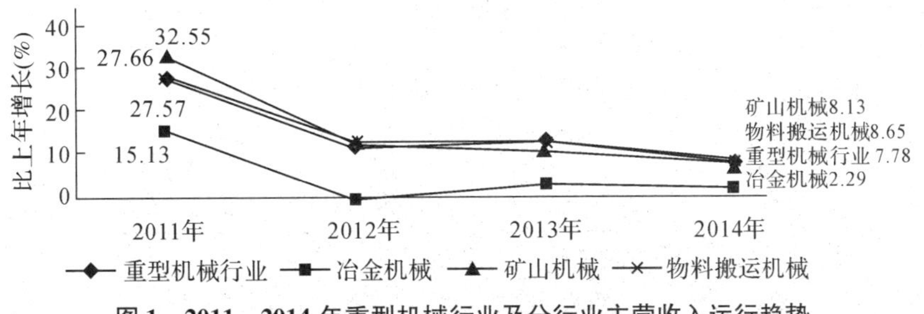

图1　2011—2014年重型机械行业及分行业主营收入运行趋势

2. 主要产品完成情况

从2014年的产出情况看，除冶金机械行业外，矿山机械行业、物料搬运机械行业均保持了适度增长的态势。其中：冶金机械产品产量176.94万t，比上年下降6.64%。矿山机械产品产量786.13万t，比上年增长0.98%。物料搬运机械产品中，起重机产品产量1 095.34万t，比上年增长6.79%；输送机械产品产量250.01万t，比上年增长13.87%。2014年重型机械行业主要产品产量见表2。

表2　2014年重型机械行业主要产品产量

产品名称	企业数（家）	单位	2014年产量	2013年产量	比上年增长（%）
冶金机械		万t	176.94	189.52	-6.64
金属冶炼设备	106	万t	115.01	119.17	-3.49
金属轧制设备	75	万t	61.93	70.35	-11.96
矿山机械	681	万t	786.13	778.51	0.98
水泥设备	73	万t	94.60	95.24	-0.67
物料搬运机械					
起重机	504	万t	1 095.34	1 025.69	6.79
输送机械（输送机和提升机）	156	万t	250.01	219.61	13.84
内燃叉车	42	万台	24.89	24.49	1.65
电动叉车	38	万台	17.02	15.60	9.10
减速机	178	万台	600.59	585.00	2.67

注：因四舍五入，表中数字有微小出入。

3. 固定资产投资情况

2014年，全国重型机械行业完成固定资产投资2 934.63亿元，比上年增长9.91%；固定资产投资增速比上年同期下降16.39个百分点，增速比全国机械工业低2.81个百分点。2014年重型机械行业固定资产投资情况见表3。

4. 主要产品进出口情况

重型机械行业主要产品进出口总额246.86亿美元，比上年增长2.64%。其中：出口国家和地区203个，出口额182.98亿美元，比上年增长1.99%；进口国家和地区80个，进口额63.88亿美元，比上年增长4.54%；进出口顺差119.10亿美元，比上年增长0.67%。2014年重型机械行业主要产品进出口情况见表4。2013—2014年重型机械行业主要产品进出口增长率趋势见图2。2014年不同企业类型进出口额占比见图3。2014年不同贸易方式进出口额占比见图4。

表3　2014年重型机械行业固定资产投资情况

行业名称	计划总投资		当年新增固定资产		自年初累计完成投资	
	金额（亿元）	比上年增长(%)	金额（亿元）	比上年增长(%)	金额（亿元）	比上年增长(%)
全国机械工业合计	89 171.86	9.58	42 413.74	53.97	44 933.55	12.72
重型机械行业	6 009.77	13.16	2 217.19	26.98	2 934.63	9.91
占全国机械工业比重（%）	6.74		5.23		6.53	
矿山机械制造	2 579.60	2.56	913.46	6.02	1 250.46	-2.44
冶金专用设备制造	585.37	24.59	221.34	40.99	277.24	23.12
物料搬运机械制造	2 844.80	22.32	1 082.40	48.76	1 406.93	20.96

表4　2014年重型机械行业主要产品进出口情况

行业名称	出口总额（亿美元）	比上年增长（%）	进口总额（亿美元）	比上年增长（%）	进出口总额（亿美元）	比上年增长（%）	进出口顺差（亿美元）	比上年增长（%）
重型机械行业合计	182.98	1.99	63.88	4.54	246.86	2.64	119.10	0.67
冶金机械行业	16.37	-6.98	6.70	-12.24	23.07	8.57	9.67	-2.95
矿山机械行业	16.77	-14.00	5.15	-35.80	21.92	-20.35	11.48	1.24
物料搬运机械行业	149.84	5.29	52.03	14.49	201.87	7.25	96.86	0.98

5. 行业企业按经济类型划分经济指标完成情况

2014年重型机械行业企业按经济类型划分经济指标占比见表5。

表5　2014年重型机械行业企业按经济类型划分经济指标占比　（单位:%）

项目	冶金机械行业		矿山机械行业		物料搬运机械行业	
	主营业务收入	利润总额	主营业务收入	利润总额	主营业务收入	利润总额
国有企业	5.02	174.47	5.62	2.02	2.77	0.50
私营企业	40.81	-55.43	48.00	62.31	34.93	30.91
其他内资企业	45.58	-17.27	41.58	31.57	46.14	49.96
三资企业	8.59	-1.80	4.80	4.10	16.16	18.63

注：表中国有企业包括了国有独资公司和国有联营企业。2014年冶金机械行业整体亏损。

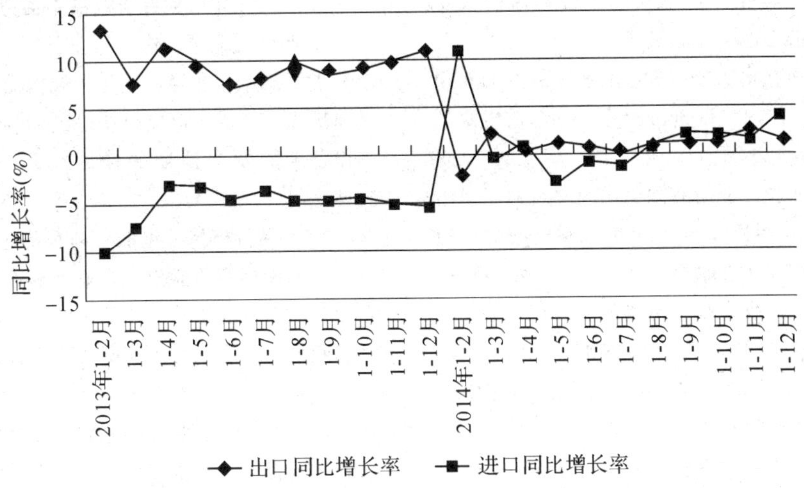

图 2　2013—2014 年重型机械行业主要产品进出口增长率趋势

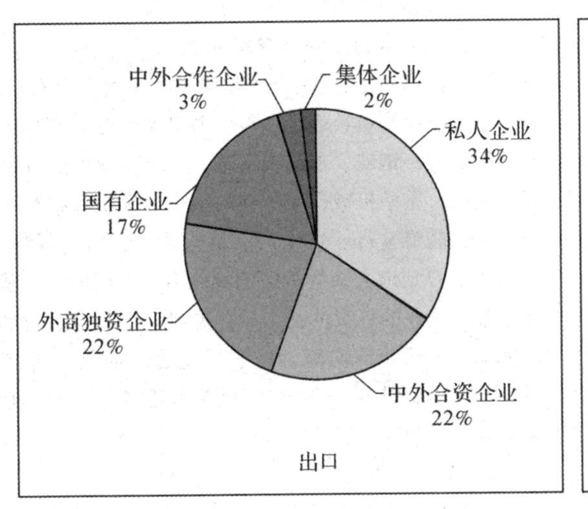

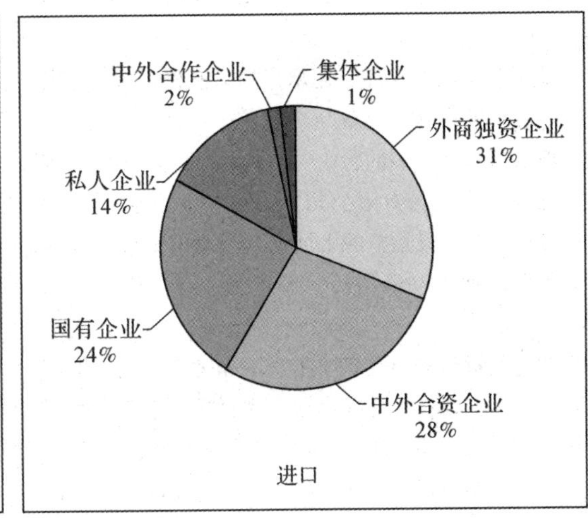

图 3　2014 年不同企业类型进出口额占比

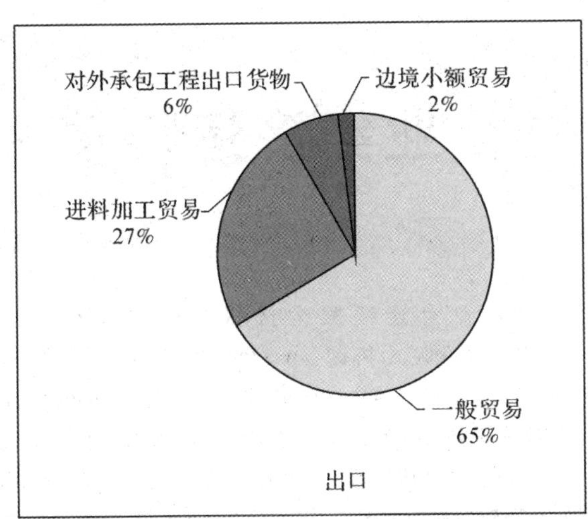

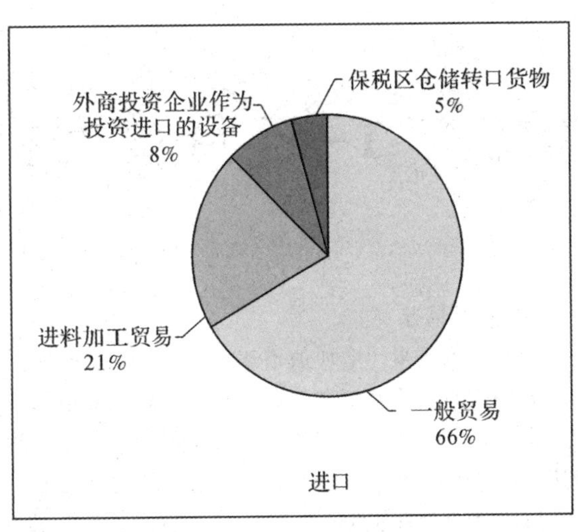

图 4　2014 年不同贸易方式进出口额占比

6. 行业科技发展情况

（1）中国第一重型机械集团公司、第二重型机械集团公司、上海重型机器厂有限公司联合承担的“大型先进压水堆核电核岛主设备超大型锻件研制及工程应用”，中国重型机械研究院有限公司、重庆大学等 9 家单位联合研制的“120MN 航空级铝合金板材张力拉伸机装备”2 个项目，分别荣获 2014 年度中国机械工业科技进步奖特等奖。重机行业获得 2 项一等奖，11 项二等奖，9 项三等奖。

（2）上海振华重工（集团）股份有限公司研制成功世界最大的 4 500t/h 链斗连续卸船机。

（3）由太原重型机械集团公司制造的亚洲最大的 520t 冶金起重机实现出口，国内首台 360t 核电环形起重机研制成功。

（4）大连华锐重工集团股份有限公司为澳大利亚伊山铁矿提供的 14 500t/h 堆料机和 14 400t/h 取料机均为目前堆取能力最大的设备；船用曲轴在“钻模法”、大型对接曲轴、超长冲程曲轴等制造技术上取得突破。

（5）世界上最大的公称压力 168MN、滑块行程 550mm、工作台面尺寸 2.5m×3.3m 热模锻压力机在中国第二重型机械集团公司研制成功。

（6）企业产品结构调整取得新进展。北方重工集团成功研制了矩形巷道掘进机、页岩气钻采成套设备。中信重工股份有限公司形成用于矿山机械的高压变频器研发、生产能力。

（7）太原重型机械集团公司承担的国家智能制造专项“千万吨级井下综采成套装备”项目，于 2014 年 8 月 29 日通过山西省科技厅组织的验收。

（8）中国重型机械有限公司以 BOT 方式，包括工程设计、设备成套、建设运营的柬埔寨达岱水电站成功并网发电，为行业企业由制造型转向制造服务型提供了成功范例。

（9）“起重机械减量化产业技术创新联盟”10 月 24 日在北京起重运输设计研究院成立。联盟联合相关的生产企业、科研院校以及技术服务机构对起重机械结构、能耗、排放减量和制造工艺优化，以及产品可靠性、安全性等技术开展研究开发和成果推广。

二、2014 年行业经济发展中值得关注的问题

1. 产能过剩情况影响行业发展

重型机械行业经过近年大规模的技改投入，生产能力迅速扩张，形成了产能总体过剩的局面，部分新增大型加工设备未能发挥预期的作用，重点企业大多运行情况欠佳。

2. 产品价格持续走低，利润普遍下滑

产品价格竞争激烈，企业利润逐步萎缩。一方面不少企业存在无利润生产以消化固定费用的无奈选择；另一方面利润下降，影响员工薪资，造成人才流失。

3. 企业资金周转困难

重型机械行业服务的能源、原材料产业市场下滑，资金形势偏紧，致使企业应收账款大幅度增加，2014 年全行业应收账款净值比上年增长 8.36%，账龄延长，预提坏账额直线上升，财务费用增加，企业经营风险加大。

三、2015 年行业经济发展预测

重型机械行业主要是为能源、原材料等基础工业服务，在国民经济增长趋缓，与重型机械行业紧密相关的投资增速乏力，钢铁、水泥、发电等重点行业增速过低的常态已形成。重型机械行业所辖的冶金、矿山和物料搬运机械行业，需要全行业加大产品结构调整、拓宽服务领域、加快实施“走出去”等战略的实施力度。根据目前掌握的部分重点企业的订货情况，只有少部分企业订货满足全年订货量，且品种不均衡。从全行业看，企业订货严重不足，短线产品居多，生产经营困难未见明显改善，2015 年重型机械行业经济运行增速预计在 5% 左右。

〔撰稿人：中国重型机械工业协会严祥文　审稿人：中国重型机械工业协会岳建忠〕

2015 年 1—6 月重型机械行业经济运行情况

一、基本运行情况

1—6 月机械工业累计增加值增速止跌回升，增速为 5.70%，比 1—5 月回升 0.2 个百分点，但仍低于上年同期机械工业增速（11.2%）5.5 个百分点，低于同期全国工业增速（6.3%）0.6 个百分点，同时低于同期制造业增速（7.1%）1.4 个百分点。

重型机械行业 2015 年 1—6 月累计主营业务收入比上年增长 0.21%，比 1—5 月的 -0.31% 回升 0.52 个百分点，比上年同期的 10.02% 下降 9.50 个百分点，在经过 4、5 两个月的负增长后再次回升。其中：主营业务收入增长的分行业有连续搬运机械（5.00%）、冶金机械（0.96%）和矿山机械（0.82%）；仍处于负增长的分行业有工业车辆（-9.94%）、起重机（-3.63%）和中小型起重设备（-3.25%）。2015 年 1—6 月重型机械行业及分行业主要经济指标完成情况见表 1。2012 至 2015 年 1—6 月重型机械行业及分行业主营业务收入同期增速走势见图 1。2013 至 2015 年 1—6 月重型机械行业主营业务收入及增长率走势见图 2。2013 至 2015 年 1—6 月重型机械行业各分行业主营业务收入增速见表 2。

表 1　2015 年 1—6 月重型机械行业及分行业主要经济指标完成情况

名　称	主营业务收入（亿元）	同比增长（%）	主营业务成本（亿元）	同比增长（%）	利润总额（亿元）	同比增长（%）	利润率（%）	上年同期（%）
重型机械行业合计	5 682.71	0.21	4 810.65	0.31	318.00	0.37	5.60	5.59
冶金机械行业	577.80	0.96	510.18	-1.21	3.74	-168.11	0.65	-0.96
矿山机械行业	1 917.11	0.82	1 655.59	1.39	89.60	-6.71	4.67	5.05
物料搬运机械行业	3 187.80	-0.28	2 644.88	-0.38	224.66	-0.72	7.05	7.08

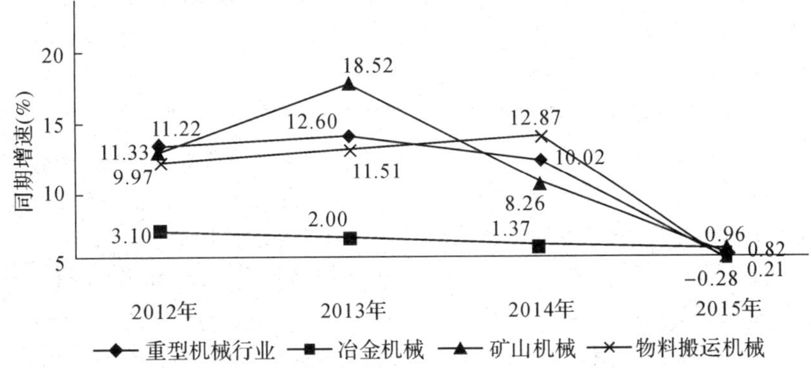

图 1　2012 至 2015 年 1—6 月重型机械行业及分行业主营业务收入同期增速走势

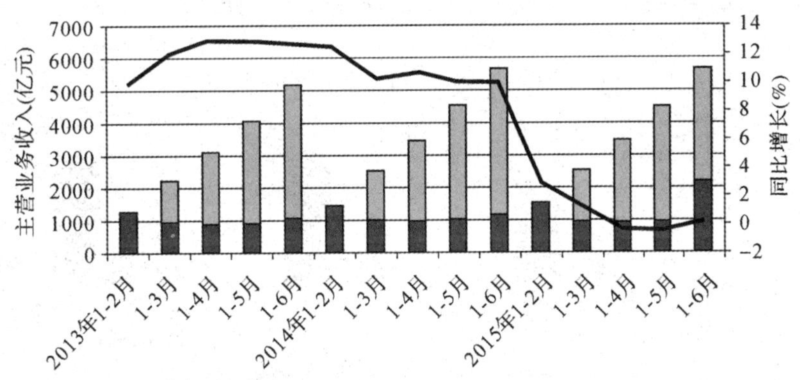

图 2　2013 至 2015 年 1—6 月重型机械行业主营业务收入及增长率走势

表 2　2013 至 2015 年 1—6 月重型机械行业各分行业主营业务收入增速　（单位:%）

分行业名称	2013 年	2014 年	2015 年
冶金机械	2.00	1.37	0.96
矿山机械	18.52	8.26	0.82
物料搬运机械	11.51	12.87	-0.28

二、主要产品情况及特点

1—6 月重型机械行业企业生产的主要产品，除输送机械产量增长外，其余均处于下降态势，其中：金属冶炼设备同比下降 9.78%，环比下降 2.64 个百分点；金属轧制设备同比下降 6.65%，环比下降 0.20 个百分点；矿山机械下降 8.53%，环比上升 2.07 个百分点；水泥设备下降 15.44%，环比上升 1.43 个百分点；起重机下降 10.62%，环比下降 0.81 个百分点；减速机下降 2.67%，环比上升 0.83 个百分点。2015 年 1—6 月重型机械行业部分产品产量见表 3。

表 3　2015 年 1—6 月重型机械行业部分产品产量

产 品 名 称	企业数（家）	产量单位	产量	上年同期	同比增长（%）
冶金机械		万 t	58.39		
金属冶炼设备	98	万 t	31.72	35.16	-9.78

（续）

产品名称	企业数（家）	产量单位	产量	上年同期	同比增长（%）
金属轧制设备	73	万t	26.67	28.57	-6.65
矿山机械	674	万t	347.06	379.43	-8.53
水泥设备	69	万t	41.74	49.36	-15.44
物料搬运机械		万t	458.26		
起重机	508	万t	458.26	512.72	-10.62
输送机械（输送机和提升机）	163	万t	123.91	120.75	2.62
内燃叉车	42	万台	12.25		-852.00
电动叉车	40	万台	8.23		-15.40
减速机	176	万台	284.33		-2.67

三、效益完成情况

1—6月全行业实现利润总额318.00亿元，同比增长0.37%；利润率5.60%，比上年同期上升0.01个百分点；应收账款净值2 760.86亿元，同比增长5.39%。

其中：冶金机械行业实现利润总额3.74亿元，同比下降168%；利润率0.65%，同比上升1.61个百分点；应收账款净值480.44亿元，同比增长4.28%。矿山机械行业实现利润总额89.60亿元，同比下降6.71%；利润率4.67%，同比下降0.38个百分点；应收账款净值828.90亿元，同比增长0.71%。物料搬运机械行业实现利润总额224.66亿元，同比下降0.72%；利润率7.05%，同比下降0.03个百分点；应收账款净值1 451.51亿元，同比增长8.67%。2013至2015年1—6月各分行业利润总额完成情况见图3。2013至2015年1—6月各分行业利润率完成情况见图4。2013至2015年1—6月物料搬运机械分行业利润总额完成情况见图5。

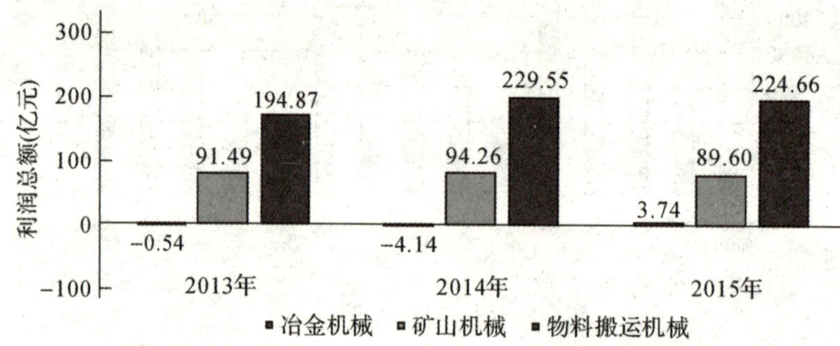

图3　2013至2015年1—6月各分行业利润总额完成情况

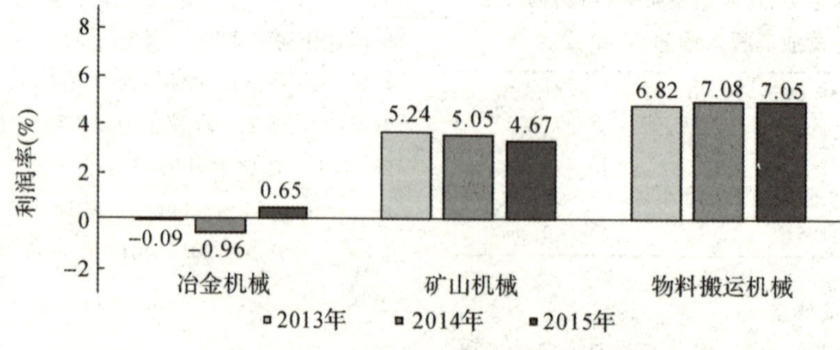

图4　2013至2015年1—6月各分行业利润率完成情况

四、固定资产投资情况

1—6月全行业完成固定资产投资1 265.57亿元，同比下降2.96%，同比增长率比全国机械工业低12.51个百分点。

从分行业的情况看，冶金机械行业完成固定资产投资99.72亿元，同比下降15.06%；矿山机械行业完成546.28亿元，同比下降5.82%；物料搬运机械行业完成619.57亿元，同比增长2.11%。2015年1—6月重型机械行业固定资产投资情况见表4。

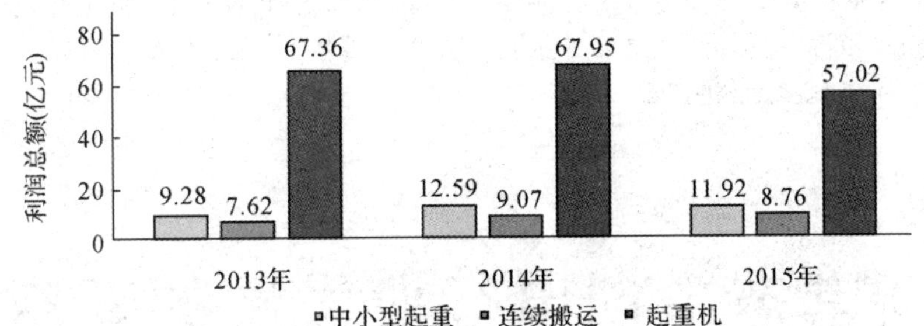

图5　2013至2015年1—6月物料搬运机械分行业利润总额完成情况

表4　2015年1—6月重型机械行业固定资产投资情况

行业名称	计划总投资		自开始建设累计完成投资		自年初累计完成投资	
	金额（亿元）	同比增长（%）	金额（亿元）	同比增长（%）	金额（亿元）	同比增长（%）
机械工业合计	64 176.58	-3.17	42 611.20	4.65	21 777.38	9.55
重型机械行业合计	4 082.81	-9.27	2 693.20	-5.76	1 265.57	-2.96
矿山机械行业	1 698.22	-12.90	1 114.86	-10.78	546.28	-5.82
冶金机械行业	357.35	-25.00	294.01	-20.55	99.72	-15.06
物料搬运机械行业	2 027.24	-2.24	1 284.33	3.73	619.57	2.11

五、主要产品进出口情况

据国家海关总署统计，1—6月全国重型机械行业产品进出口增速仍维持进口增速高于出口增速的特点。截至6月月底，全行业进出口总额120.93亿美元，同比增长3.07%。其中，出口额89.99亿美元，同比增长2.83%；进口额30.93亿美元，同比增长3.77%；进出口顺差59.06亿美元，同比增长2.35%。2015年1—6月重型机械行业产品进出口情况见表5。2015年1—6月各分行业产品出口额完成情况见表6。

表5　2015年1—6月重型机械行业产品进出口情况

行业名称	出口额（亿美元）	同比增长（%）	进口额（亿美元）	同比增长（%）	进出口总额（亿美元）	同比增长（%）	进出口顺差（亿美元）	同比增长（%）
重型机械行业合计	89.99	2.83	30.93	3.77	120.93	3.07	59.06	2.35
冶金机械行业	7.74	2.24	2.19	-35.86	9.93	-9.62	5.54	33.68
矿山机械行业	7.68	-5.97	1.86	-24.41	9.54	-10.24	5.82	1.98
物料搬运机械行业	74.58	3.89	26.88	12.33	101.46	6.00	47.70	-0.33

表6　2015年1—6月各分行业产品出口额完成情况

（单位：亿美元）

行业名称	2013年	2014年	2015年
冶金机械	9.02	7.57	7.74
矿山机械	10.64	8.16	7.68
物料搬运机械	67.46	71.78	74.58

重型机械行业产品出口趋势：2013年1—6月出口额87.13亿美元，同比增长7.36%；2014年1—6月出口额87.52亿美元，同比增长0.45%；2015年1—6月出口额89.99亿美元，同比增长2.82%。重型机械行业产品出口额连续3年保持增长趋势，虽有波动，但趋势未改。

重型机械行业产品进口趋势：2013年1—6月进口额30.08亿美元，同比下降3.79%；2014年1—6月进口额29.81亿美元，同比下降0.89%；2015年1—6月进口额30.93亿美元，同比增长3.76%。近3年由低向高走势，2015年1—6月升势显著，后期走势还需观望。

重型机械各分行业主要产品进出口情况：

冶金机械行业：冶炼设备出口0.18亿美元，进口0.05亿美元；连续铸钢设备出口0.56亿美元，没有进口；轧制设备出口1.69亿美元，进口0.69亿美元；冶金设备备件出口5.31亿美元，进口1.46亿美元。

矿山机械行业：采掘、凿岩设备及钻机出口2.02亿美元，进口0.83亿美元；破碎、粉磨设备出口4.15亿美元，进口0.47亿美元；筛分、洗选设备出口1.21亿美元，进口0.53亿美元；矿山提升机出口0.04亿美元，没有进口；矿山设备备件出口0.26亿美元，进口0.03亿美元。

物料搬运机械行业：轻小型起重设备出口10.43亿美

元，进口4.71亿美元；起重机出口19.28亿美元，进口3.05亿美元；工业车辆出口10.56亿美元，进口2.25亿美元；连续搬运设备出口10.12亿美元，进口6.43亿美元；其他物料搬运设备出口7.20亿美元，进口8.37亿美元。

〔撰稿人：中国重型机械工业协会严祥文　审稿人：中国重型机械工业协会岳建忠〕

在新常态中创出行业发展的新空间

一、2014年重型机械行业发展回顾

2014年重型机械行业虽然努力克服经济下行压力加大的挑战和考验，运行总体保持了持续增长的态势，但是全年累计主营业务收入增速下滑明显，增速近12年来首次进入个位数。

（一）2014年行业经济运行简况

据统计，重型机械行业主营业务收入为1.23万亿元，同比增长7.78%，较上年下降3.07个百分点；略高于全国工业7%的增速，低于机械行业9.65%的增速，低于年初预计的10%左右增速两个多百分点。全行业利润率为5.51%，较上年回落0.73个百分点；亏损面11.49%，较上年增加1.76个百分点。应收账款2 715.6亿元，同比增长8.36%，较上年下降5.74个百分点。

（二）2014年行业发展的主要特点

1. 行业增长在中速下限区间，总体形势严峻

自2012年，重型机械行业由高速增长大幅下降到15.2%，协会分析了国家化解钢铁、有色、水泥、煤炭能力过剩的政策取向，以及这些行业生产能力由紧缺转到供大于求的现状，对重型机械行业回归到中速发展区间进行了研判，提出了行业应对策略。随着经济形势下行压力持续加大，行业总体下行比预想的快，到2014年年底进入了个位数增长区间，特别是2014年四季度，没有按照原来的生产规律出现增速翘尾的情况，反而降幅逐月加大，预示着2015年经济运行后劲明显不足。从效益指标看，行业保持了一定的利润率，在减少应收账款方面也做出了努力。

从分行业看，冶金机械行业主管业务收入同比增长2.29%，较2013年下降0.6个百分点；矿山机械行业同比增长8.13%，下降2.7个百分点；物料搬运机械行业同比增长8.65%，下降3.9个百分点。由于物料搬运机械在行业中所占比例较大，其增速大幅下降，是引发该行业增速下降的重要因素之一。

2. 固定资产投资增速继续两位数下降

2014年重型机械行业固定资产投资增速为9.9%，低于全国机械行业2.8个百分点。固定资产投资自2013年开始以两位数急剧下降，表明行业泡沫式投资增长期已经过去，特别是行业外企业盲目投资重型机械行业热情明显收敛。但是增速过低，表明业内企业在提高质量、增加效益方面的技术改造项目也在减少，这将难以应对今后市场上产品在技术和质量方面的竞争。

3. 研制出一批重大新产品和升级换代产品

中国第一重型机械工业集团、中国第二重型机械工业集团、上海重型机械厂有限公司联合承担的“大型先进压水堆核电核岛主设备超大型锻件研制及工程应用”，中国重型机械研究院有限公司、重庆大学等9家单位联合研制的“120MN航空级铝合金板材张力拉伸机装备”项目，分别荣获2014年度中国机械工业科技进步特等奖；还有一批新产品，分别获得了2项一等奖，11项二等奖，9项三等奖。

2014年新产品有一个显著的特点，开发出多项在世界上规格参数最大的产品，如520t冶金起重机、14 500t/h堆料机和14 400t/h取料机、船用特大型对接曲轴，既是国内首次制造，又是出口国外的产品，表现出行业技术发展水平和我国装备工业的实力，逐渐在国际市场上被认可。

4. 出口保持较好势头，进出口顺差持续增加

太原重型机械集团有限公司、中信重工机械股份有限公司、上海振华重工（集团）股份有限公司、北方重工集团有限公司、大连重工·起重集团有限公司、中国重型机械有限公司、中材装备集团有限公司等一批企业产品在国外的影响不断增加，市场逐渐稳固。一批自行设计的符合国际通用标准和交货条件的世界上最大规格的产品首先出口国外使用，成为行业“走出去”的亮点。有些企业不断有回头客订货，部分企业出口额占企业销售收入的比重超过1/3。需要注意的是，2014年进口额回升到了正增长。

5. 行业企业发展差异明显，洗牌加剧

市场需求的减少、企业经营策略和技术水平的差异，导致行业企业发展差别扩大。一部分企业严重亏损，其中中国第二重型机械集团连续三年严重亏损，一些企业关门停业；在长垣起重机生产聚集区一批桥式起重机整机企业停产、半停产。但是也有一些企业，不但保持较好的运行态势，2015年开局也较平稳。其中一些近年新进入行业的

企业注重产品的质量和创新，反而占据了一席市场，较老牌企业运行情况要好。行业洗牌还将继续加剧。

（三）持续开展创新驱动，积极探索增长方式的转变

行业企业面对市场环境的变化，在“转型升级、两化融合、节能减排”方面持续创新驱动，积极探索增长方式，增添了后劲。

在硬实力方面：一是产品升级换代持续升温，北京起重运输机械研究院联合一些企业在“通用型桥式起重机系列轻量化设计与应用”研究取得阶段性进展的基础上，一方面继续积极争取国家支持，另一方面成立创新产业联盟，把前期的研究成果继续推向产品实质性研发。一些自动化、信息化配套企业，主动与主机企业联合，开展“两化融合”的具体工作。手动葫芦行业中的一些企业，将链条抗拉强度由 80 公斤级提高到 100 公斤级，从可靠性、轻量化方面开展葫芦的升级换代。矿用破碎机生产企业多，产品雷同，有些产品制造粗糙、使用寿命短；一部分优势企业从产品设计、制造工艺、质量控制着手，以精品意识组织生产，在产品外观、内在质量等方面实施差异化制造，影响用户消费理念，开拓出新的卖点。

二是提高生产一致性的技术改造热度不减。在工艺技术改造方面：一些企业研究新工艺，开展工艺装备技术改造，提高了产品质量一致性和生产效率。中国第一重型机械集团在大型筒形锻件生产上严格工艺、创新工艺装备，不仅效率提高，还使得产品质量稳定性大大增加。上海科大重工集团有限公司、北京约基工业股份有限公司，沈阳皆爱喜公司新增的带式运输机部件机器人生产线、开发控制软件，生产的零部件在质量和效率上明显提高。卫华集团有限公司、河南矿山起重机有限公司等企业坚持开展电动葫芦起重单梁连续轧制成形、起重机箱形梁自动焊接、组焊等工序工艺装备技术改造，在节材、稳定质量方面投入大量心血和投资。

不少企业把节能减排的理念贯穿在生产经营中，太原重型机械集团、大连华锐重工集团等企业开展班组节能降耗活动，改变传统操作习惯，为企业节能降耗作出明显贡献。豫飞重工集团、浙江众擎起重机械制造有限公司、法兰泰克起重机械（苏州）有限公司对桥式起重机大型结构件进行封闭涂装设备技术改造，改变了起重行业露天喷漆作业的陋习，减少大气污染。

在软实力方面，部分企业加强专业基础技术研究、计算软件专用程序再开发、专业技术人才培养工作，夯实企业发展基础。北方重工自主开发的大型长距离越野胶带运输机计算程序，在胶带机计算、节能节材方面取得良好效果。沈阳隆基电磁科技有限公司扩充了矿物选别流程试验室，增加矿物样本收集，为用户全面解决方案提供技术支持。卫华集团、华伍制动器股份有限公司加强与大专院校的结合，建立中央研究院、院士工作站、博士生工作站等机构，为企业培养和吸引人才创造了条件。太原科技大学与太重集团、太钢集团成立的产学研中心，重视理论研究，着力原始创新，开发了一批新型冶金技术装备，引导用户采用高效新装备，为企业增加新的增长点做出贡献。还有一些企业创新销售经营模式，以主导产品为基础，与金融机构合作，采用投资、融资、租赁等各种组合方式，挖掘使用、制造、金融各方潜力，形成合力，扩大了产品销路，拓宽了向制造服务业转变的路径，增加了服务收入在收益中的比重。

上述产品和事例，都是企业在新的形势下，从内部调动员工的智慧，挖掘提质增效的潜力，研究新工艺、新技术、开发出新产品；从外部适应市场的新变化，研究用户的新需求，解放思想，打破常规，创新驱动，在新常态下创出企业发展的新空间。

二、行业形势的估计

钢铁、铝、水泥、煤炭等工业能力化解工作还在持续，根据对行业部分重点企业抽样，突出的问题仍是订货持续不足，即便是国家进行定向微调政策对行业带来积极影响，其效应也要向后延迟。因此，重型机械行业生产经营的严峻形势总体没有缓解，下行还将持续。

1. 不利因素

2014 年固定资产投资中，冶金、煤炭工业为负增长，有色、建材行业增长 10% 左右，建设项目减少，是导致行业订货不足的主要原因。从目前情况看，资源市场连年持续低迷，全行业亏损面过大，支付能力进一步下降，是行业应收账款呈增长趋势的重要原因。出口市场进一步低迷，汇率波动，对出口影响加大。

2. 有利因素

（1）国家全面深化改革，减轻企业负担政策逐渐落实，有利于企业降低运营成本。但是政策溢出的红利，大部分被压价竞争所冲抵。

（2）国家新环保法的执法力度加强，迫使高污染行业采取技术改造措施，朝着符合环保要求的方向努力，其中电力行业将对 30 万 kW 火力发电机组中能耗高的设备开展改造，利用水泥窑生产协同处理城市生活垃圾，提高商品煤使用率和按质定价等，为行业带来一些好消息。同时市场的传导，用户在产品结构调整、提质降本、减人增效、综合利用、延长产业链等方面开展必要的技术改造，不乏单机、成套、单元设备以及电气、信息化的技术改造。此外，仍有民营企业以其特有的市场嗅觉和胆识，投资建设钢材轧制线、精整线、大型锻压生产设备等原材料生产领域。

（3）大规模的地铁建设，城市垃圾处置、快递物流仓储、城市停车等新的行业和业态出现，直接和间接增加了对重型机械的需求。

（4）东南亚、西亚国家发展交通、能源、原材料等基础工业和基础设施的愿望，为重型机械装备创造了市场空间；同时产品出口将带动企业产品质量和经营管理水平的

提升。

(5) 生产物资充足，价格稳定，生产成本可控余地较大。

三、新常态中创出行业发展的新空间

2014年在党的中央经济会议上，习近平总书记对我国经济进入“新常态”做了系统的论述。回顾重型机械行业的发展，特别是2002年至今发展环境的巨大变化，也说明重型机械行业进入了新的发展阶段。一是市场变化，长期服务的能源、交通、原材料工业完成了生产能力积累，物资供应从紧缺的卖方市场转为较为宽松的买方市场，进入了总体供大于求的平缓发展期，国家不再集中使用政府资源建设新的生产基地，而是转入以企业为主、根据市场行情决策扩减。二是任务变化，由满足用户增量需求转向为用户存量服务，以现有企业的装备更新和技术改造为主，新建能力任务次之。三是产品技术水平的变化，信息化对传统工业的生产组织方式、产品性能渗入越来越广泛深入。在互联网时代，以提质增效为目的，要求具有自动化、信息化、智能化功能的现代工业装备，以及按照多品种小批量生产工艺提供个性化产品逐渐成为技术发展趋势。另外，环境法规约束越发严格，单机、成套、单元、全系统都要符合环保排放要求，节能减排成为产品主要性能指标。四是企业对商标，自主知识产权的维权意识越来越重视：随着法治社会的逐渐建立，以及市场竞争转向品牌的竞争，利用仿制、抄袭来经营的企业会受到法律的追责。五是社会地位的变化。随着我国工业化发展进入中期，机械加工能力普遍提高，除一部分技术含量高的产品国家依靠研发能力强的大型重机企业完成外，大部分产品已经扩散到一般企业；此外兄弟行业企业跨界发展，创新重型机械升级换代已不再是登天难事。

因此在新常态下，行业企业需要摈弃苦等二三年就会重新出现新一轮高速发展的惯性思维，更新机器产品就是铁疙瘩一块的传统概念，改变要什么做什么的保姆销售模式；加快探索“全面解决方案”制造+服务业发展的途径，在新常态中创出新的发展空间。

在市场定位方面，重型机械服务的能源、交通、原材料行业以及为机器制造提供大型铸锻件继续发挥着作用。但是除了增量外，以降低污染排放，提高循环利用，提高经济效益为目的的存量技术改造是业务延伸一个重要方向。同时随着新能源、新材料、轨道交通、海洋工程等战略性新兴产业逐渐成熟，固体废弃物消纳等循环再利用等新产业的出现，以及与人民生活息息相关的物流仓储、旅游观光、网购快递等新业态的形成，重型机械服务领域有了扩展的新空间。因此行业企业在坚守为能源、交通原材料等传统产业服务，维护国家经济安全的同时，努力转向“制造+服务”型企业，发挥重型机械行业技术和生产优势，创新经营模式，抢占新的服务领域。对没有自主知识产权、没有开发设计能力的企业，或做精产品，巩固传统市场；或者发挥自身特点，转移主营方向，另辟发展新途。

在经营环境方面，市场软环境的改变使市场活力不断增加，企业可以利用自身技术优势与社会各种资源结合，分析产品全寿命周期的各环节，寻找实现盈利和利益的最大化的渠道和切入点，创新与用户、科研院所、金融机构和企业间不同合作模式和商业模式，激活企业潜力，获得共赢。此外，随着依法治国国策的加强，企业可以进一步运用合同、产权、商标等法律手段，保护企业核心利益，减少企业知识产权、品牌被侵犯的现象。

在技术升级方面，新常态下企业经营策略需要由外部扩展转向内部提升。企业间的竞争将转向产品的质量、生产一致性和可靠性上，需要完善、创新生产工艺，实现产品质量的升级；随着用户的产业升级，“机器替换人”的趋势明显，对重型机械产品的制造精度需求更为严格。此外自动控制、状态监测、智能应变等“机电一体”“两化融合”的软件程序必不可少，单机间、成套设备间、子系统间、全系统和系统外的信息互联互通，智能控制软件的不断完善更新，将成为重型机械产品软件硬件一起买、升值盈利的重要途径。

在节能减排方面，重型机械产品大多是耗能高、产生污染源的产品，一方面需要开发节能减排新产品，形成新的卖点；另一方面将现有的产品推广到循环利用、废弃物处理等新的产业中发挥作用。

重型机械走出国门的市场广阔。目前行业出口已经取得了一定的成绩，大型成套设备出口业绩累累，但是品牌还不硬，处在“打一枪换一个地方”的状态，连锁效应还不明显。

新常态是沉淀企业技术、管理、文化优质元素的大好时机。重型机械行业要充分利用国家深化改革开放的政策，丢掉幻想，创新观念，挖掘市场资源的潜力，以主导产品为基础，调动员工的积极性，实施创新驱动，创出行业持续健康发展的新空间。

四、协会的主要工作

中国重型机械工业协会（以下简称总会或协会）和各分支机构共同努力，在全体会员单位、特别是各理事和理事长单位的热心支持下，认真落实党的十八大精神，围绕着“转型升级、两化融合、节能减排”发展主线，按照2014年协会工作安排，在维护会员整体利益，建立交流平台，向政府部门反映情况、提出建议等方面，做了一些工作。

（一）完成政府部门布置的工作

根据政府有关部门的要求，利用行业有关专家的力量，完成发改委、工信部、科技部、商务部、海关总署、财政部、教育部、质检总局等部门布置的工作。

(1) 按照要求，协会秘书处通过调研，与各分支机构、企业沟通，汇集分析各方面的情况，向发改委、工信部、商务部等有关部门提供行业经济运行情况，提出趋势预测，为宏观调控政策制定提出建议。针对行业企业主导产品任务减少、经济运行中应收账款上升等情况提出预警意见，要求国家予以重视。

（2）对《起重机械制造许可规则》《起重机械安装改造维修许可规则》《起重机械型式试验规则》等法规征求意见稿中有关条款提出了书面修改意见。

应国家质检总局特种设备局的要求，协会对桥、门式起重机整机制造许可审查程序中样机是否采用“前置审查”，组织了桥门式起重机分会理事单位和部分企业座谈会，对“前置审查”和“后置审查”的合法性、可操作性、利弊等进行了分析，提出“后置审查”的建议并函告特种设备局。

（3）对《进口关键件零部件免税产品及项目》清单、《鼓励进口技术、装备项目》等外贸政策提出意见建议。

（4）参加了工信部组织的2014年地方政府申报的企业技改项目审查工作。在工信部2014年智能成套装备项目选择工作中，协助提出备选方向编写的《冶金精密轧制装备项目建议书》，被纳入立项目录。参加了工信部、证监委建立“重大装备首台套保险机制方案”的论证，核对了“首台套重大装备推广应用目录”和“重大装备进口零部件项目单位清单”。

（5）组织对国家、行业标准进行制修订和完善。大型铸锻件分会组织了国家标准《渗碳轴承钢锻件　技术条件》的编制工作，组织了《大型合金结构钢锻件　技术条件》等2项国家标准的审查。停车设备工作委员会参与编制国家标准《起重机械　检查与维护规程　第11部分：机械式停车设备》；参与国家标准《汽车库、修车库、停车场设计防火规范》和行业标准《平面移动类机械式停车设备》的修订。传动部件专业委员会将现行的“安标”煤矿井下盘式制动器型号标注方式存在缺陷，可能带来安全隐患及时通过总会致函安标委，要求完善。

（6）积极为各地方政府提供服务。总会与洗选分会同志应邀到江西赣州石城地区选矿机械聚集区调研，为其发展把脉。组织行业企业参加中机联与新疆哈密行署召开的机械工业发展研讨会。配合江苏吕四港开发区跟踪可能进驻企业的信息，穿线搭桥。应河南省、山西省、郑州市和攀枝花市等省市的邀请，提出重型机械发展意见。

（二）提出宏观经济政策建议

定期参加有关部门和中国机械工业联合会专家委员会组织的经济形势会，提供重型机械行业现状和存在的主要问题，提出政策措施建议。依照重型机械行业的特点，先后向有关部门提出产业安全、高端装备国产化纵深推进、机械工业由大到强、机器人发展需求、重视人才培养等政策建议。

（三）围绕行业发展对重大情况进行调研

针对2014年重型机械市场下行压力加大，行业增长速度可能继续下滑的形势，协会与分支机构、重点企业、行业专业组织保持沟通，利用各分支机构会议、到企业调研和企业同志到协会办事等各种机会，了解企业运行的实际情况。2014年二季度、三季度重点对应收账款、累计订货等相关数据进行了抽样调查，得到协会统计信息网企业单位的支持，及时收集到了数据。到二重集团了解与国机集团重组后企业实际情况，到一重、上重、北方重工、中信重工、大重、太重、华电重工、卫华集团等企业集团，到江苏省、浙江省等会员企业较多的地区调研，分析影响行业经济有利和不利因素，为行业运行发出预警，向有关部门提出改善经营环境的建议。

（四）搭建行业交流平台，积极开展行业活动

（1）针对国家质检总局2014年1月1日废止《起重机械制造监督检验规则》生效后，起重机主机和配套生产由行政监察过渡到企业自主检验可能出现质量监督空缺，总会在会刊《中国重机通讯》上发表文章要求企业加强质量管理，并与桥式起重机专业委员会共同跟踪产品质量状况。

（2）编辑出版了协会会刊《中国重机通讯》、协会《统计简报》《冶金矿山机械进出口统计年报—2014》《物料搬运（起重运输）机械进出口统计年报—2014》（由于《2014年中国重机协会统计年报》上级数据没有到，尚未编辑）。完成了2014年《中国重型机械工业年鉴》的组稿和编辑工作。利用协会网站，让公众通过正规渠道了解行业。矿山机械分会向会员单位赠送《矿山机械》月刊，根据会员单位的要求及时提供行业资料。

（3）在北京亿洋天成国际广告有限公司、冶金出版社的大力支持下，历时近2年完成了《重型机械选型手册》的编辑出版工作，选型手册分《冶金锻压机械》《矿山机械》《物料搬运机械》《重型基础件》四个分册，共有152家企业产品入编。《选型手册》集中介绍了近年来行业产品的情况，为设计、使用、维修单位选型提供了参考。

（4）为了更好地满足企业对展会效果的期望，协会和中国机械工业联合会首次与德国展览公司汉诺威米兰（上海）有限公司共同举办了“2014中国（上海）国际重型机械装备展览会”。该展览会与动力传动机械展、物流技术展等多个展览会同时同地举行，增加了重型机械装备展的人气。这次展览会得到了协会会员单位的关注，总会理事长单位带头，副理事长单位基本参加了展览，并采用特装的形式显示各自的实力；破碎粉磨设备专业委员会以展团的形式，组织会员集体参展，起重机和葫芦分会等各分会理事长和秘书长积极组织会员单位参展。一些企业领导亲临现场，亲自介绍产品特点；配套企业拿出最新开发的、适应行业产品配套的零部件产品、软件与主机厂共享。输送给料机分会、桥式起重机分会等分支机构将其年会与展会同期举办，并专门组织会员单位参观展会；一些理事、副理事长单位领导百忙之中到展会参观指导。通过展会，企业家品出了行业发展动向和趋势，技术人员比出了同行产品间的优势和差距，主机和配套厂交流了新技术、新产品发展动态和需求。来自不同专业、不同层面的观众持续不断，较往届展会相比人气大大增加。当然也有

遗憾，作为主办方，协会对多个展览会同时举办的总体布局了解得不透，出现了通往展会的通道不畅，使观众流动受到影响的情况。

（5）开展了不同形式的技术交流。2014年7月，总会在北方重工集团有限公司的支持下，会同带式输送机分会等相关分支机构在沈阳与举办了“2014物料搬运技术发展论坛”，参会人员近200人。来自机械、港口、物流行业的专家就物料搬运机械的发展趋势、前景发表看法，气氛热烈。总会还会同重型基础件分会在苏州举办了“重型基础件发展论坛”，就减速机等重型基础件发展进行研讨。两个论坛将收到的论文汇集成册供代表交流。通过研讨，与会代表在发展方向、技术上有所收益。

物料搬运成套与服务分会根据会员以成套装备为主和出口业务较多的特点，邀请复旦大学教授讲解“工业4.0”的特点，邀请经验丰富的项目主管对出口成套设备的质量控制要点进行案例讲解。散料装卸及工业车辆分会组织企业交流产品技术发展趋势，邀请北京迈达斯技术有限公司介绍了有限元等设计计算软件的发展和应用。桥式起重机分会就“十二五”国家科技支撑计划项目“桥式起重机械轻量化关键技术研究与应用”2015—2017年的工作任务和内容以及承担的科技部“通用型桥式起重机轻量化设计及应用”课题成果的推广，向行业做了介绍，引导行业技术走向。停车设备工作委员会举办了行业技术研讨会，分别就机械式停车设备标准化设计、智能车库小型化设计、车库分布式模块化控制技术、光电传感器在车库上的应用、停车设备配套产品及其发展模式进行了交流。洗选设备专业委员会邀请中国科学院院士闻邦椿和选矿学术带头人与企业探讨先进的选矿工艺流程及装备发展的趋势。

（6）开展不同形式的培训工作。油膜轴承分会组织技术人员在安钢1780、鞍钢中板厂、湘钢3800等单位现场，对近200名操作维护人员进行油膜轴承使用及维护知识现场培训。带式输送机分会针对大型胶带运输机需求越来越多，在芜湖市为会员进行“带式输送机设计实战”培训班，分别针对①“高炉带式输送机设计及计算”（实例：首钢5 000m^{3}高炉带式输送机）；②长距离大运量带式输送机设计及计算（实例：海螺10km平面转弯带式输送机）；③圆管带式输送机设计及计算（实例：江苏钢厂圆管带式输送机）；④露天矿移置式带式输送机设计及计算（实例：乌兹别克斯坦露天矿移置式带式输送机）进行了讲述。这种理论学习结合参观实际项目现场的培训方式受到了45家企业的60余名技术人员的好评。

（7）总会先后为参加统计网的网员企业提供所需的协会证明。润滑液压行业分会、千斤顶分会为会员单位参加所在地的检查、评比、申报等工作提供服务。

（8）接待了俄罗斯、美国等来华经贸代表团，交流情况，探索合作的途径。

（9）各分支机构加强组织建设。2014年，共有7个分支机构进行了换届。换届后新的分支机构理事会提出了行业年度和今后活动想法。运输机和给料机分会换届后，提出了以优化结构、改善品种质量为重点，加快推进重点产品改造提升等6项具体任务；物流与仓储机械分会着手组织自动化立体仓库、货架等统计工作。

各分支机构积极发展新会员，2014年共吸收39家单位入会，增强了协会的活力。同时对已经改变经营方向提出退会的会员办理了退会，对长期不参加协会活动、不交纳会费的23个会员单位进行了除名。

（五）加强协会秘书处自身建设

总会秘书处召开了两次分支机构秘书长会议，交流工作经验，分析行业现状，研究协会工作。召开了2014年度协会统计工作年会，部署协会统计工作，交流行业统计工作经验。召开了分支机构财务管理工作会议，就国家对协会财务管理政策变化后，协会分支机构财务管理办法所做的修改，进行了讲解和培训。参加上级单位组织的外事、财务、统计、协会管理等业务人员培训。

根据民政部的要求，参加了社会团体评级评估。按照评估提纲，提供了2012—2013两年协会包括分支机构的活动情况，对基础条件、内部处理、工作绩效、社会评价等方面的提问进行了回答。

民政部下放协会分支机构审批事项后，秘书处设计了重机协会分支机构证书，经常务理事会通过，今后分支机构的证书改由总会颁发。随着改革不断地深入，国家还会出台对社会组织的管理要求，协会秘书处密切注意政策变化，与分支机构秘书处及时沟通，妥善解决出现的新问题。

〔撰稿人：中国重型机械工业协会李镜　审稿人：中国重型机械工业协会张艳君〕

2014年中国重型机械科学技术奖获奖项目

2014年8月7—9日中国重型机械工业协会在吉林省长春市召开中国重型机械科学技术奖评审会议，28名行业知名专家，对申报的47项成果进行了审查和评议，并将评审结果报中国机械工业科学技术评审委员会审查。经中国机械工业科学技术评审委员会专家审议，2014 年重型机械行业共有 24 项成果获得中国机械工业科学技术奖，其中特等奖 2 项、一等奖 2 项、二等奖 11 项、三等奖 9 项。2014 年获得中国机械工业科学技术奖的项目见表 1。

表 1　2014 年获得中国机械工业科学技术奖的项目

项目名称	获奖等级	完成单位
大型先进压水堆核电核岛主设备超大型锻件研制及工程应用	特等奖	中国第一重型机械股份公司、二重集团（德阳）重型装备股份有限公司、上海重型机器厂有限公司
12 000t 航空级铝合金板材张力拉伸机装备	特等奖	中国重型机械研究院股份公司、西南铝业（集团）有限责任公司、中信重工机械股份有限公司、重庆大学、太原科技大学、中南大学、西安交通大学、燕山大学、清华大学
高速大运量客运索道关键技术及应用	一等奖	北京起重运输机械设计研究院
WK 系列大型矿用机械正铲式挖掘机研制	一等奖	太原重工股份有限公司、大连理工大学、吉林大学
磷石膏输送管状带式输送机	二等奖	四川省自贡运输机械集团股份有限公司、贵阳中化开磷化肥有限公司
大型新型干法水泥熟料冷却及热回收装置关键技术研究和应用	二等奖	燕山大学
810mm 扁钢可逆热连轧机组研制及工程应用	二等奖	中国第一重型机械股份公司
电子束制备太阳能级多晶硅材料的技术、装备及应用	二等奖	大连理工大学、青岛隆盛晶硅科技有限公司
干熄焦提升机系列研制	二等奖	太原重工股份有限公司
新型双动短行程铝挤压机研制	二等奖	太原重工股份有限公司、太原科技大学
高效喷粉脱硫 RH 炉外精炼工艺及设备的开发与应用	二等奖	中国重型机械研究院股份公司、天津天管特殊钢有限公司
千万吨级矿井大型箕斗安全运行关键技术及产业化	二等奖	中国矿业大学、徐州煤矿安全设备制造有限公司、中实洛阳工程塑料有限公司、常熟市新虞电器有限责任公司
GeN2 - MR 有机房电梯	二等奖	西子奥的斯电梯有限公司
HMTK600B 型 363t 电动轮自卸车研制	二等奖	中冶京诚（湘潭）重工设备有限公司、神华准格尔能源集团有限公司
60 万 t 热轧不锈钢连续退火酸洗线的关键技术研究与应用	二等奖	北京机械工业自动化研究所
全自动冶金上料桥式起重机	三等奖	卫华集团有限公司
ZRB400 智能乳化液保障系统成套设备	三等奖	三一重型装备有限公司
油页岩开采机关键技术的研究与应用	三等奖	太重煤机有限公司
桥门式起重机安全监控管理系统关键技术研究与应用	三等奖	北京起重运输机械设计研究院
铝及铝合金十二辊型材矫整机	三等奖	中国重型机械研究院股份公司、中国铝业股份有限公司西北铝加工分公司
ϕ340mm 排管锯机组的开发与关键技术研究	三等奖	中国重型机械研究院股份公司、山东寿光巨能特钢有限公司
大功率海工可调桨推进系统	三等奖	南京高精船用设备有限公司
一种水流宽度可调式热轧层流冷却上喷装置的研制	三等奖	北京中冶设备研究设计总院有限公司
1 200 万 t/a 综采工作面超重型成套输送设备	三等奖	宁夏天地奔牛实业集团有限公司

〔撰稿人：中国重型机械工业协会陶岚　审稿人：中国重型机械工业协会张维新〕

企业大事记
记载企业成长的每一个阶段，解读年度重大活动

卫华集团
2014年大事记

1月 中国人民解放军某部发来感谢信，感谢公司助力嫦娥三号飞天。

首台集装箱防摇摆多功能门式起重机通过验收。

防摇摆自动定位系统、全自动冶金上料桥式起重机被河南省科技厅鉴定为国际领先。

2月 跻身首批国家级知识产权优势企业。

获“全国机械工业质量奖”。

3月 获“河南省优秀博士后工作站”称号。

4台2×70t卷扬机落户巴西。

4月 获“河南省A级纳税信用企业”；蝉联“河南省文明单位”称号。

组织举行的首届中国·长垣国际起重装备展览暨交易会开幕。

主办中国重型机械工业协会桥式起重机专业委员会第八届二次会员大会暨起重装备制造产业转型升级高峰论坛。

国家质检总局特设局副局长陈旭东莅临卫华调研。

5月 完成生产制造1 700t河南省最大吨位架桥机。

卫华学院正式成立。

中国机械工业百强第52位。

6月 获军工生产许可证，三项军工资质认证。

入选“全国两化融合管理体系贯标试点企业”。

7月 卫华党校正式成立。

蝉联“国家技术创新示范企业”。

河南省起重机械产业技术创新联盟在卫华成立。

8月 “锯前吊”在河南省工业与信息化科技成果评审会上获河南省科技成果一等奖。

获“2012-2013年度全国守合同重信用企业”称号。

创新型科技团队通过省级评审。

集团党委与鞍钢党委结成党建联盟。

河南起重技术服务有限公司通过CMA资质认证。

9月 被评为2014年度中国科技创新先进单位。

中国首部特种设备安全系列电影科教片《起重机械的安全使用与维护》在卫华开机拍摄。

国防部长在参观济南军区国防动员潜力展上盛赞卫华防摇摆技术产品。

10月 首台1 600t移动架桥模架通过验收。

自主设计的首台养护窑研发制作成功。

11月 集团与洋河股份（苏酒集团）签订战略合作伙伴协议。

河南省民营企业100强发布，卫华位居民企百强第20位。

河南卫特汽车起重机有限公司正式成立。

成功设计生产点线啮合圆柱齿轮减速机。

通过A级计量合格单位复评审。

12月 中筑建设工程有限公司升为房屋建筑施工总承包壹级企业。

获“河南省工业品牌培育示范企业”。

与河南万泰机械有限公司签订战略合作协议。

获批组建河南省起重机械工业公共技术研发设计中心。

2014年集团全年销售收入82.6亿元。

2014年位居中国机械工业百强第44位，比去年上升8位。

800t双桥梁机

吊钩桥式起重机

河南省矿山起重机有限公司 2014年大事记

1月 河南矿山2013年度销售工作总结表彰大会在集团公司多功能厅隆重召开。

3月 端梁标准化车间全面投入批量生产，生产效率大幅提升，产品质量稳定性增强，一次合格率达到96.2%以上。车间年均每5min即有一对端梁下线，为主梁生产提供了保障，同时也减轻了员工劳动强度，是公司精益化生产的一大亮点。

4月 组织业务经理父母近千人陕西7日游。业务经理长年在外工作，辛苦打拼，没有时间照顾父母。公司是他们的后盾，尽最大努力为他们尽尽孝心，帮助业务精英解决后顾之忧。

取得军队装备部门颁发的《装备承制单位注册证书》。这标志着公司在科研、技术、生产等环节又上了一个新台阶。

5月 双梁八连跨制造车间开工建设，车间占地面积27 400m^2，总投资5 000余万元，该车间集钢材预处理。下料、双梁铆焊于一体，满足了大吨位起重机制造组装，进一步完善了生产高精尖、大吨位起重机的基础设施。

聘请德国STAHL公司产品经理、资深精益生产专家Heinzseeger及北京起重运输机械设计研究院专家团队，对公司各班组焊工进行专业培训。

荣获由中华全国总工会颁发的“全国职工模范之家”荣誉奖牌。公司自建厂以来，始终贯彻以人为本的管理理念，坚持“三心六最”的核心价值观，把人文关怀贯穿于企业管理的全过程。

6月 荣获中国核工业集团公司颁发的《合格供应商》证书。这将大大提升公司产品向核电工程及其他尖端领域迈进的契机，也将进一步拓宽产品的市场占有率。

7月 荣获由国家工业和信息化部颁发的“中国工业企业质量标杆”荣誉奖牌。这也是企业近几年来，认真贯彻科学发展观、积极落实国家转型升级、科技进步、精细管理，全面创新，特别是在产品质量上获得的较高规格的认可。

8月 第十一次捐资助学大会隆重召开。建厂12年来，公司以德治企，大爱无言。从建厂初期，就在长垣千余民营企业中，率先成立捐资助学基金会，一路风风雨雨走过了11年历程，捐助贫困大学生1000余人，为长垣教育做出了突出贡献。

9月 在多功能厅连续举办了五场主题为“百善孝为先，有您月更圆”中秋文艺晚会，五场晚会共宴请公司员工、业务经理、供应商及其父母5000余人，这在公司历史上盛况空前，充分体现了河南矿山一直秉持的“孝心、善行、共赢”的企业文化。同时，还对评出的十大孝星进行了表彰，大力弘扬了中华民族尊老敬老的传统美德。

10月 电动单梁起重机柔性生产线试行成功。2013年公司与北起院签订战略合作协议，以电动单梁起重机为先导，导入先进指导理念，引入先进设备、工装，优化工艺，经过双方一年多的合作，河南矿山电动单梁起重机柔性生产线成功试行，取得良好效果，该项目降低了生产成本，实现了现场精益化、标准化生产管理。

11月 为宝钢集团承制的首批大吨位起重机装车起运，这是公司2014年承制的吨位最大、技术含量最高的一批产品，产品一次性通过A检，受到宝钢湛江项目部的高度赞扬。

工业企业质量标杆

河南省矿山起重机有限公司实施基于精益生产的先进制造技术改造的实践经验

（2014年度）

工业和信息化部

纽科伦（新乡）起重机有限公司 2014年大事记

1月 ● 荣获“河南省科学技术成果”证书

3月 ● 河南省工信厅厅长王照平莅临纽科伦调研

● 被授予“长垣县质量教育示范基地”“质量文化建设先进单位”

4月 ● 承办首届中国·长垣国际起重装备展览暨产品交易会

5月 ● 荣获“河南省著名商标”称号

6月 ● 国家质检总局特种设备局副局长陈旭东莅临纽科伦调研

7月 ● 完成ND-P产品的国产化研发，并成功推入市场

8月 ● 河南省委常委、政法委书记刘满仓莅临纽科伦调研

9月 ● 荣获“安全生产标准化二级企业”称号

10月 ● 纽科伦公司成功参加2014中国（上海）国际重型机械装备展览会

12月 ● 成功研制300t游艇搬运机并出口国外，为国内出口最大吨位游艇搬运机

科学技术成果证书

经审查核实“大跨度多支点电动悬挂起重机”被确认为河南省科学技术成果，特发此证。

完成单位：纽科伦（新乡）起重机有限公司

科技成果证书——大跨度多支点电动悬挂起重机

河南省著名商标证书

纽科伦（新乡）起重机有限公司 注册的 NUCLEON 牌商标，核定使用商品为 起重机， 被认定为 河南省著名商标。（有效期三年）

NUCLEON

河南省工商行政管理局

二〇一三年十二月三十一日

河南省著名商标证书

安全生产标准化

Work Safety Standardization

证书

CERTIFICATE

安全生产标准化二级企业

（机械）

安全生产标准化二级

山东山矿机械有限公司 2014年大事记

1月 公司新产品鉴定验收会在三楼会议室召开，参会专家一致认为：卸料车载波控制系统、2PGCQ700×1500强力高效双齿辊破碎机、LXFQ-2X5-500SY生物质散料给料机、移动式散状物料输送系统成套设备4项新产品均达到国内领先水平，并顺利通过山东省专家鉴定验收。

公司主导产品破碎机、球磨机顺利通过山东名牌复审。

2月 山东省机械工业工作会议在济南召开。会议公布了2013年全省机械工业百强企业名单，公司获得了“2013年山东省机械工业百强企业”称号。

6月 公司供危地马拉Jaguar 2×150MW电厂皮带机项目通过发货前的最后验收，发往用户现场。

公司供印尼某项目2台2PGCQ系列强力双齿辊破碎机发往用户现场。

7月 公司获得山东省“守合同重信用”企业公示证明。

8月 公司供伊朗扎兰德150万t综合钢厂烧结项目破碎机产品已包装完成等待发运。

9月 2014年“华兴杯”山东省机械行业职业技能竞赛在山东劳动职业技术学院长清校区隆重开幕。公司派出了5名选手参加此次职业技能竞赛车工竞赛。经过激烈角逐，公司员工刘冬生和续元海荣获一等奖，同时，刘冬生、续元海均被授予“山东省机械行业技术能手”。公司荣获此次竞赛优秀组织奖。

10月 公司研制的移置式带式输送机在太钢集团成功运行，并获得好评。

公司为太钢集团独立设计开发的钢渣综合利用环保项目—太钢哈斯科钢渣综合利用干燥处理线（EPC）工程，不仅取得了良好的经济效益和很好的社会效益，还获得了用户的高度评价，又具有，并获得了2014年山东省工业提质增效升级重点项目奖励。

山东省相关部门下文公示了2014年拟认定高新技术企业名单，公司顺利通过复审。

12月 公司为宝钢湛江港研发制造的7台大型破碎机发往用户现场，其中ϕ1200×1000mm对辊破碎机3台、ϕ1200×1000mm四辊破碎机4台。

武汉电力设备厂 2014年大事记

4月 湖北省国资委授予团委“五四红旗团委”称号、技术中心团支部“五四红旗团支部”称号，杜君被授予“湖北国企青年岗位能手”称号、邓斯洁被授予“优秀共青团员”称号。

5月 企业顺利通过中国质量认证中心“3C”认证审核。

拉开清洁生产序幕，开展清洁生产审核工作。制定了80余项清洁生产方案，涉及水耗、电耗、原材料再利用、排污等项目。并将6S管理和非生产区域的文明管理纳入进来。对改善厂容厂貌，提高工作效率、减少安全隐患，提升服务水平起到了积极的作用，达到了“节能、降耗、减污、增效”的目的。

2014年，企业荣获“第十届湖北省职工职业道德建设先进单位”荣誉称号。

6月 在武昌区总工会组织“当好主力军、建功十二五”劳动竞赛电焊工大赛中获一等奖1名、二等奖1名、三等奖3名的佳绩。结构车间圆盘班获得湖北省总工会授予的“湖北省工人先锋号”殊荣。

成立“中国电建装备研究院装卸设备研究所”。

7月 组成“两栖抢险排涝泵车”新产品开发项目专项工作研制小组，该产品获得实用新型专利，可应用于抢险救灾，弥补了我国在消防远程供水方面的不足。

制作完成第一台XQ型400t/h桥式抓斗卸船机，整机性能稳定、安全可靠、效率达标，赢得了国家起重机检验中心特检人员的好评。该卸船机实现了人机交互功能，具有出色的智能控制特点，为企业开拓了新的市场。

9月 XQ型400t/h及以下桥式抓斗卸船机成功取得特种设备（起重机械）类A级许可证——《中华人民共和国特种设备制造许可证》。

10月 成功承揽签订重庆果园港埠有限公司物流港双车翻车机作业小区EPC项目合同。该合同的签订填补了企业翻车机系统设备在大型港口实际运用项目上的空白。

12月 XQ型400t/h桥式抓斗卸船机样机继取得《中华人民共和国特种设备制造许可证》后，又取得了由湖北省质量技术监督局颁发的《中华人民共和国特种设备安装维修许可证》。两证的取得标志着企业产品序列得到延伸，为我厂开拓了新的业务发展空间。

XQ型400t/h桥式抓斗卸船机

两栖抢险排涝泵车

热烈祝贺
《中国重型机械工业年鉴》
出版十周年
(2005-2014)
为企业提供一站式服务
发布权威行业数据
记录企业成长足迹
载体组合：平面媒体（书+展报）+光盘+网站+微信+微博
电话（传真）：010-68997975 68997968
E-mail：zgzjnj@163.com zjnj@cmiy.com
重型年鉴
官方微信二维码

大事记

记载 2014 年重型机械行业发生的重大事件

It records the important events happening to the heavy machinery industry in 2014

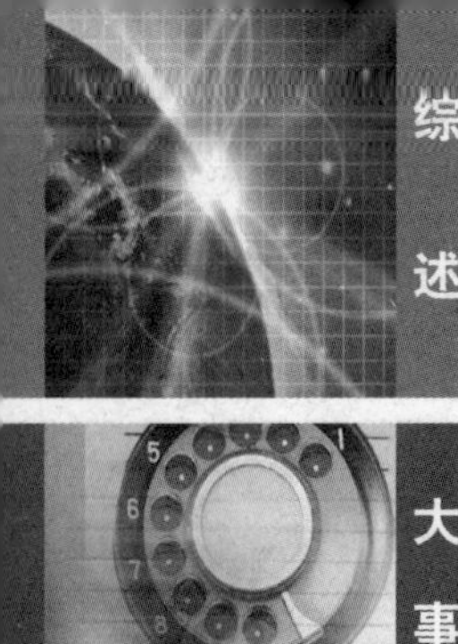

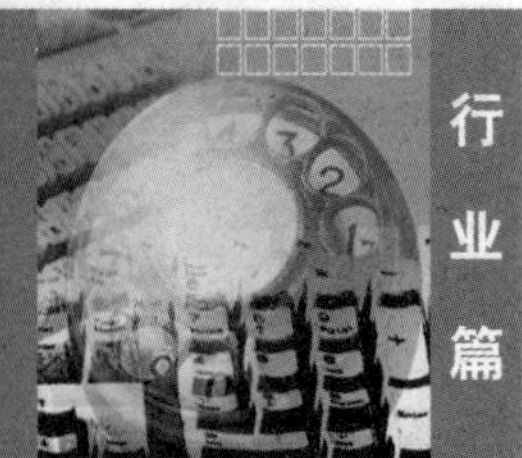

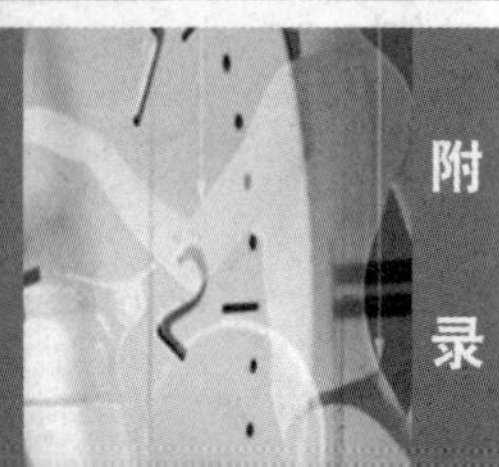

大事记

2014 年重型机械行业十大新闻

1. 2002—2013 年重型机械行业主营业务收入同比增长速度均在两位数，由于市场需求下降，自 2012 年开始下滑。2014 年主营收入增长速度为 7.7%，十多年来首次步入个位数增长。行业各项经济指标均呈现持续缓慢下行态势，运行形势严峻。

行业中企业出现两极分化，部分企业生产经营困难，有些企业出现较大亏损，但是仍有一些企业在逆境中实现了较大的增长。

2. 2014 年 6 月 20 日国务院总理李克强与希腊总理马拉斯共同考察中远集团投资运营的雷艾夫斯集装箱码头，李克强总理勉励上海振华重工（集团）股份有限公司继续为“中国制造”争光。

3. 中国第一重型机械集团公司、中国第二重型机械集团公司、上海重型机器厂有限公司联合承担的“大型先进压水堆核电核岛主设备超大型锻件研制及工程应用”，中国重型机械研究院有限公司、重庆大学等 9 家单位联合研制的“120MN 航空级铝合金板材张力拉伸机装备”2 个项目，分别荣获 2014 年度中国机械工业科技进步奖特等奖。2014 年行业参评项目共 47 项，其中：获特等奖 2 项，一等奖 2 项，二等奖 9 项，三等奖 9 项。

中国重型机械工业协会对在 2011—2013 年度在科技战线作出贡献的蒋金水等 88 名优秀科技工作者进行了表彰。

4. 中国第一重型机械集团公司吴生富、中国重型机械研究院股份公司杨拉道获首届杰出工程师奖，太原重型机械集团有限公司王首成、中国第二重型机械集团公司漆小虎荣获杰出工程师鼓励奖。

经国家科技部、国家科学技术奖励工作办公室批准，由中华国际科学交流基金会设立的“杰出工程师奖”，旨在通过表彰在全国生产建设一线作出突出贡献的工程技术人员，首次评出 30 位杰出工程师奖和 68 位鼓励奖获得者。

5. 一批重大装备和新产品问世。上海振华重工（集团）股份有限公司研制成功世界最大的 4 500t/h 链斗连续卸船机。太原重型机械集团公司制造亚洲最大的 520t 冶金起重机出口，国内首台 360t 核电环形起重机研制成功。大连华锐重工集团股份有限公司为澳大利亚伊山铁矿提供的 14 500t/h 堆料机和 14 400t/h 取料机均为目前堆取能力最大的设备；船用曲轴在“钻模法”、大型对接曲轴、超长冲程曲轴等制造技术上取得突破。世界上最大的公称压力 168MN、滑块行程 550mm、工作台面尺寸 2.5m×3.3m 热模锻压力机在中国二重集团研制成功。

企业产品结构调整取得新进展。北方重工集团成功研制了矩形巷道掘进机、页岩气钻采成套设备。中信重工股份有限公司形成用于矿山机械的高压变频器研发、生产能力。

6. 太原重型机械集团公司承担的国家智能制造专项“千万吨级井下综采成套装备”项目，于 8 月 29 日由山西省科技厅组织验收。

7. 2014 年 1 月 1 日国家质检总局取消《起重机械制造监督检验规则》后，中国重型机械工业协会在《重机通讯》发表文章，要求相关制造企业真正担起质量责任，强化全员质量意识，保证出厂产品质量。

8. 由中国机械联合会、中国重型机械工业协会、汉诺威米兰展览（上海）有限公司共同举办的 2014 中国（上海）国际重型机械装备展览会于 10 月 27 日在上海新国际博览中心圆满举行。

9. 中国重型机械有限公司以 BOT 方式，包括工程设计、设备成套、建设运营的柬埔寨达岱水电站成功并网发电，为行业企业由制造型转向制造服务型提供了成功范例。

10. “起重机械减量化产业技术创新联盟”10 月 24 日在北京起重运输设计研究院成立。联盟联合相关的生产企业、科研院校以及技术服务机构对起重机械结构、能耗、排放减量和制造工艺优化，以及产品可靠性、安全性等技术开展研究开发和成果推广。

〔撰稿人：中国重型机械工业协会陶岚　审稿人：中国重型机械工业协会张维新〕

2014 年重型机械行业大事记

1 月

7 日 中国—东盟商务理事会在京举办了“2013 中国走进东盟成功企业及优秀企业家颁奖仪式”。此次评选活动是由中国—东盟商务理事会主办，中国国际贸易促进委员会、中国商务部、东盟国家驻华大使馆等有关单位协办。中国重型机械有限公司荣获“2013 中国走进东盟十大成功企业奖”，董事长陆文俊荣获“2013 中国走进东盟优秀企业家奖”。

上旬 工业和信息化部关于下达中央国有资本经营预算重点产业转型升级与发展资金项目立项计划的通知（工信部工信装〔2013〕508 号），华电重工股份有限公司申报的“5 000 万 t/a 大型智能化煤炭装卸码头项目研制”获得工信部正式批准。

华电重工股份有限公司获批项目依托唐山港京唐港区 2 个 15 万吨级煤炭卸船泊位和 3 个 10 万吨级煤炭装船泊位工程，主要建设内容包括：建成我国首个 5 000 万 t/a 智能化散料装卸码头及集机、电、控、环保技术为一体的国家级散状物料试验和检测中心等。

20 日 在白俄罗斯总理米亚斯尼科维奇、副总理托济克的共同见证下，中国华电工程（集团）有限公司与中白工业园区管委会、中白工业园区开发股份有限公司在京签署《中白工业园分布式能源项目合作协议》。

根据协议，华电工程将同中白工业园区开发公司共同开发建设中白工业园分布式能源项目。中白工业园位于白俄罗斯首都明斯克市，园区主要工业为纺织、机械、电子、通信、食品加工等，总占地面积为 $90km^2$，将采用分布式能源供能方式。

中旬 经国家知识产权局审核，包括太原重工股份有限公司在内的 10 家山西省企业被列入第一批国家级知识产权优势企业。

“十二五”以来，太原重工股份有限公司自主研发新产品费用占当年销售收入比重逐年稳中有升；新产品自主研发步伐稳健，新产品贡献率也在不断提升；仅近一两年来，太原重工股份有限公司就先后研制出 12 500t 压力机、$75m^3$ 矿用挖掘机、AP1000 核电环吊、500t 全地面起重机、5MW 风电机组等一系列在国内外产生重大影响的产品。据统计，太原重工股份有限公司技术中心在 2011 年、2012 年两年中，共申请专利达 417 项，其中发明专利 191 项；授权专利 254 项，其中发明专利 74 项；获得省部级科技奖 9 项，技术创新建设取得了显著成绩，为完善企业的自主知识产权和持续发展奠定了坚实基础。

月内 由中国重型机械研究院研制的中铝萨帕 120MN 铝型材挤压机在重庆成功投入使用，成为中国重型院承担的金属挤压/模锻设备与工艺创新能力平台建设和陕西省重点科技创新团队——“高性能特种工业铝合金型材挤压装备技术研究创新团队”建设的重要成果。

中铝萨帕 120MN 铝型材挤压机的投产创造了多项新纪录：世界上前后梁采用锻件的最大挤压设备；制造加工周期最短的万吨级挤压机；目前国内技术最先进的短行程前上料铝挤压机。

★ 受国家科技部委托，中国机械工业联合会组织召开了北京起重运输机械设计研究院承担的“十二五”国家科技支撑计划——“通用型桥式起重机轻量化设计技术及应用”课题验收会议。

验收专家认真听取了课题组的各项汇报，审查了相关验收材料，观看了样机运行演示录像。经充分质询和讨论，评审组专家对课题工作给予了高度评价，认为课题组在新技术研发、试验验证工作的开展、技术标准编制、示范基地建设、人才队伍建设等方面取得的成果，均达到或超过了课题任务书所规定的各项任务指标，一致同意课题通过结题验收。

★ 在中信重工机械股份有限公司装配车间内，国内规格最大、重约 430t、直径 10.37m × 5.19m 双电机驱动钼矿专用半自磨机顺利通过试车及下线交付。

据悉，该半自磨机设计磨矿能力为 938t/h，将服务于亚洲最大露天钼矿山某用户商。该半自磨机采用超大功率双电机驱动方式，在结构、技术方面进行了大胆突破，轴承采用可调圆心纯静压滑动支撑，全自动液压驱动，功率消耗大幅降低，耗电节省在 15% 左右。

★ 由石家庄煤矿机械有限责任公司设计发明的一种新型钻机转盘密封装置获国家实用新型专利。该装置攻克了地质勘探钻机在高速钻进时由于泵吸作用引起的外部泥浆进入齿轮箱体内部或箱体内润滑油甩出的技术难题，破解了钻机高速钻进带来的环境污染问题。

2 月

下旬 上海振华重工（集团）股份有限公司与法国

Bollore集团旗下的UNICAF公司正式签署4台岸桥供货合同，用于其投资的新码头。其中，2台用于贝宁的科托努港，另外2台用于刚果（布）的黑角港。刚果（布）和贝宁是公司首次进入的两个非洲国家，标志着公司港机产品进入了全球86个国家和地区。

3月

上旬 中信重工机械股份有限公司承担的“超深井大型提升装备设计制造及安全运行的基础研究”项目被科技部批准为国家重大基础研究项目（国家“973”计划项目），项目主持人、中信重工矿研院常务副院长、高级工程师邹声勇被科技部聘为此研究项目首席科学家。

该项目主要研究建立超深矿井大型提升装备设计制造、安全运行控制的基础理论方法，指导超深矿井大型提升装备的设计与制造。

据了解，未来3~5年，我国金属、煤炭矿山将开工兴建10条以上超1 000m深井，这些工程在5—8年内预计需超深矿井大型提升装备40台（套）以上，总价值超过80亿元。

上旬 石家庄煤矿机械有限责任公司自主研发的煤矿坑道钻机用机械补偿液压立柱被国家知识产权局授予实用新型专利。

在井下钻孔施工中，钻机能够随着巷道高度的变化自主调节立柱高度，始终保持立柱顶盖对巷道顶板的有效支撑，从而使钻机工作稳定，消除了巷道顶板坍塌或底板塌陷的安全隐患，保证了作业工人和设备的安全。

目前新型立柱已成功应用于该公司研制生产的煤矿用深孔钻机上，大大提高了煤矿井下钻进作业的安全性，为我国煤矿安全生产，减少瓦斯爆炸、透水等突发事故的发生提供了技术装备保障。

22日 由上海振华重工（集团）股份有限公司自主设计、建造的12 000t全回转起重船臂架成功总装。

该起重船臂架是迄今为止振华重工吊装的最大、最重构件，臂架全长127m，总装吊重3 200t，吊高93m。臂架的总装完成，标志着该项目起重机部分总装工作全部完成，为后续调试工作的开展奠定了基础。

这是振华重工继“蓝鲸”号7 500t起重船之后打造的又一艘大型全回转深水自航起重船。该起重船在臂架系固定工况下主钩起重量为12 000t，全回转状态下主钩起重量为7 000t，具有自航和无限航区作业能力，建成后将成为世界上最大的全回转起重船。

27日 中信重工机械股份有限公司为瑞典LKAB公司研制的PSZ3000半移动式破碎站成功试车。该项目各项性能稳定，技术指标满足设计要求。这是中信重工自主知识产权品牌直接出口欧洲高端市场的第一单成套矿山装备，并首次在北极圈内极寒气候条件下使用。

月内 随着CAP1400稳压器上筒体性能检测合格，CAP1400稳压器主锻件的研发在中国第二重型机械集团公司取得实质性进展。

CAP1400是我国自主设计、具有独立自主知识产权的第三代核电国家重大示范工程，稳压器是该核电机组中核岛三大主设备之一，中国第二重型机械集团公司承担了1号机组全套主锻件的研制。由于稳压器部件具有整体性、均匀性、纯洁性极高的技术要求以及制造工艺复杂等多个特点，为确保锻件质量，中国第二重型机械集团公司技术人员结合国家重大专项，做了充分的计算机模拟、锻造成型工艺设计，热处理参数试验和全断面的淬透性试验，采用胎模锻旋压锻造技术、极限淬透性热处理技术，从而自主研发成功该核电站稳压器高强度钢主锻件。

4月

29日 由太原重工股份有限公司自主研发制造的我国首台360t核电环行起重机正式试车成功。

该机是目前国际上运行小车起重量最大、功能最多、安全措施最齐全的环行起重机。该起重机兼具一般核电站环行起重机和乏燃料容器起重机的双重功能，能够承担新燃料吊篮的吊装和乏燃料的吊运，提供可靠的核安全保障。能够连接不同的专用起吊工具，主吊钩能够灵活地实施360°旋转，提升了工作效率，自动化程度大大提高。

此项大型设备是为连云港田湾核电站生产的。此次生产的360t环行起重机将安装在核岛内部，直接服务于3、4号机组，是该核电站第一台自主化国产关键性设备。360t环行起重机的设计和制造难度相当大，其设计制造不仅要完全执行中方标准，而且安全性和使用性能也保证不低于俄罗斯标准，设计方案接口均通过了俄方的审查和认可。目前首台360t环吊已完成联合验收，各项载重及运行指标全部达到国际一流水平，5月底交付使用，第二台设备年内完成交付。

5月

6日 在大连召开的首届“辽宁工业大奖”颁奖暨座谈会上，大连重工·起重集团有限公司与全省11家企业、2个项目获得了首届“辽宁工业大奖”，该奖是经辽宁省政府批准设立的省工业领域最高综合奖项。

6日 大连重工·起重集团有限公司为河北龙成煤综合利用有限公司设计制造的世界上首套折返式C型三车翻车机卸车系统重载试车成功，并顺利通过铁道部门检测。

该项目为2013年设计制造的创新产品，并已获得专利授权。该设备既可翻卸现有各型通用铁路敞车及即将投入使用的C80E型通用敞车，又可翻卸大秦线C80型专用敞车。5月5日、6日，翻车机在现场进行了重载试车，同时，太原铁路局组织青岛四方所及湖东车辆段对龙成曹妃甸折返式C型三车翻车机卸车系统进行了检测。检测结果的总结评语为：该系统是国际首套C型三车翻车机卸车系统；具有国内最高的折返式翻车机系统的作业效率；系统有很高的兼容性，可对国内所有铁路敞车进行翻卸作业；卸车系统卸车工艺简单，在翻卸专用及通用敞车时无需进行工艺转换；卸车系统在国内率先实现了万吨大列的长距离替代机车前牵作业。

7日 国家工信部发布了2014年全国两化融合管理体系贯标试点企业名单，河南卫华集团榜上有名，是河南省14家入围企业之一。

两化融合管理体系贯标试点工作旨在普及两化融合先进管理经验，帮助企业稳定获取预期的信息化成效，加速实现产业整体升级。近年来，河南卫华集团不断运用物联网技术、工业云制造技术、大数据等现代化管理技术，扩大信息技术在企业生产、经营、管理中的应用，推进企业信息化与工业化融合，从而减少了库存，缩短了采购、生产、交货周期，收到了良好的经济效益。

工业和信息化部将对通过认定的试点企业，逐步制定和明确鼓励管理体系推广的产业政策，并明确要求各地安排相应资金和政策用于支持试点企业开展贯标和认定工作。

13日 中国重型机械工业协会六届三次会员代表大会暨理事会在北京召开。理事单位代表、会员代表、分支机构秘书长和特邀代表等共195个单位的252人参加了会议。

此次大会是贯彻落实党的十八届二中、三中全会精神，继续抓好重型机械行业"十二五"期间各项工作的一次重要会议。大会首先由六届理事会调整后的新任理事长杨建辉同志致词。他分析了党的十八大以来重机行业的发展形势，对协会工作提出了工作目标和要求。常务副理事长李镜同志代表六届理事会在大会上做了《把握机遇，坚持主线，促进行业持续、健康发展》的工作报告。报告指出，中国重型机械工业协会在国务院国有资产管理委员会和中国机械工业联合会的指导下，在全体会员单位的大力支持下，在各分支机构紧密配合下，面对2013年重型机械运行下行压力加大的行业形势，贯彻落实党的十八届二中、三中全会精神，按照协会章程，以服务企业、维护会员整体利益为宗旨，发挥桥梁和纽带作用。围绕着"转型升级、两化融合、节能减排"的主线，引导企业克服当前困难，着眼长远，加大科技创新，着力保持行业持续健康发展。

会上，原机械工业部副部长孙昌基作了重要讲话。孙部长分析了目前重型机械行业发展的现状及存在的问题，对行业企业、行业工作以及协会工作提出了希望和要求。会议邀请中国机械工业联合会特别顾问蔡惟慈同志分析、介绍了当前我国机械工业形势。邀请国家有关部委局领导同志对国家战略性新兴产业、能源发展现状和有关发展规划、重大装备专项实施、《特种设备安全法》等政策、法规、措施进行了解读。

21日 秦皇岛经济技术开发区哈电集团重型装备有限公司制造的AP1000蒸汽发生器顺利通过水压试验。

这台AP1000蒸汽发生器，高22.5m、最大直径5.8m，重620t，代表了目前世界最先进的核电设备制造水平。蒸汽发生器设计寿命为60年，具有非能动的安全系统，在无能源的情况下能够自我冷却72h，安全性大幅提高。

29日 沈阳重型矿山机械集团自主研发的国内首台"全断面高效快速掘进系统"井下工业性试验启动会在神东公司矿区举行6月中旬在神东大柳塔煤矿开始井下采掘工业性试验。全断面高效快速掘进系统的成功应用，能够使目前的采掘效率提高10倍。

全断面高效快速掘进系统总长约210m，系统总重630t，总装机功率超过2 400kW，主要由截割系统、装运系统、行走系统和临时支护系统四部分组成，包括全断面掘进机、十臂锚杆钻车、可弯曲胶带转载机、迈步式自移机尾和自移动力站5种设备，集全断面连续切割技术、自动定位、无线遥控技术、快速装运、机载除尘、机载锚杆钻机、调车等功能于一体。系统最大的亮点是借鉴了地铁施工的盾构技术，解决了掘进、打锚、支护等多项工作同步进行的问题，煤炭采掘巷道断面可一次成型。使用全断面高效快速掘进机及后配套支护设备来掘进巷道，速度能够达到0.3m/min，运输煤炭能力突破1 500t/h。掘进断面达到25m^2，可以实现50m无线遥控，将突破日进尺150m，月进尺4 000m以上，巷道断面一次成型、掘支同步、连续作业，成巷速度提高一倍以上，采掘同样数量的煤炭，员工单产效率提高了2～3倍，最大限度减轻人员劳动强度，提高巷道质量和操纵的安全性。与传统的采煤掘进设备相比，这套新式的掘进系统进行了多方面创新，把过去分步实施的煤炭采掘、运输、除尘等多道工序整合到同一设备上同时生产，实现了掘锚平行作业、多臂同时支护、连续破碎运输和智能远程操控的高效一体化作业。

6月

6日 国务委员王勇到中国第一重型机械集团公司调研。中国一重董事长吴生富、党委副书记李子凌等向王勇汇报了一重技术创新、产品开发、制造流程再造以及改革等方面的情况。

8日 由中国第一重型机械集团公司承制的国产首台第三代核电（AP1000技术）反应堆压力容器水压试验一次成功。

AP1000核电技术是目前全球核电市场中最安全、最先进的核电技术。浙江三门核电站2号反应堆压力容器是国内首台三代核电技术 AP1000 堆型项目。三门 2 号核反应堆压力容器的打压成功，标志着中国一重在国内率先掌握了第三代核电 AP1000 压力容器的核心关键技术，为推进中国核电产业技术水平的整体跨越，实现中国第三代核电 AP1000 的自主化、批量化建设打下了坚实基础。

18 日 河南卫华重型机械股份有限公司顺利通过武器装备科研生产许可现场审查。这是河南卫华继“三级保密资格认证”“国军标质量管理体系认证”之后获得的第三项军工资质。

25 日 在山西省“十二五”科技重大专项的扶持下，太原重型机械集团有限公司煤机有限公司成功研制出我国第一套井下智能综采成套装备的核心设备——智能型电牵引采煤机。该采煤机功率达 2 660kW，可实现煤岩识别、远程集中控制等现代化智能功能。

目前，该装备已经完成样机试制，并在太重煤机工业园进行了采煤机、刮板输送机、液压支架、工作面集控平台及相关配套设备的地面联合调试，成功实现了综采设备的自动协调运行。地面调试完成后，已运抵山西西山晋兴能源有限责任公司斜沟煤矿，并完成了井下工作面的安装调试和试生产。

27 日 首支全冲程最长的曼恩系列 6G80ME－C9.2 曲轴，在大连重工·起重集团有限公司成功下线。

该全冲程曲轴总长 11.175m，重 207t，全冲程 3.72m，输出功率达 24 806 马力（1 马力 =735.499W），是目前全球回转直径和全冲程最大的曲轴，用户是大连船用柴油机有限公司，将安装在新加坡环球船务有限公司一艘 25 万 t 大型矿砂运输船的低速柴油机中。该船使用的 G 系列柴油机是最新一代绿色超长冲程船用低速柴油机，该系列机型冲程加长，可以降低用于驱动螺旋桨的柴油机转速，以利于使用更大规格的螺旋桨。超长的冲程，带来超大的回转直径，增大了曲轴的加工难度，4.74m 的回转直径已经超过了国内所有曲轴车床的加工能力。为此，大连重工投入资金对设备进行了升级改造，并在加工工艺优化、刀具选用上进行了大量的工作，顺利完成了各项技术攻关工作，760 个检测数据全部满足曼恩公司质量规范和图样要求。此前，只有日本神户制钢、韩国斗山重工、现代重工三家公司具备该型号曲轴的加工能力。

7 月

1 日 中航重机发布公告称，公司旗下全资子公司陕西宏远航空锻造有限责任公司等温锻生产线（一期）建设项目 160MN 等温锻造压力机，在西安顺利实现热载试车。

这台等温锻造压力机设计吨位达 1.6 万 t，实际最大吨位可达 2 万 t，可满足目前所有航空飞机机身结构钛合金精密锻件，以及发动机难变形合金盘、轴类锻件的等温精密模锻成型。根据超塑成形理论，在等温锻工艺条件下，160MN 压力机锻造能力将可能相当于 800～1 000MN 普通压力机的锻造能力。同时，等温锻造这一技术在提高锻件质量上具有很大的技术优势，对我国突破航空锻件业发展瓶颈具有非常重要的意义。

9—11 日 由中国重型机械工业协会及下属 7 个分支机构（桥式起重机专业委员会、带式输送机分会、物料搬运工程设备成套与服务分会、散料装卸机械与搬运车辆分会、物流与仓储机械分会、输送机给料机分会、起重葫芦分会）联合主办，北方重工集团有限公司协办，北京亿洋天成国际会展有限公司承办的中国物料搬运技术与设备发展论坛（CMHF2014）在辽宁省沈阳市召开。

中国重型机械工业协会常务副理事长李镜做了“目前我国经济的发展对物料搬运机械行业的影响”主旨演讲，随后带式输送机分会理事长、北方重工集团有限公司输送设备分公司总经理王瑀介绍了“大力发展散料搬运成套设备走出国门的探索与实践”的经验，西门子（中国）有限公司机械传动部行业应用产品部总监庄晓强介绍了“西门子起重机和物料搬运应用领域解决之道”；中国物流与采购联合会常务副会长兼秘书长崔忠付介绍了“我国物流技术装备发展的现状与趋势”，中国钢铁工业协会市场调研部副主任侯颖介绍了“钢铁工业的发展与转型升级”，中国港口协会秘书长朱建海介绍了“创新物料搬运设备 建设世界港口强国”；北京起重运输机械设计研究院总工程师张喜军介绍了“起重运输设备的节能途径与轻量化设计”，中国机械工程学会物流工程分会秘书长周云介绍了“物流仓储设备的发展”，太原科技大学副校长徐格宁介绍了“基于全寿命周期的起重机械绿色化展望”，北京起重运输机械设计研究院原副总工傅德源介绍了“物料搬运行业的电气节能技术与发展”，北京长城金点物联网科技有限公司开发部经理周鑫介绍了“物联网技术在重型机械行业领域的应用”，东北大学宋伟刚教授介绍了“颗粒仿真技术在散料装卸输送中的应用”。他们从不同的角度就市场发展的趋势，物流业、航运业、制造业对物料搬运机械的需求，新兴行业对行业发展的影响，物料搬运机械前沿技术发展方向，企业如何实施转型等方面展开了广泛的交流和研讨。与会代表了解了形势，开阔了眼界和思路。

11 日 重型燃气轮机用直径 2m、重达 6t 的高温合金涡轮盘模锻件在中国第二重型机械集团公司 8 万 t 大型模锻压力机上研制成功。

大型高温合金涡轮盘作为重型燃气轮机的核心热端转动部件，需要在高温、高应力、腐蚀性气氛下长期服役超过 10 万 h，其冶金、制造质量和性能水平在一定程度上决定了燃机的功率、热效率、可靠性与安全寿命。代表国际最高水平的国外某公司“E”“F”级燃气轮机用涡轮盘材料为冶金难度高、热塑性差、变形抗力大的高温合金。受我国冶金水平与锻造能力的限制，目前国内仅有的某合金化程度较低的超大型高温合金涡轮盘锻件也仅能采用碾压工艺制备，严重限制了燃机涡轮盘的性能。

超大型高温合金涡轮盘研制是国家科技部启动的“863”计划重点项目——“大尺寸高温合金结构材料研制及热加工技术”的主要研究内容，由中国钢研科技集团有限公司领衔，国家科技部高新技术中心支持。在钢铁研究总院项目组的牵头组织下，参研单位二重万航、抚顺特钢、宝钢通力合作，突破了我国高温合金直径920mm低偏析、高纯净铸锭的三联冶炼工艺、反复镦拔开坯工艺、超大尺寸涡轮盘模锻成型载荷控制等一系列技术难关，确保特大型高温合金涡轮盘锻件的成型和组织控制。

中旬　北方重工集团有限公司滚筒取料机的筒体顺利制造成功。

包钢项目（YD514P滚筒式混匀取料机）是北方重工集团有限公司装卸设备分公司目前重要的项目之一，此取料机是由美卓公司设计。其中YD514－1－1P筒体是整机中最为关键的部件，制造工艺复杂。该筒体总长38 200mm、筒体直径4 932mm、重120 138kg，是分公司近年来生产的最大筒体。其结构特点是：筒体内部内环形支撑多，拼接焊缝多，并且要求焊接成型后进行熔透探伤。

下旬　中国第二重型机械集团公司研制的980mm缸径的国内最大低速二冲程船用柴油机气缸盖及活塞杆新材料的各项数据通过认可，并获得世界最大的船用主机制造商MANB&W集团船用锻钢新材料专利首制认证证书，标志着二重目前已具备承制980mm缸径以下的各类大型低速二冲程船用柴油机锻件的资质。

26日　由中联重科自主研制的全球最大平头塔机T3000－160V，在湖南常德正式交付使用方。

T3000－160V拥有160t的最大起重量、31 200kN·m的最大起重力矩、85m的最大工作半径，以及身截面和基础占地面积小、就位精准、安拆便利等优势，具有作业面积广、作业效率高及安全可靠等特性，广泛适用于火电建设以及大型场馆、大型桥梁、大型冶金厂、超高层等工程。塔机目前设有五种标准可变臂长，能根据不同施工需求进行臂长组合，方便应用。

与动臂塔机相比较，T3000－160V起升工作效率约为其2.5倍，回转工作效率为其1.5倍以上，使用效率高出30%以上，安拆效率高出50%以上。

29日　中冶华天设备分公司自主研制国内首台无线遥控悬挂式挡渣棒投放装置，在山东日照钢铁公司转炉炼钢车间热试车成功，并投入运行。

悬挂式挡渣棒投放装置是中冶华天自主研制的专利技术产品，应用于转炉炼钢项目的机电一体化设备，不占用地面空间，具有结构紧凑、安全可靠、运行稳定、节能环保等特点，其挡渣投放准确率达99.8%。该悬挂式挡渣棒投放装置现已在宝钢集团新疆八钢150t转炉炼钢车间和南疆钢铁基地120t转炉炼钢车间投用3台。

30日　英国大型港口运营商皮尔港口集团(PeelPorts)与上海振华重工（集团）股份有限公司（振华重工，ZPMC）在上海正式签订一份价值1.7亿美元（约合1亿英镑）的合同。根据合同，振华重工将向该集团所属的利物浦港口二期自动化码头项目提供8台船对岸（STS）Megamax港岸起重机和22台悬臂轨道式龙门起重机。设备将从2015年起陆续交货。

振华重工提供的设备使港口能够同时处理两艘380m长的船只，预计每个潮汐窗口进行1 500次动作。起重机通过半自动遥控运行，减少将集装箱从港口转移到公路或者铁路所花费的时间，这意味着65%的拖运周转在30min内完成，95%的拖运周转在60min内完成。他们还能在速度超过30mile/h（1mile/h＝0.447 04m/s）和风速高达55mile/h（88km/h）的条件下运行。

对岸起重机和悬臂轨道式龙门起重机机群将配备最先进的码头周边设施、一流港口和物流解决方案，包括一个完全集成的NavisN4码头作业系统、自动闸道和ABB设备控制装置。

8月

中旬　由机械科学研究院哈尔滨焊接研究所研制的“超大厚度钢锭火焰切割设备”通过了黑龙江省工业和信息化委员会组织的新产品鉴定。

该设备的切割厚度最大可达3 500mm、断面垂直度可控制在12mm/m以内、切割速度最高可达35mm/min。该产品在以下方面实现了技术突破，均属国内首创：①研发了超音速外混式割炬割嘴，开发了2 000～3 500mm超大厚度钢锭火焰切割工艺，实现了高效优质切割。申请了两项国内发明专利，一项国际PCT专利。②研发了超大厚度钢锭火焰切割专用的大流量回火防止器，性能稳定、可靠。③研发了大流量能源介质系统，通过对能源介质压力和流量等工艺参数的远程控制，实现了火焰形态的适应性调节。拥有我国独立自主知识产权。

该产品在中国一重集团百万千瓦级核电铸锻件、超大壁厚加氢反应器等大型铸锻件的生产实践表明其运行平稳、结构合理、安全可靠，能够在持续高温的环境下快速准确地完成超大厚度钢锭的切割分离，切割质量优良，达到产品质量要求，可提高生产效率30%，减少了环境污染。

27日　“轴重30t煤炭运输重点铁路关键技术与核心装备研制”研制成功。此项目是“十二五”国家科技支撑计划项目，由神华集团承担，旗下朔黄铁路负责组织实施。

朔黄铁路以该项目为依托，已完成30t轴重重载运输主要技术研发和装备研制。适用于轴重30t及以上的重载货车、大功率交流传动电力机车、基于4G标准LTE的铁路宽带移动通信系统、重载列车状态监测系统、智能化协同操控系统等。

28 日　上海振华重工（集团）股份有限公司与新加坡 UDS 公司签订了“1+1”艘饱和潜水支持船供货合同，每艘造价近 2 亿美元。

饱和潜水支持船是海工支持船舶中的高端装备，广泛应用于海底施工作业、水下资源勘探、搜救作业等领域。该饱和潜水支持船全长 142.9m，型宽 27m，型深 11m，饱和潜水深度 300m，最大作业水深可达 4 000m，入籍挪威船级社。该船配备全自动化双钟饱和潜水系统，可同时搭载 18 名潜水员分批次进行最大水下深度 300m 的饱和潜水作业。

9 月

上旬　由太原重型机械集团有限公司研发的 $55m^3$ 挖掘机正式通过必和必拓验收。

业内专家表示，该装备得到了标志性国际公司和全球采矿界的认可，表明中国大型矿山采掘设备已完全具备了进入国际市场任何采矿条件的资格。

中旬　三一重工公司首次牵头实施的湖南省科技重大专项“高性能液压柱塞泵关键技术研究与应用”顺利通过湖南省科技厅组织的综合验收，并获优秀评级。

液压柱塞泵是工程机械的核心基础部件，长期以来被外资品牌垄断，极大地制约了三一等中国大型工程机械主机企业的发展。据悉，在对该项目开发出的高性能液压柱塞泵经过长达 2 年的严格测试验证后，公司决定把该项目产品在拖泵上批量装配，并在混凝土泵车、起重机、矿机等产品上逐步推广应用。

14 日　国家“十二五”规划的山西省智能综采成套设备验收会在太原举行。验收意见指出：完成了项目实施方案批复的内容，达到了立项任务的要求，研制出我国首套具有完全自主知识产权的智能煤炭综采千万吨成套装备并实现了示范应用成功。该项目装备技术水平国际领先，智能化系统集成了国内外的先进技术，安全生产效益和社会效益达到了国内外领先水平，该项目多项创新技术填补了国内外空白。

这套智能综采成套设备完全由计算机工作室操作。试验期间最高单产达到 3.2 万 t，月产达到 85 万 t，按此计算，年产可达千万吨。这套综采操作室可设在井下，也可设在井上。同过去井下人工操作相比，每个工作面可节省约 20 人的成本，而且安全可靠。

22—26 日　经过四天审核，中国第二重型机械集团公司航空航天 NDT 特种工艺顺利通过美国质量工程协会 PRI 专家的审核，取得磁粉检测、超声接触法检测、超水声浸法检测三种技术的 Nadcap 认证，其中超声水浸法系国内首家通过 AC7114-7《航空转动零部件超声水浸检测》检查单的公司。

中国第二重型机械集团公司从 2011 年开始筹划该认证项目，到 2013 年航空航天业务的主体部门万航模锻公司 NDT 人员资质、设备配置到位，万航公司项目组成员根据制定的阶段目标计划，实行“611”工作制，确保准备工作进度按时按节点完成。在专家现场审核提前 3 周的情况下，顺利通过 NDT 特种工艺审核认证，获得“非常非常优秀”的评价结果。

24 日　由大连重工为澳大利亚罗伊山铁矿项目制造的首台 13 700t/h 固定堆料机成功完成模块化总装，在大连港杂货码头（和尚岛）发运。

澳大利亚罗伊山铁矿项目是大连重工承签的一系列世界级高端装备研制合同之一，也是出口项目中产品种类最多、生产组织难度最大、合同金额最大、技术质量要求最高、设备全部采用世界上最为严格澳洲标准的项目。共涵盖 9 台大型散料装卸设备，包括大型堆取料机 7 台，双车翻车机系统 1 套和 12 700t/h 装船机 1 台。其中，14 500t/h堆料机及 14 400t/h 取料机均为目前世界同级堆取能力最大的设备，代表着当前世界大型散料装卸设备大型化、高端化、智能化、绿色环保的发展趋势。

25 日　北京起重运输机械设计研究院建设的“机械工业起重机械轻量化重点实验室”获中国机械工业联合会授牌。

北起院挂牌的“机械工业起重机械轻量化技术重点实验室”是国家机械工业自主创新体系建设的第五批项目之一，实验室具备了较完备的科学实验研究条件与技术开发能力，培养了一批高层次创新人才，达到了预期的建设目标。

实验室以起重机械行业科技发展需要为出发点，重点开展起重机械轻量化技术的研究与应用。通过技术开发、试验研究，掌握起重机械先进设计技术。主要开展节能型轻量化起重机械产品的系列设计、产品试制、试验验证、标准制定及推广应用工作，同时开展轻量化起重机械能耗分析研究、安全评价技术研究，使轻量化起重机械达到技术先进、安全可靠、节材降耗的目标。

实验室建设以来，先后承担了“通用型桥式起重机轻量化设计技术及应用”“大型桥式起重设备齿轮传动装置轻量化及降噪技术研究”等国家科技支撑计划课题，并开展“新型电动葫芦桥式起重机系列设计”“起重机械能耗测试方法标准研究”等相关科研项目，科研成果得到了较好的推广应用，取得了良好的经济及社会效益。

10 月

16 日　由中华国际科学交流基金会和中央电视台联合主办的“杰出工程师奖”颁奖典礼上，一重集团吴生富董事长荣获我国首届“杰出工程师奖”。

“杰出工程师奖”是我国历史上第一个以“工程师”命名的面向全国各生产建设领域的企业工程技术人员奖。由我国机械行业著名专家钟掘院士、林忠钦院士共同推荐，经过专业领域专家初审、评审委员会终评、奖励委员会审定，吴生富董事长以其卓越的创新成就入选“杰出工程师奖”。本届全国共30人获此殊荣。

17日 上海振华重工（集团）股份有限公司（振华重工）成功中标中交第三航务工程局有限公司1 000t自升式风电安装船设计建造项目，这是振华重工迄今为止承接的最大起重能力的风电安装设备。

该船集大型设备吊装、风电设备打桩、安装于一体，可在水深40m内的泥砂质海域作业。在该项目中，振华重工首次使用了最新研发的新型升降系统，与传统升降系统相比，新系统寿命更长、可靠性更高，适用于各类自升式钻井平台、生活平台、风电安装船等设备。

22日 在“2014年北京国际风能大会暨展览会”上，大连重工股份公司举行了“2.5MW风电齿轮箱GL认证书颁发仪式”。

当日在大连重工展位前举行的证书颁发仪式上，德国劳氏船级社亚太区总经理查克拉达向大连重工颁发了2.5MW风电齿轮箱GL认证书。

GL是世界公认最具权威的认证机构，经过多年努力，大连重工获得了七个GL的认证，从而具有了走向世界的“护照”，打开了通向国际市场的营销通道，国际竞争力逐渐增强。

22日 上海振华重工（集团）股份有限公司（振华重工）自主研发的第一座JU－2000E型400ft（1ft＝0.304 8m）自升式钻井平台——“振海2号”在带缆卷扬机及拖轮的协助下，脱离半潜驳，在常熟锚地顺利下水。该平台也是继“振海1号”平台后振华重工建造的第二座自升式钻井平台。平台主体型长70.4m，型宽76m，型深为9.45m。其工作水深为400ft，最大钻井深度35 000ft，额定人员140人，最大作业可变载荷6 488t，入级美国船级社。该平台采用了美国F&G公司的著名的JU2000E型自升式钻井设计，该型平台因其作业海域广泛、自动化程度高、经济性好，成为目前全球自升式钻井平台市场反响最佳、船东最为看好的船型。该平台基本设计由美国F&G公司完成，详细设计、生产设计及平台制造由振华重工完成，平台关键核心配套设备件全部由振华重工独立研发制造，包括桩腿结构、抬升锁紧系统、滑移系统、克令吊、液压锚机以及钻井VFD控制系统。目前，“振海2号”正进入码头系泊调试阶段。同时正在建造的还有“振海5号”“振海6号”400ft自升式钻井平台。据悉，振华重工“振海3号”400ft自升式钻井平台计划于2014年11月下旬开工建造。

24日 中信重工与中国寰球工程公司在北京签订沙特Ma'adenUmmWu'al磷矿1 350万t/a选矿项目6台大型湿式棒磨机供货合同。

根据合同，中信重工将向项目总包方中国寰球工程公司提供5台4.6m×6.7m和1台4.0m×6.7m棒磨机的设计、制造、供货和安装指导服务。该合同是继一期工程供货5台棒磨机之后，中信重工再次作为二期项目唯一一家中国设备供应商成功签订6台大型湿式棒磨机合同。

24日 根据《科技部关于下达2014年度有关国家科技计划项目的通知》，中煤张家口煤矿机械有限责任公司研制的“SGZ1350/3×1 500（1 600）型综采工作面刮板输送机”列入2014年度国家重点新产品计划，获得“国家重点新产品”证书。

27日 中国第一重型机械集团公司（一重）与俄罗斯石油天然气科学研究和设计有限责任公司（简称PETON公司）在大连签署战略合作协议，明确了具有排他性的合作伙伴关系。这是继2014年5月中俄签订4 000亿美元天然气购买协议之后，一重围绕此项目与俄罗斯PETON公司寻求合作取得的实质性进展。

PETON公司是俄罗斯天然气公司的战略咨询公司，一重获得了俄罗斯天然气公司在Amur的项目工程总承包，而Amur是俄方向中国输送天然气的首批工厂。此前，一重与俄罗斯天然气公司、PETON公司多次互访，就战略合作、商务条款及技术细节进行了广泛的磋商和深入的讨论。俄方对一重研制容器的综合能力和诸多业绩给予了充分的认可，特别是对一重可根据设备重量的大小在富拉尔基、大连两个基地制造，并采用海运、江运两种方式运抵黑龙江彼岸的俄方港口，从而大幅度降低运输成本这一优势表现出极大的关注，并希望以此项目开展全面合作。

28日 北京起重运输机械设计研究院（北起院）承接的安徽海螺川崎工程有限公司（简称海螺川崎）平凉垃圾吊项目顺利通过当地质检部门检验。

该项目建成后，将成为西部地区首个利用水泥窑协同处理城市生活垃圾的示范项目（CKK示范项目），每年可处理城市生活垃圾约10万t，节约标煤1.3万t、减排CO_2约3万t，对于提高城区生活垃圾处理水平、减少环境污染，节约利用资源、优化人居环境具有十分重要的意义。北起院所供垃圾吊成套设备的稳定运行在整个CKK项目系统中发挥着极其重要的作用。

平凉垃圾吊项目是北起院继铜陵、贵定之后为海螺川崎完工的第三个CKK项目，后续即将安装调试的还有遵义、贵阳、习水、水城等项目。

27—30日 由中国机械工业联合会、中国重型机械工业协会、汉诺威米兰展览（上海）有限公司共同举办的2014中国（上海）国际重型机械装备展览会于10月30日在上海新国际博览中心圆满落幕。

此次协会以全新的办展理念和专业的展会服务商合作，首次将重机展与成熟的亚洲国际物流技术与运输系统展览会（CeMAT）、亚洲国际动力传动与控制技术展览会

(PTC)、工业分承包展览会（ISA）同期举办。中国重型机械工业协会李镜会长表示：重型机械展作为机械产品的母机行业展首次与其他机械展览同期举办，以多点联动的方式将产业上下游资源和观众串联起来，加强了机械产业上下游之间的互动，展出的效果比往届更好，人气更旺。此届展会为海内外观众打造了一场一流的国际工业盛会。

此次展会展览范围有冶金机械、矿山机械、起重运输机械、大型铸锻件、润滑液压设备以及相应的配套件等，参展企业有国内多家大型企业以及来自德国、法国、意大利、芬兰、印度、新加坡等国内外厂家千余家。展会共吸引了来自 80 多个国家和地区的 73 079 名专业观众。

从该届展会上能感觉到企业对市场的信心。中国第二重型机械集团公司、太原重型机械集团有限公司、大连重工·起重集团有限公司、北方重工集团有限公司、中信重工机械股份有限公司、中国重型机械有限公司、上海重型机械厂有限公司、中国重型机械研究院有限公司、北京起重运输机械设计研究院、华电重工股份有限公司、河南省矿山起重机有限公司等协会的副理事长单位悉数登场。

河南省长垣起重工业园区和中国重型机械工业协会破碎粉磨设备委员会以展团的形式集体参展。中国有色、上海起重运输、合康变频、辽宁国远科技、新乡纽科伦、山西顾德宝丰、鞍山重型矿山机器、东海减速机、江西华伍制动器等企业也都同台亮相。

下旬 由中国第一重型机械集团公司（一重）承制的超大型压力筒筒节 1 锻件终于通过了首件性能检验关，标志着一重在超大型筒形锻件的制造技术上实现了新的突破。

超大型压力筒是某公司大型外压试验系统的关键组成部分，筒内径 8 400mm，外径 8 940mm，筒体壁厚 270mm，筒体段部分长度 24 190mm。

技术人员进行了多层次技术评审，得出结论：在现有条件下，为尽量减少设备及资金投入，要实现筒节的整体制造，必须突破筒节锻件的整体成形、热处理细化晶粒和热处理奥氏体化后加速冷却三项关键技术。为解决筒节整体成形问题，利用水压机以及专用设备进行制造，突破水压机对于筒节直径的限制；为解决筒节热处理冷却问题，在筒节热处理炉附近建造一个大型冷却水槽，实现筒节淬火冷却，满足锻件性能的要求。

经过努力，不仅实现了超大型压力筒首件筒节 1 锻件的生产，且经检验锻件的各项性能结果均满足技术要求，标志着一重成功攻克超大型压力筒筒节锻件成形和热处理性能关键，为一重掌握超大直径筒形锻件的成形、热处理细化晶粒和满足性能要求的制造技术，满足市场需求奠定了基础。

下旬 中信重工机械股份有限公司为德国孟克公司(MENCK)制造的水下液压打桩设备核心部件——重达 271. 42t 的砧子，在 18. 5MN 油压机上采用 438t 大钢锭进行锻造。该砧子直径为 6. 775m，属于多台阶饼类锻件，形状复杂，锻造难度高、成型难度大。产品完成后将成为孟克公司新研发的最大规格的水下液压打桩设备的核心部件。

11 月

3 日 江西华伍制动器股份有限公司院士工作站挂牌仪式在市高新园区举行。江西华伍制动器股份有限公司院士工作站依托清华大学摩擦学国家重点实验室，引进现年 82 岁的清华大学精密仪器与机械学教授、中科院温诗铸院士。

目前江西华伍制动器股份有限公司与院士团队签约了“新型摩阻材料的开发和应用研究”“电磁流变液离合器和减震器研制”“新型非金属功能材料性能研究及产品开发”“轨道交通制动系统产业化研究”等 4 个项目。

5 日 中信重工全资子公司洛阳中重自动化工程有限责任公司被评选为“国家火炬计划重点高新技术企业”。

上旬 中国重型机械研究院股份公司被陕西省工信厅授予“陕西省知识产权运用示范企业”称号。

“陕西省知识产权运用示范企业”要求必须掌握自主知识产权关键核心技术，建立了知识产权管理制度，制定并实施了知识产权战略，知识产权运用成效突出，自主知识产权技术成果产业化程度高，能充分体现知识产权创造和运用的价值。

目前，中国重型院拥有专利 600 余项，其中发明专利 170 余项。掌握了一批核心知识产权，市场竞争力显著，为中国重型院的发展提供了强有力的支撑。

20 日 世界首台高温气冷堆核电站乏燃料贮存系统地车及屏蔽罩成套设备完成验收试车，标志着该设备研制成功，这是太原重型机械集团有限公司为高温气冷堆提供的首个产品。

高温气冷堆核电站乏燃料地车及屏蔽罩成套设备是先进核能技术协同创新的重大成果。设备总重量达 330t，主要用于放射性乏燃料贮罐的屏蔽和转移，具有屏蔽全面、定位准确、安全可靠、自动化程度高等特点。高温气冷堆是我国拥有自主知识产权的、具有第四代核能系统安全特征的先进核电堆型，石岛湾高温堆示范工程是世界首台模块式高温气冷堆核电站。乏燃料地车及屏蔽罩成套设备是该工程的关键设备，根据施工计划，该设备将于 2015 年年初在山东石岛湾施工现场进行预引入，成为示范工程首个完成引入的大型设备。

22 日 太原重工股份有限公司承制的宝钢湛江钢铁项目炼钢工程主要设备——全球最大的 520t 铸造起重机研发制造成功，并顺利通过了用户的出厂验收。

520t 铸造起重机是宝钢湛江炼钢区钢水接收跨关键设备，额定起重量 520t，是目前世界同类产品中起重量最大、轮压最低的冶金铸造起重机。主要用途是在高温、多粉尘的恶劣环境下，完成逾 1 600℃钢水的吊运工作，其工作繁忙程度为起重机最高级别。该设备采用了太重专利技术“四梁六轨、低速轴连接大减速器结构形式”，集多种先进技术于一身。

为了保证工作中的安全可靠，520t 铸造起重机采用了 4 根钢丝绳悬挂系统，其中任意一根发生断裂，能保证钢水包不发生坠落和倾斜，并对钢水包实时视频监控，避免了操作人员的视觉盲区。同时，还配备了最先进电气变频调速系统，设有制动回馈装置和故障自动诊断系统，能够对起重机进行实时监测，及时发现运行异常，记录运行数据。

与同类设备相比，具有结构布置受力合理、安全可靠、运行平稳、节约能源等优点，整体技术达到国际领先水平。

12 月

上旬 中国第一重型机械集团公司获得国家核安全局正式下发的百万千瓦级核岛主设备堆内构件制造资格许可证，标志着中国一重核岛主设备成套制造能力大为增强，为企业成为核蒸汽系统设备供应商奠定了坚实基础。

堆内构件是核岛一回路中反应堆压力容器的核心配套产品，全部采用核级不锈钢和镍基合金，是集精密加工、精密焊接于一体的大型设备，堆内构件接口多，制造及装配精度高。2008 年，中国一重依托国内在建的二代加核反应堆堆内构件产品，兼顾 AP1000 核反应堆堆内构件制造技术，开始了堆内构件新产品研究开发。经过 5 年多共计 1 000 余件工艺试验件的制造实验，中国一重成功完成了堆内构件产品中所有典型零部件的制造。这是继中国一重取得核反应堆压力容器、蒸发器、稳压器、主管道、主泵泵壳、重型支承等核岛关键设备制造资质后，在核电装备领域实现的又一重大进展。

14 日 中信重工机械股份有限公司最大规格直径 7.9m×13.6m 双驱溢流型球磨机和直径 11.0m×5.4m 双驱半自磨机，通过了河南省科技厅主持的科技成果鉴定。

中信重工机械股份有限公司开发成功的这两大磨机，填补了国内特大型磨机空白，可替代进口产品。该设备具有运行可靠、效率高、能耗低、操作维护方便、运转率高等优点，其综合性能达到国际先进水平。这两台磨机用于中国黄金集团公司内蒙古乌努格吐山铜钼矿二期工程。

18—20 日 由中国重型机械工业协会、重型基础件分会联合主办的“重型机械基础配套件发展论坛（HMCF2014）在江苏省苏州市召开，中国重型机械工业协会重型基础件分会第六届会员大会也在此间召开。行业内外主机制造商、配套供应商、销售代理商、科研院所、高校以及行业媒体等代表 140 余人到会。会议收集论文 34 篇并汇集成册，并与到会代表展开了书面交流。

重机协会常务副理事长李镜做“重型机械工业面临的形势及对今后发展的考虑”报告，西安理工大学副院长崔亚辉介绍了“高端齿轮传动技术研究与发展趋势”，永元绿能集团总经理蔡明轩介绍了“起重电机特性与伺服电机的应用”，哈尔滨智达测控技术有限公司总经理魏天水介绍了“迈向世界先进水平的齿轮测量技术”，传仕重工（苏州）有限公司总经理陈育胜介绍了“机器人的核心部件 RV 减速机原理及应用”，苏州大学孙立宁教授介绍了“国内外机器人发展状况与趋势”。

机械科学研究总院刘红旗总工介绍了“齿轮抗疲劳技术与试验测试装备”，中国重型机械工业协会重型基础件分会秘书长赵玉良介绍了“强化基础研究，助力传动件产品换代升级”，卫华集团有限公司常务副总裁秦英奕介绍了“基础配套件在起重机领域的典型工程应用案例分析”，中信重工机械股份有限公司总工程师王继生介绍了“基础配套件在矿山机械领域的典型工程应用案例分析”，郑州机械研究所副总工程师刘忠明介绍了“我国齿轮工业的发展现状及目标”，中国重型机械工业协会带式输送机分会秘书长张荣建介绍了“基础配套件在带式输送机领域的典型工程应用案例分析”，哈尔滨精达测量仪器有限公司销售部长佟雪介绍了“大规格齿轮测量技术发展概况”，中国农业大学博士研究生柳冠伊介绍了“环面蜗轮滚刀数控磨削的关键技术研究”。

24 日 江西工埠机械有限责任公司在江西省南昌市被授予院士工作站。授牌仪式上，公司董事长喻连生代表企业接受了授牌。

江西工埠机械有限责任公司院士工作站于 2012 年 6 月筹建，聘请中国工程院院士、沈阳工业大学教授为首席专家，沈阳工业大学国家稀土永磁电机工程技术研究中心、中国电器科学研究院、北京起重研究院教授和专家组成创新团队。工作站将在桥式起重机无齿轮传动装置研究、桥式起重机械轻量化研究领域等方面开展攻关研究，解决装备制造技术领域的共性和关键问题，使公司的科技研发工作更加组织化、科学化、长效化、产业化。密切与行业之间的项目合作与学术交流，实现院士科研项目与企业发展双赢目标。

〔撰稿人：中国重型机械工业协会陶岚　审稿人：中国重型机械工业协会徐善继〕

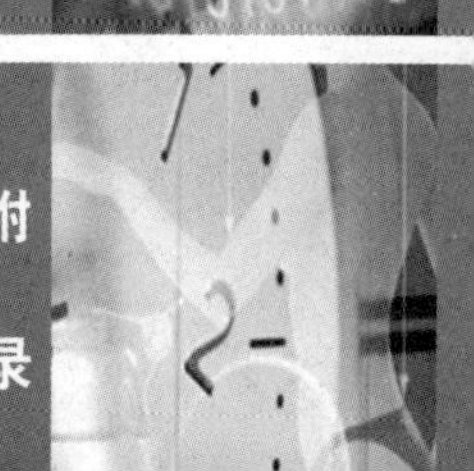

从生产发展情况、市场及销售、产品进出口、科技成果及新产品等方面阐述重型机械各分行业2014年的发展情况

It briefs the development made in 2014 in all the sectors of the heavy machinery industry, namely production, marketing, sales, product import and export, technical development and the new product creation

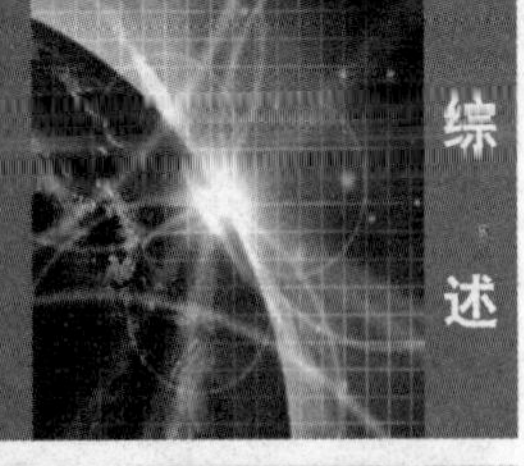

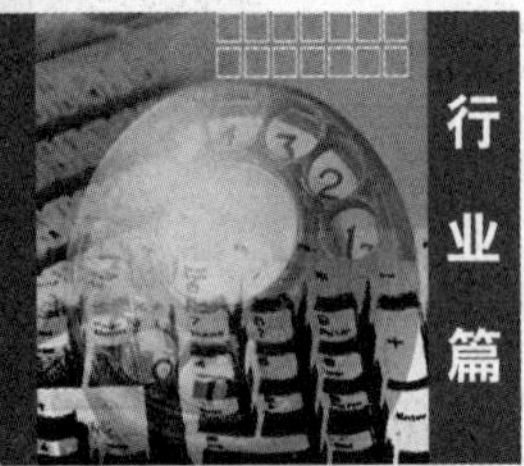

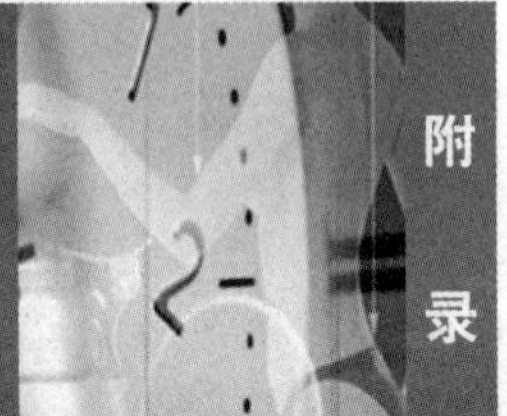

行业篇

冶金矿山机械

一、行业简况

冶金矿山机械行业是以提供炼焦、烧结、冶炼、轧制、矿山开采、矿井提升、破碎粉磨、煤矿采掘、筛分洗选、竖井及隧道挖掘、水泥、重型锻压等大型成套设备及相关产品，并为能源、原材料、化工、造船、军工、机械等部门提供所需大型铸锻件为主导产品的机械制造行业。该行业的主要产品多为重大基本建设项目所需的核心设备，因此该行业不仅在国民经济建设中占有十分重要的地位，而且是体现国家制造实力的重要表征。2010—2014 年冶金矿山机械行业主要经济指标及占比变动情况见表 1。

表 1　2010—2014 年冶金矿山机械行业主要经济指标及占比变动情况

年份	行业名称	企业数（家）	占比（%）	资产总值(亿元)	占比（%）	主营收入（亿元）	占比（%）	利润总额（亿元）	占比（%）
2010	重型机械行业	4 686	100	6 800	100	6 967	100	553	100
	冶金矿山机械	2 384	50. 87	3 452	50. 77	3 111	44. 66	250	45. 21
2011	重型机械行业	3 626	100	8 246	100	8 806	100	653. 17	100
	冶金矿山机械	1 886	52. 01	4 200	50. 93	4 021	45. 66	274. 89	42. 09
2012	重型机械行业	3 829	100	9 833	100	10 195	100	600	100
	冶金矿山机械	2 021	52. 78	4 860	49. 20	4 598	45. 1	234	39
2013	重型机械行业	4 220	100	11 031	100	11 299	100	703. 00	100
	冶金矿山机械	2 231	52. 87	5 203	47. 18	4 970	44. 00	232. 00	33. 04
2014	重型机械行业	4 657	100	12 029	100	12 331	100	697. 67	100
	冶金矿山机械	2 414	51. 84	5 767	48. 00	5 425	44. 00	166. 37	23. 85

二、2014 年行业经济运行情况

1. 行业主要经济指标完成情况

2014 年冶金矿山机械行业主要经济指标完成情况见表 2。

表 2　2014 年冶金矿山机械行业主要经济指标完成情况

行业名称	主营业务收入（亿元）	比上年增长（%）	主营业务成本（亿元）	比上年增长（%）	主营业务收入利润（亿元）	比上年增长（%）	利润总额（亿元）	比上年增长（%）
冶金矿山机械行业	5 424. 93	6. 68	4 690. 05	7. 85	703. 26	-0. 64	166. 37	-30. 23
一、冶金机械行业	1 285. 82	2. 29	1 132. 49	3. 55	146. 48	-6. 22	-49. 37	-377. 67
1. 按企业规模分列								
大型企业	469. 90	-6. 05	427. 28	-5. 48	40. 47	-10. 92	-86. 31	299. 18
中型企业	336. 89	5. 49	290. 59	7. 40	44. 18	-5. 26	15. 69	-3. 21
小型企业	479. 02	9. 48	414. 63	11. 74	61. 83	-3. 58	21. 24	-8. 41
2. 按注册类型分列								
国有企业	64. 51	-18. 30	72. 56	-13. 39	-8. 24	55. 75	-86. 15	155. 69
私营企业	524. 79	5. 61	453. 63	5. 10	68. 29	9. 21	27. 37	4. 96
其他内资企业	586. 02	2. 31	508. 05	5. 78	74. 72	-16. 10	8. 53	-68. 69
三资企业	110. 50	1. 98	98. 26	0. 25	11. 71	18. 37	0. 88	-148. 12
3. 按控股类型分列								
国有控股企业	450. 71	-3. 86	412. 03	-0. 82	36. 20	-28. 42	-88. 54	324. 74
集体控股企业	28. 18	-19. 13	24. 81	-14. 78	3. 26	-41. 20	0. 61	-34. 89
私人控股企业	703. 60	8. 05	603. 67	7. 77	96. 01	10. 18	37. 72	4. 61

（续）

行业名称	主营业务收入（亿元）	比上年增长（%）	主营业务成本（亿元）	比上年增长（%）	主营业务收入利润（亿元）	比上年增长（%）	利润总额（亿元）	比上年增长（%）
三资控股企业	66.20	0.05	60.40	1.08	5.60	-10.37	0.55	584.39
其他控股企业	37.13	3.02	31.58	8.07	5.40	-19.07	0.29	-81.49
二、矿山机械行业	4 139.12	8.13	3 557.56	9.30	556.78	0.94	215.75	-2.23
1. 按企业规模分列								
大型企业	1 098.16	-0.45	946.20	0.45	147.71	-5.89	17.70	-36.05
中型企业	925.13	7.40	777.42	8.72	143.05	0.78	70.22	-4.62
小型企业	2115.82	13.54	1 833.94	14.78	266.02	5.27	127.82	7.09
2. 按注册类型分列								
国有企业	232.55	0.76	192.29	2.04	39.55	-4.53	4.35	-41.50
私营企业	1 986.94	11.45	1 704.01	12.87	268.07	2.81	134.43	2.20
其他内资企业	1 721.05	7.62	1 502.83	8.40	210.58	2.48	68.12	-7.06
三资企业	198.57	-7.80	158.43	-6.92	38.58	-12.20	8.85	5.39
3. 按控股类型分列								
国有控股企业	890.23	-3.20	762.19	-2.35	124.87	-7.71	14.21	-48.13
集体控股企业	118.08	12.39	106.75	16.24	10.80	-14.07	3.56	-17.85
私人控股企业	2 843.78	12.94	2 451.82	13.98	372.97	6.19	184.39	4.17
三资控股企业	149.40	-12.49	117.67	-11.46	30.40	-17.48	4.92	9.37
其他控股企业	137.62	20.11	119.13	21.09	17.73	13.28	8.67	16.81

行业名称	应收账款净值（亿元）	比上年增长（%）	资产总值（亿元）	比上年增长（%）	负债总计（亿元）	比上年增长（%）	主营业务收入利润率（%）	主营业务利润总额率（%）	上年同期（%）
冶金矿山机械行业	1 338.73	8.23	5 766.81	9.61	3 422.36	7.61	12.96	3.07	4.69
一、冶金机械行业	504.88	9.39	2 154.53	5.53	1 395.07	2.50	11.39	-3.84	1.41
1. 按企业规模分列									
大型企业	348.55	16.24	1 375.48	4.76	905.20	-0.50	8.61	-18.37	-4.32
中型企业	68.90	-8.33	344.04	-0.53	230.43	1.44	13.11	4.66	5.08
小型企业	87.43	1.06	435.01	13.64	259.44	15.74	12.91	4.43	5.30
2. 按注册类型分列									
国有企业	49.78	-14.20	250.47	-15.15	302.20	14.64	-12.78	-133.54	-42.67
私营企业	88.97	10.21	466.49	24.61	201.19	-24.21	13.01	5.21	5.25
其他内资企业	333.51	14.98	1 299.20	6.15	791.59	8.87	12.75	1.45	4.75
三资企业	32.62	-0.34	138.37	-6.62	100.09	-4.53	10.60	0.80	-1.69
3. 按控股类型分列									
国有控股企业	346.31	12.65	1 366.15	0.87	981.02	9.89	8.03	-19.64	-4.45
集体控股企业	8.67	-17.51	31.16	-7.97	20.46	-11.05	11.56	2.17	2.70
私人控股企业	118.90	2.97	621.00	20.95	296.97	-14.90	13.65	5.36	5.54
三资控股企业	19.54	6.82	88.20	-6.46	65.94	-4.14	8.47	0.82	0.12
其他控股企业	11.46	16.53	48.02	5.07	30.68	11.31	14.53	0.77	4.30
二、矿山机械行业	833.85	7.53	3612.28	12.20	2 027.30	11.43	13.45	5.21	5.76
1. 按企业规模分列									
大型企业	477.39	2.87	1 726.47	7.25	1 138.27	9.04	13.45	1.61	2.51

（续）

行业名称	应收账款净值（亿元）	比上年增长（%）	资产总值（亿元）	比上年增长（%）	负债总计（亿元）	比上年增长（%）	主营业务收入利润率（%）	主营业务利润总额率（%）	上年同期（%）
中型企业	136.17	9.82	709.54	11.36	340.21	10.75	15.46	7.59	8.55
小型企业	220.28	17.58	1176.27	20.95	548.82	17.19	12.57	6.04	6.41
2. 按注册类型分列									
国有企业	181.32	6.42	565.43	9.03	404.97	11.09	17.01	1.87	3.22
私营企业	159.23	10.73	949.98	20.14	374.54	15.68	13.49	6.77	7.38
其他内资企业	407.24	9.33	1 819.13	11.21	1 103.77	11.62	12.24	3.96	4.58
三资企业	86.06	-3.06	277.74	1.24	144.03	1.29	19.43	4.46	3.90
3. 按控股类型分列									
国有控股企业	485.61	8.33	1 744.57	8.55	1 195.64	10.98	14.03	1.60	2.98
集体控股企业	16.95	11.78	76.64	16.49	55.38	18.16	9.15	3.01	4.12
私人控股企业	235.95	9.21	1 469.45	19.70	608.84	14.99	13.12	6.48	7.03
三资控股企业	81.36	-3.43	256.69	-0.06	135.12	1.44	20.35	3.29	2.63
其他控股企业	13.98	19.35	64.92	4.61	32.31	-0.39	12.88	6.30	6.48

2. 行业重点产品产量完成情况

从2014年行业出产情况看，冶金机械行业主要产品产量处于负增长区间，矿山机械行业主要产品略有增长。其中：冶金机械产品产量176.94万t，比上年下降6.64%。矿山机械产品产量786.13万t，比上年增长0.98%。2014年冶金矿山机械行业重点产品产量完成情况见表3。

表3　2014年冶金矿山机械行业重点产品产量完成情况

产品名称	企业数（家）	产量（万t）	上年同期（万t）	比上年增长（%）
一、冶金机械合计		176.94	189.52	-6.64
金属冶炼设备	106	115.01	119.17	-3.49
金属轧制设备	75	61.93	70.35	-11.96
二、矿山机械	681	786.13	778.51	0.98
水泥设备	73	94.60	95.24	-0.67

3. 有关主要产品进出口情况

2014年冶金矿山机械行业进出口总额44.99亿美元，比上年下降14.94%。其中：出口国家和地区196个，金额33.14亿美元；进口国家和地区54个，金额11.85亿美元。冶金机械进出口总额23.07亿美元，其中：出口国家和地区70个，金额16.37亿美元；进口国家和地区47个，金额6.70亿美元。矿山机械进出口总额21.92亿美元，其中：出口国家和地区177个，金额16.77亿美元；进口国家和地区37个，金额5.15亿美元。2014年冶金矿山机械行业主要产品进出口情况见表4。2010—2014年冶金矿山机械进出口额变化趋势见图1。2014年冶金矿山机械进出口额按企业类型划分所占比例情况见图2。2014年冶金矿山机械进出口额按贸易方式划分所占比例情况见图3。

表4　2014年冶金矿山机械行业主要产品进出口情况

海关货物名称	出口额（亿美元）	比上年增长（%）	进口额（亿美元）	比上年增长（%）	进出口总额（亿美元）	比上年增长（%）	进出口顺差（亿美元）	上年同期（亿美元）
冶金机械合计	16.37	-6.98	6.70	-12.24	23.07	-9.04	9.55	9.96
金属冶炼设备	0.32	-51.00	0.19	-27.56	0.51	-44.62	0.39	0.39
连铸设备	0.40	-9.17	0.24	-20.90	0.59	-20.67	0.13	0.13
金属轧制设备	4.01	4.78	1.98	-37.66	5.93	-15.41	0.65	0.65
冶金设备零件	11.64	-8.18	4.28	10.36	15.92	-3.84	8.80	8.80
矿山机械合计	16.77	-14.00	5.15	-35.80	21.92	-20.35	11.48	11.48
采掘设备及钻机	3.23	-40.33	1.89	-47.91	5.12	-43.37	1.78	1.78
破碎粉磨设备	8.84	-7.71	1.75	-38.39	10.59	-14.73	6.74	6.74
筛分洗选设备	4.03	8.56	1.34	1.37	5.36	6.67	2.39	2.39
矿山卷扬设备	0.12	-18.56	0.06	-33.99	0.18	-24.60	0.05	0.05
矿山机械零件	0.55	-15.00	0.11	-20.55	0.66	-15.97	0.51	0.51

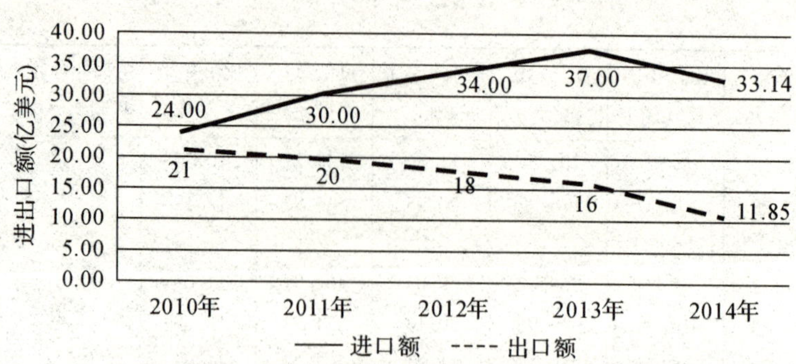

图1 2010—2014 年冶金矿山机械进出口额变化趋势

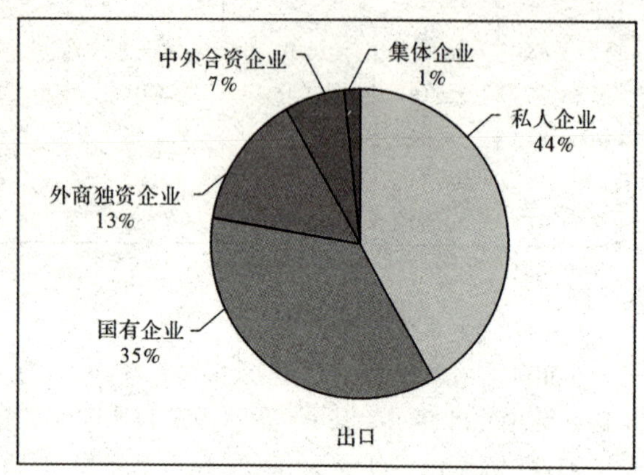

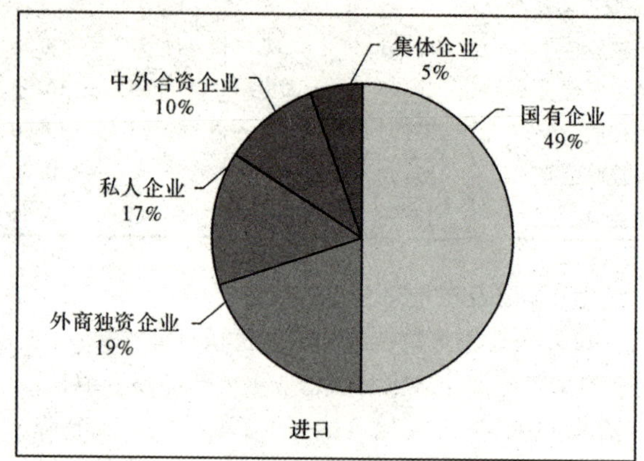

图2 2014 年冶金矿山机械进出口额按企业类型划分所占比例情况

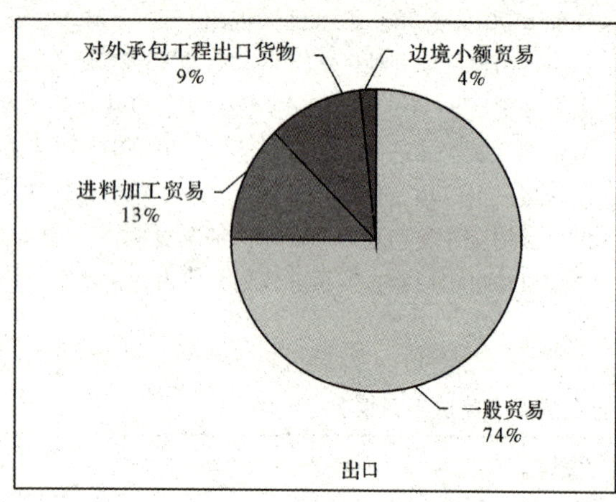

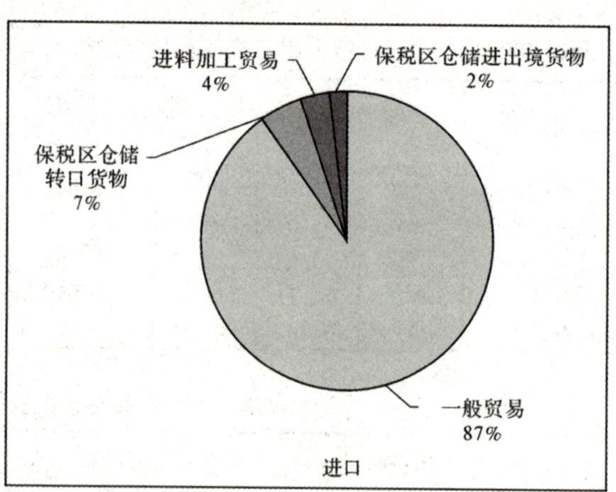

图3 2014 年冶金矿山机械进出口额按贸易方式划分所占比例情况

4. 2014 年行业经济运行的基本特点

（1）冶金矿山机械行业全年主营业务收入增速 6.68%，比上年下降 0.64 个百分点，比重型机械行业 7.78% 的增速低 1.10 个百分点。主营业务收入增长率，冶金机械行业为 2.29%，远低于矿山机械行业的 8.13%。大型企业明显低于小型企业，国有控股企业明显低于私人控股企业，在冶金机械行业中，相应的增长率分别为 -6.05% 和 9.48%，-3.86% 和 8.05%；矿山机械行业相对应的增长率分别为 -0.45% 和 13.54%，-3.20% 和 12.94%。

（2）行业经济效益水平下滑速度加快，2014 年全行业实现利润总额比上年下降 30.23%，其中冶金机械行业利润总额比上年下降 377%，矿山机械行业下降 2.23%。

（3）行业主要产品进出口额已连续两年处于下滑状态。受全球经济增长乏力的影响，在 2012 年出口总额增长 13.12% 的基础上，2013 年下降为 8.42%，2014 年再降为 -10.67%。其中冶金机械产品同期相比下降 6.98%，比 2013 年的 -3.10% 再降 3.88 个百分点；矿山机械产品同期相比下降 14.00%，比 2013 年的 21.44% 下降 35.44 个百分点。相对于出口额，进口额已连续多年下滑，从

2010 年的 21 亿美元降至 2014 年的 11 亿美元。进出口继续保持顺差。

三、产业结构、经济结构情况

1. 行业产业结构情况

2014 年冶金机械占冶金矿山机械行业的比重为：主营业务收入占 23.70%，比 2013 年下降 1.2 个百分点；资产总值占 37.36%，比 2013 年下降 1.44 个百分点。

2014 年冶金矿山机械行业产业结构见表 4。

表 4　2014 年冶金矿山机械行业产业结构

行业名称	主营业务收入（亿元）	占比（%）	资产总值（亿元）	占比（%）	利润总额（亿元）	占比（%）
冶金矿山机械行业	5 424.93	100.00	5 766.81	100.00	166.37	100.00
冶金机械行业	1 285.82	23.70	2 154.53	37.36	-49.37	-29.68
矿山机械行业	4 139.12	76.30	3 612.28	62.64	215.75	129.68

2. 行业经济结构情况

2014 年冶金矿山机械行业经济结构见表 5。

表 5　2014 年冶金矿山机械行业经济结构

行业名称	主营业务收入（亿元）	比上年增长（%）	主营业务成本（亿元）	比上年增长（%）	主营业务收入利润（亿元）	比上年增长（%）	利润总额（亿元）	比上年增长（%）	企业亏损面（%）	上年同期（%）
冶金矿山机械行业	5 424.93	6.68	4 690.05	7.85	703.26	-0.64	166.37	-30.23	11.68	9.07
一、冶金机械行业	1 285.82	2.29	1 132.49	3.55	146.48	-6.22	-49.37	-377.67	19.75	16.49
国有控股企业	450.71	-3.86	412.03	-0.82	36.20	-28.42	-88.54	324.74	44.68	42.55
占行业比重（%）	35.05		36.38		24.72		179.32			
集体控股企业	28.18	-19.13	24.81	-14.78	3.26	-41.20	0.61	-34.89	14.29	14.29
占行业比重（%）	2.19		2.19		2.22		-1.24			
私人控股企业	703.60	8.05	603.67	7.77	96.01	10.18	37.72	4.61	15.14	11.70
占行业比重（%）	54.72		53.30		65.55		-76.39			
三资控股企业	66.20	0.05	60.40	1.08	5.60	-10.37	0.55	584.39	43.33	46.67
占行业比重（%）	5.15		5.33		3.83		-1.10			
其他控股企业	37.13	3.02	31.58	8.07	5.40	-19.07	0.29	-81.49	28.00	16.00
占行业比重（%）	2.89		2.79		3.68		-0.58			
二、矿山机械行业	4 139.12	8.13	3 557.56	9.30	556.78	0.94	215.75	-2.23	9.29	6.87
国有控股企业	890.23	-3.20	762.19	-2.35	124.87	-7.71	14.21	-48.13	31.25	26.56
占行业比重（%）	21.51		21.42		22.43		6.59			
集体控股企业	118.08	12.39	106.75	16.24	10.80	-14.07	3.56	-17.85	19.12	8.82
占行业比重（%）	2.85		3.00		1.94		1.65			
私人控股企业	2 843.78	12.94	2 451.82	13.98	372.97	6.19	184.39	4.17	6.30	4.29
占行业比重（%）	68.71		68.92		66.99		85.46			
三资控股企业	149.40	-12.49	117.67	-11.46	30.40	-17.48	4.92	9.37	27.12	23.73
占行业比重（%）	3.61		3.31		5.46		2.28			
其他控股企业	137.62	20.11	119.13	21.09	17.73	13.28	8.67	16.81	10.29	11.76
占行业比重（%）	3.32		3.35		3.18		4.02			

四、2014 年科技成果评奖情况

2014 年中国机械工业科学技术奖（重型机械行业）获奖项目见表 6。

表6　2014年中国机械工业科学技术奖（重型机械行业）获奖项目

序号	项目名称	主要完成单位	获奖等级
1	大型先进压水堆核电核岛主设备超大型锻件研制及工程应用	中国第一重型机械股份公司、二重集团（德阳）重型装备股份有限公司、上海重型机器厂有限公司	特等奖
2	12 000t航空级铝合金板材张力拉伸机装备	中国重型机械研究院股份公司、西南铝业（集团）有限责任公司、中信重工机械股份有限公司、重庆大学、太原科技大学、中南大学、西安交通大学、燕山大学、清华大学	特等奖
3	WK系列大型矿用机械正铲式挖掘机研制	太原重工股份有限公司、大连理工大学、吉林大学	一等奖
4	大型新型干法水泥熟料冷却及热回收装置关键技术研究和应用	燕山大学	二等奖
5	810mm扁钢可逆热连轧机组研制及工程应用	中国第一重型机械股份公司	二等奖
6	电子束制备太阳能级多晶硅材料的技术、装备及应用	大连理工大学、青岛隆盛晶硅科技有限公司	二等奖
7	干熄焦提升机系列研制	太原重工股份有限公司	二等奖
8	新型双动短行程铝挤压机研制	太原重工股份有限公司、太原科技大学	二等奖
9	高效喷粉脱硫RH炉外精炼工艺及设备的开发与应用	中国重型机械研究院股份公司、天津天管特殊钢有限公司	二等奖
10	千万吨级矿井大型箕斗安全运行关键技术及产业化	中国矿业大学、徐州煤矿安全设备制造有限公司、中实洛阳工程塑料有限公司、常熟市新虞电器有限责任公司	二等奖
11	HMTK600B型363t电动轮自卸车研制	中冶京诚（湘潭）重工设备有限公司、神华准格尔能源集团有限公司	二等奖
12	60万t热轧不锈钢连续退火酸洗线的关键技术研究与应用	北京机械工业自动化研究所	二等奖
13	ZRB400智能乳化液保障系统成套设备	三一重型装备有限公司	三等奖
14	油页岩开采机关键技术的研究与应用	太重煤机有限公司	三等奖
15	铝及铝合金十二辊型材矫整机	中国重型机械研究院股份公司、中国铝业股份有限公司西北铝加工分公司	三等奖
16	ϕ340mm排管锯机组的开发与关键技术研究	中国重型机械研究院股份公司、山东寿光巨能特钢有限公司	三等奖
17	大功率海工可调桨推进系统	南京高精船用设备有限公司	三等奖
18	一种水流宽度可调式热轧层流冷却上喷装置的研制	北京中冶设备研究设计总院有限公司	三等奖
19	年产1200万t综采工作面超重型成套输送设备	宁夏天地奔牛实业集团有限公司	三等奖

〔撰稿人：中国重型机械工业协会严祥文　审稿人：中国重型机械工业协会李镜〕

冶金设备

生产发展情况 冶金设备制造业长期以来一直是为冶金工业产业提供重大成套技术装备的行业，并承担着带动相关产业发展的重任。冶金设备是用于金属冶炼、铸造、轧制和深加工等生产流程中的专用成套工艺设备，也被称作工作母机，是冶金工业产业运行发展所需的重要基础装备。大型冶金成套设备生产线是集连续高效和自动化控制技术密集型的工艺设备集合。冶金设备已呈系列分布且品种规格繁多，多属于高精尖的重型成套设备，产品主要包括烧结、焦炉、窑、金属冶炼铸造设备（高炉、转炉、炉外精炼、方圆坯连铸机、板坯连铸机、铸造机），钢渣、矿渣处理设备，金属轧制设备（板带材热轧机、板带材冷轧机、冷/热轧管机、型钢轧机、线材轧机、有色金属轧机），金属精整及后处理设备（酸洗机组、热镀锌机组、热镀锡机组、热镀铝机组、冷/热平整机组、连续退火机组）等。

冶金设备制造业与钢铁和有色金属业关系密切，在新生产工艺和设备技术研发方面更是合作伙伴并互为市场。冶金设备行业一直通过技术创新和服务提升不断地满足钢铁和有色金属工业产生的新需求。当前，国内外冶金市场正在淘汰落后生产工艺，寻求技术改造升级方案及提高生存和竞争力的新途径，同时，冶金行业也已步入由冶金设备制造向冶金设备制造与技术改造服务并重的转型期，冶金设备制造企业正处在加速产业调整和转型升级过程中，通过持续改进和技术创新，适时研发推出新产品向中高端市场进军，使得中高端国产冶金成套设备国内市场占有率保持在85%左右的高位。通过长期研发积累和近年的高端技术突破研制出的典型重大冶金成套设备有：

1. 大型冷、热带钢连轧机成套设备

我国大型冷热带钢连轧机成套设备在自主设计、制造及技术和工程总承包方面继续开创新局面，已真正实现了自主设计、集成、制造成套并已形成系列。中国第一重型机械集团公司（简称中国一重）自主研发的900mm、1 250mm、1 320mm、1 420mm、1 450mm、1 550mm、1 780mm、2 130mm五机架（酸洗）冷连轧机组大型冷连轧成套设备和工艺技术已广泛应用于鞍钢、宝钢、梅钢、武钢、安钢、新钢、柳钢、河北中金、诚钢、马钢、沙钢等公司。特别是中国一重对梅钢1 420mm冷连轧机组的技术升级，以及在山力和远大1 420mm酸洗冷连轧机组工程总承包项目的实施推广，实现了冷连轧机组的更新换代。在冷轧生产线建设中，实现了冷连轧机组的国内设计、制造和工艺技术总集成，突破了冷连轧成套设备制造和生产工艺控制两大核心技术，工艺装备水平已步入世界先进行列，其中，自主开发的大型工作辊移动的六辊轧机具有卓越的板型控制能力，自主开发的转盘式双筒卷取机实现了高效卷取，自主开发的十八辊冷轧机可实现超薄高强钢的高效轧制，这标志我国自主设计集成制造冷连轧成套设备和工艺控制技术已经达到了中高端水平。中国第一重型机械集团公司自主设计研发的1 000mm、1 250mm、1 380mm、1 450mm、1 580mm、1 680mm、1 780mm、2 150mm、2 250mm热带钢连轧机大型热连轧成套设备和工艺技术已成功应用于鞍钢、武钢、首钢、新钢、安钢、日钢、马钢、涟钢、诚钢、鼎信等钢铁公司。其中，自主设计开发的“1+8”1 680mm不锈钢热连轧机生产线设备和工艺技术升级，以及其后在鼎信1 780mm不锈钢热连轧项目的成功应用推广，实现了不锈钢连轧机生产线的更新换代，工艺装备技术已达到世界先进水平。上述国内自主设计研制的大型宽带热连轧机的广泛开发，应用了当代先进技术——高压水除鳞技术，保证了产品的表面质量；立辊轧机具有宽度自动控制和短行程自动控制功能；粗轧机采用电动加液压压下，保证了位置精度；定宽压力机实现了板坯大压下减宽和成材率的改善；热卷取箱实现了多钢种节能轧制并缩短轧线长度；超强转鼓式飞剪进一步优化了头尾剪切功能，提高了收得率和剪切能力；高刚度四辊全液压精轧机，液压自动厚度控制技术，弯、串辊和板型控制技术，保证了产品板型及尺寸精度；全液压三助卷辊地下卷取机采用了自动踏步控制技术，保证钢卷的卷形质量等；我国大型冷热连轧成套设备已有多套向国外输出，近年来出口的项目有，尼日利亚900mm酸洗冷连轧机和1 450mm单机架冷轧机；巴西4 300mm宽厚板和2 200mm炉卷轧机一套（合作制造）；印度1 800mm和波兰2 250mm热连轧机成套设备各一套（为合作制造）；伊朗1 725mm炉卷轧机一套（为合作制造）；美国TKS2150热连轧机；意大利阿维迪1 700mm短流程热轧生产线；韩国浦项2 150mm热连轧机等设备。

2. 大型多辊冷轧机工艺设备

我国大型多辊高强超薄带轧制成套设备的自主设计已初见成效，为北海诚德不锈钢集团和山东远大自主设计研发的双机架1 320mm和五机架1 450mm十八辊不锈钢冷轧机组，单机架1 250mm二十辊冷轧机组等大型多辊冷连轧机组已投入使用，标志着我国大型中高端多辊冷轧机工艺设备设计制造技术向国际先进迈出了一步。

3. 短流程节能轧制设备

我国在冶金轧制设备领域对节能减排工艺设备的开发应用近年来取得了长足的进步。中国第一重型机械集团公司继鞍山钢铁公司“1+6”2 150mm短流程热连轧机研制取得成功后，又相继承接了一套意大利阿维迪1 700mm连铸连轧试验生产线合作制造项目及四套西门子日照

1 700mm短流程热轧生产线设备的制造项目；正在为福建吴航设计制造 2 250mm 不锈钢多功能板卷热轧项目；为山东泰钢研制的 1 780mm 炉卷轧机 +3 机架热连轧机已投入生产；中国一重自行开发研制的 3 700mm “自由锻造 + 筒节成型轧机” 大型筒件锻轧工艺设备得到成功应用并获得了省级科技进步奖一等奖。

4. 宽厚板轧机成套设备

我国宽厚板轧机成套设备集成设计制造已基本实现了国产化，呈现出合作制造与自主设计制造兼容的局面。合作制造了包钢 4 100mm、鞍钢 5 500mm/5 000mm、宝钢 5 000mm、湘钢 5 000mm；宽厚板轧机自主设计制造了建龙 4 300mm、济钢 4 300mm、沙钢 3 500mm、汉冶 3 800mm/4 300mm 宽厚板轧机。中国一重自主设计制造出口到越南、泰国 3 300mm 宽厚板轧机各一套；合作制造出口的宽厚板轧机有韩国浦项 5 500mm、韩国现代5 000mm、泰国钢铁公司 5 000mm。

5. 大型成套有色板带轧机工艺设备

与黑色金属板带轧制设备的市场需求逐年下滑不同，近几年来，有色金属行业对大型铝板带轧机生产线成套设备的需求相对有所上升，国内新上大型铝板带轧机项目呈现出新亮点。期间，中国一重、中国二重都有大型铝板带轧机成套设备合作制造项目陆续交付用户投产并已形成自主设计制造能力。其中，中国一重承担的项目有东北轻合金 3 950mm、2 100mm（1 +1）铝板热轧机组、赣州铝业 2 300mm（1 +1）铝板热轧机组、青海鲁丰 2 350mm 双机架冷轧机组、天津中旺 2 650mm（1 +5）和 3 350mm（1 +1 +3）铝板带热连轧机组、南山铝业 4 100mm/3 000mm 铝板带热连轧机组、同仁铝业 4 500mm +3 300mm 铝板热轧机组、山东魏桥 2 350mm（1 +4）铝板热连轧机组、南南铝业 4 100mm + 3 100mm 铝板热轧机组、泰国古河 2 500mm（1 +4）铝板热连轧机组；中国二重承担的项目有巨科锦宁、浙江永杰 1 850mm（1 +4）铝板带热连轧机组、柳州银海 3 300mm/2 850mm（1 + 4）铝板热连轧机组。

6. 大型连铸机成套设备

我国大型连铸机成套设备已经全面实现了自主化设计与制造和技术集成。近年来投产的重大成套设备有：舞阳钢铁公司的 2 500mm 大型板坯连铸成套设备，诚德钢铁公司 1 600mm 大型板坯连铸成套设备，敬业钢铁公司 1 100mm 板坯连铸机，攀枝花钢铁公司五流 360mm × 450mm、邢台钢铁公司六流 380mm ×450mm 两个大型方坯连铸成套设备，700mm 特厚板连铸机、垂直铸造机等。

7. 大型平整机成套设备及精整设备

我国大型先进的冷、热平整工艺设备已经实现了自主设计集成国产化，中国第一重型机型集团公司、中国重型机械研究院等企业自主设计集成的大型平整机成套设备已经广泛投产应用，投产应用的平整机成套设备有：宝钢 2 030mm、1 850mm 平整机组；柳钢 1 450mm、1 250mm 单机架平整机组；濮阳钢厂、东海网格 1 450mm 平整机组；鞍钢 1 450mm 热平整机组；鄂钢 1 700mm 平整机；衡水钢厂 1 250mm 双机架多功能平整机组，邯郸日鑫板材 1 450mm六辊平整机组，京唐钢铁 1 380 双机架平整兼二次冷轧机组，其中，衡水 1 250mm 双机架平整机组具有干、湿平整和轧制等多种功能，深受钢铁用户青睐的一种机型。

8. 大型冶金环保设备

近年来，随着钢铁冶金行业节能环保需求的日益上升，钢铁冶金用户加大了对绿色生产、节能减排的技改投入，使我国冶金环保技术和工艺装备的开发和应用得以快速发展，一些国内冶金设备企业已开始建立环保板块并进行资源整合，开展环保工艺技术和设备研制，继热轧生产线烟尘抑制技术应用和连铸生产线排气排烟后，目前，正在开展冶炼焦化环节的除硫、除硝、除二噁英等工艺技术和设备的研发和应用；中国第一重型机型集团公司为新宝泰公司研制的 3 800mm 卧式辊磨已成功应用于钢渣、水渣微粉处理生产线，并推进新研发的垃圾焚烧技术和工艺设备的市场应用。

2014 年以来，欧洲冶金市场需求远不及亚洲，继续呈下滑和收缩态势，除了一些已有设备技术改造外少有新上项目，西马克德马克 SMSD、西门子奥钢联 SIMENS - VAI、达涅利 DANIELY 及三菱日立等国外冶金设备公司也只能惨淡经营，甚至在我国境内投资建的工厂也艰难维持，继续与国内冶金设备制造企业拼争，国内冶金设备企业承受着内外双重压力，这种压力推动着以中国一重和中国二重为代表的国内重型冶金设备企业向中高端技术市场拓展，不断提高中高端设备的自主集成套设计制造供应能力。目前，我国自主设计制造并投产运行的大型冷热连轧成套设备已突破 140 套。在改善产品性能、降低能耗、改善环境、实现高速、自动化方面稳步提升，以近终型连铸连轧为基本特征的直接轧制与无头轧制，连铸与冷轧成线轧制，酸洗联合高速轧制为标志的短流程和绿色轧制工艺技术正大行其道；不锈钢、高强钢的轧制和有色金属板带轧制工艺技术与装备的自主研发能力持续提升。

国内多家大中型钢铁冶金企业产量效益继续下滑甚至亏损。大批先进冶金工艺设备如大型冷、热宽带钢连轧机、宽厚板轧机、大型铝板带轧机、大型连铸机及转炉、高炉等设备普遍开工不足或处于半停产状态。2014 年，国内仅少数几家钢企新上大型热连轧项目、大型冷连轧机项目，无一家铝企新上大型铝板轧机项目，无一家钢企新上宽厚板轧机项目，以钢铁有色为主业的多家冶金设备制造业合同额持续五年单调递减仍不见底，一直处于低迷状态下运营。

2014 年，冶金设备制造行业的主要特点为：

（1）冶金设备需求不足，企业生产经营难以为继。国内冶金市场继续下行，导致冶金成套设备市场竞争异常激烈，不断出现跳楼吐血价，我国八大重型机械企业的合同额和价格均处于下降态势，已下降到12年前水平，一些中小冶金机械制造厂更是生产能力放空，资源明显闲置，几近倒闭的边缘，这种低迷状态一直持续到2014年年底未见有明显复苏。受这种市场需求过快的下滑和不景气的持续影响，重型冶金设备制造业均呈现出需求不足，僧多粥少，全力维持和坚持的态势，按现有的生产经营方式难以为继。

（2）冶金设备制造业的转型升级步履艰难。国内钢铁冶金市场继续下行，针对合同少价格低，僧多粥少的残酷竞争现状，冶金设备制造业全力完善技术创新体系，提升技术创新能力，不断发力整合各种资源，围绕降低冶金成套设备设计制造，制定苛刻成本控制指标。优化设计降成本、优化采购降成本，再造工艺流程降成本、生产环节降成本、管理运行降成本，已接近量变到质变的底线。各大重型机械集团公司在此巨大下压力下制定实施转型升级战略，中国第一重型机械集团公司、中国第二重型机械集团公司，为了拿到合同还要不亏损，采取了一系列市场营销策略和运行模式并进行了各种尝试，但成效甚少。一方面在传统产业领域竞争市场，另一方面力求在新兴领域寻找突破，继续埋头进行新产品开发，全力开展降本增效的活动。同时，一些冶金机械设备制造企业正面临着转型和重组的选择。

（3）冶金成套设备需求由增量型向存量型变化。钢铁冶金行业已经开始全面治理整合，新增项目少而又少，屈指可数，现存设备的升级改造已成为主要需求，除少量新上项目集中在新品种的高端工艺技术设备外，大多数现有设备已将节能减排、品种升级等技术改造提到日程。新增项目不仅数量少，而且技术要求高、难度大，唯有靠技术创新和高端突破方能成就。对现存工艺设备改造而言，虽然项目数量大，但对成熟技术要求更高，难度更大，竞争很激烈，目前，中国一重已率先进入这种存量改造市场，先后为鞍钢1 700mm五机架冷连轧机和1 780mm热连轧机的卷取机等设备进行了升级改造；为日照热连轧机设备进行了升级改造，目前正在制定宽厚板轧机深加工技术改造方案；国内自主设计集成的宽带钢热、冷连轧机节能减排和高等级牌号产品生产工艺技术继续提升。涟钢2 250mm宽带钢热连轧机，北海诚德1 680mm不锈钢热连轧机、宝钢1 420mm酸洗冷连轧机组，北海诚钢1 600mm不锈钢连铸生产线等自主设计研制成功，让我们坚信我国重型冶金设备企业在抢抓增量，盘活存量的需求上有能力步入世界高端冶金成套设备供应商的行列。

（4）冶金成套设备继续向工程总承包方向发展。中国第一重型机械集团公司已承担完成了多个冶金成套总承包项目：山东远大公铁公司1 420mm酸洗冷连轧机交钥匙工程项目，诚钢1 680mm不锈钢热连轧机、1 320mm十八辊不锈钢冷轧机组、1 600mm不锈钢连铸机及冷轧酸洗连退生产线，尼日利亚董氏集团的900mm冷连轧项目。随着国内自主集成成套能力的增强，新上项目数量的减少，国有大中型和民营钢铁冶金企业用户对冶金成套项目工程总承包和交钥匙工程的需求越来越强烈，这种趋势为冶金机械的发展搭建了新的平台，也进一步推动冶金设备企业向制造服务业升级转变，向国内外高端市场并重转变。以中国一重、中国二重为代表的重型冶金设备制造企业集团正在发挥着积极作用，从近5年承担完成的冶金成套项目情况看，越来越多的冶金成套项目将按工程总承包的方式进行，工程总承包项目已产生了良好效果从而推动了重型冶金设备制造业由中国制造向中国创造转变。

（5）冶金设备企业须应对市场低迷的持续挑战。为应对新常态下的低迷冶金市场挑战，一些重型冶金设备制造企业已开始在传统产业和新兴产业并重进行技术创新研发尝试，由冶金工业领域为主向其他工业领域、能源环保装备领域转变。重型冶金设备制造行业协同进行产、学、研、用多元化的合作开发，瞄准国内外市场新需求适度进行先进轧制工艺及控制模型，不锈钢、高强钢、中高牌号取向硅钢轧制工艺技术和工艺设备重点研发。如自主研发的大型高端二十辊和十八辊冷轧工艺技术装备已取得突破；自主设计研制的唐钢多功能型钢生产线和大钢模具钢生产线已投产；自主设计研制的诚钢1 600mm不锈钢连铸和1 680mm不锈钢热连轧机生产线已经投产。面对国内外冶金设备市场的紧缩，一些企业正转型向各自的新领域进军，制定和实施新一轮战略转型政策措施。各大冶金设备制造企业正在寻找新的增长领域，加大新市场开发和新产品研究的投入力度，谋求多元化的增长方式。

2014年冶金设备行业主要经济指标完成情况见表1。

表1　2014年冶金设备行业主要经济指标完成情况

指标名称	实际完成（亿元）	比上年增长（%）
主营业务收入	1 285.82	2.29
利润总额	-49.37	-377.67

市场与销售　近几年来，由于国家为扩大内需采取了积极的财政政策，冶金、化工、能源等行业接受国家贴息贷款，在一定程度上加快了技术升级改造的步伐，但受国内外经济新常态的影响，使得冶金设备的市场维持在小幅波动下运行，市场前景令人关注。

2014年冶金设备行业主要产品产量见表2。

表2　2014年冶金设备行业主要产品产量

产品名称	企业数（家）	产量（万t）	比上年增长（%）
冶炼设备	106	115.01	-3.49
金属轧制设备	75	61.93	-11.96

2014年冶金设备行业产品进出口额见表3。

表3　2014年冶金设备行业产品进出口额

（单位：亿美元）

产品名称	进口额	出口额	进出口差额
冶金设备	6.70	16.37	9.67
其中：冶炼设备	0.19	0.32	0.13
连铸设备	0.24	0.40	0.16
金属轧制设备	1.98	4.01	2.03
冶金设备备件	4.28	11.64	7.36

2014年冶金设备行业主要生产企业：中国第一重型机械集团公司、中国第二重型机械集团公司、太原重型机械集团有限公司、大连重工·起重集团有限公司、上海重型机器厂有限公司、沈阳重型机械集团有限责任公司、河北邢台机械轧辊（集团）有限公司、秦皇岛冶金机械有限公司、沈阳冶金机械有限公司、唐山冶金矿山机械厂、衡阳有色冶金机械总厂、中信重型机械公司、上海沪江机器厂、山东冶金机械厂、宝钢常州冶金机械厂、陕西压延设备厂、乐山斯堪机械制造有限公司、太原矿山机器集团有限公司、天津天发重型水电设备制造公司、昆明力神重工有限公司、上海冶金矿山机械厂。

科技成果、新产品与标准　行业主要生产企业在引进、消化、吸收世界先进国家的同类产品的基础上，围绕冶金市场新需求持续开拓创新，自主设计开发出了多项具有自主知识产权的重大装备新产品，使我国冶金装备的多项新产品和工艺技术水平不断接近或达到了国际先进水平，许多项目获科学技术奖。

2014年冶金设备行业科技成果获中国机械工业科学技术奖情况见表4。

表4　2014年冶金设备行业科技成果获中国机械工业科学技术奖情况

序号	项目名称	获奖等级	完成单位
1	大型先进压水堆核电核岛主设备超大型锻件研制及工程应用	特等奖	中国第一重型机械股份公司、二重集团（德阳）重型装备股份有限公司、上海重型机器厂有限公司
2	12 000t航空级铝合金板材张力拉伸机装备	特等奖	中国重型机械研究院股份公司、西南铝业（集团）有限责任公司、中信重工机械股份有限公司、重庆大学、太原科技大学、中南大学、西安交通大学、燕山大学、清华大学
3	810mm扁钢可逆热连轧机组研制及工程应用	二等奖	中国第一重型机械股份公司
4	电子束制备太阳能级多晶硅材料的技术装备及应用	二等奖	大连理工大学、青岛隆盛晶硅科技有限公司
5	干熄焦提升机系列研制	二等奖	太原重工股份有限公司
6	新型双动短行程铝挤压机研制	二等奖	太原重工股份有限公司、太原科技大学
7	高效喷粉脱硫RH炉外精炼工艺及设备的开发与应用	二等奖	中国重型机械研究院股份公司、天津天管特殊钢有限公司
8	60万t热轧不锈钢连续退火酸洗线的关键技术研究与应用	二等奖	北京机械工业自动化研究所
9	铝及铝合金十二辊型材矫整机	三等奖	中国重型机械研究院股份公司、中国铝业股份有限公司西北铝加工分公司
10	ϕ340排管锯机组的开发与关键技术研究	三等奖	中国重型机械研究院股份公司、山东寿光巨能特钢有限公司
11	一种水流宽度可调式热轧层流冷却上喷装置的研制	三等奖	北京中冶设备研究设计总院有限公司

冶金行业标准在冶金设备行业企业的产品经营生产活动中越来越被重视，国内一些主要冶金设备企业积极踊跃参加行业标准的编制和宣贯工作，现行冶金机械的国家与行业标准有86项。标准工作由机械工业冶金设备标准化技术委员会归口、组织编制和实施。另外，联合企业标准（简称《标重》），已由中国重型机械工业协会批准发布和执行。

冶金机械最新版的《重型机械标准》共四卷，该标准已经四次修订，其中产品标准85%以上等效采用了国外先进标准（主要是德国西马克公司标准）。中国重型机械工业协会已全面发行。

中国重型机械研究院正在组织大型冶金设备制造骨干企业着手新一轮冶金设备行业标准的编制工作，几十项新增重型冶金机械设备部分冶金设备标准正在编制之中。

〔撰稿人：中国重机协会冶金压延机械分会王光儒　审稿人：中国重型机械工业协会徐善继〕

矿 山 机 械

生产发展情况 据中国重型机械工业协会统计，2014年我国矿山机械行业主营业务收入4 139.12亿元，比上年增长8.13%；实现利润215.75亿元，比上年下降2.23%；利润率5.21%，上年同期为5.76%。利润增长幅度及利润率均低于上年。2014年矿山机械行业占重型机械行业主营业务收入的33.57%，占冶金矿山机械行业主营业务收入的76.30%。全国主要省份的681家主要矿山机械企业完成产品产量786.13万t，比上年增长0.98%。全国73家主要水泥设备生产企业完成产量94.60万t，比上年下降0.67%。2012—2014年矿山机械和水泥设备主要生产企业产量见表1，矿山机械按企业规模、注册类型、控股类型划分的各类企业主营业务收入占比见图1、图2、图3。2014年矿山设备和水泥专用设备产量排名前10位的省（市）见表2。

表1 2012—2014年矿山机械和水泥设备主要生产企业产量

年份	矿山机械		水泥设备	
	企业数（家）	产量（万t）	企业数（家）	产量（万t）
2012	449	688.58	54	83.62
2013	539	671.17	65	92.88
2014	681	786.13	73	94.60

注：数据来源于《中国重型机械工业年鉴》。

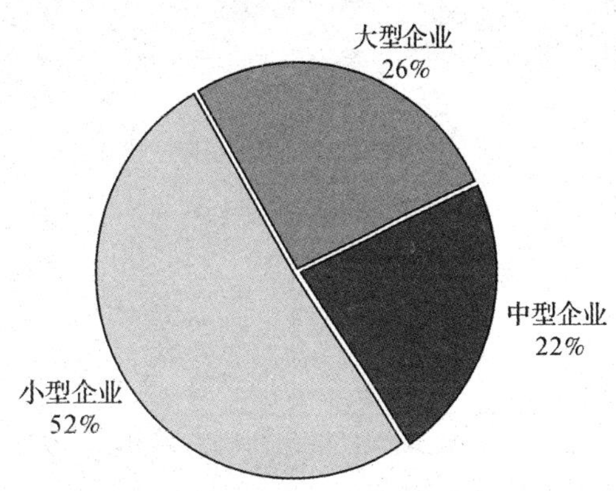

图1 矿山机械按企业规模划分的主要营业收入占比

注：数据来源于中国重型机械工业协会统计简报2014.12期。

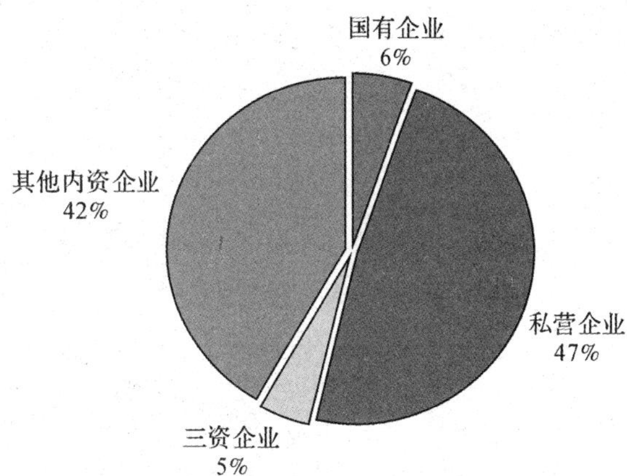

图2 矿山机械按注册类型划分的主营业务收入占比

注：数据来源于中国重型机械工业协会统计简报2014.12期。

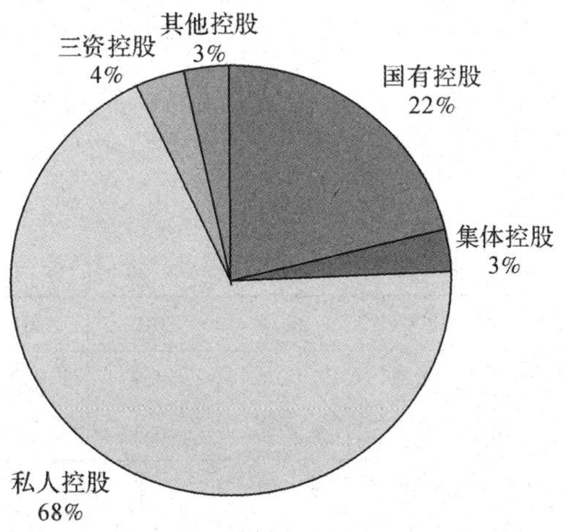

图3 矿山机械按控股类型划分的主营业务收入占比

注：数据来源于中国重型机械工业协会统计简报2014.12期。

表2　2014年矿山设备和水泥专用设备产量排名前10位的省（市）

序号	省（市）名称	企业数（家）	产量（万t）	序号	省（市）名称	企业数（家）	产量（万t）
矿山设备				水泥专用设备			
1	河南省	95	171.50	1	江苏省	16	28.54
2	河北省	60	69.88	2	辽宁省	7	18.35
3	安徽省	55	62.25	3	河南省	14	15.03
4	辽宁省	75	60.89	4	山东省	7	7.91
5	山东省	76	60.10	5	安徽省	5	7.58
6	陕西省	13	59.95	6	四川省	6	6.98
7	四川省	23	45.41	7	河北省	3	4.49
8	湖南省	51	38.20	8	湖北省	1	2.32
9	江苏省	29	33.28	9	上海市	3	1.36
10	江西省	21	26.11	10	浙江省	4	1.31

注：数据来源于中国重型机械工业协会统计简报2014.12期。

市场与销售

（1）国内市场及销售。中国外汇交易中心数据显示，截至2014年12月6日人民币对美元的平均汇率为6.21，按此计算2014年矿山机械国内市场总容量（即：主营业务收入－出口额＋进口额）为4 066.96亿元，其中国内供应量为4 034.98亿元，进口量约31.98亿元，国内市场占有率为99.2%，略高于上年0.4个百分点。2006—2014年矿山机械国内市场销售额（含进口）情况见图4。

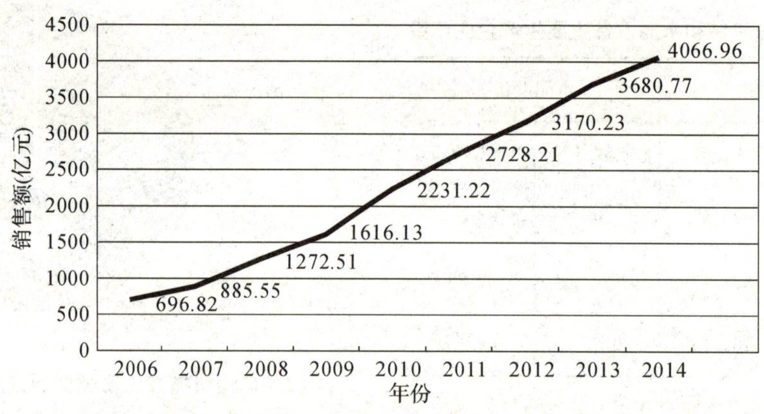

图4　2006—2014年矿山机械国内市场销售额（含进口）情况

注：数据来源于《中国重型机械工业年鉴》及中国重型机械工业协会统计简报2014.12期。

（2）回顾。随着我国工业化进程的快速发展，近十年来，国内矿山机械行业几乎提供了国民经济发展所需的矿石、建材和煤炭开采和加工用的全部装备，国产设备市场占有率超过了90%，2006—2014年矿山机械国内市场国产、进口产品销售额占有率见表3。

表3　2006—2014年矿山机械国内市场国产、进口产品销售额占有率

年份	2006	2007	2008	2009	2010	2011	2012	2013	2014
国产产品占有率（%）	91.2	94.0	94.3	95.4	93.9	98.0	98.2	98.8	99.2
进口产品占有率（%）	8.8	6.0	5.7	4.6	6.1	2.0	1.8	1.2	0.8

注：数据来源于《中国重型机械工业年鉴》和中国重型机械工业协会统计简报2014.12期。

（3）进出口贸易。2014年，我国矿山机械出口额达16.77亿美元，同比增长7.2%，按人民币对美元汇率6.21计，出口占国内主营收入的2.5%；进口额为5.15亿美元，同比下降26.22%；进出口总额21.92亿美元，同比下降2.75%；进出口顺差达11.62亿美元，同比增长35.12%，是自2008年结束的我国矿山机械进出口逆差的

第7个顺差年。2014年，我国矿山机械产品实现了和177个国家和地区的出口贸易，主要出口至东南亚和中东等国家，其中，新加坡、马来西亚、印度、新西兰和伊朗等5国所占出口金额比重达到了71.21%。此外，有37个国家和地区的矿山机械产品进口至我国，主要来自欧美等发达国家，其中美国、德国、奥地利和英国等4国是主要进口国，所占进口金额比重达到了73.58%。

科技成果及新产品

（1）科技成果。2014年度矿山机械行业获得的中国机械工业科学技术奖情况见表4。

表4 2014年度矿山机械行业获得的中国机械工业科学技术奖情况

序号	项目名称	奖励类别	等级	主要完成单位
1	WK系列大型矿用机械正铲式挖掘机研制	中国机械工业科学技术奖	一等奖	太原重工股份有限公司、大连理工大学、吉林大学、中国矿业大学
2	千万吨级矿井大型箕斗安全运行关键技术及产业化	中国机械工业科学技术奖	二等奖	徐州煤矿安全设备制造有限公司、中实洛阳工程塑料有限公司、常熟市新虞电器有限责任公司
3	矿用重载大功率平地机研发及产业化	中国机械工业科学技术奖	三等奖	徐州徐工筑路机械有限公司
4	矿山振动机械用调心球面滚子轴承的研制	中国机械工业科学技术奖	三等奖	山东凯美瑞轴承科技有限公司
5	年产1 200万t综采工作面超重型成套输送设备	中国机械工业科学技术奖	三等奖	宁夏天地奔牛实业集团有限公司

注：资料来源于中国机械工业科学技术奖公报2014年。

（2）主要新产品。2014年矿山机械行业开发的主要新产品有：太重集团煤机公司和西山煤电集团公司牵头试制的我国首套智能煤炭综采千万吨成套设备，山东丰源远航煤业有限公司北徐楼煤矿机械厂研制的立柱机械化拆卸装置，中信重工机械股份有限公司研制的国内最大的钼矿半自磨机和LGMS5725立式辊磨机，大连重工制造的世界最大吨位矿用电动轮自卸车轮边行星减速机，石家庄煤矿机械有限责任公司研制的新一代双臂钻装机，北方重工集团有限公司研制的首台全断面煤巷高效掘进机，石家庄煤矿机械有限责任公司研制的环保型煤层气钻机车，太重煤机有限公司研制的智能型电牵引采煤机，山东能源新矿集团研制的综采工作面自移装置。

固定资产投资 2014年全行业新增固定资产913.46亿元，2014年矿山机械行业固定资产投资情况见表5。

表5 2014年矿山机械行业固定资产投资情况

行业类别	计划总投资		本年新增固定资产		自年初累计完成投资	
	金额（亿元）	比上年增长（%）	金额（亿元）	比上年增长（%）	金额（亿元）	比上年增长（%）
全国机械工业	89 171.86	9.58	42 413.74	53.97	44 933.55	12.72
重型机械行业	6 009.77	13.16	2 217.19	26.98	2 934.63	9.91
矿山机械制造业	2 579.60	2.56	913.46	6.02	1 250.46	-2.44

注：资料来源于中国重型机械工业协会统计简报2014.12期。

行业管理

（1）矿山机械行业标准制定。组织完成了全国矿山机械标准化技术委员会的换届工作，成立第五届全国矿山机械标准化技术委员会；组织完成3项国家标准和32项机械行业标准的制修订工作；完善了矿山机械专业领域标准体系。

（2）行业检测工作。国家矿山机械质量监督检验中心和国家安全生产洛阳矿山机械检测检验中心先后通过了实验室换证复评工作、安全生产检验检测机构监督评审和国家产品质检中心专项监督检查；获得国家发改委能源局“煤炭能源提升技术装备评定中心”资质。全年完成生产许可证检验等460多台（套）检测检验工作及22个成套项目的设备监理。“矿山提升设备安全准入分析验证实验室”获国家安全生产监督局批复，获国家资金支持6 516万元，并开工建设。

（3）行业学术期刊。完成了《矿山机械》全年12期杂志的编辑出版，办刊质量进一步提高，受到作者、读者的广泛好评，成为第一批国家认定的学术期刊。

〔撰稿人：洛阳矿山机械工程设计研究院有限责任公司沈剑峰　审稿人：洛阳矿山机械工程设计研究院有限责任公司邹声勇〕

破碎粉磨设备

生产发展情况 2014年宏观经济下行压力不减，市场回暖乏力，在行业产能过剩、市场萎缩的境况下，市场竞争愈演愈烈。随着国家投资建设重点的转移、产业结构调整力度的加大，冶金、煤炭、电力、钢铁行业对产品的有效需求下降。国内破碎粉磨设备行业生产规模多以中小企业为主，技术落后带来的劳动生产率低、能源消耗高、污染环境、低价恶性竞争等一系列问题普遍存在。尽管市场形势非常严峻，破碎粉磨设备行业协会的一些会员单位通过采取一系列切实有效措施，把握国家产业导向，积极转变营销策略，拓宽销售渠道，改善按行业、区域分类的矩阵式销售网络结构，盯紧目标市场，抢抓机遇，全力拓展市场，强化市场营销，扩大出口；加强内部及质量管理，加大科技创新，努力提高企业经济运行的质量和效益，其主要经济指标在逆势中尚呈现出增长态势，保证了行业的稳定健康发展。如北方重工集团矿山冶金设备分公司工业总产值比上年增长34.4%，韶关市韶瑞重工有限公司比上年增长31%，河南省群英机械制造有限责任公司比上年增长了17%，山东大通机械科技有限公司、山东黑山路桥机械科技有限公司、淄博市博山万雷机械设备厂等工业总产值，都较上年有所提高。

（1）2014年四川矿山机器（集团）有限责任公司面对水泥建材行业、冶金矿山行业设备需求急剧下降，重型机械行业产能严重过剩、合同设备价格及付款条件竞争更加激烈的严峻市场形势，冷静应对，负重前行，在艰难中积极寻找突破口，通过采取激励销售队伍，提振士气军心，加大质保金清收奖罚力度，合并车间减少管理层级，推进成本精细化核算，严控各项开支、降低库存等措施，为公司的做实做强奠定了基础。

（2）山东山矿机械有限公司以及时响应用户需求为宗旨，以计划为指令，以精益的生产管理为主导，以先进的生产工艺为保障，以技艺精湛的一线工人为基本，优化组合生产各要素，优质高效的产出，确保了诸多项目按期交货，公司的生产管理水平在不断创新中得以提升。为提高工人的专业素养，2014年公司组织开展了车工、数控、焊工100余名工人参加的技术比武活动，推选其中5名优秀选手参加了2014年“华兴杯”山东省机械行业职业技能竞赛，并获得良好成绩，其中两位同志获得一等奖，被授予“山东省机械行业技术能手”荣誉称号。显示了企业工人良好的技能水平。主要完成了太钢、宝钢、哈尔滨电站、山东电建、西北电力、台州电厂、新疆唯美等几十家大型项目的生产任务。公司承担的太钢哈斯科钢渣综合利用干燥处理线（EPC）工程项目包括设计、设备生产制造、供货、运输、安装、土建工程、检验、调试、验收、培训等全过程，展示了山矿公司的较好的综合竞争力。项目顺利通过2014年山东省工业提质增效升级重点项目的相关评审，获得了190万元的省级专项奖励资金。

（3）2014年，北方重工集团矿山冶金设备分公司以完成各项经济指标为目标，积极推进企业转型升级，逐步提升核心竞争力，保持整体经济运行平稳健康。继续坚持三大营销公司（销售公司、成套公司、进出口公司）紧密配合将技术支持前移到项目初期，提供更精准的技术方案及商务报价，为扩大北方重工品牌的市场份额做出新的贡献。

（4）2014年，南昌矿山机械有限公司积极调整销售组织结构，不断推出新的激励政策，多次召开销售人员动员大会，提高大家积极性。在市场方面也及时做出新的战略部署，实施转型升级。为了实现可持续发展，追求人与自然的和谐共生，近年来，公司不断加大创新驱动，在公司产品提高资源综合利用水平，大力发展循环经济，探索构建覆盖矿产开发全流程的环保管控体系方面取得成效。2014年南昌矿山机械有限公司完成了南京中联骨料项目整条线的生产工作。这条骨料线的主机设备包括最大给料量为800t/h的棒条给料机、台时产量500t的颚式破碎机，2台处理能力300t/h的反击式破碎机，圆振动筛3台；骨料生产线台产500t/h，设立两端破碎和两段筛分，整条线呈封闭状态，各个扬尘点均配置收尘装置，项目共有17个收尘点，产品由筒库密封储存，年产量可达200万t。在南京中联的骨料线被誉为是迄今为止最完美的项目之一，在绿色环保、资源综合利用和全产业链发展方面都具有示范效应。

（5）浙江矿山机械有限公司引进与招聘了一批高科技工程技术人员，形成科研、设计一体化的产品研发中心，可为用户实施从工艺设计、设备选型、设备配套及制造、安装和售后服务等成套生产的交钥匙工程，

（6）河南省群英机械制造有限责任公司根据实际情况，对产品结构进行调整，积极寻找转型升级之路。从采购源头降低成本，从管理细节提高劳效，从创新经营开拓市场，提高产品科技含量和质量以及服务意识。淘汰落后的产品，提高产品智能自动机械化，开发高效环保型破碎系列新产品。

（7）山东大通机械科技有限公司紧抓“创新”和“质量”两条发展主线不放松，苦练企业内功，强化产品质量意识，开发适销对路的产品，加强企业产业链条管理，以不变的质量品质应对变化多端的市场，在不变中求稳定；以不断创新、不断改善、不断提高的新产品研发投入，打造大通品牌的恒定品质，在变化中求不变，生产管理进一步得到加强，专业化制造体系初步得以建立，全员

职业化素质快速得到提升，质量监控体系、内部工艺创新体系不断加强，产品质量、售后服务形成系统，新工艺、新产品适销对路，企业得到了稳定发展。

（8）湖北枝江峡江矿山机械有限责任公司生产经营上坚持保生存求发展，从以下两方面入手，使公司在当前严峻市场形势下，得以稳步经营。一是做优主导产品，做强“江峡”品牌，规范内部管理，抓好企业整体运营。对产品的结构进行优化升级，零配件做到标准化、系列化，减少生产成本，并对之前的在外加工零件做到不外协，做到在订单不多的情况下使生产任务得到饱和。二是对公司的新老客户，制订不同的售后回访，把握客户群、稳定客户群。

（9）在受国家节能环保、治霾要求，矿山关停，铁矿石价格下滑等市场大环境的影响下，河北万矿机械厂针对开拓市场不力，未能有效地打开南方和国外市场；产品种类、技术含量、质量有时还不能满足大客户需求，新产品开发速度缓慢的情况、想尽一切办法走出困境，积极承揽外协业务、与中矿合作等方式来弥补生产负荷不满问题，保证按时足额发放工资。在残酷的市场形势下，厂部以生产优质产品为指导思想，从生产、设备、质量控制、物资采购等方面采取了一系列扎实有效的措施。

（10）2014 年是韶瑞重工加入美卓矿机后承前启后、创新发展的关键之年，这一年公司面临挑战较多、困难较大，同时也是公司发展速度较快、经营成效显著提高的一年。面对国内外严峻的经济形势，国内矿机行业竞争激烈的情况，实行公司管理制度的重新建立，新产品的研发升级，生产安全的严格控制等措施，按照公司年度的战略发展目标，积极进取，奋勇拼搏，积极应对外部经济环境带来的不利影响，顺势而变，迎难而上，通过与美卓的携手合作，努力开创新的发展局面，安全生产和企业稳定出现了良好局面和发展态势。

市场及销售 2014 年国内经济增长水平显著放缓，制造业投资急剧萎缩。重型机械行业形势普遍较差，主营业务收入、利润明显下降，不少企业全面陷于订单严重不足、效益剧降的困难之中，企业面临严峻考验。矿山行业由于资源能源的特殊性，还面临着土地、环境、安全等约束加剧，竞争更加激烈。

山东山矿机械有限公司公司紧紧把握国家产业导向，以适应新形势的思路，创新的经营管理理念，积极转变营销策略，拓宽销售渠道，改善按行业、区域分类的矩阵式销售网络结构，盯紧目标市场，抢抓机遇，全力拓展市场。重点跟踪大型成套项目，新型、大型破碎机、带式输送机等主导产品市场，积极开拓了生物质能发电及大型煤矿、脱硫环保设施等新兴市场，发展技术成熟、市场潜力大、盈利水平高的产品，对于利润过低的订货项目适当放弃。在出口方面，积极捕捉各种国际市场机会，与国内的海外项目总承包商及进出口公司密切合作，建立了较为稳定、顺畅的出口渠道，产品出口到德国、意大利、日本、印度、尼日利亚、越南、巴西、古巴等国家和地区。2014 年，虽然产品销售下降，新增订单减少 20% 以上，但效益相对稳定。其中技术服务、项目总包比例增大，显现了企业竞争力的提升，新拓展市场对企业经营支撑力的加强。

北方重工集团矿山冶金设备分公司将技术支持前移到项目初期，继续加大煤化工中速磨、矿渣磨、烧结机技术改造和节能环保等新兴领域的开发力度，尽早将塔式磨机、高能圆锥破碎机等新产品推向市场。针对破碎、球磨、烧结、球团等成套、成线产品，成立综合营销团队，提升市场开发能力，争取实现烧结球团、烧结余热发电、移动半移动破碎站等设备总包项目新突破。积极探索设计、制造和现场安装调试“三位一体”的新服务模式，为开创服务盈利模式不断积累经验，逐步向增值服务方向转型。

南昌矿山机械有限公司一直以来以“专业领先，诚信至上”的经营理念，已为中金、山东黄金、中铝、五矿、紫金、洛钼、中钢、宝钢、武钢、马钢、太钢、攀钢、中国水电建设、葛洲坝、中核、中广核、上海建工、云南建工、三峡开发总公司、冀东水泥、华新水泥、山东水泥、中联水泥、天瑞水泥、亚泰水泥等大型企业提供服务，产品远销巴西、南非、俄罗斯、印度、越南、伊朗、菲律宾、苏丹等五十多个国家。2014 年南昌矿机完成产值 29 577万元，其中主机产值 24 610 万元，配件产值 4 967 万元。全年生产设备 450 台（套），其中洗选设备 311 台（套），破碎设备 126 台（套），磨机 8 台（套），胶带机 5 台（套），大型钢构项目 2 个。

2014 年，南昌矿山机械有限公司在国际市场上，和大型矿业公司必和必拓、力拓、拉法基、老城堡以及国际一流的矿业设计院合作，探索出了一条以总包项目带动技术出口，单机出口，配件出口，以及劳务出口的新路子。2014 年南昌矿山机械有限公司完成了两个总包项目，实现对外贸易 6 000 万元。

浙江矿山机械有限公司重视企业和产品的形象宣传，投入大量广告费用通过广告媒体、网络、广告牌、刊物等多种形式进行宣传。优质的产品和售后服务得到国内外用户的一致好评。为用户提供可靠、优质、低能耗的产品并提供最佳售后服务，做出了省内 24h、省外 48h 的售后服务承诺。

河南省群英机械制造有限责任公司 2014 年以生产市场需求的节能环保型、智能自动化及个性化需求产品为主流，高新产品开发仍然以破碎粉磨为主，新型破碎机和高压辊磨机仍成为该公司新的经济增长点。

山东大通机械科技有限公司确定了“稳固成熟市场、发展价值市场、开拓主流市场”的销售方针，采取切实措施，进一步加强老客户的长期战略合作意向，针对矿山、国家重点工程项目开发新市场、寻找价值客户。同时，深刻领读国家西部经济开发战略决策，在西部区域重点开发新的市场渠道和价值客户群。

湖北枝江峡江矿山机械有限责任公司面对瞬息万变的市场，坚持用新思路走向市场，用新策略应对市场。2014年先后对销售模式、内部销售机制作了重大调整，制订了适应市场经济的战略和强有力的营销措施，建立健全了营销管理体系。公司在河南、河北、湖南、湖北、陕西、山西、甘肃、四川、云南等省建立了二十余个直销门市部，以方便用户选购产品，给用户提供技术保障、易损件供应及售后服务。与出口贸易公司合作，使产品远销到美国、利比亚和伊朗等国家。2014年，公司实现销售收入11 000万元。强大的销售网络及高素质的营销人员、高质量的产品，使“江峡”产品崛起于中部，发展于西部，从而走向世界。

河北万矿机械厂为应对低迷的市场，采取了细化业务人员销售责任制、激励机制，鼓励业务人员外出寻找市场，降低产品、配件价格，巩固新疆、兰州等办事处，新增保定办事处，继续完善强化网络销售功能等措施来扩大销售。同时还重点考察了蒙古国市场需求，参加了哈萨克斯坦工程机械展会，上海宝马展等展会，逐步提高企业的知名度，及时掌握市场动态和产品发展方向为扩大销售市场做准备；对现有客户进行回访，及时掌握市场动态；提高产品售后服务质量，尽力满足客户需求。通过研究所、协会中介机构等渠道重点发展大型客户，并取得一定成绩；部分产品通过中间商销往国外。

山东黑山路桥机械科技有限公司在不断拓展国内市场的基础上，放眼海外，不仅与天锻、青锻等国内大型企业成为长期的业务合作伙伴，还先后与英国、美国和马来西亚等国家开展贸易往来。

哈尔滨和泰电力设备有限公司及时调整销售策略，有的放矢把关注重点放到主推产品的投标上面，减少人工的损耗，做到有把握的绝不放手；大力拓展服务领域，从仅仅服务于电力行业向化工、煤炭等多个行业拓展。

2014年破碎粉磨设备行业主要企业分类产品国内销售收入见表1。2014年破碎粉磨设备行业部分企业产品出口情况见表2。

表1　2014年破碎粉磨设备行业主要企业分类产品国内销售情况　（单位：万元）

序号	企业名称	国内销售总收入	其中：破碎机类销售收入	其中：粉磨机类销售收入
1	四川矿山机器（集团）有限责任公司	69 619	26 887	42 101
2	山东山矿机械有限公司	45 721	4 873	3 865
3	北方重工集团有限公司矿山冶金设备公司	11 772	705	11 068
4	南昌矿山机械有限公司	22 681	15 935	
5	浙江矿山机械有限公司	7 770	7 770	
6	河南省群英机械制造有限责任公司	6 100	2 000	3 400
7	江苏鹏胜重工股份有限公司	4 300	3 120	
8	山东大通机械科技有限公司	6 900	6 370	
9	河北万矿机械厂	3 828	3 004	
10	上海山美重型矿山机械有限公司	6 472	6 472	
11	韶关市韶瑞重工有限公司	2 156	1 910	246
12	湖北枝江峡江矿山机械有限责任公司	11 000	11 000	

表2　2014年破碎粉磨设备行业主要企业产品出口情况

序号	企业名称	出口国家（地区）	出口量（台）	出口额（万美元）
1	四川矿山机器（集团）有限责任公司	美国、委内瑞拉、缅甸	3	107.60
2	山东山矿机械有限公司	伊朗、印度尼西亚、委内瑞拉、印度	20	0.21
3	北方重工集团有限公司矿山冶金设备公司	土耳其、日本、智利、伊朗	6	0.27
4	河北万矿机械厂	柬埔寨、蒙古、津巴布韦、乌兹别克斯坦、智利	33	47.48
5	南昌矿山机械有限公司	几内亚、芬兰、智利、巴基斯坦、纳米比亚	9	172.98
6	浙江矿山机械有限公司	印度尼西亚、柬埔寨、安哥拉、尼日利亚	67	215.00
7	河南省群英机械制造有限责任公司	尼日利亚	2	35.00
7	江苏鹏胜重工股份有限公司	沙特阿拉伯、利比亚	71	324.00
8	上海山美重型矿山机械有限公司	蒙古、缅甸、哈萨克斯坦、泰国、马来西亚、印度尼西亚		0.49

科技成果及新产品 四川矿山机器（集团）有限责任公司为实现“创新驱动，转型升级，精益管理，提升市场竞争力，推动企业平稳较快发展”的长远发展战略，在技术设计方面不断加强创新；在新产品开发方面，完成了全静压矿磨系统、智能闸控系统、恒减速油站、新型颚式破碎机、液压单缸圆锥破碎机、复合圆锥破碎机、立轴冲击制砂机、各类选矿沙石辅机等系列新产品的开发设计和各类新产品电控配套设计，用户使用效果良好。

山东山矿机械有限公司充分利用企业省级技术中心和市级矿山机械工程研究中心平台，实现主导产品中一批关键技术和新产品、新工艺的创新，适时引进了先进的设计、分析软件，提高主导产品的设计研发能力。健全公司技术创新激励机制，不断完善产品结构，延长产品线，推行产品创新项目小组制度，完成移动式破碎站、深槽大倾角皮带机、长距离大管径管带机等12项创新计划项目，开发出更多适应市场需要和具有高附加值的矿山机械和成套设备，增加产品新的卖点，提高企业核心竞争力。

北方重工集团矿山冶金设备分公司的设计团队坚持自主开发技术创新、大力开展技术革新，加速推进产品结构优化创新，从设计源头实现降本增效。紧跟国际市场和集团公司步伐，与各大科研院所开展广泛合作，努力学习和掌握矿山、冶金产品新技术，开辟新领域，抢占新市场。2014年全面完成6项科技发展规划项目和“群狼计划”，新增6项磨机关键部件标准，完成碳酸锂酸化窑和太钢660m^{2}烧结机2项技术鉴定。对标美卓，山特维克等世界级企业，开发大型球磨机和大型半自磨机，继续向磨机极限规格挑战，全面升级各种类型和规格破碎机产品，向高端化进军。大胆探索新的选矿技术，开发高压辊磨、大型塔式磨机和数字化矿山智能装置，站在产业创新最前沿，力争实现新突破。紧紧盯住烧结环冷改造项目，充分利用好国家环保政策，通过余热发电、烧结脱硫脱硝项目，实现烧结环冷设备成套技术自主化。

南昌矿山机械有限公司始终坚持技术先导战略，瞄准世界破碎筛分矿山机械设备的核心技术和前沿技术，抢占行业科技发展的制高点。2014年不断加强生产经营的同时，公司通过持续的技术创新，加快产品结构调整，提高产品核心技术，增强市场的竞争力。为此公司新开发出了较多的新产品，得到了用户的认可。2014年公司获得各项专利7项，起草并颁布实施2项行业标准，获得市级科技奖项2项，省重点新产品2项并通过成果鉴定，国家创新基金1项并已通过验收。先进的产品技术及研发成果为公司成为高新技术企业提供可靠的技术保障。为适应经济新常态，适应市场的需求，公司对多个产品的研发进行立项。①CC600大型单缸液压圆锥破碎机，通过了国家质量检测机构检测，得到了用户的认可，同时申报了发明专利（ZL201410335488.3）和实用新型专利（ZL201420389701.4）。②MC500多缸圆锥破碎机，通过了国家质量检测机构检测，得到了用户的认可，成功申报了实用新型专利（ZL201420389671.7）。③完成了2TSKS3075高效椭圆筛的技术设计、样机试制及调试等研制工作。该高效椭圆筛通过电控系统实现各激振器的相位调节，形成椭圆轨迹长短轴比为3的振动轨迹；已申报获批专利（ZL201420402675.4），该产品具有以下特点：传动系统结构简单；设备的润滑、维护和检修等经常性工作大为简化；减小了起动、停车时，过共振区的垂直和水平方向的共振振幅；大功率下便于采用多电动机不增大激振力而改善受力状况；技术理论成熟，以振动阻矩法和哈密顿原理可求同步性判据和稳定性盘矩，根据振动力学可确定同步振动的筛机运动状态。④完成液压高频筛2HFS1857的工业性试验，具备批量推广的生产能力。该系列高频筛适用于人工制砂的干法筛分和其他细物料的干法筛分；同时已申报并获批专利“一种筛网张紧结构（ZL201220308943.7）”；“液压式高频振动筛（ZL201220308901.3）”。该产品具有以下特点：先进筛分原理，有效增加物理的分层和分离效果；频率振幅可调；独立梁振动；独特的筛网张紧形式等。⑤完成了AS4000风选筛试制及工业应用，具备批量推广生产能力。该系列风选筛适用于人工制砂中对石粉的回收，具有以下特点：采用国际先进理念，通过鼓风机鼓风，除尘器吸风，对物料进行打散，吸尘；同时完成了物料筛分和石粉去除的任务，极大地提高生产效率，且无扬尘和淤泥处理等传统湿法筛选的问题；通过改变风量和风道面积，实现调节，无需更换筛网和零部件，可实现对石粉回收粒度，处理量的控制。⑥完成全套移动破碎筛分站的外贸出口，在HUS-AB铀矿上成功运用，该项目涵盖了轮胎颚式移动破碎站MP1200JC，轮胎移动圆锥破碎筛分站MP200CC－S1S，轮胎移动圆锥破碎筛分站MP200CC－S2M，轮胎移动筛分站MP1860SA，旋转堆料胶带机CVB1000－20－R（3条），CVB800－20－R（1条），CVB650－20－R（3条）。

浙江矿山机械有限公司在引进、消化吸收世界先进工业国家同类产品技术基础上，紧跟国际发展趋势，采用新技术和新方法，产品正在向自动、智能和信息化发展，向成套系统和规模化发展。2014年，在广大科研人员的努力下，公司自主创新能力有了较大的提升。

河南省群英机械制造有限责任公司成功开发出的高压辊磨机G1400×800型、多缸液压圆锥破碎机、M3690节能磨机已投入正常运行。

山东大通机械科技有限公司确立了科技质量带动的发展主思路，瞄准市场走向，加大科技投入，在巩固稳定老产品质量、技术、市场的同时，继续重点开发圆锥破碎机系列产品、新式制砂机，打破了传统产业模式，并以此为带动，着力建设规范化、标准化生产管理。

2014年，湖北枝江峡江矿山机械有限责任公司加强与科研单位的合作，对现有装置不断进行改造升级，产品实现升级换代，技术水平明显提高。大力实施精品名牌及新产品战略，通过产品产业链不断拉长，拓展市场覆盖面。围绕市场竞争的需要，对上游产品进行资源整合，突破上游供应链资源依赖性瓶颈；对主导产品进行技术整合，采用先进生产技术促进产业升级，同时对具有高附加值的中间产品和“衍生”产品，扩大品种和规模，形成新的产业链。公司被湖北省科学技术厅、湖北省财政厅、湖北省国家税务局、湖北省地方税务局授予“高新技术企业”称号。2014年公司“新型人工砂成套破碎设备的开发与应用”项目被授予“科技进步奖”。

河北万矿机械厂2014年主要开发试制出7种新产品，分别是PCX－200、PCX－180锤式破碎机，PE－1000×1200、PE－750II型颚式破碎机，S155BZ圆锥破碎机，3YK2160和4YK2470铆接振动筛。储备产品9种，分别是YK2160折弯铆接振动筛、PC－1320锤式破碎机、PYY－1200D多缸圆锥破、ZSK2148矿用筛等，为下一步产品开发奠定基础。为进一步提高生产研发水平，公司和河北建筑工程学院建立了校企合作关系，并正在按计划共同开发建筑生活垃圾处理设备项目；公司被市科技局认定为“张家口市矿山机械工程技术研究中心”。

韶关市韶瑞重工有限公司以品牌求发展，以技术求生存，将精力投入到产品的升级创新上，注重新产品的技术投入产出，年内举办了两场新产品发布会，发布了新型SJ系列颚式破碎机、SC系列圆锥式破碎机，SG系列液压圆锥式破碎机、SV系列制砂机等多款新型高效产品。新产品的性能比市场上的普通破碎机产品有着较多的优势，例如用电能耗、处理能力和易损件的消耗等都比常规的产品减少。例如SJ1200高效颚式破碎机公司进行了详细的数据测试与收集，并与老式颚破进行了数据对比和分析，实测物料有石灰岩、花岗岩、河卵石等，测试机型SJ1100、SJ1200、SJ1500，测试项目包括设备三个CSS（机口测定值）时的最大产能、肘板最大受力、运行中的实际功率、轴承使用寿命、机架使用寿命都具有极大的优势。

2014年破碎粉磨设备行业新产品和新技术开发项目见表3。

表3　2014年破碎粉磨设备行业新产品和新技术开发项目

序号	企业名称	项目名称	主要技术性能	获奖项目及等级	专利情况
1	山东山矿机械有限公司	LXFQ－2X5－500SY生物质散料给料机	生产能力：500m³/h 螺旋数量：10台 变径螺旋最大直径：400mm 最大出料粒度：≤100mm 螺旋长度：900mm 最大给料面积：2 140mm×3 000mm	国内领先水平	
		2PGC70×1500强力高效双齿辊破碎机	辊子直径：700mm 最大给料粒度：300mm 最大出料力度：≤30mm 辊子转速：193r/min 辊子工作长度：1 500mm 生产能力：300t/h 电动机功率：110kW×2 机器的外形尺寸（长×宽×高）：4 840mm×2 693mm×1 230mm 机器重量：24 000kg	国内领先水平	
		卸料车载波控制成套设备	首次将载波控制系统应用到移动式重型卸料车上，系统采用了电力载波技术，并将射频识别和变频调速技术综合应用在该产品上。解决了远程控制和准确定位难题；该系统可靠性高，功效低，节能环保	国际先进水平	
		移动式散装物料输送系统成套设备	采用了输送带的涨紧和储带技术，研究了“之”形绕带储带技术，保证胶带带料等各种工况下始终如一的张力；采用了可靠的可控软起动技术与集控技术，解决承载带与空载带的带速同步问题，避免输送带涌浪现象。落料点采用自动伸缩溜管，减少了粉尘污染，实现环保作业	国内领先水平	

（续）

序号	企业名称	项目名称	主要技术性能	获奖项目及等级	专利情况
2	北方重工集团有限公司矿山冶金设备公司	MQY6095 溢流型球磨机	筒体内径：6 000mm 筒体有效研磨长度：9 500mm 电机装机功率：6 000kW	沈阳市科学技术进步奖三等奖	
		ϕ7. 9m × 13. 6m 球磨机	筒体内径：7 930mm 筒体有效研磨长度：13 600mm 电机装机功率：2 × 8 500kW		
		塔式磨机 1 250HP	入料粒度：－6mm 处理量：150t/h 装机功率：932. 125kW（1 250HP）		
		PXF60113 旋回破碎机	最大给料粒度：1 300mm 生产能力：6 000～8 000t/h 电动机功率：1 000kW		
		MP1000 高能圆锥破碎机	排矿口：10～19mm 处理量：670t/h 装机功率：800kW		
		PEF1521 复摆颚式破碎机	最大给料尺寸：1 200mm 产量：780～1 400t/h 电动机功率：450kW		
3	南昌矿山机械有限公司	MC500 多缸圆锥破碎机	MC 系列高性能多缸圆锥破碎机是南昌矿山机械有限公司吸收国内外先进圆锥破碎机技术，创新设计而成的新型高性能圆锥破碎机。机体采用合金铸钢整体浇注而成、合金锻造主轴和抗旋摆机构等设计，具有主轴转速高、功率大，超强坚固等结构特点，挤满仓给料，计算机自动控制系统、快换装衬板、更高的生产能力和质量、低廉的运行成本和低的故障率		实用新型专利：MC 多缸圆锥液压保护系统 ZL201420389671. 7 外观专利：多缸圆锥破碎机 ZL201430255697. 8
		CC600 单缸圆锥破碎机	最大入料粒度达 300mm，最大生产能力达 1 512t/h，排料口调节范围 10～70mm 仅更换适配环和定锥衬板，即可实现 7 种不同的破碎腔，能够更好地适应不同的工况 专门为 CC600 设计的全新液压过载保护系统，解决了蓄能器过载保护反应迟钝和反复过载的弊端 CCC600 所配备的 AutoRun 自动控制具有自动过载保护功能，并实时监测电流、压力和排料口等参数。破碎机能够以恒功率、恒排料口和多个排料口三种不同的模式运行，且能够实现排料口自动补偿		实用新型专利：一种 CC 型单杠液压圆锥破碎机 ZL201420389701. 4 发明专利：一种 CC 型单杠液压圆锥破碎机液压系统 ZL201410335488. 3
		2TSK3075 椭圆筛	利用电控跟随同步原理代替强制同步中的齿轮传功，可使传动系统结构简化 由于取消了齿轮传动，使机器的润滑、维护和检修等经常性的工作大为简化 可以减小起动、停车时通过共振区时垂直方向和水平方向的共振振幅，但在一些自同步振动机中，通过共振区时摇摆振动的振幅有时还是会多少有显著增大的迹象 多电动机激振振动筛，可使单个电动机的激振力不增大，又可改善振动体的受力状况； 技术理论成熟，以振动阻矩法和哈密顿原理可求同步性判据和稳定性盘矩，根据振动力学可确定同步振动的筛机运动状态		实用新型专利：无齿轮电控三轴椭圆筛 ZL201420402675. 4 三轴椭圆振动筛同步器 ZL2005200994263

（续）

序号	企业名称	项目名称	主要技术性能	获奖项目及等级	专利情况
4	河南省群英机械制造有限责任公司	全液压高效圆锥破	1 676.4mm（5.5ft）		实用新型专利1项
		HP400高能圆锥破			实用新型专利1项
5	江苏鹏胜重工股份有限公司	高效节能型圆振动筛分机	随主轴转动自动振动调节力，达到起停平衡		
6	成都大宏立机器股份有限公司	高效冲击破	适用于建筑骨料制砂		
7	河北万矿机械厂	PE－750II 颚式破碎机	采用深腔结构，在功率不变的前提下，提高产量10%左右		
8	韶关市韶瑞重工有限公司	SJ系列颚式破碎机	能耗低、处理能力大（美卓技术）		
		SC系列圆锥式破碎机	能耗低、处理能力大（美卓技术）		

质量及标准　山东山矿机械有限公司企业持续推进提档升级，全面提升质量管理水平。强化质量体系建设、质量过程的计划控制、监督考核、项目负责制，深入质量分析，使产品质量持续改善提高。公司修订了质量责任制，加大了对车间、部门及负责人的质量考核力度，在实施过程中，有针对性地突出对产品外观、质量外观反馈处理等方面的考核。下半年，又专门成立了质量监督巡查小组，明确了小组的职能职责及工作内容，规定了“产品质量问题处理程序”。质量小组在巡查中认真负责，对检查中发现的问题及时督促整改，取得了较好效果。同时，以中国电工供伊朗项目的7台破碎机、盐湖钾肥皮带机、万胜矿上运主巷皮带机、太钢移置式皮带机等重点项目为质量监控重点，每月都设立一到两个产品质量提升专题，从下料、焊接、加工到涂装、铸件外观、装配质量等方面加强控制与把关，使产品质量重点项次上有了明显的质量改善，以点带面，有效地提高了产品的整体质量。在员工中也形成了严要求、严抓质量的氛围，为全面提高产品质量和提档升级创造了条件。公司积极参与《液压颚式破碎机》和《四辊三碎破碎机》两项行业标准的修订，并及时进行了企业内部的更新贯标工作。

2014年，北方重工集团矿冶分公司把大型磨机、破碎机和烧结环冷机的品牌建设作为质量管理工作的重点，努力赶超国内外知名企业，进一步扩大北方重工大型矿冶产品在国内外的知名度。推行一线员工质量工资制度，没有质量就没有工时，加大质量考核和索赔力度，真正做到向质量要效益，向质量要效率。全面实施重点部件、重点工序质量跟踪卡制度，设置外协外购产品质量监造人员，加强对相关方质量监督和管控，不合格产品坚决不出厂，不推到下道工序，力争实现出厂产品合格率达到100%。坚持质量分析会和项目总结会制度，注重用户现场出现产品质量问题的分析，并制定强有力的改进措施，杜绝质量问题重复发生。挖掘自身潜力，全面调整和恢复主要设备精度，确保零部件加工精度，加强对装配人员的基本技能训练，保证产品出厂质量。重视行业标准的编制和贯彻，年初申请“JB/T 3765—2008 煤用锤式破碎机”和“JB/T 2501—2008 单缸液压圆锥破碎机”两个行业标准的修订立项，现已完成征集意见，处于送审阶段。

南昌矿山机械有限公司质量管理工作是以贯彻落实ISO 9001:2008质量管理体系标准要求，执行“坚持质量第一、满足用户需求、行业品质标杆、国际知名品牌”的质量方针；以“产品出厂合格率100%、产品交付及时率100%、顾客满意率≥95%”作为公司立足、生存、发展的根本。将“诚信至上，锐意创新，追求卓越，致力于矿业健康、环保、可持续发展和资源价值最大化”的使命作为公司经营理念；同时公司严格按照程序文件、标准实施，并根据实际运行情况坚持持续改进，不断提升和完善公司的管理体系。坚持定期与不定期进行质量管理培训，以“提升产品质量先提升全体员工的思想理念”入手，抓根本，使每个员工都清楚认识到：产品质量是设计出来的，是制造出来的，不是检出来的；同时增强顾客意识，使全体员工能深刻理解“以顾客为中心”的涵义，理顺了质量与顾客的关系，顾客与公司的关系，公司与个人利益的关系；产品质量意识有了较大幅度的转变提高。通过培训，促进了员工的工作质量的提升，产品质量有了保障，实现销售与售后各阶段输入输出的正确性，实现了产品的交付和服务提供的实用性、经济性、安全性、可靠性、方便性等，客户需求得到了满足。产品研发、设计从源头入手，控制设计过程质量；力求设计实现标准化、通用化。质检工作以过程控制为主，推行 SOP 以来，依据零件作业指导书监督与检查。制造过程中每一位员工精心制作，实现了产品一次交检合格率≥98%。坚持执行作业指导书和程序文件。在贯彻落实 ISO 9001：2008 质量管理体系标准要求时，公司突出了两方面，一是要按照质量体系关于“该说的要说到，说到的要做到，做到的要有效，有效的要有鉴证”的要求；二是进行严格考核，考核要与个人的利益结合，建立了质量考核管理制度，使每一个部门、每一个人都明白在质量上出现异常过失所承担的责任与处罚。公司强调要从基础工艺规范做起，确保质量，完善各项管理工作，在保证产品质量的基础上推行 SOP，在检验标准上推行 WIP。按照质量管理规定编制零件加工作业指导书：标准是什么？怎么做？谁来做？做到什么程度？怎样检测？零件作业指导书使员工一目了然，明白应该怎么做，怎样才能做好；新手通过零件作业指导书，较快地熟悉工作，很快进入角色。同样在检验标准上依据零件作业指导书规定：检验标准是什么？检验内容是什么？检验方法是什么？谁来检？计量器具是什么？这项基础工作改变了过去的检验方法，从而提升了产品质量。坚持持续改进原则，确保质量体系的有效性。持续改进作为一种质量管理理念，贯穿于质量控制的全过程，通过质量体系的过程方法，内部审核、管理评审，抽查等方式，对管理体系进行监督检查，根据程序文件“产品设计与开发控制程序”规定，定期对设计输入到设计输出整个过程文件和记录的完整性、有效性进行监督检查；对进货检验、过程检验、外协检验、不合格品处置及最终检验的记录进行重点抽查，确保所有检验资料齐全，具有可追溯性。进货检验包括原材料的检验、铸钢件的检验、铸铁件（灰铸铁、球铁）的检验、高锰钢铸件的检验，针对市场上原材料及铸件质量的差异性，公司根据国家标准与国际标准，编制了企业的铸钢件技术标准与质量验收标准；铸铁件（灰铸铁、球铁）的技术标准与质量验收标准；高锰钢铸件的技术标准与质量验收标准。做到有法必依，有章必循。同时创建了理化测试室，配备了磁粉检测、超声波检测、力学拉伸机、冲击试验机、缺口机、金相分析仪、化学成分分析仪等设备，对重要部件、关键件零件进行复验，有效地保证了产品质量。根据体系要求，定期对供应商评审，淘汰不合格的供应商。2014 年投资建立了热处理车间，购置了先进的热处理设备，如大型退火电阻炉、淬火调质电阻炉、井式炉及其他热处理设备，从根本上保证产品质量。公司的产品得到用户的好评，并且销往纳米比亚、巴基斯坦以及欧洲等地区。完成了《履带式移动破碎筛分站》《轮胎式移动破碎筛分站》行业标准的制定工作，标准号分别为：JB/T 12187—2015、JB/T 12188—2015，这两项标准于 2015 年 10 月 1 日起生效。

浙江矿山机械有限公司公司重视标准化工作，建立了良好的企业标准化管理体系，公司两大类产品修改采用了国外先进国家的制造标准，产品采标率达 100%。公司积极参加国家标准和行业标准的编制修订工作，共参与了 10 个国家标准和行业标准的编制。其中 JB/T 10520—2005《立轴锤式破碎机》、JB/T 10878—2008《破碎筛分设备用短式皮带机》由公司独立完成，JB/T 10518—2005《破碎筛分联合设备》由公司和上海建设路桥机械设备有限公司合作完成。公司通过参加行业活动，及时了解国内外行业发展新动向，收集具有国内外先进水平的产品标准，通过直接采用先进标准以达到提高产品质量，加速企业产品质量升级。

江苏鹏胜重工股份有限公司贯彻“干就干好，做就做精”的质量理念，首先以责任管理为中心，加强质量责任体系建设，建立完善的质量责任体系，把公司的质量工作和质量目标分解到每位员工身上，落实到基层，真正实现全员、全过程、全方位的质量管理。二是继续推行质量目标管理体系，实现质量管理的全过程控制。三是认真做好质量计划工作。四是推行标准管理，提高质量管理水平。五是加强质量意识教育，搞好质量培训工作。六是强化过程控制，加大监督、检查、考核力度，使每一道工序，每一个细节都处于受控状态。七是加强质量信息的反馈与沟通，达到保证和改进质量的目的。

山东大通机械科技有限公司 2014 年顺利通过国际质量管理体系认证、环境管理体系认证、职业健康安全管理体系认证。

河北万矿机械厂严格执行 ISO 9001 质量管理体系要求，强化生产过程检验，严格按图样、按工艺、按要求进行检验，对不符合要求的零件、产品绝不放行，进一步保证了产品质量。2014 年 4 月份 ISO 9001 质量管理体系顺利通过第三方审核，保证了证书的有效性。

湖北枝江峡江矿山机械有限责任公司严格执行 ISO 9001：2008 国际质量认证标准及 TSGZ 0004—2007 特种设备安全技术规范，以实施名牌战略为目标，把质量管理活动作为公司管理的重中之重来抓。一是各车间工种分工明确、细化，实现规模化、系统化、标准化的生产，从而保证产品的质量合格率≥98%。二是湖北省产品质量监督检验研究院对公司产品进行常规抽样检验，出具检验报告。三是在制造起重机过程中，公司严把质量关，从市场营销、生产制造、质量检验到产品出厂、售后服务全过程进行质量控制，把对特种设备的管理纳入质量管理体系文件，规范特种设备在售前、售后、安装、验收取证等方面的工作。

山东黑山路桥机械科技有限公司把“永远强调过程控制”作为企业的管理经营理念，不断完善管理体系，以提高工艺技术水平为中心做管理、搞技改。山东九昌重工科技有限公司实际管理工作中不断引入新的质量管理理念和方法，完善和丰富质量管理体系。该公司确立了“坚持预防为主、防治结合；增强全员意识、持续提升质量”的方针，利用公司内部局域网，建立质量管控信息平台和以关键质量控制点为核心的质量绩效考核体系；根据企业合同执行组织架构成立质检部、督察部，以适应现代企业质量管理的需要；开展质量月活动，强化职工质量意识，以及组织质检人员进行专题培训，员工素质以及产品质量得以持续提升。

河南省群英机械制造有限责任公司根据国家要求执行新标准，定期贯标，根据国家标准和行业标准，编制更严格的企业标准。

韶瑞重工以“让品质创造价值”作为对客户的郑重承诺，只有让客户的价值最大化才能让企业稳定健康的发展。为保证制造质量，公司增加了数台大型数控车床，进一步提高了加工精度，提升了产品品质，同时增进机加工的生产能力，缓解全年订单交货压力；并增加了一批先进的质控检测仪器，以保证在生产过程中的质量控制能力，进一步把控产品质量关。

基本建设和技术改造　南昌矿山机械有限公司2014年新建成热处理车间并投入使用，解决了长期以来依靠外协热处理的局面，产品质量得到控制；理化实验室投入使用，从源头入手，保障产品零部件的质量；投入使用员工宿舍，使上二班、三班的员工有休息房，解决了员工的后顾之忧；投入并使用新的办公大楼。根据公司的发展，新建重装车间13 500多m^2。新购置两台3.5m数控立式车床，一台4m数控立式车床，两台2.5m数控立式车床，一台1250数控卧式车床，两台高精度数控线切割机，三台32t、一台16t、一台5t进口桥式起重机。数控设备的增加，不仅满足了生产的需求，同时提升了产品质量。随着重装车间的建立，已列入计划招标的设备有：回转直径2m、两中心孔距离8m、承重63t的重型数控卧式车床一台；回转直径1m、两中心孔距离3m、承重5t的数控卧式车床一台；主轴直径200mm、上升高度4m、行走距离8m大型数控落地镗床一台；120t、起吊高度15m重装桥式起重机一台，同时配16t桥式起重机一台。

河南省群英机械制造有限责任公司积极与设计院校合作，利用当地大学资源共同开发新项目。

对外合作　哈尔滨和泰电力设备有限公司为缩短国内散状物料处理设备与国外的差距，快速有效地提升国内散料处理设备的技术水平，采取走出去的方式，与德国、美国等欧美先进制造技术企业进行技术交流与合作。2014年该公司与德国HBC公司合作，就德国无线技术在叶轮给煤机产品上应用展开研发与实践。通过一系列的国际合作，大大加快了企业研发速度，提高了产品先进化、智能化水平。

〔撰稿人：中国重型机械工业协会破碎粉磨设备专业委员会李志　审稿人：中国重型机械工业协会破碎粉磨设备专业委员会杨军〕

洗选设备

企业发展情况　2014年洗选设备行业面临着市场需求趋势变缓，市场竞争异常激烈的局面。为了适应新常态的需要，大多数企业苦练内功，谋势而动，加强网络化管理，建立电子商务平台，开拓国内外市场，开展老产品升级，新产品开发研制，取得了骄人的业绩。一些优秀企业已走出国门，打入国际市场。如沈阳隆基电磁科技股份有限公司、镇江电磁设备厂有限责任公司、南昌矿山机械有限公司、河南威猛振动设备股份有限公司、郑州一帆机械设备有限公司、山东华特磁电科技股份有限公司、鞍山重型矿山机器股份有限公司、海安县万力振动机械有限公司、赣州金环磁选设备有限公司、淮北矿山机器制造有限公司、北矿机电科技有限责任公司、河南平原矿山机械有限公司等企业，坚持走两化融合的道路，以低碳环保、高效节能为目标，扩大服务领域，在新产品开发、研制方面都有取得了可喜的成果。2014年洗选设备行业主要企业经济指标见表1。

表1　2014年洗选设备行业主要企业经济指标

序号	企业名称	所有制	工业总产值		工业增加值（万元）	产品销售收入（万元）	产品销售税金及附加（万元）	年末固定资产	
			当年价（万元）	比上年增长（%）				原价（万元）	净值（万元）
1	北方重工集团有限公司	国有	1 307 000	-4.1	253 006	1 284 926	2 132	1 942 657	233 108
2	中信重工机械股份有限公司洛阳矿山机器厂	股份制	63 312	-13.5	27 656	85 912	3 125	43 024	34 033
3	沈阳隆基电磁科技股份有限公司	股份制	49 534	-8.5	28 649	48 179	618	1 441	11 046
4	山东华特磁电科技股份有限公司	股份制	30 829	-18.6	10 639	27 998	262	13 396	10 587

（续）

序号	企业名称	所有制	工业总产值		工业增加值（万元）	产品销售收入（万元）	产品销售税金及附加（万元）	年末固定资产	
			当年价（万元）	比上年增长（%）				原价（万元）	净值（万元）
5	鞍山重型矿山机器股份有限公司	股份制	20 743	7.0	11 487	23 628	262	16 031	10 699
6	淮北矿山机器制造有限公司	股份制	17 375	1.0	5 039	14 670	113	3 650	2 310
7	镇江电磁设备厂有限责任公司	股份制	9 650	-10.0	1 720	9 976	81	8 542	7 336
8	南昌矿山机械有限公司	民营	29 574	18.0	12 560	21 228	100	6 197	4 279
9	河南威猛振动设备股份有限公司	股份制	38 980	4.0	8 105	35 860	1 260	10 337	7 675
10	河南群英机械制造有限责任公司	民营	7 477	17.0	2 087	6 301	21	7 277	2 143
11	赣州金环磁选设备有限公司	国有	38 000	-12.0	24 418	39 048	360	15 260	9 250
12	海安县万力振动机械有限公司	股份制	19 400	1.0	12 100	19 200	128	5 460	180
13	河南平原矿山机械有限公司	民营	10 410	2.0	2 160	10 410	18	6 300	5 850
14	岳阳科德科技有限责任公司	民营	8 500	5.0	400	8 481	50	2 317	1 502
15	山东科力华电磁设备有限公司	民营	9 810	5.0	3 120	9 320	31	3 960	2 770
16	北矿机电科技有限责任公司	国有	26 928	11.0	11 623	24 628	240	5 656	4 472
17	上海盾牌矿筛有限公司	民营	4 975	2.0	2 452	5 165	30	781	564
18	唐山汇力科技有限公司	民营	2 660	-30.0	0	2 870	8	544	322
19	辽源市通工机械有限公司	民营	9 860	8.0	898	9 755	546	3 230	3 085
20	郑州一帆机械设备有限公司	民营	31 560	9.0	14 835	14 835	21 978	14 510	10 419
21	钟祥新宇机电制造股份有限公司	股份制	9 520	-5.0	3 105	8 259	58	5 885	3 943
22	韶关市韶瑞重工有限公司	中外合资	34 702	31.0	6 601	29 660	4 307	16 924	12 455
23	新乡市高科机械设备有限公司	民营	1 200	10.0		1 020	10	625	546
	合计		178 199		442 660	1 741 329	35 738	2 134 004	378 574

序号	企业名称	所有制	流动资产（万元）		流动负债（万元）		所有者权益（万元）	全员劳动生产率（万元/人）
			合计	平均余额	合计	平均余额		
1	北方重工集团有限公司	国有	1 653 300	1 555 875	1 706 315	1 627 552	168 877	29
2	中信重工机械股份有限公司洛阳矿山机器厂	股份制	51 036	49 312	85 645	80 365	126 452	24
3	沈阳隆基电磁科技股份有限公司	民营	48 699	49 389	18 099	20 879	45 711	23
4	山东华特磁电科技股份有限公司	股份制	31 467	33 048	17 241	15 840	29 213	51
5	鞍山重型矿山机器股份有限公司	股份制	68 716	69 649	10 526	12 452	76 057	47
6	淮北矿山机器制造有限公司	股份制	5 670	5 621	3 820	3 760	4 160	22
7	镇江电磁设备厂有限责任公司	股份制	4 533	4 320	3 962	3 954	6 875	72
8	南昌矿山机械有限公司	民营	16 380	13 201	19 648	16 058	4 272	32
9	河南威猛振动设备股份有限公司	股份制	15 541	15 007	7 274	6 895	18 251	69
10	河南群英机械制造有限责任公司	民营	15 155	15 927	10 784	11 626	6 522	22
11	赣州金环磁选设备有限公司	民营	26 093	28 029	12 160	10 036	25 375	39
12	海安县万力振动机械有限公司	股份制	4 550	4 100	3 360	2 980	1 220	60

（续）

序号	企业名称	所有制	流动资产（万元）		流动负债（万元）		所有者权益（万元）	全员劳动生产率（万元/人）
			合计	平均余额	合计	平均余额		
13	河南平原矿山机械有限公司	民营	4 973	4 750	5 060	2 810	6 510	30
14	岳阳科德科技有限责任公司	民营	1 874	1 783	863	1 051	4 004	55
15	山东科力华电磁设备有限公司	民营	4 860	4 620	1 812	1 680	4 580	18
16	北矿机电科技有限责任公司	国有	29 858	29 499	12 755	14 499	21 693	46
17	上海盾牌矿筛有限公司	民营	3 701	3 260	1 880	2 116	2 410	26
18	唐山汇力科技有限公司	民营	4 931	5 065	5 509	5 696	1 164	5
19	辽源市通工机械有限公司	民营	8 832	8 081	6 285	5 924	7 917	72
20	郑州一帆机械设备有限公司	国有	20 583	19 871	15 336	13 829	15 368	19
21	钟祥新宇机电制造股份有限公司	股份制	7 835	8 382	6 294	8 779	6 292	8
22	韶关市韶瑞重工有限公司	中外合资	17 838	18 519	9 016	10 334	23 479	20
23	新乡市高科机械设备有限公司	民营	546	522	223	207	1 285	4
	合计		2 046 971	1 947 830	1 963 867	1 879 322	607 687	

注：由于四舍五入，表中占行业比重数据有微小出入。

生产发展情况 2014年洗选设备制造行业大部分企业产销售量普遍下降，行业内23家骨干企业全年工业总产值1 781 999万元，产品销量为30 917台。洗选设备产量为18 865台，洗选设备制造行业企业固定资产投资投入29 865万元，其中基本建设投资增加16 339万元，技术更新改造投资增加13 296万元。

主要企业产品产量分析 2014年洗选设备行业主要企业产品产销量及其增长情况见表2。

表2 2014年洗选设备行业主要企业产品产销量及其增长情况

序号	企业及产品名称	产量		销量	
		数量（台）	比上年增长（%）	数量（台）	比上年增长（%）
1	北方重工集团有限公司				
	分级机械	4	-87	4	-87
	磁选机械	8	-85	8	-85
	过滤机械	2	-90	2	-90
	浓缩机械	2	-92	2	-92
2	沈阳隆基电磁科技股份有限公司				
	磁选机械	1 255	11	1 201	-13
	电磁除铁器	1 174	0.26	1 112	-14
	起重电磁永磁铁	691	-10	682	-14
3	山东华特磁电科技股份有限公司				
	磁选机械	423	-28	469	-24
	除铁器	1 265	-32	1 325	-26
4	鞍山重型矿山机器股份有限公司				
	筛分机械	814	10	800	8
5	淮北矿山机器制造有限公司				
	浮选机械	52	2	52	2
	浓缩机械	365	6	365	10
6	镇江电磁设备厂有限责任公司				
	磁选机械	8 750	-4	8 802	-4

（续）

序号	企业及产品名称	产量		销量	
		数量（台）	比上年增长（%）	数量（台）	比上年增长（%）
7	南昌矿山机械有限公司				
	筛分机械	126	-10	120	10
8	河南威猛振动设备股份有限公司				
	筛分机械	2 970	4	2 937	4
9	河南群英机械制造有限责任公司				
	分级机械	9	10	9	10
	筛分机械	—	-50	2	-50
10	赣州金环磁选设备有限公司				
	磁选机械	851	-18	846	-23
11	海安县万力振动机械有限公司				
	筛分机械	5 700	4	5 350	5
12	河南平原矿山机械有限公司				
	筛分机械	490	-6	490	-6
13	岳阳科德科技有限责任公司				
	磁选机械	180	6	170	6
	电磁除铁器	130	4	123	4
14	山东科力华电磁设备有限公司				
	磁选机械	600	5	600	10
15	北矿机电科技有限责任公司				
	浮选机械	1 301	-6	1 136	-14
	磁选机械	235	81	205	68
	搅拌机械	70	-13	69	-12
16	上海盾牌矿筛有限公司				
	筛网	827	2	842	2
17	唐山汇力科技有限公司				
	筛分机械	68	16	69	16
	重介旋流器	18	-21	18	-21
18	辽源市通工机械有限公司				
	分级机械	168	9	168	9
	过滤机械	213	8	213	8
19	郑州一帆机械设备有限公司				
	振动机械	196	-7	154	-8
	筛分机械	232	-6	185	-6
20	钟祥新宇机电制造股份有限公司				
	振动机械	1 947	23	2 112	31
21	韶关市韶瑞重工有限公司				
	筛分机械	224	5	145	5
22	新乡市高科机械设备有限公司				
	筛分机械	130	8	130	8

产品出口情况 2014年我国洗选设备出口出现下滑，对16家企业的统计，各种洗选设备共出口产值为3 468万美元。2014年行业部分企业洗选设备出口情况见表3。

表3 2014年行业部分企业洗选设备出口情况

序号	企业及产品名称	出口额（万美元）
1	北方重工集团有限公司	
	过滤机	2
2	沈阳隆基电磁科技股份有限公司	
	磁选机	840
	除铁器	190
3	山东华特磁电科技股份有限公司	
	磁选机	133
4	鞍山重型矿山机器股份有限公司	
	振动筛	46
5	淮北矿山机器制造有限公司	
	浓缩机	220
6	镇江电磁设备厂有限责任公司	
	除铁器	430
7	赣州金环磁选设备有限公司	
	磁选机	525
8	河南威猛振动设备股份有限公司	
	振动筛	207
9	海安县万力振动机械有限公司	
	振动筛	350
10	河南平原矿山机械有限公司	
	振动筛	27
11	山东科力华电磁设备有限公司	
	磁选机	20
12	北矿机电科技有限责任公司	
	磁选机	103
13	辽源市通工机械有限公司	
	浮选机	60
14	郑州一帆机械设备有限公司	
	振动筛	206
15	南昌矿山机械有限公司	
	振动筛	49
16	韶关市韶瑞重工有限公司	
	振动筛	60
	合计	3 468

科研成果与新产品研制 沈阳隆基电磁科技股份有限公司在2014年度共计立项研发新产品11项，其中：全自动磁悬浮精选机荣获2014年辽宁省中小企业“专精特新”产品奖，LJC－5000全自动磁悬浮精选机荣获辽宁省优秀新产品奖三等奖，冶炼渣零排放综合利用工艺及设备荣获抚顺市科学技术进步奖二等奖。山东华特磁电科技股份有限公司研发的强制油冷却立环高梯度磁选机荣获国家重点新产品奖二等奖，立环高梯度磁选机荣获国家重点新产品山东省技术发明奖二等奖、冶金矿山科技进步奖二等奖。鞍山重型矿山机器股份有限公司研发的高效、节能、大型直线振动筛获得第十届辽宁省优秀新产品奖二等奖，他们与中国矿业大学合作研究的“高性能大型振动筛关键技术及应用”项目获得2014年度国家技术发明奖二等奖。北矿机电科技有限责任公司研发的“千万吨级铜钼矿浮选流程关键技术研究”和“GCG型双通道四辊电磁强磁选机”获得2014年度中国有色金属工业科学技术奖一等奖，“BK系列大型矿浆调浆搅拌槽”“剥离围岩中磁铁矿大规模回收系列关键技术与装备”获得2014年度中国有色金属工业科学技术奖二等奖。淮北矿山机器制造有限公司成为国内首家能生产直径60m的液压中心传动浓缩机企业。赣州金环磁选设备有限公司CD100超导高梯度磁选机研发成功，为弱磁性矿物选矿与非金属矿除铁提纯提供了更强大的技术支持。2014年完成的“弱磁性矿石高效强磁选关键技术及装备”项目荣获国家科技进步奖二等奖，上海盾牌矿筛有限公司研发的沥青搅拌设备用振动筛网荣获中国工程机械工业协会颁发的筑机天格奖。河南威猛振动设备股份有限公司2014年荣获了河南省工信厅授予的“河南省技术创新示范企业”荣誉。

2014年洗选设备行业部分企业新产品新技术开发项目见表4。

表4 2014年洗选设备行业部分企业新产品新技术开发项目

序号	项目名称	主要技术性能	研制单位
1	再生铝分选系统	处理量：25万t/a， 废铝回收率达到95%	沈阳隆基电磁科技股份有限公司
2	非磁性金属自动分离机	适用：皮带速度0.5－5m/s， 设备减速机、电动机和轴承的温升<40℃， 电动机电流与额定电流比值<70%， 整机运转噪声低于85dB	沈阳隆基电磁科技股份有限公司

（续）

序号	项目名称	主要技术性能	研制单位
3	多台联用永磁起重器	单台吊运钢板尺寸：≤3m×2m，重量≤3t，2台联用吊运钢板长度尺寸≤6m，重量≤6t，4台联用吊运钢板长度尺寸≤12m，重量≤12t	沈阳隆基电磁科技股份有限公司
4	大型高效预选磁选机	滚筒直径：1 500mm， 滚筒长度：5 000mm， 滚筒转速：15r/min， 滚筒表面磁场强度：≥450mT， 处理能力：≥300t/h， 驱动功率：22kW	沈阳隆基电磁科技股份有限公司
5	非金属矿选别生产线开发	结合长石的加工工艺及矿石性质特点，开发新工艺、新设备，使其提纯性能更好	沈阳隆基电磁科技股份有限公司
6	高效干选机	三筒结构，可入选粒度－20mm，处理能力400～500t/h，磁滚筒具有变频调速功能	沈阳隆基电磁科技股份有限公司
7	LPPC4－150分选机	处理粒度：30～150mm，处理量：20～30t/h	沈阳隆基电磁科技股份有限公司
8	湿式粗粒预选机	对细碎物料进行抛废，减少入磨量，降低选矿成本	沈阳隆基电磁科技股份有限公司
9	LGS－4500立式转环感应式湿法强磁选机	在LGS－3000立环基础上大型化	沈阳隆基电磁科技股份有限公司
10	强制油冷却立环高梯度磁选机	磁感应强度≥1.5T	山东华特磁电科技股份有限公司
11	高效、节能、大型直线振动筛	筛面宽度：3.0～4.2m，和同类传统筛比处理能力提高50%、节约能耗20%以上，用于重介选煤工艺，降低介质消耗约40%	鞍山重型矿山机器股份有限公司
12	高频振动筛	振动频率：24～25Hz，振动强度4.0～5.0g，和同类传统筛比产量提高20%、产品脱水后水分降低6%	鞍山重型矿山机器股份有限公司
13	高效、节能、大型香蕉筛	筛面倾角10°～30°；用于3～13mm黏湿难筛物料分级，不堵孔	鞍山重型矿山机器股份有限公司
14	强油冷电磁除铁器	磁场强度：150～180mT	镇江电磁设备厂有限责任公司
15	高梯度永磁立盘磁选机	磁场强度：17 000Gs（$1Gs=10^{-4}T$）， 处理量：20～130m^3/h	山东科力华电磁设备有限公司
16	千万吨级铜钼矿浮选流程	KYF－320\KYF－260\KYF－200	北矿机电科技有限责任公司
17	轮胎移动式建筑垃圾再生系统集成设备	可移动式破碎、筛分系统，入料粒度：≤1 000mm，出料粒度：0～300mm，钢筋混凝土、沥青路面料、砖混结构及其他类硬质建筑用料	郑州一帆机械设备有限公司
18	移动破碎筛分站	可移动式破碎筛分系统	郑州一帆机械设备有限公司
19	弱磁性矿石高效强磁选关键技术及装备	弱磁性矿石高效磁选，可获得高质量精矿	赣州金环磁选设备有限公司
20	SLon－5000立环脉动高梯度磁选机	SLon－5000立环脉动高梯度磁选机	赣州金环磁选设备有限公司
21	SLon－CD100超导高梯度磁选机	背景场强9T，适用于微细粒弱磁性矿物分选，及非金属矿除铁提纯	赣州金环磁选设备有限公司
22	SLon浆料高梯度磁选机	背景场强0～1T，给矿粒度<1mm，适宜于微细粒非金属矿物除铁提纯	赣州金环磁选设备有限公司
23	一种高效制备陶瓷用长石釉料的方法	采用高效磁选设备、特殊工艺流程，制备长石釉料	赣州金环磁选设备有限公司

固定资产投资情况 2014 年洗选设备行业部分企业固定资产投资额见表 5。

表 5 2014 年洗选设备行业部分企业固定资产投资额 （单位：万元）

序号	企业名称	固定资产投资总额	其中：基本建设投资	其中：技术更新改造投资
1	北方重工集团有限公司	1 649	1 025	624
2	中信重工机械股份有限公司洛阳矿山机械厂	3 000	—	3 000
3	沈阳隆基电磁科技股份有限公司	480	119	361
4	山东华特磁电科技股份有限公司	4 789	4 014	775
5	鞍山重型矿山机器股份有限公司	2 178	213	1 965
6	淮北矿山机器制造有限公司	720	150	570
7	镇江电磁设备厂有限责任公司	322	235	87
8	南昌矿山机械有限公司	3 192	1 260	1 932
9	河南威猛振动设备股份有限公司	890	510	380
10	河南群英机械制造有限责任公司	200	70	130
11	赣州金环磁选设备有限公司	5 136	4 421	715
12	海安县万力振动机械有限公司	500	220	280
13	河南平原矿山机械有限公司	1 200	850	350
14	岳阳科德科技有限责任公司	800	450	350
15	山东科力华电磁设备有限公司	1 560	1 200	360
16	北矿机电科技有限责任公司	258	258	—
17	上海盾牌矿筛有限公司	280	200	80
18	唐山汇力科技有限公司	7	3	4
19	辽源市通工机械有限公司	580	350	220
20	郑州一帆机械设备有限公司	1 369	962	407
21	韶关市韶瑞重工有限公司	755	49	706
	合计	29 865	16 559	13 296

行业标准化工作 2014 年共完成了 8 项洗选设备标准，已讨论申报，待发。2014 年行业标准化工作情况见表 6。

表 6 2014 年行业标准化工作情况

序号	标准名称	标准编号	制定、修订情况
1	中磁场永磁滚筒	JB/T 7351—2014	修订
2	矿物回收磁选机	JB/T 2183—2014	制定
3	永磁筒辊式强磁选机	JB/T 2177—2014	制定
4	港口输送物料洁净用高梯度除铁器	JB/T 11823—2014	制定
5	超导磁选机	JB/T 0524—2014	制定
6	强制油冷却立环高梯度磁选机	JB/T 0533—2014	制定
7	矿物立式气流分级机	JB/T 0530—2014	制定
8	铝铸用直流电磁搅拌器	JB/T 0580—2014	制定

〔撰稿人：中国重型机械工业协会洗选设备专业委员会吕英凡　审稿人：中国重型机械工业协会洗选设备专业委员会钟馗〕

物料搬运（起重运输）机械

起重运输机械在国际上一般通称为物料搬运设备。按照《国民经济行业分类》（GB/T 4754—2011）标准的规定，物料搬运（起重运输）机械制造业的行业分类细分为6个行业小类：轻小型起重设备、起重机、生产专用车辆（编者注：行业内称为工业车辆，以下简称工业车辆）、连续搬运设备、电梯自动扶梯及升降机、其他物料搬运设备。

本文所述的物料搬运（起重运输）机械行业包含的是轻小型起重设备、起重机、工业车辆、连续搬运设备、电梯自动扶梯及升降机和其他物料搬运设备。

2012—2014年物料搬运（起重运输）机械行业主要经济指标完成情况见表1。

表1　2012—2014年物料搬运（起重运输）机械行业主要经济指标完成情况

指标名称	2012年	2013年	2014年
主营业务收入（亿元）	5 547.08	6 328.92	6 906.47
利润总额（亿元）	398.66	470.66	513.30
主营业务收入利润总额率（%）	6.71	7.44	7.43

注：2013年和2014年数据来源于中国重型机械工业协会统计简报，2012年数据来源于中国重型机械工业协会统计年报。

行业经济运行情况

1. 2014年物料搬运（起重运输）机械行业主要经济指标完成情况

2014年物料搬运（起重运输）机械行业主要财务指标见表2。2014年物料搬运（起重运输）机械行业分类产品产量见表3。2014年物料搬运（起重运输）机械行业固定资产投资情况见表4。

表2　2014年物料搬运（起重运输）机械行业主要财务指标

行业及企业分类	主营业务收入（亿元）	比上年增长（%）	主营业务成本（亿元）	比上年增长（%）	主营业务收入利润（亿元）	比上年增长（%）
物料搬运（起重运输）机械行业	6 906.47	8.65	5 703.34	8.18	1 163.55	10.66
其中：大型企业	2 993.22	7.31	2 399.62	5.42	576.64	15.47
中型企业	1 781.78	5.83	1 491.73	6.26	279.80	3.35
小型企业	2 131.47	13.15	1 811.99	13.83	307.11	9.17
其中：国有企业	487.27	-8.77	392.47	-12.45	92.75	10.85
私营企业	2 014.90	10.07	1 704.02	10.64	298.48	6.55
其他内资企业	1 884.47	6.91	1 602.46	8.03	271.90	0.45
三资企业	2 519.83	13.04	2 004.40	11.35	500.42	20.02
其中：轻小型起重设备行业	476.74	3.35	402.07	3.14	72.10	4.48
起重机行业	2 709.50	4.41	2 312.80	4.30	381.66	4.48
连续搬运设备行业	386.35	5.62	323.24	5.24	61.18	7.58
工业车辆行业	465.65	10.39	392.94	10.83	70.10	7.44
电梯、自动扶梯及升降机行业	2 641.06	14.45	2 084.85	13.62	540.40	17.54
其他物料搬运设备行业	227.18	10.80	187.44	11.49	38.10	8.08

（续）

行业及企业分类	利润总额（亿元）	比上年增长（%）	企业亏损面（%）	上年同期	应收账款净值（亿元）	比上年增长（%）
物料搬运（起重运输）机械行业	513.30	8.00	11.28	10.48	1 376.95	8.49
其中：大型企业	275.50	8.17	0.00	0.00	796.48	12.41
中型企业	123.58	5.47	7.69	9.29	282.33	3.26
小型企业	114.22	10.46	12.29	11.03	298.14	3.78
其中：国有企业	9.42	-53.52	34.48	20.69	318.77	7.50
私营企业	128.73	7.21	10.20	9.62	228.98	-1.69
其他内资企业	137.33	3.08	10.00	8.77	332.12	8.86
三资企业	237.82	17.91	15.61	15.92	497.09	14.34
其中：轻小型起重设备行业	30.28	4.91	13.51	10.42	80.60	3.07
起重机行业	145.72	-6.27	13.72	11.92	633.45	4.88
连续搬运设备行业	22.95	17.97	10.04	8.55	74.02	8.70
工业车辆行业	27.19	8.90	15.50	20.16	51.51	-0.47
电梯、自动扶梯及升降机行业	273.90	17.29	6.67	7.39	497.85	14.99
其他物料搬运设备行业	13.24	2.19	10.24	9.45	39.51	15.37

行业及企业分类	资产总值（亿元）	比上年增长（%）	负债总值（亿元）	比上年增长（%）	主营业务收入利润率（%）	上年同期（%）	主营业务利润总额率（%）	上年同期（%）
物料搬运（起重运输）机械行业	6 262.69	7.77	3 683.00	5.68	16.85	16.54	7.43	7.48
其中：大型企业	3 282.87	6.47	2 165.45	5.60	19.26	17.90	9.20	9.13
中型企业	1 394.12	6.56	725.03	2.70	15.70	16.08	6.94	6.96
小型企业	1 585.70	11.69	792.52	8.79	14.41	14.93	5.36	5.49
其中：国有企业	879.39	-4.08	606.86	-5.14	19.03	15.66	1.93	3.80
私营企业	1 320.53	11.36	631.88	5.75	14.81	15.50	6.39	6.56
其他内资企业	1 641.47	6.61	860.17	1.65	14.43	15.36	7.29	7.56
三资企业	2 421.31	11.63	1 584.10	13.02	19.86	18.70	9.44	9.05
其中：轻小型起重设备行业	410.24	6.69	233.88	4.83	15.12	14.96	6.35	6.26
起重机行业	2 862.24	3.17	1 724.10	0.91	14.09	14.08	5.38	5.99
连续搬运设备行业	310.13	5.68	163.49	5.64	15.84	15.55	5.94	5.32
工业车辆行业	314.65	7.56	150.05	3.48	15.05	15.47	5.84	5.92
电梯、自动扶梯及升降机行业	2 171.32	14.76	1 317.18	12.83	20.46	19.92	10.37	10.12
其他物料搬运设备行业	194.11	11.16	94.30	9.38	16.77	17.19	5.83	6.32

注：表中数据来源于中国重型机械工业协会统计简报。

表3 2014年物料搬运（起重运输）机械行业分类产品产量

产品名称	企业数（家）	单位	产量	上年同期	比上年增长（%）
起重机	504	万t	1 095.34	1 025.69	6.79
输送机械（输送机和提升机）总计	156	万t	250.06	219.61	13.87
内燃叉车	42	万台	24.89	24.49	1.65
电动叉车	38	万台	17.02	13.97	21.87
减速机	178	万台	600.60	585.00	2.67

注：表中数据来源于中国重型机械工业协会统计简报。

表4　2014年物料搬运（起重运输）机械行业固定资产投资情况

行业名称	计划总投资		当年新增固定资产		自开始建设累计完成投资		自年初累计完成投资	
	当年完成（亿元）	比上年增长（%）	当年完成（亿元）	比上年增长（%）	当年完成（亿元）	比上年增长（%）	当年完成（亿元）	比上年增长（%）
全国机械工业合计	89 171.86	9.58	42 413.74	53.97	66 946.82	14.72	44 933.55	12.72
重型机械行业	6 009.77	13.16	2 217.19	26.98	4 597.04	22.04	2 934.63	9.91
（占全国机械工业比重）	6.74		5.23		6.87		6.53	
物料搬运（起重运输）机械行业	2 844.80	22.32	1 082.40	48.76	2 099.04	31.35	1 406.93	20.96
（占全国机械工业比重）	3.19		2.55		3.14		3.13	

注：表中数据来源于中国重型机械工业协会统计简报。

2. 2014年行业外贸进出口情况

2014年物料搬运（起重运输）机械分类产品进出口情况见表5。2014年物料搬运（起重运输）机械进出口额排名前10位产品见表6。2014年物料搬运（起重运输）机械进出口额排名前10位国家（地区）见表7。2014年物料搬运（起重运输）机械进出口额排名前5位省（市）情况见表8。

表5　2014年物料搬运（起重运输）机械分类产品进出口情况

货品名称	出口额（亿美元）	比上年增长（%）	进口额（亿美元）	比上年增长（%）	进出口总额（亿美元）	比上年增长（%）	进出口差额（亿美元）	上年差额（亿美元）	比上年增长（%）
重型机械行业总计	182.98	4.28	63.88	6.37	246.86	4.81	119.10	115.41	3.19
物料搬运（起重运输）机械行业合计	149.84	5.29	52.03	14.49	201.87	7.52	97.81	96.86	0.98
占重型机械行业比重（%）	81.89		81.45		81.77		82.13		
轻小型起重设备	21.54	14.51	8.91	29.72	30.45	18.58	12.63	11.94	5.76
占物料搬运（起重运输）机械行业比重（%）	14.38		17.13		15.09		12.91		
起重机	43.28	-5.79	5.25	50.75	48.53	-1.81	38.03	42.46	-10.43
占物料搬运（起重运输）机械行业比重（%）	28.89		10.09		24.04		38.88		
工业车辆	25.58	15.94	4.52	-4.30	30.10	12.37	21.06	17.34	21.45
占物料搬运（起重运输）机械行业比重（%）	17.07		8.69		14.91		21.53		
电梯、自动扶梯及升降机	28.48	8.36	4.01	24.59	32.48	10.13	24.47	23.06	6.10
占物料搬运（起重运输）机械行业比重（%）	19.00		7.70		16.09		25.02		
连续搬运设备	17.58	8.26	12.75	-5.99	30.33	1.78	4.84	2.68	80.24
占物料搬运（起重运输）机械行业比重（%）	11.74		24.50		15.02		4.95		
其他物料搬运设备合计	13.38	3.15	16.59	22.06	29.97	12.83	-3.22	-0.63	414.30
占物料搬运（起重运输）机械行业比重（%）	8.93		31.89		14.85		3.29		

注：1. 表中数据来源于中国重型机械工业协会统计简报，进出口差额为负数表示逆差。
2. 表中金额以亿美元为单位，由于四舍五入的原因会有微小的出入。

表6　2014年物料搬运（起重运输）机械进出口额排名前10位产品

序号	税号	货品名称	出口额（亿美元）	比上年增长（%）	序号	税号	货品名称	进口额（亿美元）	比上年增长（%）
		物料搬运（起重运输）机械总计	149.84				物料搬运（起重运输）机械总计	52.03	
1	84281010	载客电梯	13.22	14.11	1	84289090	提升、搬运、装卸机械	10.99	8.84
2	84261942	集装箱装卸桥	12.33	-11.04	2	84253190	电动卷扬机及绞盘	4.50	30.70
3	84272090	内燃叉车	11.33	14.98	3	84283990	输送机及提升机	4.10	0.38

（续）

序号	税号	货品名称	出口额（亿美元）	比上年增长（%）	序号	税号	货品名称	进口额（亿美元）	比上年增长（%）
4	84261930	门式起重机	6.93	14.50	4	84263000	门座起重机	2.63	79.90
5	84284000	自动扶梯及自动人行道	6.41	-1.83	5	84283300	带式输送机	2.40	-14.62
6	84283300	带式输送机	6.17	31.90	6	84281010	载客电梯	1.94	20.38
7	84289090	提升、搬运、装卸机械	5.63	-11.35	7	84283910	链式输送机	1.82	-16.04
8	84254210	液压千斤顶	4.75	14.70	8	84283920	辊式输送机	1.78	-2.81
9	84262000	塔式起重机	4.62	17.96	9	84253990	非电动卷扬机及绞盘	1.58	12.29
10	84253190	电动卷扬机及绞盘	4.58	19.76	10	84271090	电动叉车	1.48	4.31
		以上货品小计	75.97				以上货品小计	33.22	
		占总计比重（%）	50.70				占总计比重（%）	63.85	

注：1. 物料搬运（起重运输）机械共有73个税号。

2. 表中金额以亿美元为单位，由于四舍五入的原因会有微小的出入。

表7 2014年物料搬运（起重运输）机械进出口额排名前10位国家（地区）

序号	国家（地区）	出口额（亿美元）	比上年增长（%）	占总计比重（%）	序号	国家（地区）	进口额（亿美元）	比上年增长（%）	占总计比重（%）
	物料搬运（起重运输）机械总计	149.84	5.29	100.00		物料搬运（起重运输）机械总计	52.03	14.49	100.00
1	美国	15.98	13.09	10.66	1	德国	12.88	-1.90	24.75
2	印度尼西亚	6.31	11.48	4.21	2	日本	7.60	9.04	14.61
3	新加坡	5.97	-8.29	3.98	3	韩国	4.68	-8.59	8.99
4	韩国	5.43	1.69	3.62	4	美国	4.57	9.59	8.78
5	澳大利亚	5.33	-19.61	3.56	5	中国台湾	2.41	-3.60	4.63
6	马来西亚	5.23	1.36	3.49	6	意大利	1.94	7.18	3.73
7	巴西	5.14	-27.30	3.43	7	法国	1.73	66.35	3.33
8	俄罗斯联邦	4.85	-4.53	3.24	8	荷兰	1.42	75.31	2.73
9	日本	4.71	7.78	3.14	9	奥地利	1.27	27.00	2.44
10	沙特阿拉伯	4.64	41.46	3.10	10	瑞士	1.19	60.81	2.29
	合计	63.59		42.43		合计	39.69		76.28

注：2014年物料搬运（起重运输）机械我国共出口203个国家（地区），共从71个国家（地区）进口。

表8 2014年物料搬运（起重运输）机械进出口额排名前5位省（市）情况

序号	省（市）名称	出口额（亿美元）	比上年增长（%）	占总计比重（%）	序号	省（市）名称	进口额（亿美元）	比上年增长（%）	占总计比重（%）
	物料搬运（起重运输）机械总计	149.84	5.29	100.00		物料搬运（起重运输）机械总计	52.03	14.49	100.00
1	上海市	34.82	-0.087	24.31	1	上海市	10.85	15.22	22.15
2	江苏省	29.35	-8.60	20.52	2	江苏省	8.18	4.30	16.70
3	浙江省	20.31	6.43	14.18	3	广东省	5.56	-9.66	11.34
4	辽宁省	9.49	17.39	6.63	4	辽宁省	4.23	73.06	8.64
5	广东省	7.95	2.37	5.55	5	北京市	3.63	-23.12	7.42
	合计	101.92		71.19		合计	32.45		66.25

3. 2014年物料搬运（起重运输）机械行业经济运行情况

（1）主营业务收入。2014年，物料搬运（起重运输）机械行业主营业务收入6 904.47亿元，比上年增长8.65%；其中：轻小型起重设备行业主营业务收入476.74亿元，比上年增长3.35%；起重机行业2 709.50亿元，比上年增长4.41%；连续搬运设备行业386.35亿元，比上年增长5.62%；工业车辆行业465.65亿元，比上年增长

10.39%；电梯自动扶梯行业2 641.06亿元，比上年增长14.45%；其他物料搬运设备行业227.18亿元，比上年增长10.80%。

（2）主营业务成本。2014年，物料搬运（起重运输）机械行业主营业务成本5 703.34亿元，比上年增长8.18%；其中：轻小型起重设备行业主营业务成本402.07亿元，比上年增长3.14%；起重机行业2 312.80亿元，比上年增长4.30%；连续搬运设备行业323.24亿元，比上年增长5.24%；工业车辆行业392.94亿元，比上年增长10.83%；电梯自动扶梯行业2 084.85亿元，比上年增长13.62%；其他物料搬运设备行业187.44亿元，比上年增长11.49%。

（3）利润总额。2014年，物料搬运（起重运输）机械行业利润总额513.30亿元，比上年增长8.00%；其中：轻小型起重设备行业30.28亿元，比上年增长4.91%；起重机行业145.72亿元，比上年减少6.27%；连续搬运设备行业22.95亿元，比上年增长17.97%；工业车辆行业27.19亿元，比上年增长8.90%；电梯自动扶梯行业273.90亿元，比上年增长17.29%；其他物料搬运设备行业13.24亿元，比上年增长2.19%。

（4）主营业务收入利润总额率。2014年，物料搬运（起重运输）机械行业利润率为7.43%，2013年同期为7.48%；其中：轻小型起重设备行业利润率为6.35%，2013年同期为6.26%；起重机行业5.38%，2013年同期为5.99%；连续搬运设备行业5.94%，2013年同期为5.32%；工业车辆行业5.84%，2013年同期为5.92%；电梯自动扶梯行业10.37%，2013年同期为10.12%；其他物料搬运设备行业5.83%，2013年同期为6.32%。

4. 2014年物料搬运（起重运输）机械行业进出口情况

（1）行业进口额、出口额、进出口总额、进出口差额均呈增加态势。2014年，物料搬运（起重运输）机械行业出口额149.84亿美元，进口额52.03亿美元，进出口总额201.87亿美元，进出口顺差97.81亿美元；出口额同比增长了5.30%，进口额同比增长了14.49%，进出口总额同比增长了7.52%，进出口顺差同比增长了0.98%。

（2）2014年，按出口金额占比分，起重机出口额占行业的比重最大，占28.89%；其余依次为：电梯、自动扶梯出口额占行业的19.00%；工业车辆出口额占行业的17.07%；轻小型起重设备出口额占行业14.38%；连续搬运设备出口额占行业的11.74%；其他物料搬运设备出口额占行业的8.93%。

按进口金额占比分，其他物料搬运设备进口额占行业的比重最大，占31.89%；其余依次为：连续搬运设备进口额占行业的24.50%；轻小型起重设备进口额占行业的17.13%；起重机进口额占行业的10.097%；工业车辆进口额占行业的8.69%；电梯、自动扶梯进口额占行业的7.70%。

（3）2014年，各行业小类中，轻小型起重设备出口额、进口额、进出口总额、进出口顺差分别比上年增长14.51%、29.72%、18.58%和5.76%。

起重机出口额、进口额、进出口总额、进出口顺差分别比上年增加-5.79%、50.75%、-1.81%和-10.43%。

工业车辆出口额、进口额、进出口总额、进出口顺差分别比上年增长15.94%、-4.30%、12.37%和21.45%。

电梯、自动扶梯出口额、进口额、进出口总额、进出口顺差分别比上年8.36%、24.59%、10.13%和6.10%。

连续搬运设备出口额、进口额、进出口总额、进出口顺差分别比上年增长8.26%、-5.99%、1.78%和80.24%。

其他物料搬运设备出口额、进口额、进出口总额、进出口顺差分别比上年增长3.15%、22.06%、12.83%和-414%。

（4）2014年，物料搬运（起重运输）机械共出口203个国家（地区），其中，出口额排名前10位的国家是：美国（15.98亿美元）、印度尼西亚（6.31亿美元）、新加坡（5.79亿美元）、韩国（5.43亿美元）、澳大利亚（5.33亿美元）、马来西亚（5.23亿美元）、巴西（5.14亿美元）、俄罗斯联邦（4.85亿美元）、日本（4.71亿美元）、沙特阿拉伯（4.64亿美元）。出口额排名前10位国家（地区）的出口额合计为63.59亿美元，占物料搬运（起重运输）机械出口总额的42.43%。

2014年，物料搬运（起重运输）机械共从71个国家（地区）进口，其中进口额排名前10位的国家（地区）是：德国（12.88亿美元）、日本（7.60亿美元）、韩国（4.68亿美元）、美国（4.57亿美元）、中国台湾（2.41亿美元）、意大利（1.94亿美元）、法国（1.73亿美元）、荷兰（1.42亿美元）、奥地利（1.27亿美元）、瑞士（1.19亿美元）。排名前10位的国家（地区）进口额合计39.69亿美元，占物料搬运（起重运输）机械进口总额的76.28%。

（5）2014年，物料搬运（起重运输）机械出口额排名前5位的省（市）是：上海市（34.82亿美元）、江苏省（29.35亿美元）、浙江省（20.31亿美元）、辽宁省（9.49亿美元）、广东省（7.95亿美元）。出口额排名前5位省（市）的出口额占出口总额的71.19%。

2014年，物料搬运（起重运输）机械进口额排名前5位的省（市）是：上海市（10.85亿美元）、江苏省（8.18亿美元）、广东省（5.56亿美元）、辽宁省（4.23亿美元）、北京市（3.63亿美元）。排名前5位省（市）进口额占物料搬运（起重运输）机械进口总额的66.25%。

（6）按企业性质分，私人企业在出口方面占主导地位；外商独资企业在进口方面占主导地位。

2014年，物料搬运（起重运输）机械行业中，私人企业出口额45.63亿美元，占出口总额的31.86%，占比最大；其余依次为：中外合资企业出口额36.97亿美元，占出口总额的25.81%；外商独资企业出口额33.77亿美元，占出口总额的23.58%；国有企业出口额19.05亿美元，占出口总额的13.31%；中外合作企业出口额5.19亿美元，占出口总额的3.62%；集体企业出口额2.58亿美元，占出口总额的1.80%；个体工商户出口额0.013亿美元，占出口总额的0.01%。

2014年，物料搬运（起重运输）机械行业中，外商独资企业进口额16.47亿美元，占进口总额的33.63%，占比最大；其余依次为：中外合作企业进口额15.39亿美元，占进口总额的31.41%；国有企业进口额9.23亿美元，占进口总额的18.85%；私人企业进口额6.40亿美元，占进口总额的13.07%；中外合资企业进口额1.04亿美元，占进口总额的2.14%；集体企业进口额0.44亿美元，占进口总额的0.89%。

（7）进出口贸易方式继续以一般贸易为主。2014年，从贸易方式看，一般贸易出口额为88.71亿美元，占出口总额的61.94%，位居第一，其余依次为：进料加工贸易出口额44.14亿美元，占出口总额的30.82%；对外承包工程出口货物出口额7.38亿美元，占出口总额的5.16%；边境小额贸易出口额1.24亿美元，占出口总额的0.86%；来料加工装配贸易出口额0.64亿美元，占出口总额的0.44%；保税区仓储转口货物出口额0.60亿美元，占出口总额的0.42%。进口方面：一般贸易进口额为29.01亿美元，占进口总额的59.24%，位居第一，其余依次为：进料加工贸易进口额11.76亿美元，占进口总额的24.02%；外商投资企业作为投资进口的设备、货物进口额4.12亿美元，占进口总额的8.42%；保税区仓储转口货物进口额2.33亿美元，占进口总额的4.76%；出口加工区进口设备进口额0.74亿美元，占进口总额的1.52%；保税仓储进出境货物进口额0.48亿美元，占进口总额的0.99%；来料加工装配贸易进口额0.26亿美元，占进口总额的0.54%。

5. 行业部分企业生产销售情况

2014年物料搬运（起重运输）机械行业部分企业主要经济指标完成情况见表9。

表9　2014年物料搬运（起重运输）机械行业部分企业主要经济指标完成情况

序号	企业名称	工业总产值（亿元）	序号	企业名称	工业销售产值（亿元）
1	卫华集团有限公司	84.03	1	卫华集团有限公司	82.65
2	河南省矿山起重机有限公司	46.72	2	河南省矿山起重机有限公司	45.96
3	江苏通润机电集团有限公司	44.41	3	豫飞重工集团	42.80
4	豫飞重工集团	43.46	4	江苏通润机电集团有限公司	41.79
5	中原圣起有限公司	27.54	5	中原圣起有限公司	27.54
6	河南省新乡市矿山起重机有限公司	19.03	6	河南省新乡市矿山起重机有限公司	19.03
7	铜陵天奇蓝天机械设备有限公司	15.01	7	安徽攀登重工股份有限公司	13.10
8	安徽攀登重工股份有限公司	13.10	8	四川省自贡运输机械集团股份有限公司	11.09
9	四川省自贡运输机械集团股份有限公司	11.31	9	河南华东起重机集团有限公司	7.21
10	上海科大重工集团有限公司	8.71	10	新乡市中原起重机械总厂有限公司	6.46
11	河南华东起重机集团有限公司	7.28	11	法兰泰克重工股份有限公司	6.29
12	法兰泰克重工股份有限公司	6.73	12	江西起重机械总厂	5.56
13	新乡市中原起重机械总厂有限公司	6.46	13	焦作市科瑞森机械制造有限公司	4.70
14	江西起重机械总厂	5.94	14	衡阳起重运输机械有限公司	4.41
15	衡阳起重运输机械有限公司	5.17	15	上海科大重工集团有限公司	1.31
16	焦作市科瑞森机械制造有限公司	4.70	16	铜陵天奇蓝天机械设备有限公司	1.25

注：表中数据来源于中国重型机械工业协会统计网2014年统计资料。因缺少上海振华重工集团股份有限公司、大连重工·起重集团有限公司、太原重型机械集团有限公司和北方重工集团有限公司的分类数据，故未列入。

6. 行业科技成果

2014年，物料搬运（起重运输）机械行业获中国机械工业科学技术奖共7项，其中：

一等奖项目1个：

北京起重运输机械设计研究院自主研发的高速大运量客运索道，与传统客运索道相比，运行速度提高了5倍，运量提高了3倍。客运索道的技术含量在于输送速度要快，游客上下时要慢，输送人员量要大，运行安全性能要高。这种国际先进的客运索道，一直被奥地利、法国的两家公司垄断。该项目为国内自行设计研发、具有自主知识产权的高速大运量客运索道，解决了在线高速、离线低速和高安全性三大索道关键技术难题。

二等奖项目3个：

四川省自贡运输机械集团股份有限公司、贵阳中化开磷化肥有限公司研发的DG375X6.2km磷石膏输送管状带式输送机为国内乃至国际上最长的一条磷石膏管状带式输送机。磷石膏是生产磷化肥过程中产生的固体废渣，其渗滤液会对环境造成污染。以往都是通过再浆工艺形成磷石膏泥浆，用管道输送。该设备改输送泥浆为输送干渣，实现了湿排放改干排放，减少了运输成本，避免了磷石膏泥浆和对管道的磨损和强侵蚀。

太原重工股份有限公司研制的干熄焦提升机，起重量从44t到132t，形成4.3m到7.63m焦炉的干熄焦提升机系列。该系列提升机具有自主知识产权和核心技术，主要性能指标达到或超过国际同类产品，彻底取代了进口产品并出口国外市场。

西子奥迪斯电梯有限公司研制的GeN2－MR有机房电梯，运用无需润滑特点的表面涂蜡的聚氨酯复合扁平无槽钢带，代替传统的曳引钢丝绳，避免了润滑油污染。扁平钢带曳引机体积比普通曳引机小70%。该设备采用的永磁同步电动机，减少了励磁电流，省去了减速装置，实现了直接驱动。控制系统采用能源再生产变频驱动技术，将电梯减速、轻载上行或重载下行的动、势能转化为电能反馈回输入侧或电网，实现能量再利用。

三等奖项目3个：

卫华集团有限公司研发的全自动冶金上料桥式起重机，具有在规定时间内、无人监控的情况下通过程序控制完成整个上料过程。该设备为国内首次将起重机的控制无缝连接到冶金自动化生产线中，整机采用中控室集中控制，高精度、全自动、无人控制上料、分料。

北京起重运输机械设计研究院研制的桥式、门式起重机安全监控管理系统，该设备可有效提升桥式、门式起重机运行的安全性、可控性及可管理性。通过对桥式、门式起重机信息采集并实时交流、必要时进行查询回溯、自我诊断异常情况并及时预警，从而对桥式、门式起重机运行状况、操作指令等进行实时监控，捕捉危险因素并及时主动干预，避免事故发生。

宁夏天地奔牛实业集团有限公司研制的年产1 200万t综采工作面超重型输送成套装备，用于7m厚煤层超大采高工作面，大大地提高了工作面产量。目前，我国4.5～5m厚煤层一次采全高的设备已经成熟，但6m以上厚煤层的开采工艺和装备还很少。该超重型成套设备包括：首套装机功率3×1 500kW、中部槽槽宽1 400mm、配置56mm/131mm×187mm规格链条刮板输送机；首套槽宽1 600mm、输送能力5 000t/h、装机功率700kW转载机；破碎机最大入口块度2 200mm×2 000mm，满足破碎能力6 000t/h。

行业产业结构、企业规模、经济类型情况

2014年物料搬运（起重运输）机械行业企业规模情况见表10。

2014年物料搬运（起重运输）机械行业经济类型和控股类型情况见表11。

表10　2014年物料搬运（起重运输）机械行业企业规模情况

企业名称	主营业务收入（亿元）	占行业比重（%）	主营业务成本（亿元）	占行业比重（%）	利润总额（亿元）	占行业比重（%）	主营业务收入利润总额率（%）
物料搬运（起重运输）机械行业	6 906.47		5 703.34		513.30		7.43
其中：大型企业	2 993.22	43.34	2 399.62	42.07	275.50	53.67	9.20
中型企业	1 781.78	25.80	1 491.73	26.16	123.58	24.08	6.94
小型企业	2 131.47	30.86	1 811.99	31.77	114.22	22.25	5.36

可见，物料搬运（起重运输）机械行业中，大型企业的主营业务收入和利润总额都占行业的主导位置，主营业务收入占行业的43.34%，利润总额占行业的53.67%，是行业经济发展的主导和骨干力量。

表11　2014年物料搬运（起重运输）机械行业经济类型和控股类型情况

行业及企业分类	主营业务收入（亿元）	占行业比重（%）	主营业务成本（亿元）	占行业比重（%）	利润总额（亿元）	占行业比重（%）	主营业务利润总额率（%）
物料搬运机械行业	6 906.47		5 703.34		513.30		7.43
一、轻小型起重设备行业	476.74	6.90	402.07	7.05	30.28	5.90	6.35
1. 按企业规模分列							
大型企业	161.84	33.95	131.46	32.70	15.51	51.22	9.58
中型企业	132.16	27.72	113.14	28.14	7.15	23.61	5.41
小型企业	182.75	38.33	157.47	39.17	7.62	25.17	4.17
2. 按注册类型分列							
国有企业	13.20	2.77	10.47	2.60	0.15	0.50	1.15
私营企业	166.52	34.93	141.04	35.08	9.36	30.91	5.62

（续）

行业及企业分类	主营业务收入（亿元）	占行业比重（%）	主营业务成本（亿元）	占行业比重（%）	利润总额（亿元）	占行业比重（%）	主营业务利润总额率（%）
其他内资企业	219.96	46.14	184.75	45.95	15.13	49.96	6.88
三资企业	77.06	16.16	65.81	16.37	5.64	18.63	7.32
3. 按控股类型分列							
国有控股	24.69	5.18	20.16	5.01	0.50	1.66	2.04
集体控股	5.78	1.21	5.27	1.31	0.20	0.65	3.43
私人控股	369.14	77.43	311.21	77.40	23.81	78.62	6.45
三资控股	44.78	9.39	38.25	9.51	3.02	9.96	6.74
其他控股	32.35	6.79	27.19	6.76	2.76	9.10	8.52
二、起重机行业	2 709.50	39.23	2 312.80	40.55	145.72	28.39	5.38
1. 按企业规模分列							
大型企业	1 197.51	44.20	1 017.87	44.01	56.06	38.47	4.68
中型企业	658.80	24.31	562.23	24.31	44.71	30.68	6.79
小型企业	853.18	31.49	732.70	31.68	44.95	30.85	5.27
2. 按注册类型分列							
国有企业	458.77	16.93	368.70	15.94	9.10	6.24	1.98
私营企业	986.93	36.42	843.31	36.46	64.88	44.52	6.57
其他内资企业	844.05	31.15	735.19	31.79	61.04	41.89	7.23
三资企业	419.75	15.49	365.60	15.81	10.71	7.35	2.55
3. 按控股类型分列							
国有控股	601.19	22.19	497.14	21.50	18.72	12.85	3.11
集体控股	11.85	0.44	10.42	0.45	0.14	0.09	1.15
私人控股	1 497.78	55.28	1 285.13	55.57	100.60	69.03	6.72
三资控股	402.71	14.86	351.79	15.21	10.77	7.39	2.67
其他控股	195.97	7.23	168.32	7.28	15.50	10.64	7.91
三、连续搬运设备行业	386.35	5.59	323.24	5.67	22.95	4.47	5.94
1. 按企业规模分列							
大型企业	44.07	11.41	39.87	12.34	2.39	10.43	5.43
中型企业	99.06	25.64	82.32	25.47	6.07	26.46	6.13
小型企业	243.22	62.95	201.04	62.20	14.49	63.11	5.97
2. 按注册类型分列							
国有企业	7.09	1.83	6.37	1.97	0.15	0.63	2.05
私营企业	193.51	50.09	158.23	48.95	13.67	59.54	7.06
其他内资企业	139.16	36.02	119.15	36.86	7.22	31.43	5.19
三资企业	46.58	12.06	39.49	12.22	1.93	8.40	4.14
3. 按控股类型分列							
国有控股	30.95	8.01	26.33	8.15	1.72	7.51	5.57
集体控股	21.46	5.55	19.99	6.19	0.82	3.59	3.84
私人控股	283.59	73.40	234.53	72.56	18.14	79.01	6.40
三资控股	44.99	11.64	38.13	11.80	1.88	8.18	4.17
其他控股	5.36	1.39	4.26	1.32	0.39	1.72	7.36
四、工业车辆行业	465.65	6.76	392.94	6.89	27.19	5.30	5.84
大型企业	145.58	31.26	119.92	30.52	14.81	54.49	10.18
中型企业	172.07	36.95	147.17	37.45	6.40	23.54	3.72
小型企业	148.00	31.78	125.86	32.03	5.97	21.97	4.04

（续）

行业及企业分类	主营业务收入（亿元）	占行业比重（%）	主营业务成本（亿元）	占行业比重（%）	利润总额（亿元）	占行业比重（%）	主营业务利润总额率（%）
五、电梯、自动扶梯及升降机行业	2 641.06	38.24	2 084.85	36.55	273.90	53.36	10.37
大型企业	1 417.73	53.68	1 069.12	51.28	185.56	67.75	13.09
中型企业	647.62	24.52	527.19	25.29	55.50	20.26	8.57
小型企业	575.71	21.80	488.55	23.43	32.85	11.99	5.71
六、其他物料搬运设备行业	227.18	3.29	187.44	3.29	13.24	2.58	5.83
大型企业	26.48	11.66	21.39	11.41	1.15	8.69	4.35
中型企业	72.07	31.72	59.68	31.84	3.76	28.36	5.21
小型企业	128.62	56.62	106.37	56.75	8.34	62.95	6.48

注：1. 表中国有企业包括注册的国有企业、国有独资公司和国有联营企业。

2. 以上数据来源于中国重型机械工业协会统计简报。

1. 轻小型起重设备行业经济发展情况

（1）利润总额增长率要高于主营业务收入的增长率。2014年，轻小型起重设备行业主营业务收入476.74亿元，比上年增长3.35%；利润总额30.28亿元，比上年增长4.91%；利润总额增长率略高于主营业务收入的增长率。两个同比增长率与物料搬运机械行业的8.65%和8.00%增长率相比，分别低5.3个百分点和3.09个百分点。与物料搬运机械行业相比，主营业务收入同比增长率和利润总额同比增长率均低于物料搬运机械行业的同比增长率。

（2）行业的小型企业、其他内资企业、私人控股企业的主营业务收入略占优势。2014年，轻小型起重设备行业主营业务收入476.74亿元，占行业主营业务收入的6.90%。按企业规模分：小型企业主营业务收入182.75亿元，占行业主营业务收入的38.33%，在大、中、小三种企业规模中占比最大；按注册类型分：其他内资企业主营业务收入219.96亿元，占行业主营业务收入的46.14%，在国有、私营、其他内资和三资四种注册类型中占比最大；按控股类型分：私人控股企业主营业务收入369.14亿元，占行业主营业务收入的77.43%，在国有、集体、私人、三资和其他五种控股类型中占比最大。以上数据显示，2014年轻小型起重设备行业的小型企业、其他内资企业和私人控股企业的主营业务收入处于领先地位。

（3）行业产品进出口形势继续保持良好态势。2014年，轻小型起重设备行业进出口总额30.45亿美元，比上年增长18.58%，其中，出口额21.54亿美元，比上年增长14.51%；进口额8.91亿美元，比上年增长29.72%；进出口顺差12.63亿美元，比上年增长5.76%。可见，轻小型起重设备行业产品出口额、进口额、进出口总额、进出口差额均比上年同期大。

2014年轻小型起重设备分类产品进出口情况见表12。

表12　2014年轻小型起重设备分类产品进出口情况

海关货物名称	出口额（亿美元）	比上年增长（%）	进口额（亿美元）	比上年增长（%）	进出口总额（亿美元）	比上年增长（%）	进出口差额（亿美元）	上年同期差额（亿美元）	比上年增长（%）
轻小型起重设备合计	21.54	14.51	8.91	29.72	30.45	18.58	12.63	11.94	5.76
电动葫芦	1.76	31.34	0.97	53.97	2.73	37.88	0.79	0.71	11.27
滑车及手动葫芦	1.57	6.10	0.24	26.32	1.81	8.38	1.33	1.29	31.01
卷扬机及绞盘	5.87	15.55	6.07	25.41	11.94	20.24	-0.20	0.24	-183.33
千斤顶	7.02	27.91	0.70	65.64	7.72	30.62	6.31	5.06	24.75
汽车举升机	3.60	11.11	0.28	21.74	3.88	11.82	3.32	3.01	10.30
轻小型起重设备零件	1.72	7.50	0.64	20.75	2.36	10.80	1.07	1.07	0.00

注：由于四舍五入，表中数据可能会有微小出入。

2. 起重机行业经济发展情况

（1）主营业务收入比上年略有增长，但利润总额却比上年下降了6.27%。2014年，起重机行业主营业务收入2 709.50亿元，比上年增长4.41%；利润总额145.72亿元，比上年下降6.27%。起重机行业与物料搬运机械行业相比，主营业务收入增长率比物料搬运机械行业的8.65%低4.24个百分点；利润总额增长率比物料搬运机械行业的8.00%低14.27个百分点。

（2）行业产品产量情况。2014年，起重机行业企业数504家，比上年增长20.86%，产量1 095.34万t，比上年增长17.15%。2014年起重机产品产量见表13。

表13 2014年起重机产品产量

产品名称	企业数（家）	产量（万t）	比上年增长（%）
起重机	504	1 095.34	17.15

（3）行业的大型企业、私营企业、私人控股企业的主营业务收入略占优势。2014年，起重机行业主营业务收入2 709.50亿元，占物料搬运机械行业主营业务收入的39.23%。按企业规模分：大型企业主营业务收入1 197.51亿元，占行业主营业务收入的44.20%，在大、中、小三种企业规模中占比最大。按注册类型分：私营企业主营业务收入986.93亿元，占行业主营业务收入的36.42%，在国有、私营、其他内资和三资四种注册类型中占比最大。按控股类型分：私人控股企业主营业务收入1 497.78亿元，占行业主营业务收入的55.28%，在国有、集体、私人、三资和其他五种控股类型中占比最大。以上数据显示，2014年起重机行业的大型企业、私人企业和私人控股企业的主营业务收入处于领先地位。

（4）行业产品出口额比上年下降而进口额比上年大幅度增长。2014年，起重机行业进出口总额48.53亿美元，比上年下降1.82%，其中，出口额43.28亿美元，比上年下降5.79%，进口额5.25亿美元，比上年增长50.86%，进出口顺差38.03亿美元，同比下降10.43%。可见，行业产品出口额比上年同期下降了1.82%，进口额比上年同期大幅度增长，增长了50.86%，由此造成了进出口总额和进出口差额均比上年同期有所下降。2014年起重机分类产品进出口情况见表14。

表14 2014年起重机分类产品进出口情况

海关货物名称	出口额（亿美元）	比上年增长（%）	进口额（亿美元）	比上年增长（%）	进出口总额（亿美元）	比上年增长（%）	进出口差额（亿美元）	上年同期进出口差额（亿美元）	比上年增长（%）
起重机合计	43.28	-5.79	5.25	50.86	48.53	-1.82	38.03	42.46	-10.43
桥式起重机	2.72	18.78	0.51	54.55	3.23	23.28	2.21	1.96	12.76
门式起重机	6.93	14.55	0.008	-93.33	6.94	12.30	6.92	5.93	16.69
装卸桥及其他桥架类起重机	13.14	-16.15	0.36	200.00	13.50	-14.50	12.77	15.55	-17.88
塔式起重机	4.62	17.86	0.12	-42.86	4.74	14.77	4.50	3.71	21.29
门座起重机	2.17	-13.55	2.63	80.14	4.80	20.91	-0.46	1.05	-143.81
流动式起重机小计	12.02	-12.20	0.54	12.50	12.56	-11.36	11.49	13.21	-13.02
未列名起重机	0.39	-36.07	0.81	52.83	1.20	5.26	-0.42	0.08	-625.00
起重机零件	1.29	7.50	0.28	16.67	1.57	9.79	1.01	0.96	5.21

注：由于四舍五入，表中数据可能会有微小出入。

3. 连续搬运设备行业经济运行情况

（1）利润总额增长率高于主营业务收入增长率。2014年，连续搬运设备行业主营业务收入386.35亿元，比上年增长5.62%；利润总额22.95亿元，比上年增长17.97%。利润总额的增长比主营业务收入的增长幅度大。连续搬运设备行业与物料搬运机械行业相比，主营业务收入比物料搬运机械行业的8.65%低3.03个百分点；利润总额增长率比物料搬运机械行业的8.00%高9.97个百分点。

（2）行业的小型企业、私营企业、私人控股企业的主营业务收入略占优势。2014年，连续搬运设备行业主营业务收入386.35亿元，占物料搬运行业主营业务收入的5.59%。按企业规模分：小型企业主营业务收入243.22亿元，占行业主营业务收入的62.95%，在大、中、小三种企业规模中占比最大。按注册类型分：私营企业主营业务收入193.51亿元，占行业主营业务收入的50.09%，在国有、私营、其他内资和三资四种注册类型中占比最大。按控股类型分：私人控股企业主营业务收入283.59亿元，占行业主营业务收入的73.40%，在国有、集体、私人、三资和其他五种控股类型中占比最大。以上数据显示，2014年连续搬运设备行业的小型企业和私营企业、私人控股企业的主营业务收入处于领先地位。

（3）行业产品进出口顺差比上年大幅度提高。2014年，连续搬运设备行业进出口总额30.33亿美元，同比增长1.78%，其中，出口额17.58亿美元，同比增长8.25%，进口额12.75亿美元，同比减少5.97%，进出口顺差4.84亿美元，同比增长80.60%。可见，出口额比上年有较大幅度增长，而进口额却比上年减少，导致进出口顺差比上年大幅提高。

2014年连续搬运设备产量情况见表15。

2014年连续搬运设备行业分类产品进出口情况见表16。

表15 2014年连续搬运设备产品产量情况

产品名称	企业数（家）	产量（万t）	比上年增长（%）
输送机械（输送机和提升机）	156	250.06	50.63

表16　2014年连续搬运设备行业分类产品进出口情况

海关货物名称	出口额（亿美元）	比上年增长（%）	进口额（亿美元）	比上年增长（%）	进出口总额（亿美元）	比上年增长（%）	进出口差额（亿美元）	上年进出口差额（亿美元）	比上年增长（%）
连续搬运设备合计	17.58	8.25	12.75	-5.97	30.33	1.78	4.84	2.68	80.60
输送机械（输送机及提升机）	14.50	10.77	11.91	-5.40	26.41	2.84	0.26	0.50	-48.00
装卸机械	3.09	-1.90	0.83	-14.43	3.92	-4.85	2.26	2.18	3.67

注：由于四舍五入，表中数据可能会有微小出入。

1998—2014年物料搬运（起重运输）机械行业经济增长走势

1998—2014年物料搬运（起重运输）机械行业主营业务收入及增长率走势见图1。

1998—2014年物料搬运（起重运输）机械行业利润总额及增长率走势见图2。

2001—2014年物料搬运（起重运输）机械行业资产总额及增长率走势见图3。

1998—2014年物料搬运（起重运输）机械进出口走势见图4。

1998—2014年物料搬运（起重运输）机械进出口额增长率走势见图5。

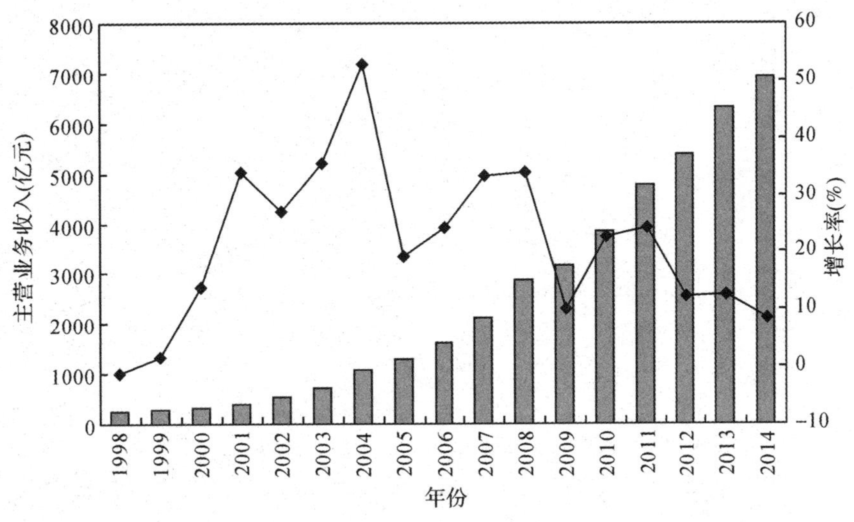

图1　1998—2014年物料搬运（起重运输）机械行业主营业务收入及增长率走势

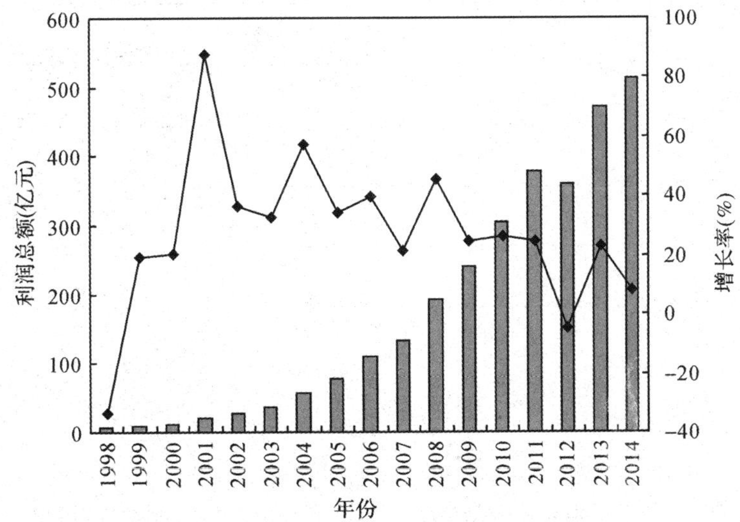

图2　1998—2014年物料搬运（起重运输）机械行业利润总额及增长率走势

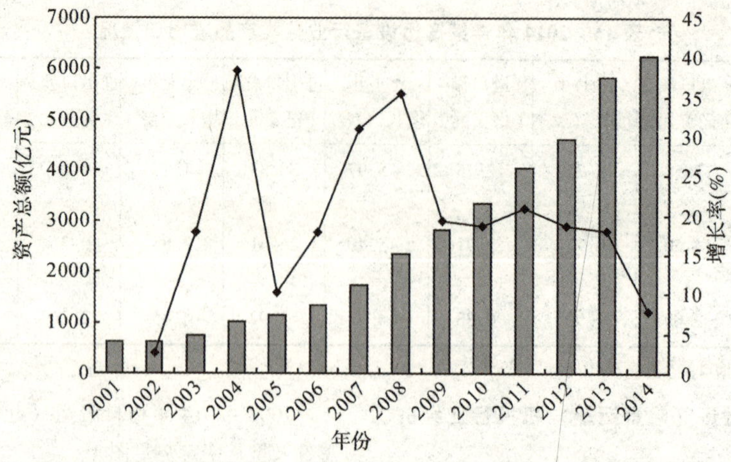

图3　2001—2014 年物料搬运（起重运输）机械行业资产总额及增长率走势

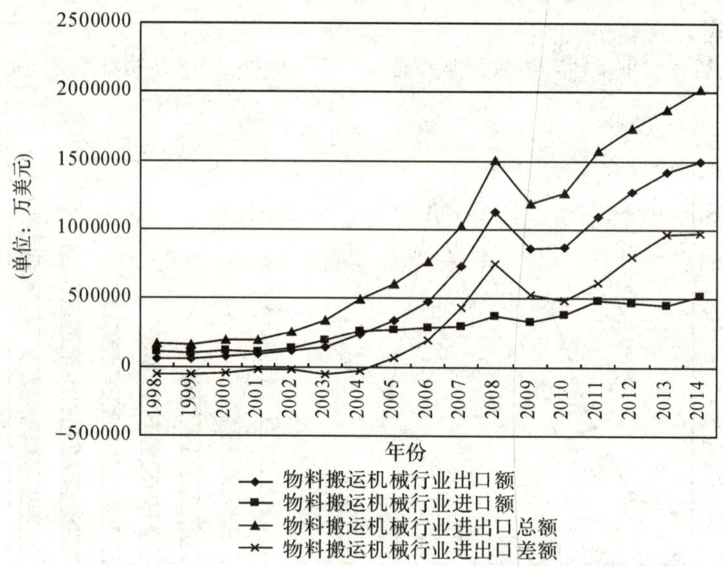

图4　1998—2014 年物料搬运（起重运输）机械进出口走势

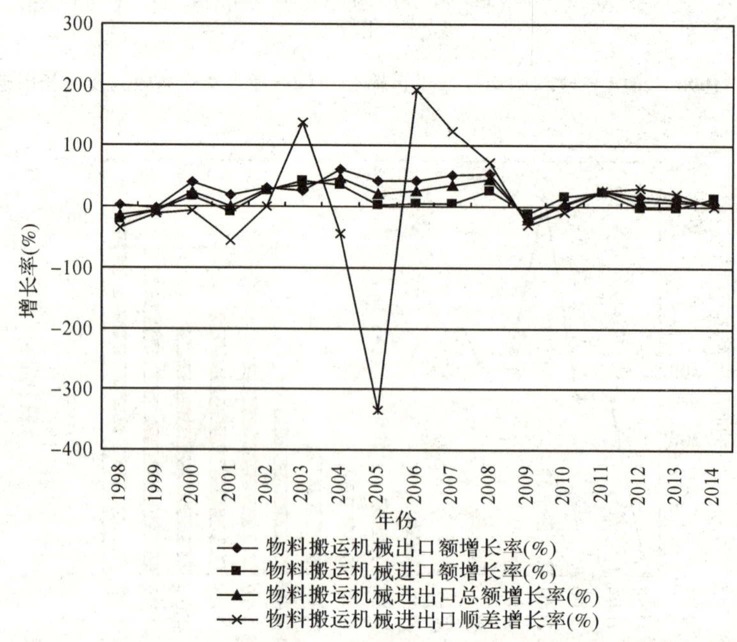

图5　1998—2014 年物料搬运（起重运输）机械进出口额增长率走势

〔撰稿人：中国重型机械工业协会梁锐　审稿人：中国重型机械工业协会李镜〕

轻小型起重设备

千　斤　顶

生产发展情况　千斤顶产品按工作原理主要分为液压千斤顶和机械千斤顶。

我国千斤顶产业发展较晚，改革开放之前，我国千斤顶的需求主要以工业为主。改革开放后，随着国民经济的快速发展，人民生活水平的显著提高，汽车逐步进入家庭，拉动了千斤顶的需求。20世纪八九十年代，外资不断注入国内千斤顶行业，部分境外千斤顶生产企业转移到国内，我国千斤顶产业进入快速发展期，千斤顶需求的增速远高于全球平均水平，千斤顶产业得到快速持续发展，成为全球千斤顶生产和消耗量最大的国家之一。

为了满足不断增长的新的需求，生产企业特别是行业内的骨干企业投入较大的人力、财力、物力开发设计出大量新产品，改变了原来比较单一的产品结构。同时，改进了加工工艺、提高了产品安全性和操作的便利性。目前超过300个品种、不同型号的千斤顶产品极大地丰富了市场，满足了顾客需求。特种千斤顶是传统千斤顶产品的扩展和延伸，在道路桥梁建设等方面应用较广，为千斤顶行业创造新的发展空间。特别是分离式千斤顶，因其轻巧灵活而在抢险救灾中越来越受青睐。

市场及销售　千斤顶产品以其科学的设计、可靠性强的结构、较大的起重能量、小巧便携等特点，被广泛应用于国民经济的各个领域，特别是流动性起重作业和汽车行业把它作为随车与维修场所必备的起重装备，起着起重、支撑、调整水平等作用。在大型救援设备无法到达灾难现场的救援工作中，千斤顶特别是分离式千斤顶可发挥积极的作用。

国内较具规模的千斤顶生产企业有70多家，主要分布在浙江、江苏、上海、安徽、山东等沿海地区，这五个省（市）的千斤顶产量占国内千斤顶总产量的90%左右。千斤顶行业继续在向产品质量高、规模效益好、管理成本低、国际竞争能力强的东南沿海经济发达地区的大、中型企业集中。这些地区行业内专业分工更加细化，绝大部分零部件由配套企业生产，因此配套企业生产、质量、规模化协作能力，对千斤顶的质量和可靠性至关重要。但随着东部地区劳动力成本的持续推高，以及与千斤顶生产相关的铸造、电镀加工受逐渐趋紧的能源、环保政策约束，这种集中的趋势有可能延缓，甚至产业区域结构有可能发生变化，中西部等相对欠发达地区业内企业将承接千斤顶的产业转移。

千斤顶产品按市场可大致分为商用千斤顶、汽车配套用千斤顶、汽车维修保养用千斤顶及特种用途千斤顶。其中，国内汽车配套用千斤顶增幅较大，2014年江苏通润机电集团生产销售汽车配套用千斤顶1 254万台，占汽车配套市场的20%左右。另外随着国内汽车保有量的快速上升，浙江杭州、嘉兴地区汽车维修保养设备增速明显，浙江省成为国内千斤顶生产、出口最大省份。

目前我国千斤顶产品主要出口北美、欧洲、东亚、大洋洲等地区的165个国家。2014年出口千斤顶共计3 924万台（比上年增长10.5%）。其中，46.7%的千斤顶由民营企业生产（比上年提高2.1个百分点），中外合资合作企业占28.5%（比上年下降2.5个百分点），外商独资企业生产占16.4%，国有和集体只占8.4%。出口目的地主要是美国，占43.5%，其次是日本、德国、俄罗斯、澳大利亚和加拿大等。

国内千斤顶生产企业面临新的机遇：①工信部发布的《机械基础件、基础制造工艺和基础材料产业“十二五”发展规划》，将液压件列为重点发展的11类机械基础件之一。在国家《汽车发展产业政策》中，千斤顶发展得到政策扶持，同时作为物料搬运机械，在重型机械工业发展规划中被列入重点发展的产品。②加入世贸组织以来，我国市场地位越来越多地被发达国家认可，国内企业参与国际竞争的能力越来越强、经验越来越丰富。③国际分工越来越细，世界著名汽车制造企业正逐渐将汽车配套用千斤顶的生产外移。④国内汽车生产、销售和保有量增长较快。

国内千斤顶生产企业同时也面临风险和挑战：①发达国家对千斤顶产品的知识产权保护已经出现，应引起国内生产企业的重视。②千斤顶生产企业是劳动密集型，随着工资成本、财务成本等上升，千斤顶产品在国际市场的价格竞争力将逐步减弱，利润空间被不断压缩。③2014年汽车产量增长率已有明显下降，下行压力随即传导到汽车配套用千斤顶生产企业。

技术、质量及标准　千斤顶行业是实行生产许可证制度的行业，国家起重运输机械质量监督检验中心，承担着千斤顶产品生产许可证审查的相关管理工作，对行业健康发展发挥着积极的作用。继《立式油压千斤顶》GB/T 27697—2011标准修订工作完成之后，《车库用油压千斤顶》标准的修订工作已启动。

海盐亿达电子科技有限公司专注于千斤顶生产和检测设备的自动化，为行业内企业定制自动旋紧机、注油机、动静载检测等设备。承德润韩汽车零部件有限公司采用自动化专机加工零部件，大大提高了零部件质量控制能力和劳动生产率。

〔撰稿人：中国重型机械工业协会千斤顶分会王祥元　审稿人：中国重型机械工业协会李镜〕

起重葫芦

起重葫芦主要产品包括：钢丝绳电动葫芦、环链电动葫芦、微型电动葫芦、气动葫芦和手拉葫芦、手扳葫芦、滑车等提升机械设备，是比较常用的起重工具。广泛用于工厂、矿山、农业、电力、建筑、码头、船舶、仓库的机器安装和货物起吊等方面，是量大面广的通用起重产品。

国内市场与销售 2014年中国经济步入新常态，国民经济增长趋缓，世界经济仍处在国际金融危机后的深度调整期，市场不确定性因素依然很大，起重葫芦行业国内外市场也受到一定影响。

根据中国重型机械工业协会统计网的统计数据，2014年网员企业年产电动葫芦16.8万台（不包括单相电动葫芦），比上年减少2.89%。其中，钢丝绳电动葫芦产销量排在前3位的企业分别是凯澄起重机械有限公司、河南省矿山起重机有限公司和卫华集团有限公司，3家企业产量同比增长11.7%；环链电动葫芦产量排在前3位的企业分别是杭州冠林机械有限公司、浙江五一机械有限公司和江苏佳力起重机械制造有限公司，3家企业产量同比增长19.85%。

单相微型电动葫芦是近几年发展非常迅速且主要供应国际市场的电动葫芦产品，其中浙江八达机电有限公司2014年的产品产量同比增长6.03%。

根据中国重型机械工业协会统计网提供的统计数据，国内手动葫芦产量最大的3家企业分别是浙江五一机械有限公司、浙江双鸟机械有限公司和杭州冠林机械有限公司，3家公司的总产量比上年减少0.8%。

我国起重葫芦行业经过几十年的发展，产业规模和制造能力已经成为全球最大，基本满足国内市场需求。

进出口情况 根据海关总署进出口统计数据，2014年我国起重葫芦进出口总量为463.2万台，比上年增长11.88%。

其中：电动葫芦进出口总量为109.9万台，比上年增长16.10%，其中，进口量1.2万台，比上年增长10.48%，出口量108.7万台，比上年增长16.17%。

手动葫芦及滑车进出口总量为353.3万台，比上年增长10.63%，其中，进口量2.8万台，比上年增长2.99%，出口量350.5万台，比上年增长10.69%。

2014年我国起重葫芦进出口总额为4.55亿美元，比上年增长24.77%。

其中：电动葫芦进出口总额为2.73亿美元，比上年增长38.01%，其中，进口额0.97亿美元，比上年增长53.07%，出口额1.76亿美元，比上年增长30.88%，贸易顺差0.79亿美元，比上年增长10.98%。

手动葫芦及滑车进出口总额为1.82亿美元，比上年增长9.06%，其中，进口额0.24亿美元，比上年增长29.45%，出口额1.58亿美元，比上年增长6.48%，贸易顺差1.33亿美元，比上年增长3.16%。

2014年电动葫芦进出口额月增长走势见图1。

2014年手动葫芦及滑车进出口额月增长走势见图2。

2014年我国电动葫芦出口额排名前10位的国家（地区）见表1。

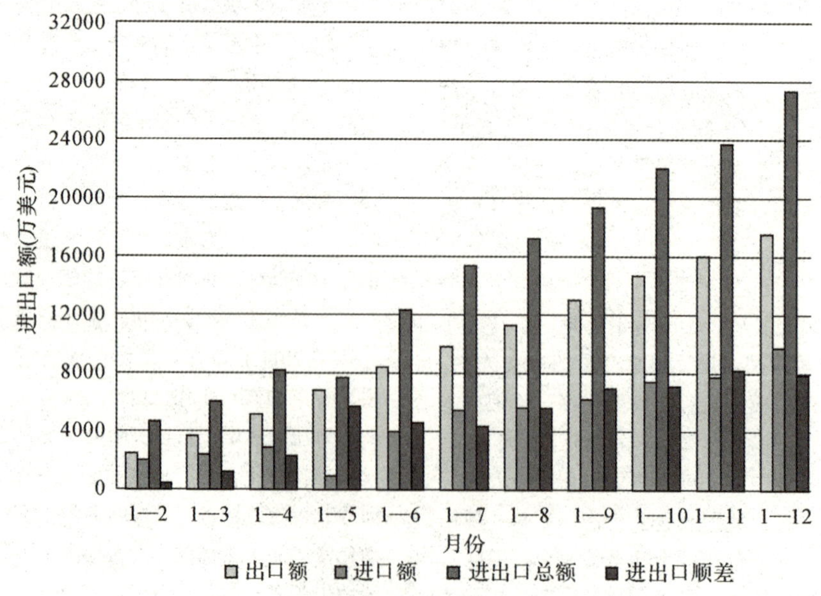

图1 2014年电动葫芦进出口额月增长走势

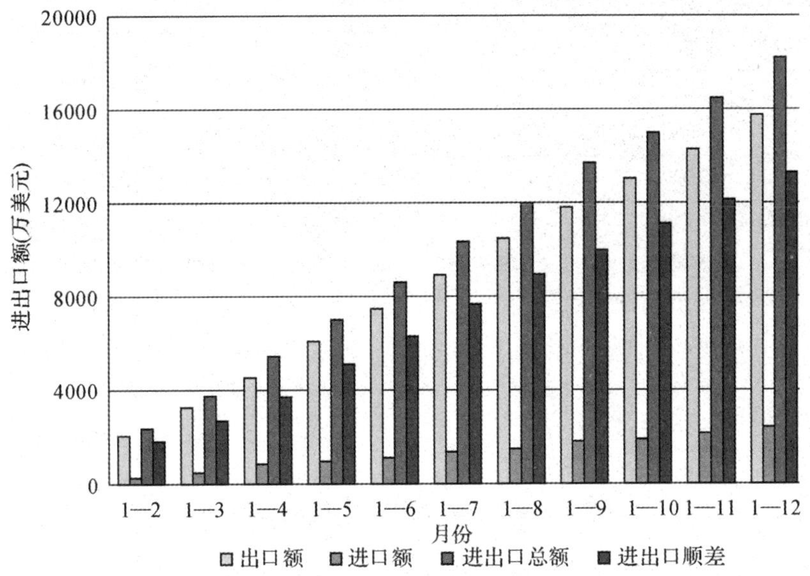

图2 2014年手动葫芦及滑车进出口额月增长走势

表1 2014年我国电动葫芦出口额排名前10位的国家（地区）

序号	国家（地区）	出口额（万美元）	占出口额的比重（%）	比上年增长（%）
1	美国	2 548	14.48	4.77
2	伊朗	1 455	8.27	97.96
3	越南	1 132	6.43	148.79
4	巴西	1 077	6.12	3.96
5	德国	963	5.47	67.48
6	泰国	891	5.07	40.98
7	印度尼西亚	695	3.95	41.55
8	土耳其	695	3.95	2.51
9	马来西亚	607	3.45	57.25
10	俄罗斯联邦	577	3.28	17.76

2014年我国电动葫芦进口额排名前10位的国家（地区）见表2。

表2 2014年我国电动葫芦进口额排名前10位的国家（地区）

序号	国家（地区）	进口额（万美元）	占进口额的比重（%）	比上年增长（%）
1	德国	4 497	46.24	100.85
2	瑞典	2 339	24.05	80.06
3	法国	513	5.28	44.10
4	日本	490	5.04	7.69
5	美国	381	3.92	-32.09
6	中国台湾	368	3.79	-35.78
7	西班牙	210	2.16	35.48
8	芬兰	206	2.12	543.75
9	意大利	158	1.62	182.14
10	韩国	139	1.43	-60.40

2014年我国手动葫芦与滑车出口额排名前10位的国家（地区）见表3。

表3 2014年我国手动葫芦与滑车出口额排名前10位的国家（地区）

序号	国家（地区）	出口额（万美元）	占出口额的比重（%）	比上年增长（%）
1	美国	2 628	16.67	-5.33
2	德国	996	6.32	41.68
3	越南	941	5.97	66.55
4	印度尼西亚	783	4.97	20.65
5	阿拉伯联合酋长国	702	4.45	-34.51
6	荷兰	634	4.02	20.53
7	印度	515	3.27	15.73
8	日本	476	3.02	-6.67
9	马来西亚	470	2.98	0.86
10	加拿大	465	2.95	-11.43

2014年我国手动葫芦与滑车进口额排名前5位的国家（地区）见表4。

表4 2014年我国手动葫芦与滑车进口额排名前5位的国家（地区）

序号	国家（地区）	进口额（万美元）	占进口额的比重（%）	比上年增长（%）
1	德国	810	33.44	35.45
2	美国	543	22.43	5.03
3	日本	297	12.26	10.10
4	法国	138	5.68	74.68
5	荷兰	124	5.13	1 277.78

主要企业经济指标完成情况 2014年我国起重葫芦行业主要企业经济指标完成情况见表5。

表5 2014年我国起重葫芦行业主要企业经济指标完成情况 （单位：万元）

企业名称	销售收入	工业总产值	利税总额	人均产值
凯澄起重机械有限公司	43 029	42 788	8 053	76
纽科伦（新乡）起重机有限公司	41 358	143 572	5 925	83
天津起重设备有限公司	3 100	13 000	—	26
北京起重工具厂	1 300	1 300	—	22
浙江双鸟机械有限公司	20 680	20 800	2 526	60
浙江冠林机械有限公司	17 798	17 938	2 215	86
浙江五一机械有限公司	15 191	15 191	1 087	45
江苏三马起重机械制造有限公司	12 000	42 000	2 400	79
江西起重机械总厂	4 746	59 300	7 450	83
八达机电有限公司	19 200	20 700	—	87
南阳市起重机械厂	17 000	17 300	—	—
广州超宇起重设备有限公司	1 400	1 400	—	25
聊城五环机械有限公司	3 117	3 165	143	37
杭州浙起机械有限公司	4 028	4 334	169	—
江苏佳力起重机械制造有限公司	5 900	7 300	—	37
慈溪捷豹起重机械有限公司	2 700	2 500	240	55
南京神天起重机械设备有限公司	1 908	2 500	92	35
江苏欧玛机械有限公司	4 376	4 376	188	44
天津永恒泰科技有限公司	800	1 900	300	37

主要企业主营产品产量产值情况 2014年我国起重葫芦行业主要企业产品产量产值情况见表6。

表6 2014年我国起重葫芦行业主要企业产品产量产值情况

企业名称	主营产品	产量（台）	产值（万元）
凯澄起重机械有限公司	钢丝绳电动葫芦	43 252	38 962
纽科伦（新乡）起重机有限公司	钢丝绳电动葫芦	22 505	33 533
	环链电动葫芦	4 436	7 825
天津起重设备有限公司	钢丝绳电动葫芦	596	3 100
北京起重工具厂	手动葫芦	22 461	1 300
浙江双鸟机械有限公司	钢丝绳电动葫芦	964	1 587
	环链电动葫芦	6 086	2 923
	手动葫芦	357 758	12 176
浙江冠林机械有限公司	钢丝绳电动葫芦	576	72
	环链电动葫芦	18 369	5 969
	手动葫芦	238 381	11 323
浙江五一机械有限公司	环链电动葫芦	15 850	3 030
	手动葫芦	371 900	11 521
	单相电动葫芦	13 200	640
江苏三马起重机械制造有限公司	钢丝绳电动葫芦	12 000	13 000
江西起重机械总厂	钢丝绳电动葫芦	4 200	4 746
八达机电有限公司	单相微型电动葫芦	345 780	—
南阳市起重机械厂	手动葫芦	54 359	—
聊城五环机械有限公司	手动葫芦	76 253	3 165
杭州浙起机械有限公司	钢丝绳电动葫芦	796	4 028
江苏佳力起重机械制造有限公司	环链电动葫芦	14 211	7 300
慈溪捷豹起重机械有限公司	环链电动葫芦	500	100
	手动葫芦	120 000	2 600
南京神天起重机械设备有限公司	钢丝绳电动葫芦	2 530	1 908
江苏欧玛机械有限公司	环链电动葫芦	1 801	414
	手动葫芦	105 720	3 962

主要企业产品出口情况 2014年起重葫芦行业主要企业产品出口情况见表7。

表7 2014年起重葫芦行业主要企业产品出口情况

企业名称	国家（地区）	出口量（台）	出口额（万美元）
凯澄起重机械有限公司	日本、泰国、印度尼西亚	143	157
纽科伦（新乡）起重机有限公司	欧洲	368	331
	北美洲	372	337
	南美洲	512	461
	非洲	460	368
	亚洲	1 058	847
浙江双鸟机械有限公司	美国	24 000	175
	南非	23 000	162
	阿拉伯联合酋长国	18 000	132
	印度	12 000	82
	荷兰	10 000	73
浙江冠林机械有限公司	美国	33 797	473
	法国	27 038	379
	意大利	23 658	331
浙江五一机械有限公司	德国	9 800	65
	印度尼西亚	10 115	68
	越南	10 900	72
	意大利	9 220	61

（续）

企业名称	国家（地区）	出口量（台）	出口额（万美元）
江苏三马起重机械制造有限公司	印度	139	40
	印度尼西亚	89	26
	埃及	169	48
	马来西亚	99	28
江西起重机械总厂	韩国	13	193
杭州浙起机械有限公司	东南亚	47	30
慈溪捷豹起重机械有限公司	欧洲	50 000	180
	北美	20 000	80
	大洋洲	40 000	145
	其他	10 000	15
南京神天起重机械设备有限公司	马来西亚	22	6
	印度尼西亚	35	7
江苏欧玛机械有限公司	马来西亚	5 000	25
	中国香港	1 500	5
	埃及	2 500	10
	新加坡	3 000	15
	韩国	1 000	5

行业新产品研发情况 2014年起重葫芦行业部分企业根据行业、企业的特点，通过自主创新或合作创新，研发出不少新产品。

北京起重运输机械设计研究院与凯澄起重机械有限公司联合开发的HL型40～80t电动葫芦推向市场。该电动葫芦整体结构为双梁小车式；起升机构与葫芦双小车架结合为一体，整体结构更为紧凑，自重轻；起升驱动装置和运行驱动装置均采用卷筒轴承支持与升降驱动系统集成设计，结构简单，空间尺寸小；起升和大、小车运行均采用变频调速，其中起升变频采用专用软件；可以满足轻载高速升降，起到了类似于副钩的作用，节省了配置副钩的费用；采用双绕绳设计，起降时吊钩垂直上下移动，不产生水平偏移；两套独立的钢丝绳（双缠绕系统）提供了额外的安全性能；具有运行数据记录功能（选用）；工作级别达到M5。

纽科伦（新乡）起重机有限公司研发了国内出口最大吨位300t游艇搬运机、高层建筑起重机、轻量化新型起重机、绿色建筑成套生产线、甲板船起重机、风电维修起重机等新产品。2014年通过科技成果鉴定项目4项，并全部获得河南省科学技术成果奖，其中大跨度多支点电动悬挂起重机、酸洗车间全自动高精定位起重机处于国际领先水平；大型板件翻转起重机、钻井平台专用防爆电动葫芦为国内领先；ND型低净空单轨运行式电动葫芦获得长垣县人民政府颁发的科学技术进步奖二等奖。2014年共获得专利43项，其中8项发明专利。

天津起重设备有限公司研制生产的TH型钢丝绳电动葫芦，起重量1.6～10t，起升高度6～24m，从起升电动机到钢丝绳、从齿轮箱到电气设备，均符合德国工业标准DIN的要求；起升电动机采用筒型铸造铝结构，带有柱形转子、具备软起动功能，内置式制动器的笼型、双绕组12:2变级调速电动机，适合频繁起动工况，防护等级IP55、F级绝缘，接电持续率40%～60%ED，内置热敏电阻过热保护、优化风冷式；减速装置采用免维护设计，密封无需加油，低噪声斜齿轮传动，齿轮材料为铬钼镍合金、抗磨轴承，CNC加工中心生产，经过齿面硬化，研磨处理；起升制动器采用双盘式，电磁式自调节制动器，制动片寿命正常使用不低于100万次，环保型制动摩擦片防尘、不含石棉，摩擦接触面积大，制动力矩可调。地操手柄防护等级IP65，内置软细钢丝绳悬挂，手电门配置独立的滑道，与起升机构分离，可沿主梁自由移动，控制箱由钢板制成，表面经耐腐蚀处理，打开箱盖需要特制的钥匙；控制箱保护等级IP65，有防水保护功能，使用环境温度<50℃，相对湿度<90%，主电源为三相四线380V（+/-10%），50Hz（+/-5%）。该产品不适用于在有爆炸危险、火灾危险及充满腐蚀性气体和介质中工作，不适用于吊运有毒物品和易燃、易爆物品。

浙江双鸟机械有限公司研发了海底高压防腐蚀手扳葫芦和双速变频环链电动葫芦，两个产品均通过浙江省省级新产品鉴定。其中海底高压防腐蚀手扳葫芦获得2项国家专利，额定起重1.5t；标准起升高度9m；最大手扳力300N；整机采用了齿轮箱封闭式结构，可防止齿轮减速箱等零部件在海底使用时受到海水的侵蚀；采用耐海水侵蚀的水基摩擦制动装置，制动装置安置弹簧式防超载装置，超载时葫芦以打滑空转来提示操作人员，确保了使用时的安全性能；起重链条采用渗碳工艺，提高了起重链条的强度、硬度和耐蚀性；葫芦各表面采用耐腐蚀环氧涂层工艺。双速变频环链电动葫芦获得6项国家专利，起重量为0.25～5t，M5工作级别；采用变频控制技术；铝合金外壳整体式设计制造，耐蚀性强。

浙江冠林机械有限公司研发了JXH-L型3～12t铝合金环链紧线器，采用高强度表面涂层校准的起重链条，耐腐蚀，耐磨损；机体采用高强度铝合金整体制造，整机密封；制动器采用双棘爪；采用制动离合装置，空载时链条可自由拽拉；起重链条尾端带有可调节的尾环限位装置。

浙江五一机械有限公司开发的HS20t环链手拉葫芦和HSH9t环链手扳葫芦通过新产品鉴定；研发了HSH-E系列手扳葫芦HSZ-CB型手拉葫芦；通过了“CE”“GS”“SGS”、中国船级社的认证；公司与中科院常州中心合作共建了“衢州起重设备研发中心”；获得1项实用新型专利，8项外观设计专利。

聊城五环机械有限公司在 HSZ－C 和 HSZ－A 型手拉葫芦的基础上，研发的起重量为 1～20t 的 HSZ－B 手拉葫芦，自投放市场以来，已形成新的卖点和经济增长点；研发的手拉葫芦配套用整体导轮产品获国家专利，已在行业内广泛应用。

江苏欧玛机械有限公司开发研制的 HH 型环链电动葫芦，具有体积小、重量轻、操作方便、外形美观等特点，其独特的超载安全装置和电动机过热保护装置使产品的安全可靠性更高；开发的 D 型、L 型和 G 型三款新型手拉葫芦，均带有限载功能。D 型手拉葫芦起重量为 0.25～30t；L 型手拉葫芦起重量为 0.25～30t；G 型手拉葫芦起重量为 0.25～5t。

行业大事记 根据国家质量监督检验检疫总局 2014 年 10 月 30 日发布的第 114 号文《关于修订〈特种设备目录〉的公告》的规定，和 2014 年 12 月 29 日发布的国质检特〔2014〕679 号《关于实施新修订的〈特种设备目录〉若干问题的意见》的规定，电动葫芦不再属于特种设备，不再纳入特种设备监管范围。

2014 年 12 月 1 日至 3 日在浙江省衢州市召开了中国重型机械工业协会起重葫芦分会二届二次会员大会暨理事会议，出席会议的会员单位有 106 家，代表 148 名。会议审议通过了《中国重型机械工业协会起重葫芦分会二届二次会员大会暨理事会工作报告》《中国重型机械工业协会起重葫芦分会二届二次会员大会暨理事会财务报告》和《中国重型机械工业协会起重葫芦分会先进会员单位评选办法（试行）》。该次入会的新会员单位有：江苏欧玛机械有限公司、重庆维大力起重设备有限公司、郑州市泰德尔电机厂、上海宏欣电线电缆有限公司、华德起重机（天津）有限公司、河北神力索具有限公司和江西工埠机械有限责任公司 7 家单位。

2014 年经过评审并推荐，在中国机械工业联合会和中国机械工业品牌战略推进委员会 2015 年 4 月 28 日召开的“全国机械工业品牌战略推进工作会议”上，起重葫芦行业 10 家企业 13 个品牌荣获“中国机械工业优质品牌”称号。起重葫芦行业获得“中国机械工业优质品牌”称号的企业及品牌见表 8。

表 8 起重葫芦行业获得“中国机械工业优质品牌”称号的企业及品牌

企业名称	品牌名称
江阴凯澄起重机械有限公司	凯澄
纽科伦（新乡）起重机有限公司	NUCLEON
浙江双鸟机械有限公司	双鸟、TBM
浙江五一机械有限公司	五一、双鸽
法兰泰克重工股份有限公司	法兰泰克、诺威
南阳起重机械厂有限公司	金鹏
聊城五环机械有限公司	五环

（续）

企业名称	品牌名称
江苏欧玛机械有限公司	海鸥
慈溪捷豹起重机械有限公司	捷豹
北京双泰气动设备有限公司	北京双泰

2014 年 6 月，科尼起重集团正式收购江苏三马起重机械制造有限公司，全资拥有该公司 100% 股份。

质量和标准 2014 年制定了机械行业标准《电动葫芦能效限额》，目前该标准进入审批阶段。该标准负责起草单位有北京起重运输机械设计研究院、国家起重运输机械质量监督检验中心。参加起草单位有江阴凯澄起重机械有限公司、江苏三马起重机械制造有限公司、德马格起重机械（上海）有限公司、浙江双鸟机械有限公司、杭州浙起机械有限公司、浙江冠林机械有限公司、卫华集团有限公司、江西起重机械总厂、南京特种电机厂有限公司、湖北银轮起重机械股份有限公司、安吉长虹制链有限公司。

2014 年修订了机械行业标准 JB/T 5317—2007《环链电动葫芦》，目前已上报待审批。

该标准负责起草单位：北京起重运输机械设计研究院、浙江双鸟机械有限公司、浙江冠林机械有限公司、国家起重运输机械质量监督检验中心。参加起草单位：江阴市鼎力起重机械有限公司、德马格起重机械（上海）有限公司、科尼起重机设备（上海）有限公司、江阴凯澄起重机械有限公司、南京起重机械总厂有限公司、浙江凯勋机电有限公司、上海得益轻型起重机有限公司、诺威起重设备（苏州）有限公司、江苏欧玛机械有限公司、安吉长虹制链有限公司。

〔撰稿人：中国重型机械工业协会起重葫芦分会张敏 审稿人：中国重型机械工业协会起重葫芦分会张维新〕

桥式、门式起重机

生产发展现状 当前我国经济已经从高速增长期转入中低速增长期，桥式、门式起重机械（简称起重机）行业面临着需求趋缓、产能严重过剩、成本上升、价格下行、利润下降的不利局面，部分企业应收账款持续增长，现金流滞怠，亏损严重，行业洗牌加剧，形势十分严峻。

市场需求的变化，企业经营策略和技术水平的差异，导致行业企业发展差别不断扩大，一部分企业亏损严重，一些企业关门停业。如长垣起重机生产聚集区，一批整机生产企业处于停产、半停产状态。但是也有一些注重产品质量和产品创新的企业，既保持了较好的运行态势，又取得了较好的经济效益。

市场与销售 2014年，随着我国制造业大环境的持续低迷，受行业上游需求普遍疲软的影响，我国桥式、门式起重机产品市场与销售出现了同比下降的局面。2012—2014年桥式、门式起重机的销售量和销售产值完成情况见表1。

表1 2012—2014年桥式、门式起重机的销售量和销售产值完成情况

年份	销售量（万台）	销售产值（亿元）
2012	8.4	360
2013	8.8	380
2014	8.2	350

2014年，桥式、门式起重机行业产值排名前13位的企业起重机产品销售总值达259.72亿元，约占整个国内市场74.21%的份额。起重机产品销售产值超过4亿元的企业有13个，分别是：卫华集团有限公司82.65亿元，河南省矿山起重机有限公司46.31亿元，河南豫飞重工集团有限公司39.10亿元，中原圣起有限公司27.54亿元，太原重工股份有限公司11.43亿元，河南省新乡市矿山起重机有限公司9.76亿元，大连华锐重工集团股份有限公司8.94亿元，河南华东起重机集团有限公司7.21亿元，新乡市中原起重机械总厂有限公司6.46亿元，法兰泰克重工股份有限公司6.23亿元，江西起重机械总厂5.93亿元，株洲天桥起重机股份有限公司4.14亿元，山起重型机械股份公司4.02亿元。

起重机产品主营收入增速前三名分别是：卫华集团有限公司24.5%，河南矿山起重机有限公司20.29%，法兰泰克重工股份有限公司20.15%。

2014年中国重型机械工业协会桥式起重机专业委员会部分会员企业主要经济指标见表2。

表2 2014年中国重型机械工业协会桥式起重机专业委员会部分会员企业主要经济指标

（单位：亿元）

序号	企业名称	工业总产值	起重机销售产值
1	卫华集团有限公司	84.03	82.65
2	河南省矿山起重机有限公司	46.72	46.31
3	河南豫飞重工集团有限公司	43.46	39.10
4	中原圣起有限公司	27.54	27.54
5	太原重工股份有限公司	105.00	11.43
6	河南省新乡市矿山起重机有限公司	19.03	9.76
7	大连华锐重工集团股份有限公司	96.00	8.94
8	河南华东起重机集团有限公司	7.28	7.21
9	新乡市中原起重机械总厂有限公司	6.46	6.46
10	法兰泰克重工股份有限公司	6.73	6.23
11	江西起重机械总厂	5.94	5.93
12	株洲天桥起重机股份有限公司	3.64	4.14
13	山起重型机械股份公司	4.68	4.02
14	广州起重机械有限公司	2.76	2.04
15	浙江众擎起重机械制造有限公司	3.19	2.00
16	上海起重运输机械厂有限公司	1.45	1.54
17	山东省生建重工有限责任公司	4.59	1.50
	合计	468.50	266.80

注：按起重机销售产值排序。

随着企业对提升自身产品技术和质量的投入逐年加大，越来越多的国产起重机受到国外用户的青睐。根据中国重型机械工业协会《物料搬运机械进出口统计年报》统计，2014年桥式、门式起重机出口额为96 534万美元，进口额为5 145万美元。其中桥式起重机专业委员会会员企业生产的桥式、门式起重机的出口额占整个起重机行业的22.3%，上年同期为18.17%，市场份额在逐年扩大。2014年起重机行业有关产品进出口情况见表3。

表3 2014年起重机行业有关产品进出口情况

（单位：万美元）

海关货物名称	出口额	进口额	进出口总额	进出口差额
合　计	432 813	52 496	485 309	380 315
桥式起重机	27 212	5 067	32 279	22 145
门式起重机	69 322	78	69 399	69 244
装卸桥及其他桥架类起重机小计	131 362	3 636	134 998	127 725
塔式起重机	46 218	1 203	47 422	45 015
门座起重机	21 682	26 296	47 977	-4 614
流动式起重机	120 222	5 361	125 583	114 861
未列名起重机	3 883	8 073	11 956	-4 191
起重机零件	12 912	2 782	15 695	10 130

根据《中国重机协会统计简报》统计，2014年起重机行业的经营情况见表4。

表 4　2014 年起重机行业的经营情况

企业类型	主营业务收入（亿元）	同比增长（%）	主营业务收入利润（亿元）	同比增长（%）	利润总额（亿元）	同比增长（%）	企业亏损面（%）	上年同期（%）	应收账款净值（亿元）
起重机行业	2 709.49	4.41	381.66	4.48	145.72	-6.27	13.72	11.92	633.45
其中：大型企业	1 197.51	0.54	174.86	13.05	56.06	-15.68	0	0	441.12
中型企业	658.8	4.57	91.76	-6.16	44.71	3.38	8.87	12.1	97.16
小型企业	853.18	10.23	115.04	1.95	44.95	-1.73	15.14	12.3	95.17

由上面的数据可以看出，整个起重机行业的形势不容乐观。应收账款的增多严重制约着企业的发展。

新产品和科技成果　桥式起重机专业委员会下属的一些骨干企业跟踪世界先进工业国家同类产品的新技术和设计方法，致力于高效、节能、智能、创新型起重机的研发，不惜投入大量的人力和物力，推广应用 CAD/CAE、优化设计、模块化设计、减量化设计、可靠性概率设计、极限状态设计、虚拟样机设计等方法，用最少的部件，最大限度地满足用户的需求。

大连华锐重工起重机有限公司 1 000t×39m 桥式起重机采用轻量化设计理念，是目前国内最大吨位的轻量化桥式起重机。通过采用具有自主知识产权的专利技术对小车进行了优化设计，使其机构布置紧凑，结构受力明确，构造简单，小车整体重量轻，进而减少了作用在起重机主梁上的载荷，减轻了整机的重量、缩小了尺寸；1 000t 轻量化桥式起重机为双小车形式，利用紧凑型设计技术，实现了双小车间的超小钩距设计；首次采用倍率 12 的大倍率钢丝绳缠绕系统，减小了钢丝绳直径，降低了机构各零部件的尺寸及重量，使起升机构布局紧凑，重量更轻；卷筒轴与筒体间采用过盈联接，避免了高碳钢的焊接，同时也改善了卷筒轴与筒体的形位公差，提高了机构传动的性能；起升机构传动链采用了冗余设计；超大型主梁的优化设计，通过有限元分析和优化设计，合理选取主梁截面及分段位置，兼顾主梁的制造与运输成本，使制造和运输的综合成本降至最低；在控制系统方面，采用具有强大逻辑运算功能的可编程序控制器，传动使用变频调速系统，使各机构运行平稳、定位准确，提高了起重机的安全性、工作效率和生产率。

太原重工股份有限公司研制的宝钢湛江钢铁项目炼钢工程中的主要设备之一 520t 冶金铸造起重机，是全球最大的冶金铸造起重机，单钩起重重量可以达到 520t。该设备采用了太原重工股份有限公司专利技术“四梁六轨、低速轴连接大减速器结构形式”，集多种先进技术于一身。为保证安全，520t 铸造起重机采用了 4 根钢丝绳独立悬挂系统，如果其中任意一根发生断裂，也能保证钢水浇包不发生坠落和倾斜，并能对钢水浇包进行实时视频监控。配备了最先进的电气变频调速系统；设有制动回馈装置和故障自动诊断系统，能够对起重机进行实时监测，及时发现运行异常，记录运行数据。与同类设备相比，具有结构布置合理、安全可靠、运行平稳和节约能源等优点，整体技术水平达到国际领先水平。

卫华集团有限公司设计制造的 600t 轻量化吊钩门式起重机，小车采用新式传动形式，优化小车架结构；大、小车装配采用了“哈弗铰”结构以及使用整体加工技术，减小了安装误差；把超静定结构转化为静定结构，对门架的结构进行了优化设计；结合电气防摇摆控制系统，设计了智能控制系统，实现了载荷的快速、平稳运行；具有结构简单、重量轻、性能良好的特点。其制造的 800t 轻量化门式起重机，采用先进轻量化设计方法，对门架结构进行了结构分析和优化，设计的 6 轮结构和防脱轨、防颠覆的小车，整体加工，结构简单；大、小车装配采用“哈弗铰”结构，安装误差小，成本低；采用双小车防摇摆技术和精确自动定位技术，具有运行平稳、定位精度高的特点。

北京起重运输机械设计研究院为国能生物发电有限公司提供的起重量 6.3t、跨度 65m 秸秆抓斗门式起重机，门架结构的设计采用了新颖的构造形式。针对需方生产环境的特殊需要，本着节能减排，减轻设备重量的目的，主梁采用新颖的大高度的桁架结构。主梁为单榀桁架，下弦杆采用宽形的箱形梁，上弦杆、腹杆均取圆管结构。支腿系统采用梯形的三次超静定刚架，由上横梁、支腿和下横梁组成，构件之间采用高强度螺栓连接。通过创新，大大降低了整机重量，节省了起重机造价和工程造价。该设备已于 2014 年在江西赣县投入使用，用户反映良好。

新乡市起重设备厂有限责任公司研发的我国首台（套）水利水电竖井起重机，起升高度 600m，是我国起升高度最大的专用起重机。该起重机在技术上解决了水电行业在竖井开挖、支护和设备吊装时的难题，提高了安全性，实现了智能化和自动化。

宁波市凹凸重工有限公司研制成功的基于物联网技术的 700t 通用门式起重机，门架采用偏轨式双主梁，箱形结构，主梁内部加设多根提高腹板局部稳定性的纵向及横向加强筋，并对所有板件进行 GLUE 布尔运算；产品应用云端和物联网技术，采用跨终端 HTML5 技术和 VPN 技术，实现现场所有 PLC 设备数据收集和云端服务器对现场 PLC 上传的数据进行分析和处理；整机采用了基于物联网的实时安全监控管理系统；整台控制系统引入总线传输技术，数据采集编码器、动作执行变频器以及 PLC 控制元件间采用 Profibus-DP 总线协议进行信息传输，形成了开放式、数字化、多点通信的底层控制网络，开创了在起重机行业应用物联网技术的新起点。

2014年桥式、门式起重机行业获奖科研项目见表5。

表5　2014年桥式、门式起重机行业获奖科研项目

序号	项目名称	获奖类别	获奖等级	主要完成单位
1	通用型桥式起重机轻量化设计技术及应用	中国机械工业科学技术奖	一等奖	北京起重运输机械设计研究院
2	起重机设计规范（GB/T 3811—2008）	国家质检总局、国家标准化管理委员会科学技术奖	二等奖	北京起重运输机械设计研究院
3	桥门式起重机安全监控管理系统关键技术研究与应用	中国机械工业科学技术奖	三等奖	北京起重运输机械设计研究院
4	架桥机通用技术条件（GB/T 26470）和架桥机安全规程（GB 26469）	中国机械工业科学技术奖	三等奖	北京起重运输机械设计研究院
5	全自动冶金上料桥式起重机	中国机械工业科学技术奖	三等奖	卫华集团有限公司
6	排锯前倍尺钢管分配起重机	中华全国工商业联合会科学技术奖	三等奖	卫华集团有限公司
7	480/80t 铸造起重机	辽宁省科学技术奖	三等奖	大连华锐重工起重机有限公司

各企业在响应国家号召，致力于研发节能减排型起重机新产品的同时，更加注重加大知识产权的保护以及新产品新技术的认证。桥式起重机专业委员会骨干企业，如卫华集团有限公司、大连华锐重工集团股份有限公司、太原重工股份有限公司、法兰泰克重工股份有限公司、山起重型机械股份公司、北京起重运输机械设计研究院、奥力通起重机（北京）有限公司、浙江合建重工科技股份有限公司和湖北省咸宁三合机电制业有限责任公司等企业，2014年度共获得国家授权专利80余项。

质量与标准　根据《中华人民共和国特种设备安全法》《特种设备安全监察条例》的规定，国家质检总局修订了《特种设备目录》，经国务院批准，已公布施行（详见质检总局2014年114号文）；质检总局办公厅还于2014年5月4日发布了《质检总局办公厅关于调整起重机械制造环节监督检验的通知（质检办特2014年294号）》。

2014年发布的与桥式、门式起重机行业相关的部分标准见表6。

表6　与桥式、门式起重机行业相关的部分标准

序号	标准号	标准名称	实施日期
1	GB 6067.5—2014	《起重机械安全规程　第5部分：桥式和门式起重机》	2015-02-01
2	GB/T 30561—2014	《起重机　刚性　桥式和门式起重机》	2014-12-01
3	GB/T 31050—2014	《冶金起重机能效测试方法》	2015-01-01
4	GB/T 31051.1—2014	《起重机工作和非工作状态下的锚定装置　第1部分：总则》	2015-06-01
5	GB/T 31052.1—2014	《起重机械检查与维护规程　第1部分：总则》	2015-06-01
6	JB/T 5897—2014	《防爆桥式起重机》	2014-10-01

行业发展中存在的问题及对策建议

1. 目前我国桥式、门式起重机的市场竞争主要还是通过价格竞争。价格竞争比较残酷也比较低级，最后的结果是利润不断下降，从而导致产品质量下降，整个行业技术水平的降低，最后崩溃。

2. 各生产厂家的产品同质化严重。造成这种局面的一个主要原因是因为大家用的生产图样都是一样的，都是在我国计划经济时期，通过联合设计完成的，而且这么多年来也没有大的改变，企业生产不出具有自身特色的产品，在这种情况下只有比价格。

在严峻的市场形势下，行业中企业主要开展了以下几个方面的工作。

1. 加强产品的升级换代

由北京起重运输机械设计研究院牵头，于2014年10月24日成立了“起重机械减量化产业技术创新联盟”，联合专委会中的骨干企业一方面继续争取国家支持；另一方面通过新联盟的成立，把前期的研究成果继续推向产品实质性研究。同时带动配套件生产厂家，朝着减量化、自动化、智能化、信息化的方向发展。

部分有能力的企业，从产品设计、制造工艺、生产流程、质量把控等方面着手，以精品意识组织生产，在产品总体布局、结构优化、传动形式、自动化控制、信息化以及外观、内在质量等方面实施差异化研发，引导用户的消费理念，开拓新的卖点。

部分企业在已经确立地位的市场上保持自身特点，加强品牌意识，积极开拓新市场，加强产品的出口销售，进一步扩大国外市场的份额，弥补国内增长变缓对企业的影响。

2. 提高产品一致性的工艺技术改造

在工艺技术改造方面：一些企业积极研究新工艺，开展工艺装备技术改造，提高了产品质量一致性和生产效率，使产品质量的稳定性大大提高。如卫华集团有限公司、河南矿山起重机有限公司等企业，开展电动葫芦起重机单梁连续轧制成形、起重机箱形梁组焊、自动焊接等工序工艺装备技术改造，在节材、稳定质量等方面投入了大量的人力和物力，取得了良好的收益。

3. 把节能减排的理念贯穿到生产经营中

如太重集团、大连华锐重工集团等企业开展班组节能降耗活动，改变传统操作习惯，为企业节能降耗做出重要贡献。豫飞重工集团、浙江重擎起重机械制造有限公司、法兰泰克起重机械（苏州）有限公司对桥式起重机大型结构件进行封闭喷漆设备技术改造，改变了起重行业露天喷漆作业的陋习，减少了大气的污染，获得了良好的经济效益和社会效益。

4. 加强专业基础技术研究

在我国起重机行业人力资源日趋紧张、成本上升、人为因素造成产品质量不稳定的情况下，智能化、信息化将成为未来发展的趋势；一些企业着手于专业基础技术研究、计算机软件专用程序开发及再开发以及专业技术人才的培养工作。如卫华集团有限公司、华伍制动器股份有限公司加强与大专院校的结合，建立中央研究院，院士工作站、博士生工作站等机构，为企业培养和吸引人才创造条件。

5. 创新营销模式，提高服务意识

在维护好传统营销模式的前提下，企业应不断地创造新销售经营模式，以主导产品为基础，加强与金融机构合作，采用投资、融资、租赁等各种组合方式，挖掘使用、制造、金融各方潜力形成合力，扩大产品销路，同时拓展向制造服务业转变的路径，增加服务在收益中的比重。

6. 开展新一代高效、耐用、节能环保的新型桥式、门式起重机的研究

随着国家“节能减排”的要求提出，节能减排型起重机将成为未来行业发展趋势，因此部分企业开展各类高效、节能、环保起重机的研发，部分企业跨界采用外行业的成熟先进技术改造完善起重机设计。如洛阳起重机有限公司、河南东起机械公司引入行星减速机技术用于起重机的传动系统，采用卫星定位技术用于起重机定位等。

〔撰稿人：中国重型机械工业协会桥式起重机专业委员会孙吉泽　审稿人：中国重型机械工业协会李镜〕

带式输送机

生产发展情况　2014 年是带式输送机行业经营形势最为严峻的一年，市场订货严重不足，企业竞争异常激烈，资金链进一步缩紧，利润率进一步下降，经济下滑十分明显。根据对带式输送机行业 68 家骨干企业的统计，企业全部产品工业总产值为 141 亿元，产品利润率为 8.21%，比 2013 年下降 8.81%；43 家以生产带式输送机为主的企业生产的带式输送机总产值 110 亿元，利润率 7.12%，比 2013 年下降 8.53%。

在国际市场铁矿石价格一路走跌，国内煤炭企业全面亏损、水泥产能严重过剩等影响下，带式输送机行业增速明显放缓，已有几个企业相继倒闭，部分企业经济指标出现负增长。但是在行业企业的经营发展中，也涌现出了一些经营指标非常突出的单位，其中产品利润率保持在 10% 以上的企业有：四川自贡运输机械集团股份有限公司、华电重工股份有限公司、安徽盛运环保（集团）股份有限公司、无锡宝通带业股份有限公司、北方重工输送设备分公司、衡阳运输机械有限公司、上海科大重工集团有限公司、北京约基工业股份有限公司等企业。一些企业出口交货值突破亿元。2014 年行业骨干企业带式输送机产品生产情况见表 1。

表 1　2014 年行业骨干企业带式输送机产品生产情况

序号	企业名称	产值（万元）	出口产值（万元）	产量	
				以吨计（t）	以米计（m）
1	北方重工集团有限公司	133 594	13 749	83 972	120 069
2	四川省自贡运输机械集团股份有限公司	113 121	0	118 024	141 332
3	安徽攀登重工股份有限公司	109 618	8 095	95 546	220 766
4	安徽盛运环保（集团）股份有限公司	89 702	0	46 294	201 721
5	上海科大重工集团有限公司	87 136	36 597	58 090	108 415
6	衡阳运输机械有限公司	51 651	10 355	35 953	123 668

（续）

序号	企业名称	产值（万元）	出口产值（万元）	产量	
				以吨计（t）	以米计（m）
7	北京约基工业股份有限公司	38 178	22 907	32 118	109 080
8	衡水金太阳输送机械工程有限公司	37 258	920	53 225	
9	四川自贡起重输送机械制造有限公司	32 956	2 099	32 138	36 081
10	河南天隆输送装备有限公司	22 100			39 100
11	铜陵天奇蓝天机械设备有限公司	20 173	0	16 477	65 659
12	中平能化集团机械制造有限公司	19 384			
13	山东省生建重工有限责任公司	18 568	0	2 456	54 956
14	安徽永生机械股份有限公司	15 300	1 370	16 900	
15	西安重装韩城煤矿机械有限公司	15 110	0	14 134	
16	山西东昌实业有限公司	14 627	0	16 960	
17	四川东林矿山运输机械有限公司	13 460	0	9 096	39 200
18	武汉武钢北湖机械制造有限公司	13 000	0	15 000	
19	献县通利达机械设备制造有限公司	11 765	0	11 695	

市场与营销 在新常态下，为了适应市场，行业内各企业加大深化改革力度。持续创新发展，加快改革转型。调整存量资本，做优增量资本，优化资源配置，改革运行机制；积极应对严峻的经营形势。

北方重工集团有限公司实施“重大装备、高端成套”国际化经营战略，积极开发国际市场，秉承“得国际市场者得天下”的理念，实现由单机设备向成套装备的经营转变。与海螺集团等各大水泥集团、各大矿务局、各大钢铁集团等成立以带式输送机、钢结构制造等为主业的合资公司或建立战略合作关系，大幅增加公司销售产值。对产品进行差异化设计，以满足目标客户需求为目的，进行产品设计和销售，加速技术整理，全面总结提升产品技术水平，加速技术选型样本的编制工作，实现产品的标准化、系列化，联合软件公司自主研发了滚筒参数化设计软件，可以在输入几项重要参数后，该软件即自动进行参数化设计，直接生成生产图样及工艺文件，基本做到无需工程师进行滚筒设计工作。自主研发的同时引进了国际一流的带式输送机设计软件、带式输送机动态分析的软件、三维建模软件、有限元分析软件、动态仿真设计软件、钢结构设计软件等，建立健全设计研发手段，提高设计效率和设计准确性同时达到与国际一流带式输送机生产企业接轨的目标，提高市场核心竞争力。

衡阳运输机械有限公司面对复杂的经营环境，公司及时采取各项有力措施，加快转型升级，加强内部管控，积极开拓国内外市场，不断深化“走出去”战略；推进提质改造，深化技术创新，以市场为中心加快新产品研发；以发展战略为导向，促进人力资源机制创新，提升公司核心竞争力，保障公司在当前经济形势下完成了较好的指标，促进公司健康可持续发展。全年共完成了河静钢厂、老挝电站、万州电厂、安庆电厂、安源电厂、应城热电、内蒙古土右发电、海昌码头、鄂尔多斯乌兰、伊泰准东、包头钢铁、陕西煤业及水电八局等重大合同及海外项目50余个，共完成滚筒3 419组，托辊18.26万支。全年共实现产值5.165亿元，产量3.59万t。通过加强管理，节约挖潜，降低产品成本；通过质量管控，降低次品率；通过蓄练内功，管控矛盾，稳定职工队伍。

科技成果与新产品 在带式输送机的技术研发上，北方重工输送设备分公司将节能环保技术、无人值守检修及故障预诊断技术成功应用在印度Reliance电厂项目中。天地集团开发了智能控制刮板输送机等。这些技术的开发应用，标志着我国带式输送机部分前沿技术已经达到了国际先进水平。

衡阳运输机械有限公司技术研发和技术创新也实现了新的突破。2014年新增专利8项，目前公司共拥有专利110项。获得的科技奖项有：智能移置式带式运输机在“百项重点新产品推进计划”中荣获“湖南省工业和信息化技术创新项目验收证书”称号；超长距离（≥15km）平面拐弯曲线物料输送系统获“衡阳科学技术进步奖一等奖”。组织开发了曹妃甸5 000万吨级大型港口煤码头堆取装卸输送系统、长57m自重200多吨跨海巨型桁架等一系列新产品、新技术、新工艺。

四川东林矿山运输机械有限公司在最近几年加大了产品研发，2014年获得了一项发明专利，以及四川省科技进步奖、国家重点新产品等荣誉。独家拥有国内首创的“矿用双层双运带式输送机”获得了四川省首台（套）产品称号。与四川大学建立了产学研合作关系，其中“大型高效长距离大运量输送机关键技术研究及应用”项目列入省科技厅科技支撑项目，同时矿用双层双运带式输送机列入了科技厅战略性新兴产品计划，该产品核心技术研究也列入了科技支撑项目。加强节能环保技术和产品的研发，为企业升级转型提供动力。实施的“节能环保输送装备研发中心及服务平台建设项目”获得了国家发改委2014年立项支持，通过项目实施，公司研制出多项节能环保新产品和新技术，申报了两项发明专利、17项实用新型专利，企业通过了国家高新技术企业认定。

上海科大重工成功开发了管径400mm、单机长度为7 100m的长距离管状带式输送机，并顺利安装于自然条件特别恶劣的贵州省毕节地区，为我国煤电一体化环保输送创造了一个样板工程。在国外项目中成功开发了运量高达23 000t/h的特大运量的带式输送机，并解决了特大运量中滚筒等特殊结构。

质量与标准 近年来，随着带式输送机行业市场竞争日趋激烈，有的企业已经将产品价格降到无利可图甚至赔钱的地步。各主机厂、配套企业，为了在市场竞争中取胜，采用降低技术标准、采用劣质价廉材料、减少加工工序等手段获得市场。这样的低价竞争，必然造成质量低劣，影响带式输送机行业的整体信誉。

带式输送机行业2014年立项修订GB/T 10595—2009《带式输送机》和JB/T 7012—2008《辊子输送机》两项标准，对原标准中需要修订或增加的技术内容征求意见。

对《限矩型液力偶合器　试验》和《液力传动油》两项机械行业标准进行函审。

GB/T 14521—1993《连续搬运机械术语》、JB/T 3666—1996《吊式圆盘给料机》和JB/T 3667—1996《座式圆盘给料机》三项行业标准修订已立项。

〔撰稿人：中国重型机械工业协会带式输送机分会杨俊　审稿人：北方重工集团有限公司王瑀〕

散料装卸机械

散料装卸机械亦称连续搬运设备，属物料搬运（起重运输）机械类。国内行业统计数据主要包括堆取料机、翻车机、装卸船机等三大类产品，约40个品种和近百个不同型号、规格的单机和成套设备。2014年生产的主要品种有臂式斗轮取料机、堆取料机，溜筒式装船机、抓斗式卸船机、贯通式翻车机等。2014年行业受国内外经济仍处在国际金融危机后的深度调整及缓慢复苏的影响，行业内部分企业生产经营困难，产品出厂价格持续下降，通缩预期上升，资金、劳动力等要素成本上涨，信贷资金向实体经济传导不畅，企业利润明显下滑，影响企业对未来市场的信心。另外，散料装卸机械行业属于传统产业，面临产能过剩、化解产能过剩任务艰巨、同质化竞争日益激烈的局面。

散料装卸机械产品分类及主要生产企业见表1。

表1　散料装卸机械产品分类及主要生产企业

产品分类	主要生产企业名称
门式、混匀式、圆形料场、侧式刮板（刮斗）、桥式刮板式堆取料机	北方重工集团有限公司装卸设备分公司、大连华锐重工集团股份有限公司、华电重工股份有限公司、哈尔滨重型机器有限责任公司、长春发电设备有限责任公司、湖南长重机器股份有限公司、上海电力环保设备总厂有限公司、大连通达矿冶机械有限公司、大连重工机电动力有限公司、泰富重装集团有限公司
斗轮堆取料机、斗轮取料机、堆料机	大连华锐重工集团股份有限公司、哈尔滨重型机器有限责任公司、长春发电设备有限责任公司、湖南长重机器股份有限公司、华电重工股份有限公司、上海电力环保设备总厂有限公司、北方重工集团有限公司装卸设备分公司、上海振华重工集团股份有限公司、大连通达矿冶机械有限公司、大连重工机电动力有限公司、哈尔滨龙鑫重型机器有限公司、大连天重散装机械设备有限公司、上海工茂起重设备有限公司、泰富重装集团有限公司
翻车机	大连华锐重工集团股份有限公司、武汉电力设备厂、华电重工股份有限公司、大连通达矿冶机械有限公司、大连重工机电动力有限公司、上海振华重工集团股份有限公司、大连天重散装机械设备有限公司
装船机、卸船机	上海振华重工集团股份有限公司、大连华锐重工集团股份有限公司、华电重工股份有限公司、长春发电设备有限责任公司、武汉电力设备厂、哈尔滨重型机器有限责任公司、泰富重装集团有限公司

生产发展情况 2014年，我国境内具有设计研发与生产制造散料装卸机械的规模以上骨干企业近20家，根据对行业14个主要主机生产企业的统计，其中散料装卸机械工业总产值达到3亿元以上的企业约占57%，比上年下降5.5个百分点，工业总产值达到15亿元以上的企业仅占14%。这部分企业中有专业设计研发与生产制造散料装

卸机械的基地，代表了我国散料装卸机械设计与制造水平，其中散料装卸机械作为大类主导产品约占2/3。企业性质包括大型国有企业、股份制企业、民营企业、中外合资等类型。2014年，散料装卸机械行业通过调整和创新驱动，克服重重困难，基本实现平稳过渡，但指标略有下滑。据散料装卸机械分会对行业14家主要主机生产企业的统计，全行业的工业总产值达439.61亿元，比上年增长8.87%，销售收入402.15亿元，比上年增长4.27%（部分企业按所属子公司数据统计）；其中散料装卸机械工业总产值98.37亿元，比上年下降1.12%。下降的原因主要是受同质化竞争及有关企业产品调整影响，如有的企业已退出该领域。2014年散料装卸机械行业主要经济指标完成情况见表2。

表2　2014年散料装卸机械行业主要经济指标完成情况

指标名称	单位	实际完成
企业数	家	14
工业总产值（当年价）	万元	4 396 144
其中：散料装卸机械工业总产值（当年价）	万元	983 661
工业总产值比上年增长	%	8.87
其中：散料装卸机械工业总产值比上年下降	%	1.12
工业增加值	万元	429 182
产品销售收入	万元	4 193 219
产品销售税金	万元	9 871
利润总额	万元	358 033
年末固定资产原价	万元	880 889
年末固定资产净值	万元	571 399
流动资产合计	万元	4 502 489
流动资产平均余额	万元	4 558 577
流动负债合计	万元	4 863 086
流动负债平均余额	万元	4 708 660
所有者权益	万元	2 432 079
全员劳动生产率	万元/人	33.78

近年来行业内各企业为适应市场需求，采取积极的调整措施，不同程度地加大技术创新力度，积蓄后劲适应变幻的市场。2014年大连华锐重工集团股份有限公司在原有散料装卸专业设计院等7大专业设计院的基础上，新成立了工程技术设计院和冶金矿山机械设计院，在产品专业化设计与应用方面迈出了更加坚实的一步，现已形成1个设计总院、9个专业设计院、1个电气技术研发中心、3个实验室、4个研究所和1个海外技术研发中心的立体化研发平台。共申报专利862件，申请国内外发明专利319件，拥有授权有效专利488件，其中，发明专利167件、国际发明专利13件。上海振华重工集团股份有限公司建有1室2站11心，1室是上海市海洋重工装备工程两化融合重点实验室，2站是省级企业院士工作站、国家级博士后工作站，与各类相关企业、工程与大学合作建成11个中心。共申报专利533件，拥有授权有效专利310件。华电公司于2011—2014年共立项25项，在新型四卷筒卸船机、翻车机系统、136m圆形料场系统、万吨排土机系统、2 500t/h桥式刮板取料机、4 000t/h圆形料场堆取料机、大型履带动态仿真、链斗式连续卸船机、大型设备远程监控、诊断及维护系统、悬链式连续卸船机、智能化全自动散货堆场控制系统等产品或技术方面成果显著；在绿色采矿业务开展方面，公司以项目为切入点，加大对排土机和转载桥等核心装备的研发力度，其中10 000t排土机和10 000t转载桥设备是国内首次自主开发的重点科技研发项目，目前公司及下属子公司拥有专利210项，其中，发明专利17项，实用新型专利193项。行业内各企业采取消化吸收国外先进技术、引创结合，加大技术创新力度，形成一批具有自主知识产权的新产品。2014年11月，泰富重装集团有限公司与邳州市人民政府签订邳州港搬迁项目合作框架协议，合作金额达25亿元。这是泰富重装集团有限公司11月19日与巴西GALAXIA公司签约4亿美元海工装备项目后，一周内拿下的另一个亿元超级大单。公司因此成为湖南省“新常态”下逆势上扬的先锋企业。另外，大连华锐重工集团股份有限公司、上海振华重工集团股份有限公司、北方重工集团有限公司、长春发电设备有限责任公司、湖南长重机器股份有限公司、武汉电力设备厂、华电重工股份有限公司等八家企业也拥有国家级、省级认定的企业技术中心。这些企业还拥有现代港口、电厂、料场等散料装卸机械核心技术；围绕产品技术创新，使产品向高效、智能，大型化、国产化、国际化发展。但是行业的技术发展仍存在问题，产品标准化、系列化、通用化有待统一规范和提高，企业技术发展应适应市场需求，各企业产品在逐步形成批量和规模化的同时，更应重视产品标准化、系列化、通用化、模块化设计，重视并适应国际标准和出口国家标准和法律法规。行业内各企业散料装卸机械高端设计研发人员极度缺乏，特别是缺少领军式人才。人才问题制约了行业发展。

产品分类产量　我国散料装卸机械产品主要服务于全国各港口、电厂、冶金、煤炭、建材及矿山等散料均化、储存、转运的堆场。2014年，全行业生产的臂式、门式、混匀式、圆形、侧式刮板（刮斗）、桥式刮板、堆取料机、斗轮取料机、堆料机、翻车机、装船机、卸船机等散料装卸机械产品产量实现401台（套）计17.65万t，产量以台（套）计比上年下降51.37%，以吨位计比上年下降66.23%。其中，翻车机销售94台（套），计1.52万t，比上年分别增长8.05%和下降81.12%；装卸船机46台（套），计5.27万t，比上年分别下降41.3%和31.44%；堆取料机276台（套），计10.91万t，比上年分别下降55.07%和69.74%。总体分析，三大类产品产量均有较大幅度下降（但产值下降不大，原因是大机型、大功率、技术附加值高的产品增多，中小型及技术附加值低的产品相对减少）。2014年散料装卸机械行业主要产品产销量见表3。

表3　2014年散料装卸机械行业主要产品产销量

产品名称	产量				销量			
	以套计（台、套）	比上年增长（%）	以吨计（t）	比上年增长（%）	以套计（台、套）	比上年增长（%）	以吨计（t）	比上年增长（%）
翻车机卸车线	77	-16.88	12 440	-128.72	94	8.05	15 186	-81.12
装卸船机	48	-35.42	54 996	-25.96	46	-41.30	52 704	-31.44
堆取料机	276	-63.77	109 062	-79.45	276	-55.07	109 062	-69.74

产品进出口　散料装卸机械是为煤炭、矿石、水泥等大宗散状固体原料、燃料和材料转运、储运、存放、混匀及取样的重大关键设备，广泛应用于交通、冶金、电力、建材、化工及水利等国民经济重要基础工业部门。目前，我国散料装卸机械现有的产品品种、规格、系列及性能要求，完全可以满足国内需求，同时也出口国外市场。国际上受矿石需求影响，许多国家兴建专业矿石码头和中转码头；东南亚、南亚、中亚、南美洲等发展中国家经济的发展，其基本建设需要大量的散料装卸机械设备，也拉动了我国散料装卸机械设计水平与制造能力的提升。过去我国出口的散料装卸机械大都是中小型，当前我国每小时万吨能力的斗轮取料机、每小时2 000t能力的卸船机等大型散料装卸机械设备，已成功进入国际市场，并快速成为主力机型，而且可以实现批量供货或EPC总承包。如：大连华锐重工集团股份有限公司、上海振华重工集团股份有限公司、华电重工股份有限公司、湖南长重机器股份有限公司等大型企业，已具备批量出口特大型、大型斗轮堆取料机、装卸船机、翻车机卸车线的能力。行业内已有8家企业可实现不同机型整机出口，充分体现了我国在散料装卸机械产品设计、制造方面的综合实力。其产品正在向超大型化、多品种、多国家、多地域发展。另外上海振华重工集团股份有限公司、大连华锐重工集团股份有限公司、华电重工股份有限公司、哈尔滨重型机器有限责任公司、武汉电力设备厂、上海电力环保设备总厂有限公司等主要企业均实现200万美元以上出口额；已出口的堆取料机、装卸船机、翻车机技术水平均达到国外产品先进水平，可靠性明显提高。

2014年我国散料装卸机械产品实现出口额2.99亿美元，比上年下降13%。2014年散料装卸机械产品进出口情况见表4。

表4　2014年散料装卸机械产品进出口情况

产品名称	数量单位	进口量	进口额（万美元）	出口量	出口额（万美元）
堆取料机	台	261	2 994	676	16 810
翻车机	套	0	0	4	471
装船机	台	0	0	486	8 402
卸船机	台	1	317	10	4 210
合计		262	3 311	1 176	29 893

注：堆取料机、装船机、卸船机数据来源于2014年中国重型机械物料搬运行业进出口统计年报。

科技成果及新产品　2014年，行业企业不断积蓄技术能量，在市场发生变化时，加大技术创新力度，提升技术内涵和产品质量；消化吸收国外先进技术，符合国外用户需求的新产品、新技术也随之推陈出新。一批具有自主知识产权的新产品相继完成技术研发和技术准备工作。如大连华锐重工集团股份有限公司在高端散料装卸设备领域已在国际市场站稳了脚跟，在澳大利亚罗伊山铁矿项目中，按照世界顶级标准——澳大利亚AS标准，自主研制出9台（套）大型散料装卸设备，其中包括大型堆、取料机7台，双车翻车机系统1套和12 700t/h装船机1台。其中，14 500t/h堆料机及14 400t/h取料机均为当前世界堆取能力最大的设备。

哈尔滨龙鑫重型机械有限公司生产的门式单起升斗轮堆取料机获哈尔滨市市级装备制造业重点领域首台（套）产品；上海电力环保设备总厂有限公司的超大尺寸斗轮堆取料机获中国电建科技进步奖三等奖；武汉电力设备厂的800t/h悬链斗卸船机获2014年度中国电建科学技术奖一等奖；湖南长重机器股份有限公司BMG300/28.5半门式刮板取料机入选湖南省首台（套）重大技术装备认定产品名单，企业获2014年度省知识产权示范企业。行业企业在重视新产品开发的同时，继续加大知识产权保护，据统计，行业内80%以上企业拥有自主知识产权。

质量及标准　目前各大类产品主要执行标准分别为：GB/T 14695—2011《臂式斗轮堆取料机型式和基本参数》、GB/T 26475—2011《桥式抓斗卸船机》、JB/T 4149—2010《臂式斗轮堆取料机技术条件》、JB/T 7329—2008《斗轮堆取料机械术语》、JB/T 7015—2010《回转式翻车机、装卸船机执行用户技术规格书》。除专业产品行业标准以外，还执行GB、JB、JC、SD等相关标准。近年来出口产品较多，按属地化标准也相应增加了设计难度，大型斗轮堆取料机、翻车机、装卸船机产品设计和制造质量，近年来有一定的提高。有6家企业设计过程中陆续采用三维设计软件、有限元计算分析软件作为计算机辅助优化设计平台，采用计算机“虚拟试验仿真”技术实现“整体可视化”设计分析，确保产品设计达到国际先进水平。按全国工业产品生产许可证办公室颁布实施的《港口装卸机械产品生产许可证实施细则》要求，行业企业认真贯彻执行并推动散料装卸机械产品设计、制造、质量规范化。目前凡从事港口装卸机械产品生产的企业，已陆续取得港口装卸机械产品生产许可证；取证后每年的复审强化了企业设计、制造能力和质量规范化。各企业在取得 ISO9001：1994 版基础上，继续强化质量管理，开展了质量管理体系转版换证工作，过渡并通过 ISO9001：2000 版质量体系认证，加强了质量体系运行控制，完善了质量管理责任制，抓好质量信息处理、传递及重点项目的质量管理档案管理、质量分析通报工作，重大项目实施了检验负责制，制订检验计划，编制检验报告。

基本建设及技术改造 2014 年行业内各企业的基本建设及技术改造总投资额 35 517 万元，比上年增加 189%，其中，基本建设投资 30 990 万元，比上年增加 216%，技术更新改造投资 4 527 万元，比上年增加 83%。

对外合作 为快速提升行业产品技术水平，2014 年相关企业先后与英国、德国、澳大利亚等国际著名公司厂商合作，通过引进技术，实现国外先进技术国产化。斗轮取料机、堆料机、翻车机、装卸船机产品分别出口马来西亚、澳大利亚、巴西、韩国、土耳其、菲律宾、泰国、越南、缅甸、南非、蒙古和危地马拉等国家。

〔撰稿人：中国重型机械工业协会散料装卸机械与搬运车辆分会邵龙成 审稿人：大连重工起重集团有限公司邹胜〕

仓储机械

2014 年中国经济进入转型升级阶段，经济增速开始放缓，人工等成本不断上升，企业依靠降低成本或扩大销售的传统盈利模式难以获得一定的利润。物流业的升级直接带动了物流仓储技术与装备市场需求的快速增加，促进了物流仓储系统自动化和智能化的大发展。

2014 年 9 月 12 日国务院以国发〔2014〕42 号文正式发布《物流业发展中长期规划（2014—2020）》（以下简称《中长期规划》）。这是继 2009 年国务院出台《物流业调整和振兴规划》以来，又一个指导物流业发展的纲领性文件。《中长期规划》把物流业定位于支撑国民经济发展的基础性、战略性产业，是物流业的产业地位进一步提升的重要标志。规划要求，到 2020 年，基本建立布局合理、技术先进、便捷高效、绿色环保、安全有序的现代物流服务体系，明确了中长期发展的战略目标。规划提出三大发展重点、七项主要任务、十二项重点工程和九项保障措施，抓住了制约物流业发展的关键问题，明确了发展方向，是指导我国物流仓储行业“新常态”下健康发展的顶层设计蓝图。

自 2013 年以来，我国物流仓储技术与装备市场的驱动主体已经从叉车、托盘和货架为主体的普通物流装备升级转型为自动化物流设备、智能穿梭车、智能机器人、输送分拣系统、感知与识别系统等新一代技术与装备。2014 年中国物流仓储技术与装备行业的整体发展好于预期，行业整体增长速度接近 20%。

自动化立体仓库

1. 市场状况

2014 年，自动化立体仓库顺应了经济发展“新常态”，成为物流仓储市场中的核心系统，保持了较强的需求态势，市场规模和应用领域进一步扩大。在快速兴起的电子商务、医药综合物流、大健康产业、冷链等领域，对自动化物流设备、自动化立体仓库的需求呈现较快增长趋势，成为继烟草、医药生产、服装、制造业之后的新兴应用领域。同时，我国自动化立体仓库的设计能力、集成能力和创新能力不断增强。

据不完全统计，2014 年国内建成的自动化立体仓库约 350 座，共生产了 2100 多台不同规格型号的有轨巷道堆垛机，自动化立体仓库的总产值超过 50 亿元。

2. 供应商发展状况

2014 年，一些系统集成商向设备制造商拓展，而一些设备制造商也向系统集成商迈进，使自动化立体仓库国内市场的竞争日趋激烈。国外知名厂商通过独资、合资、并购等多种形式进入我国市场，成立了本土公司；国内其他行业的一些企业也看中未来自动化立体仓库的市场潜力，加入到此行业；国内一些厂商正在积极运作上市，拓展融资渠道。

3. 产品技术发展状况

随着网络技术和电子商务的飞速发展，以及各行业规模化企业实力的增强，对自动化仓储系统的需求总量越来越大，类型越来越多，推动了自动化立体仓库的技术发展和创新，自动化立体仓库呈现出存储单元微型化、SKU 多样化、功能组合增多和作业速度高速化等趋势，主要体现在以下几方面：

①件箱堆垛机。件箱堆垛机（即 MINILOAD）特别是高速件箱堆垛机近两年的市场需求旺盛，国内外众多厂商瞄准这一商机，纷纷推出高速件箱堆垛机产品。从技术水平看，欧洲产品技术性能早已形成系列，市场应用成熟，成为国内厂商追赶的目标。国内主流厂商已经在进行高速件箱堆垛机的试制，运行速度可达到 400m/min，起升速度达到 100m/min，并采用全新的控制和驱动技术，定位精度在 ±3mm 以内，存取货装置的作业效率极高，可以做到最快 3.5s 完成一个存取循环作业。

②多层穿梭车技术。多层穿梭车是在货格中搬运件箱物料的紧凑型穿梭车技术产品，该类型穿梭车与固定于立体仓库端部的垂直提升机、连续提升机或提篮式货架自由组合、配合使用，可替代堆垛机，完成件箱物料的快速存

取作业。多层穿梭车的行走速度可达 140m/min，加速度 1.5m/s^2，货叉的取放周期为 4s。由于作业有效载荷与设备自重比值比较小，意味着大大降低了每个仓储单元存取作业的能耗，具有绿色节能概念，符合目前世界发展的潮流。

③穿梭板技术。为解决托盘在高层立体仓库密集存储的要求，一般采用立体驶入式货架的密集存储方式，穿梭板是其中一种新型的存取货设备。能在货架中的各层穿梭运行，深入到托盘载荷下方，采用顶升机构将托盘顶起离开货架支承面，满足出入库的流量要求不高但存储量很大的立体仓库系统需要，配置相对简单，可节约设备投资成本。

在自动化程度较高的仓储系统中，通过穿梭板与堆垛机或 AGV 的联合作业，可以实现高密度立体仓库货架内货物的存取以及端头的货物存取作业，对于空间利用率要求高的冷库以及旧仓库升级改造更加适用。

④货到人拣选技术。利用前述多层穿梭车拥有的超高处理能力，可以实现件箱物料在立体仓库内的缓存和出入库的排序，再配置人工拣选站，存货和发货料箱自动进出拣选站，把存货送到拣选员面前，不需要拣选员为了拣取每项物品而在货架区或拣选区内移动，再通过人机工程设计，将拣选员的疲劳度降到最低，提高了操作的舒适度，确保高生产力的持续性，大幅度提高拣选人员的作业效率。目前每组拣选站的拣选效率可以达到约 500 ~ 800 个订单/h。

以上四种具有代表性的新技术，国内厂商已经掌握相关技术并开发出成功产品，有的已得到实际应用。未来随着用户的认可和采用，这些产品将成为自动化立体仓库的标志性技术产品，促进自动化立体仓库技术的升级换代，推动物流行业发展。

输送分拣设备

作为内部物流仓储系统和装备的核心部分之一，输送与分拣系统的创新发展始终是物流仓储装备技术领域的重点之一。继续借势于电子商务、快递等行业的高速发展，2014 年输送分拣设备行业的总体情况向好，市场需求大幅增长，特别是在产品研发、企业发展、标准制定等方面，都取得了令人欣喜的成绩。

1. 行业发展概况

2014 年电子商务配送包裹的总数已经突破 140 亿件。随着电子商务物流建设和快递行业的高速发展，人力成本的大幅上升，以及对物流速度和分拣准确率要求的不断提高，极大地促进了输送分拣行业的快速发展；电子商务包裹配送的多品种、小批量、高频次特征，是推动快速分拣设备需求增长的基础。此外，传统输送分拣设备应用的主要领域还是烟草、医药、制造、流通、邮政及图书等领域，这些领域的输送分拣设备市场的需求量还占总需求的大部分，也是输送分拣设备需求增长比较稳定的领域。2014 年国内输送分拣行业市场需求呈现高速增长态势，全年增幅在 22% 左右。

2. 产品创新和研发

2014 年，随着应用领域的不断扩大和专业性要求的提升，输送分拣设备在产品创新研发方面也有诸多亮点。例如，最新研发出的高速滑块分拣机，采用 ABS 专用滑块，不损伤输送物品，不选择输送物品；解决了分拣设备的噪声问题，噪声从原来的 78dB 降低到 72dB，已经达到了国际先进水平；高效率的分拣能力，运行速度可达到 150m/s。新研发的交叉带分拣系统，可实现承接物品与双向卸包入格功能，摆脱了物品重量、尺寸以及摩擦因数不同的影响，拓宽了处理物品的范围，并且处理无落差，加快卸包速度，缩短入格距离，灵活设计格口宽度，实现了准确、平稳作业。

在驱动和控制方面的一个新产品是智能电动辊筒控制系统，可同时驱动两支电动辊筒运行并提前减速，具有超区域货物识别模块、数据跟踪、堵塞状态自排除模块、设定参数备份以避免信息丢失、传感器状态信息反馈等功能，可节省材料、降低综合成本。

另一款新推出的专利产品——直线交叉带分拣机，具有使用范围广、综合处理能力强的优势，可完美解决单件信函、单件服装、超薄物品、软体包裹、不规则物品、易碎物品的分拣，突破了现有自动化分拣设备对产品包装标准化的严格限制，可广泛应用于各业态大中型分拨中心。

3. 企业发展和行业规范情况

在企业发展壮大的同时，输送分拣设备行业也在向标准化、规范化方面迈进。

2014 年全国连续搬运机械标准化委员会的专家委员对《轻型带式输送机产品》的机械行业标准初稿进行了深入细致的讨论与交流。国家现有关于带式输送机的标准，仅适用于室外大型散料货物的输送，如矿山原材料的输送设备，显然这对于日益高速发展的物流仓储行业输送设备来说是无法适用的。自 2012 年底开始，相关企业就进行了一系列深入的调研，并向国家标准委申请立项，开始了适用于物流仓储物件输送的轻型带式输送机的标准起草工作。这也是我国第一项关于厂内物流自动化输送领域的输送机行业标准。

自动导引运输车 AGV（Automated Guided Vehicle）

1. 机器人热

2014 年 6 月，习近平总书记在两院院士大会的讲话中提到，“机器人革命”有望成为“第三次工业革命”的一个切入点和重要增长点，将影响全球制造业格局，而且我国将成为全球最大的机器人市场，并明确提出要求：“我们不仅要把我国机器人水平提高上去，而且要尽可能多地占领市场”。

2013 年 12 月 30 日，工信部发布了《工业和信息化部关于推进工业机器人产业发展的指导意见》，已经明确把AGV产品纳入工业机器人范畴，要求到2020年形成较为完善的产业体系。工业机器人主要分关节式机器人和移动式机器人，目前科技界把自动导引输送车列入移动机器人分类中，自动导引输送车，是实现柔性制造和自动化物流输送的重要设备。

从宏观来看，随着我国人口红利消失，劳动力成本的上升，对工业产品质量要求的提高以及产业升级转型需求的更加迫切，企业对高效、节能、环保的自动化生产和自动化搬运的需求越来越高，对AGV的需求也将呈不断增长态势，AGV市场规模将不断扩大，直接推动了相关企业的快速发展。

从微观上看，很多地方为促进本区域产业升级，都在积极发展机器人产业，如重庆、上海、青岛、沈阳、杭州等地制定了很多优惠政策，吸引机器人项目落地。基于上述影响因素，以及AGV的市场潜力，除了原有的AGV企业在加大投入、扩充产能外，国内大大小小AGV厂家不断涌现，由过去三四家迅速扩展到几十家，很多企业从零部件、集成商、用户等角色进入该领域。而且，AGV行业还引起资本市场的浓厚兴趣，其他行业的一些企业纷纷成立AGV研发部门，甚至通过并购进入这一新兴领域，这对AGV行业发展起到良好推动作用。

2. 市场情况

AGV在我国的应用领域已由传统生产制造物流领域扩大到电商分拣、户外运输巡检以及医疗服务领域，且随着“数字化车间”和“智能物流”趋势加快发展，AGV市场需求增长势头愈发迅猛。通过2014年的招投标信息及对AGV企业调研的保守估计，2014年国内AGV的市场销售总额约为7亿元，AGV/AGC（Automated Guided Cart）产品的销售数量大约为2 500台。

3. 需求行业

汽车制造业对AGV的需求仍然保持了旺盛态势，主要需求体现在两大领域：一是新建和改造的汽车总装车间底盘合装AGV，该领域应用的AGV需要与汽车装配工艺相结合，因此对AGV的行走控制、举升控制、同步跟踪技术要求非常高，且对AGV稳定性及可靠性的要求非常严格，这一市场基本上被富有经验的国内外AGV生产厂家垄断。第二个领域是汽车生产中的物料车输送，也就是简易AGC，其特点是控制简单、固定路线，不需要复杂的调度管理，稳定性对车间生产没有实质性影响。此类AGC产品的入门门槛较低，价值偏低，但市场需求量大。

烟草行业作为传统AGV需求大户，因“十二五”技改计划基本完成，2014年市场需求与往年相比呈下降趋势，未来几年将基本围绕AGV更新换代及少量新厂投资购买。

2014年AGV新兴市场需求集中在国家电网机器人户外巡检领域，这一领域因行业特殊性，市场需求取决于户外导航技术的可靠性及产品的实用性，有待行业认可与运行时间的检验。

其他AGV传统需求行业如家电、造纸、医疗、印刷、食品、化工及军事等，对AGV的需求也呈旺盛态势。特别是家用电器行业，2014年对AGV的需求量比往年成倍增长。但受生产企业利润影响，此类企业基本局限于使用简易AGC产品。

4. 技术创新

2014年中高端AGV的技术创新主要体现在导航技术先进性、负载的大功率突破、户外应用技术的提升以及供电方式多样化等方面。

从导航技术来说，越来越多的AGV生产商着眼于未来，研发出更多先进的导航技术，也就是由原来的固定路径导航逐渐向自由路径导航发展。如自主激光导航、惯性导航、二维码导航、差分GPS导航及自然轮廓导航等，有的已经有了成熟实际应用案例，有的已经具备市场应用条件。

从AGV的负载能力来说，国内企业通过对AGV液压浮动轮系技术的开发，已经成功生产出负载40～80t的AGV，且可以通过双车协调来满足更大体积的物体在狭窄空间内的输送需求。

此外，为满足AGV连续运转及环保要求，随着IPT（Inductive Power Transfer感应供电技术）的发展，在传统的电池供电技术基础上，具有非接触供电系统以及混合供电系统的AGV在2014年也取得了重大的技术进步。AGV的混合供电系统可以在设备不带电池的情况下为AGV提供驱动电源和控制电源；而自身包含的充电装置也可以在感应供电工作状态下为电池充电；同时还可以保证设备在5ms的时间内完成感应供电与电池供电之间的切换，确保AGV设备在流水装配线上稳定工作，具有节省能耗、不依赖电池、少建充电装置等优势。

5. 竞争态势

2014年国产自主品牌的AGV无论是市场份额还是产品国产化率都达到80%。同时国内又新增了有能力出口国外市场的AGV厂家，使国外市场对我国AGV产品的质量及稳定性的认识得到了整体提升，间接促进了行业的快速发展。

国内传统AGV企业已基本拥有自己固定领域的客户，中高端需求的市场因为对AGV的稳定性和可靠性要求都比较严格，基本由几家国内领先企业及国外供应商占领。而新进入这一行业的AGV企业通过低端的AGC市场迅速扩大其业务范围，并逐渐向中高端领域靠拢，整体形成公平的市场竞争态势。新兴的市场领域对AGV产品的迫切需求，促进了2014年AGV企业的共同发展，规避了因一家企业在AGV应用上的失败而导致整个行业对应用AGV失去信心，这对研发AGV的企业迅速开拓新兴市场应用起到了至关重要的作用。

货架行业

2014年的我国货架行业随着物流业的蓬勃发展，市场规模持续扩大，行业发展进入了一个快速增长期。

1. 市场状况

2014年国内货架行业市场整体保持了较快的增长，增幅超过20%。钢材价格2014年持续走低，货架按产量计算的增长率仍要高于按订单额计算的增长率，因此市场实际增长超过25%左右，总体市场规模在50亿~60亿元之间。自动化立体仓库货架、以电商需求为代表的组合式货架和穿梭小车式货架成为市场的三大主力军，占据绝对的市场份额。

2. 地域分布情况

华东、华北和华南地区依然是市场销售的主战场，在市场规模扩大的情况下，其所占的比例仍有上升的态势。华中、西南地区得益于“中部崛起”“一带一路”等国家战略的实施，需求有较大幅度增长，是市场的板块新亮点。而东北、西北市场仍无明显增长迹象。在国际市场方面，随着国外承包工程项目出口的货架数量的不断增加，我国的货架企业在2014年已成功完成或正在施工数个项目，这将为我国的货架企业开辟一个新的广阔市场空间。

3. 行业分布状况

2014年货架需求与上年基本保持一致，商业物流、医药化工、食品饮料三个行业牢牢占据货架需求前3名，其中商业领域排名不断上升，市场份额不断扩大，主要得益于电子商务的迅猛发展。

4. 竞争状况

受项目的大型化、复杂化趋势影响，对货架厂商的资金实力、设备工艺、工期保证等提出了更高的要求，这些直接导致在货架厂商的竞争中，第一梯队相较于第二梯队明显处于有利地位，但第一梯队之间的竞争仍旧非常激烈。

2014年部分货架厂商开始逐步向系统集成方向发展，同时也有一些原来的货架厂商在向系统集成方向走了一段时间后，又重新把货架作为经营主攻方向。在转型升级的时代，做专、做强、还是做大则需要货架企业（根据自身情况不同）进行选择。

5. 市场发展特点

①货架新技术新产品应用提速。应用主要集中在两个方面，一是自动化立体仓库货架向更高、更重型方向发展中的应用，二是货架在密集式高效率存储系统发展中的应用。

②电子商务行业的货架需求依然保持爆发式增长。电子商务行业的货架需求在近两年呈现爆发式增长，电子商务货架并不是单一类型的货架，是以电子商务的需求定制的一揽子货架总称，通常包括但不限于阁楼式货架、搁板式货架和横梁式货架。其目的都是为了实现电商的高效率存储、高速度拣选，货物快速流动的特点。电子商务行业订单下单量大，工期严苛，加工复杂，对货架企业的综合能力考验巨大。

③项目大型化的趋势再上台阶。单个货架项目金额从超1 000万元开始，短短两三年迅速达到超3 000万元。2014年市场出现了单个货架项目超5 000万元、超亿元的大单，使项目大型化的趋势再上台阶。

④东南亚市场的货架工程项目开始起步。以往的海外出口，以纯货架买卖居多。以印度尼西亚、泰国、越南和马来西亚为代表的东南亚市场，由于地少人多，再加上近几年来全球劳动密集型制造业的迁入，货架需求持续增长。我国的货架企业在东南亚市场已成功起步，目前实施了多个项目。如某中国企业在印度尼西亚获得合同金额超亿元的“库架合一”项目大单，目前该项目第一个库主体已经吊装完毕。

工业车辆

2014年世界工业车辆总销量首次突破100万台，达到历史最好水平。我国工业车辆行业在国内经济增速放缓、国际局势复杂多变的大背景下，继续保持了稳定的增长，国民经济结构的优化和人民生活水平的提高，企业工作效率提升、机器代替人工、物流规模水平的发展等原因，使工业车辆的市场需求量不断增加。

1. 市场情况

2014年国内工业车辆的销售量为268 910台，增幅达10%，是2000年的16倍。自2009年以来，我国已连续5年位列世界第一大市场。其中电动平衡重式叉车的销量为34 313台，电动乘驾式仓储叉车5 571台，电动步行式仓储叉车32 754台，内燃平衡重叉车196 272台。

影响2014年国内工业车辆销售的主要因素：一是国内物流大环境对叉车销售有很好的带动作用；二是随着国内企业生产效率的提升、人工成本的不断增加，机器代替人工的趋势越来越显著，进而促进工业车辆需求增长；三是得益于电子商务的发展，各地区包括城乡、县镇和农村的生活资料的配送需求量日益增加，带动了叉车的增长，其中仓储类叉车的增长在20%以上。

在产品类型方面，过去内燃叉车市场占有率为80%左右，2014年内燃叉车占比下降到72.99%，电动叉车的市场份额明显加大，占比达27.01%，提高了3个百分点，是近年来增长最快的一年。各大企业都加大了电动仓储叉车和新能源叉车产品的研究。在叉车的配套件方面，LNG、LPG天然气发动机、国产电动叉车电控系统、锂电池等近年来也有国内企业开发和生产，并且已经能为整机进行配套。

从各地区销售情况来看，华东地区销售量最高，为119 060台，占市场份额44.40%；其次为华南地区，销售量为39 266台，占市场份额14.64%；再次是华北地区，销售量为33 494台，占市场份额12.49%；华中地区销售量为27 591台，占市场份额10.29%；西南、西北、东北的市场份额分别为6.69%，5.96%，5.56%。

从分行业销售情况看，交通运输、仓储物流行业占比达到17.07%，与2013年相比上升了7.86%，电气、机械行业占比达到13.63%，比2013年上升了19.18%。此外，食品饮料、批发零售、石油化工等行业占比也相对较高。另外，从2014年外资企业分行业销售情况来看，形势比较好的行业是租赁、农林牧副渔和批发零售业；而下跌比较大的是医药医疗器材、造纸业及纸制品、冶金金属制造行业。

在国内市场销售量中，内资企业产品占销售量的85.94%，外资企业产品占销售量的14.06%。由于外资企业在我国的产能进一步扩大，车型更加丰富，加上兼并收购等因素，外资企业总销售量占比有所扩大，而在国内市场上外资企业产品销售量占比近年变化不大，主要表现在外资企业在我国生产的产品出口量明显扩大。

在市场占有率方面，2014年销售量排名前3位企业的总销售量所占比例为49.89%，国内市场销售量所占比例为57.05%；销售量排名前5位的企业的总销售量占比为58.48%，在国内市场销售量所占比例为64.01%；销售量排名前10位企业的总销售量占比为73.07%，在国内市场销售量占比为73.86%，市场的集中度进一步提高。

在进出口方面，根据中国海关总署的相关数据，2014年工业车辆的出口量为92 694台，增长率为7.10%，内资企业产品占总出口比重为71.83%；2014年的进口量为12 572台，同比增长4.22%。进口金额达2.9亿美元，同比下降3.23%。总体上看，2014年的出口增长幅度相比前几年有所下降，市场竞争更加激烈，内资企业产品占总出口比重明显下降。2014年进口呈现下降的主要原因是世界各大品牌在我国的生产能力进一步加强，车型种类越来越丰富，可以满足国内市场的大部分需求。

托盘行业

2014年我国的托盘行业在整体上依然处于上升区间，同时在推进托盘的标准化以及标准化托盘的循环共用方面取得了一些进展。

我国现有8.6亿个各类托盘，其中一半以上是在企业内部使用。实现标准化托盘循环共用可以降低物流成本。但目前我国标准化托盘的市场占有率仅为23%，标准化托盘的循环共用只有2%。为了推进托盘的标准化工作，2014年商务部贯彻落实汪洋副总理在部分城市物流工作座谈会上关于“推进物流标准化建设”的指示精神，根据国务院《物流业发展中长期规划（2014—2020)》（国发〔2014〕42号）和《国家标准委、商务部关于加快推进商贸物流标准化工作的意见》（国标委服务联〔2014〕33号)，与国家标准委一起在全国范围内开展了商贸物流标准化专项行动。该专项行动以降低物流成本，提高物流效率为目标，从托盘标准化入手，统筹协调、有序推进，在快速消费品、农副产品，药品流通领域，率先开展标准化托盘应用推广及循环共用，带动上下游关联领域物流标准化水平的提高。其主要工作任务包括：提高标准托盘普及率，推进相关领域托盘标准化进程，提升托盘循环共用水平，制订相关服务规范等。为了加快专项行动的实施，商务部和国家标准委第一批选择了共30个重点推进企业，其中4家托盘租赁企业、9家大型商贸连锁企业、6家快速消费品生产企业、3家托盘生产企业以及8家第三方物流企业。

2014年3月，国家烟草专卖局《国家烟草专卖局办公室关于在行业工商企业间开展同城卷烟托盘联运工作的通知》(国烟办综〔2014〕134号)，要求全行业大力推进托盘标准化，全面展开同城卷烟托盘联运工作；系统规划工商卷烟托盘联运。

2014年11月，中国智能物流包装公司正式成立。该公司是由中国包装总公司负责组建的一个大型托盘共用系统企业，将定位于集循环包装设计、技术研发、器具租赁、信息服务、运营管理、集成服务于一体的现代化物流包装企业，搭建全国范围的托盘共用服务网络平台。

托盘的标准化是一个系统工程，需要货架、仓库、运输车船等相关产业链条都要实现相对应的标准化。但在不同的行业与生产领域，目前还不可能使用同一个托盘标准，否则整个现有的生产线都可能受到影响。除此之外，各企业目前大量使用中的托盘规格和尺寸大不相同，若重新购置或租赁新的标准化托盘，则需要企业进行额外的投入。这些现实问题都对托盘标准化的推广造成了障碍。

〔撰稿人：中国重型机械工业协会物流与仓储设备分会纪凯　审稿人：中国重型机械工业协会李镜〕

机械式停车设备

生产发展情况

2014年我国机械式停车设备行业面对国内房地产行业市场持续低迷和经济下行的压力，各项经济指标的增速放缓，但行业总体发展相对平稳。国内新增车库项目1 960个，比上年增长8.2%；新增泊位586 698个，比上年增长16%；国内销售总额（包括汽车升降机）达1 077 474.65万元，比上年增长14.5%。出口泊位20 913个，比上年下降11.5%；出口总额为50 758.21万元，比上年下降26.9%。国内销售总额突破100亿元，创历史新高。

产品分类产量

2014年国内建设机械式停车设备的城市继续增加。全国共有261个城市新建车库，比2013年（239个城市）增加了22个城市。在这261个城市中，新增了52个城市，在新增城市中有32个是县级城市。

在52个新增城市中，新建泊位17 306个，占2014年全国新增泊位总数的2.9%。

泊位数排名前10位的省、自治区和直辖市，新增泊位数占2014年新增泊位总数的75%，其余省、自治区和直辖市仅占25%。

在泊位数排名前10位城市，新增泊位数占2014年新增泊位总数的48.5%，其他251个城市的新增泊位数占2014年新增泊位总数的51.5%。

2014年新增机械式停车库泊位排名前10位的省、直辖市分布见表1。

表1 2014年新增机械式停车库泊位排名前10位的省、直辖市分布

省、直辖市	新增泊位（个）	占全部新增泊位比例（%）
陕西省	77 594	13.2
江苏省	77 325	13.2
浙江省	53 034	9.0
安徽省	43 224	7.4
广东省	38 413	6.5
山东省	33 728	5.7
河南省	33 342	5.6
山西省	32 410	5.5
上海市	28 813	4.9
天津市	22 136	3.8
小计	440 019	75.0
其他地区	146 679	25.0
总计	586 698	100.0

2014年新增机械式停车库泊位排名前10位的城市分布见表2。

表2 2014年新增机械式停车库泊位排名前10位的城市分布

城市	新增泊位（个）	占全部新增泊位比例（%）
西安市	62 821	10.7
合肥市	33 204	5.7
上海市	29 265	5.0
太原市	28 813	4.9
南京市	27 878	4.8
杭州市	27 144	4.6
北京市	22 136	3.8
郑州市	18 090	3.1
成都市	17 917	3.0
广州市	17 161	2.9
小计	284 429	48.5
其他城市	302 269	51.5
合计	586 698	100

2014年，升降横移类车库共有1 620个项目，比上年增长10.4%。其中：简易升降类车库共有183个项目，比上年增长14.4%；平面移动类车库共有78个项目，比上年下降13.3%；垂直升降类车库共有37个项目，比上年减少33.9%；巷道堆垛类车库共有31个项目，比上年增长6.9%；垂直循环类和多层循环类车库分别有7个和4个项目，所占比例较少。

2014年，汽车升降机（PQS）共有14个项目，实现销售额共计579.9万元。升降横移类按车库层数统计，2层的车库项目占多数，共1 111个项目、396 726个泊位，占升降横移类泊位总数的77.5%；按车库规模统计，超过1 000个泊位数的项目有76个，比上年增长31.0%；500个到1 000个泊位数的项目有210个，比上年增长2.9%；100个到500个泊位数的项目有911个，比上年增长27.4%；100个泊位数以下的项目有423个，比上年下降了13.8%。

2014年新增机械式停车设备分类见表3。

表3 2014年新增机械式停车设备分类

类别	泊位（个）	比例（%）
升降横移类（PSH）	511 842	87.2
简易升降类（PJS）	38 839	6.6
平面移动类（PPY）	21 848	3.7
垂直升降类（PCS）	6 567	1.1
巷道堆垛类（PXD）	5 530	0.9
垂直循环类（PCX）	1 280	0.2
多层循环类（PDX）	792	0.1
合计	586 698	100

市场及销售

1. 国内市场及销售

从车库用户使用情况来看，小区配建车库新建泊位374 673个，占泊位总数的63.9%，比2013年增加30 502个泊位，比上年增长8.9%。

住宅小区配建车库采用最多的库型是升降横移类，共有331 662个泊位，占小区车库总数的88.5%；其次是简易升降类，共有32 036个泊位，占小区车库总数的8.6%。

公共配套车库新建泊位128 247个，占泊位总数的21.9%。比2013年增加39 464个泊位，比上年增长44.4%。

公共配套车库采用最多的库型是升降横移类，共有107 543个泊位，占公共配套总数的83.9%；其次是平面移动类，共有9 922个泊位，占公共配套总数的7.7%。

单位自用车库新建泊位83 778个，占泊位总数的14.3%，比上年增长15.2%。

单位自用车库采用最多的库型是升降横移类，共有72 637个泊位，占自用车库总数的86.7%；其次是平面移动类，共有5 566个泊位，占自用车库总数的6.6%。

2014年新增机械式停车库用户构成见表4。

表4 2014年新增机械式停车库用户构成

用户构成	项目数（个）	泊位数（个）	比例（%）
住宅小区	1 051	374 673	63.8
公共配套	433	128 247	21.9
单位自用	476	83 778	14.3
合计	1 960	586 698	100

2014年，国内停车设备销售20强企业（按公司名称字母排序）：

安徽鸿路钢结构（集团）股份有限公司

北京大兆新元停车设备有限公司

北京航天汇信科技有限公司

北京鑫华源机械制造有限责任公司

大洋泊车股份有限公司

广东三浦车库股份有限公司

杭州西子石川岛停车设备有限公司

杭州友佳精密机械有限公司

河南中继威尔停车系统股份有限公司

江苏金冠立体停车系统工程有限公司

江苏启良停车设备有限公司

江苏中泰停车产业有限公司

山东莱钢泰达车库有限公司

山东天辰智能停车设备有限公司

上海赐宝停车设备制造有限公司

上海禾通涌源停车设备有限公司

深圳市伟创自动化设备有限公司

深圳怡丰自动化科技有限公司

唐山通宝停车设备有限公司

浙江子华停车设备有限公司

以上20家企业的国内销售额为779 005.09万元，占上报企业销售总额的72.3%，其安装泊位数418 128个，占国内新增泊位的71.3%。

2. 设备出口情况

2014年共出口到26个国家和地区，出口项目80个，出口泊位总数20 913个，出口总额为50 758.21万元。

其中：升降横移类车库出口项目为31个，共5 713个泊位；简易升降类车库出口项目35个，共9 711个泊位。

平面移动类车库出口项目8个，泊位数为4 918个；垂直升降类车库出口项目3个共285个泊位。

2014年设备出口区域构成见表5。2014年出口机械式停车库类型比较见表6。

表5 2014年设备出口区域构成

出口地区	出口泊位（个）
亚洲	8 394
美洲	8 832
欧洲	3 687
总计	20 913

表6 2014年出口机械式停车库类型比较

设备类型	项目数（个）		泊位数（个）	
	2013年	2014年	2013年	2014年
升降横移类（PSH）	39	31	7 100	5 713
简易升降类（PJS）	36	35	11 059	9 711
平面移动类（PPY）	13	8	4 344	4 918
垂直升降类（PCS）	2	3	167	285
垂直循环类（PCX）	4	0	184	0
巷道堆垛类（PXD）	3	3	778	286
小计	97	80	23 632	20 913
汽车升降机（PQS）	1	0	5（台）	0
合计	98	80		20 913

〔撰稿人：中国重型机械工业协会停车设备工作委员会李仲军　审稿人：中国重型机械工业协会停车设备工作委员会明艳华〕

大型铸锻件

生产发展情况　2014年，我国大型铸锻件制造业仍处于发展的重要战略时期，发展的基本情况是好的，同时也面临着很多挑战和风险。一是市场竞争日趋激烈，不稳定不确定因素依然较多。二是工业发达国家重新重视实体经济发展，提出了“再工业化”、低碳经济、下一代新能源、智慧地球等发展路线，瞄准高端制造领域，瞄准新兴产业，谋求塑造新的竞争优势。尤其是在高端装备方面，美国、欧盟等发达国家开始将高技术、高附加值的装备产品的生产和加工制造产业，由海外开始陆续收回至本土，并采取了很多如税收减免、补贴奖励等政策，鼓励投资商、制造商回归本土。不仅对我国高端装备的未来发展形成挑战，而且还将对已经形成优势的产品造成市场空间挤压。三是我国正处于经济转型期，国内发展环境正在发生改变，一些深层次的问题正在积聚，资源和环境约束加剧、成本持续上涨、内需放缓等问题，已经成为我国工业化进程的制约因素。四是贸易保护主义不断加剧，使我国装备制造业面临着更为严峻局面。同时，随着国内企业制造能力的不断提升和生产企业数量的增加，产能严重过剩等问题凸显，市场需求饱和度进一步加大，企业间的竞争将更为激烈。

2014 年，大型铸锻件行业 7 家重点企业，完成工业总产值659.09 亿元，同比下降 5%；营业收入 620.83 亿元，同比下降 12.38%。利润总额 -91.16 亿元，行业呈现大幅度亏损。

2012—2014 年大型铸锻件行业经济指标完成情况（7 家重点企业）见表 1。从表中可知，国内主要的大型铸锻件生产企业均面临严峻形势，大部分企业的产值及利润指标呈大幅下降。

表 1　2012—2014 年大型铸锻件行业经济指标完成情况

（7 家重点企业）（单位：万元）

指标名称	2012 年	2013 年	2014 年
工业总产值（当年价）	7 503 521	6 940 362	6 590 923
工业增加值	1 059 804	831 734	122 740
营业收入	7 237 527	7 085 667	6 208 312
营业税金及附加	23 715	24 143	16 673
利润总额	-207 273	-265 880	-911 587
年末固定资产原价	4 197 344	4 871 266	4 532 334
年末固定资产净值	2 796 907	3 252 586	3 001 789
资产总额	11 267 230	11 065 572	14 257 296
负债总额	8 418 893	8 933 841	11 144 196
所有者权益	4 918 298	4 695 607	3 157 733
全员劳动生产率(元/人)	203 872	156 508	51 187

注：表中统计的 7 家企业是中国第一重型机械集团公司、中国第二重型机械集团公司、上海电气重工集团、中信重工机械股份有限公司、太原重工股份有限公司、大连重工·起重集团有限公司、北方重工集团有限公司。

市场及销售　2014 年大型铸锻件行业主要产品产销量及出口情况见表 2。从表 2 可以看出，炼油化工设备产量和出口量均大幅减少，但销量有所增加；矿山设备和金属轧制设备产销量和出口量均大幅减少；冶炼设备产销量有所下降，但出口量大幅增长；工矿配件（包括通用机械配件、重型矿山机械配件和电工电器配件）产量有一定增长，但销量和出口量有所降低。

表 2　2014 年大型铸锻件行业主要产品产销量及出口情况

产品名称	产量		销量		出口量	
	数量（t）	比上年增长（%）	数量（t）	比上年增长（%）	数量（t）	比上年增长（%）
炼油化工设备	26 131	-26	30 895	8.4	96	-20
矿山设备	248 029	-29	217 225	-36.7	30 843	-51
冶炼设备	139 862	-12	128840	-14	12 905	53.5
金属轧制设备	172 689	-26	175 892	-20.7	9 623	-64
工矿配件	181 077	11	138 505	-13	29 855	-7.8

注：表中统计数据来自中国第一重型机械集团公司、中国第二重型机械集团公司、上海电气重工集团、中信重工机械股份有限公司、太原重工股份有限公司、大连重工·起重集团有限公司、北方重工集团有限公司。

科技成果及新产品　据不完全统计，2014 年大型铸锻件行业共申请专利 260 余项。2014 年大型铸锻件行业部分科研项目获奖情况见表 3。

表 3　2014 年大型铸锻件行业部分科研项目获奖情况

项目名称	奖项名称	获奖等级	主要完成单位
中国一重大型铸锻件技术创新工程	国家科技进步奖	二等奖	中国第一重型机械股份公司
大型先进压水堆核电核岛主设备超大型锻件研制及工程应用	中国机械工业科学技术奖	特等奖	中国第一重型机械股份公司、二重集团（德阳）重型装备股份有限公司、上海重型机器厂有限公司
12 000t 航空级铝合金板材张力拉伸机装备	中国机械工业科学技术奖	特等奖	中信重工机械股份有限公司
高端装备用关键铝合金部件铸造成形技术与设备研究	中国机械工业科学技术奖	一等奖	沈阳铸造研究所
WK 系列大型矿用机械正铲式挖掘机研制	中国机械工业科学技术奖	一等奖	太原重工股份有限公司

（续）

项目名称	奖项名称	获奖等级	主要完成单位
810mm 扁钢可逆热连轧机组研制及工程应用	中国机械工业科学技术奖	二等奖	中国第一重型机械股份公司
新型双动短行程铝挤压机研制	中国机械工业科学技术奖	二等奖	太原重工股份有限公司
M701F 重型燃机转子制造技术研究	中国机械工业科学技术奖	二等奖	东方电气集团东方汽轮机有限公司
800MN 大型模锻压机研制	四川省科技进步奖	一等奖	中国第二重型机械集团公司
百万千瓦级核反应堆压力容器研制	黑龙江省科技进步奖	一等奖	中国第一重型机械股份公司
大型矿用磨机关键技术开发与应用	河南省科技进步奖	一等奖	中信重工机械股份有限公司

中国第二重型机械集团继续加强核电产品、燃气轮机锻件、钢渣微粉生产线设备等产品的研发，积极寻求新产品开发领域，拓展新产品市场。在主管道、ACP1000 蒸发器锻件、稳压器、CAP1400 锥形筒体等核电锻件及成套设备方面都取得了市场突破；薄壁焦炭塔容器已完成研制并交付用户，承接了大量新型重型容器订单；CAP1400 常规岛电机转子已交付用户，620℃超超临界铸件实现了批量生产。在有效巩固成套装备、大型铸锻件、高端传动件等传统优势业务基础上，大力拓展核电和石化、煤化工设备等新兴业务。借助国机集团科研力量，加大研发投入，围绕发展高端装备制造业，力争尽快在轨道交通、海洋工程、油气资源开采利用、节能环保等为代表的新兴产业领域形成科技成果，并纳入企业长线产品布局，有效促进科技成果产业化，培育新的增长点。

中国第一重型机械股份公司稳步推进科技创新，积极推进新产品开发，其低温堆反应堆压力容器关键工艺研究、CAP1400 反应堆压力容器研制等课题实现首台套产品制造，700℃超超临界镍基合金转子研制完成吨级试验件性能评价，一批基础理论研究课题取得进展。CAP1400 核电反应堆压力容器大型关键锻件顺利通过行业专家鉴定。

中信重工机械股份有限公司优化研发组织职能及流程，构建大型磨机机电液一体化、大型提升机机电液一体化、大型圆锥破碎机、高品质骨料系统研发等 10 个重点产品专项研发团队，提高研发效率。自主开发的重大新产品 LKAB 半移动破碎站成功交付，即将在北极圈极寒气候条件下使用；成功研制首台（套）智利铜业立式搅拌磨，实现批量订货并投入生产；首山焦化首个干熄焦余热发电项目已成功验收；首个烧结余热发电项目在兴澄特钢开工建设。全面开展设计工艺对标管理工作，降低设计工艺成本，提高设计工艺水平。

太原重工股份有限公司全年完成 TZ-400 海上石油钻井平台等 68 项新产品开发。轨道交通领域：250km/h 动车组轮轴已装车进行试运行考核；350km/h 动车组轮轴完成试验检测，准备进行装车考核，为下一步参与高速铁路轮轴产品竞争提供了有力支撑。重载轮轴已批量装车正式投入使用；大功率机车轮通过评审，具备装车考核条件；取得了国内铁路客车轮对供货资质。新能源领域：完成了 6MW 风力发电机组及 1.5~3MW 低风速风力发电机组系列开发，已形成 1.5~5MW 系列化整机及增速器产品；海工装备领域：海洋核动力平台项目进展有序，完成了水下采油树、水下机器人的开发；首台 TZ-400 海上石油钻井平台建造按计划有序推进。

行业标准化工作 2014 年度，大型铸锻件标委会根据国家标委会和有关行业标准化行政主管部门的工作要求，认真落实 2014 年标准化工作要点和“系统管理、重点突破、整体提升”的工作方针，主要完成了以下各项工作：

2014 年 7 月组织召开了全国大型铸锻件标委会一届四次全体委员会暨《大型合金结构钢锻件　技术条件》等两项国家标准审查会、两项节能标准研讨会。

完成了大型铸锻件专业标准体系建设方案 2014 年版的修订工作。

积极组织申报国家标准和行业标准，2014 年获批《渗碳轴承钢锻件　技术条件》国家标准项目，获批《大型耐热钢铸件　技术条件》等 5 项行业标准项目。

及时跟踪和通报已经报批的 33 项行业标准进度情况，截至 2014 年年底已正式发布 29 项。

基本建设及技术改造 经过前几年的大规模投资后，目前行业内基建和技改项目较少。

中信重工机械股份有限公司通过系统投资推进“新重机”工程，构建以 185MN 自由锻造油压机为核心的高端重型装备制造工艺体系的系统工程。围绕 185MN 自由锻造油压机，公司建成了包括重型冶铸工部、重型锻造工部、重型热处理工部、重型机加工部、重型磨机加工工部、重铸铁业工部的六大工部在内的高端重型装备制造工艺体系，并配备一系列精、大、稀制造设备。通过实施“新重机”工程，公司实现一次提供钢液 900t、最大钢锭 600t、最大铸钢件 600t、最大锻件 400t、箱形件最大长宽高 30m×9m×8m、轴类件最大长度 25m、筒体类件 ϕ7m×20m、环形件 ϕ22m 和大齿圈件最大加工直径 16m 的行业领先制造能力，形成了国内乃至世界稀缺的高端重型机械加工制造能力，并跻身国内外同行业第一梯队。

对外合作及企业发展 中国第二重型机械集团公司面对困境，主要从加快“止血”和增强“造血”两方面入手，着力推进持续经营及扭亏脱困。一方面积极采取针对性应急措施，维持生产经营和职工队伍稳定；一方面认真研究改革脱困思路，制定扭亏脱困总体方案。通过推动布局调整、加快人员分流、严控运营费用等措施，控制亏损“出血”点；通过推进业务转型、加强市场开拓、提高边际贡献等措施，实现增收增效，恢复企业“造血”机能；通过深化与国机集团业务协同，改善经营业绩；通过积极与债权人协商，减轻债务负担；通过调整盘活相关资产，卸下运营包袱。按照以上思路，公司积极稳妥地推进实施相关措施，有些工作已经取得了阶段性成效。加之国机集团的强力支持，在恢复持续经营能力的基础上，公司具备了推进转型发展的基础和条件。

中国第一重型机械股份公司按照“五化”原则，积极推进公司流程再造和能源综合利用等技改项目技术论证工作。加快了流程再造项目建设力度，部分项目已建成投产并取得实效。同时，在经营领域的开拓上进行了有效探索，与长春惠工净化工业有限公司进行合作，合资设立一重集团大连工程建设有限公司，使公司具备了为用户提供环保系统解决方案能力，不仅开辟了新的利润增长点，也推动公司在实现能源装备、工业装备、环保装备、装备基础材料四大产业的进程中迈出重要一步。按照集团化、事业部化、内部市场化的改革要求，制定并实施了事业部制深化改革方案，在全公司范围内形成了事业部制的管理格局。同时，进一步完善了公司内部市场化价格体系，突破了内部市场化的瓶颈，使内部市场化运行持续推进。

太原重工股份有限公司持续做好重点产品、新产品和成套项目的前期策划和过程跟踪，一批重要项目合同陆续签约。西藏巨龙 35m^3 挖掘机、辽宁忠大铝挤生产线等一批重大项目的签订，进一步巩固了公司传统优势产品的市场地位。实现了 8 200t/h 排土机、2 650mm 铝带热连轧机等新产品订货，标志着公司新的增长点正在形成。青钢 7m 焦炉总包项目的签订，取得了焦化行业总包的突破。积极拓展海外市场，全年出口订货 17.72 亿元，同比增长 6.5%。签订出口美国 11 万支车轴和土耳其 7 000 副轮对合同，轮轴产品全年出口订货 13.98 亿元，同比增长 140.62%。挖掘机持续出口伊朗、南非，起重机出口印度尼西亚、墨西哥，挤压机出口加拿大，进一步推动了公司的国际化发展。

中信重工机械股份有限公司高端电液智能控制装备制造项目设备移交工作基本完成，初步具备投产条件；节能环保装备产业化项目的 1#、2#厂房主体结构基本安装完成，正在进行围护结构收边件的安装，3#厂房主体钢结构安装完成 60%；新能源项目装备制造产业化项目已完成实施设计方案，工艺平面设计等前期准备工作尚在持续推进中。为智利国家铜业公司自主研制 CSM－1200 立式搅拌磨的成功试车并交付，不仅开启了与智利国家铜业公司合作的新篇章，亦显示出南美新兴市场对中信重工的认可；由公司自主开发的重大新产品 LKAB 半移动破碎站的交付使用、为德国 MENCK 公司制造的水下液压打桩设备核心部件代表着公司逐步得到欧洲市场的认可。

大连重工，起重集团公司 2014 年在原有 7 大专业设计院的基础上新成立了工程技术设计院和冶金矿山机械设计院，在产品专业化设计与应用方面迈出了更加坚实的一步，现已形成 1 个设计总院、9 个专业设计院、1 个电气技术研发中心、3 个实验室、4 个研究所和 1 个海外技术研发中心的立体化研发平台。依托国际化经营以及工程成套发展战略，港口机械、焦炉机械等传统产品保持较高市场占有率，国内外客户认可度高，成为立企之本，核电、风电、高端铸件等成长型产品已成为企业发展的重要支撑，新产品正依托海工、脐带塔、天文台 fast 等项目逐步向高端装备、军工装备等方向转变。

〔撰稿人：中国重型机械工业协会大型铸锻件分会董涛、杜青泉　审稿人：中国重型机械工业协会大型铸锻件分会蒋新亮、吴穷〕

基　础　件

减　速　机

市场与产品销售　2014 年，减速机行业总体需求不振，产品价格下降态势明显，销售规模和利润与上一年相比，整体呈现下滑态势。但行业企业也出现一定程度的分化，规模化骨干企业的经营情况明显好于其他企业。

从行业细分情况看，冶金、有色、电力、起重、工程机械和煤炭等传统行业较为低迷，需求量下滑明显。风电行业有所好转，海上风电机组装机容量的增加及配套齿轮箱大型化的趋势明显。发展态势较好的行业，如轨道交通、军工、海洋装备及机器人等新型战略性行业表现较好，其需求向高端化、高可靠性方向发展态势明显。

从减速机行业几家上市公司的情况看，由于各单位的主要服务行业不同，因而全年业绩表现差异较大。

杭州前进齿轮箱集团股份有限公司 2014 年度实现营业收入 17.66 亿元，较上年下降 4.55%；归属于上市公司股东的净利润 2 025.2 万元，较上年下降 11.92%。公司船用齿轮箱产品、风电及工业传动产品比上年有一定幅度的增长，而工程机械变速器、汽车变速器、摩擦及粉末冶金制品等业务板块，较上年同期有所下降。

宁波东力股份有限公司 2014 年实现营业收入 5.08 亿元，比上年下降 10.78%；归属于上市公司股东的净利润 2 384.87万元，实现扭亏为盈；经营活动产生的现金流量净额为 3 764.41 万元，比上年增加 2 488.34 万元。

南京高速齿轮箱集团公司 2014 年实现营业收入 81.473 亿元，同比增长 24.6%，每股收益 0.127 元，实现毛利 20.2 亿元，同比增长 23.9%。

陕西法士特集团公司 2014 年累计实现销售收入 119 亿元，同比增长 11%，产销汽车变速器 63 万台，同比增长 11.3%，出口 4 062 万美元，经营业绩增幅明显高于行业增长水平。

中国第二重型机械集团公司、太原重工股份公司、大连起重重工集团公司由于主要服务行业为冶金、矿山及起重等，因而受市场影响较大。太原重工股份公司传动件产品全年营业收入 3.47 亿元，比上一年增长 12.91%，全年生产传动件产品 578 台。大连重工集团公司及二重精衡公司的传动件产品销售业绩下滑，出现亏损。重庆齿轮箱有限责任公司 2014 年实现营业收入 24.72 亿元，全年处于亏损状态。

行业内其他企业情况差别较大，主要服务于冶金、起重及煤炭等行业的厂家合同订货额和利润均下滑严重，回款也较为困难。服务行业适度多元化及新品开发较为主动的企业则经营状况要好一些。

行业发展 尽管行业经营形势严峻，产品销售不畅，但行业企业调整产品结构，促进转型升级的步伐没有停歇。骨干企业积极拓展国际市场，企业国际化步伐明显加快，行业发展态势良好。

在行业企业中，南京高速齿轮集团公司（简称南高齿）目前已在技术、管理、市场和品牌等方面形成了较大的优势。尽快走向国际市场，也成为企业竞争优势进一步发挥及国际化的必然选择。

以南高齿的风电齿轮箱业务为例，目前约有 30% 的市场份额在国外，70% 的市场份额在国内。在稳定国内市场份额的同时，企业积极主动走出去拜访客户，多方面大力拓展国外市场。考虑到国际化战略并不是简单的产品销售问题，各国的文化和思维方式相差甚远，在相互沟通合作等方面会有一定的障碍。企业根据国外客户的需求，在管理体系、内部运营流程等方面做出相应的改革调整，以适应国外市场的要求。

目前，南高齿的国外市场发展态势良好。在美洲，覆盖北美和部分南美的运维中心和服务网点已经于 2008 年投入运营；在亚洲，服务中东、亚洲、大洋洲市场的南高齿新加坡有限公司于 2014 年投入运营；在欧洲，运维中心也将马上成立。从 2013 年到现在，南高齿已投资了数千万美元在国外市场布局，这些投入将进一步提升南高齿品牌和全球服务质量，实现全球化的可持续发展。

南高齿的轨道交通齿轮产品也已在国内外赢得良好声誉，公司先后与美国 GE、法国 ALSTOM、中车集团等国内外知名厂商建立长期合作关系，并获得 IRIS（国际铁路标准）认证。公司致力于为全球客户提供安全、可靠、宁静的齿轮产品，提供全系列轨道交通齿轮传动装置解决方案。继 2011 年、2013 年两次获得巴西地铁齿轮箱订单后，2014 年再次获得巴西地铁齿轮箱订单。

目前，南高齿已有近万件机车牵引齿轮在运行，包括中国、北美、北非等地在内的世界各地的铁路上，万余台地铁齿轮箱成功应用于中国北京、上海、深圳、南京、香港、青岛、大连、苏州、宁波等城市，以及智利、阿根廷、巴西、印度、荷兰、新加坡等国家的城市地铁线上。

在 2014 年，由大连起重重工集团公司自主研发的 2.5MW 风电齿轮箱又获得了由德国劳氏船级社颁发的认证证书（GL 认证）。至此，该公司 8 个系列的风电核心传动部件全部通过国际认证，具备了全面走向世界的能力和实力。

近几年来，国内风电市场进入持续低迷期。困境中，大连重工在国内风电行业率先实施国际化战略，持续加大研发投入，发挥企业国家级风电传动及控制工程技术研究中心的优势，使公司从 0.7MW 到 6MW 的风电核心传动部件全系列通过权威国际认证，打通了国际市场的营销通道，已向国内外市场提供了 8 000 余套风机齿轮箱产品，成为国内最大的风电核心传动部件研制企业。

2014 年，法士特公司新产品全面发力，为整车轻量化和节能化而设计的全铝合金壳体变速器增势迅猛，产销量已占变速器总销量 20% 以上，全面满足了节能减排、低碳环保的市场需求，成为推动企业生产经营稳健增长的新亮点。

法士特公司自主研发的具有完全自主知识产权的“高性能双中间轴客车专用变速器开发”项目全部实现产业化，成功配套国内各大客车厂百余种车型；为商用车升级换代精心打造的 AT 液力自动变速器、AMT 自动变速器、S 超级变速器、DS 系列客车变速器、液力缓速器、减速机等一系列汽车传动系新产品已形成批量生产能力，并以良好的口碑和领先的科技优势快速抢占市场制高点，赢得主机厂和用户的广泛好评。

凭借先进的制造研发水平，法士特公司国际化发展步伐不断加快。法士特汽车传动（泰国）有限公司的生产线采用世界一流先进设备，包括变速器核心零部件加工、变速器装配及测试，产品类型为 6～24 档机械式商用车变速器，可广泛匹配于输入转矩 400 ~ 3 000N · m、载质量 3 ~ 60t 之间的载货汽车、大客车、中轻型载货汽车、工程用车、矿用车和低速载货汽车等各种车型，是泰国第一家商用车变速器生产企业。

随着泰国公司的建设完善，法士特公司不仅将致力于为东南亚地区的整车厂及终端用户提供优质的产品、专业的技术支持、完善的销售服务网络、及时的备件供应等全方位服务，并将由此辐射全球市场，并与许多国际知名企业建立良好的战略合作关系。开启了国际化发展新路径。

2014 年，陕西秦川机械发展股份有限公司与 GE 能源集团新签订了齿轮及齿轮传动部件合同，这是 GE 与秦川集团继铸造业务之后，合作全面升级，业务范围的再次拓展，也标志着秦川集团近年来潜心转型，谋求机床主机、基础部件及现代制造服务业三大板块协同发展获得的高端市场回应。

作为 GE 一级供应商，秦川集团随着 GE 能源集团旗下三大业务集团（发电设备含可再生能源、石油和天然气、能源管理技术）在中国的战略布局，迅速跟进，主动调整。秦川发展与 GE 石油和天然气集团的合作，涉及油田设备特种齿轮箱的人字齿、齿轴零件与整机部件。包括之前的 GE 油气 ROOTS 鼓风机齿轮加工项目、GE 水力与发电业务等。目前秦川发展与 GE 的合作领域不断拓展，为双方长期合作奠定了坚实基础。

在上市融资方面，江苏金象传动设备股份有限公司 2014 年也成为在全国中小企业股份转让系统挂牌企业。企业拥有德国进口成形及展成磨齿机，具备设计、制造各种规格减速机、增速机、泵阀、传动总成等高技术含量产品的能力。

产品标准化与科技奖励 由苏州绿的谐波传动科技有限公司作为主要负责单位起草的《机器人用谐波齿轮减速器》（GB/T 30819—2014）国家标准于 2014 年 12 月 31 日起施行。该标准基本涵盖了机器人用谐波齿轮减速器分类原则、技术要求、性能指标等方面的内容，对谐波齿轮减速器的产品型号、分类、外形尺寸等技术指标以及相应的试验方法、设备和检验规则等主要技术内容进行了规范。

《机器人用谐波齿轮减速器》国家标准的推出，对促进我国谐波传动技术进步和产品升级，推动我国机器人行业的健康发展具有积极的意义。2014 年发布的减速机产品标准见表 1。

表 1 2014 年发布的减速机产品标准

标准号	标准名称
JB/T 11872—2014	小型齿轮减速无刷直流电动机技术条件
JB/T 11894—2014	手扶拖拉机锥齿轮箱技术条件
JB/T 11993—2014	回转式减速机
GB/T 30819—2014	机器人用谐波齿轮减速器

2014 年，传动件行业有多项成果获得各种奖励。

由南高齿、杭齿、重庆大学、郑州机械研究所组成的产学研团队联合完成的“高端重载齿轮箱传动装置关键技术及产业化”项目获得 2014 年度国家科技进步奖二等奖。

高端重载齿轮传动装置是制约我国相关装备发展的瓶颈，被列入国家中长期发展纲要优先发展主题。该项目在国家科技支撑计划资助下，在重载齿轮传动创新设计、振动噪声抑制、高效高品质制造、试验评价等方面取得了重大突破。该项目促进了齿轮行业的技术进步，支撑了我国风电机组、大型船舶、海洋平台等高端装备的升级发展。

由南高齿公司开发的 CRH380A 动车组齿轮箱驱动装置获中国铁道学会科技进步奖一等奖。

2014 年，陕西法士特公司完成的“高性能双中间轴客车专用变速器的开发”项目获取中国汽车工业科学技术奖二等奖。

此外，法士特公司还获得了中国机械通用零部件工业协会“自主创新优秀新产品”等多项奖项，自主研发的 12 档重载货汽车变速器荣获特等奖、6DS 系列客车变速器和轻量化多档位汽车变速器荣获优秀奖。

近年来，法士特公司始终不渝地走科技自主创新、产品自主研发、企业自主发展之路；始终紧盯市场需求和世界变速器制造前沿技术，以科技创新、结构调整、战略转型为先导，以强化研发、提升质量、对标国际为驱动，以满足市场需求、引领行业发展为目标，重点在节能、环保、治霾等清洁型安全产品创新上狠下功夫，不断加快产品优化升级步伐。自主研发的具有完全自主知识产权的全新客车专用系列变速器，采用双中间轴传动技术设计，融合了自主创新的非浮动同步器理论，完全超越了国际变速器设计理念，突破了双中间轴平台应用同步器的瓶颈，形成了领先的法士特双中间轴技术。独有“细高齿”设计、齿轮修形技术，大大降低了变速器噪声，提高了变速器承载能力，使驾驶的舒适性和变速器的使用寿命得到全面提升；首次在双中间轴平台上应用的全斜齿和全磨齿技术，大幅降低了变速器的空载和加载噪声；基于强度优化和噪声分析的轻量化设计，有效降低了车辆自重，具有速比级差小、燃油经济性好、可靠性更高等优势。该产品已在国内各大客车厂的百余种车型上成功配套，其安全可靠、节能环保的优良品质，赢得客户广泛好评。

另外，自主研发推出的全铝合金轻量化变速器、液力缓速器、AT 自动变速器、客车变速器、大中心距双中间轴变速器和减速机等一系列轻量化、自动化、节能化、环保化新产品，在关键技术和核心技术上已达到国际先进水平，迅速抢占市场制高点，为企业内生增长、快速发展注入了新活力，成为助推企业发展的新动力。

宁波东力股份有限公司“模块化高精减速器关键技术研发与产业化”项目荣获中华全国工商业联合会科技进步奖二等奖。模块化高精减速器是能完全替代高端进口产品的、具有自主知识产权的新一代全新高精度齿轮传动装置。该项目以信息化管理为基础，整合了所有传统硬齿面通用减速器的设计理念，并在此基础上提高精度，减轻重量，运用先进的模块化设计理念，使产品零部件互换性更好，易于大规模生产。

由南高齿船用集团旗下子公司——南京高精船用设备有限公司申报的“大功率海工可调桨推进系统”项目获中国机械工业科学技术奖三等奖。

南京高精船用设备有限公司研发的大功率可调桨推进系统主要用于海工工程船上，是海工领域的高端核心配套部件。该系统由桨毂组件、轴系组件、配油器、液压系统、电控系统和齿轮箱组成。设计中采用了大功率条件下的桨毂、齿轮等关键零部件的有限元疲劳强度分析方法，基于优化概念的大型号齿轮箱的减重设计方法，大转矩离合器设计分析等。自主研发的可调桨和齿轮箱系列产品最大中心距可达 1 550mm，最大传递转矩可达 160kW/r/min，最大推力达到 180t。该系统已经广泛应用于各类拖轮、挖泥船、三用工作船、勘探船、半潜式平台、钻井船、风电安装船、海洋工程支持船及作业船上。

新产品开发 2014 年，行业企业又相继推出一系列的新产品，推动了行业的技术进步，也有助于促进产品结构的换代升级。

由南京高精船用设备有限公司为天津德赛机电有限公司 90m 自升式平台配套的平台升降齿轮箱，海试及 90m 全程升降取得圆满成功，在青岛及葫芦岛顺利交付船东。该平台采用 4 桩腿支撑，桩腿形式为圆柱形桩腿。每个桩腿由 7 对 14 台升降齿轮箱进行支撑及升降。该平台是目前国内第一座具有完全自主知识产权带动力定位的自升式平台，达到世界先进水平。

地铁齿轮箱是地铁转向架牵引系统的关键部件之一，南高齿研制的多种规格地铁齿轮箱通过对车辆运行的各种工况的模拟分析，实现了在变载荷及高振动的复杂工况下的高可靠性，齿轮箱无检修寿命大于 120 万 km，满足了低噪声及高密度功率的要求。

中航工业南方宇航燃气轮机高速重载齿轮箱的研制是“1150 工程”燃机重大专项项目之一，项目结合 QD128 型燃气轮机的齿轮箱研发，重点解决了高速重载齿轮箱关键设计和工艺技术难题，提高了中航工业对于齿轮传动系统的研发、制造能力。

由鞍山钦元节能设备制造有限公司开发的永磁涡流柔性传动节能装置填补了国内空白，整体技术达到了国内领先、国际先进水平。永磁涡流柔性传动节能技术是以现代磁学基本理论为基础，应用永磁材料所产生的磁力作用，来实现力或者力矩（功率）无接触传递的一种新技术。永磁涡流柔性传动节能装置通过优化磁路设计，提高了磁能传递效率；运用磁感应定律，通过对动态涡流的优化及控制技术，使能量根据负荷自适应匹配；利用模型匹配技术，达到了改变气隙的速度线性化调节控制；电动机与负载连接的转矩通过气隙传递，整体具有柔性驱动特性，降低了安装的误差要求，有效隔离了振动。产品设计新颖、结构简单、安装方便及维护便捷。在驱动风机、水泵等二次方转矩负载情况下，节能效果显著；在高湿、高温、高海拔、高粉尘、高电磁环境情况下，具有较高的可靠性和安全性。适用于调速节能领域，结构新颖、安全可靠、优点突出，有着广阔的市场前景。

山东德州金宇机械有限公司研制的大型回转支承实现八齿接触，承载能力大为提高。大型多齿接触与少齿接触的回转支承相比较，能够承受更大的综合载荷，较大的径向载荷、轴向载荷和倾翻力矩。但这种大型多齿接触的回转支承在加工过程中容易变形，加工精度难度大。金宇公司在反复试验后改变了传统的加工工艺，形成了自己独特的生产流程和方法。该项研究成果的取得有助于使大型回转支承在工程机械、船舶设备、港口机械、运输机械上得到更广泛的应用。

由中车集团戚墅堰车辆研究所自主研制的我国首套时速 380km 动车组齿轮箱驱动装置，通过了 30 万 km 运营考核，各项性能参数满足线路运营要求。齿轮箱驱动装置是高速列车动力传动的关键设备，精度要求极高，核心技术为少数几个国外公司掌握。此次我国高速列车齿轮传动系统的成功研制，填补了我国在高速齿轮箱领域内的空白。在 2013 年底中国铁路总公司招标的时速 300km 和 200km 动车组中，戚研所夺得 60% 以上的动车组齿轮箱订单。目前，戚研所动车组齿轮箱产品已经覆盖国内 CRH2、CRH6 系列各型动车组，2014 年实现销售 50 亿元，其中齿轮传动产品销售额就占 25%。公司研制的 CRH3 型动车组齿轮箱已通过了中国铁路总公司和运输局车辆部联合组织的技术方案和产品试用评审。该产品投入市场后，将打破多年来德国技术的垄断局面。随着中国高铁“走出去”步伐的加快，戚研所齿轮箱也扬帆出海。目前，戚研所生产的齿轮箱已成功应用于阿根廷萨缅托线。这批齿轮箱主要服务于布宜诺斯艾利斯市中心至卫星城市的 10 个区域。戚研所同时还获得了阿根廷 Roca 线 336 套齿轮箱的订单。

武汉市精华减速机制造有限公司自主研发的高精密机器人关节减速机也通过了有关部门组织的科技成果鉴定。鉴定结论是：该项目已取得具有自主知识产权的创新性成果，对提升我国机器人用 RV 减速机的设计制造技术水平具有重要作用，其整体技术达到国际先进水平。

2014 年，一批小模数齿轮技术研究中心成立，分别是：机械工业小模数齿轮数控滚齿机工程技术研究中心（浙江佳雪微特电机集团有限责任公司），机械工业小模数滚刀技术研究中心（江阴塞特精密工具有限公司），机械工业中小型齿轮量仪工程技术研究中心（哈尔滨精达测量仪器有限公司），机械工业塑料齿轮传动工程技术研究中心（深圳市创晶辉精密塑胶模具有限公司），机械工业小模数螺旋锥齿轮工程技术研究中心（浙江丰立机电有限公司)。小模数齿轮制造属于极端制造业，是成长性很强的行业，每年有70亿元以上市场份额，是齿轮制造行业中的重要组成部分，也是我国机械工业发展中不可或缺的一部分。围绕小模数齿轮传动工程技术研究，已经批准建设了六个工程技术研究中心。涉及齿轮加工机床研发、齿轮刀具研发、齿轮量仪研发、金属圆柱齿轮研发、弧齿锥齿轮研发、塑料齿轮研发等六大研究领域。

行业交流 中国重型机械工业协会和中国重型机械工业协会重型基础件分会，在江苏省苏州市共同举办了“2014重型机械基础配套件发展论坛”，百余名代表参加了此次论坛。

随着近几年我国经济的高速发展，包括基础配套件在内的共性基础支撑技术发展不平衡的问题愈来愈突出，已严重制约了我国整体装备技术水平和国际竞争力的提升，阻碍了我国工业技术的进一步发展和换代升级。这一情况在重机行业也同样表现得十分突出。此次论坛正是基于这一背景，邀请国内有关专家和业内人士就与此相关的问题开展研讨，寻求解决这一问题的有效途径和方法，以期早日改变这一状况。

“2014年齿轮试验与检测工作委员会年会暨技术交流会”在古城西安召开。会议分别对齿轮行业和技术的发展、齿轮试验检测技术进展、齿轮基础数据库建立的必要性、试验检测装备及其实际应用、齿轮抗疲劳设计、制造及测试技术等进行了深入探讨和交流。

由中国机械通用零部件工业协会齿轮分会主办的“2014全国齿轮技术研讨会”在江苏省江阴市召开，中国科学院王立鼎院士作了《高精度谐波传动钢轮、柔轮磨齿与测量》的专题报告，围绕如何对谐波齿轮进行高精度磨削加工，详细介绍了其工装、工艺及测量方法。此外，江铃汽车集团系统介绍了德国齿轮企业的技术管理与研发体系，为与会者了解国外齿轮企业的先进管理提供了一个窗口。上海振华重工集团公司介绍了海洋工程的核心传动技术。北京工业大学以“RV机器人减速器的关键技术”为题，全面梳理了我国RV机器人减速器产业化过程中涉及的主要问题及其研究进展。

〔撰稿人：中国重型机械研究院股份公司赵玉良　审稿人：中国重型机械研究院股份公司王宇航〕

制动器

中国重型机械行业中的制动器分行业主要是为起重运输机械、冶金矿山机械、风力发展机械、港口机械等提供配套制动器产品的专业行业。2014年我国钢铁、水泥、有色金属等行业产能过剩、市场需求萎缩。在全年经济运行下行压力下，工业制动器行业在2013年持续负增长的基础上徘徊。风电行业全面改革已经基本结束，风电市场从2011年下半年开始进入调整期，主机厂家根据国家电网的要求，将主要精力放在已经装机的机组和消化库存方面。经过近三年的调整，2014年风电市场业务量持续稳步上升。

生产发展状况 2014年制动器行业主要经济指标完成情况见表1。

表1　2014年制动器行业主要经济指标完成情况

指标名称	实际完成（万元）
工业总产值	121 307.21
工业增加值	15 843.84
主营业务收入	99 724.84
产品销售税金及附加	921.17
利润总额	7 108.30
年末固定资产原值	85 547.28
流动资产净值平均余额	107 743.37

2014年，制动器行业工业总产值比上年下降了6.8%，主营业务收入比上年下降了4%；利润总额比上年上升了9.2%。主营业务收入下降和营业利润上升的主要原因：一是制动器主要的上游市场需求持续下降，钢铁、煤炭、港口及矿山等均出现需求萎缩，订单下降的局面依然存在。二是风力发电行业，自2011年下半年开始全面技术整顿，经过近三年的整顿，行业已经出现稳步增长、明显回升的局面。三是行业主要企业——焦作金箍制动器股份有限公司主营业务进行了结构性调整，收入在2012年逐步回转的基础上继续上升，营业收入和利润均平稳增长。江西华伍制动器股份有限公司，在市场需求下降的情况下，调整产品结构，加强内部管理，2014年主营业务收入比上年增长2.5%。制动器行业整体已经进入调整期，部分企业收入和利润水平有所回升，下滑趋势得到逆转，但是制动器行业整体仍然存在市场需求下降的趋势。2014年制动器行业主要企业主营业务收入和利润情况见表2。

表2　2014年制动器行业主要企业主营业务收入和利润情况

企业名称	主营业务收入（万元）	利润（万元）
江西华伍制动器股份有限公司	37 725	4 332
焦作金箍制动器股份有限公司	29 759	2 310
焦作长江制动器有限公司	9 548	1 341
焦作市制动器开发有限公司	7 900	827
贵阳天龙摩擦材料有限公司	1 110	52
焦作银星制动器有限公司	1 650	17
衡水昕龙制动绝缘材料有限公司	5 000	350
宁波华阳起重电器有限公司	641	10

2014 年制动器行业的主要特点：

（1）整个行业在冶金、煤炭、港口及矿山等产能过剩、需求下降的压力下，积极寻求技术突破、转型升级。一是调整产品结构，开发新产品，开拓新行业和新市场。行业主要企业积极进军汽车、高速列车、工程机械和石油等行业，开发汽车电子、工程车辆和石油机械制动器等产品，寻求更广阔的市场空间。二是在加大研发力度，提升产品档次，努力实现产品的智能化、模块化和节能环保。行业主要企业焦作金箍制动器股份有限公司，继续开发淬火吊专用制动系统、集电液控为一体的安全制动器、制动器智能补偿装置、汽车气压盘式制动器、载货汽车卡钳制动器、商用载货汽车电子稳定控制系统（ESP）、电控空气悬架系统（ECAS）以及 3～5MW 的大型风机用风电制动器等多种新产品。江西华伍制动器股份有限公司近年来研发的风电发电机组制动系统，成功为西门子、金风科技等国内外知名主机的配套商，2014 年实现销售收入过亿元，成为行业首位；"智能型工业制动器"等三项通过省级产品鉴定，鉴定意见为"达到世界先进水平"。三是优胜劣汰的效果进一步显现。一些产品档次低、质量差的小微企业，纷纷关门或转产，行业企业总数继续减少。

（2）重视自主知识产权创新。据不完全统计，全行业 2014 年共获得专利 23 项。其中焦作金箍制动器股份有限公司获得 6 项，一种用于起重机起升机构的智能制动装置、带智能补偿装置的气压钳盘式制动器、一种蓄能式制动器等新获专利；江西华伍获得 9 项专利，"力矩可调的制动控制系统"获得江西省科技进步奖三等奖。为了更好地保护品牌，2014 年 8 月，焦作制动器股份有限公司更名为焦作金箍制动器股份有限公司，并且实行了多样的产品查询方式，通过这一系列的方式更好地保证消费者的权益以及生产厂家的口碑和品牌效应。

产量及产品结构 2014 年全行业制动器总产量为 258 437 台（不含推动器），比上年的 275 811 下降了 6.3%，推动器产量为 126 852 台（单独销售），比上年的 113 411 台上升了 10.9%。从产品结构上看，电力液压块式制动器还是主导产品，占整体产品的 49.28%；盘式制动器 23 487 台，比上年的 21 164 台上升了 10.98%，占整体产品总产量同比上升了 4.38%。盘式制动器有制动面积小、制动力矩大等诸多技术优势，价格相对也较高，已逐渐被市场接受，使用范围逐渐扩大，使用量逐渐提高。2014 年制动器行业分类产品产量见表 3，2014 年制动器行业主要企业产品产量见表 4。

表 3　2014 年制动器行业分类产品产量

产品名称	产量（台）
电力液压块式制动器	138 023
电力液压盘式制动器	8 840
直流电磁块式制动器	1 203

（续）

产品名称	产量（台）
交流电磁块式制动器	403
气动盘式制动器	1 084
液压盘式制动器	19 304
电磁盘式制动器	320
双推杆推动器	30 380
单推杆推动器	79 300

表 4　2014 年制动器行业主要企业产品产量

企业名称	产量（台）
焦作金箍制动器股份有限公司	58 380
江西华伍制动器股份有限公司	56 168
焦作市长江制动器有限公司	45 038
焦作市制动器开发有限公司	35 230
焦作市银星制动器有限公司	19 500
象山万邦电器有限公司	17 200
焦作江河制动器有限公司	11 000
上海伯瑞制动器有限公司	9 000
焦作虹发制动器有限公司	8 300
宁波华阳起重电器有限公司	7 800

〔撰稿人：中国重型机械工业协会传动部件专业委员会邢德文　审稿人：中国重型机械工业协会李镜〕

油膜轴承

油膜轴承是钢铁、有色等冶金轧机中安装在轧辊两端的以润滑油为介质的径向专用滑动轴承。

生产发展情况 2014 年，钢铁行业化解产能过剩初见成效，企业效益有所好转，节能减排取得新进展。同时，由于下游需求减弱，钢材价格大幅下跌，企业资金紧张等影响，全行业仍处于转型升级的"阵痛期"，企业面临的生产经营形势依然严峻。作为钢铁行业的下游企业，钢铁行业的发展直接影响到油膜轴承行业的发展，整个油膜轴承行业销量比 2013 年下降 10%。

为了适应新的经济形势，钢铁企业积极地适应市场，对生产、管理等进行一系列变革。例如：实施精细化管理、提高设备的使用寿命及运行精度，降低备品备件消耗；缩短备件的制造周期，使资本利用更为高效。这对油膜轴承行业提出了更高要求。太原重型机械集团有限公司（简称太重集团）根据市场要求不断完善技术创新体系，提升技术创新能力，整合各种资源，围绕降低制造成本、缩短供货周期，进行油膜轴承优化结构设计、改进加工工艺、降低采购成本、减少加工环节浪费、完善管理运行体系，以降低油膜轴承的制造成本，缩短供货周期。积极配合钢铁企业，共渡难关。

2014 年 10—11 月，为了配合 APEC 会议，国家对华北地区的污染性企业进行了关停和限产，北京天气随之大为改善。“APEC 蓝”备受热议背后是国家对高能耗、高污染企业的从严治理，这对钢铁行业既是危机也是机遇。国内现在还有很多运行多年的老旧冶金轧制生产线，其轴承的承载能力、运行精度及生产效率等方面，已经不能满足现代轧机轧制规程的要求，需要进行升级改造，这对油膜轴承行业发展也是一个契机。太重集团有丰富的轧机轴承改造的经验，改造后的轴承承载能力、密封性能、拆装效率均大为提高，轴承运行功耗也降低很多。符合国家对钢铁行业的发展要求。

因油膜轴承技术性强，科技含量高、研制单位少，与滚动轴承相比，在油膜轴承投入的人力、物力、财力相对较少，故较滚动轴承发展缓慢。在板带轧机中，窄带钢轧机及冷连轧机中滚动轴承的市场占有率远高于油膜轴承。随着钢铁工业的发展，对油膜轴承的性能要求不断提高，在轧机轴承这种大型轴承的选择上，油膜轴承的优势比较明显：①油膜轴承结构紧凑，承载能力大，同等规格轧机使用油膜轴承的承载能力提升 30% 以上。②油膜轴承正常工作时为纯液体摩擦状态，摩擦因数低，一般在 0.002 ~ 0.008 之间，能源消耗低。③轧辊根部尺寸增加，应力降低，安全系数提高。④冲击载荷是轧机轴承的承载特点，润滑油膜能起到缓冲作用，降低冲击载荷对轴承的不利影响。⑤通过对轴承工作时油膜厚度计算，在轧制过程中对油膜厚度进行补偿控制，有助于提高板材的轧制精度。⑥油膜轴承的使用成本低，吨钢损耗为滚动轴承的 1/3 左右。

为让用户更好地使用和维护油膜轴承，太重集团每年都会派经验丰富的技术人员走访用户，了解产品的使用情况，及时解决轴承运行中出现的故障。除走访现场进行技术服务外，还经常组织用户到现场进行油膜轴承培训，2014 年 5 月对八钢集中热轧、冷轧轴承班约 15 人，在现场进行了技术交流和业务培训；2014 年 12 月对宁钢 1780 轧线上约 20 人进行了培训。

产品分类产量、市场及销售 轧机油膜轴承按轧材类型可分为热轧油膜轴承与冷轧油膜轴承。热轧油膜轴承分为热连轧机油膜轴承、中板轧机油膜轴承与宽厚板轧机油膜轴承；按轴承工作位置可分为工作辊油膜轴承与支撑辊油膜轴承；按润滑原理可分为动压润滑油膜轴承和静 - 动压润滑油膜轴承；按油膜轴承锥套结构可分为长键油膜轴承、短键油膜轴承、无键油膜轴承与无键薄壁油膜轴承。

因 2005—2009 年钢铁行业井喷式发展，大量的中厚板及热连轧机投入使用，这段时期投入使用的油膜轴承也开始进入备件更换期。油膜轴承市场已经由成套市场转向备件市场，2014 年油膜轴承备件供货水平较 2013 年提高 10%，其中油膜轴承零部件修复数量增长很快。油膜轴承修复技术含量高，在恢复油膜轴承尺寸与精度的同时，需保证与原油膜轴承良好的互换性。太重集团有多年的油膜轴承修复经验和成熟的修复工艺，修复后的油膜轴承与新制产品的质量相近。

2014 年国内有 5 条轧线在建，主要包括宝钢湛江 2250 热连轧机、河南宝丰 1580 热连轧机、燕山钢铁 1580 热连轧机、邯郸红日 1580 炉卷轧机、沈阳有色 1780 炉卷轧机。同时陕西金堆城 1780 钼板轧机、山东盛阳 1580 热连轧机等两条轧线共计 10 个机架油膜轴承投入运行。截至 2014 年年底，全国已建成油膜轴承轧机机架数达到 641 个，其中热轧宽带轧机 454 个机架，中宽厚板轧机 120 个机架，冷轧带钢轧机 67 个机架。2014 年油膜轴承行业主要产品产量和出口额见表 1。

表 1 2014 年油膜轴承行业主要产品产量和出口额

产品名称	产量		出口额	
	数量（t）	比上年增长（%）	数量（万元）	比上年增长（%）
油膜轴承	2 064	-25.3	51.5	-14.2

科技成果及新产品 太重集团拥有国家级技术中心、轧机油膜轴承研究所和机械工业轧机油膜轴承工程实验室等。同清华大学、吉林大学、上海大学、上海交通大学、西安交通大学、太原科技大学及北京科技大学等大学院校科研机构联合，不断进行新技术、新材料方面的探索，对轧机油膜轴承的原理进行深入的研究。

太重集团油膜轴承衬套现采用巴氏合金焊接技术，相对原离心浇注工艺，提高了巴氏合金与衬套基体的结合强度，焊接后的巴氏合金材料致密性更好，减少气孔与杂质等缺陷。这样衬套在使用过程中不会出现剥落、脱壳等损坏情况，保障轧机的正常轧制工作。

宝钢湛江 2250 轧机项目采用了全新的辊颈密封系统——ACS 密封系统。ACS 密封系统既有轴向密封，又有径向密封，还有双向端面密封，加大了水的渗透阻力，既有效封水，摩擦阻力又较小，可改变目前油膜轴承普遍的进水问题。密封部件用耐热、耐磨又耐油的弹性橡胶制造，延长了使用寿命；如果损坏了只需更换密封部件，无需将颈部密封件整体更换，降低了维护成本。取消了原密封装置中的刚性内密封环，消除了定位安装尺寸误差造成的密封件挤压变形，改善了颈部密封件对轴向安装尺寸误差的适应性，同时也改善了运行时轴向窜动对密封装置的影响。

太重集团积极进行油膜轴承研发，申请并获得了多项国家专利：“一种槽式推力环装拆油膜轴承工具”“一种油膜轴承内槽式锁紧装置”“油膜轴承液压快速锁紧装置”“一种油膜轴承辊颈密封装置”“一种用于轧机油膜轴承锁紧及拆卸的装置”“油膜轴承衬套定位装置的改进”“一种油膜轴承双唇封水装置”“一种油膜轴承的液压锁紧结构”。2014 年，油膜轴承行业新产品新技术开发项目见表 2。

表 2　2014 年油膜轴承行业新产品新技术开发项目

项目名称	主要技术性能
攀钢西昌 2050 热连轧机 R1 油膜轴承	油膜轴承直径：955mm 轧制压力：35 000kN
燕山钢铁 1580 热连轧机油膜轴承	油膜轴承直径：875mm、1 030mm 轧制压力：30 000kN、42 000kN

注：表中仅收录太原重型机械集团有限公司的资料和数据。

质量和标准　贯彻实施标准 JB/T 9049—2007《轧辊油膜轴承》，在原中华人民共和国机械行业标准 JB/T 9049—1999《轧辊油膜轴承》的基础上，新标准率先在国际同行业中制定了 A、B、C、D 四个系列的标准，并对主要件寿命进行了补充和调整。新规定了轧辊油膜轴承的结构形式、基本参数、技术条件、试验方法、标志、包装、运输及储存，其参数系列可以满足国内外各种规格轧机的要求。新标准与国内外轧机相关部件的接口性好，为我国轧辊油膜轴承进一步走向世界创造了有利条件。

对外合作　在一些新建成的轧机项目上，如包钢 2250、梅钢 1780、京唐 2250、本钢 2300、首钢迁安 2160、武钢 CSP、舞钢 4100、包钢 4300、兴澄 3500、兴澄 4300、湘钢 5000、沙钢 5000 及南钢 4700 轧机等，我国设计制造的油膜轴承与国内外轧机设计商德国西马克（SMSD）公司、日本三菱（MITSUBISHI）公司、奥地利奥钢联（VAI）公司、意大利达涅利（DANIELI）公司等进行了广泛的技术合作。太原重型机械集团有限公司配套设计制造油膜轴承，经过功能性负荷运行，各项技术指标均达到规定要求，赢得了用户的赞赏。

太重集团生产的油膜轴承已远销到哈萨克斯坦、南非、德国、意大利、日本、印度、越南、泰国、巴西和罗马尼亚等国家，并成功为越南、泰国、印度等国家提供成套油膜轴承。同时，太重集团还与伊朗、俄罗斯等国家的钢铁企业与轧机供应商建立起联系。

〔撰稿人：中国重型机械工业协会油膜轴承分会孙鹏程　审稿人：中国重型机械工业协会油膜轴承分会杨汇荣〕

润滑液压设备

生产发展情况　2014 年，润滑液压设备行业受到国家政策的影响，行业企业的订单继续下降，盈利能力降低。但是，润滑液压设备行业企业克服企业订单下降的严峻挑战，加大新产品的开发力度，加快产品结构调整，扩大产品的应用领域，提高产品的技术含量，扩大企业的市场占有率，使润滑液压设备行业保持稳定健康的发展。2014 年，润滑液压设备行业完成工业总产值 22.78 亿元，较 2013 年下降 3.26%，产品销售收入 21.39 亿元，较 2013 年下降 1.37%，产品出口 1 539.7 万美元，较 2013 年增长 1.45%。2014 年润滑液压设备行业 34 家主要生产企业主要经济指标完成情况见表 1。

表 1　2014 年润滑液压设备行业 34 家主要生产企业主要经济指标完成情况

指标名称	指标单位	实际完成
工业总产值（当年价）	万元	227 771
工业总产值同比增长	%	-3.26
工业增加值	万元	47 957
产品销售收入	万元	213 989
产品销售税金及附加	万元	4 751
利润总额	万元	12 744
年末固定资产原价	万元	65 162
年末固定资产净值	万元	49 008
流动资产合计	万元	141 078
流动资产平均余额	万元	125 869
流动负债合计	万元	104 785
流动负债平均余额	万元	89 476
所有者权益	万元	84 562
全员劳动生产率	元/人	101 105

注：表中全员劳动生产率（元/人）是按当年工业增加值和企业人数计算。

润滑液压设备行业主要生产企业有：太原矿山机器润滑液压设备有限公司、四川川润股份有限公司、常州市华立液压润滑设备有限公司、启东润滑设备有限公司、上海澳瑞特润滑设备有限公司、南通市南方润滑液压设备有限公司、启东市南方润滑液压设备有限公司、上海润滑设备厂有限公司、四平维克斯换热设备有限公司、启东中冶润滑设备有限公司、启东安升润滑设备有限公司、启东丰汇润滑设备有限公司、温州市三丰润滑设备制造有限公司、江苏澳瑞思液压润滑设备有限公司、沈阳市北方润华冷却设备有限公司、温州市龙湾润滑液压设备厂、北京中冶华润科技发展有限公司、大连华锐股份有限公司液压装备厂、沈阳市北方润滑设备制造有限公司、淄博九洲润滑科技有限公司、温州中合润滑设备制造有限公司、沈阳市大金润滑设备厂、苏州宝宇液压设备制造有限公司、四平市隆百洲机电科技有限公司、沈阳三丰液压润滑设备有限公司、江苏恒泰自动化润滑设备有限公司、美润思（北京）科技有限公司、浙江镇南精工机械有限公司、宁波盛发液压有限公司、黄山工业泵制造有限公司、陕西中润液压设备有限公司、淄博市博山润丰油泵厂、南通市博南润滑液压设备有限公司及泰州市远望换热设备有限公司。

2014 年，润滑液压设备行业有 34 家主要生产企业，按企业所有制性质划分，国有控股企业 2 家，占全行业企业总数的 5.88%，上市公司企业 1 家，占全行业企业总数的 2.94%，外资控股企业 1 家，占全行业企业总数的 2.94%，私人控股企业 30 家，占全行业企业总数的 88.23%。

产品分类产量 按照使用领域的不同，润滑液压设备分为润滑产品和液压产品两大类。润滑产品又根据使用介质的不同和润滑部位的不同分为稀油润滑、干油润滑、油气润滑、工艺润滑和喷射润滑五大部分。液压产品主要有斜轴式轴向柱塞泵、径向柱塞马达、乳化液泵装置、冶金设备液压系统、综合采煤机液压元件和系统、液压缸等。各主要生产企业以市场为导向，积极开拓市场，提高企业核心竞争力，增强企业的科技创新能力，除个别产品类型有一定幅度的下滑外，企业的主导产品产量较 2013 年有一定幅度的增长，2014 年润滑液压设备行业主要产品产量见表 2。

表 2 2014 年润滑液压设备行业主要产品产量及销量

产品名称	单位	产量	产量比上年增长（%）	销量	销量比上年增长（%）
稀油站（系统）	台（套）	6 963	-5.13	6 629	-5.73
干油站（系统）	台（套）	15 445	-1.02	12 557	-2.43
冷却器	台	8 629	-1.07	8 027	2.15
干油分配器	块	155 530	0.32	140 944	-5.69
油气润滑系统	台（套）	466	1.63	445	2.78
工艺润滑站（系统）	台（套）	94	-8.60	84	-5.36
液压站（系统）	台（套）	1 314	1.76	1 129	2.65
液压柱塞泵	台	6 174	15.37	4 775	12.78
其他润滑液压产品	台（套）	14 174	7.36	12 478	6.45
液压缸		2 435	-2.26	2 416	-3.28

市场及销售 2014 年，润滑液压设备生产企业，在国家紧缩银根的政策调控下，主动迎接市场的挑战，主营业务向相关产业延伸，积极开拓国外市场，使企业转型升级能力进一步加强。2014 年润滑液压产品订货量较 2013 年有所下降，销售量较 2013 年下降 4.31%。2014 年润滑液压行业生产集中度，较 2013 年有一定的下降，生产过亿元企业的销售收入总计 130 338 万元，占整个行业销售收入的 60.90%。2014 年润滑液压设备行业销售收入过亿元企业见表 3。

表 3 2014 年润滑液压设备行业销售收入过亿元企业

序号	企业名称	销售收入（万元）
1	四川川润股份有限公司	41 026
2	常州市华立液压润滑设备有限公司	37 162
3	南通市南方润滑液压设备有限公司	21 230
4	启东市南方润滑液压设备有限公司	16 070
5	启东润滑设备有限公司	14 850
	合计	130 338

润滑液压设备产品进出口 2014 年由于国际市场的整体疲软，润滑液压设备行业随主机配套的出口量减少，但零部件出口量增加，总出口量较 2013 年增加了 1.45%；2014 年度进口额比 2013 年增加了 8.90%；2014 年度进出口额呈逆差。2014 年润滑液压设备产品进出口情况见表 4。

表4 2014年润滑液压设备产品进出情况

产品名称	单位	进口量	进口额（万美元）	产品名称	单位	出口量	出口额（万美元）
过滤器、净油机	件	148	146.2	稀油站	套	328	440.5
各类冷却器	台	34	148.2	液压系统	套	29	492.6
各类润滑泵	台	169	176.4	干油系统	套	20	37.3
各类控制阀	台	1 779	469.2	冷却器	台	18	39.5
各类仪器仪表	套	9 765	667.5	润滑泵	台	130	133.5
				其他	件	5 560	396.3
合计		11 895	1607.5	合计		6 085	1 539.7

〔撰稿人：中国重型机械工业协会润滑液压设备分会徐郁林　审稿人：中国重型机械工业协会润滑液压设备分会郝尚清〕

分析冶金机械、矿山机械、物料搬运机械国内、国外市场情况

It analyzes international and domestic market situations concerning metallurgical machinery, mining machinery, material hoisting and handling machinery

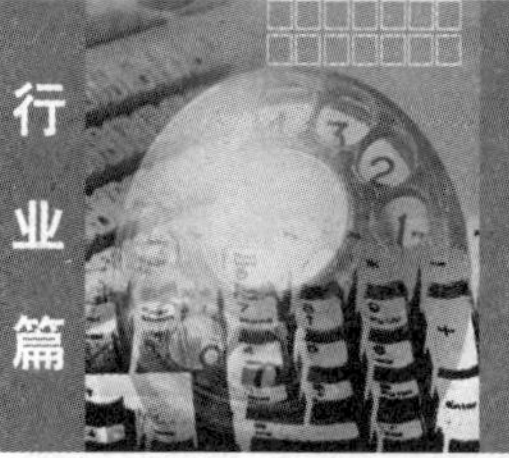

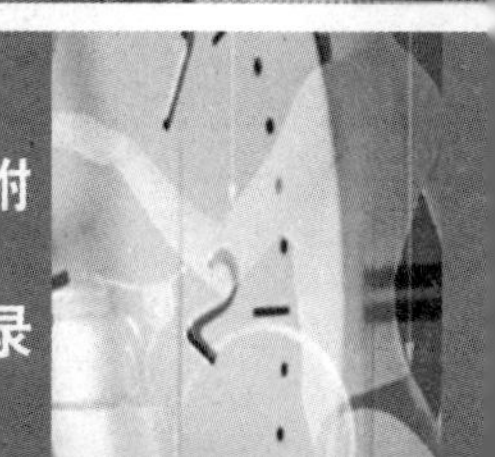

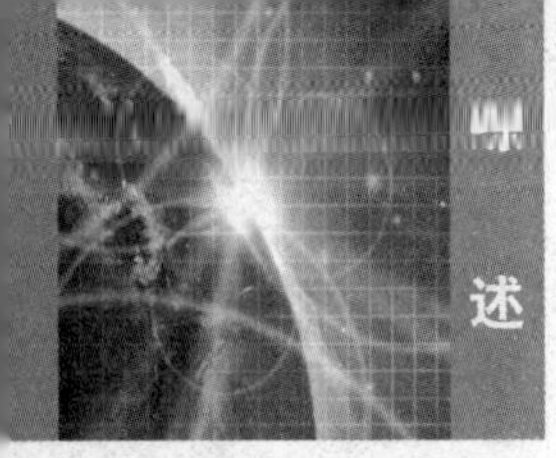

市场篇

冶金机械国内市场及进出口情况

一、国内市场概况

2014年是我国经济持续调整的一年，国内经济整体处于刺激政策退出的消化期、经济结构的调整期和经济增速放缓的适应期三期叠加的“新常态”阶段。新常态下，钢铁工业发展面临四大挑战：产能严重过剩、全行业将长期微利发展、环保压力愈发沉重和资金断链风险加大。钢铁企业面临“两个减法”。第一个“减法”是指消减产能总量。国家将采用淘汰落后产能和合并规模的方式，减少产能总量和生产企业数量。特别是《国务院关于化解产能严重过剩矛盾的指导意见》明确提出，到2015年减少炼铁、炼钢落后生产能力各1 500万t，开展新一轮化解过剩产能的工作。第二个“减法”是指节能减排，减少冶金工业生产过程的能耗和固、液、气废弃物的排放，综合利用生产过程中的废弃资源，变废为宝。2014年全国冶金生产虽仍保持增长，但增速大幅下降。粗钢产量8.23亿t，同比增长0.9%，增速同比回落6.6个百分点。粗钢表观消费量7.38亿t，同比下降3.37%，是近15年来我国年度粗钢表观消费量首次降低。钢材产量11.26亿t，同比增长4.5%，回落6.9个百分点。2014年钢铁行业利润同比下降15.3%。十种有色金属产量4 417万t，同比增长7.2%，增速同比回落2.7个百分点。有色金属行业利润同比下降1.5%。

1. 2014年冶金机械行业经济运行情况

（1）行业企业经济效益情况。钢铁、有色金属等冶金行业一直处于低迷的状态，直接影响了冶金机械行业的发展。据中国重型机械工业协会数据统计，2014年，冶金机械行业的主营业务收入为1 285.82亿元，比上年增长2.29%，增速比上年同期下降0.64个百分点；主营业务收入利润为146.48亿元，比上年减少6.22%；应收账款净值达到504.88亿元，同比增长9.39%；企业亏损面达到19.75%，比上年同期上升3.26个百分点，冶金机械行业企业亏损呈逐年上升趋势。

2014年冶金机械行业企业按企业规模、注册类型、控股类型分类的主要经营指标完成情况见表1。

表1　2014年冶金机械行业企业按企业规模、注册类型、控股类型分类的经营指标完成情况

企业分类	主营业务收入（亿元）	比上年增长（%）	主营业务成本（亿元）	比上年增长（%）	主营业务收入利润（亿元）	比上年增长（%）	利润总额（亿元）	比上年增长（%）	企业亏损面（%）	上年同期（%）	主营业务收入利润率（%）	上年同期（%）
冶金机械行业	1 285.82	2.29	1 132.49	3.55	146.48	-6.22	-49.37	-377.67	19.75	16.49	11.39	12.42
1. 按企业规模分列												
大型企业	469.90	-6.05	427.28	-5.48	40.47	-10.92	-86.31	299.18	39.13	34.78	8.61	9.08
占行业比重（%）	36.55		37.73		27.63		174.80					
中型企业	336.89	5.49	290.59	7.40	44.18	-5.26	15.69	-3.21	29.41	19.12	13.11	14.60
占行业比重（%）	26.20		25.66		30.16		-31.78					
小型企业	479.02	9.48	414.63	11.74	61.83	-3.58	21.24	-8.41	17.35	15.18	12.91	14.66
占行业比重（%）	37.25		36.61		42.21		-43.02					
2. 按注册类型分列												
国有企业	64.51	-18.30	72.56	-13.39	-8.24	55.75	-86.15	155.69	69.23	61.54	-12.78	-6.70
占行业比重（%）	5.02		6.41		-5.63		174.47					
私营企业	524.79	5.61	453.63	5.10	68.29	9.21	27.37	4.96	14.10	11.22	13.01	12.58
占行业比重（%）	40.81		40.06		46.62		-55.43					
其他内资企业	586.02	2.31	508.05	5.78	74.72	-16.10	8.53	-68.69	21.20	16.85	12.75	15.55
占行业比重（%）	45.58		44.86		51.01		-17.27					
三资企业	110.50	1.98	98.26	0.25	11.71	18.37	0.88	-148.12	39.53	39.53	10.60	9.13
占行业比重（%）	8.59		8.68		8.00		-1.78					
3. 按控股类型分列												
国有控股	450.71	-3.86	412.03	-0.82	36.20	-28.42	-88.54	324.74	44.68	42.55	8.03	10.79

（续）

企业分类	主营业务收入（亿元）	比上年增长（%）	主营业务成本（亿元）	比上年增长（%）	主营业务收入利润（亿元）	比上年增长（%）	利润总额（亿元）	比上年增长（%）	企业亏损面（%）	上年同期（%）	主营业务收入利润率（%）	上年同期（%）
占行业比重（%）	35.05		36.38		24.72		179.32					
集体控股	28.18	-19.13	24.81	-14.78	3.26	-41.20	0.61	-34.89	14.29	14.29	11.56	15.90
占行业比重（%）	2.19		2.19		2.22		-1.24					
私人控股	703.60	8.05	603.67	7.77	96.01	10.18	37.72	4.61	15.14	11.70	13.65	13.38
占行业比重（%）	54.72		53.30		65.55		-76.39					
三资控股	66.20	0.05	60.40	1.08	5.60	-10.37	0.55	584.39	43.33	46.67	8.47	9.45
占行业比重（%）	5.15		5.33		3.83		-1.10					
其他控股	37.13	3.02	31.58	8.07	5.40	-19.07	0.29	-81.49	28.00	16.00	14.53	18.50
占行业比重（%）	2.89		2.79		3.68		-0.58					

注：数据来源于中国重型机械工业协会。因4舍5入数据有微小出入。

冶金机械行业按企业规模分类来看，2014年，中、小型企业主营业务收入实现正增长，大、中、小型企业的主营业务收入各占行业的比重基本相当。中、小型企业的利润总额比上年均有所减少。特别值得注意的是，大型企业的利润总额为-86.31亿元，与上年相比，亏损额增长近3倍。从企业亏损面来看，中型企业亏损面比上年增加约10个百分点。

按企业注册类型来看，私营企业、其他内资企业、三资企业主营业务收入均实现正增长，私营企业和其他内资企业的主营业务收入总和占整个冶金机械行业的86.39%。私营企业的利润总额增长力度最高，同比增长4.96%，其他内资企业和三资企业虽然也实现了盈利，但是利润总额比上年有大幅度下降。而国有企业的利润总额为-86.15亿元，亏损额度比上年增长约1.5倍。

按企业控股类型来看，私人控股、三资控股、其他控股企业的主营业务收入同比实现正增长，私人控股企业主营业务收入占行业比重最大，为54.72%。私人控股企业利润总额最高，达37.72亿元，同比增长4.61%。国有控股企业的利润总额为-88.54亿元，亏损额度比上年增长近3倍。

（2）主要产品产量情况。2014年冶金机械产品产量（金属冶炼设备及金属轧制设备）176.94万t，比上年下降6.64%。其中金属冶炼设备115.01万t，比上年下降3.49%，金属轧制设备61.93万t，比上年下降11.96%。2014年冶金机械行业主要产品产量见表2。

表2　2014年冶金机械行业主要产品产量

产品名称	企业数量（家）	当年产量（万t）	上年同期（万t）	比上年增长（%）
冶金机械合计		176.94	189.52	-6.64
1. 金属冶炼设备	106	115.01	119.17	-3.49
2. 金属轧制设备	75	61.93	70.35	-11.96

注：数据来源于中国重型机械工业协会。

2012—2014年冶金机械行业主要产品产量增速见表3。从冶金机械行业主要产品近三年的产量增速来看，金属冶炼设备产量持续在低位徘徊，仍然处下行态势；金属轧制设备产量连续下滑，尚未见底。

表3　2012—2014年冶金机械行业主要产品产量增速

年份	金属冶炼设备产量同比增幅（%）	金属轧制设备产量同比增幅（%）
2012	1.17	-10.36
2013	5.75	-5.08
2014	-3.49	-11.96

注：数据来源于中国重型机械工业协会。

2014年金属冶炼设备产量排名前10位的省（市）见表4。金属冶炼设备产量排名前3位的省份为：湖南省13家，产量47.29万t；辽宁省8家，产量12.89万t；甘肃省2家，产量10.12万t；三省份的企业数占比为21.91%，占产量总数比例61.13%。

表4　2014年金属冶炼设备产量排名前10位的省（市）

序号	省（市）	企业数量（家）	累计产量（t）	比上年增长（%）
	金属冶炼设备行业合计	106	1 150 111	-3.49
1	湖南省	13	472 921	23.09
2	辽宁省	8	128 949	-20.36
3	甘肃省	2	101 220	-4.19
4	河北省	14	91 540	-49.30
5	河南省	12	75 182	41.46
6	江苏省	11	62 530	2.95
7	山东省	9	59 591	-15.97
8	吉林省	1	36 266	-12.74
9	安徽省	4	32 096	-28.26
10	上海市	6	31 750	-11.03

注：数据来源于中国重型机械工业协会。

2014 年金属轧制设备产量排名前 10 位的省（市）见表 5。金属轧制设备产量排名前三的省份为：福建省 4 家企业，产量 12.33 万 t；四川省 6 家企业，产量 7.67 万 t；河北省 14 家企业，产量 6.87 万 t；三省份企业数占比为 32%，占产量总数的比例为 45%。

表 5　2014 年金属轧制设备产量排名前 10 位的省（市）

序号	省（市）	企业数量（家）	累计产量（t）	比上年增长（%）
	金属轧制设备行业合计	75	619 341	-11.96
1	福建省	4	123 260	23.24
2	四川省	6	76 722	11.46
3	河北省	14	68 689	-22.97
4	江苏省	8	59 845	-24.42
5	黑龙江省	3	58 573	-45.57
6	山西省	1	57 224	-23.49
7	湖南省	5	53 640	7.66
8	陕西省	2	38 010	23.36
9	天津市	3	21 373	-37.53
10	上海市	5	17 057	-27.98

注：数据来源于中国重型机械工业协会。

（3）钢铁、冶金机械制造行业固定资产投资情况。2014 年，我国钢铁行业固定资产投资 6 479 亿元，同比下降 3.8%。其中黑色金属冶炼及压延业的设备投资 4 789 亿元，下降 5.9%；黑色金属矿采选业投资 1 690 亿元，增长 2.6%。从投资增长情况看，炼铁、炼钢和钢压延加工完成投资分别下降 40.4%、10.5% 和 4.8%。从新开工项目情况看，2014 年新开工项目 2 037 个，比上年减少 215 个。其中炼铁项目 169 个，减少 51 个；炼钢项目 287 个，减少 71 个；钢加工项目 1 581 个，减少 93 个。

2014 年冶金机械专用设备制造行业固定资产投资情况见表 6，2014 年冶金机械专用设备制造行业施工项目情况见表 7。2014 年冶金机械行业自年初累计完成固定资产投资 277.24 亿元，比上年增长 23.12%，增幅比上年同期增长 15.31 个百分点。2014 年冶金专用设备制造施工项目 307 个，比上年增长 3.37%，新开工项目 212 个，比上年增长 6.53%；投产项目 222 个，比上年增长 18.09%。

表 6　2014 年冶金机械专用设备制造行业固定资产投资情况

行业名称	计划总投资		当年新增固定资产		自年初累计完成投资	
	完成（亿元）	比上年增减（%）	完成（亿元）	比上年增减（%）	完成（亿元）	比上年增减（%）
冶金机械专用设备制造	585.37	24.59	221.34	40.99	277.24	23.12

注：数据来源于中国重型机械工业协会。

表 7　2014 年冶金机械专用设备制造行业施工项目情况

行业名称	施工项目		其中：当年新开工		本年投产项目	
	数量（个）	比上年增减（%）	数量（个）	比上年增减（%）	数量（个）	比上年增减（%）
冶金机械专用设备制造	307	3.37	212	6.53	222	18.09

注：数据来源于中国重型机械工业协会。

2. 2014 年冶金机械国内市场新特点

（1）产能过剩情况依然存在。经过近年大规模的技改投入，冶金机械行业生产能力迅速扩张，形成了产能总体过剩的局面，产能利用率不足 70%。以轧钢生产设备为例，国内轧钢设备利用率普遍较低，主力轧钢设备热轧、冷轧、中板和无缝管轧线的产能利用率仅为 72%、50%、74% 和 70%。部分企业新增大型加工设备未能发挥预期的作用，运行情况欠佳。

（2）市场竞争激烈，利润普遍下滑。2014 年冶金机械国内市场硝烟弥漫，全行业新上项目锐减，国内一些企业纷纷采取恶性低价竞争甚至垫资的策略，同时新竞争对手不断涌现，一些制造企业直接参与总包投标竞争，导致设备价格竞争激烈，企业利润逐步降低。

（3）企业资金周转困难。冶金机械行业的主要用户行业——钢铁行业融资困难，资金形势偏紧，致使冶金机械承接的很多钢铁项目都需要垫资，并且回款速度慢，持续时间长，导致行业企业应收账款大幅度增加，2014 年全行业应收账款净值比上年增长 9.39%，账龄延长，预提坏账额直线上升，财务费用增加，企业经营风险加大。

（4）节能环保成大市场。钢铁工业的绿色发展将成为未来发展的焦点。节能环保已成为公认的大市场。冶金机械行业企业纷纷进入节能环保领域，力争把节能环保技术装备做成自己的利润增长点。

（5）国外冶金技术、设备占据我国中高端冶金机械市场一定份额。虽然国内钢铁、有色冶金行业由于产能过剩，新上项目大幅降低，导致国外冶金设备提供商把经营重点开始向他国转移，但国外主要冶金设备提供企业，如西门子-奥钢联、西马克、达涅利等，仍然占据我国一定的中高端冶金机械市场。2014 年西门子-奥钢联与河北钢铁集团在集团层面上开启全面战略合作。继与河北钢铁集团旗下子公司如石钢棒材轧机、宣钢高速线材轧机、舞钢宽厚板轧机、承钢干法除尘、衡板冷轧和连退电气自动化系统，以及邯钢的连铸机、长材轧机、热轧冷轧等方面的合作后，2014 年 4 月 17 日与唐钢签订了节能环保领域战略合作意向协议。

3. 冶金机械行业科技进步情况

尽管冶金机械行业面临的市场十分惨淡，但是 2014 年行业也出现了一些填补国内空白的新产品。国内多条代表国际先进水平的多机架不锈钢冷连轧和连续退火酸洗机组建成投产，包括国内第一条 18 辊 1 450mm 不锈钢五连轧机、一套 4 台 18 辊 1 350mm 冷连轧机组的冷轧 DRAP 不锈带钢全连续生产线以及世界首条 5 机架 6 辊 1 750mm 不锈钢冷连轧机生产线和一条 5 机架 18 辊 1 750mm 不锈钢冷连轧机组。国内首次全线自主集成的 2 250mm 热轧横切机组设备投产，一举打破国内 2 250mm 热轧横切机组全部由国外总承包的局面。国内首套 ϕ89 ~ 508mm 双金属管生产线，生产工艺及技术装备达到国际领先水平。LG730 两辊伺服冷轧管机，打破大口径冷轧管依赖进口的局面。2 030mm六辊 UCM 冷轧酸轧机组具有高精确度控制能力，其中拉矫机是国内目前唯一采用 60t 大张力的全电式拉矫机，最大延伸率 3%，酸洗槽采用三级浸没式串级酸洗的专利技术，是国内目前刚刚应用的 i - box 酸洗线。国内独立自主知识产权且技术成熟可靠的世界上最厚的 450mm 板坯连铸机于 2014 年 10 月 15 日投产，采用直弧形机型设计最大铸坯宽度为 2 600mm，可用于生产船用钢板，特别是大型远洋船板、舰船用钢等高品质钢，对于提高我国连铸机整体装备水平具有重大意义。

但是，我国冶金机械装备在智能化方面还与国外存在差距。国外大型冶金机械和电气装备制造商，如西马克（SMS）、西门子 - 奥钢联（SIEMENS - VAI）、三菱（Mitsubishi）、西门子（Siemens）、ABB、东芝等提供的冶金装备都有完备的设备信息检测和故障诊断系统，对设备状态实施在线监测。而国内大多设备没有信息检测和故障诊断系统，即使引进设备也处在离线监测状态。国外大型冶金装备都具有设备远程监控系统，设备运行状态和故障信息通过网络传递到远程的制造商设备监测中心。监测中心对设备故障进行精密分析和诊断，为设备健康维护提供了良好平台，提升了设备的现代化管理水平，有利于充分挖掘设备潜力，延长设备使用期限。相比之下，国内只有引进设备和少数国产设备配有远程监控系统，并且“离线”，信息不沟通，少有在线远程监控服务。此外，将装备信息与工艺紧密结合也是国外先进冶金设备的典型特征。例如，奥钢联提供的连铸机可以通过设备运行状态信息判断铸坯质量，以确定是否转入采用热轧生产工序。在国外，物联网、云计算技术已经开始应用于冶金装备研发领域。借助先进的物联网平台，企业可以自动、实时、准确、详实地获取钢铁生产中的各方面信息，为企业管理与系统维护提供更好的服务。

二、进出口情况

冶金机械行业 2014 年产品进出口总额 23.07 亿美元，比上年增长 8.57%，增速在整个重型机械行业最高。出口额 16.37 亿美元，比上年减少 6.98%，进口额 6.7 亿美元，比上年减少 12.24%，进出口顺差 9.67 亿美元，比上年减少 2.95%。

1. 进出口数据分析

（1）冶金机械行业各大类设备进出口情况。2014 年，冶金设备中金属轧制设备出口额同比实现正增长，为 4.78%，其余三类设备的出口额同比 2013 年都有不同幅度下降，金属冶炼设备出口额减少最多，达到 51%。2014 年冶金设备零件进口额同比增长 10.36%，其余三类设备的进口额比上年均有较大幅度减少，金属轧制设备进口额减少最多，达 37.66%。2014 年各类冶金设备的进出口总额同比均有不同程度下降。2014 年冶金机械行业各大类设备进出口情况详见表 8。

表 8　2014 年冶金机械行业各大类设备进出口情况

货物名称	出口金额（亿美元）	比上年增长（%）	进口金额（亿美元）	比上年增长（%）	进出口总额（亿美元）	比上年增长（%）	进出口顺差（亿美元）	上年同期（亿美元）	比上年增长（%）
冶金机械设备合计	16.37	-6.98	6.70	-12.24	23.07	-8.57	9.67	9.96	-2.95
1. 金属冶炼设备	0.32	-51.00	0.19	-27.56	0.51	-44.20	0.13	0.39	-67.20
2. 连续铸钢设备	0.40	-9.17	0.24	-20.90	0.64	-14.02	0.15	0.13	18.95
3. 金属轧制设备	4.01	4.78	1.98	-37.66	5.99	-14.49	2.03	0.65	213.96
4. 冶金设备零件	11.64	-8.18	4.28	10.36	15.92	-3.84	7.36	8.80	-16.35

注：数据来源于中国重型机械工业协会《全国冶金矿山机械行业进出口统计年报 2014》。因 4 舍 5 入数据有微小出入。

（2）冶金机械行业主要产品进出口情况。2014 年冶金机械行业从产品细分上来看，冷轧管机、其他金属冷轧机、金属棒、管、型材、异型材等的拉拔机、海绵铁回转窑的零件、钢坯连铸机用结晶器振动装置产品出现进出口逆差。2014 年实现零进口的设备包括炼焦炉、板坯连铸机、其他金属管轧机、其他冷拔管机，其中，炼焦炉和其他冷拔管机在 2013 年也是零进口设备。冶金机械设备同类产品中，从设备进口、出口的数量以及金额可以看出，一台国产设备的出口价格远远低于进口国外同类设备的价格，这种情况依然存在。经粗略计算，排除金属设备零件大类，金属轧制设备单台设备平均进口价格是相对应出口价格的大约 30 倍，价格差距最大，金属冶炼设备次之，连续铸钢设备单台设备平均进口价格是相对应出口价格的大约2倍，价格差距最小。2014年冶金机械行业主要产品进出口情况见表9。

表9　2014年冶金机械行业主要产品进出口情况

货品名称	进出口量单位	出口量	出口金额（万美元）	进口量	进口金额（万美元）	进出口总额（万美元）	进出口差额（万美元）
冶金机械设备合计			163 671		67 008	230 678	96 663
1. 金属冶炼设备小计	台	591	3 206	36	1 937	5 143	1 269
（1）炼焦炉	台	6	39	0	0	39	39
（2）转炉	台	449	1 611	11	854	2 465	756
（3）炉外精炼设备	台	136	1 556	25	1 082	2 639	474
2. 连续铸钢设备小计	台	285	3 965	76	2 436	6 402	1 529
（1）方坯连铸机	台	54	1 704	4	1 239	2 943	465
（2）板坯连铸机	台	175	495	0	0	495	495
（3）其他钢坯连铸机	台	56	1 766	72	1 197	2 963	569
3. 金属轧制设备小计	台	24 506	40 089	623	19 827	59 916	20 262
（1）板材轧机小计	台	3 714	14 954	23	2 945	17 899	12 008
板材热轧机	台	39	3 334	4	5	3 340	3 329
板材冷轧机	台	3 675	11 619	19	2 940	14 560	8 679
（2）管轧机小计	台	920	3 554	14	2 044	5 598	1 509
热轧管机	台	40	692	4	8	701	684
冷轧管机	台	525	1 892	6	2 000	3 892	－108
定、减径轧管机	台	90	347	4	36	383	311
其他金属管轧机	台	265	623	0	0	623	623
（3）型材轧机	台	200	2 062	2	173	2 235	1 889
（4）线材轧机	台	12 384	4 166	42	1 544	5 711	2 622
（5）其他金属轧机小计	台	3 509	7 560	63	8 460	16 020	－900
其他金属热或冷热联轧机	台	234	1 988	3	892	2 880	1 096
其他金属冷轧机	台	3 275	5 572	60	7 568	13 140	－1 996
（6）拉拔机小计	台	3 779	7 793	479	4 660	12 453	3 133
300t以下的冷拔管机	台	206	291	10	186	476	105
其他冷拔管机	台	107	25	0	0	25	25
拔丝机	台	2 562	6 107	184	2 704	8 811	3 403
金属杆、管、型材、异型材等的拉拔机	台	904	1 371	285	1 770	3 141	－399
4. 冶金设备零件小计			116 410		42 808	159 218	73 602
（1）金属冶炼设备零件小计			37 344		8 114	45 458	29 230
海绵铁回转窑的零件	kg	877 754	695	947 984	867	1 562	－171
焦炉零件	kg	15 605 148	4 347	66 597	361	4 708	3 985
锭模及浇包	台	23 037	5 704	81 380	1 321	7 025	4 383
炉外精炼设备的零件	kg	11 276 808	5 234	133 780	699	5 933	4 535
其他金属冶炼设备及铸造机的零件	kg	59 809 974	21 364	2 274 055	4 866	26 230	16 498
（2）连铸机零件小计	kg	27 548 489	16 890	1 157 534	4 442	21 332	12 449
钢坯连铸机用结晶器	kg	1 518 057	2 469	286 230	1 320	3 789	1 149
钢坯连铸机用振动装置	kg	191 139	150	79 201	257	408	－107
其他钢坯连铸机用零件	kg	25 839 293	14 271	792 103	2 864	17 135	11 407
（3）金属轧制设备零件小计			62 176		30 253	92 429	31 924
金属轧机用轧辊	个	168 751	28 881	9 894	13 033	41 913	15848
其他金属轧机零件	kg	80 812 429	33 296	5 521 843	17 220	50 516	16 076

注：数据来源于中国重型机械工业协会《全国冶金矿山机械行业进出口统计年报2014》。因4舍5入数据有微小出入。

（3）2014 年冶金机械设备进出口贸易按国家或地区排名情况。2014 年我国冶金机械设备共出口 70 个国家或地区，进口国家或地区为 47 个。按出口贸易额占比出口总额的排名来看，前四位的国家贸易额占比相对较多，其中，越南 2.11 亿美元、印度 1.30 亿美元、美国 1.19 亿美元、日本 0.99 亿美元，分别占出口总额的 12.86%、7.96%、7.25%、6.07%。

进口贸易总额排名中，前四位的国家贸易额相加占进口总额的比重为 79.11%。其中，德国 2.84 亿美元、美国 0.96 亿美元、意大利 0.78 亿美元、日本 0.72 亿美元，分别占进口总额的 42.32%、14.36%、11.61%、10.82%。2014 年冶金机械设备进出口贸易按国家或地区排名情况见表 10。

表 10　2014 年冶金机械设备进出口贸易按国家或地区排名情况

序号	国家（地区）	出口金额（万美元）	占出口额比重（%）	序号	国家（地区）	出口金额（万美元）	占出口额比重（%）
	冶金机械设备合计	163 671	100.00		冶金机械设备合计	67 008	100.00
1	越南	21 054	12.86	1	德国	28 356	42.32
2	印度	13 023	7.96	2	美国	9 624	14.36
3	美国	11 871	7.25	3	意大利	7 782	11.61
4	日本	9 937	6.07	4	日本	7 248	10.82
5	泰国	7 856	4.80	5	法国	2 965	4.43
6	印度尼西亚	7 733	4.72	6	奥地利	2 460	3.67
7	伊朗	7 535	4.60	7	瑞士	2 397	3.58
8	俄罗斯联邦	6 493	3.97	8	韩国	1 446	2.16
9	德国	5 522	3.37	9	中国台湾	1 287	1.92
10	韩国	5 250	3.21	10	比利时	976	1.46
11	土耳其	5 238	3.20	11	瑞典	623	0.93
12	中国台湾	5 181	3.17	12	芬兰	319	0.48
13	马来西亚	3 991	2.44	13	澳大利亚	268	0.40
14	巴西	3 896	2.38	14	加拿大	201	0.30
15	墨西哥	3 667	2.24	15	斯洛文尼亚	186	0.28
16	委内瑞拉	3 092	1.89	16	西班牙	166	0.25
17	意大利	2 411	1.47	17	英国	136	0.20
18	沙特阿拉伯	2 361	1.44	18	乌克兰	132	0.20
19	尼日利亚	2 091	1.28	19	巴西	98	0.15
20	乌兹别克斯坦	1 860	1.14	20	卢森堡	65	0.10

注：数据来源于中国重型机械工业协会《全国冶金矿山机械行业进出口统计年报 2014》。

（4）2014 年冶金机械设备进出口贸易按省市排名情况。2014 年我国冶金机械设备出口贸易总额排名前三的省市分别是江苏省 2.86 亿美元，上海市 2.63 亿美元，北京市 1.95 亿美元，分别占全国出口总额的 17.49%、16.08% 和 11.94%。2014 年我国冶金机械进口贸易总额排名前三的省市分别是北京市 1.18 亿美元，江苏省 1.10 亿美元，上海市 1.05 亿美元，分别占全国进口总额的 17.67%、16.47% 和 15.74%。2014 年冶金机械设备进出口贸易按省市排名情况见表 11。

表 11　2014 年冶金机械设备进出口贸易按省市排名

序号	省、市、自治区	出口金额（万美元）	占出口额比重（%）	序号	省、市、自治区	进口金额（万美元）	占进口额比重（%）
	冶金机械设备合计	163 671	100.00		冶金机械设备合计	67 008	100.00
1	江苏省	28 630	17.49	1	北京市	11 841	17.67
2	上海市	26 317	16.08	2	江苏省	11 035	16.47
3	北京市	19 547	11.94	3	上海市	10 545	15.74

（续）

序号	省、市、自治区	出口金额（万美元）	占出口额比重（%）	序号	省、市、自治区	进口金额（万美元）	占进口额比重（%）
4	河北省	11 297	6.90	4	山东省	8 400	12.54
5	天津市	8 079	4.94	5	河南省	4 760	7.10
6	辽宁省	7 843	4.79	6	湖北省	2 417	3.61
7	广东省	7 793	4.76	7	河北省	2 071	3.09
8	浙江省	6 829	4.17	8	浙江省	1 740	2.60
9	山东省	6 701	4.09	9	辽宁省	1 585	2.37
10	黑龙江省	6 662	4.07	10	广东省	1 570	2.34
11	福建省	6 079	3.71	11	广西壮族自治区	1 559	2.33
12	四川省	5 670	3.46	12	山西省	1 384	2.07
13	河南省	5 126	3.13	13	安徽省	1 330	1.98
14	湖南省	3 320	2.03	14	内蒙古自治区	1 164	1.74
15	陕西省	2 553	1.56	15	福建省	770	1.15
16	广西壮族自治区	2 229	1.36	16	四川省	715	1.07
17	云南省	1 574	0.96	17	天津市	666	0.99
18	安徽省	1 534	0.94	18	重庆市	643	0.96
19	山西省	1 286	0.79	19	贵州省	596	0.89
20	新疆维吾尔自治区	1243	0.76	20	甘肃省	599	0.89

注：数据来源于中国重型机械工业协会《全国冶金矿山机械行业进出口统计年报 2014》。

（5）2014 年冶金机械设备进出口贸易按企业性质分类情况。2014 年冶金机械设备出口总额按企业性质分类来看，私人企业、国有企业出口额占出口总额比重较大，其中私人企业占比最大，为 45.84%，国有企业其次占 31.62%。冶金机械设备进口总额按企业性质分类来看，国有企业占比最大，为 49.68%，私人企业其次占 18.79%。2014 年冶金机械设备进出口贸易按企业性质分类情况见表 12。

表 12　2014 年冶金机械设备进出口贸易按企业性质分类情况

企业性质	出口金额（万美元）	占出口额比重（%）	企业性质	进口金额（万美元）	占进口额比重（%）
冶金机械设备合计	163 671	100.00	冶金机械设备合计	67 008	100.00
私人企业	75 033	45.84	国有企业	33 291	49.68
国有企业	51 746	31.62	私人企业	12 590	18.79
外商独资企业	23 327	14.25	外商独资企业	8 043	12.00
中外合资企业	9 323	5.70	中外合资企业	8 004	11.94
集体企业	4 073	2.49	集体企业	5 058	7.55
中外合作企业	144	0.09	个体工商户	20	0.03
个体工商户	25	0.02	中外合作企业	2	0.00

注：数据来源于中国重型机械工业协会《全国冶金矿山机械行业进出口统计年报 2014》。

（6）2014 年冶金机械设备进出口贸易按贸易方式分类情况。

2014 年我国冶金机械设备出口贸易及进口贸易，均以一般贸易为主要形式，分别占比为 78.67%、85.85%。详见表13。

表13 2014年冶金机械设备进出口贸易按贸易方式分类情况

贸易方式	出口金额（万美元）	占出口额比重（%）	贸易方式	进口金额（万美元）	占进口额比重（%）
冶金机械设备合计	163 671	100.00	冶金机械设备合计	67 008	100.00
一般贸易	128 766	78.67	一般贸易	57 527	85.85
进料加工贸易	23 129	14.13	保税区仓储转口货物	5 875	8.77
对外承包工程出口货物	7 269	4.44	外商投资企业作为投资进口的设备、物资	1 683	2.51
边境小额贸易	2 660	1.63	保税仓储进出境货物	854	1.27
保税区仓储转口货物	969	0.59	其他	516	0.77
保税仓储进出境货物	392	0.24	进料加工贸易	488	0.73
其他	323	0.20	出口加工区进口设备	51	0.08
来料加工装配贸易	153	0.09	来料加工装配贸易	7	0.01
国家间、国际组织无偿援助和赠送的物资	6	0.00	租赁贸易	8	0.01
租赁贸易	2.4	0.00			

注：数据来源于中国重型机械工业协会《全国冶金矿山机械行业进出口统计年报2014》。

由于国内市场的持续需求不足、能力过剩，逼着国内冶金装备制造企业走出去，瞄准国际市场，向东南亚、非洲、中东等地区输出技术和设备。现在的冶金装备出口地虽也有美国、日本等发达国家，但是大部分是亚非拉等地区的发展中国家，产品大多集中在中低端水平，产品附加值还不高，在国际市场同样受到低端的同质化竞争，且竞争日趋激烈。未来我国装备制造企业须要不断努力打开欧美地区等发达国家的市场，我国冶金装备制造才能跻身中高端领域，具备国际化竞争优势。

〔撰稿人：中国重型机械研究院股份公司宋晔　审稿人：中国重型机械研究院股份公司孟令忠〕

矿山机械国内市场及进出口情况

一、概述

按中国重型机械工业协会统计，2014年矿山机械行业主营业务收入4 139.12亿元，同比增长8.13%；实现利润215.75亿元，同比下降2.23%，利润率为5.21%。2014年全国矿山机械出口额为16.78亿美元，进口额为5.15亿美元，进出口总额21.93亿美元，实现进出口顺差11.63亿美元。2014年矿山机械行业占重型机械行业主营业务收入的33.57%，占冶金矿山机械行业主营业务收入的76.23%。全国主要省份681家主要矿山机械企业完成产品产量786.13万t。全国73家主要水泥设备生产企业完成产品产量94.60万t。

随着我国矿山机械行业近年来的快速发展，国产矿山机械产品无论是质量还是产量都基本满足国内需求。从2005年以后的销售额年增长率看，2008年达近十几年的最高点，为45.5%；2008年以后，销售额年增长率呈明显下降趋势，2014年仅为10.8%。2005—2014年矿山机械产品销售额年增长率见表1。2005—2014年矿山机械行业主营业务收入见图1。

表1 2005—2014年矿山机械产品销售额年增长率

年份	2005	2006	2007	2008	2009	2010	2011	2012	2013	2014
年增长率（%）	44.3	38	44.9	45.5	27.4	34.2	28.5	16.3	16.1	10.8

注：数据来源于历年《中国重型机械工业年鉴》及中国重型机械工业协会统计简报2014.12期。

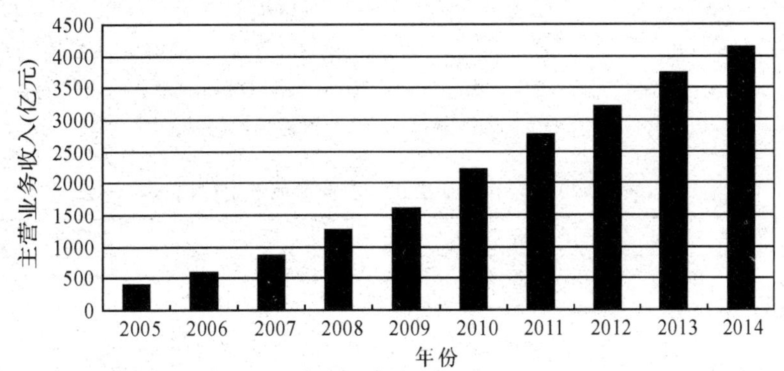

图1 2005—2014年矿山机械行业主营业务收入

注：数据来源于《中国重型机械工业年鉴》及中国重型机械工业协会统计简报2014.12期。

二、国内市场概况

1. 国内市场发展情况

根据中国外汇交易中心数据显示，截至2014年12月6日人民币对美元的平均汇率为6.21，按此计算2014年矿山机械国内市场总容量（我国国内市场供应量与进出口量之和，即：主营业务收入 - 出口额 + 进口额）为4 066.96亿元，其中国内供应量为4 034.98亿元，进口量约31.98亿元，国内市场占有率为99.2%，略高于上年0.4个百分点。2006—2014年矿山机械国内市场总容量趋势见图2。

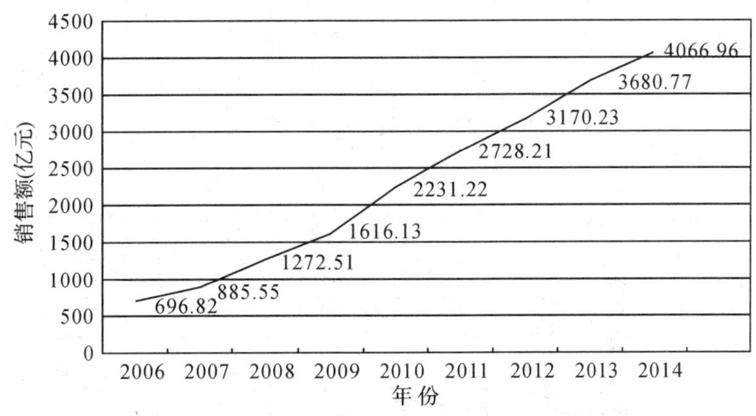

图2 2006—2014年矿山机械国内市场总容量趋势

2. 国内市场中的国产、进口产品构成

（1）占有率分析。从历年国产矿山机械产品在国内市场的销售额上看，国产设备始终占据绝对优势，客观地反映出国内市场对国产设备的依存度相当高，也说明国内客户采购时，更关注的是产品的性价比。2006—2014年矿山机械国内市场国产、进口产品销售额占有率见表2。

表2 2006—2014年矿山机械国内市场国产、进口产品销售额占有率

年份	2006	2007	2008	2009	2010	2011	2012	2013	2014
国产产品占有率（%）	91.2	94.0	94.3	95.4	93.9	98.0	98.2	98.8	99.2
进口产品占有率（%）	8.8	6.0	5.7	4.6	6.1	2.0	1.8	1.2	0.8

注：数据来源于《中国重型机械工业年鉴》及中国重型机械工业协会统计简报2014.12期。

（2）进口设备分析。采煤机、凿岩机及隧道掘进机和齿辊式破碎设备等仍是进口重点，主要来自欧美等发达国家。与2013年相比，单台进口平均价格大幅下降，但其占矿山机械全部进口设备金额的比重从2013年的51.36%上升到了2014年的66.6%（见表3）。具体为：

①采煤机、凿岩机及隧道掘进机（16 801万美元/126台），单台平均价格从2013年的207.94万美元/台降至133.34万美元/台，约合827.29万元/台，主要进口国为美国、奥地利和德国。

②齿辊式破碎设备（4 925万美元/116台），单台平均价格从2013年的73.43万美元/台降至42.45万美元/台，约合263.42万元/台。主要进口国为德国、澳大利亚和瑞士。

如前所述，一方面，国内对这些高价格、高技术含量设备的需求仍呈增加趋势；另一方面，国内制造的类似产品的质量虽然有了长足进步，但仍存在不足，国内各相关设备制造商还需下大力气，尽快缩短与国外的差距。

三、设备进出口情况

1. 主要产品进出口情况

2014年是我国矿山机械进出口连续实现顺差的第7年。2014年度，我国矿山机械总出口额达167 728万美元，进口额51 520万美元，实现进出口顺差116 208万美元。2014年我国矿山机械主要产品进出口情况见表3、2014年出口贸易额排名前十位的省（市）见图3、2014年矿山机械出口按贸易方式分占出口金额的比重见表4。

表3　2014年我国矿山机械主要产品进出口情况　　（单位：万美元）

货品名称（按海关分类）	出口额	进口额	进出口总额	进出口差额
矿山机械合计	167 728	51 520	219 248	116 208
1. 采掘、凿岩设备及钻机	32 299	18 899	51 198	13 400
（1）采煤机、凿岩机及隧道掘进机	25 428	16 801	42 229	8 627
（2）矿用电铲	1 652	702	2 354	950
（3）采矿钻机	569	618	1 187	-48
（4）工程钻机	4 650	779	5 429	3 871
2. 破碎、粉磨设备	88 424	17 508	105 932	70 916
（1）齿辊式破碎设备	10 800	4 925	15 725	5 875
（2）球磨式粉磨设备	26 724	1 367	28 091	25 357
（3）其他破碎或粉磨设备	50 900	11 216	62 116	39 684
3. 筛分、洗选设备	40 265	13 382	53 648	26 883
4. 矿山提升设备	1 215	633	1 848	581
（1）电动矿山提升设备	1 040	60	1 101	980
（2）非电动矿山提升设备	174	573	747	-399
5. 矿山机械零件	5 524	1 097	6 621	4 427

注：数据来源于全国冶金矿山机械行业进出口统计年报2014。

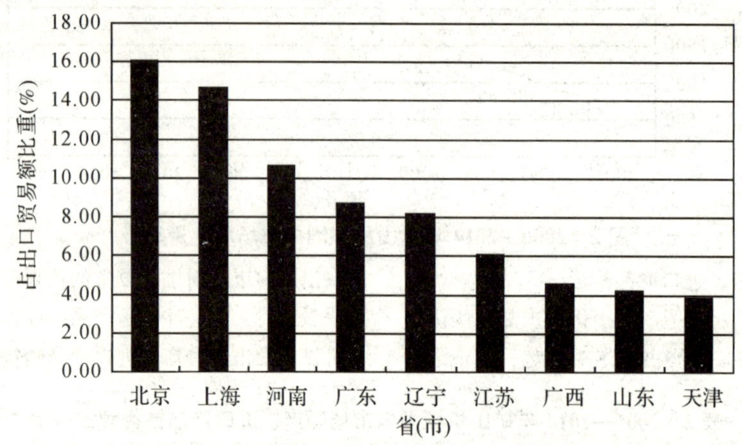

图3　2014年出口贸易额排名前十位的省（市）

注：数据来源于全国冶金矿山机械行业进出口统计年报2014。

表4　2014年矿山机械按出口按贸易方式分占出口金额的比重

序号	矿山机械出口贸易方式	占出口金额比重（%）
1	一般贸易	66.09
2	进料加工贸易	11.28
3	保税区仓储转口货物	0.84
4	对外承包工程出口货物	13.88
5	边境小额贸易	6.04
6	来料加工装配贸易	1.61
7	其他	0.26

注：数据来源于全国冶金矿山机械行业进出口统计年报2014。

2. 出口设备分析

我国矿山机械出口多年以来一直保持稳健增长。2014年度，出口金额达167 728万美元（见表3），较2013年度增长了7.2%。

其中，采煤机、凿岩机及隧道掘进机在2014年度出口激增，其出口金额从2013年的3 487万美元激增至2014年度的25 428万美元；占矿山机械全部出口设备金额比重从2013年的2.2%升至2014年度的15.2%，涨幅近7倍。主要出口地是东南亚和中东等国家，其中新加坡、马来西亚、印度、新西兰和伊朗5国的出口金额占采煤机、凿岩机及隧道掘进机全部出口金额的71.21%。

这说明，除了国内外大经济环境的影响以外，国内多数矿山机械大中型企业通过多年以来的技术创新、管理水平的不断提升及各类科研测试平台的有效运行等工作的开展，促使我国矿山机械产品的制造技术和质量水平较前些年取得了长足的进步。

〔撰稿人：洛阳矿山机械工程设计研究院有限责任公司沈剑峰　审稿人：洛阳矿山机械工程设计研究院有限责任公司邹声勇〕

物料搬运机械进出口市场分析

物料搬运机械通常包括轻小型起重设备、起重机、输送机械、装卸机械、工业车辆、仓储机械、架空索道等几类产品。根据《中华人民共和国海关统计商品目录》的分类统计，物料搬运机械所涉及的商品共有4类，用4位数字来表示的商品代码分别为8425、8426、8427、8428。8425为轻小型起重设备，包括滑车及起重葫芦、卷扬机及绞盘、千斤顶等；8426为起重机；8427为工业车辆；8428为连续输送设备、电梯、自动扶梯、架空索道等。本文中提及的物料搬运机械还包括上述4类商品的相关零部件，这部分列在商品代码8431中。全路面起重机、汽车起重机列于8705中，电动牵引车、短距离运货机动车辆等列于8709中。

一、进出口市场概述

2014年与我国进行物料搬运机械进出口贸易的国家或地区共有215个，进出口贸易总额达201.9亿美元，其中进口贸易总额为52.0亿美元，进口国家或地区为72个；出口贸易总额为149.8亿美元，出口国家或地区为213个；进出口贸易顺差为97.8亿美元。与2013年相比，进出口贸易总额同比增长7.5%，进口贸易总额同比增长14.5%，出口贸易总额同比增长5.3%，进出口贸易顺差同比增长0.9%。进出口贸易总额超过1亿美元的国家或地区共41个，超过2亿美元的国家或地区有26个，超过3亿美元的国家或地区有19个。进出口贸易总额排名前3位的国家，分别是美国21.6亿美元，德国16.7亿美元，日本11.0亿美元。2014年进出口贸易总额超过4亿美元的国家或地区见图1。

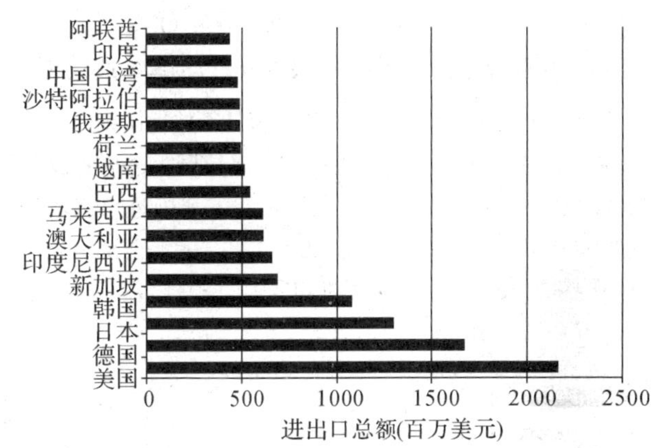

图1　2014年进出口贸易总额超过4亿美元的国家或地区

2014年进出口贸易总额排名前10位的省（市）见图2，排名前10位省（市）的进出口贸易总额为170.9亿美元，占全部进出口贸易总额的84.6%，除北京、湖南外，其他省市都处于沿海地区。

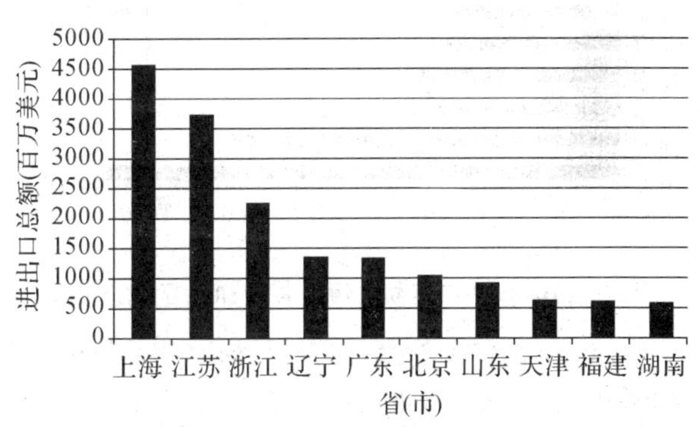

图2　2014年进出口贸易总额排名前10位的省（市）

2014年进出口贸易总额按产品分类统计分析见图3，其中起重机类进出口贸易总额最大，为48.5亿美元，占进出口总额的24.0%，贸易顺差达38亿美元。

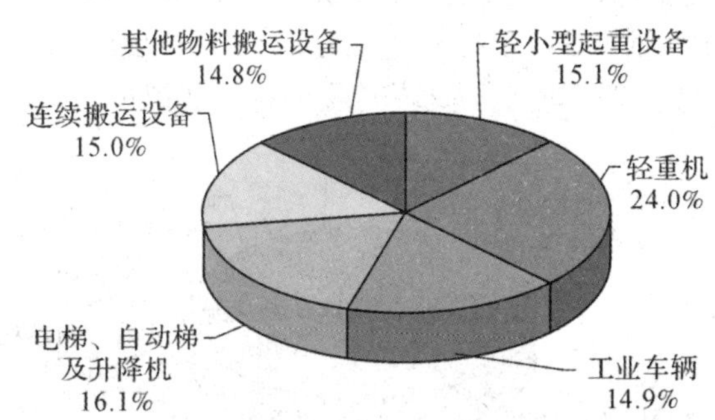

图3　2014年进出口贸易总额按产品分类统计

二、进口市场概述

2014年我国从71个国家或地区进口物料搬运机械，进口贸易总额为52.0亿美元，比2013年增长14.5%。2014年进口贸易总额排名前12位的国家或地区见图4，其中前三名分别是德国、日本、韩国，进口贸易总额分别为12.9亿美元、7.6亿美元和4.7亿美元，分别占进口贸易总额的26.3%、15.5%和9.5%。

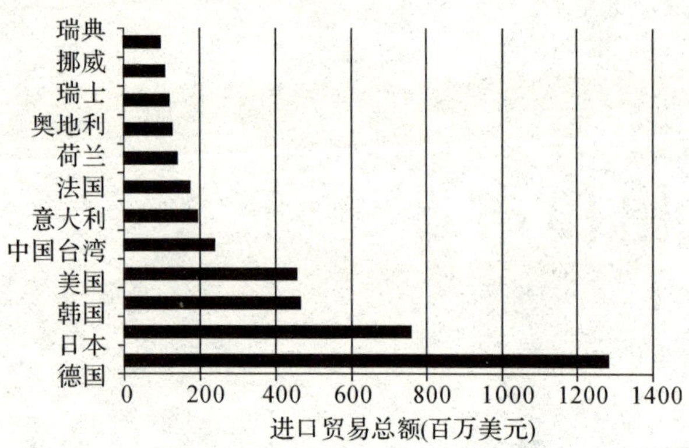

图4　2014年进口贸易总额排名前10位的国家或地区

2014年我国物料搬运机械进口贸易额按地区统计，排名前10位的省（市）主要集中在沿海地区，进口贸易额最大的是上海市，共计10.8亿美元，占全国进口市场份额的22.2%；江苏省居第二，为8.2亿美元，占全国进口市场份额的16.7%。2014年进口贸易总额排名前10位的省（市）见图5。

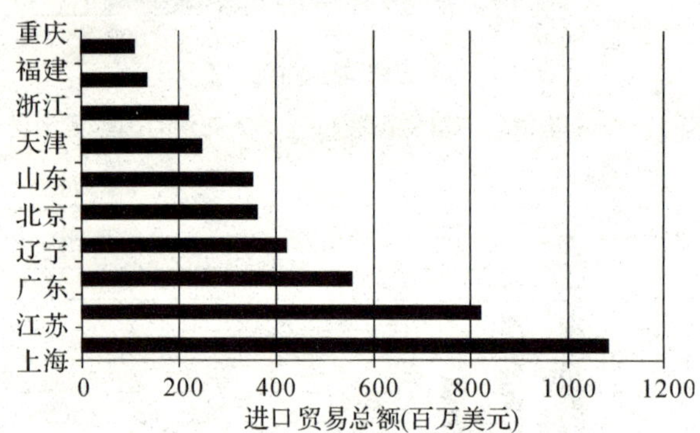

图5　2014年进口贸易总额排名前10位的省（市）

2014年进口贸易按产品进行分类统计，其他物料搬运设备排第一位，进口总额为16.6亿美元，占进口贸易总额的31.9%，包括立体仓库设备、机械停车设备、机场专用设备及未列名设备和相关零部件等；连续搬运设备排第二位，进口总额达到12.7亿美元，占进口贸易总额的24.5%。2014年进口贸易按产品分类统计见图6。

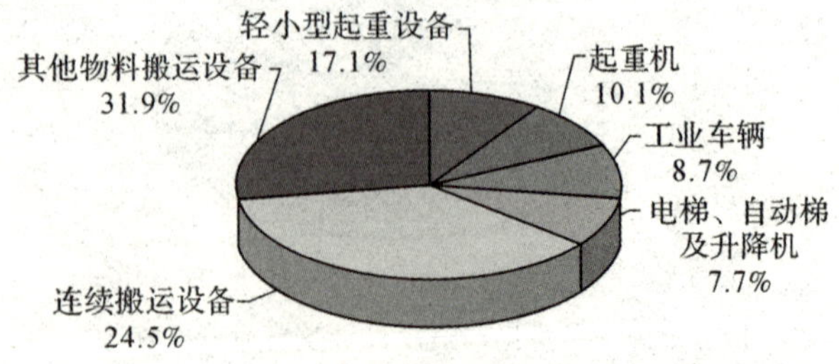

图6　2014年进口贸易按产品分类统计

2014年进口贸易按贸易方式分类统计见图7。从图中可以看出，一般贸易是我国物料搬运机械进口贸易的主体。

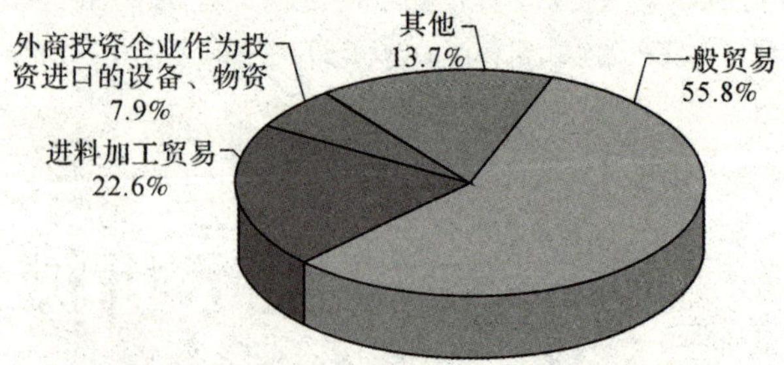

图7　2014年进口贸易按贸易方式分类统计

2014年进口贸易按企业性质分类统计见图8。图8中数据表明，外商独资企业、中外合资企业和国有企业是进口贸易的3大板块，其中外商独资企业所占比例最大为31.7%，但私人企业所占比例则从2003年的4%增至2014年的12.3%，表明了私人企业对高端物料搬运机械的需求在不断增长，逐渐成为进口市场的重要组成部分。

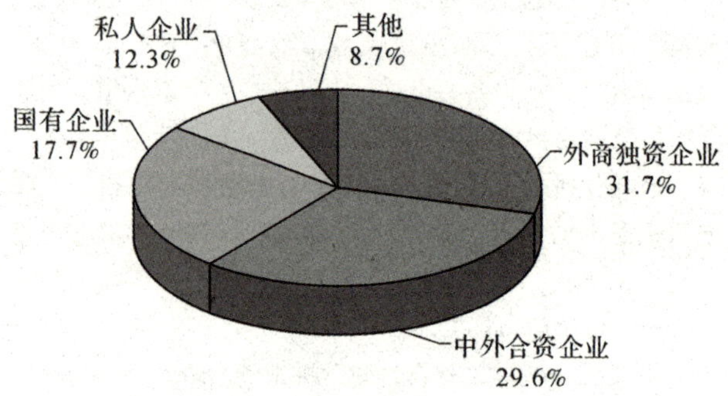

图8　2014年进口贸易按企业性质分类统计

三、出口贸易概况

2014年我国物料搬运机械产品出口到213个国家或地区，出口贸易总额为149.8亿美元，同比增长5.3%，其中，出口贸易额超过1亿美元的国家或地区共31个，出口贸易额超过2亿美元的国家或地区共22个，出口贸易额超过3亿美元的国家或地区共15个，2014年出口贸易总额超过3亿美元的国家或地区见图9。其中，出口贸易额最大的是美国，出口额达16.0亿美元，占总出口额的11.2%，印度尼西亚居第二，出口总为6.3亿美元，占出口总额的4.4%。

2014年出口贸易额超过1亿美元的发展中国家见图10。

2014年我国出口贸易额排名前10位的省（市）见图11。其中，上海出口贸易总额达34.8亿美元，占全国出口贸易总额的24.3%，排名前3位的上海市、江苏省、浙江省的出口总额占全国的59%。

2014年出口贸易按产品分类统计见图12，出口额最大的是起重机，共计43.3亿美元，占出口总额的28.9%。

2014年出口贸易按贸易方式分类统计见图13。从图13中的数据可以看出，我国出口贸易主要为一般贸易和进料加工贸易。

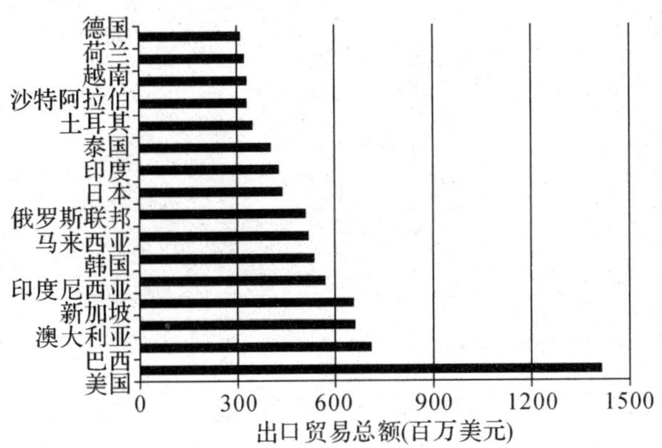

图 9　2014 年出口贸易总额超过 3 亿美元的国家或地区

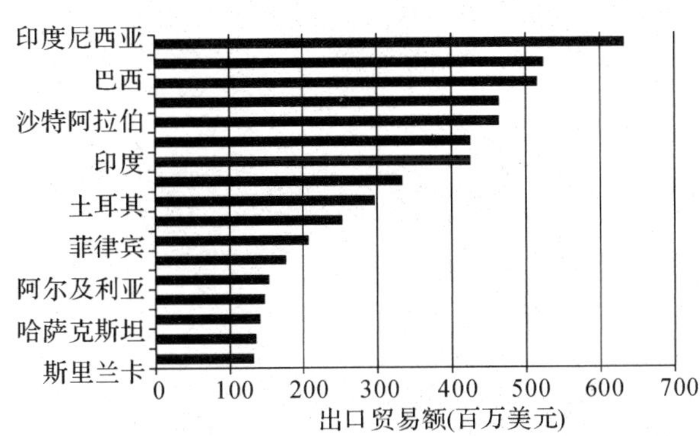

图 10　2014 年出口贸易额超过 1 亿美元的发展中国家

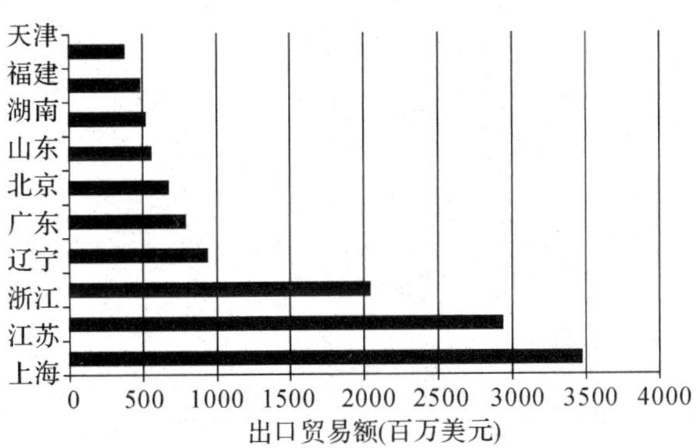

图 11　2014 年我国出口贸易额排前 10 位的省（市）

2014 年出口贸易按企业性质分类统计见图 14。

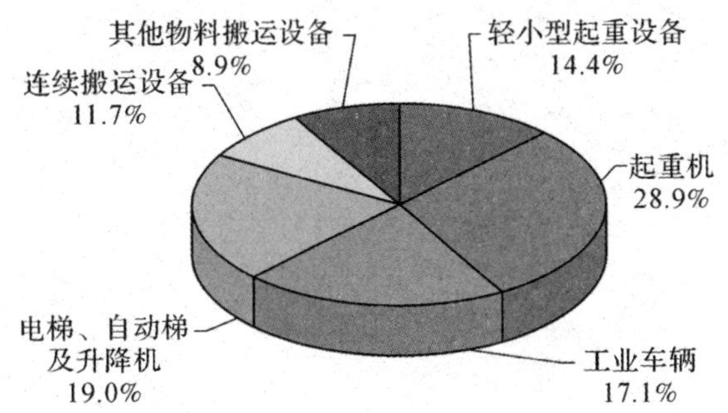

图 12　2014 年出口贸易按产品分类统计

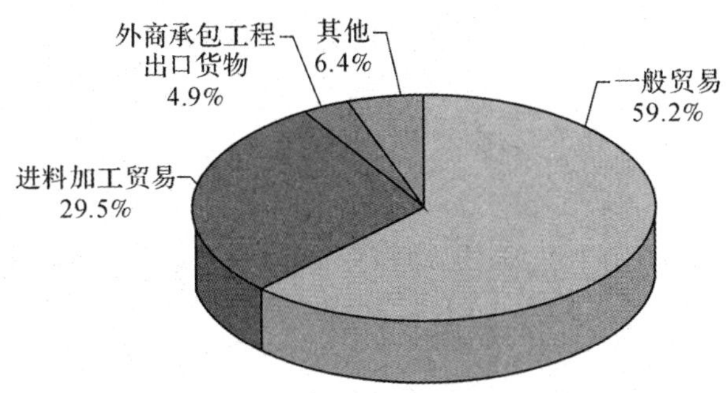

图 13　2014 年出口贸易按贸易方式分类统计

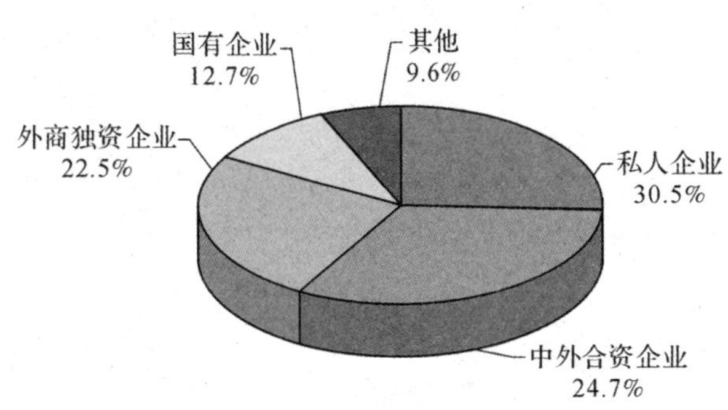

图 14　2014 年出口贸易按企业性质分类统计

〔撰稿人：中国重型机械工业协会物料搬运工程设备成套与服务分会肖立群　审稿人：中国重型机械工业协会徐善继〕

2014年重型机械行业主要企业运行情况，重点企业经营理念、文化建设及发展规划

Mainly enterprises' operating situations, business concepts, cultural development and development programs in the heavy machinery industry in 2014

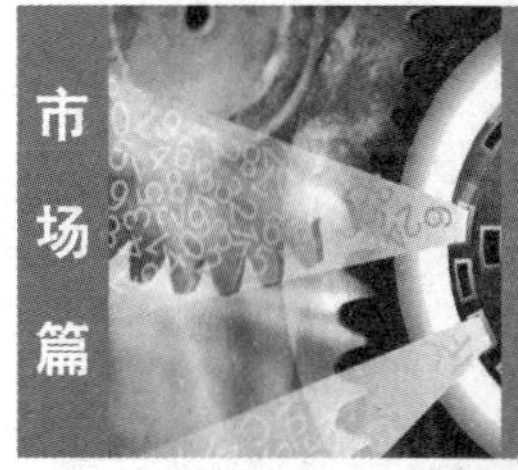

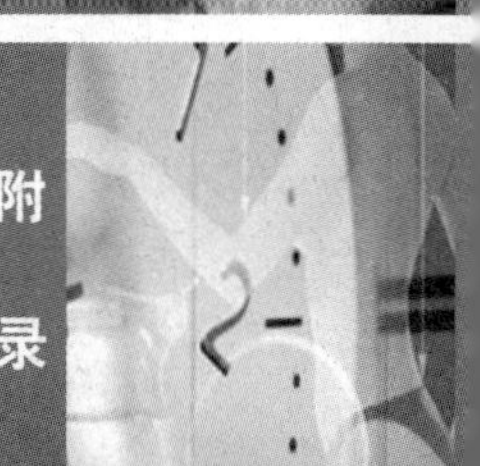

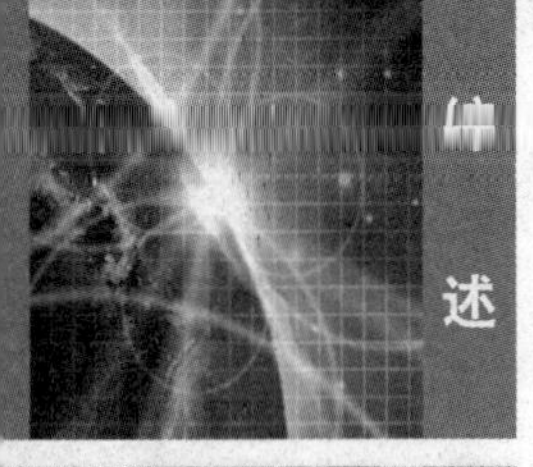

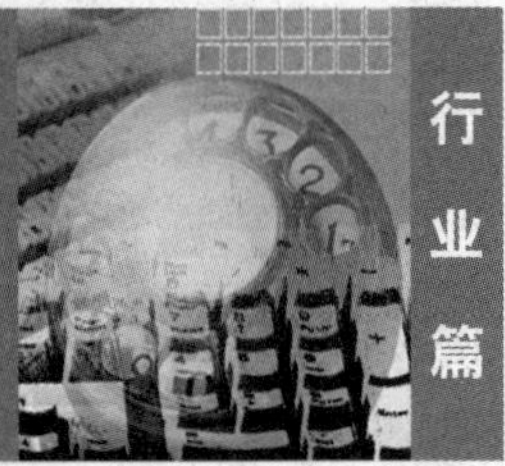

企业篇

企业介绍

企 业 介 绍

中国第一重型机械集团公司

一、企业基本情况

中国第一重型机械集团公司（简称一重）按照集团化、事业部化、内部市场化的改革要求，制定并实施了事业部制深化改革方案，撤并了营销事业部、冶金工程事业部、海洋工程事业部、轧辊电站事业部，并将原来由集团公司管控的部分生产、经营等相关权力下放，在全公司范围内初步形成了事业部制的管理格局。推进了厂办大集体企业改制，积极筹划了集体企业改制的启动、评估、审计、协调等有关工作。

二、生产发展情况

2014 年，一重全年实现营业收入 113 亿元，亏损总额 0.93 亿元，商品产量 18.87 万 t，国有资产保值增值率 98.9%。2014 年主要产品产量见表 1。

表 1　2014 年主要产品产量

序号	产品类别	产量（t）
	合计	188 697
1	冶金成套设备	56 701
2	核能设备	2 859
3	重型压力容器	18 969
4	大型铸锻件	12 994
5	锻压设备	6 636
6	矿山设备	681
7	其他	89 857

受全球经济形势影响，国内外经济形势复杂多变，行业运行态势持续低迷。利润减少主要是受本行业和所服务的行业产能双重过剩的影响，机械行业竞争激烈，导致产品价格下降、订单不足。

三、市场经营及销售情况

一重产品以国内重型机械制造为主，主要包括：冶金成套设备、核能设备、重型压力容器、大型铸锻件、锻压设备、矿山设备等。2014 年，受产品结构变化的影响，除核能设备产品的产量、销量较上年有所增加外，其他产品均出现不同程度下降。2014 年主要产品销售收入见表 2。

表 2　2014 年主要产品销售收入

序号	产品类别	收入（万元）	比重（%）
	合计	1 130 786	
1	冶金成套设备	238 159	21.06
2	核能设备	111 523	9.86
3	重型压力容器	128 268	11.34
4	大型铸锻件	106 600	9.43
5	锻压设备	15 747	1.39
6	矿山设备	3 797	0.34
7	其他	526 692	46.58

面对市场萎缩、产品利润下滑的不利形势，一重积极采取措施，组建了新的营销机构，及时调整了经营策略，在部分项目上取得了成绩。

四、科技成果及新产品情况

2014 年，一重积极推进新产品开发，低温堆反应堆压力容器关键工艺研究、CAP1400 反应堆压力容器研制等课题实现首台套产品制造，700℃超超临界镍基合金转子研制完成吨级试验件性能评价，陆上直驱 3MW 风电机组进入样机制造，一批基础理论研究课题取得进展。

2014 年重开发研制的重大科技成果及当年获省市以上科技成果奖项目见表 3。

表 3　2014 年一重开发研制的重大科技成果及当年获省市以上科技成果奖项目

序号	项目名称	完成年月	主要性能参数及技术内容简介	成果水平	负责单位参与单位
1	CAP1400 核电反应堆压力容器大型关键锻件	2015 年 12 月	发明了带 Quick - loc 管的一体化整体顶盖锻件旋转仿形制造技术，进一步提高了顶盖整体质量，可降低成本、缩短制造周期 发明了高强韧性一体化接管段的新型热处理工艺技术，显著提高了一体化接管段锻件的韧性，确保了锻件性能的一次合格率等	国际领先（阶段性成果鉴定）	中国第一重型机械股份公司（负责）

（续）

序号	项目名称	完成年月	主要性能参数及技术内容简介	成果水平	负责单位参与单位
2	中国一重大型铸锻件制造技术创新工程		建设成世界最大的大型铸锻件制造基地。通过工程建设，锻件产能提高60%，能耗降低27%；形成一次提供钢水800t，最大铸件500t、锻件450t（提高40%），年产铸件6万t（提高50%），锻件24万t（提高60%），工业炉余热利用率45%的世界第一大型铸锻件制造能力	国家科学技术进步奖二等奖	中国第一重型机械股份公司（负责）
3	百万千瓦级核反应堆压力容器研制	2013年12月	主体材料开发出钢水纯净度控制、大型变截面异型筒体类锻件成形、一体化大型封头类锻件全流线整体锻造、异形复杂锻件和特厚锻件热处理等创新技术 开发出自动化、高质量、高效率、高精度的Quickloc结构自动焊接技术 开发出自动化、高精度的接管与安全端异种金属超声波检测技术等	黑龙江省科学技术进步奖一等奖	中国第一重型机械股份公司（负责） 东方电气（广州）重型机器有限公司（参与） 上海电气核电设备有限公司（参与）
4	大型先进压水堆核电核岛主设备超大型锻件研制及工程应用	2012年12月	创新地提出了低Si控Al钢制造技术，解决了锻件高纯净度要求的难题 首次采用了双端不对称同步压下变截面筒体类锻件成形技术，解决了大型非对称筒体类锻件的成形难点，提高了锻件质量和材料利用率 开发了带接管一体化大型封头类锻件旋转仿形整体锻造技术，提升了锻件整体质量等	中国机械工业科学技术进步奖特等奖	中国第一重型机械股份公司（负责） 二重集团（德阳）重型装备股份有限公司（参与） 上海重型机器厂有限公司（参与）
5	56 000kN串联式机械压力机汽车覆盖件冲压生产线	2013年12月	该机组由5台压机组成，通过研发离合器制动器上举和主轴前抽结构，实现了压力机间的超小间距串联，为提高自动化生产节拍创造了条件 开发的板冲机械压力机设计助手软件，可以对六连杆和偏心式压力机杆系、主传动齿轮、压力机刚度、可释放能量、许用偏载、主辅电机选型、拉杆预紧、轴承与轴套选型，进行快速优化设计与分析，开发了压力机的干涉检查技术，大大提高了压力机设计开发的速度和质量，以及压力机的精度和可靠性等	黑龙江省科学技术进步奖三等奖	中国第一重型机械股份公司（负责）
6	810mm扁钢可逆热连轧机组研制及工程应用	2013年11月	该机组是国内自主研发的首台模具钢热连轧轧制机组，实现了1台机组轧制覆盖厚度为5～300mm，宽度为105～880mm的宽泛产品轧制。开发了大开口度、大轧制力、高刚度四机架连轧机组，其立辊轧机可以对扁钢边部进行大压下量轧制等	中国机械工业科学技术进步奖二等奖	中国第一重型机械股份公司（负责）

五、产品质量及标准工作情况

继续加强质量管理，狠抓过程控制，进一步完善了质量体系，产品质量稳中有升；完成了堆内构件、特种设备（压力容器）制造资格证的取证换证工作；完善了质量管理信息化建设。

六、技术改造情况

2014年固定资产投资实际完成57 115.27万元。紧紧围绕“突破传统思维、推进转型升级和专业化生产”，推进了流程工艺再造项目从广度和深度上的扩展，在热加工、冷加工、核电锻件专业化、公辅设施等方面取得阶段性成果，为产业链的延伸提供了基础条件，进一步提高了主体工艺设备的生产效率，稳定了产品质量；加强了大连核电、石化容器制造基地和天津滨海制造基地等建设项目的管理工作。

七、对外合作情况

通过技术引进，一重已系统地消化吸收了永磁直驱风电机组设计和制造技术，掌握了相关核心设计、计算方法，完成了样机制造，将实现小批量生产。

八、企业发展存在的主要问题

(1) 缺乏系统解决方案能力。一重是传统的装备制造国有企业，建成于计划经济时代，专注于制造，处于价值链的最低端。在经济全球化的发展形势下，与欧美等发达国家相比，缺乏为用户提供全面系统解决方案的能力。

(2) 缺乏足够的国际市场竞争力。一重技术装备滞后，在国际竞争中技术优势不明显。而装备制造业的竞争力主要依赖于长期积累的技术优势，国外冶金市场对我国冶金装备制造业的认可程度低，为一重开拓国际市场增加了难度。

(3) 缺乏支撑发展的创新产品。新产品的开发、新技术的应用没有跟上企业发展的要求，导致新产品开发进展缓慢。

(4) 商业模式创新欠缺。计划经济给一重打下了深深烙印，企业仍然没有完全脱离工厂制管理模式。“制造型”企业特征突出，亟须向制造服务型企业转变。

(5) 缺乏新的经济增长点。一重一直坚持在重型装备制造业的主业范围内发展，但在金融危机和市场环境剧烈变动时，市场形势下滑明显，对一重冲击影响巨大。实践证明，实现一重的可持续发展，必须开辟新的途径、抓住新的机遇、拓展新的生存空间，形成新的利润增长点。

〔撰稿人：中国第一重型机械集团公司杨先仙 审稿人：中国第一重型机械集团公司万靖君〕

中国第二重型机械集团公司

2014年，中国第二重型机械集团公司（简称中国二重）深入贯彻党的十八大和十八届三中、四中全会精神，在国务院国资委、国机集团的正确领导下，紧紧围绕扭亏脱困中心工作，以“从严管理入手，抓订单、降成本、重质量、促发展”为重点，外抓市场，内抓改革，在全面制定扭亏脱困方案的同时，确保了经营生产的总体平稳和职工队伍的稳定，为打响中国二重扭亏脱困总攻战役做好了准备。

一、生产经营情况

2014年，面对常规发电设备、冶金矿山设备、重型机械等公司主导市场继续处于需求低迷的状态，中国二重通过强化内部挖潜、外抓市场等措施，完成了冶金、化工压容、电站产品为代表的一批重大技术装备的研制和出产。全年完成工业总产值52.1亿元，比上年下降3%；机器产品产量10万t，比上年下降12%；钢水产量15.9万t，比上年下降16.5%；完成销售收入45.5亿元，比上年下降14.8%；亏损83.6亿元，继续大幅亏损。全年新增订货47.7亿元，比上年下降37.2%，预示着2015年生产任务缺口继续加大。2014年主要产品销售情况见表1。

表1　2014年主要产品销售情况

产品名称	销量（t）	销售额（万元）
合计	107 535	368 179
冶金设备	42 456	98 314
传动设备	1 662	6 239
石油化工压力容器	7 353	36 287
大型电站铸锻件产品	27 441	101 094
设备备件	4 091	12 110
船用件	7 074	10 028
模锻件	1 942	25 161

在抓市场方面，公司采取差异化营销策略，强化“质量、成本、交货期”三大市场竞争要素的管控。同时，借助国机集团的力量，增强客户对公司持续经营的信心，承接了四川友麒2 900mm复合板轧机、燕钢1 580mm热连轧机、核电福清5号机组主管道、巴基斯坦K3主管道和中海油惠州、山东天虹两个加氢反应器合同等合同。在市场竞争处于白热化的铸锻件产品市场上，稳固与电站主机厂和船舶企业的合作关系，签订战略采购协议。全年实现冶金成套订货8亿元、核电石化产品订货7亿元、铸锻件订货11亿元。

在内部协同方面，公司按照国机集团的总体部署，深化同集团内相关企业的合作关系和业务对接，先后与CMEC、中工国际、中国电工、中元国际、中重院、中国机床、中国建设、中国海航、重材院等工贸企业建立日常联系机制，互通信息。通过近一年的工作，伊拉克、伊朗等中东地区的客户对中国二重的冶金设备、水泥设备有了深刻的了解。特别是在伊拉克卡拉乔日产6 000t水泥生产线项目上，中国二重成功分包制造了立磨产品，首次实现水泥设备出口。同时，与CMEC就塞尔维亚4 000万t露天煤矿的技术咨询达成合作意向，与中国重型机械研究院股份公司就广东阳江1450热轧项目开展了技术合作，与重材院就核电材料研制达成合作意向。全年实现业务协同订货7.3亿元。

在加强货款回收方面，指定专人负责应收账款的催收和清对，重点检查、落实长账龄债权回收额，制定应收账款催收考核办法和奖励制度，有效地促进了货款回收，年末应收账款余额下降至48亿元。针对订单不足、结构失衡、采购资金极度紧张等难点，公司统筹安排，积极争取国机集团的资金支持，保投料产出，保生产节点的实现，最大化地满足了客户需要。同时，加强售后服务管理，完成重钢等项目问题整改 24 项，售后服务形象得到提升，在很大程度上挽回了客户对公司的信任危机，并有力地证明了公司持续经营和履约的能力。

二、技术开发取得突破

2014 年，公司着力在高端装备、新能源、节能环保、新材料四大新兴产业进行长线产品布局转型，形成“成套装备、大型铸锻、核电石化、航空模锻”四大支柱产业，并围绕传统优势产品和新兴产业领域，制定了长线产品目标规划，制定了保障长线产品研发的组织保障措施。

继续寻求进入海洋工程装备等高端装备制造新领域。跟踪了大量自升式海洋平台订货信息，实现了国内第一套自升式海洋平台锁紧装置齿轮箱的交货；积极寻求合作研制自升式海洋钻井平台，论证利用镇江基地制造海工装备资源的可行性，盘活镇江基地资产，寻求适合镇江基地的长线产品。

继续加强核电锻件及成套产品研制。AP1000 压力容器、蒸发器等全套锻件都成功完成了产品研制，国内第一件 AP1000 水室封头研制顺利发货，完成 ACP1000 蒸发器、稳压器全部锻件的投料，CAP1400 堆芯补水箱研制项目已经完成了锻件合格制造；CAP1400 获得国家科技专项立项，并获得国内首套订单，ACP1000 主管道已经开始锻件投料；CAP1400 锥形筒体已获得国家科技专项立项，并与东方集团签订了供货合同。

继续围绕超大超厚、薄壁焦炭塔等新型重型容器进行研制。薄壁焦炭塔容器已成功完成研制并交付用户，国内目前最大的双超反应器惠州石化项目进展非常顺利，投料的反应器筒节等全部锻件，性能检验全部合格，已进入容器焊接阶段。

大型铸锻件产品开发也取得了很大进展。东汽 G50 第二种型号压气机合金轮盘锻件已经交货用户，透平机高温合金轮盘锻件已经确定在中国二重制造；CAP1400 常规岛发电机转子已完成产品研制并交付用户，汽轮机转子评定件正在进行解剖试验；620℃超超临界汽缸铸件成功完成了产品研制，并通过了用户的鉴定，620℃超超临界转子试验件已进行锻件投料，为产品研制进行了技术储备；成功获得西门子铸件订单。

围绕大型矿山挖掘机等成套设备新产品开发做了大量的工作。目前基本完成大型露天煤矿设备、矿用磨机、钢渣微粉生产线设备等成套设备的设计开发，围绕矿山新产品市场与用户进行了大量的市场交流，力争实现首台（套）订单。

大型航空模锻件研发也取得了初步成果。紧紧抓住国家大飞机计划实施的战略机遇，重点抓好商用飞机、大运机、现代战机等机型起落架、钛框、涡轮盘等重点模锻件产品的研发，充分利用 800MN 模锻压机装备能力，成功试制了多种型号的大型航空模锻件。同时积极争取美国波音公司、法国赛峰公司、加拿大庞巴迪公司等国外航空制造商的转包航空锻件研制，并着手准备研制开发燃气轮机轮盘及蒸汽机的叶片等产品。

加强与国机集团相关院所技术合作，寻求产品技术合作。公司已与蓝科高新、合肥通用研究院、重庆材料研究所等技术院所就技术合作项目进行了交流。相关院所愿与中国二重在某些大型石化装备领域进行联合投标，共同联合申报国家有关科技专项，探讨共同争取国外的石油化工成套项目。

继续积极争取关键技术及新产品研发的国家政策支持。先后申请了“核电新材料及成套装备国产化研制，推进核电设备走出国门”“极限制造重型石化成套设备研制”“国防和民用航空高端大型模锻件产品研制”等国有资本金预算项目。同时积极争取四川省科技厅、经信委系统对科技专项的支持。

三、抓关键技改投资

2014 年，中国二重固定资产投资项目主要围绕提高公司主业产品的制造能力和水平，降低原材料及能源消耗，调整产品结构来进行，抓在建、抓收尾工程，集中公司有限的资金，重点解决影响经营生产的瓶颈。全年累计完成固定资产投资额 4.01 亿元，投资完成额较上年下降了 42.8%。重点围绕在建的技改项目，抓紧实施了“疏通发展高端瓶颈”“8 万 t 大型模锻压机”等重点工程，完成了对德阳和镇江两个基地“新核电”“风电二期”等 7 个在建技改项目的清理和后续建设规划，制定出成都中心和镇江基地的资产处置方案，针对低效无效资产和已完成项目开展专项清理与评审，为减负运行打下基础。

四、质量管理提升取得成效

公司狠抓质量体系建设：制定了《质量领先战略》规划；按公司调整理顺要求重新编制了军民品、核电和压力容器三大体系手册和 170 个程序文件；组织开展了大规模的教育和培训活动，全年共组织与质量有关的培训活动 300 多次，近 8 000 人次接受了相关质量培训和技能训练；通过强化基层质量管理能力建设，推进标准化作业模式深入一线。强化质量系统改进工作，确保体系不断完善：组织开展了体系审核和过程审核工作，全年共开展三次体系审核和两次过程审核，有效地促进了过程管理水平的提升。全面梳理质量瓶颈，积极开展技术质量攻关，实施了以“全面提升热加工技术质量水平工程”为代表的一系列产品质量提升工程，建立和实施了质量问题“三不放过”原则落实机制，推进了质量问题的“归零管理”。

通过实施质量提升工程，产品实物质量符合性水平总体提升明显。铸锻件和结构件等质量问题发生率平均较以往降低了 20% 左右，全年公司投产的真空锭锻件 UT 合格率达到了 97.6%，确保了废品损失率的有效降低。

五、推进企业改革发展

在保持生产经营持续经营的同时，积极推进内部改革，做好中国二重改革振兴重点工作。国机集团成立了中国二重改革振兴领导小组和工作小组，制订了公司深化改革实施意见，确定了科技创新、评价考核等17个改革方向，明确了改革的指导思想、目标任务和实施路径，确定了12项重点工作；制定了"扭亏脱困总体实施方案"，实施体制改革，加快布局结构调整；围绕做精做专做优主业，组建了5个独立业务单元，实施独立法人或模拟利润主体运作；实现精简总部管理部门11个，人员从1 241人减至615人，通过提前退养等措施分流2 600多人；积极推进干部人事改革，二级单位领导人员较上年减少17%，其中主体部分中层干部减少20%。

［撰稿人：中国第二重型机械集团公司杨毓银 审稿人：中国第二重型机械集团公司魏巍］

太原重型机械集团有限公司

一、企业基本情况

太原重型机械集团有限公司（简称太重集团）前身为太原重型机器厂，始建于1950年，是新中国自行设计、建造的第一座重型机械制造企业。公司2005年进入中国制造业500强，2006年获得"全国五一劳动奖状"，2008年跨入百亿企业行列，自2011年开始，销售规模始终位于我国重型机械行业首位。

太重集团装备制造水平先进，自主创新能力卓著，是全国"创新型企业20强"之一，拥有冶炼、铸造、锻造、热处理、焊接、机加工、总装调试、检测计量和包装运输等配套齐全的装备研发制造能力；其技术中心在国家认定企业技术中心中排名第9位，居同行业第1位。

在雄厚的技术实力和先进的装备水平下，太重集团在冶金、矿山、发电、交通、化工、建筑、新能源、航空航天等领域为全球二十多个国家和地区的客户提供优质的产品与服务。截至目前，太重集团已为上述领域，尤其是为国家重点建设项目提供了两千余种、近三万台（套）装备产品，涵盖了起重设备、轧钢设备、锻压设备、油膜轴承、挖掘设备、煤炭机械、焦化设备、煤化工设备、铁路轮轴产品、齿轮传动系统、电控系统、液压元器件及系统、航天发射装置、舞台设备、大型和精密铸锻件等诸多门类，先后获得国家级发明奖4项、国家级成果奖26项、国家科技进步奖22项，创造了420余项国内外第一，被誉为"国民经济的开路先锋"。

二、生产经营情况

1. 总体情况

2014年国内外宏观经济形势没有明显好转，经济下行压力持续加大，装备制造业及其服务的煤炭、冶金等行业产能过剩，市场需求不足，整个行业规模、效益继续下滑。太重集团积极采取措施，持续加强新产品研发，不断提升精细化管理水平，在传统产品需求不断减少的情况下，积极拓展轨道交通、新能源、海洋装备等新产品、新领域，确保了行业领先地位和市场份额。

2. 主要指标完成情况

太重集团2014年完成营业收入230亿元，工业总产值165亿元，工业增加值19.4亿元，新增订货276亿元，回收货款235亿元，保持了相对平稳的发展趋势。2014年分类产品产量、产值完成情况见表1。

表1 2014年分类产品产量、产值完成情况

产品类别	产值（万元）	产量（t）
轮轴产品	390 213	238 296
矿山设备	355 073	89 223
起重设备	91 470	27 871
轧钢设备	145 703	57 224
锻压设备	72 280	14 115
风电设备	140 001	35 975
焦炉设备	100 001	23 169
液压产品	65 577	34 203
铸锻件	85 893	41 655

各类产品中，传统的矿山、轧钢、起重、锻压等产品产值、产量继续下滑，而转型领域的轮轴产品、风电等产品发展较快。

3. 市场情况

从国际看，世界经济仍处在国际金融危机后的深度调整期，总体复苏的疲弱态势没有明显改观，发展中国家的基础设施建设带来一定的市场空间，2014年完成出口交货值13.6亿元，比上年增长36%。

从国内看，我国经济正处于增速速度的换档期、结构调整的震荡期以及前期刺激政策的消化期。经济发展进入新常态，经济发展动力正在从传统增长点转向新的增长点。国内经济下行压力以及煤炭、钢铁等传统行业产能相对过剩的矛盾没有明显改善，整个行业面临的形势依然严峻。同时，我国新型城镇化建设、能源革命、海洋强国以及工业强基工程等一系列战略举措的实施，为太重集团轨道交通、新能源、海洋工程、高端液压等产品领域带来较好的发展机遇。

三、科技成果及新产品情况

太重集团研发实力不断提升，技术中心在全国835家排名上升到第9位，位列重型机械行业首位。2014年太重集团共申请专利196项，授权181项，其中发明专利授权42项。"WK系列大型矿用机械正铲式挖掘机""干熄焦提升机系列研制”“新型双动短行程铝挤压机研制”“高效、高质、节能低耗型大棒 U/V 翻转冷床”“SGZ730/400 薄煤层刮板输送机”等获得省部级以上科学技术奖励 6 项。制定国家标准 1 项，行业标准 3 项。在第一批国家技术创新示范企业考评中，太重集团位居首位。

太重集团按照公司重点发展的六大领域，按照“生产一代，研发一代，储备一代”的研发思路，继续加大科技投入力度，积极调整产品结构，充分发挥技术创新优势，围绕煤炭矿山、冶金、新能源、轨道交通、工程机械、海洋装备等领域积极推进新产品开发步伐，为公司转型跨越发展奠定了坚实的基础。

轨道交通领域：已具备轨道交通全谱系车轮、车轴、齿轮箱及轮对集成产品的专业化研发、制造、检修和服务能力。

煤炭与矿山领域：完成了 1600 型双齿辊破碎机、8 200t/h 配重臂下置式排土机、730 kW 急倾斜电牵引采煤机、PLM4500 锤式破碎机的开发和 $22m^3$ 液压挖掘机的调试改进工作。智能型电牵引采煤机、综采成套装备智能系统顺利通过技术验收和项目总验收，被工信部评为“智能制造装备应用优秀示范项目”。

新能源领域：完成了国内最大 6MW 风机，1.5～3MW 低风速风机，CAP1000、CAP1400 核电环吊的设计开发。风电已形成系列化整机及增速器产品，具备 EPC 工程总包能力，整机实现远程监控。

工程机械方面：完成了 TZC400 履带起重机、TZM260 全地面起重机设计开发。形成了履带、全地面两大系列化产品。

高端液压领域：高压柱塞泵、高压液压阀、高频响比例阀、T6 系列高压叶片泵、内啮合齿轮泵等主要规格高端液压产品完成样机开发，军工柱塞泵、马达完成试制，风电液压系统、齿轮箱冷却润滑系统进入样机调试阶段。

四、产品质量不断提高

在市场竞争加剧、产品价格下滑的情况下，太重集团保证产品质量过硬、售后服务到位，健全问题处理机制和用户回访制度，以优良品质、优质服务，树立了良好的品牌形象。2014 年完善产品质量管理、产品出厂验收等管理办法，山西省质监局对太重集团部分产品抽检合格率为 100%。公司领导带队对中广核进行专题拜访，完善了公司核电管理机制和流程，得到用户的广泛认可。

五、技术改造情况

太重集团 2014 投资计划为 10.23 亿元，全年实际完成投资 11.99 亿元，完成计划的 117.23%。其中省重点项目计划完成 6.2 亿元，按项目计划有序推进，占集团公司当年完成投资的 60.6%。太重集团使用的主要能源为焦炉煤气、天然气、电力，产品单耗每年保持下降，至 2014 年，已完成“十二五”节能目标 89.1%。

六、企业发展中存在的问题

(1) 传统产品市场需求不足。受传统产业产能过剩影响，新增订货同比下降，降幅较大的有冶金钢铁行业的大型冶金起重机、大型轧钢设备及煤炭产业的煤机产品、矿山设备等，市场需求明显减少，订货信息极少，排产缺口较大，生产任务不足。

(2) 市场竞争激烈，产品价格保持低位。2014 年市场环境继续恶化，竞争日趋激烈，竞相压价仍然是企业主要竞争手段。新增订货价格继续保持低位，部分传统产品价格仍在下滑。虽然原材料、配套件采购价格也有下降，但不足以弥补价格下降对利润的影响，企业经营压力仍然较大。

(3) 资金紧张。在当前的经济环境下，各企业资金均出现紧张情况，回款更加困难，回款中现金占比减少。部分用户要求推迟交货、大型成套项目和新产品试制垫资等因素都造成企业资金周转缓慢。应收账款、存货等指标在公司全力控制下已有所下降，但仍处高位。同时带息负债规模不断增长，贷款利率普遍上浮，全年利息支出比上年增长 33%，进一步增加了企业运行成本和运行风险。

(4) 大项目投资还没有形成规模效益，新产品开发推广仍需提速。太重集团在“十二五”前期进行了大规模的技改投资，目前大项目已陆续投产。涉及新领域的新产品正在抓紧开发和市场推广，但是受市场需求不足的制约，以及重型矿山行业新产品的开发、研制、改进、市场推广周期较长的特点，部分项目短期内产能无法充分释放，还没有形成规模效益。

面对复杂的经济形势和市场环境，太重集团将继续秉承“为我先锋”的企业理念和“自力图强，求实创新，团结奉献”的企业精神，全力打造成本优势、发展优势、领先优势和品牌优势“四个竞争优势”，继续向公司的战略目标迈进，努力成为世界一流的装备制造企业集团，推动中国装备制造业继续向前发展，用一流的装备产品和装备服务与社会各界共创美好未来。

〔撰稿人：太原重型机械集团有限公司尤振林　太原重型机械集团有限公司朱玉胜〕

大连重工·起重集团有限公司

大连重工·起重集团有限公司是我国重型机械行业大型重点骨干企业和新能源设备制造重点企业，是“国家创新型企业”和首批“国家技术创新示范企业”。2011 年 12 月 27 日，企业实施重大资产重组成立的控股子公司大连华锐重工集团股份有限公司（简称大连重工）在深交所上市（证券代码：002204；证券简称：大连重工）。大连华锐重工集团股份有限公司拥有大连重工·起重集团有限公司除华锐风电股权之外的所有装备制造业经营性资产、负债、业务及人员。

2014年装备制造业发展呈现三大特点：一是，美国、英国、德国等发达国家纷纷将制造业振兴作为重要战略，导致我国对装备产品高端核心技术引进更加困难，倒逼企业进行自主创新；二是，传统领域需求持续低迷，新增需求正在向“环保、绿色、集约、高效、智能”的方向转型，主要依赖成本的增加及环境约束，过渡依赖劳动力和资源、能源发展的粗放型增长方式将不可持续；三是，重整机、轻配套、轻基础技术工艺的局面亟需改变，目前主机产业基本成熟，主要围绕如何“走出去”做文章，而配套相对薄弱，急需在新工艺、新材料、关键部件上实现突破。这为企业带来难得的发展机遇和新的发展空间。大连重工积极应对，坚持“打造国际一流的装备制造企业集团”的目标不动摇，坚持“人才集聚、创新升级、产融并举、高质发展”的战略不动摇，坚持走“独、特、专、新”的企业发展道路不动摇，以技术为先导，创新为驱动，抓机遇，迎挑战，全面提高经济运行质量，加强企业管理，推进技术升级与产品开发，推动企业实现了平稳持续发展。2014年大连重工实现营业收入82.4亿元，销售收入80.1亿元，利税总额3.4亿元。

一、生产发展

2014年企业实现工业总产值960 993万元，工业增加值199 704万元，主要产品产量268 317t，经济运行平稳健康。2014年企业生产完成情况见表1。

表1　2014年企业生产完成情况

指标项目	单位	完成数
工业总产值（当年价）	万元	960 993
商品产值（现行价）	万元	952 180
工业增加值	万元	199 704
销售收入	万元	801 393
产品产量	t	268 317
起重机械	t	31 966
装卸机械	t	38 217
港口机械	t	24 707
冶金机械	t	47 729
矿山机械（含盾构机）	t	829
风电设备	t	2 577
船用设备	t	7 122
工程机械	t	1 755
其他机械设备	t	33 041
工矿配件	t	80 374

二、市场经营及销售

国际化经营迈上新台阶。按照国际标准为澳大利亚罗伊山铁矿项目制造的13 700t/h固定堆料机和14 400t/h取料机完成模块化总装和发运，开创了我国大型散料装备模块化总装的先河，大型散料装卸和港口机械跻身于世界顶级散料装卸设备供应商行列。出口巴基斯坦卡拉奇核电站的2台重205t、跨度45m的核环吊满足中核、广核的三代“华龙一号ACP1000”技术，是三代核电技术环吊的首次出口，对公司拓展核电产品出口领域有重要意义。2014年完成出口订货额4亿美元，实现出口创汇额4.2亿美元。

工程总承包和后服务市场实现新拓展，工程总包订货实现10亿余元。在电石领域大幅下滑情况下，成功进军工业硅电炉总承包市场，并在不锈钢轧机领域取得了新突破；首次以融资租赁方式与双辽天威电化有限公司签订了“30万t/a电石炉项目EP总承包合同”，实现了新的销售模式——融资租赁的突破；散料装卸机械工程总承包取得新突破，开拓了散料筒仓总承包市场，工程总包和区域总包对企业发展的支撑作用日益显现。后服务市场发展较快，2014年后服务订货（含风电后服务订货）达2亿多元。

产销及国内外市场分析。面对传统装备市场需求不足、产品价格下降、综合成本上升、行业竞争加剧，以及风电市场进入了战略调整期等诸多不利因素，对产品结构和产销战略进行适时调整。①加速四大类传统主导产品向大型成套、自动高效、环保低耗方向发展，加速由中低端市场向中高端市场及国外市场拓展，全面实施产品高端升级和国际化经营战略，开发一批高端装备产品，提升产品整体竞争力；②加速单机生产向工程成套总承包转变，扩大散料装卸机械、焦炉机械、起重机械及连铸、热连轧、矿热炉等主导产品的设备成套和工程总承包市场占有率，实现海外市场拓展由单体产品供货到成套项目总承包，再到工程总承包的跨越；③加速拓展核电起重设备市场，公司紧紧抓住机遇，凭借先进的技术、过硬的质量、良好的服务、团队化的管理，从2013年10月至2014年5月，连续签订27台三代核电起重设备；与哈尔滨电气动力装备公司顺利签订了海水循环泵体制造合同，开拓了核电市场新领域；④大力开发和拓展符合国家产业政策和企业特点的海工、矿山、节能环保等新的产业领域，为企业未来发展做好产品和技术储备。目前，企业产品结构优化调整已见成效，逐步形成了传统产业与新拓展产业新老并举的差异化、多元化发展，专业化、规模化经营的新格局，进一步强化了企业应对市场变化的能力。

三、科技成果及新产品

传统主导产品加快高端升级。开发研制完成世界首套翻卸磁动力矿车六车翻车机，填补世界领域空白；承揽具有筛分破碎工程的筛分小区及矿石筒仓EPC工程，进一步扩大工程总包范围；与上海宝钢钢铁股份有限公司签订了1台臂长65m的5 000t/h堆取料机项目合同，是目前世界上悬臂最长的堆取料机；瞄准海外需求开发完成粮食抓斗卸船机和新型防爆装卸船机；签订“6×30MV安密闭式稀土铬铁矿热炉主体及配套设备工程承包项目”合同，成功开拓铬铁电炉新市场；“产学研”结合成功开发了起重机安全监控管理系统并实现市场化；研制出世界上承重能力最大的520t钢包回转台。

成长型产品竞争力显著增强。研制成功世界最长全冲程曼恩系列6G80ME－C9.2曲轴，在大型船用曲轴研制中取得了又一重大突破，填补了国内空白，成为全球第四家、国内第一家具备研制此型号曲轴能力的企业；自主研制的三代技术核环吊、装卸料机、乏燃料容器起重机和燃料抓取机全部应用于AP1000三代核电项目上，其中用于山东海阳核电站1号机组的三代技术装卸料机、乏燃料容器起重机和燃料抓取机均为国内首台；签订海水循环泵体制造合同，开拓了核电市场新领域。

新产品开发和市场拓展扎实推进。国家天文台FAST索驱动项目完成制造发运，航天卫星发射专用脐带塔通过现场检验，公司高端制造领域又添新业绩；签订干燥窑与回转窑新合同，标志着公司以镍铁炉料为依托的干燥窑与回转窑拓展型新产品开发取得了重大突破；实现"6×30MV安密闭式稀土铬铁矿热炉炉气净化系统改造项目"的节能环保领域拓展和市场化；DMM2250磨煤机试车成功，填补了公司在该领域的空白，为下一步开拓电力市场打下了良好基础。

2014年，大连重工的"双前出绳3 000t/h抓斗卸船机"荣获第十届辽宁省优秀新产品二等奖，480/80t铸造起重机荣获辽宁省科技进步三等奖，"专用敞车用折返式双车翻车机卸车系统"荣获2013年度大连市技术发明一等奖，"6.25m捣固焦炉机械SCP一体机"荣获2013年度大连市科技进步一等奖，"800/125t×38m固定旋转式起重机"和"兆瓦级风电润滑系统"均荣获2013年度大连市科技进步二等奖。

四、产品质量及标准工作

（1）产品质量。以"以质量损失管控为切入点，推行质量精细化管理，降低质量损失；以出口产品、重点产品为控制导向，实施重点、薄弱环节的质量改进；以体系有效运行为落脚点，强化过程质量管控和技术保障，确保产品实物质量"为指导思想，在质量管理体系运行、质量损失管控、产品质量管控等方面取得了一定实效。质量管理体系顺利通过复评，获得新证书；全年无重大质量事故发生；产品出厂检验合格率为100%；产品质量损失为全年商值的0.73%，在国家有关质量监督部门的各项产品质量抽查中无不合格。

（2）标准工作。2014年，完成产品"三化"（系列化、通用化、标准化）15项；完成技术标准制、修订69项（行业标准2项，企业标准67项）。企业主导产品行业优势地位得到了进一步巩固。

五、基本建设及技术改造

按照企业基本建设及技术改造计划，2014年完成投资共99项，总投资额为6 152万元。

（1）为完善传统产品制造能力，实施如离子氮化炉炉罐改造等更换设备保持能力投资17项，投资246.6万元；实施工艺改进提高能力投资等14项，投资736万元，企业生产制造能力得到了扩充和提升。

（2）实施各项专项投资，包括29项测量仪器更新换代、20项信息化系统升级和办公设备更换、14项安全环保项目投资等，共计投资2 157.6万元，企业软环境得到了进一步提升。

（3）有条件启动项目，在满足设定投资条件的情况下，启动了泉水液化气站改造等7项投资，共投资101.5万元，有效规避投资风险。

六、改革与调整

（1）信息化管理支撑作用进一步发挥。建立起集业务审批、计划执行、督导督查于一体的协同办公平台，升级完善了现有PDM设计信息系统，有力地支撑了三维设计工作，为缩短设计周期，降低质量损失提供了有力保证。

（2）基层单位管理进一步规范。规范了二级机构设置及职能，对铸钢公司等单位进行了重点指导帮扶，在19个经营单位总计建立起706项三级制度，进一步夯实了基层单位管理体系；根据治理结构变化，适时规范了异地公司管理。

（3）人力资源管理进一步完善。规范公司岗位序列设置，一级岗位精简至107个，二级岗位211个，并进行核岗定编。

七、对外合作

实施技术捆绑战略，继与西门子、福伊特，挪威NEC等众多国际知名公司建立了战略合作关系后，2014年与韩国韩进航运集团、澳大利亚VDM集团、G&S工程服务公司等签订合作框架协议，拟联合开展自动化集装箱码头设备技术开发，以及港口机械、散料装卸机械等海外业务拓展。同时，通过在国外设立分支机构、签订代理合作协议等措施推进自营出口，采取"借船出海"、战略合作等多种方式开展国际贸易。

〔撰稿人：大连重工·起重集团有限公司赵燚、姜明东　审稿人：大连重工·起重集团有限公司邹胜〕

北方重工集团有限公司

一、企业发展情况

1. 改革改制情况

按照沈阳市关于国有企业改革的部署，北方重工集团有限公司（简称北方重工）被确定为全市四家混合所有制改革的试点单位之一，2014年下半年启动相关工作。在市、区政府的直接领导下，北方重工与多家大型央企进行了接触与商谈；经过多次协商，最终与中国建材集团签署了“联合重组框架协议”，就重组中的重大原则性问题形成初步共识。

2. 生产发展情况

2014年是北方重工组建以来经营形势最为严峻的一年，市场订货严重不足、资金周转进一步趋紧、主要经济指标呈下滑趋势。面对更加复杂的经济形势与市场环境，全体员工奋力拼搏，共渡难关，生产经营局面保持基本稳定。

全年完成工业总产值130.7亿元，比上年下降4.1%；完成工业增加值10.5亿元（分配法），比上年下降18.4%；完成销售收入128亿元，比上年下降0.6%；实现利润5 600万元，比上年下降11.3%；上缴税金21 449万元，比上年下降38.8%；出口创汇19 422万美元，比上年下降10.4%。2014年主要产品产量、销售收入完成情况见表1。

表1　2014年主要产品产量、销售收入完成情况

序号	产品名称	产量单位	产量	销售收入（万元）
1	金属冶炼设备	t	59 167	155 576
2	金属轧制设备	t	1 088	12 579
3	矿山专用设备	t	182 021	412 385
4	隧道掘进设备	t	56 852	223 641
5	水泥设备	t	9 439	94 131
6	输送设备	t	285 073	309 034
7	减速机	台	139	3 453
8	工矿配件	t	16 271	36 322
9	其他	t	26 980	34 591

3. 国内外市场情况

（1）国内市场持续下滑。近几年，国家基础建设投资明显减弱，使得传统制造业受到较大冲击，北方重工2014年国内市场订货比上年下降21%，其中煤炭、水泥等领域订货量分别下降62%和70%，这种形势也在“倒逼”传统的装备制造业加快转型升级。

（2）海外市场的竞争加剧。近年来，中国装备在大步“走出去”，这既是我国装备制造业国际竞争力提升的标志，也是有效消化国内产能的有效途径之一。也正是由于这种情况，中资企业特别是国有企业，近年来在海外市场的竞争加剧；如北方重工在海外的冶金、建材、电力等领域，面对的竞争对手主要是中国的大型国企；中资企业之间往往都采用低价竞争策略，不仅效益尽失，也使得外国政府对中国企业实施“反倾销”的趋势加剧。

面对严峻的经济形势，北方重工坚定信心、迎难而上，在稳定国内市场的同时，奋力开拓国际市场；在巩固单机产品市场的同时，继续深入开发成套市场；在改造提升传统产业装备的同时，加速培育战略性新兴产业装备，不断拓展市场。

4. 科技成果及新产品情况

战略性新兴产业装备研发获得成功。试制完成用于页岩气开采的YLC2500压裂成套装备，在2014年中国国际石油石化技术装备展览会，该样机获得业内好评。压裂车在松原油田现场的工业性实验取得圆满成功，标志着北方重工已经拥有自主知识产权的高端压裂装备技术。开发完成了混凝土预制构件生产线装备技术，并成功推向市场。

主导产品技术升级取得新突破。试制完成用于老挝KSO金矿的国内首套变频驱动的大型球磨机和超大型半自磨机，标志着北方重工大型磨机驱动技术获得提升；试制完成国际首台用于煤矿岩巷的全断面掘进机和用于煤巷的矩形截面全断面掘进机，并分别开始井下试掘进，开辟了全断面掘进机的全新应用领域；正在研制的香港莲塘ϕ14.1m土压平衡盾构机，为目前国内同类产品最大规格；北方重工主导产品的技术继续向着智能化、大型化方向迈进。

创新能力获得进一步提升。北方重工通过了国家级高新技术企业资格复审；由大连理工大学、北方重工等单位组成的辽宁重大装备制造协同创新中心通过了国家级评审；全年有7项重大新产品获得省、市科技奖项，其中1725热轧/1650冷轧镁合金板材轧制成套装备、NTY－53型浓缩机分获辽宁省科技进步奖二等奖和三等奖；年处理能力40万t的废钢破碎成套设备、GHC型永磁筒式磁选机分别获辽宁省优秀新产品一等奖和三等奖；全年获得各级政府技术支持资金5 200余万元。

5. 产品质量工作情况

“质量年”活动取得实效。将北方重工成立后发布的所有质量管理文件进行整合；在产品的监视和测量过程中增设产品涂装前检验停止点；开展质量策划，针对澳大利亚硬岩掘进机等产品编制质量计划8项，针对老挝大型磨机等产品编制检验大纲43项；各分公司对集团公司确定的27个重点项目实施过程监控；对147家供方的1 196件量检具进行强制校准；对供方实行质量索赔39项，索赔金额达277万元；大力开展群众性质量管理活动，6项QC成果获得沈阳市一等奖。

二、企业发展存在的问题

1. 市场需求不足，订货量下行态势明显

经济仍然面临较大下行压力，主要服务领域市场需求继续萎缩，形势严峻。2014年新增订货量呈下滑趋势，可执行合同量不足。

2. 资金紧张状况加剧，影响经济运行质量

2014年回款总量较上年同期有一定幅度增长，但从企业整体运营状况来看，回款量难以支撑经济快速发展需要。回款总量不足、资金短缺已经严重制约合同的顺利执行，对生产经营造成较大影响。

3. 同业竞争激烈，继续挤压产品盈利空间

受日趋疲软的市场影响，同行业之间的竞争更趋激

烈，各企业为保生存大打价格战，订货价格明显下滑，主导产品订货价格始终处于低位运行状态，产品边际贡献率不断下滑，企业经济效益受到严重影响。

〔供稿单位：北方重工集团有限公司〕

中信重工机械股份有限公司

2014 年，在全球经济增长动力不足，我国经济增速放缓的新常态下，公司上下认真贯彻“转型、创新、发展”六字方针，以战略转型推进战略升级，以创新驱动引领持续发展，经受住了市场的冲击。在全行业增速大幅下滑和大面积亏损的情况下，仍保持了稳定的运行态势和适度的盈利规模。

2014 年，公司共实现营业收入 128.9 亿元，比上年增长 0.63%；实现利润总额 4.5 亿元，比上年下降 20.00%；完成机器产品产量 11.3 万 t，比上年下降 8.86%；实现工业总产值 118.0 亿元，比上年增长 3.09%；当年新增订货额 103.1 亿元，比上年下降 6.46%。

一、管理层新老交替，实现平稳过渡

2014 年上半年，公司董事会、监事会完成换届，经营班子也顺利实现交接。新董事会、监事会、经营班子迅速就位，恪守“卧薪尝胆、励精图治、艰苦奋斗、开拓创新”的诺言，推进战略转型，强化执行力，实现了公司平稳过渡，各项生产经营工作正常运行。

二、战略转型取得明显成效

公司全力推进三大战略转型，一是由制造型企业向高新技术企业转型。公司加快了节能环保类新产品的研发和产业化进程，新产品贡献率继续保持在 70% 以上，当年新产品贡献率达 75.44%；二是由主机供应商向成套服务商转型。向用户提供包括工艺设计、产品制造、安装调试、后续服务以及融资方案在内的一揽子工业项目整体解决方案，全年公司新签订工程成套项目订单 57.23 亿元，在新增订货中占比 55.50%；三是从本土化企业向国际化企业转型。2014 年公司继续完善全球化布局，开拓国际市场，全年海外收入占比达 34.61%。

三、深化改革，实现企稳回升

公司积极应对市场变化，在营销系统内建立自上而下的以业绩为导向的竞争机制，抓细抓实重大项目，在极端困难的市场环境中保持了市场份额。

通过制定有针对性的营销策略，提高传统产品的竞争力，公司完成主机产品订货 31.46 亿元，为公司正常的生产经营提供了基本支撑。依托主机制造优势，巩固传统成套产业，开拓国内外新的成套市场，全年完成成套产业订货 57.23 亿元，占新增订货总量的 55.50%。目前已形成国内国际两大成套市场和水泥、活性石灰、选矿、矿渣钢渣处理、球团、水泥窑余热发电、干熄焦、烧结机余热发电、城市垃圾消纳等成套业务板块。通过强化服务意识，客户满意度进一步提高，全年实现备件订货 8.41 亿元，比上年增长 17.47%。

2014 年，公司完成节能环保类产品订货额 36.42 亿元，占新增订货总量的 35.32%。公司紧紧围绕国家产业政策，把节能环保产业作为市场营销的重点大力拓展。目前已为建材、矿山、煤炭、冶金、有色等多个行业提供多项重大节能环保技术及装备。在水泥窑余热发电行业牢牢占据行业领军位置的同时，把低温介质余热高效利用拓展到干熄焦、烧结矿、硅冶炼、兰炭等领域。

按订货的区域结构划分，国外订单约为 20.55 亿元，占新增订货总量的 19.93%。按新增订货的行业结构划分，矿山、煤炭、建材、冶金行业是公司订货的主要来源，分别占到新增订货总量的 26.57%、25.73%、16.31% 和 17.28%。

四、创新驱动，引领技术发展

公司加强对技术创新的谋划和统筹管理，制定了近中期技术创新发展规划，引领公司技术发展方向。以成果转化为目标，强化研发项目的投入产出评价和激励。2014 年，公司出台了《中信重工机械股份有限公司科研项目评价体系与奖惩机制管理办法》。优化研发组织职能及流程，组建重点产品专项研发团队，提高研发效率。

研发管理体系的创新推动了重点研发项目的进展。自主开发的重大新产品 LKAB 半移动破碎站成功交付，即将在北极圈极寒气候条件下使用；公司成立的搅拌磨专项研发团队，完成搅拌磨的设计开发，并与智利铜业签订了供货合同，实现了公司搅拌磨产品从无到有；CHIC1000 系列矿井提升机专用变频器、CHIC2000 系列磨机调速专用变频器成功打入国际、国内低速、重载、大功率变频市场，成功研制的矿用 E－HOUSE 系统已在用户现场投入使用；首山焦化首个干熄焦余热发电项目一期已开始平稳运行，兴澄特钢炉冷烧结机余热发电项目进入现场土建施工阶段；黄河同力垃圾处理示范项目已达产并通过省科技厅验收；锦州三鸽水泥窑处理陈化垃圾项目基本完成所有设备的单机试车；水泥生产线成套工艺方面具备了水泥生产线工艺设计、平衡计算、热工计算能力，能够独立进行水泥生产线的设计计算选型；仿形核电管板锻件锻造成功。2014 年，公司与东方电气签订了核电锻件合同。

截至 2014 年年底，公司拥有有效专利 380 项，其中发明专利 108 项。

五、以变频产业为突破，实现向电力电子行业跨界发展

2014 年是公司变频产业开启破冰之旅、取得显著成效的一年。变频技术研发和变频市场营销取得了全面突破，市场和客户对中信重工变频技术和产品有了全面了解和认同。CHIC1000、CHIC2000 系列工业专用变频器成功打入国际、国内低速、重载、大功率变频市场，被评为国家级创新型产品。变频技术和产品改造、提升、引领传动产业和产品，提升综合竞争力的效果正在逐步显现。产品广泛应用于煤炭、矿山、冶金、有色、建材、电力和节能环保等众多领域，实现了在豫光金铅半自磨机、平煤干熄焦风机、唐山六九水泥线风机等成功投运，并出口澳洲、非洲和东欧。公司将继续围绕煤炭、矿山、冶金、节能减排等传统产业，努力扩大高附加值变频产品的市场份额，并逐步向船舶驱动及机车牵引等新兴行业迈进。

六、国际化进程取得扎实成效

2014 年，中信重工充分利用两个市场、两种资源，加强对全球市场的辐射和渗透。公司为智利国家铜业公司自主研制的 CSM－1200 立式搅拌磨的成功试车并交付使用，不仅开启了与智利国家铜业公司合作的新篇章，也显示出南美新兴市场对中信重工的认可；由公司自主开发的重大新产品 LKAB 半移动破碎站的交付使用、为德国 MENCK 公司制造的水下液压打桩设备核心部件代表着公司逐步得到欧洲市场的认可。在拓展海外市场的同时，公司调整并优化了海外机构管控体系，在巴西组建首个海外备件配送中心。

为中澳铁矿项目承制的主体钢结构和矿浆管道的生产进入最后阶段，整个配套项目预计很快圆满收尾。

柬埔寨 KCC 水泥厂项目的回转窑、水泥磨、辊压机等主机设备的机械部分安装已进入尾声。老挝金矿项目磨机已经发往现场。

西班牙 CITIC CENSA 公司升级改造项目的新厂房和办公楼也已竣工落成。大部分设备已经安装到位。

通过全员大讨论和举办国际化论坛，强化了全员的国际化意识。

当年新签国际市场订单 20.55 亿元。

七、铸锻件市场打开新局面

2014 年，为进一步加强铸锻件的技术研发与市场开拓，公司董事会聘请了 Ivo Botto 先生为公司副总经理，负责实施铸锻件的营销、技术、生产一体化运作模式，促进了市场开发。公司在加氢锻件市场、核电市场、军工市场开拓方面均取得了突破性进展，与东方电气、兰石重装、中国石化工程公司、湘电集团、中船集团等建立了长期、稳固的合作关系，在加强国内市场开拓的同时，也不断加强铸锻件国际市场的开发，与德国 MENCK 公司签订制造水下液压打桩设备核心部件合同。

八、生产组织持续得到优化

公司以保证产品交货期为底线，从严从细抓考核和管理，通过并行式生产、拆分部套、专业化生产，提高了生产效率，摸索出了适应短流程项目的生产管理模式，实现了短流程产品交货的进一步突破，基本满足了市场需求。

安全生产方面，始终贯彻“安全第一、预防为主、综合治理”的方针，连续两年推行“安全工资”，同时实施“行政一把手及主管厂长工伤事故控制专项考核”，安全生产形势平稳。全年在册职工发生轻伤事故 3 起，职工轻伤率 0.36‰，无重伤、死亡。

质量工艺系统设置“质量红线”，加强和改进质量管理工作，促进产品实物质量的提高和质量成本的降低。公司顺利通过四体系外审工作。

九、管理创效成绩显著

公司进一步提升管理水平和管理效果，强化各部门管理创效责任，充分挖掘降本增效潜力。进一步完善全面预算管理办法，定期进行预警和效益分析，促进效益目标的实现。全面实施供应商管理办法，梳理大宗原材料，集中招标、集中采购，降低了采购成本。

十、深化改革

公司成立深化改革领导小组，负责改革工作的总体设计、统筹协调、整体推进和督促落实，明确了深化改革的六项重点。

营销系统按照全面深化改革的要求，率先实行总监制改革，形成以业绩为导向的能上能下的用人机制，促进了市场开拓。

技术系统开展技术人员技术等级评定，调动了技术人员成长成才、干事创业的积极性；围绕重点研发项目建立专项技术研发团队，促进重点技术研发项目取得突破。

人力资源管理方面，拟定了《管理人员技能等级评定管理办法》和《职能部门管理人员绩效考核管理制度》草案，着手开展职能管理单位改革工作。对公司人事制度改革、干部体制改革、薪酬分配制度改革、管理机制改革等工作开展前期调研和论证工作，正在起草相关改革办法。

十一、存在的问题

公司经受住了市场环境的严峻考验，在“新常态”下跑赢了大市场。但公司还面临不少困难、问题和挑战，一些重点工作没有取得明显突破：一是热加工扭亏脱困形势依然严峻。二是市场总量未能取得有效突破，难以支撑公司快速发展。三是研发效果不佳，产业化进程缓慢。四是在国际化进程中仍存在方方面面的不适应。五是支撑、引领三大转型的人才队伍建设有待加快。

〔供稿单位：中信重工机械股份有限公司〕

上海重型机器厂有限公司

2014 年是上海重型机器厂有限公司（简称上重）全面深化改革调整的关键之年，是全面提升经济运行质量的攻坚之年，更是上重全力实施“重组重振”的开局之年。上重广大职工求变促转型，以减亏解困为重心，统一思想，积极推进“重组重振”工作，经济运行逐步步入上行趋势，克难前行，稳中有进。

一、改革改制情况

“重组”，通过对技术、资产、劳动力、管理等要素进行重新配置，构建新的生产经营模式，让企业在市场中保持更好的竞争优势；“重振”，通过体制创新、机制转换，激发每一位干部员工的创造性、积极性，让企业重新走上振兴之路。

在讨论通过的“重组重振”方案基础上，深入调研、分析，先立后破，搭建事业部管理架构；优化、调整各板块流程，明确公司本部与事业部的定位、职责分工。11月，碾磨设备、通用特装、铸锻特钢等事业部人员陆续配置到位，开始运行；公司新组建经济运行部也落实到位。各事业部、职能部门对事业部模式下的主关键流程、重要节点、风险管控点等进行对接，细化职能分工和接口内容，保证各项工作有章可循、不断不乱。

通过事业部改制工作的推进，各级干部员工的工作积极性、创造性、使命感和责任感都较前有明显提升，技术、市场资源整合的效果初步显现，质量、成本意识明显增强，技产供销财联动更加紧密，这也为2015年深化事业部制发展形成了良好的开局。

二、生产发展情况

2014年，上重以良好的产品质量、及时的合同履约为前提，加强内外部生产能力协调，调整和磨合生产管控模式，产、供、销、财联动，企业内部的一切工作服务、服从于产出；深挖内部潜能，建立了日报制度，及时协调产出矛盾、组织攻克瓶颈。

经过努力，尽管在生产完整性、准确性以及计划严肃性方面还有待提高，但下半年出产量、商品产值、工时等指标月度完成率较年初均有所提升，下半年月均完成商品产值较上半年增长约20%，主要产品毛利率呈上升趋势。2014年主要产品产量见表1。

表1　2014年主要产品产量

指标名称	以套计（台、套）	以吨计（t）
金属成形机床	4	982
铸钢件		18 107
锻件		28 030
矿山专用设备	184	29 858
其中：1. 矿物破碎机械	3	448
2. 矿物粉磨机械	181	29 410
金属冶炼设备（冶炼设备）	0	0
其中：炼钢设备	0	0
金属轧制设备	348	12 284

三、市场经营及销售情况

1. 市场营销情况

2014年，针对公司产品特性反复论证进行定位结构的重新调整，通过事业部来加强技术、营销资源整合，定向优化营销策略，加强信息收集、调研和分析，全力拼抢优质订单。

2. 产品销售收入

2014年产品销售收入（按产品分类）见表2。

表2　2014年产品销售收入（按产品分类）

产品大类	销售收入（万元）
碗式磨煤机	56 452.70
钢球磨	19 325.70
冶金设备	26 400.91
锻压设备	3 736.86
水泥设备	2 328.21
铸锻件	87 169.91
其中：1. 转子	14 729.12
2. 汽缸	7 801.91
3. 曲轴	5 380.35
4. 核电	15 862.79
备品备件及其他	18 265.33

3. 产品出口销售情况

2014年产品出口销售情况见表3。

表3　2014年产品出口销售情况

主要出口产品	结算币种	金额
矿山设备	万元	10 944.97
	万美元	1 795.14
轧制设备	万元	6 184.49
工矿配件	万元	33.35
	万美元	0.47
电站设备	万元	2.07
	万美元	0.34

四、科技成果及新产品情况

2014年，上重坚持保持和提升科研能力，在新产品、新材料和新工艺的研究方面取得了一定的成果。

在技术创新上，国家核电重大专项——主管道项目通过验收，阶段性完成产学研共建重点实验室建设，CAP1400核电大锻件研制列入上海市战略性新兴产业项目且有序推进。针对攻关项目申报专利6项，获得授权专利18项；“大型先进压水堆核电核岛主设备超大型锻件的研制及工程应用”获中国机械工业科学技术奖特等奖，“高温气冷堆核电压力容器及堆内构件大锻件研制”获上海市科技进步奖二等奖，“三代压水堆核电压力容器成套大锻件”获上海电气科技进步奖三等奖。

2014 年，上重共申报专利 6 项，获得授权专利 18 项，并完成了“知识产权示范企业”当年复审工作。主持制定行业标准 1 项、参与制定行业标准 3 项，制修订企业标准 10 项。

五、产品质量及标准工作情况

（1）2014 年，上重公司力求降低质量损失，通过抓质量，夯实基础。结合历年发生的质量问题分析，采取措施强化质量记录过程管控，优化调整质量奖惩小组、发布管理制度，加强质量信息统计、分析，做到激励考核有据可依，质量事故处理有警示。针对促产品质量提升，强调质量工作从小、从细入手。下半年以突出问题为导向，深入查找症结，形成专项质量提升计划，明确改进方案、落实责任人，举一反三形成制度。2014 年产品质量情况见表 4。

表 4　2014 年产品质量情况

序号	指标名称	单位（%）	子项(万元)	母项(万元)
1	产品等级品率	71.7	134 825.4	188 037.3
	优等品产值率	22.2	41 784.0	188 037.3
	一等品产值率	14.1	26 447.3	188 037.3
	合格品产值率	63.7	119 806.0	188 037.3
2	质量损失率（现价）	2.1	3 893.7	188 037.3
	内部损失率	1.5	2 732.6	188 037.3
	外部损失率	0.6	1 161.1	188 037.3
3	工业产品销售率	98.8	185 788.6	188 037.3
4	新产品产值率	80.5	151 286.6	188 037.3

（2）质量监督部门抽查情况：2014 年 7 月 8 日，上海市质量监督检验技术研究院来公司抽查某型号碗式磨煤机产品，抽查合格。

六、基本建设及技术改造情况

2014 年，上重公司按照政府节能减排政策要求，实施了煤及煤气改天然气的重大投资能源及设备改造，包括天然气替代煤气及工业炉窑节能减排技改项目和燃煤锅炉天然气改造技改项目，涉及引进天然气工程、燃煤锅炉更新为燃天然气锅炉、辅助系统改造达、工业炉窑能种转换改造等内容。

截至 2014 年 12 月，引进天然气工程基本结束，其他项目内容将在 2015 年内完成全部投资。项目实施后，年节能达 1.42 万吨标准煤，公司将完全实现清洁能源生产，极大地减少由煤和煤气所产生的废气污染物排放量，相比改造前每年减少 SO_2 排放达 925t，NOx 等排放达 510t，年节约标煤达 7 500t。

七、对外合作

继续通过加强产学研合作，逐步构建以上重为主体，以上海交通大学、上海电机学院为支撑，以“潘健生院士工作站”“大型铸锻件工程技术中心”“大型铸锻件制造技术应用研究所”为平台，通过项目委托研发、合作共建机构研发、企校人才相互挂职锻炼、校企互聘教师授课等模式，深入开展技术研发和人才队伍建设等合作业务，形成“一个主体、两所高校、三个平台、四种模式”的产学研合作机制，有力支撑了企业技术创新工作的开展和能力提升。

进一步加强与国内外企业集团、高校、科研院所的技术合作，建设开放的、集聚的、具有行业影响力的产学研合作实体，呈现出层次不断提高、形式不断创新、领域不断拓展等新特征。其中，与中国第一重型机械股份公司、二重集团（德阳）重型装备股份有限公司联合研发的项目“大型先进压水堆核电核岛主设备超大型锻件的研制及工程应用”获中国机械工业科学技术奖特等奖。

八、突出问题

2014 年严峻的外部形势依然未见缓解、严酷的市场生态持续发酵。随着整个经济发展速度放缓，“3.11”日本福岛核事故造成影响仍在持续，重机行业传统服务对象如冶金、矿山、水泥、电力、船舶等行业的装备需求严重萎缩，加之行业产能过剩，同质化严重而引发的竞争愈演愈烈，投资效益不断缩水，企业运营难度不断增大。

[撰稿人：上海重型机器厂有限公司赵富　审稿人：上海重型机器厂有限公司张国营]

云南冶金昆明重工有限公司

云南冶金昆明重工有限公司（简称昆明重工）是云南冶金集团股份有限公司的控股子公司。其前身昆明重型机器厂始建于 1958 年，系原机械工业部重点骨干企业，1990 年晋升为国家二级企业，1998 年通过 ISO 9001 质量体系认证，首批荣获国家计量检测体系合格证书，为国家一级计量单位。2005 年 11 月，企业技术中心晋升为云南省省级企业技术中心，2014 年企业技术中心被认定为云南省企业技术中心 30 强。2014 年被认定为云南省科技型中小企业，2011 年 11 月被认定为国家高新技术企业，2014 年通过复审。拥有“国家技能大师工作室”“云南省职工技师工作站”与全国机械冶金建材系统“创新工作室”。是云南省提供大型成套设备综合能力最强的机械制造企业和铸锻件生产中心。“KH”牌精密轧机、起重机、拉丝机先后被评为“云南名牌产品”；“KH”牌回转圆筒设备、精密轧机、商品锻件、商品铸钢件、商品铸锻件、破碎机、塔式起重机等 7 项产品被认定为“昆明名牌”产品；

2003年至今，公司注册商标“KH及图”连续三届被认定为“云南省著名商标”，2011年被国家工商行政管理局认定为“中国驰名商标”；公司连续23年获得“昆明市守合同重信用企业”称号。

公司技术力量雄厚，生产能力强，检测手段完备，产品质量优良，集科研、开发、制造、服务为一体，是云南省提供大型成套设备综合能力最强的机械制造企业和铸锻件生产中心。公司现主要生产冶金、起重、矿山、化工、水利等重型机械产品成套设备及商品铸锻件，产品行销全国，出口德国、日本、越南、缅甸等二十多个国家和地区，先后为多个国内外重大项目提供技术装备。

多年来，昆明重工通过持续广泛的技术交流和合作生产，加速传统产品的升级换代，致力于新技术新产品的开发应用，多项产品技术达到国内先进水平，2项产品荣获国家科技奖，48项产品获省部级科技奖和优质产品称号，12项产品获昆明市科技进步奖，获国家发明专利1件，实用新型专利43件，软件著件权3件。

一、企业生产发展情况

（1）2014年，公司紧紧围绕“立足主业，多元化发展”战略，以自主经营为契机，强化基础管理，力促降本增效；搭建专业化服务平台，提高服务能力，奋力开拓集团内部市场；以盘活资源为突破，加强合资合作，多元化发展；克服了诸多不利因素，取得了一定的经营成果。全年完成工业总产值1.07亿元，销售收入1.52亿元。2014年主要产品产量见表1。

表1　2014年主要产品产量

序号	产品种类	产量（台）
1	回转圆筒设备	4
2	金属压延加工设备	14
3	起重设备	99
4	铸锭设备	12
5	矿山设备	39

（2）经济发展特点：当前，国际经济形势依然复杂多变，全球经济仍处于金融危机后的调整期，国际国内经济充满复杂性和不确定性。我国经济增长阶段转换的征兆更加明显，经济增长正从过去的高速增长转为中低速增长，从规模扩张式发展转为质量效益型发展的阶段，经济增长对投资的依赖性进一步降低，这也对企业的发展提出了新的挑战和要求。具体到装备制造业来说，市场需求结构的变化和升级，经济低线运行、顾客需求趋冷，产品销售由增量主导向存量主导（产品存货积压过多）转变等因素，市场倒逼企业转型升级，市场竞争激烈，经营压力加大。

二、企业市场经营及销售情况

（1）销售收入。2014年主要产品销售收入见表2。

表2　2014年主要产品销售收入

序号	产品种类	销售收入（万元）
1	回转圆筒设备、起重设备、铸锭设备	6 023.10
2	金属压延加工设备	3 756.45
3	矿山设备	408.86

（2）2014年，公司坚持科技创新引领战略发展，多措并举，激发活力，力争市场拓展提质增量。立足主业，对传统主业进行浓缩优化，保留具备一定技术含量和市场份额的优势产品，逐步淘汰市场竞争恶劣，同质化严重的薄弱产品，拓展备品备件市场，深化产品结构调整。以技术创新对接市场及生产制造，更有针对性地进行新产品开发，充好利用好公司具有核心竞争力和自主知识产权的产品优势和市场优势，逐步进行部分产品的转型升级。加强自主经营人才队伍建设和管控，充分运用激励机制促动和激发营销人员的工作积极性和创造性。通过拓展和细分市场，进一步填补市场区域覆盖的空白点，为开拓新市场创造有利条件。市场开发工作紧跟国家产业政策调整方向和区域经济发展规划，如：云南省工业强省计划，着力打造5个万亿元产业政策，跟踪城乡一体化建设和城市配套设施的建设项目（主要是塔机市场），抢抓各行各业调整结构、转型升级等机遇，密切跟踪技术改造、扩大产能、节能环保、新技术应用等项目信息，想方设法拓展市场。在加大传统主导产品市场开拓的同时，积极拓展备品备件的市场份额，逐步增加其在企业生产规模及效益中所占的比重。结合实际，积极探索新的营销模式和手段，继续推行“全员营销”政策，充分利用社会资源，积极寻求社会配套资源合作伙伴，争取更多的市场机会，不断提高市场营销的质量，不断拓展市场份额。

三、企业科技成果及新产品情况

（1）科技项目。“新型桥式起重机关键共性技术研究及其产业化”项目被列为云南省科技厅2014年度技术创新暨产业发展专项资金项目，“新型节能降耗高效桥式起重机轻量化关键共性技术的研究及产业化推广”项目被列为云南省工信委2014年云南省工业100项重点技术创新项目，“大产能多功能铸锭连续铸造机组的开发及产业化”项目被列为昆明市产业创新发展重点科技计划项目。“昆明市重型装备制造工程技术研究中心”项目被列为昆明市科技创新能力提升重大项目。“高效降耗轻量化桥式起重机”通过云南省科技厅重点新产品认定。完成高新技术企业复审，公示通过认定。

2014年，云南省重点新产品开发计划项目“1450六辊HC可逆液压轧机成套设备研制及产业化”、云南省工信委云南省2013年技术改造省级财政补贴专项“铝电解多功能机组（PTM）性能提升及关键性技术研究项目”、昆明市盘龙区重点科技计划项目“新型产业化塔式起重机产业化中的应用”项目期满，完成任务书要求的各项任务和考核指标，取得了较好的经济效益和社会效益，通过结题验收。

（2）新产品情况。根据公司新产品开发管理办法规定，开发“大产能多功能铸锭连续铸造机”“MG50t/10t 35m 双梁门式起重机”“ϕ600mm×650mm 二辊可逆热轧机”等3项新产品并引入市场推广。首台总长15m，重量近50t的大型蓄热器与昆明风动新技术集团发展有限公司合作研制成功，该设备属国家二级压力容器，拥有目前国内先进的节能技术。“MG50t/10t 35m 双梁门式起重机”总长56m，最大起重量50t，是公司建厂以来生产的跨度最长、吨位最大的产品，标志着公司的市场竞争力跃上一个新台阶，研发设计、生产制造和安装水平向前迈出了坚实的一步。

（3）公司获奖情况。2014年公司被认定为“云南省科技型中小企业”“昆明市科技创新型试点企业”。“桥式起重机高效降耗轻量化关键技术研究”项目获云南冶金集团科技进步奖二等奖。“C6013塔式起重机”项目获昆明市盘龙区科技进步奖三等奖。在第二届全国机械工业劳动模范表彰大会上，塔机分厂获“全国机械工业先进集体”称号。在全国实施用户满意工程推进大会上，塔式起重机售后服务获“全国用户满意服务”荣誉。

公司“KH”桥式起重机（50t及以下）获云南名牌；“KH”商品铸铁件、“KH”破碎机、“KH”精密轧机、“KH”回转圆筒设备、“KH”商品铸钢件、“KH”塔式起重机获“昆明名牌”产品。

在2013—2014年度全国“讲理想、比贡献”活动中，公司殷浩荣获创新标兵称号，唐炜荣获优秀组织者称号。同时，殷浩获评全国重型机械行业优秀科技工作者。耿家盛获评首届云岭首席技师。成立了耿家盛国家级技能大师工作室。耿家华获评全国第十二届技术能手（全省只有两人），第二届“昆明市名匠工作室”获授牌。

2014年，公司完成了年度学术论文评比，推荐12篇论文参加第四届全国地方机械工程学会学术年会论文评比，均评为优秀论文。

（4）专利申请及授权情况。2014年，公司大力推进知识产权保护工作，被列为“昆明市2014年知识产权试点单位”。截至2014年，公司申请并获授权的发明专利1项，实用新型专利43项，软件著作权3件。

四、企业产品质量及标准工作情况

（1）质量工作情况。完善体系建设，提升质量管理，把关注细节作为工作重点，进一步分解细化质量目标，全面提高员工质量意识，不断降低质量损失，努力加强过程监管及质量考核，确保产品质量不断提高。一方面从产品设计、外购件的进厂检验到产品生产流转、装箱发货、安装调试及售后服务全过程严格执行《质量手册》《程序文件》、消除影响产品质量的每一个结症；另一方面以生产为基础，关注细节，持续改进，进一步做好质量保证工作，不断加强质量管理。公司ISO 9001:2008质量管理体系通过中国质量认证中心云南省评审中心监督审核。各主导产品质量整体有所提高，加强产品取证认证工作，通过桥式、门式起重机和普通塔式起重机特种设备制造许可证的增项及换证评审。通过《铸造行业准入条件》成为国家工业和信息化部列入首批铸造行业准入企业。通过了电器产品“3C国家强制认证证书”年度企业审查。

（2）标准化工作情况。长期以来，公司都十分重视标准化工作，积极参与各种标准化组织与标准起草和审定。多年来一直是中国冶金设备标准化技术委员会、全国矿山机械标准化技术委员会、全国起重机械标准化技术委员会塔式起重机分技术委员会的主要委员单位。近年来，主持或参与了多项行业标准和企业标准的制订、修订工作。

公司主导产品的设计生产制造主要执行《重型机械标准》及桥式、门式、塔式起重机等特种设备的国家标准，无采用国际标准及转化情况。公司的所有工艺设计图样，均由标准化管理办公室根据14项机械制图的国家标准进行审查后，再进入生产工艺。产品具体采标情况如下：GB/T 14405—2011 通用桥式起重机、GB/T 5031—2008 塔式起重机、GB/T 14406—2011 通用门式起重机、Q/KZG162—2009 中小型四辊可逆式液压轧机、JB/T 7910—1999 拉丝机、JB/T 8916—1999 回转窑、JB/T 3264—2002 简摆颚式破碎机等。

五、企业对外合作情况

产学研结合是技术创新的主要发展路径之一，也是迅速提高企业创新能力的一条捷径。根据技术创新需求，昆明重工积极与科研院所、高等院校、企业建立以产学研多种形式结合的新机制，共同推动自主创新。近年来，公司与太原科技大学、北京起重运输机械设计研究院、贵阳铝镁设计研究院有限公司、昆明理工大学、昆明有色冶金设计研究院股份公司、云南省机械设计研究院、昆明风动新技术集团发展有限公司等国内10多个相关单位建立了科技合作关系，采取科技合作、人才交流、信息交流的形式，组织协同攻关，占领技术制高点，增强了企业核心竞争力。

六、企业改革与结构调整

强化基础管理，按照“以营销为龙头、技术为支撑、生产为基础、打造昆重一流服务品牌”的总体要求，结合公司实际，改变传统的管理模式。

（1）创新经营模式，实施自主经营，全力推进公司市场开拓和效益提升工作。调整经营策略、转变经营模式，在加强内部管控的基础上，充分放权，搞活内部经营。划小核算单位，细化并明晰产品成本构成；采取淡化产值，强化利润的考核思路，全面加强经济责任目标考核；进一步精简工作流程，提高工作效率，充分调动各分公司的工作积极性和创造性。

（2）调整组织机构，提高工作效率，不断改进和规范企业管理。一是精简组织机构。二是精简流程，规范管理。三是深入开展增收节支活动，严格控制成本费用。四是加大应收账款清收力度，严格责任考核。五是针对自主经营盘点工作中暴露出的问题，责成有关部门调查了解，研究分析，出台相关考核办法和管理措施，逐步完善和加强内部基础管理。

（3）优化人力资源结构，不断推进薪酬及人事制度改革。一是加大干部考核力度。二是健全人才培养和激励机制。三是制定新的薪酬方案。四是认真开展“定岗定员”工作。五是积极开展职业技能鉴定、培训及职称评聘工作。为职工提升技术技能搭建平台。通过这些努力，公司的干部队伍及人员结构进一步优化，危机感、责任感和紧迫感进一步增强，人工成本下降明显，劳动生产率和职工的整体素质进一步提高。

（4）积极拓展，主动作为，安装保运市场取得积极成效。安装调试、维护保运市场是公司着力打造的一项核心业务，也是公司产品结构调整的一个重要方向。在立足主业的同时，逐步推进公司由生产制造商向生产制造服务提供商转型升级的步伐。

（5）盘活资源，引进机制，努力寻求多元化发展之路。

〔撰稿人：云南冶金昆明重工有限公司李艳芳　审稿人：云南冶金昆明重工有限公司殷浩〕

中钢集团衡阳重机有限公司

一、基本情况

中钢集团衡阳重机有限公司（简称中钢衡重）是中国中钢集团公司的全资子公司，是中国重型冶矿专业设备制造行业中综合实力雄厚的大型骨干企业。

公司致力于先进重型装备的研发、制造和服务，产品覆盖矿山、冶金工业的主要工艺环节和水泥建材、煤炭、新型能源等领域。公司的牙轮钻机、电动挖掘机、井下铲运机、球磨机等矿山设备，轧机、卷取机、连铸机、冶炼炉、烧结机、环冷机和带冷机等冶金设备，水泥回转窑等建材设备以及大型铸锻件等主导产品，在国内具有较好的市场声誉和行业地位，并远销亚、非、欧、美等海外市场。

公司作为高新技术企业，拥有国家级企业技术中心，通过了 GB/T 19001 质量管理体系、GB/T 24001 环境管理体系和 GB/T 28001 职业健康安全管理体系认证，具有国家授予的生产企业进出口自营权、矿用产品安全标志认可等多项资质。

二、生产经营情况

2014 年国际经济形势依然错综复杂、充满变数，经济低速增长的态势仍在延续。国内宏观经济增速减缓，钢铁、建材、有色等行业产销增长乏力、效益大幅下滑，技改投入减少，整体处于低位运行。装备制造业产能过剩，业内同质化竞争日益激烈，对企业稳定扩大经营规模造成较大影响。公司面对复杂的国际国内经济形势，始终坚持“调整、改革、挖潜、提高”的工作方针，紧紧依靠广大员工，千方百计把各种不利因素对当期生产经营和企业稳定的影响降到最低，全力以赴化危局、克难关、求生存、保平稳。经过不懈努力，公司全年完成工业总产值 4.76 亿元，完成产量 2.71 万 t，企业运营保持基本稳定。

三、技术创新情况

2014 年，公司以提升技术实力和产品市场竞争力为重点，着力加强创新能力建设，促进产品研发和工艺创新多出成果，增强企业发展实力。

公司以适应市场需求为导向，积极组织技术力量，重视科技创新投入，加强产学研用合作，通过集成创新、原始创新等方式，全力实施主导产品升级换代和新产品开发研制，为企业加快转型升级步伐创造有利条件。2014 年公司科技投入占年度销售收入的 4.3%，在企业面临极度困难的情况有效地保障了科技创新工作的开展。全年先后完成 WJ－6 型地下柴油铲运机、WCJ－5E 型防爆无轨胶轮车、WJ－4FB 型防爆柴油铲运机、ZYTC－18 型地下凿岩台车、ZQMC－75 旋转撬毛车等新产品设计开发与研制，盛阳、鞍钢、梅钢、中马 PTM 等项目热轧卷取机卷筒技术改进，以及 YZ－55B 钻机液压系统电液改造等项目。2014 年公司申请发明专利 2 项，获得授权的发明专利 1 项，实用新型专利 14 项，其中 WJ－6 型地下柴油铲运机设计开发与研制被评为衡阳市科技重点专项项目。

四、质量、安全环保管理及标准化工作

1. 质量管理工作

针对公司内部组织结构调整，部分二级单位质量职责相应发生变化的情况，对公司质量管理体系文件进行修订，确保质量管理体系的适应性、充分性、有效性。本着事先预防，重点控制的原则，进一步加强质量策划和过程质量控制，先后对 49 个重点项目编制了专项质量策划书，严格按照策划方案开展过程质量监督控制，有效地保证了产品质量满足规定要求。对质量事故“零容忍”，从严追究质量损失责任，加大质量管理专项考核力度。加强质量控制指标的统计分析，防微杜渐，为持续改进质量管理工作提供科学依据。

2. 安全和环保管理工作

公司认真贯彻执行安全生产相关的法律法规和规章制度，开展安全教育培训。2014 年先后组织安全培训 15 场，培训各类人员 2 100 人次，同时，开展各类反事故应急演练 8 场次，员工安全生产意识和安全技能进一步得到提

高。公司始终将安全生产放在各项工作的首位予以高度重视，通过层层签订安全目标责任书等形式，把安全生产管理各项目标指标和工作责任切实落实到位，并纳入二级单位和员工业绩考核。针对公司生产点多、面广的特点，一方面坚持实行两级领导安全值班和跟班监督，以及安全管理部门日夜安全巡查、督导隐患整改等工作机制，重点在高温熔炼和浇注、超大吨位产品吊装、狭小空间和高空作业、异地施工、相关方作业等过程以及重要危险源等加大安全监管力度，还对员工在外出差和上下班涉及的交通安全、技工学生现场实习安全、食堂食品卫生安全等也提出了管理要求。另一方面，进一步加大隐患排查和整改力度，促进本质化安全提升。2014 年，公司先后组织对安全用电、起重设备、吊具、手持电动工具、压力容器等专项检查 13 次，开展了为期一个月的治理安全隐患专项活动，共排查整改安全隐患 2 200 余项（其中重大隐患整改率达到 100%）。公司先后对 243 人次违章作业人员，以及所在单位各层级相关负责人进行了处罚，进一步加大了安全管理责任的落实力度。通过公司上下共同努力，2014 年公司没有发生重伤及以上事故，实现了年度安全管理工作目标。

在环保方面，公司关停了污染较大、能耗较高的落后锻造产能，同时，加强对固废物处置、废水排放等管理和控制，组织力量维护生产区内的绿化，取得了较好成效。

3. 标准化工作

公司作为全国矿山机械标准化技术委员会的委员单位，积极参与国家和行业技术标准的制（修）订工作，充分发挥企业在矿山装备的技术优势和引领作用。同时，及时更新相关的标准，先后组织了多次国家、行业以及企业现行相关标准的专题培训和宣贯工作，促进企业持续提升装备制造水平。2014 年公司主持修订和起草《地下矿用无轨轮胎式运矿车　安全要求》《地下轮胎式采矿车辆　制动系统的性能要求和试验方法》《地下轮胎式矿用车辆　驱动桥　技术条件》等国家和行业标准，参与《矿用机械正铲式挖掘机》《矿用液压挖掘机》等多项国家和行业标准的修订工作。

〔撰稿人：中钢集团衡阳重机有限公司赵文凌　审稿人：中钢集团衡阳重机有限公司游朝阳〕

山东山矿机械有限公司

一、企业发展概述

山东山矿机械有限公司始建于 1970 年，是中国重型机械工业协会常务理事单位、中国重型机械工业协会矿山机械分会、破碎粉磨分会、带式输送机分会副理事长单位以及中国电器工业协会牵引电器分会副理事长单位。总资产 8 亿元，为山东省高新技术企业、中国机械 500 强企业；荣获全国机械行业文明单位、山东省重合同守信用企业、山东省信誉等级 AAA 企业、山东省管理创新优秀企业、山东省机械行业十大自主创新企业、山东省机械工业快速成长型企业、山东省机械百强企业和济宁市第二届市长质量奖提名奖等荣誉称号。“山矿”商标被评为山东省著名商标。

公司下辖公司本部及济宁山矿电机车有限公司、济宁山矿建材机械有限公司、山矿托辊制造有限公司、济宁华电电力设备有限公司和宏山汽运有限公司等五个全资子公司和一所高级技工学校，现有员工总数 1 400 人，占地面积 30 万 m^2，各类主要设备 500 余台（套），具有从铸造、锻压、铆焊、机械加工、热处理到产品总装、试验等全过程的机械制造能力，现有矿山机械产品年生产能力 70 000t 以上。

2014 年面对复杂的国内外经济环境，公司充实调整了领导班子，创新了集团公司管理体制，进一步适应新形势下企业发展的需要。公司牢牢把握稳中求进的工作总基调，坚持改革创新，以提高质量和效益为中心任务，同心聚力，奋力拼搏，基本保证了公司生产经营的正常局面。2014 年经济指标虽有所下滑，但相对于行业整体走势，基本稳定。

二、生产情况

公司以精益的生产管理为主导，以先进的生产工艺为保障，以技艺精湛的一线工人为基本，以及时响应用户需求为宗旨，以计划为指令，优化组合生产各要素，优质高效的产出，确保了诸多项目按期交货。公司的生产管理水平在不断创新中得以提升。

为提高工人的专业素养，2014 年一线工人技术比武活动凸显。公司组织开展了车工、数控、焊工 100 余名工人参加的技术比武活动，推选其中 5 名优秀选手参加了 2014 年“华兴杯”山东省机械行业职业技能竞赛，并获得良好成绩，其中两位同志获得一等奖，被授予“山东省机械行业技术能手”荣誉称号。显示了一线工人良好的技能水平。

主要完成了太钢、宝钢、哈尔滨电站、山东电建、西北电力、台州电厂、新疆唯美等几十家大型项目的生产任务。公司承担的太钢哈斯科钢渣综合利用干燥处理线（EPC）工程项目顺利通过 2014 年山东省工业提质增效升级重点项目的相关评审，并获得了 200 万元的省级专项奖励资金。山矿公司承担了该项目的设计、设备生产制造、供货、运输、安装、土建工程、检验、调试、验收、培训等全过程工程，展示了山矿公司的较好的综合竞争力。

三、产品销售情况

2014 年宏观经济下行压力不减，市场回暖乏力，在行业产能过剩、市场萎缩的境况下，市场竞争愈演愈烈。随着国家投资建设重点的转移、产业结构调整力度的加大，冶金、煤炭、电力行业钢铁行业对产品的有效需求下降。公司紧紧把握国家产业导向，以适应新形势的思路，创新的经营管理理念，积极转变营销策略，拓宽销售渠道，改善按行业、区域分类的矩阵式销售网络结构，盯紧目标市场，抢抓机遇，全力拓展市场。重点跟踪大型成套项目，新型、大型破碎机、带式输送机等主导产品市场，积极开拓了生物质能发电及大型煤矿、脱硫环保设施等新兴市场，发展技术成熟、市场潜力大、盈利水平高的产品，对于利润过低的订货项目适当放弃。

在出口方面，积极捕捉各种国际市场机会，与国内的海外项目总承包商及进出口公司密切合作，建立了较为稳定、顺畅的出口渠道，产品出口到德国、意大利、日本、印度、尼日利亚、越南、巴西、古巴等国家和地区。

2014 年，产品销售下降，新增订单减少 20% 以上，但效益相对稳定，技术服务、项目总包比例加大，显现了企业竞争力的提升，新拓展市场对企业经营支撑力的加强。

四、科技成果及新产品情况

充分利用企业省级技术中心和市级矿山机械工程研究中心平台，实现主导产品中一批关键技术和新产品、新工艺的创新，适时引进了先进的设计、分析软件，提高主导产品的设计研发能力。健全公司技术创新激励机制，不断完善产品结构，延长产品线，推行产品创新项目小组制度，完成深槽大倾角皮带机、移动式破碎站、长距离大管径管带机等 12 项创新计划项目，开发出更多适应市场需要和具有高附加值的矿山机械和成套设备，增加产品新的卖点，提高企业核心竞争力。

五、产品质量及标准工作

企业持续推进提档升级，全面提升质量管理水平。强化质量体系建设、质量过程的计划控制、监督考核、项目负责制，深入质量分析，使产品质量持续改善提高。公司修订了质量责任制，加大了对车间、部门及负责人的质量考核力度，在实施过程中，有针对性地突出对产品外观、质量反馈处理等方面的考核。下半年，又专门成立了质量监督巡查小组，明确了小组的职能职责及工作内容，规定了“产品质量问题处理程序”。质量小组在巡查中认真负责，对检查中发现问题及时督促整改，取得了较好效果。同时，以中国电工供伊朗项目的 7 台破碎机、盐湖钾肥皮带机、万胜矿上运主巷带机、太钢移置式带机等重点项目为质量监控重点，每月都提出一到两个产品质量提升专题，从下料、焊接、加工到涂装、铸件外观、装配质量等方面加强控制与把关，在重点产品项次上有了一个明显的质量改善，以点带面，有效提高了产品的整体质量。在员工中也形成了严要求、严抓质量的氛围，为全面提高产品质量和提档升级创造了条件。公司积极参与《液压颚式破碎机》和《四辊三碎破碎机》两项行业标准的修订，并及时进行了企业内部的更新贯标工作。

六、技术改造

公司技改投入 1 000 万元以上。以智能化、自动化为指导，根据公司产品定位，不断加大技改投入，逐步对关键工序及设备进行升级改造，新上了托辊、托辊支架喷漆全自动生产线，增加了新的生产线，同时改善优化了老生产线，高效利用智能设备，全面提升企业生产制造能力及自动化、信息化水平，但由于经济下行，市场有效需求不足，产能得不到充分发挥。

〔供稿单位：山东山矿机械有限公司〕

中冶陕压重工设备有限公司

一、企业基本情况

中冶陕压重工设备有限公司（简称中冶陕压）是中国冶金科工集团公司暨中国冶金科工股份有限公司旗下的重型装备研发制造企业，公司冷热加工能力配套齐全，工艺制造技术水平先进，具有设备成套及工程项目总包能力。企业以生产大型精密板带轧机和板带处理成套设备、大型有色轧制设备、特种金属轧制设备、大型锻压成套设备、锻钢轧辊和大型铸锻件等为主要产品，涉及钢铁、机械、有色金属、矿山、电力、石油、化工、汽车、船舶等行业，是中国西部乃至国际、国内都有着广泛影响力的大型国有重工业企业。

在企业 2 500 多名职工队伍中，拥有教授级高级工程师、高级工程师以及各类工程技术人员 800 余人。企业建立了完整的技术创新体系，有独立的新产品开发能力，从市场开拓、产品设计研发、工艺技术创新、生产制造、质量控制到售后服务，具有严格、规范、精准的运行管理体系。企业具有三标管理体系和资质，具有进出口贸易经营权，可以按国际标准、欧洲标准和国外公司标准制造设备。

公司已形成年产冶金及锻压设备 50 000t 的生产能力，产品形成了 15 个系列、200 多个品种规格，主导产品有各种黑色、有色板带轧制设备、板带连续处理设备以及板带精整设备等。公司还具有年生产 2 万 t 成品锻钢轧辊、2.5 万 t 大型铸钢件、4.5 万 t 锻件以及 9 万 t 锻造用钢锭的生产能力。公司致力于打造为国民经济提供重大装备的国内一流、国际知名的专业化冶金设备及大型成套设备的研发制造基地；打造中国西北地区最大的锻钢轧辊生产基地；打造以生产销售铸锻件、焊接件、热处理件、机械零部件以及相关材料和技术为主的大型铸锻件生产基地。坚持“精品、名牌、成套、创新”的产品方针和“精心设计、精心制造、精诚服务”的质量方针，使企业在为社会和客户提供产品和服务的过程中得到持续的发展和提升。

企业经过近50年的改革发展，积淀并秉承了浓厚的优秀企业文化，保持着“严、实、细”的管理特色，在业界拥有良好的口碑和信誉。企业被陕西省政府授予“重合同、守信用”先进单位；先后获得“陕西省经济百杰单位”“陕西著名国企”“陕西省振兴装备制造业重要贡献企业”“西安高新区明星企业”“环境保护工作先进单位”“安全生产先进单位”等荣誉称号。

二、企业改革改制情况

中冶陕压是处于完全市场竞争领域的商业类企业，结合企业面临的冶金装备制造业形势以及自身发展的瓶颈，公司领导班子深刻认识到只有转变思想观念，抓住机遇，积极进取，进一步深化改革，搞活体制机制，不断激发企业内生动力和活力，才是公司生存发展的根本出路。深化改革的方向就是要把中冶陕压建设成为一个具有现代企业制度、管理水平先进、研发能力强劲、产品技术领先、市场结构合理、综合竞争力强且充满活力的大型现代化装备制造集团公司；同时，通过持续的技术创新，将中冶陕压打造成为掌握核心技术、具有自主知识产权的大型装备研发和成套能力，能为国民经济发展提供重大装备，能为国内外用户持续创造财富和价值，国内一流、国际知名的专业冶金设备以及大型成套装备的研发、制造和服务基地，并努力实现从冶金制造商向服务商的转型。

2014年初，公司成立了企业改制领导小组，并结合企业实际向中冶集团上报了《中冶陕压全面深化改革初步方案》，明确了改革的指导思想、重点方向和实施步骤等。2015年公司将坚持按照分步、分类、稳妥推进的原则开展相关工作，首先以设计研发等轻资产部门为改制重点，通过引入具有核心技术优势和成熟产品市场的战略合作者，积极鼓励核心骨干员工持股，成立中冶陕压控股的混合所有制的技术工程公司。通过改革充分调动技术研发人才的积极性和创造力，推动企业技术创新和产品转型升级，激发企业转型升级发展的内生动力和活力。目前改制方案和商业计划书已起草完成，将按照集团安排统一报审。同时对热加工项目以加快盘活资产和释放产能为目标，争取通过引入有成熟市场和稳定销售渠道的战略合作者实行混合所有制，以创新体制机制，改善经营状况，为企业增加效益。

从中冶集团的发展形势看，2014年面对错综复杂的国内外形势和市场环境，集团以改革创新为动力，以提质增效为目标，主要经营指标逆势攀升，营业收入同比增长、利润总额大幅增加、新签合同额创历史新高、资产质量明显好转、资本市场呈现回暖上升态势，大大超过预期完成了“一年迈一步，三年跨大步”第二年的各项指标，为持续健康发展打牢了更加坚实的基础。

三、企业生产发展情况

（1）2014年，公司实际完成工业总产值（不含税）100 184万元，比上年同期的73 830万元增加26 354万元，比上年增长35.7%。按行业小类分2014年工业总产值完成情况见表1。

表1　按行业小类分2014年工业总产值完成情况

行业小类	工业总产值(万元)	比上年增长(%)
冶金专用设备制造	82 972.4	50.11
其他专用设备制造	6 832.9	3.81
锻件及粉末冶金制品制造	4 151.5	25.79
黑色金属铸造	2 989.6	5.03
炼钢	1 761.2	-33.55
金属成形机床	1 435.2	-53.73
金属表面热处理及热处理加工	41.5	-44.30
金属结构制造	0	-100.00

（2）2014年实现工业增加值33 607万元，比上年同期的6 580万元增加了27 027万元，比上年增长410.74%。

（3）2014年实现销售产值78 978万元，比上年同期的64 296万元增加了14 682万元，比上年增长22.84%。

（4）2014年新签合同额93 545万元，比上年同期83 623万元增加了9 922万元，比上年增长11.87%。全年新签海外合同额6 545万元。比上年6 002万元增加543万元，比上年增长9.05%。

（5）2013年以来，国内经济下行压力加大，钢铁行业产能严重过剩，市场需求疲软，价格持续下滑，行业竞争激烈。在这样严峻的形势下，2014年企业的工业总产值、工业增加值、销售产值、新签合同额等指标均比上年同期有一定的增长，尤其是作为公司主业的金属轧制设备产值产量增幅均达到50%以上，公司的产品产量也达到历史最高水平。2014年企业主要产品产量见表2。

表2　2014年企业主要产品产量

企业主要产品	单位	产量	比上年增长（%）
金属轧制设备	t	36 293	52.43
金属成形机床	台	5	-16.67
工矿配件	t	389	-56.44
轧辊	t	2 555	29.96
粗钢	t	39 944	-15.49
铸钢件	t	10 718	-10.02
锻钢件	t	16 221	2.48

四、市场经营及销售情况

（1）2014年，公司实现营业收入102 482万元，比上年同期的72 409万元增加30 073万元，增长41.53%；主营业务收入96 537万元，比上年同期70 357万元增加26 180万元，增长37.21%。2014年企业主要产品销售收入及所占比例见表3。

表3　2014年企业主要产品销售收入及所占比例

企业主要产品	销售收入（万元）	所占比例（%）
金属轧制设备	73 813	76.46
金属成形机床	2 480	2.57
工矿备件	7 839	8.12
铸件	2 292	2.37
锻件	3 960	4.10
钢锭	1 827	1.89
加工件	479	0.50
轧辊	3 847	3.99
合计	965 37	100.00

（2）2014年，公司实现出口交货值7 632万元，比上年同期的7 372万元增加了260万元，增长3.53%。

（3）2014年，世界经济复苏艰难，国内经济下行压力不断加大，经济形势严峻复杂，支撑经济平稳增长的需求缺乏强劲拉动力，新增长点还难以弥补传统增长点收缩带来的影响。公司销售收入逆势增长，尤其是金属轧制设备增幅达44%。同时，由于国内劳动力成本提高，国外公司纷纷把加工制造基地转向其他劳动成本低廉的东南亚国家，国外订单也在大幅减少。但企业凭借在外商中的良好市场信誉和口碑，签订的涉外合同量、出口交货量均比上年有小幅增长。

五、科技成果及新产品情况

1.2014年度完成两大技术攻关项目

（1）完成了“难熔难轧稀有金属精密压延设备重大技术攻关项目”，解决了国内钨钼材料由于温度变化所引起的块料难轧、成材率低、效率低下的技术难题。

（2）完成了“宽幅带钢精密压延设备（成品钢带厚度0.2mm以下）重大技术攻关项目”，解决了国产宽幅（宽度大于1 000mm）带钢压延设备不能在单机架压延设备上稳定高效轧薄（成品厚度小于0.2mm，压延速度大于900m/min）的技术难题。

2.2014年申报省级新产品22项，实现销售收入54 494万元

（1）“1380六辊可逆冷轧机组”是公司研发的高性能机组，是以高性能工控机、可编程序控制器（PLC）及全数字直流传动控制系统为核心，用最新全数字系统构成全分布式网络化的、具有当代先进水平的现代化控制系统，配备了中间辊正弯辊板形调节、中间辊横移预设定、轧辊分段冷却、工作辊轴头准确停车、卷取机准确停车、圈数记忆、带尾自动减速停车、X射线测厚仪、故障自诊断，断带自动保护等先进技术。该机组达到了国内领先水平。

（2）“二十辊可逆冷轧机组”结构紧凑巧妙，能够保证小直径工作辊在垂直平面及水平平面内具有很好的刚性和稳定性，特别适用于轧制不锈钢、硅钢和高强度金属及合金薄带。该机组机架为整体铸钢件，强度高、刚性好，同时配备完善的辊型调节系统和厚度控制系统，能够轧出高精度的优质薄带材。该机组机架的加工方法推广项目被授予“陕西省职工优秀科技创新成果推广应用项目”。该机组达到了国内领先水平，取得了良好的经济效益和社会效益。

（3）“950mm四辊钨钼板可逆热轧机组”和“800mm六辊钨钼板可逆冷轧机组”是公司为瑞福来公司精心研制开发的两条机组。该机组布置紧凑，占地面积少，工艺先进，产品质量高。采用直流传动、直流母线和全数字变频控制装置、电动压下自动空摆辊缝、压下规程预设定及程序控制、轧制压力过载报警、数据采集等先进技术。这两条机组的成功研制增多了原有的钨钼板轧机机型，为公司拓宽了市场，使公司持续保持对整个钨钼板热轧机市场较高的占有率。

公司的工程技术人员本着精心设计、精心制造、精诚服务的理念，不断加大科技创新和产品研发力度，共申请专利37项，其中发明专利24项。

3.积极推进“中冶精密压延设备工程技术中心”建设工作，不断提升企业技术创新和自主研发能力

（1）中冶集团正式批准建设“中冶精密压延设备工程技术中心”，组建期为两年。2014年是第一年，完成了工程中心建设总体方案设计、工作机构的组建以及科研示范基地建设工作。2015年是集团批复工程技术中心两年建设期的第二年，正在严格按照建设任务书要求抓紧实施，确保年底集团科技部的检查验收合格并顺利通过。2015年要充分发挥好工程技术中心的平台作用，集聚工程技术中心领导专家和技术委员会内外部委员的合力，在集团科技部的指导支持下，组织精兵强将落实好2014—2015年度新产品研发计划的实施，做好高效紧凑型六辊可逆冷轧机组、双卷筒张力卷取机、连续热镀锌光整区域、40MN压平机等核心优势产品的优化设计开发，同时，在轧机的远程诊断开发、六辊轧机、钨钼板控制程序标准化、模块化设计和推拉式酸洗机组电控系统开发等方面取得突破；积极完善和推广数控机床改造技术和成果，与科研院所合作，开发连轧电控技术，力争将信息化技术和自动化控制技术相结合，向数字化、智能化制造的发展方向努力。

（2）2014年，公司还与东北大学轧制技术及连轧自动化国家重点实验室建立了战略合作伙伴关系，目前已在几个项目投标中围绕电控自动化二级系统研发开展了实质性的合作。公司1 780mm单机架钨钼可逆冷、热轧机组2014年成功申报了陕西省装备制造业重大技术装备首台（套）产品并获奖；750mm核电用宽幅锆板带可逆冷轧机通过了集团（省部级）科技成果鉴定。

六、产品质量及标准工作情况

（1）严格执行ISO 9001质量管理体系，于2014年4—5月间对公司三标合一体系进行了内部审核和外部换

证审核，并顺利通过了审核。利用半年时间组织各部门人员修订完善了三标体系文件中的三层文件，并在企业网站上予以发布实施。严格的质量控制体系，使公司产品质量稳步提高，废品损失逐年下降。

（2）2014 年公司以加强热加工质量过程控制为工作重点，通过坚持每季度召开热加工质量专题会、每周召开热加工讨论分析会以及不定期召开的技术交底会，认真分析研讨解决热加工过程中存在的技术和质量问题，并有针对性的制定了一系列改进措施；同时，公司继续通过同中南大学等高校合作的方式，就热加工质量控制的难点问题进行了联合技术攻关，目前相关工艺技术改进和质量提升方案正在抓紧实施中。

（3）不断完善能源计量管理制度以及能源计量网络体系建设。按照上级部门要求，对能源计量器具配备和管理进行自查整改，由通过能源计量审查资格证的人员对体系进行了内审，8 月份通过了渭南质监局和发改委组织的能源计量审查，符合国家法规对能源计量的要求。

（4）2014 年公司继续执行 JB/T 5000—2007《重型机械标准》进行产品检验，10 月份陕西省机械产品质量监督监测总站来公司进行机器产品定期检验，公司制造的皮带助卷器（图号为 BGEA725.00）被随机抽取为检验样本，共检验了 19 个项目，检验结果全部合格。

（5）公司与外方监造人员特别是西马克、西门子 SV 专家之间保持了良好的沟通和交流，顺利地解决了制造过程、分包许可、用户现场等诸多问题，得到了用户的好评。正如西马克质量部副部长门瑟先生来公司进行例行考评时认为，中冶陕压的总体质量管理和产品是很好的；西门子公司专家对中冶陕压质量工作也给予了较高的评价，并真诚地希望与陕压长期合作。

七、技术改造和节能减排情况

（1）2014 年公司技术改造项目完成 69 项，完成投资 2 993.11 万元，主要技术改造项目包括各种生产设备的购置和技术改造、大型工具工装的购置和制作以及信息化建设项目等。通过设备的技术改造，使老旧设备增加了新的功能，提高了操作精度和运行效率，同时也节约了投资费用。公司加快推进企业信息化建设，上年立项开发的轧辊全生命周期平台、质量管理平台和短线商品及备件销售管理平台，主要以业务流程管理为核心，通过业务流程的建立和规范以及优化重组，成功合作开发出了具有陕压特色的三大管理信息化平台，并顺利上线运行，逐步发挥出系统平台的管理成效。同时销售业务流程管理平台目前也已上线试运行，PLM 项目一期也在按计划实施。

（2）2014 年公司投资 80 多万元，通过锻压车间加热炉改造、厂区采暖管道改造、5t 电炉除尘改造等节能减排项目，有效地减少了企业能源消耗和污染物排放，取得了明显的效果。2014 年，公司能源消耗总量为 36 599.22t 标准煤，比上年度下降了 3.42%；万元产值综合能耗 0.37t 标准煤，比上年度下降了 27.45%；主要污染物 COD 排放 9.08t，二氧化碳排放 44 416t。

八、对外合作情况

（1）中冶陕压近几年出口的产品类型主要是冶金轧钢、矿山建材类的设备及备件，从种类看，备件量大，但从出口合同额上看，设备的出口量大。出口的国家和地区有德国、比利时、日本、意大利以及中国台湾等。中冶陕压出口产品主要体现在制造技术优势、质量控制优势和生产管理优势三方面，由于不属于自主知识产权产品，外方提供图纸、技术及标准，属于被动出口型企业。由于具有物美价廉、诚信实在、合同履约率高的特点，在“来图加工”类的冶金轧钢工矿设备备件出口方面具有一定的市场竞争优势。投资合作方面，2014 年意向与日本的日立能源公司进行合作开发中国的电动汽车电池板轧机业务，但合作未取得成功。

（2）2014 年，公司引进了大吨位压平机核心技术。压平机是厚板校平的关键设备，该技术在国内厚板校平设备市场极具竞争力。通过技术人员对关键技术的消化吸收，公司成功中标了沙钢 5 000t 压平机项目，并于 2014 年 10 月成功投产，受到了用户的好评。该设备的成功制造拓宽了公司的产品范围，提高了公司在厚板设备市场的竞争力。

（3）公司十分重视产学研的结合，2014 年与中南大学签订了“锻钢轧辊表面点状缺陷成因与控制研究技术开发合同”，拟对锻钢轧辊的典型钢种生产工艺进行有效控制，探索出夹杂物的形成机理，并制定出控制措施。该项目完成后，将有效提高公司轧辊产品的质量，极大地提升公司轧辊产品的市场竞争力。目前，项目正在按计划实施，部分已取得了初步成果。同时，公司还与东北大学轧制技术及连轧自动化国家重点实验室建立了战略合作伙伴关系，已在多个项目投标中，围绕电控自动化二级系统研发开展了实质性的合作。

九、企业发展存在的主要问题

当前，世界经济仍处于深度调整之中，复苏动力不足，我国经济下行压力加大。钢铁冶金和装备制造行业面临着市场需求不足、产能严重过剩、商品价格低位波动、资金与债务等潜在风险显性化的困难和挑战，总体经营形势严峻。企业发展存在的主要问题有：

（1）自主创新能力不足。装备制造业是高技术含量的产业，重大成套装备和高精尖设备的生产，都依赖高新技术研发能力。尽管国家装备制造业取得了很大的发展，但在整体设计研发能力方面竞争力依然薄弱。从中冶陕压的实际情况来看，主要体现在：一是企业承揽的国外订单中，大多仅为国外客户提供机械加工制造，即便能够接触到国外产品图样，但真正核心的技术依然不能为我所用，即使许多达到国际水平或国内领先水平的产品，都是借助引进技术或是合资实现的，缺乏自主知识产权和核心技术支撑；二是由于自主创新能力弱，导致装备制造过程中形成对进口部件的依赖，企业经营风险增加；三是由于设计能力不强，技术含量不高，造成产品附加值低，不论在国内市场还是国际市场，企业盈利能力弱。

（2）钢铁冶金行业产能严重过剩，引发市场深度调整，装备制造市场同业竞争加剧。近些年来，由于片面追求发展速度和扩大规模，钢铁冶金行业投资过热，出现严重产能过剩，项目急剧减少，造成装备制造行业过度竞争风险加剧，产品价格走低，整体效益不佳。由于市场倒逼机制作用，装备制造业内部同业竞争问题越来越突出，随着设计院等工程设计类企业业务链不断向下延伸，纷纷建厂开展装备制造业务，装备制造类企业的业务链也不断向上延伸，不断加大投入提升企业设计研发能力，造成了重复交叉业务越来越多，内部恶性竞争加剧，最终伤害的还是企业自身，更不利于行业整体协调平衡发展。

（3）品牌建设投入不足，企业品牌影响力不强。我国装备制造业务经过多年发展，各企业之间产品同质化的程度越来越高，但随着生产成本上升、行业产能严重过剩等影响，企业在产品、价格、营销渠道上越来越不能通过制造差异来获得竞争优势，品牌的美誉度在下降。中冶陕压这些年为了生存，在市场上辛苦打拼，由于效益不佳，无暇顾及企业品牌建设的投入和维护，造成企业在市场上的品牌影响力不够强，对企业开拓市场造成很大影响。

（4）现金流问题突出，融资难、资金紧张状况加剧。从近几年财务状况来看，由于钢铁行业全面处于亏损状态，个别用户在建项目因资金问题缓建或停建，造成入库产品积压，占用大量资金，同时由于应收账款催收成本高且难度增大，支付资金也以承兑票据为主，需要通过借款和贴现等保证流动资金需求，造成企业财务费用增加，企业融资难度加大，资金紧张状况加剧，保证生产经营的现金流严重不足，对企业的资金链安全和生存造成直接威胁。

〔撰稿人：中冶陕压重工设备有限公司赵思思　审稿人：中冶陕压重工设备有限公司王智强〕

卫华集团有限公司

卫华集团有限公司（简称卫华集团）是以研制起重机械、港口机械、矿山机械、减速机为主业，房地产开发、建筑防腐、餐饮酒店、资本运营等为辅业的大型企业集团，是我国产销量最大、品牌影响力最强、最具竞争力的工业起重机械制造行业领军企业。总资产 52 亿元，卫华品牌价值 71.9 亿元，员工 6 800 余人，占地面积 342 万 m^2。

卫华集团是中国重型机械工业协会、中国物料搬运协会和桥式起重机分会副理事长单位，全国首批国家技术创新示范企业之一。企业先后荣获“中国机械百强企业”“中国民营 500 强企业”“国家级高新技术企业”“国家火炬计划重点高新技术企业”“国家认定企业技术中心”“国家级知识产权优势企业”“全国守合同重信用企业”“全国质量标杆”“全国机械工业质量奖”“河南省省长质量奖”“中国 100 最佳雇主”等 500 多项荣誉称号。

卫华集团拥有国家认可技术检验测试中心、博士后科研工作站、院士工作站，授权专利 404 项。以中国科学院院士杨叔子为带头人的 600 人的卫华科研团队，是我国通用起重机行业最大的研发团队，荣获国家、省市级科技成果 85 项。

主导产品广泛应用于机械、冶金、电力、铁路、航天、港口、石油、化工等行业，服务于国家南水北调、西气东输、三峡水电站、酒泉卫星发射基地、秦山核电站、杭州湾跨海大桥、北京奥运等国家重点工程，助力了“神十”“嫦娥三号”成功飞天，并远销美国、德国、英国、日本、俄罗斯、巴西等 88 个国家。2014 年销售收入达 82.6 亿元，桥式、门式起重机产销量蝉联全国第一。

卫华集团认真履行社会责任，争做企业公民。近年来，为汶川地震灾区、社会主义新农村建设、支学助教等社会公益事业捐款捐物近 5 000 万元，安排 6 000 多人次的大学生和社会青年就业。

一、坚持全员营销进一步开拓市场

2014 年，在市场持续恶化的情况下，卫华人闯关克难，企业实力稳步提升，继续保持全国工业起重机行业第一的位置，蝉联“中国机械工业 100 强”，名列第 44 位，比上年前进了 8 位。根据市场环境，卫华集团积极调整营销思路，建立起电子商务平台并成功签订海外订单；为进一步提升品牌影响力，成功举办中国重型机械工业协会桥式起重机专业委员会第八届二次会员大会暨起重装备制造产业转型升级高峰论坛，承办首届中国·长垣国际起重装备展览暨交易会；取得武器装备科研生产许可，参加济南军区国防动员潜力展，卫华产品获得了国防部长常万全的高度赞扬。在国内市场方面，800t 大型门式起重机在中国一重大连加氢反应器制造有限公司安装完毕、首台 1 600t 移动架桥模架通过验收、铁路专用大跨度工程门机助力拉日铁路顺利通车、为中国某研究设计院制作的 70m 室内最大跨度核工业起重机、完成了蔚阳电厂全自动垃圾吊制作、安装、军用定点旋转起重机助力中国航天集团空间环境模拟试验设备在首次整星真空热试验成功，再为航天事业助力添彩；在国外市场方面，持续开拓国际贸易，布局全球新兴市场，出口国家扩大到 89 个。

2014 年卫华集团全年实现工业总产值 84.03 亿元，比上年增长 19.95%；工业销售产值 82.6 亿元，比上年增长 24.41%。2014 年主要产品产量见表 1。

表1　2014年主要产品产量

产品名称	产量（台）
电动葫芦	32 481
桥式起重机	38 765
合计	71 246

二、坚持科技创新，提升企业核心竞争力

卫华集团始终坚持“科技创新与产品升级相结合”，充分发挥国家级认可实验室、博士后科研工作站、国家企业技术中心、院士工作站的技术优势，通过自主创新与引进技术吸收并举，不断壮大科研队伍，加大投入，以不低于年销售收入5%的比例，提取研发费用，用于技术研发、产品研制，提高科技创新能力。

2014年，卫华集团创新技术研发平台，联合华中科技大学、武汉理工大学、郑州大学、北京起重设计研究院等4家科研院所及11家起重机骨干企业，牵头组建河南省起重机械产业技术联盟，这也是我国起重机械行业第一个技术联盟。成功申报河南省起重机械工业公共技术研发中心，成为我国起重机行业内唯一共性技术的研发平台。

同时，成功申报国家科技支撑计划“面向工程机械大型结构件的机器人焊接生产线关键技术研究与应用示范项目”“轻量化桥式起重机推广与应用研究”，实现了卫华牵头国家级研发项目零的突破；完成国家863计划重点攻关项目——“$18m^3$ 大型挖泥机”的产品组装及调试。

卫华集团在新产品开发方面，不断自主创新，完成各项工艺技术改造、新工艺推广、新产品开发等科技项目80项，“高效智能轻量化桥门式起重机研发及产业化”项目成功申报省重大科技专项、“面向绿色工程的全自动垃圾吊关键技术研究及产业化”“年产300台防摇摆防爆起重机产业化”等列入省重点项目。“大跨度多支点电动悬挂起重机”等17个项目通过省级成果鉴定，其中2项被鉴定为国际先进水平，15项被鉴定为国内领先水平。全年获得专利授权97项，拥有的授权专利已达到了404项，处于全国起重机行业首位。

新产品再次填补行业空白。出口伊朗的300t游艇吊是我国出口的最大吨位轮胎游艇吊；承制的1 700t架桥机是河南省有史以来制造的最大吨位起重设备；为远大重工制造的无基础性养护窑成功交付使用，填补了河南省起重产品在绿色建筑领域的空白；首次将点线啮合技术应用在硬齿面圆柱齿轮减速机上，产品综合性能国际领先。2014年科技成果及荣誉见表2。

表2　2014年科技成果及荣誉

获奖名称	获奖时间	成果水平评价	颁奖部门
排锯前倍尺钢管分配起重机项目	2014年5月26日	省工业和信息化科技成果奖一等奖	河南省工业和信息化科技成果一等奖
600t桥式起重机项目	2014年7月18日	省装备制造工业科学技术奖一等奖	河南省装备制造工业科学技术奖评审委员会
100t全液压驱动轮胎门式起重机	2014年7月18日	省装备制造工业科学技术奖二等奖	河南省装备制造工业科学技术奖评审委员会
全自动冶金上料桥式起重机	2014年10月25日	中国机械工业科技进步奖三等奖	中国机械工业联合会和中国机械工程学会
基于精确定位防摇摆技术的全自动钢管分配起重机	2014年12月15日	中华全国工商业联合会科学技术奖三等奖	中华全国工商业联合会
QD5－50T轻量化系列桥式起重机	2014年8月28日	国内领先	河南省科学技术厅
超大吨位起重机桥架、小车架焊后加工工艺研究及应用	2014年8月28日	国内领先	河南省科学技术厅
轻量化起重机主、端梁模块化互换性工艺研究及应用	2014年8月28日	国内领先	河南省科学技术厅
600t轻量化吊钩门式起重机	2014年8月28日	国内领先	河南省科学技术厅
大跨度多支点电动悬挂起重机	2014年9月22日	国际先进	河南省科学技术厅
酸洗车间全自动高精定位起重机	2014年9月22日	国际先进	河南省科学技术厅
大型板件翻转起重机	2014年9月22日	国内领先	河南省科学技术厅
钻井平台专用防爆电动葫芦	2014年9月22日	国内领先	河南省科学技术厅
800t吊钩门式起重机	2014年12月26日	国内领先	河南省科学技术厅

（续）

获奖名称	获奖时间	成果水平评价	颁奖部门
低温环境工作起重机	2014 年 12 月 26 日	国内领先	河南省科学技术厅
起重机箱型梁自动化断续焊接装备及工艺	2014 年 12 月 26 日	国内领先	河南省科学技术厅
起重机小车架焊接关键工艺装备研究及应用	2014 年 12 月 26 日	国内领先	河南省科学技术厅
全自动垃圾吊	2014 年 12 月 26 日	国内领先	河南省科学技术厅
电动液压六瓣抓斗	2014 年 11 月 10 日	国内领先	河南省科学技术厅
手动悬臂吊	2014 年 11 月 10 日	国内领先	河南省科学技术厅
起重机用直联式硬齿面点线啮合驱动单元	2014 年 12 月 26 日	国内领先	河南省科学技术厅
内平衡支撑硬齿面模块化减速机	2014 年 12 月 26 日	国内领先	河南省科学技术厅

三、坚持质量优先战略，打造卫华精品

卫华集团按照“关注客户，持续改进，过程控制，制造精品”的质量方针，完善质量控制机构，健全质量管理制度，运用先进质量管理方法，不断促进质量改进。近几年先后荣获“河南省精益管理质量标杆企业”“全国质量标杆企业”“全国机械工业质量奖”“中国质量诚信企业”。

公司坚持质量是企业的生命线，今天的质量和服务是明天的市场，把产品质量放在企业品牌战略的核心地位，制定卫华质量理念：更好产品、更高质量、更强品牌、更快发展。近 3 年，公司通过进行设计、工艺和生产的改进，研发、制作出多种技术含量高和制作水平先进的新产品，各类新产品样机经过国家起重运输质量监督检验中心的年度抽查，抽查检验合格率均达到 100%。

2014 年，卫华集团实行“质量优先战略”，继续推行卓越绩效管理，调整了集团质量管理委员会及争议仲裁小组，颁布实施了《质量奖惩制度》和《质量指数考核办法》，建立起实物质量管理和过程质量管控体系。

同时大力推行精益生产，着力改革质量管理，提出质量指数的考核指标，发布《关于加强质量管理的意见》，明确未来三年集团质量管理工作方向；出版《员工质量手册》，指导规范质量工作；完善起重机各类工艺方案及图示手册，根据公司出现的质量问题，成立了 10 多个 QC 小组，经过广大员工的努力攻关，均取得明显成果，多个成果获得省部级 QC 成果奖。

四、强化管理，打造一流企业

2014 年管理团队立足创新，加强内部管理，夯实企业管理基础。

（1）全面开展企业标准化工作。截至 2014 年 10 月，卫华集团收集国家、行业技术标准 2 024 项，集团自己发布了 828 项企业标准，其中技术标准 345 项，管理标准 187 项，工作标准 290 项。公司还积极参与起重机械国际、国家、行业技术标准的制定、修订工作。实施标准化管理，切合了卫华管理创新的要求，保障了卫华做大做强的战略目标，推动着员工行为规范，提升现场管理水平，促进技术进步、产品创新、零部件管理及生产过程控制、提升经济效益等方面发挥着积极的作用。

（2）着力打造人才团队。成立卫华学院，开设高级经理研修班和金蓝培训班，引入武汉理工大学管理学院 MBA 课程及高级技工课程。高级经理研修班共培训 9 门课程 133 课时 649 人次；金蓝领培训班共培训 8 门课程 11 课时 422 人次。按照发放期权的规定，全部兑现上年发放的期权分红 700 余万元，让员工分享企业发展成果。集团成功蝉联“2014 年中国人力资源管理杰出贡献奖”“中原最佳雇主”等称号。

（3）信息化工作取得新突破。2014 年，卫华稳步推进信息化与工业化的深度融合，落实智能制造新举措，努力发展互联网 + 制造新模式，为集团未来信息化发展确定了方向；实施集团财务集中管控 NC 项目，完成 NC 与现有信息系统的全面集成开发，构建了集团全集中的信息应用平台；开发完成集中采购供应商客户端，搭建了企业与供应商深度合作的业务平台；开发集团财务共享中心信息系统，有效支撑了集团财务共享中心的建设；设计开发了纽科伦、大方公司生产计划系统，全面覆盖生产计划领域；完善人力资源系统；扩充城域网，提高对子公司的网络管理与整合力度；电子商务平台投入运行，开辟了新的销售渠道，被授予“河南省电子商务示范企业”。

（4）提升品牌影响力。作为承办单位，成功举办中国重型机械工业协会桥式起重机专业委员会第八届二次会员大会暨起重装备制造产业转型升级高峰论坛，承办了首届中国·长垣国际起重装备展览暨交易会。参展企业 196 家，观众 12 000 多人，意向成交额 1.86 亿元，现场成交额 3 196.3 万元。这不仅是长垣首届国际起重装备展览暨交易会，还创造了接待全国起重机行业客商、参展人员数量最多的记录。提高了卫华知名度。2014 年，卫华蝉联“全国守合同重信用企业”称号，荣获“河南省商标工作示范企业”“河南省工业品牌培育示范企业”“河南省文明诚信企业”。

（5）进一步发挥企业文化的引领和推动作用。2014 年企业文化建设面向重点工作，传播卫华先进文化理念，促使卫华企业文化不断延伸和辐射，提升了卫华内外部形象。正式发布了《卫华集团企业文化建设规范》，重新搭建了企业文化体系，对卫华文化进一步提炼，规范了文化术语，对推动品牌建设、规范企业文化建设具备重要意义。重新修订印制《卫华文化手册》，该手册是卫华集团企业文化总结的合集、员工行为指导手册，是一本重要的文化载体，对新入职员工认识卫华、融入卫华、幸福卫华有着重要作用。对外宣传方面，利用微信、微博等新媒体，加强与外界媒体联系，扩大了影响力。2014 年卫华荣获国家工业品牌培育示范企业称号。

（6）积极推进党建工作，进一步发挥党团员在生产组织中的先锋模范作用。2014 年党委领导班子进行了调整，发展党员 13 名，转正 26 名，党员总数达 490 多人。卫华党建工作受到中组部肯定和推广后，以卫华集团为首的十家非公企业党建经验，吸引了全国各地近 3 000 人次前来学习参观。在 2014 年 8 月集团成立了卫华党校，建立了党建网站，并与鞍钢党委结成了党建联盟，积极探索党建新模式，扩大党建宣传阵地。卫华集团持续参与社会公益事业，全年公益捐助 200 万余元，惠及 1 000 多人次。

〔撰稿人：卫华集团有限公司孟瑞源李艳鑫　审稿人：卫华集团有限公司俞有飞〕

中国重型机械有限公司

一、基本概况

中国重型机械有限公司（简称中国重机）成立于 1980 年 9 月，隶属中国机械工业集团有限公司（简称国机集团），是以工程总承包、带资运营、贸易和服务为主营业务的工程总承包综合服务企业。业务领域覆盖冶金、矿山、交通、建材、电力、水务、环保、化工、生物能源、农产品仓储及加工等行业领域。截至 2014 年年底，经商务部批准，中国重机已在缅甸、越南、柬埔寨、塔吉克斯坦、印度尼西亚、土耳其、泰国、斯里兰卡、埃塞俄比亚、南苏丹、南非、肯尼亚和几内亚及老挝等 14 个国家设立驻外代表处。

2014 年，中国重机在国机集团的正确领导和中国重型机械工业协会的指导下，认真贯彻落实国机集团 2014 年工作会议和保增长经营工作会议精神，以增强企业实力，提高经济效益，提升发展质量为中心，稳增长，求发展，深入开拓国内外市场，全面深化企业管理，着力风险防控，实现年度经营平稳发展，海外 BOT 投资项目提前建成，业务转型顺利成功。

二、生产发展情况

截至 2014 年底，中国重机资产总额 47.97 亿元，相比上年同期减少 1.89 亿元，负债总额 36.26 亿元，所有者权益 11.71 亿元，国有资产保值增值率 104.41%。2014 年实现营业收入 86 328 万元，利润总额实现 6 502 万元。2014 年主要经济指标完成情况见表 1。

表 1　2014 年主要经济指标完成情况

项目	金额（万元）	比上年增长（%）
资产总额	479 700.97	-3.79
净资产	117 058.68	4.16
营业收入	86 328.15	-45.79
利润总额	6 502.45	12.39

三、市场经营及销售情况

1. 大力开掘国内外市场

2014 年，中国重机按照“巩固传统市场，扩大非洲市场，布局拉美市场”的总体思路，不断优化海外市场布局，大力开拓国外市场，努力开拓国内市场，实现了合同生效额和新签合同额的双增长。

强力推进，促生效工作取得明显成效。利用“两优”政策支持，加快了项目生效进度，取得了明显成效。推进了柬埔寨农村电网改造二期工程合同生效，实现了柬埔寨农村电网改造三期和四期、老挝 230 kV 输变电以及塔吉克斯坦冰晶石、氟化铝和硫酸厂项目的当年签约当年合同生效。

调整布局，东南亚新市场取得重大突破。在老挝市场重点跟踪开发电力项目，取得重大突破。2014 年 1 月，中国重机与老挝国家电力公司签订老挝沙拉湾—色贡 500 kV 高压输变电项目 EPC 总承包合同。7 月份，在国家主席习近平和老挝国家主席朱马里的共同见证下，中国重机与老挝国家电力公司签订 230 kV 纳邦—南俄 1 - 欣赫输变电项目 EPC 合同，实现了当年签约当年生效，是中国重机在老挝生效执行的第一个 EPC 总承包项目。

巩固优势，传统市场实现滚动发展。深度开发柬埔寨市场，深化电网建设领域合作，大力实现农村电网改造工程，改善当地电力供应紧张状况，不断取得新成果。签订了柬埔寨农村电网二期工程、三期工程、四期工程项目，积极开发柬埔寨国家电网 230 kV 西南环网输变电工程。在柬埔寨电力市场实现了项目签约、合同生效、项目执行和项目开发储备的良性循环，继续保持了“区域滚动”发展的良好局面。

把握机遇，中亚市场迎来新起点。中国重机积极配合业主和塔吉克财政部，抓住建设丝绸之路经济带的机遇，及时向我国政府提出贷款申请，积极推进塔吉克斯坦冰晶石项目的重新开启。北京 APEC 峰会期间，在国家主席习近平和塔吉克斯坦总统赫蒙的共同见证下，项目贷款协议正式签署，标志着塔铝项目建设迎来新的起点。

内外并举，国内传统领域开创新局面。面临全球经济复苏缓慢、外部环境依然严峻复杂的形势，中国重机认真落实国机集团关于市场开拓要“内外并举”的部署要求，加大对国内市场铁路、港口、矿山、水处理等传统业务领域的开拓力度，取得丰硕成果。在国内铁路电气化项目设备采购的国际招标中，取得了先后连中五标的好成绩。在北部湾钦州港岸桥、场桥设备采购招标中，中标8台岸桥设备。在利用欧洲投资银行贷款的济南热电有限公司汽改水改造项目的国际招标中，中标材料、设备供货两个标的。

2. 重点项目执行情况

柬埔寨农网扩建一期工程顺利建成移交并收到项目全部完工验收证书。

孟加拉MI水泥公司水泥包装线、孟加拉皇家水泥4号线粉磨厂、海德堡孟加拉达卡水泥库等项目均完成考核验收。

柬埔寨金边环网输变电EPC工程，克服业主塔位征地缓慢带来的不利影响，部分输电线路和一个变电站顺利带电完成，移交业主投入试运行。正在采取措施，积极推进后续建设进程。

柬埔寨金边—巴威输变电项目已开工启动，项目组加强对各施工单位的组织、安全、质量、进度、资料提交等工作的管理，确保按照合同要求进行施工。

柬埔寨农网扩建二期工程已开工启动，其中一部分线路根据柬方要求已提前开工。

孟加拉AMAN立磨项目，已发运7批货物并完成货款议付。

3. 业务发展情况

带资运营提前实现目标。几年来，中国重机把推进柬埔寨达岱水电站BOT项目的顺利实施，大力推进业务转型升级，作为公司战略层面上的一项重点工作，充分发挥作为业主的主导与核心作用。2014年是工程建设任务最为繁重、特别关键的一年，是冲刺发电、建设完工的一年，也是项目开启运营、收获果实的一年。经过全体参建人员的努力，8月13日，首台机组完成高度并一次成功并网发电；9月11日，所有3台机组通过72h满负荷考核，在不到一个月的时间，创造了“一月三投”和首台机组“七天并网”的良好业绩。在柬埔寨国家电力公司组织的总装机考核试验中，单机发电能力和总装机发电能力均超过了设计水平，各项性能指标达到或优于相关国际标准，为下年的正式商业运行打下了良好的基础。

柬埔寨达岱水电站建成发电，标志着中国重机响应国家“走出去”战略，实施海外BOT投资、推动业务转型升级取得重大突破。有力提升了中国重机的发展质量，改善了资产结构，培养和集聚了一批专业人才队伍，树立了中国重机的企业品牌，有力提升了中国重机在柬埔寨的市场地位，带动了中国重机在柬埔寨市场的“区域滚动”发展，为持续稳定发展奠定了坚实基础，在中国重机的发展历程中写下了浓墨重彩的一笔。

贸易业务不断巩固。铸件出口继续保持稳定发展的良好态势，年出口量达到2.85万t，销售收入比较稳定，2014年开拓了5个新客户。中国重机全年实现进出口额和国内贸易额稳步提升，占总成交额的11.70%。

服务业务稳步增长。佳德监理公司在巩固和做实工程监理业务的同时，积极服务于总部工程承包主业，参与总部多个海外EPC工程的项目管理和服务工作，承担了中国重机老挝230 kV输变电EPC总承包项目的项目管理，为自身向海外EPC总承包工程项目管理转型发展，迈出坚实的一步。2014年，营业收入、利润总额均稳步增长，全面完成年度各项经营指标，创历史新高。

四、履行企业社会责任情况

2014年，中国重机继续组织开展“国机爱心日”捐献“一日工资”活动，244名在职职工捐款51 737元，汇至国机集团“爱心基金”管理委员会账户，彰显公司员工高尚的道德情操。

中国重机在实施“走出去”战略，开展海外工程建设和投资运营业务中，注重质量安全，注重环境保护，融入当地社区，积极开展公益活动。参加柬埔寨“国际红十字和红新月运动151周年纪念日”活动，向柬红十字捐款。和中国驻柬埔寨大使馆一道，向柬埔寨政府新设计的矿产能源部捐赠了一批办公用品，帮助改善办公条件，增添友谊光彩。

在经营活动中，严格按照中国重机的质量、环境和职业健康安全管理体系的要求，认真做好EPC工程承包项目的质量管理、环境保护和职业健康安全管理工作，做好项目现场施工中的降污减排和节能降耗工作，认真履行环境责任。组织开展节能减排宣传周活动，增强广大员工低碳工作、低碳生活意识。加强职业健康安全管理。进一步健全规章制度，做好施工现场的安全监管，系统开展安全培训。认真开展专项活动，扎实组织开展安全生产月活动，武艺安全生产“打非治违”专项整治活动。强化所属企业的安全管理，加强对所属企业的安全生产工作的监管，签订年度安全生产责任书。

全年未发生重伤及以上生产安全事故，连续8年获国机集团安全生产考核A级企业，并被评为国机集团安全生产管理专项提升先进单位。

〔撰稿人：中国重型机械有限公司郭春玲〕

中国重型机械研究院股份公司

一、总体发展情况

中国重型机械研究院股份公司（原西安重型机械研究所，简称中国重型院）创建于1956年，是以冶金装备、重型锻造/挤压装备、环保装备和油气输送装备等综合性装备技术研发、设计、工程成套及咨询的科技创新型企业。1999年转制为科技型企业，以资产划转方式加入中国机械工业集团有限公司（简称国机集团）。2006年9月，国家工商行政管理总局批准组建成立中国重型机械研究院。2009年1月，中国重型机械研究院改制为中国重型机械研究院有限公司。2012年6月，经国务院国资委批准，中国重型机械研究院有限公司变更设立为中国重型机械研究院股份公司。目前，中国重型院下设15个专业研究所、7个子公司、2个中试工厂、4个分院。主营业务涵盖：钢铁、有色金属冶炼、二次精炼、连续铸造、板（带箔）管（棒）型材轧制、精整处理、金属锻造/挤压、拉伸塑性成型、工业烟气净化回收、页岩油开采与油气输送等所需各种大型、高端工艺装备研发设计、成套和工程总包。

2014年，中国重型院面对国内外复杂严峻的经济形势，重机行业的大幅下行的市场环境，积极应对，主抓经营和清欠两项重点工作，强化科技创新，加强风险管控，在十分严峻的经营形势下各项工作保持了平稳运行与发展，在经营业绩、科技创新等方面均有新的进展。2014年实现营业收入14.34亿元，利润总额4018.41万元。

二、市场经营情况

1. 基本情况

2014年，中国重型院全方位多层次开拓市场，围绕重点专业领域新项目，同时兼顾工程技改项目开展经营工作。共签订合同额19.33亿元，其中，合同额3 000万元以上的大型成套装备合同共计19项，合同总额13.67亿元。

冶金装备专业签订的青岛特殊钢铁有限公司3台特殊钢方坯连铸机合同，该项目是国家发改委批准的有限的几个项目之一。板带精整装备专业签订的武钢防城港钢铁基地2 030mm冷轧项目1#、2#重卷检查机组，首次实现武钢全线主要设备全国产化。重型锻压装备专业签订的江苏亚太60MN反向挤压机是国内目前自行设计最大的双动反向挤压机。管棒型材装备专业签订的浙江久立集团LG－15、LG－25、LG－40高速断面成型机共10台（套），是中国重型院一次性签订数量最多的高速冷轧管机合同。环保与节能装备专业签订的广西盛隆、日照钢铁、唐山东海等多套转炉煤气干法回收系统总承包项目，标志着中国重型院已全面掌握煤气干法除尘回收这项新技术，开创新的市场。

2. 经营特点

（1）加大环保业务板块的投入力度。随着国家一系列限制高污染、高排放、高能耗产业的环保政策出台，冶金行业对环保装备的需求加大。中国重型院抓住这一发展机遇，大力拓展环保与节能装备领域业务，2014年环保装备专业共签约合同43项，合同金额2.59亿元。

（2）进一步拓展民营企业市场。2014年中国重型院主营业务民营企业合同达到267项，合同额8.04亿元，占全院合同总额的41.59%。

（3）紧盯企业技术改造。中国重型院加大用户的回访力度，积极服务于投产设备的升级换代和技术改造。全年签订技术改造项目协议40项，合同金额约5 588万元。

（4）紧抓备件合同签约。中国重型院为延伸工程项目产业链，紧抓备件的签约和生产组织工作。2014年签订备件合同额约23 654万元。

（5）积极开拓国际市场。全年共组织与外商合作交流36次，跟踪项目24项。签订出口项目8项，合同额2.78亿元，比上年增长13%。其中，中国重型院与伊朗MSCO钢厂签订的“双流板坯连铸机平台及后部设备”合同额达1.6亿元。

三、企业科技创新情况

科技创新是中国重型院发展的核心竞争力，也是中国重型院长期可持续发展的立足之本。中国重型院近年来的科技投入占主营业务收入的比重保持在8%～10%，取得了丰硕的科技创新成果。2014年中国重型院由于在科技创新方面的突出成绩，获得国家科技部授予的“国家创新人才培养示范基地”、陕西省工信厅授予的“陕西省认定企业技术中心”“陕西省知识产权运用示范企业”等荣誉。

1. 科技项目立项

中国重型院2014年获批承担国家、省市、国机集团、区科技计划项目23项，获批资金支持4 054万元，到位资金1 184万元。其中，承担国家级项目2项，承担省部级项目16项。“高精度面板智能化冷连轧生产线”列入国家2014年智能制造专项；“极薄带钢精整技术与设备研究”列入2013年度国家科研院所技术开发研究专项。2014年完成科研项目10项，其中6项通过科技成果鉴定，2项科技项目通过验收，申请验收科技项目2项。“超大型环件径轴向轧制关键技术基础研究”通过国家科技部验收；“36MN油压双动卧式反向铝挤压生产线”通过陕西省科技厅验收；“1 450mm五机架全连续冷轧机组工艺与设备的研制及应用”“超宽幅O5级汽车面板生产—精整机组关键工艺及装备研发与应用”通过陕西省科技厅成果鉴定。

2014年，中国重型院针对各专业特点及发展战略，在高端装备制造、新材料、节能环保、新一代信息技术等领域开展技术储备和前瞻性科研课题研究，经中国重型院技术委员会审议，确定自定科研课题13项，投入资金1 822

万元。

2. 获奖项目及专利

2014 年中国重型院共有 11 项科技成果分获 14 项省（市）级以上科技奖。其中，“12 000t 航空级铝合金板材张力拉伸机装备”获中国机械工业科学技术奖特等奖；“高效喷粉脱硫 RH 炉外精炼工艺及设备的应用及开发”获陕西省科技进步奖二等奖和中国机械工业科学技术奖二等奖；“自冷却润滑的频繁往复运动液压缸”获陕西省专利一等奖；“超宽幅 05 级汽车面板生产—精整机组关键工艺及装备研发与应用”获国机集团科学技术奖一等奖；“1 450mm五机架全连续冷轧机组工艺与设备的研制及应用”获国机集团科学技术奖二等奖。

2014 年中国重型院共申请专利 206 项，其中发明 100 项，实用新型专利 106 项；获授权专利 208 项，其中发明专利 57 项，实用新型专利 151 项，专利申请量和授权量均创历史新高。

3. 新产品及新工艺研究

2014 年中国重型院各专业创造的 6 项国产首台（套）项目：①年产 30 万 t 家电板镀锌生产线，属国内首套大规模高档冷轧家电板镀锌线。②湛江国产化汽车板重卷机组，属国内首套国产化汽车面板生产机组。③19 500t 自由锻造油压机，最大锻造能力 195MN，最大锻件能力可达 450t，是目前投产的世界最大吨位的自由锻造油压机。④3 000kN/7 500kN · m 全液压锻造操作机，与 19 500t 自由锻造油压机配套，可实现手动、半自动、自动、联动等操作功能，整体技术水平达到国际领先。⑤LG730 两辊伺服冷轧管机组是已投产的世界最大口径两辊伺服冷轧管机，整机装机水平达到国际领先。⑥ϕ89 ~ 508mm 双金属管生产线，复合的双金属管接合力高达 21t，完全达到 API 标准的要求，其关键装备及核心技术已达到世界领先水平。

研发的 6 项新产品和新领域创新技术：①2 000t 高精度宽幅薄板拉伸机。②60MN 油压双动反向卧式铝挤压机。③自冷却润滑的频繁往复运动液压缸。④75t/h 流化床锅炉烟气湿式电除尘系统。⑤规模化低阶粉煤与油页岩热解工艺及装备研究。⑥数控钣金拉形机的研制与开发。

四、质量管理及标准化工作情况

1. 质量管理工作

中国重型院严格贯彻执行三合一管理体系。2014 年 3 月 11 日，中国重型院质量、环境和职业安全健康管理体系通过中国质量认证中心认证审核，满足 GB/T 19001:2008、GB/T 24001:2004、GB/T 28001:2011 管理体系要求和相关法律法规要求，中国重型院管理体系持续有效。

中国重型院通过项目抽查、检验检查、合同评审、监督检查、宣贯培训以及内部审核等方式，确保了质量、环境和职业健康安全管理体系有效运行。对正在执行的项目合同，根据程序文件“产品设计和开发控制程序”规定，定期对设计输入到设计输出整个过程文件和记录的完整性、有效性进行监督检查。同时，对其环境和职业健康安全方面进行抽查，确保合同执行过程符合体系文件的要求。对于中试工厂的产品生产，对进货检验、过程检验、外协检验、不合格品处置及最终检验的记录进行重点抽查，确保所有检验记录齐全，产品符合检验大纲要求，根据终检记录编制终检报告经批准出具产品合格证。针对大量委托第二方制造供货合同，对承担重点项目制造任务的重点供方（第二方）实施质量管理体系审核。

2014 年 12 月 18 日，中国重型院对管理体系进行内部审核，对质量、环境和职业健康安全三个体系的符合性、有效性进行审核。审核结果表明，中国重型院三标管理体系运行平稳、持续有效。全院质量、环境、职业健康意识均有提高。

2. 标准化工作

中国重型院作为全国冶金设备标准化技术委员会秘书处单位，积极参与国家和行业技术标准的制（修）订工作。2014 年负责起草和参与制定、修订的冶金设备国家、行业标准 33 项。其中，包括 1 项国家标准《铜冷却壁》在内的 7 项标准已于 2014 年发布，其余 25 项行业标准已经报批国家工业和信息化部。此外，在环保装备领域，中国重型院负责起草的《湿式电除尘器》标准也于 2014 年 3 月发布。

五、发展中的突出问题

1. 企业盈利能力下降，应收账款总额仍然较大

近年来，受用户行业形势影响，中国重型院盈利能力有较大程度的下降。2014 年，中国重型院签订合同额、营业收入、利润总额等主要经济指标同比都有不同程度下降。主要是受经济形势低迷和钢铁行业宏观调控影响，加之市场竞争激烈导致合同质量严重下降。应收账款催收工作虽然取得了一定成效，但是，2014 年应收账款总额同比减少 14.59%，总额仍然庞大，对经营发展和利润的影响在逐步增大，造成资产质量存在隐患。

2. 国际经营仍未建立成熟的体系

随着国内钢铁产业调控力度加大，国内钢铁产业产能扩大的建设进度将进一步放缓，全球钢铁产业建设逐渐转移到东南亚和其他发展中国家，中国重型院近年来延续了海外业绩，拓展了一定的海外市场。但是国际经营仍未建立起成熟的体系，营销主要通过中介公司，缺乏有经验的项目运营和管理人才以及复合型技术人才，海外市场的推广力度不足。

〔撰稿人：中国重型机械研究院股份公司装备信息研究所宋晔　审稿人：中国重型机械研究院股份公司装备信息研究所孟令忠〕

北京起重运输机械设计研究院

一、基本情况

北京起重运输机械设计研究院（原北京起重运输机械研究所，简称北京起重院）创建于1958年，1999年转制成为现代化的科技型企业，加入中国机械工业集团有限公司。主要从事物流仓储系统、客运索道、起重机械、物料输送等系统的总体规划、机电设计及工程总承包，北京市高新技术企业。经国家有关部门批准成立的国家起重运输机械质量监督检验中心、国家客运架空索道安全监督检验中心和国家安全生产北京矿用起重运输机械检验检测中心设在本院；中国机械工程学会物流工程分会、全国起重机械标准化技术委员会、全国连续搬运机械标准化技术委员会、全国工业车辆机械标准化技术委员会、全国物流仓储机械标准化技术委员会挂靠在本院；是中国重型机械工业协会副理事长单位。

北京起重院经过近五十多年的发展，现有注册资金5 192万元，职工394人，教授级高工24人，高级工程师74人，工程师90人。

建院以来，北京起重院共获得国家和省部级科技成果奖励154项，其中：获国家级科技成果奖励11项、省部级科技成果奖励143项，获北京市科技成果奖励2项；现有授权专利51项。在新的发展时期，北京起重院将继续坚持核心技术的创新与研发，大力开展工程设计与承包、产品检验与检测、技术咨询与服务，秉承“明德、汇智、致勤、尚和”的企业核心价值观，以“诚信、担当、实干、创新”的企业精神，与客户一同实现“搬动世界，传递真情”的北起梦。

二、生产发展情况

2014年，北京起重院合同额达到8.6亿元。在索道工程板块，北京起重院索道团队积极展现先进的索道技术实力及市场营销人员突出的业务能力，牢牢占据着国产索道界的头把交椅。在签署的多项合同中，技术先进、性能优异的脱挂式索道占有很高比重。其中，四川瓦屋山国家森林公园金花桥至正觉寺脱挂索道，创造了索道单个合同额新高。在仓储工程板块，继续保持行业领先优势，在积极巩固医药工业、医药商业两个优势板块的同时，将业务延伸至其他行业。在2014年的新签合同中，特别值得一提的是宜家上海项目，项目中托盘位数量达到近十万个，配置18台高性能巷道堆垛机，项目规模创下历史新高，并且该项目对整体方案的设计、物流设备的性能、物流系统的控制系统都有非常高的要求，技术水平接近世界先进水平。起重板块2014年市场占有率超过60%，继续保持国内第一。散料板块在新的领导班子带领下，积极探索转型升级，开发新产品、新技术，特别是关注集团内部的工程承包企业间的合作，制定了借船出海的策略，为2015年经营工作打开新局面起到了一定的促进作用。

三、科技创新情况

2014年，“高速大运量客运索道关键技术及应用”获得中国机械工业科学技术奖一等奖；“通用型桥式起重机轻量化设计技术及应用”获得中国机械工业集团科学技术奖一等奖；“起重机设计规范（GB/T 3811—2008）”获得中国标准创新贡献奖二等奖；“桥门式起重机安全监控管理系统关键技术研究与应用”和“架桥机通用技术条件（GBT 26470）和架桥机安全规程（GB 26469）”均获得中国机械工业科学技术奖三等奖。2014年，北京起重院共申报发明专利5项，实用新型专利23项，已获专利授权8项，申报并取得软件著作权1项。共有30项课题列入科研计划，其中，国家科技支撑计划课题2项；国家发改委智能制造装备发展专项项目1项；科技部科研院所技术研究开发项目3项；国机集团科技发展基金项目5项；国家质检总局、安检总局试点项目1项；公益类项目2项；北京市科技专项2项；东城区科技项目1项；合作研发项目1项；本院技术开发项目12项。

2014年，依托于北京起重院建设的“北京市自动化物流工程装备工程技术研究中心”通过年度审查。该中心于2013年批复成立，经过一年多的运行，结合北京市工程中心专项课题的验收，北京市科委对其进行了年度审查，并给予了高度评价。特别是中心建设的电气实验室，具有较高的技术水平，切实提升了北京起重院在电气控制方面的研发和工程应用能力。

2014年，依托于北京起重院建设的“机械工业起重机械轻量化技术重点实验室”正式授牌。该实验室于2013年通过审查并批复成立，经过近一年的建设，正式授牌。

依托国家科技支撑计划项目的申报工作，由北京起重院发起组织了“起重机械减量化产业技术创新战略联盟”，联盟由致力于发展起重机械减量化技术及相关技术的近30家生产企业、科研单位、高等院校、技术服务机构等共同组成。

截至2014年，北京起重院共建成三个省部级的科技创新平台，一个战略联盟，进一步完善了北京起重院的科技创新体系建设。科研平台的建立，能够为北京起重院争取更多的科研项目，促进研发水平的进步，增强技术开发能力、核心竞争力和市场竞争优势，同时带动行业的技术进步，进一步加强北京起重院对行业的影响力。

四、标准工作情况

在标准化工作方面，2014年组织物料搬运机械行业完成了22项国家标准和12项机械行业标准的制修订工作，其中包括北京起重院负责起草或作为负责起草单位之一起草的12项国家标准和9项机械行业标准。积极组织完成质检公益性行业科研专项项目“物料搬运机械能效标准体系及关键标准研究”，积极组织申报国家科研项目。参与国际标准化活动，做好国家标准英文版的翻译工作。加强重要标准的宣贯工作，努力提高标准化服务水平，受到了行业的欢迎和普遍认可，进一步扩大了北京起重院在行业中的影响力。

五、行业技术服务

2014 年，国家起重运输机械质量监督检验中心共完成了 1 029 份特种设备型式试验报告，587 份生产许可证产品检验报告，605 份委托产品检验报告，372 份特种设备鉴定评审报告，269 份生产许可证企业审查报告。

2014 年，国家客运架空索道安全监督检验中心对 21 个省（市）的 32 条索道进行了验收检验。此外，应山西、天津等质监部门邀请，中心还对相应地区的 10 条客运拖牵索道进行了委托检验。在国家规定的时间要求内完成 81 条客运索道的总体设计审查。对 194 条索道的 426 900m 钢丝绳、6 241 套固定抱索器、958 套脱挂抱索器、528 根吊杆及其他部件进行了无损探伤检测，并及时出具了检验报告。完成了部件设计文件鉴定 10 件次，另有 4 件次已受理，正在鉴定过程当中，并完成现场型式试验 12 件次。对 6 家制造、安装企业进行了条件评审。

2014 年，国家安全生产北京矿用起重运输设备监督检验中心完成了产品检验 70 家，出具报告 133 份；完成技术审查 60 家，出具报告 89 份；完成现场评审 137 家。

〔撰搞人：北京起重运输机械设计研究院解小燕　审稿人：北京起重运输机械设计研究院王睿〕

洛阳矿山机械工程设计研究院有限责任公司

洛阳矿山机械工程设计研究院有限责任公司（简称洛矿院）是中信重型机械公司旗下的独立法人单位。主要从事的技术性服务内容包括：重型与矿山设备的工程工艺技术开发及设计、重型与矿山设备产品的技术研究及设计、产品制造工艺技术的开发及设计、我国矿山机械的行业标准化技术管理工作和质量的监督、检验检测工作（全国矿山机械标准化技术委员会、国家矿山机械质量监督检验中心和国家安全生产洛阳矿山机械检验中心挂靠在该院）。面对国际金融危机和我国国民经济整体转型的形势，洛矿院提出了“加强技术先导，创新引领发展”为院及总公司实现转型和稳健发展提供强有力技术支撑的整体发展要求，使院经济与技术的发展仍呈现出稳健提高的趋势。2014 年的各项经济技术指标达到了历史较高水准，为持续发展创造了好条件。

一、生产发展概况

2014 年，在“稳定、转型、发展”的六字方针指导下，院积极转变经营方式，千方百计稳定和开拓国内外市场，各项经济指标取得了好的成绩。新增订货合同 522 081. 7万元、新增生效合同 191 051. 2 万元、实现销售收入230 002. 8万元。

二、市场经营与销售

2014 年，洛矿院在成套工程营销方面取得了重大进展。洛矿院充分利用国家产业调整和循环经济、节能减排政策，加大节能环保成套产业市场拓展；抓住东南亚新兴经济体崛起的时机，充分发挥院综合实力优势，大力开拓国外成套市场，取得显著成效。

2014 年共执行成套项目 38 项，其中水泥和粉磨站 9 项，余热发电 15 项，活性石灰 1 项，矿渣微粉 6 项，垃圾处理 2 项，球团 1 项，合同能源管理项目 2 项、干熄焦 2 项、提铁降杂 1 项；江都球团等 8 个项目竣工投产。水泥产业：唐山六九 2 500t/d 水泥生产线熟料线 8 月 13 日通过 72h 考核；福建海峡 6000TPD 熟料水泥项目 11 月 22 日点火；柬埔寨 KCC2 水泥项目、缅甸 MCL5000TPD 水泥项目进展顺利。球团项目：江都年产 2 × 300 万 t 球团项目一期工程 4 月 10 日竣工验收，二期工程具备验收条件。节能环保：公司首个合同能源管理项目平煤首山干熄焦项目一期 11 月底通过达产验收。

一年来承接的工程项目具有以下特点：

（1）节能环保产业保持良好订货势头。签订了 4 项干熄焦余热发电项目，合同额达 7. 2 亿多元；余热发电向更广市场发展，签订了宁夏硅铁余热发电项目、江阴兴澄活性石灰节能改造项目。

（2）选矿成套取得突破。签订了扬州泰富 300 万 t/a 澳矿提铁降杂工程项目和伊朗中央铁矿公司年产 200 万 t 选矿总承包项目，在国内、国外选矿领域取得重大突破。

（3）成套业务首次进入化工领域。签订了平煤朝川焦化合成氨项目、平煤京宝焦炉煤气制氢改造项目。

（4）水泥产业继续拓展国内外市场。签订了一条水泥熟料线、两条水泥粉磨站和塔牌 2 × 10 000t/d 水泥成套主机。乌兹别克斯坦 1 200t/d 水泥熟料线是公司首次进入该国市场。

（5）活性石灰市场地位继续巩固。签订内蒙古万晨 8 × 800t/d活性石灰项目，是公司在活性石灰领域同一用户最大订单。

（6）成套项目总包模式逐渐增多。实现了从传统总包模式到向 EP、EPC、EMC 等转变，灵活高效的总包模式，强有力推动了订货增长，并通过新型融资平台和融资工具，直接为客户提供资金支持，解决一揽子难题。

2014 年，在上述工程的带动下成功地完成了其工程所需设备的研发、设备设计及工艺设计，为总公司机器产品的制造奠定了技术基础。

三、科技成果和新产品

2014 年，洛矿院坚持贯彻技术先导战略，进一步完善工程技术研发、产品技术研发和工艺技术研发“三位一体”研发体系，集成并发挥工程成套优势、产品设计优势和制造工艺优势；按产品和项目组建专项攻关组，进行新产品、新技术、新工艺的研发，形成了具有鲜明特色的技术研发体系。

1. 科技成果与专利

“大型矿用磨机关键技术开发与应用”获得河南省科技进步奖一等奖；“LGM/LGMS 立式辊磨机实验系统”获得洛阳市科技进步奖一等奖；“高效节能高压辊磨技术及装备”获得绿色制造科学技术进步奖二等奖。ϕ11.0m×5.4m 双驱半自磨机、ϕ7.9m×13.6m 双驱溢流型球磨机等4个项目通过河南省科技厅专家鉴定。申报发明专利24项，实用新型44项，获得授权发明专利10项，实用新型30项。

2. 项目申报

矿山提升设备安全准入分析验证实验室项目建设获得国家发改委批准，国拨资金6 516万元，申报2014年洛阳市新产品、新工艺、新技术科技计划20个，为争取免税工作奠定了的基础。

3. 新产品及新工艺开发研究

（1）选矿技术及关键装备研究。完成了磨机选型程序的编制以及验证；建立了粒度转换模型，并应用实际数据对模型进行了验证；建立了选矿厂破碎粉磨系统的技术和经济评估框架，可为项目可行性研究提供帮助。

（2）绿色水泥工艺技术及关键装备研究。水泥成套工艺选型计算软件开发成功，具备了5 000t水泥生产线工艺设计、平衡计算、热工计算能力，并对整个系统进行配图，配制出96套不同方案，可满足国内外业主对所有系统的要求。完成了大型新型干法水泥烧成系统主机设备5 000t/d预热器的研究开发和篦冷机的方案设计；配合营销系统完成了突尼斯3 000t/d、土耳其4 000t/d、伊朗3 000t/d等水泥生产线的技术方案。

（3）余热高效利用节能减排关键技术研究及工程示范。完成工艺计算及设备选型软件的编写，形成了技术交流、可行性研究报告、初步设计、工程设计、技术文本等标准化模板；兴澄特钢烧结机余热发电示范工程建设进展顺利。完成了有机介质低温余热发电示范工程项目初步设计并得到用户的认可。

（4）固体废弃物资源化处理与利用技术及关键装备研究。针对黄河同力垃圾处理项目调试运行中出现的风管和焚烧烟气出风管积料堵塞问题进行改造，并进行了达标调试工作，平均每天处置城市生活垃圾量连续达到220t，满足协议中的达标要求。目前二期方案已确定并得到用户认可，准备进入实施阶段。锦州洁城水泥窑协同处置陈化垃圾项目进展顺利。垃圾处理项目已进入市场推广阶段。

四、技术改造

投资330万元购置了三维软件、服务器等设计软、硬件；投资30万元完成了JU－2.2搅拌磨试验台建设；完善了JK落重试验、BOND功指数等数据库，掌握各类试验数据1 800多组，为试验数据咨询和试验预估奠定了数据基础。全年完成试验项目79项，完成试验总值924.26万元。

五、矿山机械行业工作

（1）组织完成10项企业标准的修订和60多项企业标准审查及发布；组织完成《辊压机》和《回转窑》两产品标准综合体的建立，并通过省级验收；进一步完善管理软件，更新现行标准目录，录入更新标准正文近200项。

（2）行业检测工作。先后通过实验室换证复评审、安全生产检验检测机构监督评审、国家产品质检中心专项监督检查；先后完成生产许可证检验、安全标志检验评审等180余家；完成非煤矿山提升系统检验、河南省煤矿在用提升系统安全检验160台（套）、破碎机、磨机、减速器等委托检验30余台（套），检验技术服务费收入830余万元。

（3）《矿山机械》杂志。全年刊登论文476篇，处理来稿2 522篇，录用率18%，确保了“中文核心期刊”和“中国科技核心期刊”双核心地位，成为第一批国家层面组织认定的学术期刊，广告经营收入180多万元。

（4）技术信息化工作。完成日常翻译158项，笔译740万字；完成《国外矿山机械》内部电子刊物的发行，翻译56篇外国技术文献，累计23万字。

六、企业发展的突出问题

随着企业的转型发展，专业技术人才，尤其是领军人才短缺（包括党政管理、技术管理、技术研发、市场营售等）仍是制约技术创新和持续发展的重要因素，形成各方面的人才梯队是必要的、紧迫的。

〔供稿单位：洛阳矿山机械工程设计研究院有限责任公司〕

株洲天桥起重机股份有限公司

一、企业概述

株洲天桥起重机股份有限公司（简称天桥起重，股票代码：002523）是我国南方地区最大的桥式、门式起重设备制造商，国内两家主要的电解铝专用起重设备制造商之一。公司总部位于湖南省株洲市石峰区田心北门，注册资本5.62亿元，下辖杭州华新机电工程有限公司、株洲天桥起重配件制造有限公司、株洲优瑞科有色装备有限公司、株洲舜臣选煤机械有限责任公司等4家全资或控股子公司。

作为国内第一家专业从事高端起重装备制造的上市公司，在机遇与挑战共存的市场背景下，把握发展机遇，以“产品、质量、效益”为核心，整合公司总部与子公司的业务和资产，努力为客户提供起重设备研发、设计、制造、销售、维修等整体解决方案。公司当前的业务涵盖通用桥门式起重机、钢铁冶炼起重机、铝冶炼起重机、电解铜铅锌及地面成套设备、港口机械、起重机配件、选煤机械等，产品销售覆盖亚洲、欧洲和非洲的多个国家和地区。2014年以来，公司先后切入风电和新能源电动汽车领域，逐步实现公司业务规模拓展和产业升级转型。

面向未来，公司将以高擎中国重装工业先进制造的旗帜为己任，秉承“诚信、敬业、自强、卓越”的企业精神，坚持“顾客至上、诚信为本、规范管理、精心运作、持续改进、开拓创新”的质量方针，大力推进企业转型和产业升级，实现从产品输出向技术输出和资本输出的转变，努力把公司打造成为以物料搬运装备为核心的重装工业装备系统解决方案供应商。

二、2014年生产经营情况

面对严峻的经营形势，公司经营管理层与员工一道共渡难关，一方面全力抢抓订单，果断快速切入风电市场，深入拓展起重机维修改造业务；另一方面全面提升内部管理，进行管理变革，努力增强公司的综合竞争力。2014年主要经济指标完成情况见表1。

表1　2014年主要经济指标完成情况

指标名称	2014年完成（万元）
总产值	46 736
订货额	58 707
回款额	47 517
营业收入	42 676
净利润	1 370

三、科技创新情况

为加快实现产业转型升级，有效结合产学研用，公司与中南大学、五矿铜业（湖南）有限公司签署了战略合作协议，并且正式挂牌首个院士工作站，为公司未来的发展奠定了良好基础。2014年，公司顺利通过了省级企业技术中心和高新技术企业复审工作，完成了省级工程技术研究中心的创建申报和相关制度建设，并聘任了专家委员会专家；研发平台建设的逐步完善与横向技术合作的深入开展，为公司技术实力和科研水平的提升提供了强大的助力。在新产品研发方面，公司“起重机机构计算程序”完成编制并推广使用；完成了双梁与单梁几类代表产品的轻量化设计。科技管理方面，公司完成12项科技计划与项目申报，其中有4项为省、市科技计划指导项目。全年共申报并受理专利5项，获得授权专利2项，其中发明专利1项。

四、产品质量及标准工作情况

公司是全国起重机械标准化技术委员会、湖南起重机特种设备设计、制造、安装、使用管理技术委员会委员单位。2014年公司完成了三种产品的型式试验及制造许可评审、安装改造维修取证评审，进一步扩大了公司制造许可范围。完成单台产品质量策划168台，明确了检验项点、检验方法及关键质量控制点；开展了出厂产品问题逐项分析，典型问题专项改进，并严格制定落实纠正预防措施。

五、开发新产品新市场情况

2014年，面对传统主营产品销售业绩大幅下滑，公司积极转向新产品新市场寻求突破。一是在起重机配件及大修改造业务市场取得了长足发展，全年累计订货1 965.4万元，较2013年增长217.2%；二是面对风电市场机遇，公司迅速整合生产资源，组建风电项目部，成功开辟了风电市场，全年共计完成基础环、塔筒制作产量10 451t，产值6 862万元，基础环订货18 430万元，为巩固公司生产经营提供了强力支撑。

控股子公司优瑞科积极拓展有色装备市场，自主设计及合作开发的圆盘浇铸机、双板刷洗机、单板刷洗机、阴极洗涤及剥片机组、进口不锈钢阴极板、国产不锈钢阴极板、阳极整形机组等产品销售均取得重大突破，且从目前掌握的市场信息和投标情况来看，后市亦相当可观，为公司来年生产经营奠定了良好基础。

六、对外投资情况

2014年，公司充分利用上市公司平台优势，抓住行业并购重组的机遇，稳健开展对外投资业务。经过甄选评估，8月份公司启动重大资产重组项目，拟通过向特定对象发行股份及支付现金购买资产并募集配套资金的方式，购买华电电科院等30名交易对方合计持有的华新机电100%股权，并向株洲国投等6名特定对象非公开发行股份募集配套资金。目前，公司已完成此项重大资产重组。本次资产重组将扩大公司规模，发挥协同效应，实现优势互补，提升公司盈利能力。

〔供稿单位：株洲天桥起重机股份有限公司〕

武汉电力设备厂

武汉电力设备厂位于长江南岸武昌白沙洲，地处湖北省级开发区白沙洲都市工业园内，厂区占地面积200 000m^2（300亩），专用铁路线延伸至京广铁路线，物流非常便捷。截至2014年年底，企业在册员工619人，各类设备330余台，具有完备的大型机械设备加工、制作、组装、调试及检测、检验试验设备和手段。

武汉电力设备厂建厂于1958年，企业前身为武汉列车电站基地，当时承担着为经济建设、国防建设、抗美援朝、抗震救灾等提供移动电站发电、调迁及检修等使命。自1982年开始，武汉电力设备厂从列车电站的运行、修造转向机电产品制造行业，从事物料输送机械成套设备的设计开发与制造，成为国内首屈一指的翻车机专业制造厂家，并为翻车机产品注册了“华能牌”商标。迄今为止，企业共生产翻车机、卸船机500多台（套），覆盖全国30多个省、市、自治区。产品主要应用于电力、冶金、矿山、港口、石化、水泥等关乎国计民生的重要领域，很多都是国家重点建设工程，为我国经济建设做出了重要贡献。

一、生产发展情况

随着企业的技术攻关和转型升级，企业目前拥有五大主营产品和业务。一是翻车机成套系统，以及与此相关的汽车卸车机、环式给煤机、叶轮给煤机、浓缩机、管带机等其他散料装卸设备的设计、制造、延伸服务和工程总包。目前翻车机国内市场占有率达50%以上，并远销海外，是第一个打入国际市场的翻车机企业。二是以卸船机、装船机为主的港机产品。以卸船机为例，拥有浮式悬链斗、岸壁式悬链斗、抓斗等多个系列。三是钢结构及网架产品，可生产各种轻钢及重钢产品和各种规模的工业与民用建筑物网架等系列化产品。四是智能停车/仓储设备，可根据用户需要、地形结构、所需车位数量为用户量身定制产品并提供高质量技术支撑和售后服务。五是节能环保产品和业务，采取合同能源管理、EPC、BT等商业模式，从事照明、水处理、节能减排、除尘等节能环保业务和集成服务。

2014年新增合同额3.29亿元，实现收入4.85亿元，实现利润800万元，2014年主要产品产量详见表1。2014年企业经营指标完成情况见表2。

表1　2014年主要产品产量

产品名称	单位	产量
翻车机系统设备	台（套）	16
卸船机	台（套）	2
翻车机改造设备	台（套）	56
翻车机安装改造工程	项	36
翻车机运行维护工程	项	9

表2　2014年企业经营指标完成情况

指标名称	完成情况
工业总产值（当年价）（万元）	32 362
工业总产值比上年增长（%）	-16
散料装卸机械工业总产值（当年价）（万元）	32 362
散料装卸机械工业总产值比上年增长（%）	-16
工业增加值（万元）	10 030

（续）

指标名称	完成情况
产品销售收入（万元）	48 510
产品销售税金及附加值（万元）	674
利润总额（万元）	800
年末固定资产原价（万元）	11 144
年末固定资产净值（万元）	5 801
流动资产合计（万元）	40 714
流动资产合计平均余额（万元）	43 460
流动负债合计（万元）	28 750
流动负债平均余额（万元）	32 393
所有者权益（万元）	18 696
全员劳动生产率（万元/人）	12.682

二、市场及销售

受国家总体经济形势和国家能源政策调整的影响，企业的主要用户行业——火电建设项目逐年减少，冶金、煤炭行业全面亏损，这也直接导致了企业产品市场需求大幅下降，多行业用户经营困难，资金紧缺，给市场工作带来很大困难，面对新的市场形势，按照厂领导的部署，企业多方面采取措施应对新形势。首先，占稳传统市场，提高占有率。2014年招标项目数量同比下降了50%，市场竞争更加激烈，部门业务人员通过加强信息跟踪，调整竞争策略，深入宣传沟通等措施，保持了国内市场占有率全国第一。其次利用传统市场优势，积极扩展新型业务。立足传统产品市场，业务范围努力向高低两端延伸。一方面，积极参与物料输送作业小区的EPC项目竞争；另一方面，扩展用户设备检修维护业务，中标多个电厂的输煤系统检修维护合同。第三就是广泛联系国内外社会各方力量，开发新产品，在料物智能化管理、新型散料输送设备、高效翻车机等设备的开发中取得了实质性的进展。

2014年散料机械国内产销售情况及市场分析见表3。2014年散料装卸机械产品出口情况见表4。

三、科技成果及新产品

技术创新是企业发展的不竭动力，企业始终将技术创新作为第一要务，以创新来推进企业转型升级。企业在发展中始终遵循“创新驱动、质量为先、绿色发展、结构优化、人才为主”的科技发展指导方针，加大新产品的开发力度和常规产品的完善与改进，向大型化、高效化、智能化、节能环保的大型装备制造业方面发展。同时结合市场需求，不断开发、研发新产品，加快科技成果向现实生产力的转化。在此基础上，借助中国电力建设集团公司强大的行业优势，引入高新项目，进行整合，真正实现产品多元化，拓展产业链，打破“产品单一”“业务单一”的格局，向跨行业、跨地域，特别是国际市场进军。实现从单纯制造业向制造服务业乃至工程总承包的强力突围，不断做大做强企业。

表3　2014年散料机械国内产销售情况及市场分析

产品名称	产　量		销　量		国内市场分析
	数量（台、套）	比上年增长（%）	数量（台、套）	比上年增长（%）	
翻车机及调车系统	16	-33	33	-3	2014年，在总体经济形势影响下，冶金、火电行业核准项目依然不足，传统产品合同额和产品数量较2013年均有所下降，但依然保持了较高的市场占有率，国内市场占有率第一。冶金、煤炭行业的市场2015年依然较为低迷，火电项目将继续减少，翻车机产品的市场需求也将继续减少，市场竞争会更激烈
卸船机	2	-75	4	-20	市场情况和翻车机系统设备相同，较上年需求下降

表4　2014年散料装卸机械产品出口情况

产品名称	出口量（台、套）	出口额（万元）	完成单位
翻车机	1	1 153	中国电力工程顾问集团中南电力设计院
卸船机	2	2 690	中国水电建设集团国际工程有限公司

为应对用户日益提高的产品需求，企业进行了设计方法的创新，积极引进了三维设计、力学分析及运动学仿真软件，大大缩短了新产品研发的周期，并提高了设计质量。2014年重点研发了四车翻车机、车辆翻转机、两栖消防船等新产品。其中，四车翻车机已完成技术储备、车辆翻转机改进型也已投入实际运行、两栖消防船目前正处于组装调试阶段。

这些新产品的开发并成功实现销售，大大提高了企业的竞争力，为企业迈向高水平的创新型制造企业奠定了坚实的基础。截至2014年年底，企业共有43项技术获得国家专利。

四、质量及标准

企业严格落实“以品牌为引领”的营销战略，坚持“精心设计、规范制作、科学管理、持续改进”的质量方针，把争创国家品牌和行业品牌作为产品结构调整、开拓国内外市场的头等大事，努力将有形“产品”升华成无形“品牌”，建设质量效益型企业。通过一系列举措，确保顾客满意率、产品出厂合格率和零部件转序一次检验合格率等各项指标得到有效控制。主导产品“华能牌”翻车机分别荣获中国机械工业联合会“2012年度中国机械工业优质品牌”，中国电力建设集团公司2013年和2014年度“中国电建优质产品奖”。“华能牌”翻车机成套设备、卸船机成套设备2014年再次荣获“湖北省名牌产品”，悬链斗卸船机获“中国电力建设集团公司科技进步奖一等奖”。

五、基本建设及技术改造

企业拥有机械加工、数控加工、起重、特种运转（液压叉车）、检测仪器以及焊接等各种设备。具有完备的大型机械设备加工、制作、组装、调试及检测、检验试验设备和手段。

2014年，企业购置数控加工中心1台、数控卧式车床1台，完成人工喷砂房改造及机床设备大修8台套。完成300多台加工设备的涂装工作及三大生产厂房的内墙粉刷工作，生产现场焕然一新。设备完好率达到98.5%、设备故障率控制在0.5%以内。

六、企业发展的主要或突出问题

企业的产品结构较为单一，主导产品所占比重较大，相关多元还没有形成核心业务，还不能完全适应企业转型发展的要求。

传统市场需求持续下降，主要客户资金困难，使应收账款回收异常艰难，存在一定资金风险。

〔撰稿人：武汉电力设备厂杨琼〕

西门子（中国）有限公司

——交通型电扶梯驱动减速机的未来

随着我国经济建设的不断深入以及未来“一带一路”战略的实施，轨道交通必将在国民经济中扮演越来越重要的角色。而伴随着中国轨道交通的发展带来的是大量人员在各个车站的流动，交通型扶梯也必将迎来更大的发展机遇。而作为驱动扶梯的减速机可以说是扶梯的心脏，它驱动着电扶梯每天几乎不间断的运行，但是随着未来外部环境的不断变化，必定会对电扶梯的驱动系统提出越来越多的要求，作为电扶梯齿轮箱的生产企业——西门子（中国）有限公司针对这些变化提出以下思考。

（1）标准的提高对公交型电扶梯驱动减速机未来的影响。目前我国电扶梯的标准 GB 16899 是在参照欧洲标准 EN115 的基础上而形成的，其中对于驱动主机的要求是传动元件的破断系数要大于 5，这也是基于安全因素考虑的。但是，在实际的运行过程中，减速机的传动元件很少有因静载荷过大而发生破断的情况，除非减速机的选型不合理，而大多数减速机中传动元件的失效都是因为金属的疲劳失效，这一点标准中没有明确指出疲劳安全系数应该是多少。目前市场上对疲劳安全系数的理解每个公司都有自己的不同见解，有些公司采用的是工业齿轮箱的标准，这一点上欧洲的标准也未明确指出。但是，随着中国标准工作的不断完善，以及疲劳安全系数对载人设备重要性的提高，未来无论是中国还是欧洲都有可能把其作为一个指标在标准中体现出来，而扶梯驱动减速机传动元件的疲劳安全系数很可能会大于工业齿轮箱的标准。除此之外，当前的中国电扶梯标准只规定了传动元件的破断安全系数，这个概念目前仍然比较模糊，如果减速箱本身属于电扶梯的传动元件，那么其所有零部件都需满足破断系数大于 5 这个标准，未来随着市场的发展，这个概念有可能会逐渐清晰起来，这个改变很可能会影响减速机选用和设计。

随着我国的交通型电扶梯的发展，我们不可能一味地参照别人的标准，毕竟国情不同、文化不同、出行的习惯不同，这些都会反映到人们乘坐电扶梯的习惯上来，尤其在地铁站、火车站中对交通型电扶梯的影响会更大，这些也都会反映到作为驱动减速机的未来设计上来。随着我国“标准”事业的不断完善，推出符合我国国情的交通型电扶梯的标准也是指日可待的。

（2）环境保护对公交型电扶梯驱动减速机未来的影响。环境保护问题是一个世界范围内的议题，减少二氧化碳排放量是全世界的共同目标，几乎每个国家都对其非常重视，我国也积极地参与其中，将在 2017 年在全国推广碳排放交易。在地铁站、火车站这些交通型扶梯几乎是全天 24h 不停地运转，其耗电量带来的二氧化碳排放也是很大的，不仅如此，如果这些电扶梯能够更加节能的话，也会给这些车站的运营节约大量的成本。当前，在垂直电梯中，由于永磁电机的应用，已经不再使用减速机产品了，但是在交通型电扶梯中，由于扭矩的关系还不能完全取消对减速机的需求，客户会对减速机的效率提出越来越高的要求。

（3）市场需求的变化对公交型电扶梯驱动减速机未来的影响。未来基于中国的国情以及发展现状，对交通型电扶梯的驱动减速机的技术要求会越来越高。首先是无故障运行时间上的要求，在地铁站、火车站这些人流密集的公共场所，电扶梯每天承载着大量的旅客，是非常关键的运营设备，如果电扶梯的无故障运行时间短，经常停机，会给这些车站的运营带来很大的困扰，降低车站的运行效率。随着经济的发展，人员的流动必然加快，这也要求车站的电扶梯必须跟上人员流动的脚步，那么作为驱动的减速机也应该是和电扶梯的整机的无故障运行时间相同，即按每天运行 24h，大于 20 年的使用寿命设计。其次是保养的时间间隔上的要求，就目前我国电扶梯保养的市场环境来说还不是很完善，零部件缺乏保养或者保养的水平不高都限制了电扶梯的正常运行。因此，在这种环境下，各个零部件减少保养次数不但可以减少停机的次数，还可以避免由于保养水平的限制所带来的不确定因素。而对于驱动减速机来讲，就是要尽量减少换油的次数。再次扶梯驱动减速机的安装由于条件所限都是安装在狭小的机房中，而很多车站的扶梯是露天的，我国各地的气候以及每个时段的气温都不相同，但是客户却对减速机油池的温度有严格的要求。因此，这也对减速机的热功率的设计提出了挑战。最后在进行保养的时候。维护人员现场需要快速地知道减速机的一些基本情况，例如使用的油品、速比、生产厂家等等一些基信息，但是往往减速机的铭牌由于条件所限不能提供得很全面。因此，二维码在减速机上的运用有可能成为一种潮流，操作人员通过扫码就能获得所有关于这台减速机的信息，从而帮助维护人员做出正确的方案选择。

（4）工业 4.0 对交通型电扶梯驱动减速机未来的影响。随着互联网的不断发展，工业 4.0 的概念随之提出，这个概念会对整个的扶梯产业链提出前所未有的挑战，这也要求电扶梯驱动减速机生产企业必须调整思路，适应这些发展，迎接挑战，C2M 的模式很可能是未来电扶梯行业的标准模式。减速机的客户是电扶梯的生产企业，电扶梯上有成百上千的零部件，减速机虽然重要，但是也只是其中的一个部件而已。因此，对于客户来说及时地得到符合某个项目的减速机产品以及相关文档及报告是非常重要的。尤其电扶梯是载人设备，一些计算报告以及相关的文件对扶梯厂及最终的用户来说就尤为重要。因此，减速机供应商提供相关报告会成为一种常态。就当前的模式来说，如果扶梯厂想得到关于驱动减速机的所有计算报告以及相关的尺寸图样，则必须向减速机供应商提供相关的输入数据，减速机供应商得到数据后进行计算然后提供报告，这个过程可能会需要很长时间，如果扶梯厂的输入数据改变则要重复这个过程。因此，扶梯厂可能会花费很多的时间来最终确定减速机的型号以及拿到这些报告。但是未来这种情况很可能改变。未来的客户只要登录减速机生产企业的网站，输入一些使用条件，系统就能快速的建议适合的减速机的型号，并根据扶梯厂的输入数据提供所有减速机零部件的计算报告以及二维和三维的尺寸图，甚至可以得到货期以及报价，如果客户对此产品满意，就可以从网上直接发订单给减速机生产企业，从而省去了很多的中间环节。虽然从目前的技术角度上来讲这个过程已经没有任何的瓶颈，但是要达到这一点，减速机生产企业还有很长的路要走。

以上是未来的一些环境变化可能对交通型电扶梯驱动减速机带来的一些挑战，虽然电扶梯经过了一百多年的发展，但是驱动系统仍然是减速机加上链轮驱动为主的技术形式。目前，交通型电扶梯市场上的减速机驱动主要有三种形式，其一是第一级是弧齿锥齿轮第二级是斜齿轮的形式，其传动效率可达95%，且结构紧凑，但是弧齿锥齿轮的加工复杂，成本较高，而其在疲劳强度上也不具备提升的空间，在我国市场应用不多。其二是二级全部斜齿轮传动，其效率可达到96%，但是体积和噪声较大。最后是第一级采用蜗轮副第二级采用斜齿轮的传动形式，这种形式有效地利用了蜗轮副传动平稳噪声低的优点以及斜齿轮传递扭矩大的特点，虽然其效率不如前两个高，但是凭借其综合性能成为目前市场上的主流驱动形式。

那么未来哪种驱动形式可以集成上述所有这些驱动形式的优点并满足环境的变化带来的技术上的提高呢？行星驱动可能是一个不错的选择。首先从效率上来讲其能达到96%以上，从疲劳强度上其比任何一种传动形式都有提高的潜力，从体积上在同扭矩的情况下，行星减速机可以做的很小，其在换油时间上也有明显的优势。因此，如果未来行星减速机的成本能够控制在市场要求的范围之内，其在交通型电扶梯的驱动主机市场上必定有很大的发展空间。

〔撰稿人：西门子机械传动（天津）有限公司王卫军、曹兴　审稿人：西门子机械传动（天津）有限公司曹兴〕

中国重型机械工业年鉴2015

统计资料

客观反映2014年重型机械行业主要经济指标及产品进出口情况

It objectively reflects the main economic indicators and product import & export of the heavy machinery industry in 2014

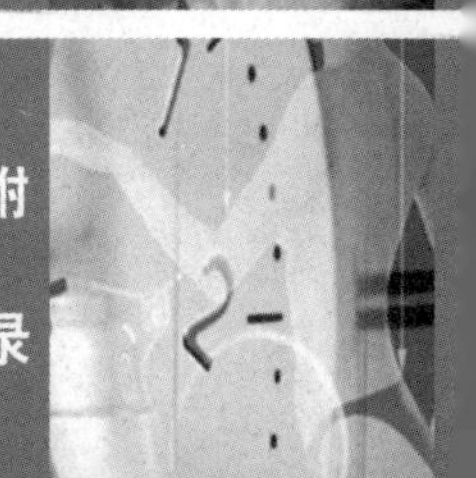

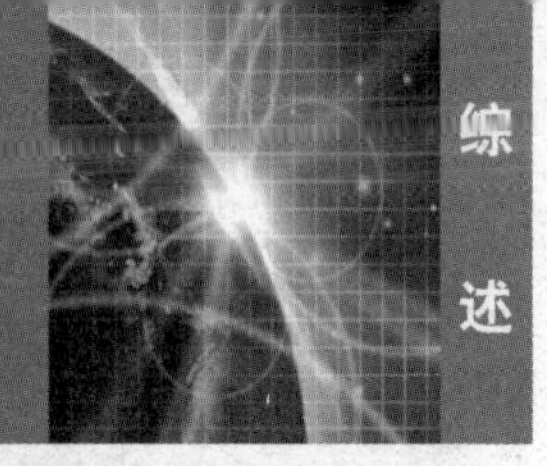

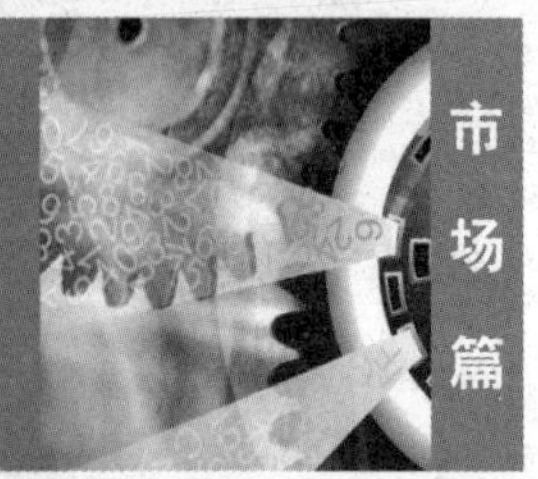

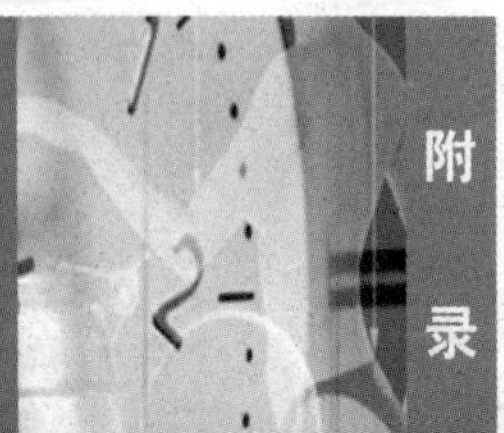

统计资料

2014 年重型机械行业主要经济指标

行业及企业分类	主营业务收入（亿元）	同比增长（%）	主营业务成本（亿元）	同比增长（%）	主营业务收入利润（亿元）	同比增长（%）	利润总额（亿元）	同比增长（%）	企业亏损面（%）	上年同期（亿元）
重型机械行业合计	12 331.40	7.78	10 393.40	8.04	1 866.81	6.11	679.67	-4.77	11.49	9.73
一、冶金矿山机械行业	5 424.93	6.68	4 690.05	7.85	703.26	-0.64	166.37	-30.23	11.68	9.07
占重型机械行业比重（%）	43.99		45.13		37.67		24.48			
1. 按企业规模分列										
大型企业	1 568.06	-2.20	1 373.48	-1.47	188.18	-7.02	-68.60	-1231.62	25.37	25.37
占行业比重（%）	28.90		29.29		26.76		-41.23			
中型企业	1 262.02	6.88	1 068.01	8.35	187.23	-0.72	85.91	-4.37	20.00	15.09
占行业比重（%）	23.26		22.77		26.62		51.64			
小型企业	2 594.85	12.77	2 248.56	14.21	327.85	3.48	149.06	4.57	10.09	7.71
占行业比重（%）	47.83		47.94		46.62		89.59			
2. 按注册类型分列										
国有企业	297.06	-4.10	264.85	-2.71	31.31	-13.36	-81.80	211.54	44.00	36.00
占行业比重（%）	5.48		5.65		4.45		-49.16			
私营企业	2 511.74	10.18	2 157.63	11.14	336.36	4.04	161.80	2.65	8.04	5.73
占行业比重（%）	46.30		46.00		47.83		97.25			
其他内资企业	2 307.07	6.22	2 010.88	7.72	285.30	-3.14	76.65	-23.75	13.70	10.88
占行业比重（%）	42.53		42.88		40.57		46.07			
三资企业	309.06	-4.52	256.69	-4.30	50.29	-6.58	9.73	48.11	30.17	27.59
占行业比重（%）	5.70		5.47		7.15		5.85			
3. 按控股类型分列										
国有控股	1 340.95	-3.42	1 174.22	-1.82	161.08	-13.35	-74.33	-1 234.02	34.86	30.86
占行业比重（%）	24.72		25.04		22.90		-44.67			
集体控股	146.26	4.54	131.56	8.77	14.06	-22.38	4.17	-20.89	18.29	9.76
占行业比重（%）	2.70		2.81		2.00		2.51			
私人控股	3 547.38	11.93	3 055.49	12.70	468.99	6.98	222.11	4.24	8.25	5.92
占行业比重（%）	65.39		65.15		66.69		133.50			
三资控股	215.60	-8.99	178.08	-7.57	36.01	-16.45	5.46	19.37	32.58	31.46
占行业比重（%）	3.97		3.80		5.12		3.28			
其他控股	174.75	16.02	150.71	18.11	23.13	3.61	8.96	-0.17	15.05	12.90
占行业比重（%）	3.22		3.21		3.29		5.39			
二、物料搬运机械行业	6 906.47	8.65	5 703.34	8.18	1 163.55	10.66	513.30	8	11.28	10.48
占重机行业比重（%）	56.01		54.87		62.33		75.52			

（续）

行业及企业分类	主营业务收入（亿元）	同比增长（%）	主营业务成本（亿元）	同比增长（%）	主营业务收入利润（亿元）	同比增长（%）	利润总额（亿元）	同比增长（%）	企业亏损面（%）	上年同期（亿元）
1. 按企业规模分列										
大型企业	2 993.22	7.31	2 399.62	5.42	576.64	15.47	275.50	8.17	0.00	0.00
占行业比重（%）	43.34		42.07		49.56		53.67			
中型企业	1 781.78	5.83	1 491.73	6.26	279.80	3.35	123.58	5.47	7.69	9.29
占行业比重（%）	25.80		26.16		24.05		24.08			
小型企业	2 131.47	13.15	1 811.99	13.83	307.11	9.17	114.22	10.46	12.29	11.03
占行业比重（%）	30.86		31.77		26.39		22.25			
2. 按注册类型分列										
国有企业	487.27	-8.77	392.47	-12.45	92.75	10.85	9.42	-53.52	34.48	20.69
占行业比重（%）	7.06		6.88		7.97		1.84			
私营企业	2 014.90	10.07	1 704.02	10.64	298.48	6.55	128.73	7.21	10.20	9.62
占行业比重（%）	29.17		29.88		25.65		25.08			
其他内资企业	1 884.47	6.91	1 602.46	8.03	271.90	0.45	137.33	3.08	10.00	8.77
占行业比重（%）	27.29		28.10		23.37		26.75			
三资企业	2 519.83	13.04	2 004.40	11.35	500.42	20.02	237.82	17.91	15.61	15.92
占行业比重（%）	36.49		35.14		43.01		46.33			
3. 按控股类型分列										
国有控股	1 003.96	-2.96	822.46	-4.46	176.38	4.49	54.24	-22.97	20.51	19.23
占行业比重（%）	14.54		14.42		15.16		10.57			
集体控股	110.12	1.64	98.42	1.15	11.21	6.22	5.60	0.10	20.93	20.93
占行业比重（%）	1.59		1.73		0.96		1.09			
私人控股	3 314.69	10.27	2 797.97	10.98	497.00	6.14	223.11	9.20	10.20	9.28
占行业比重（%）	47.99		49.06		42.71		43.47			
三资控股	2 062.74	12.81	1 636.91	10.96	413.45	20.34	194.80	18.56	14.04	14.04
占行业比重（%）	29.87		28.70		35.53		37.95			
其他控股	414.97	9.39	347.58	9.57	65.50	8.69	35.54	16.02	11.20	10.40
占行业比重（%）	6.01		6.09		5.63		6.92			

行业及企业分类	应收账款净值（亿元）	同比增长（%）	资产总值（亿元）	同比增长（%）	负债总计（亿元）	同比增长（%）	主营业务收入利润率（%）	上年同期（%）	主营业务利润总额率（%）	上年同期（%）
重型机械行业合计	2 715.68	8.36	12 029.50	8.64	7 105.37	6.60	15.14	15.38	5.51	6.24
一、冶金矿山机械行业	1 338.73	8.23	5 766.81	9.61	3 422.36	7.61	12.96	13.92	3.07	4.69
占重型机械行业比重（%）	49.30		47.94		48.17					
1. 按企业规模分列										
大型企业	825.94	8.11	3 101.95	6.13	2 043.47	4.60	12.00	12.62	-4.37	0.38
占行业比重（%）	61.70		53.79		59.71					
中型企业	205.08	2.97	1 053.58	7.18	570.64	6.79	14.84	15.97	6.81	7.61

（续）

行业及企业分类	应收账款净值（亿元）	同比增长（%）	资产总值（亿元）	同比增长（%）	负债总计（亿元）	同比增长（%）	主营业务收入利润率（%）	上年同期（%）	主营业务利润总额率（%）	上年同期（%）
占行业比重（%）	15.32		18.27		16.67					
小型企业	307.71	12.36	1 611.28	18.89	808.26	16.72	12.63	13.77	5.74	6.2
占行业比重（%）	22.99		27.94		23.62					
2. 按注册类型分列										
国有企业	231.10	1.18	815.90	0.26	707.17	12.58	10.54	11.67	-27.53	-8.48
占行业比重（%）	17.26		14.15		20.66					
私营企业	248.20	10.54	1 416.48	21.57	575.73	-2.29	13.39	14.18	6.44	6.91
占行业比重（%）	18.54		24.56		16.82					
其他内资企业	740.75	11.81	3 118.32	9.05	1 895.36	10.46	12.37	13.56	3.32	4.63
占行业比重（%）	55.33		54.07		55.38					
三资企业	118.68	-2.33	416.11	-1.52	244.11	-1.18	16.27	16.63	3.15	2.03
占行业比重（%）	8.86		7.22		7.13					
3. 按控股类型分列										
国有控股	831.92	10.09	3 110.72	5.04	2 176.66	10.49	12.01	13.39	-5.54	0.47
占行业比重（%）	62.14		53.94		63.60					
集体控股	25.61	-0.21	107.81	8.18	75.84	8.55	9.61	12.94	2.85	3.77
占行业比重（%）	1.91		1.87		2.22					
私人控股	354.85	7.03	2 090.45	20.07	905.81	3.12	13.22	13.83	6.26	6.72
占行业比重（%）	26.51		36.25		26.47					
三资控股	100.90	-1.60	344.90	-1.78	201.06	-0.46	16.70	18.19	2.53	1.93
占行业比重（%）	7.54		5.98		5.88					
其他控股	25.44	18.06	112.94	4.81	62.99	4.98	13.23	14.82	5.13	5.96
占行业比重（%）	1.90		1.96		1.84					
二、物料搬运机械行业	1 376.95	8.49	6 262.69	7.77	3 683.00	5.68	16.85	16.54	7.43	7.48
占重机行业比重（%）	50.70		52.06		51.83					
1. 按企业规模分列										
大型企业	796.48	12.41	3 282.87	6.47	2 165.45	5.60	19.26	17.90	9.20	9.13
占行业比重（%）	57.84		52.42		58.80					
中型企业	282.33	3.26	1 394.12	6.56	725.03	2.70	15.70	16.08	6.94	6.96
占行业比重（%）	20.50		22.26		19.69					
小型企业	298.14	3.78	1 585.70	11.69	792.52	8.79	14.41	14.93	5.36	5.49
占行业比重（%）	21.65		25.32		21.52					
2. 按注册类型分列										
国有企业	318.77	7.50	879.39	-4.08	606.86	-5.14	19.03	15.66	1.93	3.80
占行业比重（%）	23.15		14.04		16.48					
私营企业	228.98	-1.69	1 320.53	11.36	631.88	5.75	14.81	15.30	6.39	6.56
占行业比重（%）	16.63		21.09		17.16					
其他内资企业	332.12	8.86	1 641.47	6.61	860.17	1.65	14.43	15.36	7.29	7.56

（续）

行业及企业分类	应收账款净值（亿元）	同比增长（%）	资产总值（亿元）	同比增长（%）	负债总计（亿元）	同比增长（%）	主营业务收入利润率（%）	上年同期（%）	主营业务利润总额率（%）	上年同期（%）
占行业比重（%）	24.12		26.21		23.36					
三资企业	497.09	14.34	2 421.31	11.63	1 584.10	13.02	19.86	18.70	9.44	9.05
占行业比重（%）	36.10		38.66		43.01					
3. 按控股类型分列										
国有控股	451.54	7.63	1 534.37	-0.82	1 042.00	-2.67	17.57	16.31	5.40	6.81
占行业比重（%）	32.79		24.50		28.29					
集体控股	12.68	-7.98	72.24	2.38	31.24	-7.33	10.18	9.74	5.09	5.17
占行业比重（%）	0.92		1.15		0.85					
私人控股	425.85	4.32	2 427.59	10.45	1 199.67	6.85	14.99	15.58	6.73	6.80
占行业比重（%）	30.93		38.76		32.57					
三资控股	425.56	13.47	1 929.78	11.49	1 256.64	11.68	20.04	18.79	9.44	8.99
占行业比重（%）	30.91		30.81		34.12					
其他控股	61.31	16.33	298.71	12.71	153.44	15.57	15.79	15.89	8.56	8.08
占行业比重（%）	4.45		4.77		4.17					

〔供稿人：中国重型机械工业协会严祥文　审稿人：中国重型机械工业协会岳建忠〕

2014 年冶金矿山机械行业主要经济指标

行业及企业分类	主营业务收入（亿元）	同比增长（%）	主营业务成本（亿元）	同比增长（%）	主营业务收入利润（亿元）	同比增长（%）	利润总额（亿元）	同比增长（%）	企业亏损面（%）	上年同期（%）
冶金矿山机械行业	5 424.93	6.68	4 690.05	7.85	703.26	-0.64	166.37	-30.23	11.68	9.07
一、冶金机械行业	1 285.82	2.29	1 132.49	3.55	146.48	-6.22	-49.37	-377.67	19.75	16.49
占冶金矿山机械行业比重（%）	23.70		24.15		20.83		-29.68			
1. 按企业规模分列										
大型企业	469.90	-6.05	427.28	-5.48	40.47	-10.92	-86.31	299.18	39.13	34.78
占行业比重（%）	36.55		37.73		27.63		174.80			
中型企业	336.89	5.49	290.59	7.40	44.18	-5.26	15.69	-3.21	29.41	19.12
占行业比重（%）	26.20		25.66		30.16		-31.78			
小型企业	479.02	9.48	414.63	11.74	61.83	-3.58	21.24	-8.41	17.35	15.18
占行业比重（%）	37.25		36.61		42.21		-43.02			
2. 按注册类型分列										

（续）

行业及企业分类	主营业务收入（亿元）	同比增长（%）	主营业务成本（亿元）	同比增长（%）	主营业务收入利润（亿元）	同比增长（%）	利润总额（亿元）	同比增长（%）	企业亏损面（%）	上年同期（%）
国有企业	64.51	-18.30	72.56	-13.39	-8.24	55.75	-86.15	155.69	69.23	61.54
占行业比重（%）	5.02		6.41		-5.63		174.47			
私营企业	524.79	5.61	453.63	5.10	68.29	9.21	27.37	4.96	14.10	11.22
占行业比重（%）	40.81		40.06		46.62		-55.43			
其他内资企业	586.02	2.31	508.05	5.78	74.72	-16.10	8.53	-68.69	21.20	16.85
占行业比重（%）	45.58		44.86		51.01		-17.27			
三资企业	110.50	1.98	98.26	0.25	11.71	18.37	0.88	-148.12	39.53	39.53
占行业比重（%）	8.59		8.68		8.00		-1.78			
3. 按控股类型分列										
国有控股	450.71	-3.86	412.03	-0.82	36.20	-28.42	-88.54	324.74	44.68	42.55
占行业比重（%）	35.05		36.38		24.72		179.32			
集体控股	28.18	-19.13	24.81	-14.78	3.26	-41.20	0.61	-34.89	14.29	14.29
占行业比重（%）	2.19		2.19		2.22		-1.24			
私人控股	703.60	8.05	603.67	7.77	96.01	10.18	37.72	4.61	15.14	11.70
占行业比重（%）	54.72		53.30		65.55		-76.39			
三资控股	66.20	0.05	60.40	1.08	5.60	-10.37	0.55	584.39	43.33	46.67
占行业比重（%）	5.15		5.33		3.83		-1.10			
其他控股	37.13	3.02	31.58	8.07	5.40	-19.07	0.29	-81.49	28.00	16.00
占行业比重（%）	2.89		2.79		3.68		-0.58			
二、矿山机械行业	4 139.12	8.13	3 557.56	9.30	556.78	0.94	215.75	-2.23	9.29	6.87
占冶金矿山机械行业比重（%）	76.30		75.85		79.17		129.68			
1. 按企业规模分列										
大型企业	1 098.16	-0.45	946.20	0.45	147.71	-5.89	17.70	-36.05	18.18	20.45
占行业比重（%）	26.53		26.60		26.53		8.21			
中型企业	925.13	7.40	777.42	8.72	143.05	0.78	70.22	-4.62	17.05	13.82
占行业比重（%）	22.35		21.85		25.69		32.55			
小型企业	2 115.82	13.54	1 833.94	14.78	266.02	5.27	127.82	7.09	8.00	5.56
占行业比重（%）	51.12		51.55		47.78		59.25			
2. 按注册类型分列										
国有企业	232.55	0.76	192.29	2.04	39.55	-4.53	4.35	-41.50	35.14	27.03
占行业比重（%）	5.62		5.41		7.10		2.02			
私营企业	1 986.94	11.45	1 704.01	12.87	268.07	2.81	134.43	2.20	6.41	4.24
占行业比重（%）	48.00		47.90		48.15		62.31			
其他内资企业	1 721.05	7.62	1 502.83	8.40	210.58	2.48	68.12	-7.06	11.39	9.05
占行业比重（%）	41.58		42.24		37.82		31.57			
三资企业	198.57	-7.80	158.43	-6.92	38.58	-12.20	8.85	5.39	24.66	20.55
占行业比重（%）	4.80		4.45		6.93		4.10			
3. 按控股类型分列										

（续）

行业及企业分类	主营业务收入（亿元）	同比增长（%）	主营业务成本（亿元）	同比增长（%）	主营业务收入利润（亿元）	同比增长（%）	利润总额（亿元）	同比增长（%）	企业亏损面（%）	上年同期（%）
国有控股	890.23	-3.20	762.19	-2.35	124.87	-7.71	14.21	-48.13	31.25	26.56
占行业比重（%）	21.51		21.42		22.43		6.59			
集体控股	118.08	12.39	106.75	16.24	10.80	-14.07	3.56	-17.85	19.12	8.82
占行业比重（%）	2.85		3.00		1.94		1.65			
私人控股	2 843.78	12.94	2 451.82	13.98	372.97	6.19	184.39	4.17	6.30	4.29
占行业比重（%）	68.71		68.92		66.99		85.46			
三资控股	149.40	-12.49	117.67	-11.46	30.40	-17.48	4.92	9.37	27.12	23.73
占行业比重（%）	3.61		3.31		5.46		2.28			
其他控股	137.62	20.11	119.13	21.09	17.73	13.28	8.67	16.81	10.29	11.76
占行业比重（%）	3.32		3.35		3.18		4.02			

行业及企业分类	应收账款净值（亿元）	同比增长（%）	资产总值（亿元）	同比增长（%）	负债总计（亿元）	同比增长（%）	主营业务收入利润率（%）	上年同期（%）	主营业务利润总额率（%）	上年同期（%）
冶金矿山机械行业	1 338.73	8.23	5 766.81	9.61	3 422.36	7.61	12.96	13.92	3.07	4.69
一、冶金机械行业	504.88	9.39	2 154.53	5.53	1 395.07	2.50	11.39	12.42	-3.84	1.41
占冶金矿山机械行业比重（%）	37.71		37.36		40.76					
1. 按企业规模分列										
大型企业	348.55	16.24	1 375.48	4.76	905.20	-0.50	8.61	9.08	-18.37	-4.32
占行业比重（%）	69.04		63.84		64.89					
中型企业	68.90	-8.33	344.04	-0.53	230.43	1.44	13.11	14.60	4.66	5.08
占行业比重（%）	13.65		15.97		16.52					
小型企业	87.43	1.06	435.01	13.64	259.44	15.74	12.91	14.66	4.43	5.30
占行业比重（%）	17.32		20.19		18.60					
2. 按注册类型分列										
国有企业	49.78	-14.20	250.47	-15.15	302.20	14.64	-12.78	-6.70	-133.54	-42.67
占行业比重（%）	9.86		11.63		21.66					
私营企业	88.97	10.21	466.49	24.61	201.19	-24.21	13.01	12.58	5.21	5.25
占行业比重（%）	17.62		21.65		14.42					
其他内资企业	333.51	14.98	1 299.20	6.15	791.59	8.87	12.75	15.55	1.45	4.75
占行业比重（%）	66.06		60.30		56.74					
三资企业	32.62	-0.34	138.37	-6.62	100.09	-4.53	10.60	9.13	0.80	-1.69
占行业比重（%）	6.46		6.42		7.17					
3. 按控股类型分列										
国有控股	346.31	12.65	1 366.15	0.87	981.02	9.89	8.03	10.79	-19.64	-4.45
占行业比重（%）	68.59		63.41		70.32					
集体控股	8.67	-17.51	31.16	-7.97	20.46	-11.05	11.56	15.90	2.17	2.70
占行业比重（%）	1.72		1.45		1.47					

（续）

行业及企业分类	应收账款净值（亿元）	同比增长（%）	资产总值（亿元）	同比增长（%）	负债总计（亿元）	同比增长（%）	主营业务收入利润率（%）	上年同期（%）	主营业务利润总额率（%）	上年同期（%）
私人控股	118.90	2.97	621.00	20.95	296.97	-14.90	13.65	13.38	5.36	5.54
占行业比重（%）	23.55		28.82		21.29					
三资控股	19.54	6.82	88.20	-6.46	65.94	-4.14	8.47	9.45	0.82	0.12
占行业比重（%）	3.87		4.09		4.73					
其他控股	11.46	16.53	48.02	5.07	30.68	11.31	14.53	18.50	0.77	4.30
占行业比重（%）	2.27		2.23		2.20					
二、矿山机械行业	833.85	7.53	3 612.28	12.20	2 027.30	11.43	13.45	14.41	5.21	5.76
占冶金矿山机械行业比重（%）	62.29		62.64		59.24					
1. 按企业规模分列										
大型企业	477.39	2.87	1 726.47	7.25	1 138.27	9.04	13.45	14.23	1.61	2.51
占行业比重（%）	57.25		47.79		56.15					
中型企业	136.17	9.82	709.54	11.36	340.21	10.75	15.46	16.48	7.59	8.55
占行业比重（%）	16.33		19.64		16.78					
小型企业	220.28	17.58	1 176.27	20.95	548.82	17.19	12.57	13.56	6.04	6.41
占行业比重（%）	26.42		32.56		27.07					
2. 按注册类型分列										
国有企业	181.32	6.42	565.43	9.03	404.97	11.09	17.01	17.95	1.87	3.22
占行业比重（%）	21.75		15.65		19.98					
私营企业	159.23	10.73	949.98	20.14	374.54	15.68	13.49	14.63	6.77	7.38
占行业比重（%）	19.10		26.30		18.47					
其他内资企业	407.24	9.33	1 819.13	11.21	1 103.77	11.62	12.24	12.85	3.96	4.58
占行业比重（%）	48.84		50.36		54.45					
三资企业	86.06	-3.06	277.74	1.24	144.03	1.29	19.43	20.40	4.46	3.90
占行业比重（%）	10.32		7.69		7.10					
3. 按控股类型分列										
国有控股	485.61	8.33	1 744.57	8.55	1 195.64	10.98	14.03	14.71	1.60	2.98
占行业比重（%）	58.24		48.30		58.98					
集体控股	16.95	11.78	76.64	16.49	55.38	18.16	9.15	11.96	3.01	4.12
占行业比重（%）	2.03		2.12		2.73					
私人控股	235.95	9.21	1 469.45	19.70	608.84	14.99	13.12	13.95	6.48	7.03
占行业比重（%）	28.30		40.68		30.03					
三资控股	81.36	-3.43	256.69	-0.06	135.12	1.44	20.35	21.58	3.29	2.63
占行业比重（%）	9.76		7.11		6.67					
其他控股	13.98	19.35	64.92	4.61	32.31	-0.39	12.88	13.66	6.30	6.48
占行业比重（%）	1.68		1.80		1.59					

〔供稿人：中国重型机械工业协会严祥文　审稿人：中国重型机械工业协会岳建忠〕

2014年物料搬运（起重运输）机械行业主要经济指标

行业及企业分类	主营业务收入（亿元）	同比增长（%）	主营业务成本（亿元）	同比增长（%）	主营业务收入利润（亿元）	同比增长（%）	利润总额（亿元）	同比增长（%）	企业亏损面（%）	上年同期（%）
物料搬运机械行业	6 906.47	8.65	5 703.30	8.18	1 163.55	10.66	513.30	8.00	11.28	10.48
（一）轻小型起重设备行业	476.74	3.35	402.07	3.14	72.10	4.48	30.28	4.91	13.51	10.42
占物料搬运机械行业比重（%）	6.90		7.05		6.20		5.90			
1. 按企业规模分列										
大型企业	161.84	6.73	131.46	5.63	29.53	11.75	15.51	14.72	0.00	0.00
占行业比重（%）	33.95		32.70		40.96		51.22			
中型企业	132.16	3.79	113.14	3.31	18.33	7.04	7.15	7.89	2.94	2.94
占行业比重（%）	27.72		28.14		25.42		23.61			
小型企业	182.75	0.22	157.47	1.04	24.24	-4.78	7.62	-12.56	15.38	11.76
占行业比重（%）	38.33		39.17		33.62		25.17			
2. 按注册类型分列										
国有企业	13.20	2.97	10.47	1.71	2.62	8.68	0.15	-5.85	20.00	20.00
占行业比重（%）	2.77		2.60		3.63		0.50			
私营企业	166.52	5.35	141.04	5.75	24.64	3.24	9.36	0.72	12.99	9.09
占行业比重（%）	34.93		35.08		34.18		30.91			
其他内资企业	219.96	3.07	184.75	2.36	33.89	7.02	15.13	2.79	12.12	9.09
占行业比重（%）	46.14		45.95		47.00		49.96			
三资企业	77.06	0.05	65.81	0.23	10.96	-1.00	5.64	20.24	17.65	17.65
占行业比重（%）	16.16		16.37		15.20		18.63			
3. 按控股类型分列										
国有控股	24.69	-3.41	20.16	-6.02	4.34	11.04	0.50	-39.46	11.11	11.11
占行业比重（%）	5.18		5.01		6.02		1.66			
集体控股	5.78	-13.88	5.27	-13.15	0.49	-21.55	0.20	-26.72	28.57	28.57
占行业比重（%）	1.21		1.31		0.68		0.65			
私人控股	369.14	4.59	311.21	4.53	55.91	4.81	23.81	2.03	12.75	8.33
占行业比重（%）	77.43		77.40		77.55		78.62			
三资控股	44.78	-4.07	38.25	-3.49	6.36	-7.42	3.02	22.79	16.67	20.83
占行业比重（%）	9.39		9.51		8.82		9.96			
其他控股	32.35	10.07	27.19	8.98	5.00	17.39	2.76	39.85	13.33	13.33
占行业比重（%）	6.79		6.76		6.93		9.10			
（二）起重机行业	2 709.50	4.41	2 312.80	4.30	381.66	4.48	145.72	-6.27	13.72	11.92
占物料搬运机械行业比重（%）	39.23		40.55		32.80		28.39			

（续）

行业及企业分类	主营业务收入（亿元）	同比增长（%）	主营业务成本（亿元）	同比增长（%）	主营业务收入利润（亿元）	同比增长（%）	利润总额（亿元）	同比增长（%）	企业亏损面（%）	上年同期（%）
1. 按企业规模分列										
大型企业	1 197.51	0.54	1 017.90	-1.40	174.86	13.05	56.06	-15.68	0.00	0.00
占行业比重（%）	44.20		44.01		45.81		38.47			
中型企业	658.80	4.57	562.23	6.36	91.76	-6.16	44.71	3.38	8.87	12.10
占行业比重（%）	24.31		24.31		24.04		30.68			
小型企业	853.18	10.23	732.70	11.61	115.04	1.95	44.95	-1.73	15.14	12.30
占行业比重（%）	31.49		31.68		30.14		30.85			
2. 按注册类型分列										
国有企业	458.77	-9.28	368.70	-13.37	88.22	12.84	9.10	-53.00	42.86	28.57
占行业比重（%）	16.93		15.94		23.11		6.24			
私营企业	986.93	8.34	843.31	9.56	136.53	0.56	64.88	-0.54	13.07	11.33
占行业比重（%）	36.42		36.46		35.77		44.52			
其他内资企业	844.05	6.64	735.19	9.13	104.63	-8.27	61.04	-4.46	11.24	10.04
占行业比重（%）	31.15		31.79		27.41		41.89			
三资企业	419.75	8.47	365.60	4.94	52.28	40.18	10.71	52.85	22.41	20.69
占行业比重（%）	15.49		15.81		13.70		7.35			
3. 按控股类型分列										
国有控股	601.19	-8.96	497.14	-11.34	101.71	4.53	18.72	-42.86	31.25	28.13
占行业比重（%）	22.19		21.50		26.65		12.85			
集体控股	11.85	-30.26	10.42	-31.88	1.29	-14.19	0.14	-79.51	23.53	35.29
占行业比重（%）	0.44		0.45		0.34		0.09			
私人控股	1 497.78	8.52	1 285.10	10.04	202.78	-0.90	100.60	-0.26	12.54	10.32
占行业比重（%）	55.28		55.57		53.13		69.03			
三资控股	402.71	10.77	351.79	7.07	49.22	45.53	10.77	65.48	17.07	19.51
占行业比重（%）	14.86		15.21		12.90		7.39			
其他控股	195.97	12.65	168.32	16.16	26.66	-4.99	15.50	5.55	11.67	8.33
占行业比重（%）	7.23		7.28		6.99		10.64			
（三）连续搬运设备行业	386.35	5.62	323.24	5.24	61.18	7.58	22.95	17.97	10.04	8.55
占物料搬运机械行业比重（%）	5.59		5.67		5.26		4.47			
1. 按企业规模分列										
大型企业	44.07	18.26	39.87	18.85	4.05	13.15	2.39	12.34	0.00	0.00
占行业比重（%）	11.41		12.34		6.61		10.43			
中型企业	99.06	-16.44	82.32	-18.52	16.21	-4.03	6.07	7.93	10.34	10.34
占行业比重（%）	25.64		25.47		26.50		26.46			
小型企业	243.22	15.83	201.04	16.50	40.92	12.42	14.49	23.83	10.13	8.44
占行业比重（%）	62.95		62.20		66.89		63.11			
2. 按注册类型分列										
国有企业	7.09	-6.53	6.37	9.70	0.67	-60.93	0.15	-73.08	33.33	33.33

（续）

行业及企业分类	主营业务收入（亿元）	同比增长（%）	主营业务成本（亿元）	同比增长（%）	主营业务收入利润（亿元）	同比增长（%）	利润总额（亿元）	同比增长（%）	企业亏损面（%）	上年同期（%）
占行业比重（%）	1.83		1.97		1.09		0.63			
私营企业	193.51	12.79	158.23	12.88	34.28	12.39	13.67	20.69	7.45	8.70
占行业比重（%）	50.09		48.95		56.03		59.54			
其他内资企业	139.16	-4.40	119.15	-5.71	19.27	4.36	7.22	18.09	12.68	7.04
占行业比重（%）	36.02		36.86		31.50		31.43			
三资企业	46.58	13.40	39.49	13.49	6.96	12.41	1.93	29.82	14.71	8.82
占行业比重（%）	12.06		12.22		11.38		8.40			
3. 按控股类型分列										
国有控股	30.95	0.02	26.33	1.87	4.44	-9.28	1.72	22.31	20.00	30.00
占行业比重（%）	8.01		8.15		7.25		7.51			
集体控股	21.46	36.31	19.99	36.43	1.38	36.58	0.82	51.50	40.00	20.00
占行业比重（%）	5.55		6.19		2.26		3.59			
私人控股	283.59	3.37	234.53	2.42	47.54	8.13	18.14	15.64	7.41	7.41
占行业比重（%）	73.40		72.56		77.71		79.01			
三资控股	44.99	13.15	38.13	13.25	6.74	12.12	1.88	32.41	16.13	9.68
占行业比重（%）	11.64		11.80		11.02		8.18			
其他控股	5.36	7.20	4.26	6.75	1.08	9.03	0.39	-2.34	28.57	0.00
占行业比重（%）	1.39		1.32		1.76		1.72			
（四）工业车辆行业	465.65	10.39	392.94	10.83	70.10	7.44	27.19	8.90	15.50	20.16
占物料搬运机械行业比重（%）	6.74		6.89		6.02		5.30			
大型企业	145.58	0.65	119.92	-1.04	25.09	8.62	14.81	19.13	0.00	0.00
占行业比重（%）	31.26		30.52		35.79		54.49			
中型企业	172.07	11.23	147.17	14.11	23.70	-3.71	6.40	-8.34	9.52	14.29
占行业比重（%）	36.95		37.45		33.81		23.54			
小型企业	148.00	20.83	125.86	20.55	21.31	21.54	5.97	7.64	17.14	21.90
占行业比重（%）	31.78		32.03		30.39		21.97			
（五）电梯、自动扶梯及升降机行业	2 641.06	14.45	2 084.90	13.62	540.40	17.54	273.90	17.29	6.67	7.39
占物料搬运机械行业比重（%）	38.24		36.55		46.44		53.36			
大型企业	1 417.73	14.40	1 069.10	13.11	338.33	18.24	185.56	17.16	0.00	0.00
占行业比重（%）	53.68		51.28		62.61		67.75			
中型企业	647.62	9.90	527.19	9.12	117.82	13.74	55.50	8.48	4.49	5.62
占行业比重（%）	24.52		25.29		21.80		20.26			
小型企业	575.71	20.19	488.55	20.17	84.25	20.31	32.85	36.97	7.43	8.11
占行业比重（%）	21.80		23.43		15.59		11.99			
（六）其他物料搬运设备行业	227.18	10.80	187.44	11.49	38.10	8.08	13.24	2.19	10.24	9.45
占物料搬运机械行业比重（%）	3.29		3.29		3.27		2.58			
大型企业	26.48	3.97	21.39	9.56	4.78	-12.79	1.15	-33.24	0.00	0.00
占行业比重（%）	11.66		11.41		12.55		8.69			

（续）

行业及企业分类	主营业务收入（亿元）	同比增长（%）	主营业务成本（亿元）	同比增长（%）	主营业务收入利润（亿元）	同比增长（%）	利润总额（亿元）	同比增长（%）	企业亏损面（%）	上年同期（%）
中型企业	72.07	13.10	59.68	13.56	11.97	11.63	3.76	6.48	20.00	13.33
占行业比重（%）	31.72		31.84		31.40		28.36			
小型企业	128.62	11.03	106.37	10.75	21.35	12.08	8.34	8.14	9.17	9.17
占行业比重（%）	56.62		56.75		56.05		62.95			
建筑材料生产专用机械制造	1 237.03	2.57	1 057.80	3.57	171.49	-3.65	87.21	-9.86	9.53	7.86
大型企业	152.32	-22.29	131.61	-21.39	19.62	-28.08	7.88	-48.37	14.29	14.29
占行业比重（%）	12.31		12.44		11.44		9.03			
中型企业	389.39	-7.06	329.96	-5.93	57.05	-13.54	31.84	-20.88	11.43	7.14
占行业比重（%）	31.48		31.19		33.27		36.51			
小型企业	695.31	17.64	596.27	18.51	94.82	11.91	47.49	15.14	9.21	7.87
占行业比重（%）	56.21		56.37		55.29		54.45			

行业及企业分类	应收账款净值（亿元）	同比增长（%）	资产总值（亿元）	同比增长（%）	负债总计（亿元）	同比增长（%）	主营业务收入利润率（%）	上年同期（%）	主营业务利润总额率（%）	上年同期（%）
物料搬运机械行业	1 376.95	8.49	6 262.70	7.77	3 683.00	5.68	16.85	16.54	7.43	7.48
（一）轻小型起重设备行业	80.60	3.07	410.24	6.69	233.88	4.83	15.12	14.96	6.35	6.26
占物料搬运机械行业比重（%）	5.85		6.55		6.35					
1. 按企业规模分列										
大型企业	21.85	6.80	150.17	3.38	81.09	0.48	18.25	17.43	9.58	8.92
占行业比重（%）	27.11		36.61		34.67					
中型企业	28.24	2.31	111.48	5.64	68.03	4.87	13.87	13.45	5.41	5.20
占行业比重（%）	35.04		27.18		29.09					
小型企业	30.51	1.22	148.59	11.12	84.75	9.32	13.26	13.96	4.17	4.78
占行业比重（%）	37.85		36.22		36.24					
2. 按注册类型分列										
国有企业	6.95	13.28	21.96	8.14	18.28	7.88	19.83	18.79	1.15	1.26
占行业比重（%）	8.62		5.35		7.82					
私营企业	22.49	4.08	124.95	18.88	70.37	22.04	14.80	15.10	5.62	5.88
占行业比重（%）	27.90		30.46		30.09					
其他内资企业	35.36	4.35	202.32	1.70	114.17	-0.61	15.41	14.84	6.88	6.90
占行业比重（%）	43.87		49.32		48.81					
三资企业	15.81	-4.65	61.01	1.42	31.06	-7.65	14.22	14.37	7.32	6.09
占行业比重（%）	19.61		14.87		13.28					
3. 按控股类型分列										
国有控股	12.00	1.15	39.87	-11.28	30.34	-6.34	17.57	15.29	2.04	3.25
占行业比重（%）	14.89		9.72		12.97					
集体控股	1.54	1.76	6.43	-0.51	3.70	-2.63	8.50	9.33	3.43	4.03

（续）

行业及企业分类	应收账款净值（亿元）	同比增长（%）	资产总值（亿元）	同比增长（%）	负债总计（亿元）	同比增长（%）	主营业务收入利润率（%）	上年同期（%）	主营业务利润总额率（%）	上年同期（%）
占行业比重（%）	1.90		1.57		1.58					
私人控股	52.03	5.34	305.71	9.99	171.19	9.52	15.15	15.11	6.45	6.61
占行业比重（%）	64.55		74.52		73.20					
三资控股	8.86	-8.12	33.75	-3.67	13.64	-21.61	14.21	14.72	6.74	5.26
占行业比重（%）	11.00		8.23		5.83					
其他控股	6.17	6.51	24.48	21.67	15.01	13.70	15.45	14.49	8.52	6.70
占行业比重（%）	7.66		5.97		6.42					
（二）起重机行业	633.45	4.88	2 862.20	3.17	1 724.10	0.91	14.09	14.08	5.38	5.99
占物料搬运机械行业比重（%）	46.00		45.70		46.81					
1. 按企业规模分列										
大型企业	441.12	9.89	1 779.60	2.31	1 202.79	1.28	14.60	12.99	4.68	5.58
占行业比重（%）	69.64		62.17		69.76					
中型企业	97.16	-5.12	499.19	1.45	244.35	-3.68	13.93	15.52	6.79	6.86
占行业比重（%）	15.34		17.44		14.17					
小型企业	95.17	-4.98	583.47	7.50	276.97	3.60	13.48	14.58	5.27	5.91
占行业比重（%）	15.02		20.39		16.06					
2. 按注册类型分列										
国有企业	307.25	8.16	841.01	-3.71	577.72	-5.16	19.23	15.46	1.98	3.83
占行业比重（%）	48.50		29.38		33.51					
私营企业	88.87	-8.66	556.38	8.53	240.63	0.55	13.83	14.90	6.57	7.16
占行业比重（%）	14.03		19.44		13.96					
其他内资企业	161.21	4.86	722.21	2.89	403.27	-3.92	12.40	14.41	7.23	8.07
占行业比重（%）	25.45		25.23		23.39					
三资企业	76.12	10.49	742.64	8.21	502.48	14.10	12.46	9.64	2.55	1.81
占行业比重（%）	12.02		25.95		29.14					
3. 按控股类型分列										
国有控股	394.74	7.65	1 094.20	-4.14	751.50	-6.93	16.92	14.73	3.11	4.96
占行业比重（%）	62.32		38.23		43.59					
集体控股	1.30	-48.58	10.69	-18.15	3.75	-47.16	10.84	8.81	1.15	3.90
占行业比重（%）	0.21		0.37		0.22					
私人控股	147.29	-3.99	946.52	7.95	437.20	3.84	13.54	14.83	6.72	7.31
占行业比重（%）	23.25		33.07		25.36					
三资控股	68.66	11.86	686.69	9.53	472.28	13.30	12.22	9.30	2.67	1.79
占行业比重（%）	10.84		23.99		27.39					
其他控股	21.46	7.48	124.14	7.07	59.37	5.77	13.61	16.13	7.91	8.44
占行业比重（%）	3.39		4.34		3.44					
（三）连续搬运设备行业	74.02	8.70	310.13	5.68	163.49	5.64	15.84	15.55	5.94	5.32
占物料搬运机械行业比重（%）	5.38		4.95		4.44					

（续）

行业及企业分类	应收账款净值（亿元）	同比增长（%）	资产总值（亿元）	同比增长（%）	负债总计（亿元）	同比增长（%）	主营业务收入利润率（%）	上年同期（%）	主营业务利润总额率（%）	上年同期（%）
1. 按企业规模分列										
大型企业	4.77	11.55	29.96	5.05	15.44	2.46	9.18	9.60	5.43	5.72
占行业比重（%）	6.44		9.66		9.45					
中型企业	26.06	11.38	108.49	-2.43	64.53	1.14	16.36	14.25	6.13	4.75
占行业比重（%）	35.20		34.98		39.47					
小型企业	43.19	6.85	171.68	11.66	83.52	10.06	16.83	17.34	5.96	5.57
占行业比重（%）	58.35		55.36		51.09					
2. 按注册类型分列										
国有企业	0.61	-77.42	5.03	-62.16	3.07	-58.42	9.43	22.57	2.05	7.12
占行业比重（%）	0.82		1.62		1.88					
私营企业	30.12	5.37	138.79	13.52	65.57	12.64	17.71	17.78	7.06	6.60
占行业比重（%）	40.69		44.75		40.10					
其他内资企业	35.05	21.11	132.62	6.90	76.90	7.38	13.85	12.69	5.19	4.20
占行业比重（%）	47.35		42.76		47.03					
三资企业	8.25	4.53	33.68	-0.51	17.96	2.28	14.95	15.08	4.14	3.61
占行业比重（%）	11.14		10.86		10.99					
3. 按控股类型分列										
国有控股	4.79	-21.98	32.74	-7.67	22.59	-3.58	14.33	15.80	5.57	4.55
占行业比重（%）	6.48		10.56		13.82					
集体控股	1.38	18.11	5.55	17.36	1.95	19.20	6.45	6.44	3.84	3.46
占行业比重（%）	1.87		1.79		1.19					
私人控股	57.00	12.24	224.35	7.75	114.01	6.00	16.76	16.03	6.40	5.72
占行业比重（%）	77.00		72.34		69.73					
三资控股	8.11	4.82	32.75	-0.26	17.74	2.99	14.99	15.13	4.17	3.57
占行业比重（%）	10.95		10.56		10.85					
其他控股	2.74	21.08	14.74	20.58	7.21	46.55	20.08	19.74	7.36	8.08
占行业比重（%）	3.70		4.75		4.41					
（四）工业车辆行业	51.51	-0.47	314.65	7.56	150.05	3.48	15.05	15.47	5.84	5.92
占物料搬运机械行业比重（%）	3.74		5.02		4.07					
大型企业	14.46	16.23	100.96	11.27	31.73	0.85	17.24	15.97	10.18	8.60
占行业比重（%）	28.08		32.09		21.15					
中型企业	19.41	-6.98	107.53	3.09	57.02	1.28	13.78	15.91	3.72	4.51
占行业比重（%）	37.69		34.17		38.00					
小型企业	17.63	-4.38	106.16	8.88	61.30	7.10	14.40	14.31	4.04	4.53
占行业比重（%）	34.24		33.74		40.85					
（五）电梯、自动扶梯及升降机行业	497.85	14.99	2 171.30	14.76	1 317.18	12.83	20.46	19.92	10.37	10.12
占物料搬运机械行业比重（%）	36.16		34.67		35.76					
大型企业	310.64	16.75	1 186.30	13.33	818.15	13.47	23.86	23.09	13.09	12.78

（续）

行业及企业分类	应收账款净值（亿元）	同比增长（%）	资产总值（亿元）	同比增长（%）	负债总计（亿元）	同比增长（%）	主营业务收入利润率（%）	上年同期（%）	主营业务利润总额率（%）	上年同期（%）
占行业比重（%）	62.40		54.64		62.11					
中型企业	98.00	11.79	506.39	14.93	259.47	9.27	18.19	17.58	8.57	8.68
占行业比重（%）	19.68		23.32		19.70					
小型企业	89.21	12.61	478.59	18.29	239.56	14.65	14.63	14.62	5.71	5.01
占行业比重（%）	17.92		22.04		18.19					
（六）其他物料搬运设备行业	39.51	15.37	194.11	11.16	94.30	9.38	16.77	17.19	5.83	6.32
占物料搬运机械行业比重（%）	2.87		3.10		2.56					
中型企业	3.63	-6.11	35.87	10.06	16.24	9.95	18.06	21.53	4.35	6.77
占行业比重（%）	9.20		18.48		17.22					
小型企业	13.46	17.22	61.04	11.76	31.64	5.88	16.60	16.82	5.21	5.54
占行业比重（%）	34.06		31.44		33.56					
小型企业	22.42	18.64	97.21	11.19	46.42	11.69	16.60	16.45	6.48	6.66
占行业比重（%）	56.74		50.08		49.23					
建筑材料生产专用机械制造	215.10	13.89	913.66	9.98	504.12	6.13	13.86	14.76	7.05	8.02
大型企业	56.68	2.04	176.65	0.55	121.72	1.21	12.88	13.92	5.17	7.78
占行业比重（%）	26.35		19.33		24.15					
中型企业	70.17	0.71	312.51	5.41	167.89	-2.92	14.65	15.75	8.18	9.61
占行业比重（%）	32.62		34.20		33.30					
小型企业	88.26	38.64	424.50	18.38	214.51	17.99	13.64	14.33	6.83	6.98
占行业比重（%）	41.03		46.46		42.55					

2014年冶金机械行业主要经济指标及按省、自治区、直辖市分布

序号	地区名称	主营业务收入（亿元）	同比增长（%）	主营业务成本（亿元）	同比增长（%）	主营业务收入利润（亿元）	同比增长（%）	利润总额（亿元）	同比增长（%）	企业亏损面（%）	上年同期（%）
	冶金机械行业	1 285.82	2.29	1 132.49	3.55	146.48	-6.22	-49.37	-377.67	19.75	16.49
1	北京市	13.73	-23.87	11.74	-23.44	1.90	-27.94	-0.42	125.21	35.71	14.29
	占行业比重（%）	1.07		1.04		1.30		0.84			
2	天津市	13.36	-12.56	10.76	-11.41	2.57	-17.26	1.11	-29.77	36.36	27.27
	占行业比重（%）	1.04		0.95		1.75		-2.24			
3	河北省	186.32	-2.17	161.04	0.93	24.56	-18.26	6.52	-42.49	14.42	15.38

（续）

序号	地区名称	主营业务收入（亿元）	同比增长（%）	主营业务成本（亿元）	同比增长（%）	主营业务收入利润（亿元）	同比增长（%）	利润总额（亿元）	同比增长（%）	企业亏损面（%）	上年同期（%）
	占行业比重（%）	14.49		14.22		16.76		-13.21			
4	山西省	4.99	-24.13	4.13	-23.56	0.80	-28.32	-0.15	-431.71	44.44	33.33
	占行业比重（%）	0.39		0.36		0.55		0.31			
5	内蒙古自治区	4.14	42.06	3.77	46.48	0.37	10.21	0.07	-306.83	60.00	40.00
	占行业比重（%）	0.32		0.33		0.25		-0.14			
6	辽宁省	194.86	5.51	171.42	8.81	22.70	-13.79	-0.33	-110.62	28.26	28.26
	占行业比重（%）	15.15		15.14		15.50		0.66			
7	吉林省	19.18	38.61	16.23	40.98	2.91	27.89	0.58	-39.07	25.00	12.50
	占行业比重（%）	1.49		1.43		1.99		-1.18			
8	黑龙江省	77.41	-13.90	69.72	-9.79	7.04	-41.44	-0.87	-143.44	40.00	0
	占行业比重（%）	6.02		6.16		4.81		1.76			
9	上海市	10.22	-21.76	9.19	-16.87	0.98	-50.24	0.03	-92.76	7.69	23.08
	占行业比重（%）	0.80		0.81		0.67		-0.07			
10	江苏省	212.93	3.08	183.17	2.35	28.38	7.82	6.72	34.18	22.63	21.17
	占行业比重（%）	16.56		16.17		19.38		-13.62			
11	浙江省	9.01	-5.10	6.80	-5.97	2.15	-2.31	0.76	9.45	21.43	7.14
	占行业比重（%）	0.70		0.60		1.47		-1.54			
12	安徽省	21.15	7.05	17.90	8.47	3.19	5.48	1.64	1.88	0	0
	占行业比重（%）	1.65		1.58		2.18		-3.33			
13	福建省	14.48	-4.83	12.33	-5.43	2.06	0.28	0.84	-15.95	0	0
	占行业比重（%）	1.13		1.09		1.41		-1.71			
14	江西省	13.67	25.97	11.25	44.50	2.32	-22.54	2.04	32.56	0	0
	占行业比重（%）	1.06		0.99		1.58		-4.14			
15	山东省	74.86	19.38	69.59	20.44	5.01	6.59	2.61	32.89	4.35	0
	占行业比重（%）	5.82		6.14		3.42		-5.28			
16	河南省	55.64	9.34	48.41	14.37	7.07	-15.10	3.27	-5.87	3.70	0
	占行业比重（%）	4.33		4.27		4.83		-6.61			
17	湖北省	84.28	-0.61	69.19	-14.44	14.50	329.88	3.19	-282.76	21.05	15.79
	占行业比重（%）	6.55		6.11		9.90		-6.45			
18	湖南省	111.82	6.11	95.96	13.45	14.96	-24.98	1.89	-65.92	6.45	3.23
	占行业比重（%）	8.70		8.47		10.21		-3.82			
19	广东省	5.34	-3.77	4.87	1.65	0.46	-38.16	0.07	-76.11	33.33	33.33
	占行业比重（%）	0.42		0.43		0.31		-0.14			
20	广西壮族自治区	23.20	6.71	22.34	5.71	0.72	66.68	0.41	149.26	0	0
	占行业比重（%）	1.80		1.97		0.49		-0.83			
21	重庆市	22.76	43.45	18.42	48.41	4.15	23.22	3.87	32.15	0	0
	占行业比重（%）	1.77		1.63		2.83		-7.83			
22	四川省	66.59	-6.14	72.90	-3.43	-6.55	30.35	-83.92	163.47	38.46	15.38

（续）

序号	地区名称	主营业务收入（亿元）	同比增长（%）	主营业务成本（亿元）	同比增长（%）	主营业务收入利润（亿元）	同比增长（%）	利润总额（亿元）	同比增长（%）	企业亏损面（%）	上年同期（%）
	占行业比重（%）	5.18		6.44		-4.47		169.97			
23	贵州省	2.25	24.97	2.21	37.88	0.03	-84.01	-0.15	-6.19	50.00	50.00
	占行业比重（%）	0.17		0.19		0.02		0.30			
24	云南省	0.22	-38.18	0.23	-24.40	-0.01	-119.12	-0.04	-212.26	100.00	0
	占行业比重（%）	0.02		0.02		-0.01		0.07			
25	陕西省	34.25	4.65	30.93	2.64	3.17	28.19	0.69	-90.87	33.33	44.44
	占行业比重（%）	2.66		2.73		2.16		-1.39			
26	甘肃省	9.15	20.11	8.02	25.91	1.05	-12.15	0.20	-65.60	50.00	50.00
	占行业比重（%）	0.71		0.71		0.72		-0.40			

序号	地区名称	应收账款净值（亿元）	同比增长（%）	资产总值（亿元）	同比增长（%）	负债总计（亿元）	同比增长（%）	主营业务收入利润率（%）	上年同期（%）	主营业务利润总额率（%）	上年同期（%）
	冶金机械行业	504.88	9.39	2 154.53	5.53	1 395.07	2.50	11.39	12.42	-3.84	1.41
1	北京市	12.31	8.55	58.12	-2.70	48.86	-1.12	13.83	14.61	-3.02	-1.02
	占行业比重（%）	2.44		2.70		3.50					
2	天津市	6.51	-8.63	27.20	6.05	15.26	5.65	19.22	20.31	8.27	10.30
	占行业比重（%）	1.29		1.26		1.09					
3	河北省	46.63	-0.53	214.17	2.84	148.42	2.85	13.18	15.77	3.50	5.95
	占行业比重（%）	9.24		9.94		10.64					
4	山西省	2.54	-22.36	12.90	-10.84	10.09	-3.52	16.11	17.06	-3.03	0.69
	占行业比重（%）	0.50		0.60		0.72					
5	内蒙古自治区	1.67	-1.06	6.59	16.98	4.77	1.10	8.85	11.40	1.69	-1.16
	占行业比重（%）	0.33		0.31		0.34					
6	辽宁省	113.47	18.60	420.18	7.74	257.60	8.02	11.65	14.26	-0.17	1.66
	占行业比重（%）	22.48		19.50		18.47					
7	吉林省	3.75	2.35	12.31	-3.60	7.09	13.74	15.17	16.44	3.03	6.89
	占行业比重（%）	0.74		0.57		0.51					
8	黑龙江省	119.48	33.93	424.95	13.00	231.33	23.68	9.09	13.37	-1.12	2.22
	占行业比重（%）	23.67		19.72		16.58					
9	上海市	3.71	-42.39	14.45	-17.78	8.16	-24.51	9.59	15.08	0.33	3.54
	占行业比重（%）	0.73		0.67		0.58					
10	江苏省	64.68	3.19	244.40	0.45	163.25	1.58	13.33	12.74	3.16	2.43
	占行业比重（%）	12.81		11.34		11.70					
11	浙江省	3.36	2.79	12.87	-0.51	6.82	-6.69	23.84	23.16	8.43	7.31

（续）

序号	地区名称	应收账款净值（亿元）	同比增长（%）	资产总值（亿元）	同比增长（%）	负债总计（亿元）	同比增长（%）	主营业务收入利润率（%）	上年同期（%）	主营业务利润总额率（%）	上年同期（%）
	占行业比重（%）	0.67		0.60		0.49					
12	安徽省	3.14	7.87	11.43	20.57	6.47	31.47	15.09	15.32	7.76	8.16
	占行业比重（%）	0.62		0.53		0.46					
13	福建省	1.16	12.44	9.18	-5.63	4.41	-5.51	14.23	13.50	5.82	6.59
	占行业比重（%）	0.23		0.43		0.32					
14	江西省	0.52	11.82	4.42	-1.17	1.90	-19.17	16.97	27.60	14.95	14.20
	占行业比重（%）	0.10		0.21		0.14					
15	山东省	4.03	32.21	28.48	60.60	17.09	53.40	6.69	7.50	3.48	3.13
	占行业比重（%）	0.80		1.32		1.22					
16	河南省	6.08	-9.23	37.86	9.00	21.70	12.38	12.70	16.36	5.87	6.82
	占行业比重（%）	1.20		1.76		1.56					
17	湖北省	31.22	13.02	195.73	42.87	43.62	-65.53	17.20	3.98	3.78	-2.06
	占行业比重（%）	6.18		9.08		3.13					
18	湖南省	9.11	-3.35	63.68	-5.03	41.67	2.67	13.38	18.92	1.69	5.25
	占行业比重（%）	1.81		2.96		2.99					
19	广东省	0.76	-32.32	4.11	8.17	3.01	11.98	8.53	13.27	1.26	5.09
	占行业比重（%）	0.15		0.19		0.22					
20	广西壮族自治区	1.26	-67.60	7.07	-23.03	4.93	-34.72	3.11	1.99	1.77	0.76
	占行业比重（%）	0.25		0.33		0.35					
21	重庆市	4.49	28.77	13.58	6.63	10.91	-4.99	18.24	21.24	16.98	18.44
	占行业比重（%）	0.89		0.63		0.78					
22	四川省	38.87	-12.85	206.36	-17.65	264.03	15.66	-9.84	-7.08	-126.04	-44.90
	占行业比重（%）	7.70		9.58		18.93					
23	贵州省	0.72	29.62	10.03	59.50	7.72	107.54	1.34	10.48	-6.52	-8.68
	占行业比重（%）	0.14		0.47		0.55					
24	云南省	0.03	-12.76	0.32	11.99	0.21	49.53	-4.48	14.47	-16.18	8.91
	占行业比重（%）	0		0.02		0.02					
25	陕西省	18.81	-2.40	97.88	1.46	57.65	2.37	9.25	7.55	2	22.93
	占行业比重（%）	3.73		4.54		4.13					
26	甘肃省	6.58	7.20	16.24	3.67	8.10	9.66	11.48	15.69	2.14	7.46
	占行业比重（%）	1.30		0.75		0.58					

〔供稿人：中国重型机械工业协会严祥文　审稿人：中国重型机械工业协会岳建忠〕

2014 年矿山机械行业主要经济指标及按省、自治区、直辖市分布

序号	地区名称	主营业务收入（亿元）	同比增长（%）	主营业务成本（亿元）	同比增长（%）	主营业务收入利润（亿元）	同比增长（%）	利润总额（亿元）	同比增长（%）	企业亏损面（%）	上年同期（%）
	矿山机械行业	4 139.12	8.13	3 557.56	9.30	556.78	0.94	215.75	-2.23	9.29	6.87
1	北京市	34.06	-24.98	27.63	-23.11	6.28	-32.23	1.39	-59.81	11.11	0.00
	占行业比重（%）	0.82		0.78		1.13		0.64			
2	天津市	87.98	20.68	69.71	19.98	17.82	25.21	12.06	24.33	6.67	10.00
	占行业比重（%）	2.13		1.96		3.20		5.59			
3	河北省	192.22	4.28	157.86	8.11	33.18	-10.16	14.74	-8.65	14.18	10.45
	占行业比重（%）	4.64		4.44		5.96		6.83			
4	山西省	258.78	-0.04	227.00	1.98	31.14	-12.26	1.50	-66.07	31.08	21.62
	占行业比重（%）	6.25		6.38		5.59		0.69			
5	内蒙古自治区	42.99	0.03	39.51	2.84	3.43	-23.07	1.09	-32.53	37.50	25.00
	占行业比重（%）	1.04		1.11		0.62		0.51			
6	辽宁省	459.65	-7.76	406.82	-5.68	50.97	-21.61	20	-21.32	9.32	6.21
	占行业比重（%）	11.11		11.44		9.15		9.27			
7	吉林省	109.69	29.18	97.39	30.41	11.83	20.30	2.99	1.94	7.41	7.41
	占行业比重（%）	2.65		2.74		2.13		1.38			
8	黑龙江省	17.29	-30.07	14.28	-26.63	2.89	-42.21	-3.23	-1821.66	25.00	20.00
	占行业比重（%）	0.42		0.40		0.52		-1.50			
9	上海市	73.99	-8.51	63.80	-13.72	10.02	48.99	-2.49	-31.20	31.03	27.59
	占行业比重（%）	1.79		1.79		1.80		-1.15			
10	江苏省	190.87	14.33	158.12	15.32	31.36	9.16	14.28	-1.84	12.82	10.26
	占行业比重（%）	4.61		4.44		5.63		6.62			
11	浙江省	29.36	-4.02	24.17	-4.09	5.04	-4.02	1.37	0.98	11.36	6.82
	占行业比重（%）	0.71		0.68		0.90		0.63			
12	安徽省	242.67	15.79	215.31	16.53	25.69	10.17	9.05	20.08	7.89	5.26
	占行业比重（%）	5.86		6.05		4.61		4.20			
13	福建省	18.57	12.52	16.64	11.82	1.67	12.58	0.40	-7.73	10.00	0.00
	占行业比重（%）	0.45		0.47		0.30		0.19			
14	江西省	107.92	13.54	91.70	16.35	15.31	-1.13	10.08	11.91	2.56	0.00
	占行业比重（%）	2.61		2.58		2.75		4.67			
15	山东省	617.45	17.23	526.08	18.33	86.11	9.68	44.48	8.20	3.08	2.77
	占行业比重（%）	14.92		14.79		15.47		20.62			
16	河南省	1 005.79	11.18	879.66	12.10	121.61	4.76	49.53	1.86	4.07	3.05
	占行业比重（%）	24.30		24.73		21.84		22.96			
17	湖北省	59.53	11.46	51.97	15.22	7.14	-7.86	2.54	-13.62	4.00	8.00
	占行业比重（%）	1.44		1.46		1.28		1.18			
18	湖南省	190.90	24.34	165.71	26.28	23.74	11.87	6.86	23.65	5.49	4.40
	占行业比重（%）	4.61		4.66		4.26		3.18			

（续）

序号	地区名称	主营业务收入（亿元）	同比增长（%）	主营业务成本（亿元）	同比增长（%）	主营业务收入利润（亿元）	同比增长（%）	利润总额（亿元）	同比增长（%）	企业亏损面（%）	上年同期（%）
19	广东省	19.06	18.01	16.72	17.56	2.26	19.91	0.81	57.30	11.76	5.88
	占行业比重（%）	0.46		0.47		0.41		0.38			
20	广西壮族自治区	57.70	17.21	45.86	14.26	10.99	30.43	6.71	17.94	7.14	7.14
	占行业比重（%）	1.39		1.29		1.97		3.11			
21	重庆市	48.72	8.86	33.92	10.74	14.35	4.57	7.36	0.20	10.00	3.33
	占行业比重（%）	1.18		0.95		2.58		3.41			
22	四川省	151.03	-1.46	130.54	-0.33	19.03	-9.24	6.28	-17.25	6.90	8.62
	占行业比重（%）	3.65		3.67		3.42		2.91			
23	贵州省	35.37	54.56	30.14	53.10	4.98	60.58	1.12	65.75	25.00	12.50
	占行业比重（%）	0.85		0.85		0.89		0.52			
24	云南省	3.59	-18.27	3.66	-10.60	-0.08	-129.51	-0.67	28.15	60.00	40.00
	占行业比重（%）	0.09		0.10		-0.02		-0.31			
25	陕西省	45.88	14.86	35.42	9.82	10.13	36.53	2.63	13.40	11.76	11.76
	占行业比重（%）	1.11		1.00		1.82		1.22			
26	甘肃省	2.89	-26.91	2.19	-22.98	0.69	-37.06	0.27	-5.91	0.00	0.00
	占行业比重（%）	0.07		0.06		0.12		0.13			
27	宁夏回族自治区	31.42	-19.35	23.02	-22.27	8.19	-10.27	3.81	-21.77	11.11	0.00
	占行业比重（%）	0.76		0.65		1.47		1.76			
28	新疆维吾尔自治区	3.73	-11.22	2.73	-20.32	1.00	29.67	0.80	44.68	25.00	25.00
	占行业比重（%）	0.09		0.08		0.18		0.37			

序号	地区名称	应收账款净值（亿元）	同比增长（%）	资产总值（亿元）	同比增长（%）	负债总计（亿元）	同比增长（%）	主营业务收入利润率（%）	上年同期（%）	主营业务利润总额率（%）	上年同期（%）
	矿山机械行业	833.85	7.53	3 612.28	12.20	2 027.30	11.43	13.45	14.41	5.21	5.76
1	北京市	23.23	-4.30	64.77	-0.13	37.35	-3.37	18.45	20.43	4.08	7.62
	占行业比重（%）	2.79		1.79		1.84					
2	天津市	24.56	77.40	99.68	31.08	56.83	49.56	20.25	19.52	13.70	13.3
	占行业比重（%）	2.95		2.76		2.80					
3	河北省	51.28	7.67	214.68	10.77	99.91	9.10	17.26	20.04	7.67	8.76
	占行业比重（%）	6.15		5.94		4.93					
4	山西省	185.10	4.00	567.39	12.25	439.00	14.35	12.03	13.71	0.58	1.71
	占行业比重（%）	22.20		15.71		21.65					
5	内蒙古自治区	6.23	1.59	24.90	0.93	17.14	-0.45	7.99	10.39	2.54	3.77
	占行业比重（%）	0.75		0.69		0.85					
6	辽宁省	99.75	8.50	432.15	6.62	251.22	7.19	11.09	13.05	4.35	5.10
	占行业比重（%）	11.96		11.96		12.39					
7	吉林省	3.23	3.69	39.17	-8.48	24.12	-16.24	10.79	11.59	2.72	3.45
	占行业比重（%）	0.39		1.08		1.19					
8	黑龙江省	13.48	-30.98	42.59	-7.51	23.91	3.19	16.72	20.23	-18.71	0.76
	占行业比重（%）	1.62		1.18		1.18					
9	上海市	43.05	-3.21	135.55	-7.80	100.22	-9.90	13.54	8.31	-3.37	-4.48

（续）

序号	地区名称	应收账款净值（亿元）	同比增长（%）	资产总值（亿元）	同比增长（%）	负债总计（亿元）	同比增长（%）	主营业务收入利润率（%）	上年同期（%）	主营业务利润总额率（%）	上年同期（%）
	占行业比重（%）	5.16		3.75		4.94					
10	江苏省	29.45	4.23	137.57	11.13	66.19	4.00	16.43	17.21	7.48	8.71
	占行业比重（%）	3.53		3.81		3.27					
11	浙江省	9.34	4.05	40.00	0.57	25.90	-3.75	17.16	17.16	4.65	4.42
	占行业比重（%）	1.12		1.11		1.28					
12	安徽省	32.34	9.71	127.64	8.63	65.96	10.12	10.59	11.12	3.73	3.60
	占行业比重（%）	3.88		3.53		3.25					
13	福建省	1.48	23.14	7.75	8.84	4.08	12.47	9.00	8.99	2.16	2.64
	占行业比重（%）	0.18		0.21		0.20					
14	江西省	5.38	35.67	37.46	23.31	11.23	7.09	14.18	16.29	9.34	9.48
	占行业比重（%）	0.65		1.04		0.55					
15	山东省	54.92	25.22	326.88	29.08	154.73	25.66	13.95	14.91	7.20	7.81
	占行业比重（%）	6.59		9.05		7.63					
16	河南省	148.12	4.27	819.72	15.19	382.43	14.89	12.09	12.83	4.92	5.37
	占行业比重（%）	17.76		22.69		18.86					
17	湖北省	6.10	5.55	34.81	6.92	18.82	9.60	12	14.52	4.27	5.51
	占行业比重（%）	0.73		0.96		0.93					
18	湖南省	11.67	1.38	78.18	26.96	37.38	33.70	12.44	13.82	3.59	3.61
	占行业比重（%）	1.40		2.16		1.84					
19	广东省	2.75	3.56	14.76	10.43	7.84	4.32	11.88	11.69	4.26	3.19
	占行业比重（%）	0.33		0.41		0.39					
20	广西壮族自治区	6.52	25.22	38.24	12.83	20.23	42.28	19.05	17.12	11.63	11.56
	占行业比重（%）	0.78		1.06		1.00					
21	重庆市	17.25	16.13	57.45	27.61	21.13	10.01	29.44	30.65	15.11	16.42
	占行业比重（%）	2.07		1.59		1.04					
22	四川省	10.65	26.16	68.02	7.12	36.40	18.44	12.60	13.68	4.16	4.95
	占行业比重（%）	1.28		1.88		1.80					
23	贵州省	7.09	23.58	46.65	12.33	31.63	14.42	14.08	13.55	3.16	2.95
	占行业比重（%）	0.85		1.29		1.56					
24	云南省	0.86	-28.15	10.99	9.99	9.70	15.90	-2.35	6.51	-18.64	-11.89
	占行业比重（%）	0.10		0.30		0.48					
25	陕西省	18.04	25.05	77.18	11.84	46.98	-2.11	22.07	18.57	5.73	5.80
	占行业比重（%）	2.16		2.14		2.32					
26	甘肃省	1.26	11.20	6.49	3.72	2.18	6.11	23.82	27.66	9.35	7.27
	占行业比重（%）	0.15		0.18		0.11					
27	宁夏回族自治区	20.20	17.09	52.54	13.28	27.74	15.93	26.07	23.43	12.11	12.48
	占行业比重（%）	2.42		1.45		1.37					
28	新疆维吾尔自治区	0.52	-0.21	9.07	32.02	7.07	38.73	26.71	18.29	21.48	13.18
	占行业比重（%）	0.06		0.25		0.35					

〔供稿人：中国重型机械工业协会严祥文　审稿人：中国重型机械工业协会岳建忠〕

2014年轻小型起重设备行业主要经济指标及按省、自治区、直辖市分布

序号	地区名称	主营业务收入（亿元）	同比增长（%）	主营业务成本（亿元）	同比增长（%）	主营业务收入利润（亿元）	同比增长（%）	利润总额（亿元）	同比增长（%）	企业亏损面（%）	上年同期（%）
	轻小型起重设备行业	476.74	3.35	402.07	3.14	72.10	4.48	30.28	4.91	13.51	10.42
1	天津市	6.36	1.61	5.68	0.51	0.66	11.52	0.31	37.04	25.00	0
	占行业比重（%）	1.33		1.41		0.92		1.02			
2	河北省	88.62	-0.64	72.39	-1.32	15.62	3.19	8.61	-0.63	21.43	14.29
	占行业比重（%）	18.59		18.00		21.67		28.44			
3	山西省	2.07	-28.33	1.56	-32.14	0.49	-13.06	0.04	-3.14	0	0
	占行业比重（%）	0.43		0.39		0.68		0.12			
4	内蒙古自治区	0.20	-30.04	0.19	-30.50	0.01	-21.18	0	15.79	0	0
	占行业比重（%）	0.04		0.05		0.02		0.01			
5	辽宁省	8.53	-14.58	7.13	-15.43	1.37	-10.37	0.30	-32.02	40.00	30.00
	占行业比重（%）	1.79		1.77		1.90		0.98			
6	吉林省	8.43	26.55	7.40	22.70	0.99	65.18	0.05	-47.66	0	0
	占行业比重（%）	1.77		1.84		1.38		0.18			
7	黑龙江省	0.46	-52.81	0.38	-58.35	0.08	13.45	0.02	-47.86	0	0
	占行业比重（%）	0.10		0.09		0.11		0.05			
8	上海市	31.96	-6.31	26.55	-8.47	5.36	6.02	1.84	17.44	17.65	17.65
	占行业比重（%）	6.70		6.60		7.43		6.08			
9	江苏省	116.58	5.81	96.71	5.45	19.33	7.04	9.34	19.13	11.11	13.33
	占行业比重（%）	24.45		24.05		26.82		30.84			
10	浙江省	44.51	2.63	36.78	3.31	7.51	-0.86	2.03	-16.22	11.32	5.66
	占行业比重（%）	9.34		9.15		10.41		6.69			
11	安徽省	14.05	2.30	11.83	0.32	2.13	15.15	0.61	-17.89	9.09	0
	占行业比重（%）	2.95		2.94		2.95		2.02			
12	福建省	3.22	0.61	2.76	-3.43	0.45	35.45	0.05	65.32	50.00	33.33
	占行业比重（%）	0.68		0.69		0.62		0.16			
13	江西省	5.93	9.86	4.85	5.33	1.07	35.64	0.75	57.07	0	0
	占行业比重（%）	1.24		1.21		1.48		2.46			
14	山东省	27.77	17.58	23.87	15.67	3.63	33.13	1.69	25.01	5.00	5.00
	占行业比重（%）	5.83		5.94		5.03		5.59			

（续）

序号	地区名称	主营业务收入（亿元）	同比增长（%）	主营业务成本（亿元）	同比增长（%）	主营业务收入利润（亿元）	同比增长（%）	利润总额（亿元）	同比增长（%）	企业亏损面（%）	上年同期（%）
15	河南省	22.32	10	19.48	8.39	2.75	22.40	1.59	33.08	0	4.76
	占行业比重（%）	4.68		4.84		3.81		5.25			
16	湖北省	33.20	1.38	30.71	2.66	2.35	-12.88	0.47	-6.82	9.09	0
	占行业比重（%）	6.96		7.64		3.25		1.55			
17	湖南省	13.70	7.22	10.87	20.86	2.67	-26.66	0.57	-12.10	14.29	14.29
	占行业比重（%）	2.87		2.70		3.70		1.88			
18	广东省	33.71	3.68	29.62	4.96	3.96	-3.15	1.73	-15.64	12.50	0
	占行业比重（%）	7.07		7.37		5.50		5.72			
19	重庆市	0.32	-49.42	0.28	-51.87	0.05	-30.11	-0.06		100	100
	占行业比重（%）	0.07		0.07		0.07		-0.21			
20	四川省	13.08	24.37	11.65	24.65	1.30	21.45	0.25	-45.77	16.67	16.67
	占行业比重（%）	2.74		2.90		1.81		0.82			
21	贵州省	0.36	-16.47	0.32	-16.65	0.04	-10.46	0.02	-199.59	0	100
	占行业比重（%）	0.08		0.08		0.06		0.07			
22	云南省	0.87	-19.81	0.67	-22.89	0.19	-6.79	0.13	-18.80	0	0
	占行业比重（%）	0.18		0.17		0.27		0.43			
23	甘肃省	0.49	10.06	0.40	1.33	0.08	80.72	-0.05	-24.10	100	100
	占行业比重（%）	0.10		0.10		0.11		-0.15			

序号	地区名称	应收账款净值（亿元）	同比增长（%）	资产总值（亿元）	同比增长（%）	负债总计（亿元）	同比增长（%）	主营业务收入利润率（%）	上年同期（%）	主营业务利润总额率（%）	上年同期（%）
	轻小型起重设备行业	80.60	3.07	410.24	6.69	233.88	4.83	15.12	14.96	6.35	6.26
1	天津市	1.65	40.66	6.54	4.92	3.85	6.05	10.46	9.53	4.87	3.61
	占行业比重（%）	2.05		1.59		1.65					
2	河北省	10.05	8.00	101.31	1.52	57.95	2.21	17.63	16.97	9.72	9.72
	占行业比重（%）	12.46		24.69		24.78					
3	山西省	1.03	17.89	4.84	7.15	4.29	7.53	23.55	19.42	1.73	1.28
	占行业比重（%）	1.28		1.18		1.83					
4	内蒙古自治区	0.06	1 203.67	0.20	50.71	0.04	5.24	5.45	4.84	1.30	0.79
	占行业比重（%）	0.07		0.05		0.02					
5	辽宁省	0.88	-0.75	9.82	58.15	7.44	68.78	16.09	15.34	3.48	4.37
	占行业比重（%）	1.09		2.39		3.18					
6	吉林省	3.02	21.13	9.70	10.57	9.67	8.87	11.77	9.02	0.65	1.56
	占行业比重（%）	3.75		2.36		4.14					

（续）

序号	地区名称	应收账款净值（亿元）	同比增长（%）	资产总值（亿元）	同比增长（%）	负债总计（亿元）	同比增长（%）	主营业务收入利润率（%）	上年同期（%）	主营业务利润总额率（%）	上年同期（%）
7	黑龙江省	0.17	-57.94	0.67	3.07	0.53	1.77	17.89	7.44	3.29	2.98
	占行业比重（%）	0.20		0.16		0.23					
8	上海市	9.59	-7.57	29.37	6.06	15.90	-3.81	16.76	14.81	5.76	4.59
	占行业比重（%）	11.89		7.16		6.80					
9	江苏省	19.21	-5.95	85.32	4.75	42.30	2.12	16.58	16.39	8.01	7.12
	占行业比重（%）	23.83		20.80		18.09					
10	浙江省	10.88	7.70	47.36	10.41	28.44	9.85	16.86	17.46	4.55	5.58
	占行业比重（%）	13.50		11.54		12.16					
11	安徽省	1.76	-14.83	14.06	-28.71	8.96	-27.45	15.15	13.46	4.36	5.43
	占行业比重（%）	2.18		3.43		3.83					
12	福建省	0.84	-3.58	5.92	-8.71	4.08	-8.64	13.86	10.30	1.52	0.93
	占行业比重（%）	1.04		1.44		1.74					
13	江西省	0.76	0.09	4.13	1.61	1.61	-18.81	18.03	14.60	12.56	8.79
	占行业比重（%）	0.95		1.01		0.69					
14	山东省	0.65	19.33	10.66	47.97	5.54	24.70	13.06	11.53	6.09	5.73
	占行业比重（%）	0.81		2.60		2.37					
15	河南省	2.93	49.95	18.66	27.95	5.17	20.07	12.32	11.07	7.12	5.88
	占行业比重（%）	3.64		4.55		2.21					
16	湖北省	4.04	7.16	9.43	-3.88	5.24	-10.72	7.07	8.23	1.41	1.54
	占行业比重（%）	5.01		2.30		2.24					
17	湖南省	0.64	33.79	2.83	13.98	0.69	5.41	19.47	28.47	4.15	5.06
	占行业比重（%）	0.80		0.69		0.30					
18	广东省	9.40	9.08	29.48	13.53	18.82	9.76	11.76	12.59	5.13	6.31
	占行业比重（%）	11.66		7.19		8.05					
19	重庆市	0.06	-14.87	3.13	128.59	2.78	195.01	14.74	10.67	-19.21	-0.09
	占行业比重（%）	0.07		0.76		1.19					
20	四川省	2.36	2.92	13.36	17.13	8.18	18.67	9.97	10.21	1.91	4.38
	占行业比重（%）	2.93		3.26		3.50					
21	贵州省	0.09	-35.31	0.63	-4.88	0.60	0	12.11	11.30	5.92	-4.97
	占行业比重（%）	0.11		0.15		0.26					
22	云南省	0.33	-2.51	1.03	6.61	0.27	-15.67	22.26	19.15	15.01	14.82
	占行业比重（%）	0.41		0.25		0.12					
23	甘肃省	0.22	-22.49	1.81	23.59	1.53	35.81	16.92	10.30	-9.29	-13.48
	占行业比重（%）	0.28		0.44		0.65					

注：北京市缺数据。

〔供稿人：中国重型机械工业协会严祥文　审稿人：中国重型机械工业协会岳建忠〕

2014 年起重机行业主要经济指标及按省、自治区、直辖市分布

序号	地区名称	主营业务收入（亿元）	同比增长（%）	主营业务成本（亿元）	同比增长（%）	主营业务收入利润（亿元）	同比增长（%）	利润总额（亿元）	同比增长（%）	企业亏损面（%）	上年同期（%）
	起重机行业	2 709.50	4.41	2 312.80	4.30	381.66	4.48	145.72	-6.27	13.72	11.92
1	北京市	9.13	-6.87	7.46	-8.38	1.57	-0.81	0.27	-128.62	14.29	42.86
	占行业比重（%）	0.34		0.32		0.41		0.19			
2	天津市	11.12	20.32	9.72	28.67	1.36	-17.25	-0.29	1 929.27	46.67	20
	占行业比重（%）	0.41		0.42		0.36		-0.20			
3	河北省	32.91	4.28	29.35	0.89	3.46	44.86	2.21	37.97	11.76	17.65
	占行业比重（%）	1.21		1.27		0.91		1.52			
4	山西省	0.27	-36.44	0.24	-35.12	0.03	-47.06	-0.03	-20.97	100.00	100.00
	占行业比重（%）	0.01		0.01		0.01		-0.02			
5	内蒙古自治区	4.08	34.80	4.06	34.55	0.02	160.43	0	9.09	0	0
	占行业比重（%）	0.15		0.18		0		0			
6	辽宁省	158.54	-24.80	135.57	-23.28	21.26	-35.09	5.01	-57.77	17.50	16.25
	占行业比重（%）	5.85		5.86		5.57		3.44			
7	吉林省	46.06	11.54	41.01	12.81	4.91	2.12	1.41	15.58	0	0
	占行业比重（%）	1.70		1.77		1.29		0.97			
8	黑龙江省	14.33	49.58	13.14	52.54	1.16	23.39	0.60	66.90	44.44	33.33
	占行业比重（%）	0.53		0.57		0.30		0.41			
9	上海市	292.48	4.76	258.76	0.12	32.26	63.83	3.57	36.47	18.52	25.93
	占行业比重（%）	10.79		11.19		8.45		2.45			
10	江苏省	748.03	-2.40	620.95	-4.92	124.18	12.24	29.14	-17.65	22.69	20.17
	占行业比重（%）	27.61		26.85		32.54		20.00			
11	浙江省	58.51	4.70	46.61	3.79	11.61	8.45	3.91	13.04	13.33	15.56
	占行业比重（%）	2.16		2.02		3.04		2.69			
12	安徽省	147.58	6.86	128.32	10.13	18.33	-11.39	8.49	-21.02	7.89	2.63
	占行业比重（%）	5.45		5.55		4.80		5.83			
13	福建省	21.91	16.84	19.38	14.93	2.45	36.16	0.74	119.76	28.57	14.29
	占行业比重（%）	0.81		0.84		0.64		0.51			
14	江西省	21.02	-39.53	16.93	-39.17	3.95	-41.76	2.04	-37.72	12.50	0
	占行业比重（%）	0.78		0.73		1.04		1.40			
15	山东省	390.39	27.97	332.20	30.51	54.73	13.47	25.37	7.25	5.69	3.25
	占行业比重（%）	14.41		14.36		14.34		17.41			
16	河南省	564.53	18.39	490.18	21.03	71.79	3.19	50.17	11.88	1.31	1.31
	占行业比重（%）	20.84		21.19		18.81		34.43			
17	湖北省	29.25	8.55	25.66	7.61	3.30	14.30	1.05	122.83	9.52	14.29
	占行业比重（%）	1.08		1.11		0.86		0.72			
18	湖南省	65.49	-21.50	54.83	-18.10	10.22	-36.37	7.03	-42.24	17.39	13.04
	占行业比重（%）	2.42		2.37		2.68		4.82			

（续）

序号	地区名称	主营业务收入（亿元）	同比增长（%）	主营业务成本（亿元）	同比增长（%）	主营业务收入利润（亿元）	同比增长（%）	利润总额（亿元）	同比增长（%）	企业亏损面（%）	上年同期（%）
19	广东省	28.05	3.57	23.66	1.57	4.31	15.91	1.69	-2.67	19.05	19.05
	占行业比重（%）	1.04		1.02		1.13		1.16			
20	广西壮族自治区	18.50	6.39	16.12	6.96	2.34	7.73	0.41	18.89	0	0
	占行业比重（%）	0.68		0.70		0.61		0.28			
21	重庆市	10.23	21.92	8.39	21.12	1.77	23.93	0.94	52.58	30.00	20.00
	占行业比重（%）	0.38		0.36		0.46		0.65			
22	四川省	18.87	12.89	14.70	15.10	4.03	5.26	1.01	1.71	20.00	13.33
	占行业比重（%）	0.70		0.64		1.06		0.69			
23	贵州省	1.64	111.18	1.60	122.70	0.03	-40.03	0.03			
	占行业比重（%）	0.06		0.07		0.01		0.02			
24	云南省	1.17	-2.35	0.96	-9.66	0.21	51.93	0.04	-34.45	0	0
	占行业比重（%）	0.04		0.04		0.06		0.03			
25	陕西省	2.58	-4.93	2.59	5.89	-0.02	-105.91	-0.45	842.36	100.00	50.00
	占行业比重（%）	0.10		0.11		0		-0.31			
26	甘肃省	2.01	-49.92	1.45	-58.21	0.55	3.98	0.01	-71.48	0	0
	占行业比重（%）	0.07		0.06		0.14		0.01			
27	宁夏回族自治区	1.67	-16.53	1.44	-21.45	0.21	40.69	-0.07	-76.00	66.67	66.67
	占行业比重（%）	0.06		0.06		0.06		-0.05			
28	新疆维吾尔自治区	9.16	-33.11	7.51	-36.84	1.63	-8.73	1.41	38.25	33.33	33.33
	占行业比重（%）	0.34		0.32		0.43		0.97			

序号	地区名称	应收账款净值（亿元）	同比增长（%）	资产总值（亿元）	同比增长（%）	负债总计（亿元）	同比增长（%）	主营业务收入利润率（%）	上年同期（%）	主营业务利润总额率（%）	上年同期（%）
	起重机行业	633.45	4.88	2 862.24	3.17	1 724.10	0.91	14.09	14.08	5.38	5.99
1	北京市	5.44	2.63	28.16	5.55	16.89	3.85	17.23	16.18	2.99	-9.74
	占行业比重（%）	0.86		0.98		0.98					
2	天津市	2.20	7.36	25.79	4.25	11.58	21.00	12.27	17.84	-2.61	-0.15
	占行业比重（%）	0.35		0.90		0.67					
3	河北省	3.52	-30.14	17.72	13.52	5.11	-20.20	10.53	7.58	6.72	5.08
	占行业比重（%）	0.56		0.62		0.30					
4	山西省	0.20	-41.65	1.11	-10.15	0.97	-8.84	9.72	11.67	-11.24	-9.04
	占行业比重（%）	0.03		0.04		0.06					
5	内蒙古自治区	0	-42.67	0.06	3.23	0.08	-2.65	0.38	0.20	0	0
	占行业比重（%）	0		0		0					
6	辽宁省	18.39	3.57	107.39	-4.82	55.10	-8.13	13.41	15.53	3.16	5.62
	占行业比重（%）	2.90		3.75		3.20					
7	吉林省	1.65	-0.84	15.02	13.94	6.97	11.47	10.65	11.64	3.07	2.96
	占行业比重（%）	0.26		0.52		0.40					
8	黑龙江省	2.19	-4.65	11.04	1.45	6.75	1.97	8.09	9.81	4.15	3.72
	占行业比重（%）	0.35		0.39		0.39					
9	上海市	55.09	14.02	598.04	9.15	436.98	12.52	11.03	7.05	1.22	0.94

（续）

序号	地区名称	应收账款净值（亿元）	同比增长（%）	资产总值（亿元）	同比增长（%）	负债总计（亿元）	同比增长（%）	主营业务收入利润率（%）	上年同期（%）	主营业务利润总额率（%）	上年同期（%）
	占行业比重（%）	8.70		20.89		25.35					
10	江苏省	333.54	5.61	1 135.86	-3.31	745.05	-4.06	16.60	14.44	3.90	4.62
	占行业比重（%）	52.65		39.68		43.21					
11	浙江省	19.22	-8.06	75.95	5.21	47.80	5.78	19.85	19.16	6.69	6.20
	占行业比重（%）	3.03		2.65		2.77					
12	安徽省	12.90	-1.10	75.56	14.99	37.09	26.09	12.42	14.98	5.76	7.79
	占行业比重（%）	2.04		2.64		2.15					
13	福建省	2.48	-15.02	18.57	7.27	10.18	-6.76	11.19	9.60	3.38	1.80
	占行业比重（%）	0.39		0.65		0.59					
14	江西省	2.58	25.22	15.22	15.63	4.25	4.20	18.80	19.52	9.71	9.43
	占行业比重（%）	0.41		0.53		0.25					
15	山东省	19.63	-0.04	175.40	7.80	55.39	1.69	14.02	15.81	6.50	7.75
	占行业比重（%）	3.10		6.13		3.21					
16	河南省	51.28	7.36	338.06	17.67	142.64	3.06	12.72	14.59	8.89	9.40
	占行业比重（%）	8.10		11.81		8.27					
17	湖北省	5.85	-2.97	23.16	-9.44	16.91	-6.67	11.27	10.71	3.58	1.74
	占行业比重（%）	0.92		0.81		0.98					
18	湖南省	75.71	8.36	89.31	-13.17	50.91	-24.43	15.60	19.25	10.73	14.58
	占行业比重（%）	11.95		3.12		2.95					
19	广东省	4.63	-11.99	25.00	12.42	15.39	6.53	15.35	13.71	6.04	6.43
	占行业比重（%）	0.73		0.87		0.89					
20	广西壮族自治区	6.28	107.09	21.60	0	12.40	-14.01	12.63	12.48	2.23	2.00
	占行业比重（%）	0.99		0.75		0.72					
21	重庆市	0.49	20.63	5.83	30.88	3.42	32.96	17.33	17.05	9.24	7.38
	占行业比重（%）	0.08		0.20		0.20					
22	四川省	2.70	4.16	16.15	7.87	9.97	-7.98	21.38	22.93	5.36	5.94
	占行业比重（%）	0.43		0.56		0.58					
23	贵州省	0.02	-60.68	0.07	-50.93	0.04	-54.99	2.01	7.09	1.55	0
	占行业比重（%）	0		0		0					
24	云南省	0.04	-36.02	0.80	-2.56	0.48	-3.23	18.04	11.60	3.82	5.69
	占行业比重（%）	0.01		0.03		0.03					
25	陕西省	1.64	-10.48	6.35	-1.04	4.52	10.45	-0.60	9.69	-17.59	-1.77
	占行业比重（%）	0.26		0.22		0.26					
26	甘肃省	0.03	66.27	10.75	24.71	10.23	26.14	27.33	13.16	0.70	1.23
	占行业比重（%）	0.01		0.38		0.59					
27	宁夏回族自治区	2.63	-3.51	6.07	-7.59	3.84	35.63	12.89	7.65	-4.50	-15.66
	占行业比重（%）	0.42		0.21		0.22					
28	新疆维吾尔自治区	3.10	-56.82	18.20	32.34	13.15	13.57	17.83	13.07	15.43	7.46
	占行业比重（%）	0.49		0.64		0.76					

注：贵州省缺部分数据。

〔供稿人：中国重型机械工业协会严祥文　审稿人：中国重型机械工业协会岳建忠〕

2014 年连续搬运设备行业主要经济指标及按省、自治区、直辖市分布

序号	地区名称	主营业务收入（亿元）	同比增长（%）	主营业务成本（亿元）	同比增长（%）	主营业务收入利润（亿元）	同比增长（%）	利润总额（亿元）	同比增长（%）	企业亏损面（%）	上年同期（%）
	连续搬运设备行业	386.35	5.62	323.24	5.24	61.18	7.58	22.95	17.97	10.04	8.55
1	北京市	6.13	5.59	4.67	4.56	1.43	8.67	0.31	9.97	0.00	0.00
	占行业比重（%）	1.59		1.45		2.33		1.36			
2	天津市	4.11	70.58	3.54	67.74	0.56	89.57	0.17	-2 132.23	0.00	33.33
	占行业比重（%）	1.06		1.09		0.92		0.75			
3	河北省	30.93	9.23	23.34	11.79	7.51	2.05	2.16	27.86	12.00	16.00
	占行业比重（%）	8.01		7.22		12.27		9.40			
4	山西省	2.71	-16.86	2.42	-17.70	0.29	-9.04	0.02	-58.65	50.00	25.00
	占行业比重（%）	0.70		0.75		0.47		0.09			
5	辽宁省	5.28	-2.87	4.50	-4.83	0.76	10.17	0.38	24.38	0.00	0.00
	占行业比重（%）	1.37		1.39		1.25		1.68			
6	吉林省	2.79	1.89	2.10	8.49	0.66	-15.82	0.18	-28.60	0.00	0.00
	占行业比重（%）	0.72		0.65		1.08		0.77			
7	黑龙江省	3.33	-3.61	2.96	-1.31	0.36	-19.50	0.07	-32.66	25.00	0.00
	占行业比重（%）	0.86		0.92		0.58		0.29			
8	上海市	30.33	2.74	25.55	6.12	4.68	-12.06	1.80	-7.67	14.29	0.00
	占行业比重（%）	7.85		7.90		7.66		7.85			
9	江苏省	75.61	7.73	64.19	5.88	11.07	19.81	4.02	41.84	13.43	11.94
	占行业比重（%）	19.57		19.86		18.10		17.50			
10	浙江省	37.69	7.60	32.77	8.60	4.74	0.67	1.70	17.25	8.33	11.11
	占行业比重（%）	9.76		10.14		7.75		7.43			
11	安徽省	68.05	20.79	56.12	22.75	11.58	12.27	5.42	12.52	2.56	2.56
	占行业比重（%）	17.61		17.36		18.92		23.61			
12	福建省	1.93	2.61	1.58	4.92	0.35	-6.55	0.10	-7.21	0.00	0.00
	占行业比重（%）	0.50		0.49		0.57		0.42			
13	江西省	5.11	37.80	4.47	41.22	0.63	18.60	0.33	-30.93	0.00	0.00
	占行业比重（%）	1.32		1.38		1.03		1.42			
14	山东省	14.82	6.26	12.24	5.68	2.45	9.29	1.19	44.88	28.57	14.29
	占行业比重（%）	3.84		3.79		4.00		5.17			
15	河南省	31.51	28.49	28.27	27.44	3.12	38.78	1.77	72.04	0.00	0.00
	占行业比重（%）	8.16		8.75		5.10		7.69			
16	湖北省	25.57	20.16	21.16	23.00	4.25	8.19	1.09	16.42	7.14	0.00

（续）

序号	地区名称	主营业务收入（亿元）	同比增长（%）	主营业务成本（亿元）	同比增长（%）	主营业务收入利润（亿元）	同比增长（%）	利润总额（亿元）	同比增长（%）	企业亏损面（%）	上年同期（%）
	占行业比重（%）	6.62		6.55		6.95		4.74			
17	湖南省	14.66	-2.37	11.83	-12.31	2.67	89.99	0.77	43.31	0.00	12.50
	占行业比重（%）	3.79		3.66		4.36		3.36			
18	广东省	7.02	8.22	5.74	9.06	1.24	3.40	0.61	-10.06	20.00	10.00
	占行业比重（%）	1.82		1.77		2.02		2.65			
19	广西壮族自治区	0.82	16.92	0.70	15.33	0.12	28.94	-0.06	-44.11	100.00	100.00
	占行业比重（%）	0.21		0.22		0.19		-0.28			
20	四川省	12.57	-57.08	10.97	-58.61	1.48	-43.21	0.80	-18.52	0.00	0.00
	占行业比重（%）	3.25		3.39		2.43		3.49			
21	贵州省	0.43	-17.53	0.41	-19.22	0.02	99.25	0.00	8.11	0.00	0.00
	占行业比重（%）	0.11		0.13		0.03		0.00			
22	云南省	0.17	-21.58	0.13	-27.85	0.04	5.80	0.01	-65.67	0.00	0.00
	占行业比重（%）	0.04		0.04		0.07		0.03			
23	陕西省	4.04	-12.01	2.99	-10.92	1.02	-14.45	0.11	-58.28	0.00	0.00
	占行业比重（%）	254.59		206.79		43.93		8.39			
24	新疆维吾尔自治区	0.74	-35.42	0.59	-37.77	0.15	-24.37	0.02	284.66	0.00	0.00
	占行业比重（%）	69.92		53.90		16.76		2.78			

序号	地区名称	应收账款净值（亿元）	同比增长（%）	资产总值（亿元）	同比增长（%）	负债总计（亿元）	同比增长（%）	主营业务收入利润率（%）	上年同期（%）	主营业务利润总额率（%）	上年同期（%）
	连续搬运设备行业	74.02	8.70	310.13	5.68	163.49	5.64	15.84	15.55	5.94	5.32
1	北京市	4.74	46.01	12.23	8.02	8.35	6.31	23.26	22.60	5.08	4.88
	占行业比重（%）	6.40		3.94		5.10					
2	天津市	0.76	516.93	4.39	46.18	3.29	51.94	13.66	12.29	4.19	-0.35
	占行业比重（%）	1.03		1.41		2.02					
3	河北省	7.97	-3.70	37.69	23.26	19.02	23.80	24.27	25.98	6.98	5.96
	占行业比重（%）	10.76		12.15		11.63					
4	山西省	1.83	16.86	5.08	8.21	3.55	12.08	10.53	9.62	0.78	1.58
	占行业比重（%）	2.47		1.64		2.17					
5	辽宁省	0.23	-8.31	1.83	4.19	0.62	8.00	14.48	12.77	7.28	5.69
	占行业比重（%）	0.30		0.59		0.38					
6	吉林省	0.70	-3.68	3.06	0.91	0.95	-9.13	23.67	28.65	6.34	9.05
	占行业比重（%）	0.94		0.99		0.58					
7	黑龙江省	0.47	-5.05	1.05	4.56	0.32	58.34	10.70	12.81	1.98	2.83
	占行业比重（%）	0.64		0.34		0.20					
8	上海市	7.20	-25.76	25.81	-24.58	14.14	-25.57	15.44	18.04	5.94	6.61
	占行业比重（%）	9.73		8.32		8.65					

（续）

序号	地区名称	应收账款净值（亿元）	同比增长（%）	资产总值（亿元）	同比增长（%）	负债总计（亿元）	同比增长（%）	主营业务收入利润率（%）	上年同期（%）	主营业务利润总额率（%）	上年同期（%）
9	江苏省	12.33	11.27	55.90	4.98	29.85	7.90	14.64	13.17	5.31	4.03
	占行业比重（%）	16.65		18.03		18.26					
10	浙江省	8.06	1.00	39.74	1.60	23.47	-1.34	12.58	13.45	4.52	4.15
	占行业比重（%）	10.88		12.81		14.35					
11	安徽省	8.00	28.98	36.76	15.57	15.80	25.64	17.01	18.30	7.96	8.55
	占行业比重（%）	10.81		11.85		9.67					
12	福建省	0.33	-15.12	1.08	-12.87	0.37	-43.46	18.01	19.78	4.97	5.49
	占行业比重（%）	0.45		0.35		0.23					
13	江西省	0.52	-7.87	3.66	4.32	2.75	3.10	12.36	14.36	6.39	12.76
	占行业比重（%）	0.71		1.18		1.68					
14	山东省	0.35	10.08	10.27	4.39	5.45	-9.21	16.52	16.06	8.01	5.88
	占行业比重（%）	0.48		3.31		3.33					
15	河南省	2.14	27.49	10.25	39.58	2.83	38.25	9.90	9.17	5.60	4.19
	占行业比重（%）	2.89		3.31		1.73					
16	湖北省	3.40	21.29	13.64	10.03	4.85	30.34	16.63	18.47	4.26	4.39
	占行业比重（%）	4.59		4.40		2.97					
17	湖南省	3.42	26.47	12.81	54.12	6.44	48.12	18.20	9.35	5.26	3.58
	占行业比重（%）	4.62		4.13		3.94					
18	广东省	1.63	-25.04	5.40	-4.23	3.33	-9.45	17.64	18.46	8.68	10.45
	占行业比重（%）	2.20		1.74		2.04					
19	广西壮族自治区	0.19	42.29	2.52	8.88	1.69	27.38	14.32	12.98	-7.86	-16.45
	占行业比重（%）	0.25		0.81		1.04					
20	四川省	7.03	20.43	14.10	-20.89	9.17	-18.37	11.81	8.93	6.37	3.35
	占行业比重（%）	9.50		4.55		5.61					
21	贵州省			0.04	-0.28	0.04		3.74	1.55	0.09	0.07
	占行业比重（%）			0.01		0.02					
22	陕西省	0.08	21.78	0.26	-19.26	0.15	-5.70	25.15	18.65	3.51	8.01
	占行业比重（%）	0.10		0.08		0.09					
23	陕西省	2.24	54.31	7.19	-5.19	2.54	-16.09	25.34	26.06	2.81	5.94
	占行业比重（%）	35.02		182.31		49.75					
24	陕西省	0.41	21.65	5.37	61.43	4.51	81.40	20.67	17.65	2.80	0.47
	占行业比重（%）	39.34		379.27		224.05					

注：贵州省缺部分数据。

〔供稿人：中国重型机械工业协会严祥文　审稿人：中国重型机械工业协会岳建忠〕

2014年重型机械进出口按国家（地区）统计

序号	国家（地区）	出口金额（万美元）	占出口总额的比重（%）	序号	国家（地区）	进口金额（万美元）	占进口总额的比重（%）
	重型机械行业总计	1 829 777	100.00		重型机械行业总计	638 823	100.00
1	美国	185 440	10.13	1	德国	178 418	27.93
2	越南	84 239	4.60	2	日本	87 520	13.70
3	印度尼西亚	81 926	4.48	3	美国	74 085	11.60
4	澳大利亚	69 765	3.81	4	韩国	54 391	8.51
5	新加坡	66 610	3.64	5	意大利	28 029	4.39
6	印度	65 848	3.60	6	中国台湾	27 546	4.31
7	马来西亚	62 845	3.43	7	法国	24 011	3.76
8	日本	62 302	3.40	8	奥地利	22 179	3.47
9	俄罗斯联邦	61 808	3.38	9	英国	15 813	2.48
10	韩国	61 482	3.36	10	荷兰	15 045	2.36
11	巴西	60 993	3.33	11	瑞士	14 788	2.31
12	沙特阿拉伯	55 817	3.05	12	瑞典	11 869	1.86
13	阿拉伯联合酋长国	45 213	2.47	13	挪威	11 127	1.74
14	伊朗	44 356	2.42	14	新加坡	9 172	1.44
15	泰国	43 876	2.40	15	芬兰	9 039	1.42
16	土耳其	37 751	2.06	16	加拿大	8 713	1.36
17	荷兰	36 525	2.00	17	西班牙	8 046	1.26
18	德国	34 290	1.87	18	马来西亚	7 577	1.19
19	中国香港	32 091	1.75	19	波兰	5 839	0.91
20	中国台湾	27 956	1.53	20	中华人民共和国	5 709	0.89
21	菲律宾	26 902	1.47	21	澳大利亚	3 600	0.56
22	加拿大	24 286	1.33	22	比利时	2 015	0.32
23	墨西哥	22 649	1.24	23	捷克	1 840	0.29
24	哈萨克斯坦	21 892	1.20	24	泰国	1 589	0.25
25	英国	19 229	1.05	25	匈牙利	1 326	0.21
26	委内瑞拉	18 507	1.01	26	丹麦	1 131	0.18
27	阿尔及利亚	17 501	0.96	27	斯洛文尼亚	1 093	0.17
28	南非	17 129	0.94	28	新西兰	711	0.11
29	西班牙	15 862	0.87	29	中国香港	680	0.11
30	尼日利亚	14 507	0.79	30	阿根廷	595	0.09
31	斯里兰卡	14 140	0.77	31	越南	546	0.09
32	法国	13 920	0.76	32	巴西	534	0.08
33	缅甸	12 828	0.70	33	卢森堡	533	0.08

（续）

序号	国家（地区）	出口金额（万美元）	占出口总额的比重（%）	序号	国家（地区）	进口金额（万美元）	占进口总额的比重（%）
34	智利	11 825	0.65	34	南非	507	0.08
35	意大利	11 537	0.63	35	罗马尼亚	452	0.07
36	卡塔尔	11 010	0.60	36	爱沙尼亚	449	0.07
37	老挝	10 869	0.59	37	印度	378	0.06
38	哥伦比亚	10 826	0.59	38	土耳其	357	0.06
39	比利时	10 529	0.58	39	希腊	314	0.05
40	秘鲁	10 122	0.55	40	以色列	173	0.03
41	蒙古	9 981	0.55	41	俄罗斯联邦	151	0.02
42	孟加拉国	9 791	0.54	42	乌克兰	134	0.02
43	阿根廷	9 710	0.53	43	阿拉伯联合酋长国	126	0.02
44	瑞典	8 922	0.49	44	爱尔兰	125	0.02
45	肯尼亚	8 919	0.49	45	墨西哥	94	0.01
46	坦桑尼亚	8 907	0.49	46	葡萄牙	85	0.01
47	埃塞俄比亚	8 713	0.48	47	斯洛伐克	85	0.01
48	乌兹别克斯坦	8 443	0.46	48	菲律宾	83	0.01
49	波兰	7 826	0.43	49	斯里兰卡	56	0.01
50	埃及	7 721	0.42	50	印度尼西亚	42	0.01

注：2014 年重型机械共出口 203 个国家（地区），从 80 个国家（地区）进口，表中仅列出排位前 50 位的国家（地区）。

2014 年冶金矿山机械进出口情况按产品分类统计

税号	货品名称	数量单位	出口量	出口额（万美元）	进口量	进口额（万美元）	进出口总额（万美元）	进出口顺差（万美元）
	冶金矿山机械总计			**331 398**		**118 528**	**449 926**	**212 870**
	占重机行业总计比重（%）			18.11		18.55	18.23	17.87
	（一）冶金设备合计			**163 671**		**67 008**	**230 678**	**96 663**
	占冶金矿山机械总计比重（%）			49.39		56.53	51.27	45.41
	1. 金属冶炼设备	**台**	**591**	**3 206**	**36**	**1 937**	**5 143**	**1 269**
84178010	（1）炼焦炉	台	6	39	0	0	39	39
84541000	（2）转炉	台	449	1 611	11	854	2 465	756
84542010	（3）炉外精炼设备	台	136	1 556	25	1 082	2 639	474
	2. 连续铸钢设备	**台**	**285**	**3 965**	**76**	**2 436**	**6 402**	**1 529**
84543021	（1）方坯连铸机	台	54	1 704	4	1 239	2 943	465
84543022	（2）板坯连铸机	台	175	495	0	0	495	495
84543029	（3）其他钢坯连铸机	台	56	1 766	72	1 197	2 963	569
	3. 金属轧制设备	**台**	**24 506**	**40 089**	**623**	**19 827**	**59 916**	**20 262**

（续）

税号	货品名称	数量单位	出口量	出口额（万美元）	进口量	进口额（万美元）	进出口总额（万美元）	进出口顺差（万美元）
	（1）板材轧机	台	3 714	14 954	23	2 945	17 899	12 008
84552110	板材热轧机	台	39	3 334	4	5	3 340	3 329
84552210	板材冷轧机	台	3 675	11 619	19	2 940	14 560	8 679
	（2）管轧机	台	920	3 554	14	2 044	5 598	1 509
84551010	热轧管机	台	40	692	4	8	701	684
84551020	冷轧管机	台	525	1 892	6	2 000	3 892	-108
84551030	定、减径轧管机	台	90	347	4	36	383	311
84551090	其他金属管轧机	台	265	623	0	0	623	623
84552120	（3）型材轧机	台	200	2 062	2	173	2 235	1889
84552130	（4）线材轧机	台	12 384	4 166	42	1 544	5 711	2 622
	（5）其他金属轧机	台	3 509	7 560	63	8 460	16 020	-900
84552190	其他金属热轧机或冷热联轧机	台	234	1 988	3	892	2 880	1 096
84552290	其他金属冷轧机	台	3 275	5 572	60	7 568	13140	-1996
	（6）拉拔机	台	3 779	7 793	479	4 660	12 453	3 133
84631011	300t及以下的冷拔管机	台	206	291	10	186	476	105
84631019	其他冷拔管机	台	107	25	0	0	25	25
84631020	拔丝机	台	2 562	6 107	184	2 704	8 811	3 403
84631090	金属杆、管、型材、异型材等的拉拔机	台	904	1 371	285	1 770	3 141	-399
	4. 冶金设备零件			**116 410**		**42 808**	**159 218**	**73 602**
	（1）金属冶炼设备零件小计			37 344		8 114	45 458	29 230
84179010	海绵铁回转窑的零件	kg	877 754	695	947 984	867	1 562	-171
84179020	焦炉零件	kg	15 605 148	4 347	66 597	361	4 708	3 985
84542090	锭模及浇包	台	23 037	5 704	81 380	1 321	7 025	4 383
84549010	炉外精炼设备的零件	kg	11 276 808	5 234	133 780	699	5 933	4 535
84549090	其他金属冶炼设备及铸造机的零件	kg	59 809 974	21 364	2 274 055	4 866	26 230	16 498
	（2）连铸机零件	kg	27 548 489	16 890	1 157 534	4 442	21 332	12 449
84549021	钢坯连铸机用结晶器	kg	1 518 057	2 469	286 230	1 320	3 789	1 149
84549022	钢坯连铸机用振动装置	kg	191 139	150	79 201	257	408	-107
84549029	其他钢坯连铸机用零件	kg	25 839 293	14 271	792 103	2 864	17 135	11 407
	（3）金属轧制设备零件			62 176		30 253	92 429	31 924
84553000	金属轧机用轧辊	个	168 751	28 881	9 894	13 033	41 913	15 848
84559000	其他金属轧机零件	kg	80 812 429	33 296	5 521 843	17 220	50 516	16 076
	（二）矿山机械合计			**167 728**		**51 520**	**219 248**	**116 208**
	占冶金矿山机械总计比重（%）			50.61		43.47	48.73	54.59
	1. 采掘、凿岩设备及钻机	**台**		**32 299**		**18 899**	**51 198**	**13 400**
	（1）采煤、凿岩机及隧道掘进机	台	27 423	25 428	126	16 801	42 229	8 627
84303110	自推进的采（截）煤机	台/kg	6	160	18	4 302	4 462	-4 143
84303120	自推进的凿岩机	台/kg	2 360	850	26	1 232	2 082	-382
84303130	自推进的隧道掘进机	台/kg	59	21 942	13	5 113	27 056	16 829
84303900	非自推进的采煤、凿岩机及隧道掘进机	台	24 998	2 476	69	6 154	8 630	-3 677

（续）

税号	货品名称	数量单位	出口量	出口额（万美元）	进口量	进口额（万美元）	进出口总额（万美元）	进出口顺差（万美元）
84305020	（2）矿用电铲	台	5	1 652	1	702	2 353	950
	（3）采矿钻机	台	257	569	69	618	1 187	-48
84305031	牙轮直径在380mm及以上的采矿钻机	台	20	81	4	4	85	77
84305039	其他采矿钻机	台	237	488	65	614	1 102	-126
	（4）工程钻机	台	22 482	4 650	85	779	5 429	3 871
84306911	钻筒直径在3m以上的非自推进工程钻机	台	29	567	36	4	572	563
84306919	其他非自推进工程钻机	台	22 453	4 083	49	775	4 857	3 308
	2. 破碎、粉磨设备	**台**	**53 581**	**88 424**	**1 108**	**17 508**	**105 932**	**70 916**
84742010	（1）齿辊式破碎设备	台	25 167	10 800	118	4 925	15 725	5 875
84742020	（2）球磨式粉磨设备	台	3 180	26 724	125	1 367	28 091	25 357
84742090	（3）其他破碎或粉磨设备	台	25 234	50 900	865	11 216	62 116	39 684
	3. 筛分、洗选设备	**台**	**27 278**	**40 265**	**2 414**	**13 382**	**53 648**	**26 883**
84741000	筛分、洗选设备	台	27 278	40 265	2 414	13 382	53 648	26 883
	4. 矿山提升设备	**台**	**4 669**	**1 215**	**74**	**633**	**1 848**	**581**
84253110	（1）电动矿山提升设备	台	1 184	1 040	12	60	1 101	980
84253910	（2）非电动矿山提升设备	台	3 485	174	62	573	747	-399
	5. 矿山机械零件	kg	**14 698 401**	**5 524**	**388 215**	**1 097**	**6 621**	**4 427**
84314991	矿用电铲用零件	kg	14 698 401	5 524	388 215	1 097	6 621	4 427

注：1. 表中原始数据来源于海关2014年12月月报资料，进出口顺差为负数表示逆差。

2. 因矿山机械零件的进出口，均列在税号843140和847490零件中无法区分，表中仅列矿用电铲用零件1个税号。

〔供稿人：中国重型机械工业协会严祥文　审稿人：中国重型机械工业协会岳建忠〕

2014年冶金矿山机械进出口额按国家（地区）统计

序号	国家（地区）	出口金额（万美元）	占出口总额的比重（%）	序号	国家（地区）	进口金额（万美元）	占进口总额的比重（%）
	冶金矿山机械总计	331 398	100.00		冶金矿山机械总计	118 528	100.00
1	越南	33 835	10.21	1	德国	39 196	33.07
2	印度	21 661	6.54	2	美国	25 014	21.10
3	美国	18 090	5.46	3	日本	8 729	7.36
4	伊朗	17 991	5.43	4	奥地利	8 518	7.19
5	印度尼西亚	15 895	4.80	5	意大利	8 074	6.81
6	俄罗斯联邦	12 807	3.86	6	英国	5 758	4.86
7	日本	10 802	3.26	7	法国	4 679	3.95
8	澳大利亚	9 960	3.01	8	韩国	2 613	2.20
9	泰国	9 572	2.89	9	瑞士	2 569	2.17

（续）

序号	国家（地区）	出口金额（万美元）	占出口总额的比重（%）	序号	国家（地区）	进口金额（万美元）	占进口总额的比重（%）
10	马来西亚	8 924	2.69	10	澳大利亚	1 999	1.69
11	沙特阿拉伯	7 604	2.29	11	瑞典	1 922	1.62
12	巴西	7 409	2.24	12	中国台湾	1 764	1.49
13	哈萨克斯坦	7 260	2.19	13	芬兰	1 738	1.47
14	土耳其	6 883	2.08	14	加拿大	1 163	0.98
15	新加坡	6 449	1.95	15	比利时	1 016	0.86
16	德国	6 208	1.87	16	波兰	602	0.51
17	老挝	6 175	1.86	17	荷兰	482	0.41
18	中国台湾	6 008	1.81	18	南非	423	0.36
19	韩国	5 909	1.78	19	巴西	363	0.31
20	菲律宾	5 501	1.66	20	马来西亚	254	0.21
21	蒙古	5 157	1.56	21	印度	238	0.20
22	尼日利亚	4 723	1.43	22	中华人民共和国	238	0.20
23	墨西哥	4 362	1.32	23	挪威	187	0.16
24	缅甸	4 123	1.24	24	斯洛文尼亚	186	0.16
25	中国香港	4 009	1.21	25	西班牙	174	0.15
26	委内瑞拉	3 495	1.05	26	乌克兰	132	0.11
27	卡塔尔	3 186	0.96	27	俄罗斯联邦	108	0.09
28	乌兹别克斯坦	3 079	0.93	28	新加坡	93	0.08
29	南非	3 071	0.93	29	卢森堡	65	0.05
30	民主刚果	3 008	0.91	30	丹麦	48	0.04
31	意大利	2 582	0.78	31	爱沙尼亚	43	0.04
32	肯尼亚	2 337	0.71	32	土耳其	41	0.03
33	孟加拉国	2 318	0.70	33	罗马尼亚	31	0.03
34	加拿大	2 172	0.66	34	捷克	19	0.02
35	阿拉伯联合酋长国	2 146	0.65	35	泰国	9	0.01
36	阿尔及利亚	2 109	0.64	36	中国香港	9	0.01
37	智利	2 089	0.63	37	智利	8	0.01
38	坦桑尼亚	1 944	0.59	38	波斯尼亚—黑塞哥维那	6	0.01
39	厄瓜多尔	1 855	0.56	39	新西兰	5	0.00
40	朝鲜	1 746	0.53	40	冰岛	3	0.00
41	荷兰	1 699	0.51	41	希腊	3	0.00
42	埃塞俄比亚	1 692	0.51	42	保加利亚	2	0.00
43	塔吉克斯坦	1 669	0.50	43	菲律宾	1	0.00
44	赞比亚	1 475	0.44	44	匈牙利	0.94	0.00
45	英国	1 430	0.43	45	斯洛伐克	0.82	0.00
46	利比里亚	1 417	0.43	46	越南	0.60	0.00
47	巴基斯坦	1 336	0.40	47	墨西哥	0.16	0.00
48	瑞典	1 292	0.39	48	克罗地亚	0.10	0.00
49	法国	1 280	0.39	49	印度尼西亚	0.08	0.00
50	苏丹	1 225	0.37	50	伊朗	0.04	0.00

注：2014 年冶金矿山机械共出口 186 个国家（地区），从 54 个国家（地区）进口，表中仅列出排名前 50 位的国家（地区）。

〔供稿人：中国重型机械工业协会严祥文　审稿人：中国重型机械工业协会岳建忠〕

2014年冶金设备进出口额按国家（地区）统计

序号	国家（地区）	出口金额（万美元）	占出口总额的比重（%）	序号	国家（地区）	进口金额（万美元）	占进口总额的比重（%）
	冶金设备合计	163 671	100.00		冶金设备合计	67 008	100.00
1	越南	21 054	12.86	1	德国	28 356	42.32
2	印度	13 023	7.96	2	美国	9 624	14.36
3	美国	11 871	7.25	3	意大利	7 782	11.61
4	日本	9 937	6.07	4	日本	7 248	10.82
5	泰国	7 856	4.80	5	法国	2 965	4.43
6	印度尼西亚	7 733	4.72	6	奥地利	2 460	3.67
7	伊朗	7 535	4.60	7	瑞士	2 397	3.58
8	俄罗斯联邦	6 493	3.97	8	韩国	1 446	2.16
9	德国	5 522	3.37	9	中国台湾	1 287	1.92
10	韩国	5 250	3.21	10	比利时	976	1.46
11	土耳其	5 238	3.20	11	瑞典	623	0.93
12	中国台湾	5 181	3.17	12	芬兰	319	0.48
13	马来西亚	3 991	2.44	13	澳大利亚	268	0.40
14	巴西	3 896	2.38	14	加拿大	201	0.30
15	墨西哥	3 667	2.24	15	斯洛文尼亚	186	0.28
16	委内瑞拉	3 092	1.89	16	西班牙	166	0.25
17	意大利	2 411	1.47	17	英国	136	0.20
18	沙特阿拉伯	2 361	1.44	18	乌克兰	132	0.20
19	尼日利亚	2 091	1.28	19	巴西	98	0.15
20	乌兹别克斯坦	1 860	1.14	20	卢森堡	65	0.10
21	菲律宾	1 847	1.13	21	挪威	59	0.09
22	哈萨克斯坦	1 741	1.06	22	土耳其	41	0.06
23	荷兰	1 509	0.92	23	马来西亚	38	0.06
24	加拿大	1 499	0.92	24	波兰	36	0.05
25	阿拉伯联合酋长国	1 372	0.84	25	罗马尼亚	31	0.05
26	缅甸	1 287	0.79	26	荷兰	13	0.02
27	孟加拉国	1 250	0.76	27	中华人民共和国	13	0.02
28	澳大利亚	1 136	0.69	28	中国香港	7	0.01
29	奥地利	1 114	0.68	29	泰国	7	0.01
30	阿尔及利亚	1 049	0.64	30	印度	6	0.01
31	法国	941	0.58	31	波斯尼亚—黑塞哥维那	6	0.01
32	南非	931	0.57	32	冰岛	3	0.01
33	西班牙	838	0.51	33	捷克	3	0.00

序号	国家（地区）	出口金额（万美元）	占出口总额的比重（%）	序号	国家（地区）	进口金额（万美元）	占进口总额的比重（%）
34	英国	734	0.45	34	保加利亚	2	0.00
35	比利时	732	0.45	35	新加坡	1	0.00
36	巴基斯坦	691	0.42	36	丹麦	1	0.00
37	埃及	687	0.42	37	菲律宾	1	0.00
38	乌克兰	645	0.39	38	匈牙利	0.90	0.00
39	希腊	628	0.38	39	斯洛伐克	0.80	0.00
40	中国香港	492	0.30	40	越南	0.50	0.00
41	瑞士	457	0.28	41	俄罗斯联邦	0.13	0.00
42	新加坡	449	0.27	42	克罗地亚	0.10	0.00
43	阿根廷	426	0.26	43	印度尼西亚	0.08	0.00
44	伊拉克	420	0.26	44	伊朗	0.04	0.00
45	摩洛哥	377	0.23	45	柬埔寨	0.03	0.00
46	波兰	376	0.23	46	博茨瓦那	0.03	0.00
47	加纳	344	0.21	47	塞尔维亚	0.03	0.00
48	白俄罗斯	327	0.20				
49	埃塞俄比亚	326	0.20				
50	新西兰	306	0.19				

注：2014 年冶金设备共出口 70 个国家（地区），表中仅列出排名前50位的国家（地区）。

〔供稿人：中国重型机械工业协会严祥文　审稿人：中国重型机械工业协会岳建忠〕

2014 年矿山机械进出口额按国家（地区）统计

序号	国家（地区）	出口金额（万美元）	占出口总额的比重（%）	序号	国家（地区）	进口金额（万美元）	占进口总额的比重（%）
	矿山机械合计	167 728	100.00		矿山机械合计	51 520	100.00
1	印度	12 781	7.62	1	美国	15 391	29.87
2	新加坡	10 456	6.23	2	德国	10 840	21.04
3	马来西亚	8 824	5.26	3	奥地利	6 058	11.76
4	越南	8 638	5.15	4	英国	5 622	10.91
5	印度尼西亚	8 162	4.87	5	澳大利亚	1 731	3.36
6	俄罗斯联邦	6 314	3.76	6	法国	1 714	3.33
7	伊朗	6 220	3.71	7	日本	1 481	2.87
8	美国	6 172	3.68	8	芬兰	1 419	2.75
9	老挝	6 000	3.58	9	瑞典	1 298	2.52
10	巴西	5 518	3.29	10	韩国	1 167	2.27
11	南非	5 243	3.13	11	加拿大	963	1.87
12	沙特阿拉伯	4 933	2.94	12	波兰	566	1.10

（续）

序号	国家（地区）	出口金额（万美元）	占出口总额的比重（%）	序号	国家（地区）	进口金额（万美元）	占进口总额的比重（%）
13	土耳其	4 900	2. 92	13	中国台湾	477	0. 93
14	缅甸	3 655	2. 18	14	荷兰	469	0. 91
15	澳大利亚	3 516	2. 10	15	南非	423	0. 82
16	新西兰	3 514	2. 09	16	意大利	292	0. 57
17	智利	3 038	1. 81	17	巴西	265	0. 51
18	蒙古	2 982	1. 78	18	印度	232	0. 45
19	菲律宾	2 836	1. 69	19	中华人民共和国	225	0. 44
20	尼日利亚	2 632	1. 57	20	马来西亚	215	0. 42
21	哈萨克斯坦	2 140	1. 28	21	瑞士	172	0. 33
22	墨西哥	2 071	1. 23	22	挪威	128	0. 25
23	泰国	1 850	1. 10	23	俄罗斯联邦	108	0. 21
24	朝鲜	1 743	1. 04	24	新加坡	92	0. 18
25	柬埔寨	1 724	1. 03	25	丹麦	47	0. 09
26	苏丹	1 716	1. 02	26	比利时	40	0. 08
27	秘鲁	1 645	0. 98	27	爱沙尼亚	43	0. 08
28	中国台湾	1 573	0. 94	28	捷克	16	0. 03
29	阿尔及利亚	1 484	0. 88	29	希腊	3	0. 01
30	加纳	1 412	0. 84	30	西班牙	7	0. 01
31	民主刚果	1 366	0. 81	31	智利	8	0. 01
32	赞比亚	1 254	0. 75	32	新西兰	5	0. 01
33	伊拉克	1 219	0. 73	33	中国香港	1. 60	0. 00
34	埃塞俄比亚	1 092	0. 65	34	泰国	2	0. 00
35	乌兹别克斯坦	1 068	0. 64				
36	卡塔尔	1 060	0. 63				
37	肯尼亚	1 032	0. 62				
38	吉布提	976	0. 58				
39	德国	864	0. 52				
40	塔吉克斯坦	828	0. 49				
41	坦桑尼亚	780	0. 47				
42	加拿大	793	0. 47				
43	孟加拉国	774	0. 46				
44	乌克兰	755	0. 45				
45	英国	717	0. 43				
46	吉尔吉斯斯坦	696	0. 41				
47	斯里兰卡	686	0. 41				
48	日本	695	0. 41				
49	厄瓜多尔	673	0. 40				
50	利比里亚	659	0. 39				

注：2014 年矿山机械共出口 177 个国家（地区），表中仅列出排名前 50 位的国家（地区）。

〔供稿人：中国重型机械工业协会严祥文　审稿人：中国重型机械工业协会岳建忠〕

2014 年物料搬运（起重运输）机械进出口情况按产品分类统计

税号	货品名称	数量单位	出口量	出口额（万美元）	进口量	进口额（万美元）	进出口总额（万美元）	进出口顺差（万美元）
	物料搬运（起重运输）机械总计			1 498 379		520 295	2 018 674	978 084
	占重型机械行业总计比重（%）			81.89		81.45	81.77	82.13
	（一）轻小型起重设备合计			215 412		89 120	304 532	126 291
	占物料搬运机械总计比重（%）			14.38		17.13	15.09	12.91
84251100	1. 电动葫芦	台	1 086 801	17 592	11 775	9 726	27 318	7 865
84251900	2. 滑车及手动葫芦	台	3 504 500	15 761	28 428	2 422	18 183	13 339
	3. 卷扬机及绞盘	台	6 065 632	58 709	51 855	60 708	119 417	-1 999
84253190	（1）电动的卷扬机及绞盘	台	1 825 858	45 763	36 744	44 953	90 716	810
84253990	（2）非电动卷扬机及绞盘	台	4 239 774	12 946	15 111	15 755	28 701	-2 809
	4. 千斤顶	台	39 238 860	70 151	346 154	7 023	77 173	63 128
84254100	（1）车库中使用的固定千斤顶系统	台	5 035	230	54	17	247	213
84254210	（2）其他液压千斤顶	台	21 579 406	47 481	41 174	5 849	53 330	41 632
84254910	（3）其他千斤顶	台	17 654 419	22 439	304 926	1 156	23 596	21 283
	5. 车辆举升机	台	2 780 715	36 041	5 380	2 828	38 869	33 212
84254290	（1）液压举升机	台	568 795	30 893	4 217	2 464	33 356	28 429
84254990	（2）其他举升机	台	2 211 920	5 148	1 163	365	5 513	4 783
	6. 轻小型起重设备零件	kg	59 389 753	17 159	3 034 233	6 413	23 572	10 746
84311000	税号 8425 轻小型起重设备零件	kg	59 389 753	17 159	3 034 233	6 413	23 572	10 746
	（二）起重机合计			432 812		52 497	485 309	380 315
	占物料搬运机械总计比重（%）			28.89		10.09	24.04	38.88
	1. 桥式起重机	台	3 681	27 212	571	5 067	32 279	22 145
84261120	（1）通用桥式起重机	台	2 741	20 041	419	2 518	22 558	17 523
84261190	（2）其他桥式起重机	台	940	7 171	152	2 550	9 721	4 622
84261930	2. 门式起重机	台	2 557	69 322	9	78	69 399	69 244
	3. 装卸桥及其他桥架类起重机	台	2 418	131 362	121	3 636	134 998	127 725
	（1）装卸桥	台	219	128 848	14	2 656	131 504	126 192
84261921	①抓斗式卸船机	台	13	5 394	0	0	5 394	5 394
84261941	②通用装卸桥	台	8	32	1	0	32	32
84261942	③集装箱装卸桥	台	185	123 339	2	1 542	124 881	121 797
84261943	④其他动臂式装卸桥	台	10	50	9	115	165	-65
84261949	⑤其他装卸桥	台	3	34	2	999	1 032	-965
	（2）其他桥架类起重机	台	2 199	2 513	107	980	3 494	1 533
84261200	①胶轮移动式吊运架及跨运车	台	964	922	51	97	1 018	825
84261990	②未列名桥架类起重机和移动式吊运架及跨运车	台	1 235	1 592	56	884	2 476	708
84262000	4. 塔式起重机	台	3 928	46 218	15	1 203	47 422	45 015
84263000	5. 门座起重机	台	815	21 682	321	26 296	47 977	-4 614
	6. 流动式起重机	台	6 877	120 222	1 035	5 361	125 583	114 861
	（1）轮式起重机	台	5 572	91 799	15	355	92 154	91 445
	①汽车起重机	台	4 139	61 861	0	0	61 861	61 861

（续）

税号	货品名称	数量单位	出口量	出口额（万美元）	进口量	进口额（万美元）	进出口总额（万美元）	进出口顺差（万美元）
87051091	最大起重量不超过50t汽车起重机	辆	3 331	40 089	0	0	40 089	40 089
87051092	最大起重量超过5t，但不超过100t汽车起重机	辆	763	19 376	0	0	19 376	19 376
87051093	最大起重量超过100t汽车起重机	辆	45	2 396	0	0	2 396	2 396
	②全路面起重机	辆	859	12 561	1	149	12 710	12 413
87051021	最大起重量不超过50t全路面起重机	辆	728	7 837	0	0	7 837	7 837
87051022	最大起重量超过5t，但不超过100t全路面起重机	辆	105	2 738	0	0	2 738	2 738
87051023	最大起重量超过100t全路面起重机	辆	26	1 986	1	149	2 135	1 837
	③轮胎起重机	台	574	17 377	14	206	17 583	17 171
84264110	（通用）轮胎起重机	台	241	7 290	0	0	7 290	7 290
84264190	其他轮胎式起重机	台	333	10 088	14	206	10 293	9 882
84264910	（2）履带式起重机	台	760	26 766	12	3 628	30 394	23 137
84264990	（3）其他流动式起重机	台	25	412	554	486	898	-74
84269100	（4）公路车辆的随车起重机	台	520	1 245	454	892	2 137	352
84269900	7. 未列名起重机	台	5 706	3 883	432	8 073	11 956	-4 191
	8. 起重机零件	kg/个	55 461 257	12 912	3 059 802	2 782	15 695	10 130
84314100	税号8426戽斗、铲斗、抓斗及夹斗	kg/个	55 461 257	12 912	3 059 802	2 782	15 695	10 130
	（三）工业车辆合计	台		255 788		45 228	301 017	210 560
	占物料搬运机械总计比重（%）			17.07		8.69	14.91	21.53
	1. 电动车辆（叉车）	台	65 551	43 503	8 329	15 483	58 986	28 020
84271020	（1）乘驾式高起升堆垛叉车	台	1 433	840	400	710	1 550	130
84271090	（2）其他电动车辆（叉车）	台	64 118	42 663	7 929	14 774	57 437	27 889
	2. 内燃叉车	台	67 609	117 616	872	6 976	124 592	110 641
84272010	（1）集装箱叉车	台	294	4 363	4	59	4 422	4 305
84272090	（2）其他内燃叉车	台	67 315	113 253	868	6 917	120 170	106 336
	3. 短距离牵引车	辆	1 380	1 828	1 634	1 977	3 805	-149
87091110	（1）电动牵引车	辆	834	299	1 476	1 511	1 811	-1 212
87091910	（2）其他机动牵引车	辆	546	1 529	158	466	1 995	1 063
	4. 固定平台搬运车	辆	17 010	2 583	711	904	3 486	1 679
87091190	（1）电动固定平台搬运车	辆	10 237	1 266	169	474	1 740	792
87091990	（2）其他固定平台搬运车	辆	6 773	1 316	542	430	1 746	887
84279000	5. 手动起升搬运车辆	台	1 575 776	31 985	3 103	1 518	33 503	30 466
	6. 工业车辆零件	kg	405 777 416	58 274	18 274 798	18 370	76 644	39 904
84312010	（1）品目8427所列机械用装有差速器的驱动桥及其零件，不论是否装有其他传动部件	kg/个	1 451 770	1 282	1 507 401	1 677	2 959	-394
84312090	（2）品目8427所列机械的其他零件	kg	398 877 800	55 688	16 398 592	15 914	71 602	39 774
87099000	（3）税号8709搬运车牵引车零件	kg	5 447 846	1 303	368 805	780	2 083	524
	（四）电梯、自动梯及升降机合计	台		284 751		40 058	324 809	244 693

（续）

税号	货品名称	数量单位	出口量	出口额（万美元）	进口量	进口额（万美元）	进出口总额（万美元）	进出口顺差（万美元）
	占物料搬运机械总计比重（%）			19.00		7.70	16.09	25.02
84281010	1. 载客电梯	台	50 459	132 156	1 804	19 363	151 520	112 793
84281090	2. 其他升降机及倒卸式起重机	台	5 494	7 012	652	4 797	11 809	2 215
84284000	3. 自动梯及自动人行道	台	18 451	64 142	17	556	64 698	63 586
84313100	4. 电梯、自动梯及升降机零件	kg	419 619 364	81 441	12 532 361	15 342	96 782	66 099
	（五）连续搬运设备合计	台	206 964	175 836	43 439	127 452	303 288	48 384
	占物料搬运机械总计比重（%）			11.74		24.50	15.02	4.95
	1. 输送机械（输送机及提升机）	台	204 500	144 957	42 588	119 147	264 104	25 810
84282000	（1）气力输送机	台	12 667	4 728	3 969	9 407	14 135	-4 679
84283100	（2）地下专用的输送机	台	212	239	35	911	1 150	-673
84283200	（3）斗式提升输送机	台	9 196	13 288	3 291	4 036	17 324	9 252
84283300	（4）带式输送机	台	101 582	61 724	13 075	23 968	85 692	37 756
84283910	（5）链式输送机	台	11 169	14 019	3 687	18 238	32 257	-4 219
84283920	（6）辊式输送机	台	19 364	10 205	3 379	17 830	28 036	-7 625
84283990	（7）其他输送机及提升机	台	46 370	40 428	15 039	41 046	81 474	-617
	（8）架空索道	台	3 940	326	113	3 710	4 036	-3 384
84286010	①货运架空索道	台	6	15	71	115	129	-100
	②客运架空索道	台	0	0	5	1 924	1 924	-1 924
84286021	循环式客运架空索道	台	0	0	3	1 923	1 923	-1 923
84286029	其他客运架空索道	台	0	0	2	1	1	-1
84286090	③其他缆车、架空索道	台	3 934	311	37	1 672	1 983	-1 360
	2. 装卸机械	台	2 464	30 879	851	8 305	39 185	22 574
84261910	（1）装船机	台	486	8 402	0	0	8 402	8 402
84261929	（2）卸船机	台	10	4 210	1	317	4 527	3893
84289031	（3）堆取料机械	台	676	16 810	261	2 994	19 803	13 816
84289039	（4）其他装卸机械	台	1 292	1 457	589	4 995	6 452	-3 537
	（六）其他物料搬运设备合计			133 779		165 939	299 718	-32 160
	占物料搬运机械总计比重（%）			8.93		31.89	14.85	-3.29
	1. 立体仓库设备	台	48	1 321	268	4 751	6 071	-3 430
84798992	（1）自动化立体仓储设备	台	0	0	0	0	0	0
84271010	（2）有轨巷道堆垛机	台	48	1 321	268	4 751	6 071	-3 430
84289020	2. 机械停车设备	台	5 496	1 810	52	351	2 161	1 459
	3. 机场专用搬运设备	台	203	6 140	13	2 045	8 185	4 095
84797100	（1）机场用旅客登机桥	台	199	6 100	0	0	6 100	6 100
84797900	（2）其他旅客登机（船）桥	台	4	40	13	2 045	2 085	-2 005
84289010	4. 矿车推进机、转车台、货车倾卸	台	310	1 503	3	8	1 510	1 495
84289090	5. 未列名提升、搬运、装卸机械	台	168	399	13 469	18 382	18 781	-17 982
84313900	6. 税号 84.28 所列其他机械零件	kg	2 315 717	56 280	150 648	109 906	166 185	-53 626

注：1. 表中原始数据来源于海关 2014 年 12 月月报资料，进出口顺差为负数表示逆差。

〔供稿人：中国重型机械工业协会严祥文　审稿人：中国重型机械工业协会岳建忠〕

2014年物料搬运（起重运输）机械进出口额按国家（地区）统计

序号	国家（地区）	出口金额（万美元）	占出口总额的比重（%）	序号	国家（地区）	进口金额（万美元）	占进口总额的比重（%）
	物料搬运（起重运输）机械总计	1 498 379	100.00		物料搬运（起重运输）机械总计	520 295	100.00
1	美国	159 764	11.16	1	德国	128 785	26.29
2	印度尼西亚	63 125	4.41	2	日本	75 955	15.51
3	新加坡	59 660	4.17	3	韩国	46 829	9.56
4	韩国	54 312	3.79	4	美国	45 675	9.33
5	澳大利亚	53 303	3.72	5	中国台湾	24 117	4.92
6	马来西亚	52 291	3.65	6	意大利	19 424	3.97
7	巴西	51 398	3.59	7	法国	17 347	3.54
8	俄罗斯联邦	48 488	3.39	8	荷兰	14 203	2.90
9	日本	47 092	3.29	9	奥地利	12 713	2.60
10	沙特阿拉伯	46 369	3.24	10	瑞士	11 878	2.43
11	越南	46 374	3.24	11	挪威	10 909	2.23
12	印度	42 500	2.97	12	瑞典	9 718	1.98
13	阿拉伯联合酋长国	42 529	2.97	13	英国	9 577	1.96
14	泰国	33 272	2.32	14	新加坡	8 963	1.83
15	荷兰	32 811	2.29	15	西班牙	7 804	1.59
16	土耳其	29 844	2.08	16	马来西亚	7 131	1.46
17	中国香港	26 626	1.86	17	芬兰	7 149	1.46
18	德国	26 042	1.82	18	加拿大	7 054	1.44
19	伊朗	25 362	1.77	19	中华人民共和国	5 392	1.10
20	中国台湾	21 411	1.50	20	波兰	5 155	1.05
21	菲律宾	20 740	1.45	21	泰国	1 528	0.31
22	加拿大	20 484	1.43	22	澳大利亚	1 517	0.31
23	墨西哥	17 804	1.24	23	捷克	1 341	0.27
24	英国	15 514	1.08	24	匈牙利	1 244	0.25
25	阿尔及利亚	15 330	1.07	25	比利时	981	0.20
26	委内瑞拉	14 757	1.03	26	丹麦	981	0.20
27	西班牙	14 470	1.01	27	斯洛文尼亚	900	0.18
28	哈萨克斯坦	13 910	0.97	28	新西兰	696	0.14
29	南非	13 572	0.95	29	中国香港	606	0.12
30	斯里兰卡	13 062	0.91	30	阿根廷	595	0.12
31	法国	12 149	0.85	31	越南	538	0.11
32	哥伦比亚	9 972	0.70	32	卢森堡	468	0.10

（续）

序号	国家（地区）	出口金额（万美元）	占出口总额的比重（%）	序号	国家（地区）	进口金额（万美元）	占进口总额的比重（%）
33	智利	9 325	0.65	33	罗马尼亚	416	0.08
34	秘鲁	9 118	0.64	34	爱沙尼亚	404	0.08
35	比利时	9 035	0.63	35	土耳其	315	0.06
36	阿根廷	8 828	0.62	36	希腊	291	0.06
37	意大利	8 303	0.58	37	印度	130	0.03
38	缅甸	7 861	0.55	38	以色列	154	0.03
39	科威特	7 397	0.52	39	阿拉伯联合酋长国	126	0.03
40	卡塔尔	7 387	0.52	40	爱尔兰	125	0.03
41	瑞典	7 388	0.52	41	巴西	136	0.03
42	孟加拉国	7 297	0.51	42	葡萄牙	85	0.02
43	尼日利亚	7 221	0.50	43	斯洛伐克	79	0.02
44	波兰	6 975	0.49	44	墨西哥	78	0.02
45	埃及	6 575	0.46	45	印度尼西亚	39	0.01
46	肯尼亚	6 529	0.46	46	菲律宾	43	0.01
47	坦桑尼亚	6 519	0.46	47	斯里兰卡	56	0.01
48	多哥	5 988	0.42	48	南非	39	0.01
49	埃塞俄比亚	5 497	0.38	49	俄罗斯联邦	44	0.01
50	乌兹别克斯坦	5 338	0.37	50	克罗地亚	35	0.01

注：2014 年物料搬运（起重运输）机械共出口 213 个国家（地区），从 71 个国家（地区）进口，表中仅列出排名前 50 位的国家（地区）。

〔供稿人：中国重型机械工业协会严祥文　审稿人：中国重型机械工业协会岳建忠〕

2014 年轻小型起重设备进出口额按国家（地区）统计

序号	国家（地区）	出口额（万美元）	占出口总额的比重（%）	序号	国家（地区）	进口额（万美元）	占进口总额的比重（%）
	轻小型起重设备合计	215 412	100.00		轻小型起重设备合计	89 120	100.00
1	美国	65 982	30.63	1	德国	20 378	22.87
2	日本	13 666	6.34	2	美国	16 228	18.21
3	德国	9 885	4.59	3	日本	8 683	9.74
4	韩国	8 579	3.98	4	挪威	6 225	6.98
5	新加坡	7 976	3.70	5	瑞典	4 496	5.05
6	澳大利亚	6 855	3.18	6	新加坡	4 284	4.81
7	俄罗斯联邦	6 802	3.16	7	意大利	3 895	4.37
8	加拿大	5 355	2.49	8	芬兰	3 492	3.92
9	巴西	4 932	2.29	9	西班牙	3 470	3.89
10	荷兰	4 720	2.19	10	加拿大	3 221	3.61

（续）

序号	国家（地区）	出口额（万美元）	占出口总额的比重（%）	序号	国家（地区）	进口额（万美元）	占进口总额的比重（%）
11	泰国	4 684	2.17	11	瑞士	3 043	3.41
12	越南	4 553	2.11	12	法国	3 026	3.40
13	英国	4 554	2.11	13	韩国	1 513	1.70
14	印度	4 462	2.07	14	荷兰	1 514	1.70
15	印度尼西亚	3 833	1.78	15	马来西亚	1 489	1.67
16	马来西亚	3 675	1.71	16	英国	1 279	1.44
17	阿拉伯联合酋长国	2 837	1.32	17	中国台湾	879	0.99
18	法国	2 763	1.28	18	波兰	585	0.66
19	墨西哥	2 469	1.15	19	丹麦	404	0.45
20	伊朗	2 340	1.09	20	泰国	197	0.22
21	中国台湾	2 304	1.07	21	奥地利	160	0.18
22	土耳其	2 280	1.06	22	中华人民共和国	106	0.12
23	南非	2 189	1.02	23	比利时	109	0.12
24	西班牙	1 956	0.91	24	罗马尼亚	104	0.12
25	波兰	1 831	0.85	25	巴西	66	0.07
26	瑞典	1 739	0.81	26	捷克	58	0.06
27	沙特阿拉伯	1 469	0.68	27	澳大利亚	52	0.06
28	比利时	1 399	0.65	28	越南	33	0.04
29	芬兰	1 371	0.64	29	克罗地亚	35	0.04
30	丹麦	1 251	0.58	30	以色列	15	0.02
31	意大利	1 211	0.56	31	新西兰	16	0.02
32	智利	1 115	0.52	32	中国香港	7	0.01
33	菲律宾	1 017	0.47	33	印度	7	0.01
34	阿根廷	966	0.45	34	南非	12	0.01
35	巴基斯坦	883	0.41	35	匈牙利	6	0.01
36	中国香港	857	0.40	36	爱沙尼亚	6	0.01
37	哥伦比亚	818	0.38	37	俄罗斯联邦	6	0.01
38	埃及	735	0.34	38	墨西哥	11	0.01
39	阿尔及利亚	720	0.33	39	朝鲜	1	0.00
40	哈萨克斯坦	660	0.31	40	菲律宾	1	0.00
41	埃塞俄比亚	623	0.29	41	土耳其	0.00	0.00
42	厄瓜多尔	608	0.28	42	阿拉伯联合酋长国	0.00	0.00
43	新西兰	591	0.27	43	爱尔兰	0.00	0.00
44	尼日利亚	566	0.26	44	卢森堡	0.00	0.00
45	缅甸	537	0.25	45	希腊	2.50	0.00
46	伊拉克	523	0.24	46	葡萄牙	0.10	0.00
47	乌克兰	510	0.24	47	保加利亚	0.10	0.00
48	奥地利	490	0.23	48	拉脱维亚	0.40	0.00
49	立陶宛	488	0.23	49	白俄罗斯	3.80	0.00
50	捷克	464	0.22				

注：2014 年轻小型起重设备共出口 199 个国家（地区），表中仅列出排名前 50 位的国家（地区）。

〔供稿人：中国重型机械工业协会严祥文　审稿人：中国重型机械工业协会岳建忠〕

2014年起重机进出口额按国家（地区）统计

序号	国家（地区）	出口额（万美元）	占出口总额的比重（%）	序号	国家（地区）	进口额（万美元）	占进口总额的比重（%）
	起重机合计	432 812	100.00		起重机合计	52 497	100.00
1	新加坡	27 561	6.37	1	德国	15 040	28.65
2	巴西	25 596	5.91	2	马来西亚	4 922	9.38
3	印度尼西亚	25 077	5.79	3	奥地利	4 585	8.73
4	美国	24 764	5.72	4	韩国	4 354	8.29
5	澳大利亚	22 324	5.16	5	日本	4 293	8.18
6	阿拉伯联合酋长国	19 954	4.61	6	美国	4 069	7.75
7	荷兰	18 111	4.18	7	挪威	2 074	3.95
8	英国	17 051	3.94	8	新加坡	1 994	3.80
9	马来西亚	16 435	3.80	9	英国	1 879	3.58
10	韩国	13 862	3.20	10	中国台湾	1 691	3.22
11	泰国	13 845	3.20	11	意大利	1 333	2.54
12	俄罗斯联邦	13 449	3.11	12	荷兰	1 213	2.31
13	沙特阿拉伯	11 428	2.64	13	波兰	1 183	2.25
14	土耳其	9 098	2.10	14	法国	1 076	2.05
15	黎巴嫩	8 642	2.00	15	捷克	864	1.65
16	斯里兰卡	8 114	1.87	16	斯洛文尼亚	731	1.39
17	越南	7 342	1.70	17	芬兰	235	0.45
18	南非	7 174	1.66	18	加拿大	140	0.27
19	哈萨克斯坦	6 865	1.59	19	中华人民共和国	131	0.25
20	希腊	6 377	1.47	20	瑞士	126	0.24
21	中国香港	5 977	1.38	21	爱沙尼亚	112	0.21
22	巴拿马	5 590	1.29	22	比利时	96	0.18
23	印度	5 445	1.26	23	瑞典	96	0.18
24	德国	5 283	1.22	24	西班牙	91	0.17
25	菲律宾	5 047	1.17	25	越南	82	0.16
26	阿根廷	4 909	1.13	26	土耳其	48	0.09
27	古巴	4 488	1.04	27	丹麦	22	0.04
28	阿尔及利亚	4 130	0.95	28	爱尔兰	4	0.01
29	墨西哥	3 965	0.92	29	印度	3	0.01
30	哥伦比亚	3 848	0.89	30	新西兰	5	0.01
31	阿曼	3 698	0.85	31	希腊	4	0.01
32	伊拉克	3 653	0.84	32	中国香港	0.00	0.00
33	加拿大	3 064	0.71	33	澳大利亚	0.00	0.00

（续）

序号	国家（地区）	出口额（万美元）	占出口总额的比重（%）	序号	国家（地区）	进口额（万美元）	占进口总额的比重（%）
34	吉布提	2 963	0.68	34	南非	0.20	0.00
35	喀麦隆	2 910	0.67	35	泰国	1.60	0.00
36	尼日利亚	2 816	0.65				
37	委内瑞拉	2 730	0.63				
38	伊朗	2 671	0.62				
39	克罗地亚	2 659	0.61				
40	坦桑尼亚	2 595	0.60				
41	乌兹别克斯坦	2 565	0.59				
42	日本	2 467	0.57				
43	缅甸	2 261	0.52				
44	约旦	2 185	0.50				
45	卡塔尔	2 076	0.48				
46	土库曼斯坦	1 953	0.45				
47	蒙古	1 722	0.40				
48	科威特	1 655	0.38				
49	埃及	1 641	0.38				
50	加纳	1 597	0.37				

注：2014 年起重机共出口 178 个国家（地区），表中仅列出排名前 50 位的国家（地区）。

〔撰稿人：中国重型机械工业协会严祥文　审稿人：中国重型机械工业协会岳建忠〕

2014 年工业车辆进出口额按国家（地区）统计

序号	国家（地区）	出口额（万美元）	占出口总额的比重（%）	序号	国家（地区）	进口额（万美元）	占进口总额的比重（%）
	工业车辆合计	255 788	100.00		工业车辆合计	45 228	100.00
1	美国	45 251	17.69	1	德国	13 382	29.59
2	澳大利亚	12 947	5.06	2	美国	8 071	17.84
3	俄罗斯联邦	10 092	3.95	3	日本	7 107	15.71
4	巴西	9 712	3.80	4	韩国	3 465	7.66
5	德国	8 886	3.47	5	意大利	2 347	5.19
6	荷兰	8 668	3.39	6	法国	1 530	3.38
7	日本	8 570	3.35	7	瑞典	1 454	3.21
8	韩国	8 292	3.24	8	澳大利亚	1 391	3.08
9	土耳其	8 088	3.16	9	荷兰	936	2.07
10	印度尼西亚	7 962	3.11	10	奥地利	911	2.01
11	泰国	6 623	2.59	11	中国台湾	890	1.97

（续）

序号	国家（地区）	出口额（万美元）	占出口总额的比重（%）	序号	国家（地区）	进口额（万美元）	占进口总额的比重（%）
12	沙特阿拉伯	6 211	2.43	12	英国	569	1.26
13	南非	5 803	2.27	13	西班牙	385	0.85
14	法国	5 738	2.24	14	捷克	325	0.72
15	新加坡	5 476	2.14	15	马来西亚	301	0.67
16	阿根廷	5 400	2.11	16	越南	269	0.59
17	英国	5 196	2.03	17	罗马尼亚	260	0.57
18	比利时	4 868	1.90	18	芬兰	232	0.51
19	阿尔及利亚	4 319	1.69	19	丹麦	226	0.50
20	马来西亚	3 759	1.47	20	加拿大	191	0.42
21	智利	3 521	1.38	21	中华人民共和国	186	0.41
22	印度	3 271	1.28	22	波兰	181	0.40
23	意大利	3 246	1.27	23	挪威	144	0.32
24	墨西哥	3 088	1.21	24	比利时	121	0.27
25	波兰	2 888	1.13	25	爱尔兰	102	0.23
26	中国香港	2 592	1.01	26	印度	62	0.14
27	克罗地亚	2 322	0.91	27	斯里兰卡	56	0.12
28	瑞典	2 295	0.90	28	印度尼西亚	37	0.08
29	菲律宾	2 288	0.89	29	土耳其	30	0.07
30	阿拉伯联合酋长国	2 223	0.87	30	中国香港	13	0.03
31	加拿大	2 037	0.80	31	泰国	12	0.03
32	越南	1 951	0.76	32	葡萄牙	12	0.03
33	中国台湾	1 842	0.72	33	斯洛伐克	10	0.02
34	爱尔兰	1 677	0.66	34	墨西哥	10	0.02
35	尼日利亚	1 610	0.63	35	匈牙利	3	0.01
36	哈萨克斯坦	1 504	0.59	36	瑞士	5	0.01
37	突尼斯	1 261	0.49	37	巴基斯坦	0.00	0.00
38	乌拉圭	1 209	0.47	38	菲律宾	0.00	0.00
39	丹麦	1 171	0.46	39	新加坡	0.00	0.00
40	新西兰	1 130	0.44	40	南非	0.00	0.00
41	以色列	1 063	0.42	41	保加利亚	1.00	0.00
42	安哥拉	939	0.37	42	爱沙尼亚	1.40	0.00
43	委内瑞拉	948	0.37	43	俄罗斯联邦	0.10	0.00
44	秘鲁	847	0.33	44	斯洛文尼亚	0.60	0.00
45	乌克兰	818	0.32	45	巴西	0.14	0.00
46	伊朗	756	0.30	46	新西兰	0.23	0.00
47	西班牙	749	0.29				
48	芬兰	734	0.29				
49	利比亚	717	0.28				
50	缅甸	719	0.28				

注：2014 年工业车辆共出口 184 个国家（地区），表中仅列出排名前 50 位的国家（地区）。

〔撰稿人：中国重型机械工业协会严祥文　审稿人：中国重型机械工业协会岳建忠〕

2014 年电梯、自动扶梯及升降机进出口额按国家（地区）统计

序号	国家（地区）	出口额（万美元）	占出口总额的比重（%）	序号	国家（地区）	进口额（万美元）	占进口总额的比重（%）
	电梯、自动扶梯及升降机合计	284 751	100.00		电梯、自动扶梯及升降机合计	40 058	100.00
1	韩国	17 423	6.12	1	日本	19 349	48.30
2	马来西亚	16 485	5.79	2	德国	3 699	9.23
3	印度	13 469	4.73	3	韩国	2 880	7.19
4	美国	13 472	4.73	4	奥地利	2 248	5.61
5	俄罗斯联邦	13 358	4.69	5	荷兰	1 998	4.99
6	新加坡	12 286	4.31	6	美国	1 652	4.12
7	印度尼西亚	11 491	4.04	7	意大利	1 142	2.85
8	澳大利亚	10 517	3.69	8	瑞典	1 096	2.73
9	中国香港	9 616	3.38	9	西班牙	1 063	2.65
10	日本	9 588	3.37	10	瑞士	1 042	2.60
11	土耳其	9 573	3.36	11	芬兰	723	1.81
12	泰国	8 610	3.02	12	泰国	576	1.44
13	沙特阿拉伯	8 316	2.92	13	英国	451	1.13
14	阿拉伯联合酋长国	7 858	2.76	14	中国台湾	417	1.04
15	伊朗	7 119	2.50	15	捷克	320	0.80
16	巴西	7 087	2.49	16	法国	311	0.78
17	墨西哥	6 337	2.23	17	挪威	238	0.60
18	中国台湾	5 574	1.96	18	比利时	163	0.41
19	菲律宾	5 287	1.86	19	中华人民共和国	158	0.39
20	加拿大	4 507	1.58	20	加拿大	134	0.33
21	越南	4 371	1.53	21	匈牙利	115	0.29
22	德国	3 834	1.35	22	越南	87	0.22
23	哥伦比亚	3 842	1.35	23	新加坡	58	0.15
24	西班牙	3 028	1.06	24	马来西亚	43	0.11
25	南非	2 894	1.02	25	俄罗斯联邦	25	0.06
26	意大利	2 918	1.02	26	土耳其	11	0.03
27	孟加拉国	2 853	1.00	27	丹麦	12	0.03
28	智利	2 485	0.87	28	斯洛伐克	12	0.03
29	哈萨克斯坦	2 226	0.78	29	中国香港	9	0.02
30	澳门	2 150	0.76	30	波兰	8	0.02
31	阿曼	2 075	0.73	31	印度	2	0.01
32	委内瑞拉	2 004	0.70	32	卢森堡	3	0.01

（续）

序号	国家（地区）	出口额（万美元）	占出口总额的比重（%）	序号	国家（地区）	进口额（万美元）	占进口总额的比重（%）
33	科威特	1 969	0.69	33	希腊	5	0.01
34	巴基斯坦	1 846	0.65	34	澳大利亚	5	0.01
35	卡塔尔	1 780	0.63	35	巴林	0.00	0.00
36	以色列	1 722	0.60	36	印度尼西亚	0.00	0.00
37	芬兰	1 697	0.60	37	黎巴嫩	0.00	0.00
38	秘鲁	1 677	0.59	38	菲律宾	2	0.00
39	英国	1 653	0.58	39	沙特阿拉伯	0.00	0.00
40	巴拿马	1 606	0.56	40	埃及	0.20	0.00
41	蒙古	1 515	0.53	41	毛里求斯	0.00	0.00
42	荷兰	1 446	0.51	42	斯威士兰	0.00	0.00
43	埃及	1 332	0.47	43	爱沙尼亚	0.40	0.00
44	阿塞拜疆	1 344	0.47	44	哥伦比亚	0.00	0.00
45	捷克	1 341	0.47	45	哥斯达黎加	0.10	0.00
46	瑞典	1 307	0.46	46	墨西哥	1.41	0.00
47	肯尼亚	1 294	0.45	47	巴拿马	0.06	0.00
48	缅甸	1 181	0.41	48	秘鲁	0.27	0.00
49	奥地利	1 139	0.40	49	乌拉圭	0.15	0.00
50	黎巴嫩	1 105	0.39	50	委内瑞拉	0.10	0.00

注：2014 年电梯、自动扶梯及升降机共出口 183 个国家（地区），表中仅列出排名前 50 位的国家（地区）。

〔撰稿人：中国重型机械工业协会严祥文　审稿人：中国重型机械工业协会岳建忠〕

2014 年连续搬运设备进出口额按国家（地区）统计

序号	国家（地区）	出口额（万美元）	占出口总额的比重（%）	序号	国家（地区）	进口额（万美元）	占进口总额的比重（%）
	连续搬运设备合计	175 836	100.00		连续搬运设备合计	127 452	100.00
1	印度尼西亚	15 363	8.74	1	德国	43 401	34.05
2	澳大利亚	14 897	8.47	2	韩国	17 849	14.00
3	越南	14 723	8.37	3	日本	15 080	11.83
4	巴西	12 310	7.00	4	中国台湾	11 195	8.78
5	伊朗	8 686	4.94	5	美国	8 808	6.91
6	日本	6 349	3.61	6	意大利	4 416	3.46
7	加拿大	6 192	3.52	7	奥地利	3 067	2.41
8	印度	5 616	3.19	8	法国	2 832	2.22
9	马来西亚	5 222	2.97	9	英国	2 526	1.98
10	泰国	5 142	2.92	10	荷兰	2 441	1.92

（续）

序号	国家（地区）	出口额（万美元）	占出口总额的比重（%）	序号	国家（地区）	进口额（万美元）	占进口总额的比重（%）
11	菲律宾	4 572	2.60	11	瑞士	2 128	1.67
12	美国	3 998	2.27	12	新加坡	2 097	1.65
13	沙特阿拉伯	3 831	2.18	13	中华人民共和国	2 010	1.58
14	中国香港	3 723	2.12	14	瑞典	1 307	1.03
15	土耳其	3 399	1.93	15	马来西亚	1 159	0.91
16	俄罗斯联邦	3 138	1.78	16	西班牙	1 077	0.85
17	莫桑比克	2 947	1.68	17	匈牙利	954	0.75
18	缅甸	2 736	1.56	18	芬兰	623	0.49
19	中国台湾	2 550	1.45	19	新西兰	544	0.43
20	新加坡	2 182	1.24	20	捷克	507	0.40
21	韩国	2 096	1.19	21	加拿大	507	0.40
22	委内瑞拉	1 970	1.12	22	波兰	485	0.38
23	尼日利亚	1 924	1.09	23	挪威	452	0.36
24	阿拉伯联合酋长国	1 903	1.08	24	比利时	379	0.30
25	哈萨克斯坦	1 746	0.99	25	泰国	353	0.28
26	老挝	1 718	0.98	26	中国香港	190	0.15
27	智利	1 672	0.95	27	丹麦	172	0.14
28	利比里亚	1 631	0.93	28	斯洛文尼亚	158	0.12
29	白俄罗斯	1 619	0.92	29	以色列	113	0.09
30	柬埔寨	1 502	0.85	30	爱沙尼亚	116	0.09
31	比利时	1 461	0.83	31	巴西	70	0.06
32	孟加拉国	1 421	0.81	32	印度	58	0.05
33	坦桑尼亚	1 427	0.81	33	罗马尼亚	52	0.04
34	法国	1 406	0.80	34	墨西哥	51	0.04
35	阿尔及利亚	1 291	0.73	35	澳大利亚	46	0.04
36	墨西哥	1 253	0.71	36	菲律宾	40	0.03
37	哥伦比亚	1 202	0.68	37	土耳其	38	0.03
38	埃塞俄比亚	1 013	0.58	38	阿根廷	41	0.03
39	波斯尼亚—黑塞哥维那	980	0.56	39	南非	26	0.02
40	蒙古	975	0.55	40	葡萄牙	31	0.02
41	南非	907	0.52	41	斯洛伐克	22	0.02
42	意大利	886	0.50	42	卢森堡	7	0.01
43	埃及	754	0.43	43	立陶宛	8	0.01
44	巴基斯坦	714	0.41	44	俄罗斯联邦	13	0.01
45	德国	528	0.30	45	越南	1	0.00
46	塔吉克斯坦	518	0.29	46	拉脱维亚	1	0.00
47	奥地利	474	0.27				
48	乌兹别克斯坦	438	0.25				
49	丹麦	418	0.24				
50	英国	429	0.24				

注：2014年连续搬运设备共出口180个国家（地区），表中仅列出排名前50位的国家（地区）。

〔撰稿人：中国重型机械工业协会严祥文　审稿人：中国重型机械工业协会岳建忠〕

2014年其他物料搬运设备进出口额按国家（地区）统计

序号	国家（地区）	出口额（万美元）	占出口总额的比重（%）	序号	国家（地区）	进口额（万美元）	占进口总额的比重（%）
	其他物料搬运设备合计	133 779	100.00		其他物料搬运设备合计	165 939	100.00
1	美国	13 883	10.38	1	德国	43 322	26.11
2	澳大利亚	9 144	6.84	2	日本	26 498	15.97
3	日本	9 121	6.82	3	韩国	21 484	12.95
4	越南	5 558	4.15	4	中国台湾	12 319	7.42
5	印度尼西亚	5 059	3.78	5	法国	10 451	6.30
6	中国香港	4 734	3.54	6	美国	9 390	5.66
7	英国	4 317	3.23	7	意大利	7 079	4.27
8	荷兰	4 310	3.22	8	瑞士	6 000	3.62
9	俄罗斯联邦	4 166	3.11	9	荷兰	5 983	3.61
10	德国	4 144	3.10	10	加拿大	3 449	2.08
11	巴西	4 152	3.10	11	奥地利	2 922	1.76
12	沙特阿拉伯	3 783	2.83	12	波兰	2 645	1.59
13	新加坡	3 532	2.64	13	挪威	1 887	1.14
14	马来西亚	3 390	2.53	14	西班牙	1 786	1.08
15	泰国	3 280	2.45	15	瑞典	1 455	0.88
16	印度	3 257	2.43	16	新加坡	1 426	0.86
17	尼日利亚	2 645	1.98	17	芬兰	1 367	0.82
18	伊朗	2 571	1.92	18	中华人民共和国	1 131	0.68
19	加拿大	2 265	1.69	19	英国	937	0.56
20	中国台湾	2 140	1.60	20	阿根廷	555	0.33
21	韩国	2 132	1.59	21	捷克	500	0.30
22	土耳其	1 998	1.49	22	卢森堡	458	0.28
23	埃塞俄比亚	1 641	1.23	23	中国香港	430	0.26
24	阿拉伯联合酋长国	1 602	1.20	24	泰国	439	0.26
25	法国	1 352	1.01	25	希腊	300	0.18
26	西班牙	1 309	0.98	26	马来西亚	263	0.16
27	菲律宾	1 302	0.97	27	匈牙利	248	0.15
28	智利	1 218	0.91	28	比利时	227	0.14
29	赞比亚	1 118	0.84	29	爱沙尼亚	185	0.11
30	缅甸	1 069	0.80	30	丹麦	171	0.10
31	瑞典	992	0.74	31	新西兰	145	0.09
32	墨西哥	997	0.74	32	澳大利亚	103	0.06
33	意大利	978	0.73	33	以色列	46	0.03

（续）

序号	国家（地区）	出口额（万美元）	占出口总额的比重（%）	序号	国家（地区）	进口额（万美元）	占进口总额的比重（%）
34	哈萨克斯坦	947	0.71	34	南非	45	0.03
35	老挝	908	0.68	35	葡萄牙	42	0.03
36	阿曼	877	0.66	36	菲律宾	39	0.02
37	哥伦比亚	854	0.64	37	斯洛伐克	36	0.02
38	委内瑞拉	862	0.64	38	巴西	35	0.02
39	坦桑尼亚	830	0.62	39	印度	11	0.01
40	卡塔尔	803	0.60	40	越南	24	0.01
41	南非	785	0.59	41	爱尔兰	23	0.01
42	丹麦	787	0.59	42	保加利亚	12	0.01
43	比利时	633	0.47	43	斯洛文尼亚	18	0.01
44	阿根廷	634	0.47	44	厄瓜多尔	15	0.01
45	波兰	584	0.44	45	墨西哥	20	0.01
46	瑞士	503	0.38	46	朝鲜	1	0.00
47	芬兰	438	0.33	47	印度尼西亚	4	0.00
48	肯尼亚	428	0.32	48	沙特阿拉伯	0.10	0.00
49	蒙古	414	0.31	49	斯里兰卡	0.00	0.00
50	以色列	365	0.27	50	土耳其	1.70	0.00

注：2014年其他物料搬运设备共出口184个国家（地区），进口56个国家（地区），表中仅列出排名前50位的国家（地区）。

〔撰稿人：中国重型机械工业协会严祥文　审稿人：中国重型机械工业协会岳建忠〕

介绍重型机械行业标准化及质量工作情况

It publishes the progress made in standardization and quality inspection by the heavy machinery industry

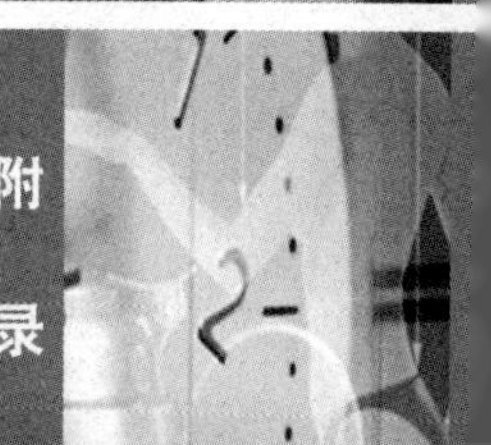

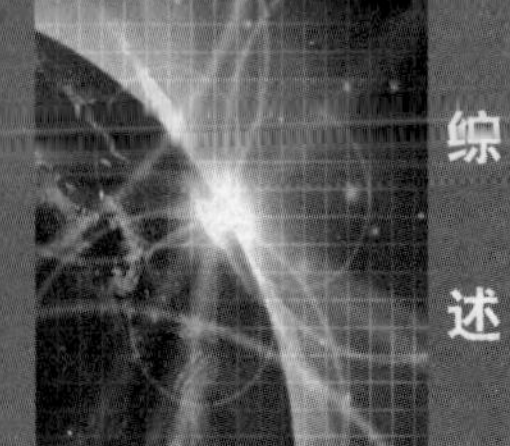

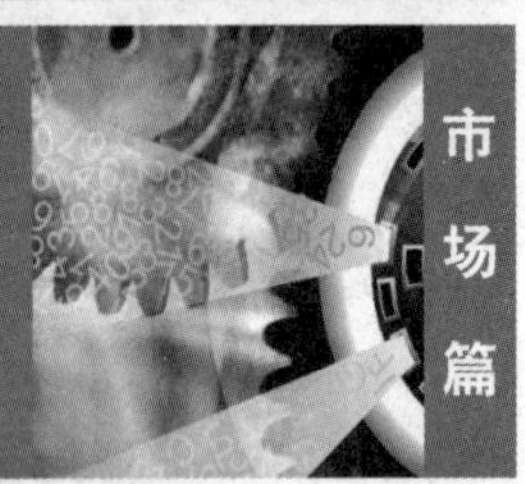

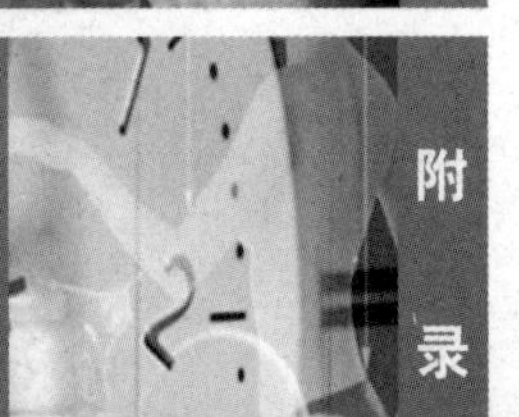

标准与质量

我国冶金设备行业标准化工作情况

全国冶金设备标准化技术委员会（SAC/TC409，简称全国冶备标委会）主要负责冶炼设备、连铸设备、轧制设备、重型锻压和金属挤压成型设备、冶金专用液压润滑及控制设备、冶金机械专用配套和冶金专用传动配套设备等领域的国家标准和行业标准制修订和归口管理工作。截至2014年12月31日，全国冶备标委会归口管理的冶金设备行业现行有效标准共316项。

2014年是全国冶金设备标准化技术委员会的换届年。秘书处通过各种形式在行业内广泛征集委员，并将换届材料上报。8月，国家标准化管理委员会批准了换届方案。新一届全国冶备标委会委员由企业、科研院所、检测机构、高等院校、认证机构和行业协会等有关方面选派的在职专家组成，共57人。全国冶备标委会于10月27—31日召开了换届大会暨第二届一次会议，顺利完成了换届工作。

2014年，在中国机械工业联合会的组织和领导下，全国冶备标委会完成了机械工业冶金设备标准体系的修订工作，结合行业技术、产业发展现状与趋势分析，重点调整了拟制定的国家标准和行业标准项目，包括项目的名称、级别、类型和性质；同时增、减了个别项目，使该体系更符合时代发展、更科学合理和更具有可操作性。

2014年是深化落实“十二五”标准化发展规划的关键年，为了更好地完成标准制修订工作，全国冶金设备标准化技术委员会通过巡查、监督、协调等办法，加快标准的制修订工作，严把标准编写质量，完成了《冶炼设备　术语》《轧制设备　术语》等4项国家标准和49项行业标准的组织起草和审查工作。其中，《板坯连铸机　第1部分：术语》等4项关于板坯连铸设备领域的行业标准是首次制定，对引领行业技术进步，提升产品水平，规范生产，推动转型升级有着重要意义。

2014年度，全国冶备标委会组织审查行业标准42项；完成复核报批33项，2014年完成报批的项目见表1；获批列入国家标准计划项目2项，行业标准计划项目1项；获批发布的国家标准1项，行业标准21项，2014年获批发布的行业标准见表2。

表1　2014年完成报批的项目

序号	标准名称	级别	性质	制定或修订
1	三辊斜轧管机组	行业标准	推荐	制定
2	三辊连续轧管机组	行业标准	推荐	制定
3	周期式热轧管机组	行业标准	推荐	制定
4	卧式双动黑色金属挤压机	行业标准	推荐	制定
5	高炉开铁口机	行业标准	推荐	制定
6	CGEK、CGGK轨道固定件	行业标准	推荐	制定
7	连轧管机用鼓形齿式万向联轴器	行业标准	推荐	制定
8	焦炉机械　第1部分：型式与参数	行业标准	推荐	制定
9	焦炉机械　第2部分：顶装式装煤车	行业标准	推荐	制定
10	焦炉机械　第3部分：侧装式装煤车	行业标准	推荐	制定
11	焦炉机械　第4部分：推焦机	行业标准	推荐	制定
12	焦炉机械　第5部分：拦焦机	行业标准	推荐	制定
13	焦炉机械　第6部分：熄焦车	行业标准	推荐	制定
14	焦炉机械　第7部分：电机车	行业标准	推荐	制定
15	焦炉机械　第8部分：液压交换机	行业标准	推荐	制定
16	焦炉机械　第9部分：炉顶导烟车	行业标准	推荐	制定
17	焦炉机械　第10部分：捣固机	行业标准	推荐	制定
18	焦炉机械　第11部分：振动给料机	行业标准	推荐	制定

（续）

序号	标准名称	级别	性质	制定或修订
19	电石炉	行业标准	推荐	制定
20	锰硅电炉	行业标准	推荐	制定
21	热连轧热卷箱	行业标准	推荐	制定
22	热连轧转鼓式飞剪	行业标准	推荐	制定
23	小方坯连铸机	行业标准	推荐	制定
24	筒型混铁车	行业标准	推荐	制定
25	旋转焦罐车	行业标准	推荐	制定
26	鱼雷型混铁车	行业标准	推荐	制定
27	圆型焦罐	行业标准	推荐	制定
28	滚切式横切剪	行业标准	推荐	制定
29	矫直机用十字轴式万向联轴器	行业标准	推荐	制定
30	卷取机用十字轴式万向联轴器	行业标准	推荐	制定
31	冷轧主传动用鼓形齿式联轴器	行业标准	推荐	制定
32	立辊轧机主传动十字万向联轴器	行业标准	推荐	制定
33	中厚钢板压力校平液压机	行业标准	推荐	制定

表2　2014年获批发布的行业标准

序号	标准编号	标准名称	代替标准	实施日期
1	GB/T 31048—2014	铜冷却壁		2015-10-01
2	JB/T 5786—2014	冷轧管机	JB/T 5786—1991	2014-10-01
3	JB/T 2477—2014	二辊式冷轧管机　主参数	JB/T 2477—1999	2014-10-01
4	JB/T 2476—2014	多辊式冷轧管机　主参数	JB/T 2476—1999	2014-10-01
5	JB/T 2298—2014	双链式冷拔机	JB/T 2298—2001	2014-10-01
6	JB/T 11896—2014	滚切式双边剪		2014-10-01
7	JB/T 11897—2014	锥形辊穿孔机		2014-10-01
8	JB/T 12044—2014	热连轧弧形剪切刀片		2014-11-01
9	JB/T 12045—2014	冶金设备联轴器　法兰端面齿联接　基本参数与尺寸		2014-11-01
10	JB/T 12046—2014	冶金设备联轴器　法兰牙嵌式联接　基本参数与尺寸		2014-11-01
11	JB/T 12047—2014	电梯钢丝绳在线预张拉管式成绳机		2014-11-01
12	JB/T 12048—2014	高频直缝焊接钢管机组		2014-11-01
13	JB/T 12049—2014	冶金烧结厂用圆筒造粒混料机		2014-11-01
14	JB/T 12050—2014	热连轧精轧机组鼓形齿式联轴器		2014-11-01
15	JB/T 12051—2014	冷轧主传动用十字轴式万向联轴器		2014-11-01
16	JB/T 12052—2014	穿孔机轧辊装置技术条件		2014-11-01
17	JB/T 12053—2014	定减径机轧辊机架技术条件		2014-11-01
18	JB/T 12054—2014	两辊连轧管机技术条件		2014-11-01
19	JB/T 12055—2014	三辊顶管机组技术条件		2014-11-01
20	JB/T 12056—2014	张力减径机减速机技术条件		2014-11-01
21	JB/T 12057—2014	金属管材液压冷拔成套装置		2014-11-01
22	JB/T 8522—2014	稀油润滑装置　型式、基本参数与尺寸	JB/T 8522—1997	2014-11-01

〔撰稿人：中国重型机械研究院股份公司苏静　审稿人：中国重型机械研究院股份公司晁春雷〕

我国矿山机械行业标准化工作概况

全国矿山机械标准化技术委员会（SAC/TC88，简称全国矿机标委会）是全国性矿山机械（固体矿物的开采与选别加工处理设备）行业标准化工作的技术组织，负责全国矿山机械行业标准化工作的技术归口管理，并与相应的国际标准化组织建立联系和开展交流活动。全国矿机标委会的活动宗旨是贯彻改革开放的方针政策，适应我国社会主义市场经济和现代化建设的需要，促进我国矿山机械行业标准化工作的快速发展，紧密结合我国矿山机械实际情况，认真研究、积极采用国际标准和国外先进标准，实现与国际标准化工作的有效融合，加速矿山机械行业产品专业领域标准的制、修订工作，不断完善矿山机械行业标准化体系，进一步提高我国矿山机械行业技术水平。其工作原则是科学合理、公开公正、规范透明、独立自主地开展行业标准化工作。

全国矿机标委会2014年主要组织完成换届、行业标准制修订与标准复审、强制性标准梳理、标准体系完善、参与国际标准化活动等重点工作，圆满完成了各种工作任务。

截至2014年年底，全国矿机标委会下设电气设备分委会、液压传动与控制设备分委会和筒式磨机工作组、石材矿山开采机械工作组。归口标准总数296项（其中国家标准67项、机械行业标准229项），包括强制性标准21项（全部是产品安全类国家标准）、推荐性标准275项。

1. 全国矿机标委会换届工作

第四届全国矿机标委会组成方案于2009年7月得到国家标准化管理委员会正式批复成立，2014年7月任期届满。根据国家标准化管理委员会《全国专业标准化技术委员会管理规定》和中国机械工业联合会等有关主管部门的规定，2014年秘书处组织完成了全国矿机标委会的换届工作。换届主要工作包括：对第四届全国矿机标委会的工作进行全面总结，初步确定第四届全国矿机标委会换届组成方案，广泛征集委员，起草和修改《标委会章程》《秘书处工作细则》《委员工作条例》等工作文件，与上级主管部门沟通协调等。2014年11月5日国家标准化管理委员会以标委办综合〔2014〕223号文件批复了第五届全国矿机标委会组成方案，第五届全国矿机标委会由1名顾问和63名委员组成，秘书处仍设在洛阳矿山机械工程设计研究院有限责任公司。2014年12月，在浙江省富阳市组织召开了“第五届全国矿机标委会成立大会”，向委员颁发了聘书，总结了第四届全国矿机标委会工作，表彰了25名优秀委员，安排了下年度及今后一段时期主要工作等事项。

2. 标准制修订工作完成情况

2014年，矿山机械行业共有5项标准列入国家标准计划项目，21项列入行业标准计划项目。2014年完成审查和报批国家标准计划项目3项、行业标准计划项目32项。

为落实2014年国家标准和行业标准制修订项目计划，协调标准起草工作中的有关问题，全国矿机标委会于2014年4月在安徽省合肥市召开了矿山机械行业2014年度国家标准和行业标准起草协调工作会议，逐项对2014年度标准计划项目进行了协调落实，明确了标准项目的负责起草单位、参加起草单位和标准主要技术内容及总体要求、分工和进度安排，为2014年标准项目计划的正常实施和顺利完成奠定了基础。2014年8月，在江西省萍乡市组织召开了“矿山机械12项标准审查会暨2014年度矿山机械标准复审工作会议”，重点组织审查了《矿用机械正铲式挖掘机》1项国家标准和11项机械行业标准。在2014年底召开的第五届全国矿机标委会成立年会上，完成对《锤式破碎机　能耗指标》等2项国家和《井下电器防爆单绳缠绕式矿井提升机和提升绞车》等21项机械行业标准的审查。2014年完成的标准计划项目见表1。

表1　2014年完成的标准计划项目

序号	项目计划编号	项 目 名 称	标准级别	标准属性	制定或修订	备注
1	20131984－T－604	锤式破碎机　能耗指标	国家标准	推荐	制定	报批阶段
2	20131988－T－604	矿用机械正铲式挖掘机	国家标准	推荐	制定	报批阶段
3	20131993－T－604	硬岩反击式破碎机　能耗指标	国家标准	推荐	修订	报批阶段
4	2013－1396T－JB	矿用轨轮式混凝土搅拌运输罐车	行业标准	推荐	修订	报批阶段
5	2013－1399T－JB	轨轮式梭式矿车	行业标准	推荐	修订	报批阶段
6	2013－0545T－JB	乳化炸药装药机	行业标准	推荐	制定	报批阶段

（续）

序号	项目计划编号	项 目 名 称	标准级别	标准属性	制定或修订	备注
7	2013－1392T－JB	逆流接触充气式浮选柱	行业标准	推荐	制定	报批阶段
8	2014－0541T－JB	选矿设备用永磁磁块	行业标准	推荐	制定	报批阶段
9	2014－0524T－JB	超导磁选机	行业标准	推荐	制定	报批阶段
10	2014－0526T－JB	单转子反击式破碎机	行业标准	推荐	制定	报批阶段
11	2014－0532T－JB	煤用反击式破碎机	行业标准	推荐	制定	报批阶段
12	2014－0535T－JB	双转子反击式破碎机	行业标准	推荐	制定	报批阶段
13	2014－0538T－JB	碗式磨煤机	行业标准	推荐	制定	报批阶段
14	2013－1394T－JB	矿用高强韧低膨胀锌基耐磨合金	行业标准	推荐	制定	报批阶段
15	2011－1871T－JB	矿井提升设备智能上位监控系统　技术条件	行业标准	推荐	制定	报批阶段
16	2012－1843T－JB	多元组合单梁直线振动筛	行业标准	推荐	制定	报批阶段
17	2012－1847T－JB	敞开式全断面岩石巷道掘进机	行业标准	推荐	修订	报批阶段
18	2012－1849T－JB	地下轮胎式矿用车辆　驱动桥　技术条件	行业标准	推荐	修订	报批阶段
19	2013－0544T－JB	矿用液压挖掘机	行业标准	推荐	修订	报批阶段
20	2013－0556T－JB	矿井提升机和矿用提升绞车　液压站	行业标准	推荐	修订	报批阶段
21	2013－1393T－JB	液压颚式破碎机	行业标准	推荐	修订	报批阶段
22	2013－1395T－JB	多绳摩擦式提升机液压调绳装置	行业标准	推荐	修订	报批阶段
23	2013－1397T－JB	三辊两碎破碎机	行业标准	推荐	修订	报批阶段
24	2013－1398T－JB	四辊三碎破碎机	行业标准	推荐	修订	报批阶段
25	2014－0523T－JB	摆式磨粉机	行业标准	推荐	修订	报批阶段
26	2014－0525T－JB	单筒冷却机	行业标准	推荐	修订	报批阶段
27	2014－0528T－JB	回转窑	行业标准	推荐	修订	报批阶段
28	2014－0529T－JB	井下电器防爆单绳缠绕式矿井提升机和提升绞车	行业标准	推荐	修订	报批阶段
29	2014－0530T－JB	矿物立式气流分级机	行业标准	推荐	修订	报批阶段
30	2014－0531T－JB	矿用炮泥机	行业标准	推荐	修订	报批阶段
31	2014－0533T－JB	强制油冷却立环高梯度磁选机	行业标准	推荐	修订	报批阶段
32	2014－0534T－JB	全液压岩心钻机	行业标准	推荐	修订	报批阶段
33	2014－0536T－JB	脱硫用湿式石灰石球磨机	行业标准	推荐	修订	报批阶段
34	2014－0537T－JB	脱硫制粉用立式辊磨机	行业标准	推荐	修订	报批阶段
35	2014－0540T－JB	悬臂式隧道掘进机	行业标准	推荐	修订	报批阶段

3. 标准复审工作

为了提高标准水平，保证标准的时效性，促进产业升级和技术进步，调整标准体系、定期对现行标准进行复审是全国矿机标委会的重要工作内容之一。根据国家标准化管理委员会和中国机械工业联合会关于做好国家标准与2014年度机械行业标准复审工作的通知要求，全国矿机标委会对归口范围内的2008年以前（含2008年）批准发布的8项现行国家标准和24项现行机械行业标准进行了清理，在广泛征求标准原负责起草单位和行业单位意见的基础上，结合国家标准化相关政策，对这些标准的技术水平、使用情况及存在问题进行了认真分析研究，逐项提出了复审意见和结论，并于2014年8月在江西省萍乡市召开的会议上进行了审查，逐项给出了复审结论。

4. 强制性标准梳理工作

为贯彻落实国家标准委《关于加强强制性国家标准管理的工作思路》，全国矿机标委会秘书处承办了由国家标准委工业标准一部在洛阳市召开的工程机械领域通用安全技术标准研讨会。会议围绕工程机械领域各专业领域强制性国家标准梳理和通用安全技术要求标准草案的编制进行了研讨，并达成了共识。根据会议要求，会后编制完成了《矿山机械领域强制性标准清理整合试点工作报告》并上报国家标准委，同时完成《矿山机械设备　安全技术要求》强制性国家标准项目计划的申报以及项目的答辩等工作。

5. 参与国际标准化活动

近年来，全国矿机标委会根据国家标准化管理委员会有关我国实质性参与国际标准化活动为产品出口提供强有力技术支持的要求，把积极寻找突破口，先参与相关国际标准制定，条件成熟后再开展争取将国际标准化组织秘书处设在中国的工作。

国际标准化组织 ISO/TC127 土方机械技术委员会，联合 ISO/TC82 矿业组成联合工作组 ISO/TC127/WG 14（第 14 工作组，简称为“UGM”），全国矿机标委会秘书处通过与 ISO/TC127 主席专项交流，代表中国参与该联合工作组活动，并组织行业单位参与了该标准的制定工作，2014 年该联合工作组已制定出《地下轮胎式采矿机械　安全要求》国际标准草案，并进入到工作组投票阶段。此外，根据国内产业发展需要，秘书处组织国内行业单位参加 ISO/TC82 采矿技术委员会《岩石钻机》两项国际标准工作组的有关活动，注册了工作组的相关专家，与工作组建立了长期的工作联系渠道，目前采用电子邮件联系的方式参与该领域国际标准的制定工作。

6. 加大行业技术服务力度，引导企业积极参与标准制定工作

全国矿机标委会继续组织编辑《矿山机械标准化》和《标准出版快讯》等内部刊物，社会各界通过全国矿机标委会门户网站全面了解标委会工作动态、国家的标准化政策、行业技术发展等多方面信息，企业可以快速查阅、购买所需的标准资料，为行业发展提供了交流平台，收到了很好效果。

全国矿机标委会十分重视依靠企业的力量促进行业标准化工作的开展，通过公开征集标准项目，吸引了大量关心标准化工作的单位和个人加入到矿山机械行业标准化建设工作中，使企业真正成为标准化工作的主体，调动了企业参与标准化工作的积极性，同时也使标准密切结合了工作实际，实用性更强。

〔撰稿人：洛阳矿山机械工程设计研究院有限责任公司杨现利　审稿人：洛阳矿山机械工程设计研究院有限责任公司邹声勇〕

我国起重运输机械行业标准化工作情况

2014 年是国家标准化工作改革的布局之年。2014 年 3 月 11 日，全国标准化工作会议在北京市召开。国家标准化管理委员会主任田世宏在题为《改革创新协同推进奋力开创标准化事业发展新局面》的工作报告中指出“2014 年全国标准化工作的总体要求是：深入贯彻党的十八大、十八届三中全会和习近平总书记系列讲话精神，围绕抓质量、保安全、促发展、强基础，按照系统管理、重点突破、整体提升的基本要求，改革创新、协同推进，进一步完善体制机制，健全标准化法制，夯实标准化基础；进一步强化标准管理，提高标准质量水平，增强标准实施效益；进一步加强标准体系建设，服务提质增效升级，服务创新驱动发展；进一步推进标准国际化，以中国标准走出去助推中国企业、产业走出去；进一步拓展标准化工作领域，支撑国家治理体系和治理能力现代化建设，促进经济持续健康发展和社会全面进步”。

围绕国家标准化的工作重点，2014 年，作为五个全国专业标准化技术委员会秘书处承担单位的北京起重运输机械设计研究院，在国家标准化管理委员会、工业和信息化部及中国机械工业联合会的领导下，在起重运输机械行业的大力支持下，较好地完成了标准的制修订工作、国际标准化工作和标准化服务工作。

截至 2014 年 12 月 31 日，起重运输机械行业已经制定标准 435 项，其中国家标准 257 项（包括强制性国家标准 15 项，推荐性国家标准 242 项），机械行业标准 178 项。这些标准对于提高起重运输机械产品质量、规范市场秩序、保障健康和安全及促进贸易发挥了重要作用。

一、2014 年起重运输机械国内标准化工作情况

1. 起重机械标准化工作情况

全国起重机械标准化技术委员会（SAC/TC227）负责我国起重机械及其零部件领域的国家标准和机械行业标准归口管理工作。截至 2014 年 12 月 31 日，我国起重机械行业共有现行有效标准 279 项，其中国家标准 197 项（包括 11 项强制性标准和 186 项推荐性标准），机械行业标准 82 项。

2014 年，全国起重机械标准化技术委员会（简称起重机标委会）共组织完成对 14 项国家标准和 7 项机械行业标准的制修订工作，并重点完成了以下重要标准的制修订工作及其他标准化工作。2014 年已完成的起重机械标准计划项目见表 1。

表 1　2014 年已完成的起重机械标准计划项目

序号	标准项目名称	标准级别	标准性质	制定或修订	代替标准
1	流动式起重机作业噪声限值及测量方法	国家标准	推荐	修订	GB 20062—2006
2	起重机械　安全规程　第 4 部分：臂架起重机	国家标准	强制	制定	
3	起重机　钢丝绳　保养、维护、检验和报废	国家标准	推荐	修订	GB/T 5972—2009
4	起重机　检查　第 1 部分：总则	国家标准	推荐	修订	GB/T 23724. 1—2009
5	起重机　术语　第 6 部分：铁路起重机	国家标准	推荐	修订	GB/T 6974. 7—1986
6	起重机　工作和非工作状态下的锚定装置　第 4 部分：臂架起重机	国家标准	推荐	制定	
7	起重机　术语　第 4 部分：臂架起重机	国家标准	推荐	修订	GB/T 6974. 10—1986
8	履带起重机	国家标准	推荐	修订	GB/T 14560—2011
9	起重机　司机室和控制站　第 1 部分：总则	国家标准	推荐	修订	GB/T 20303. 1—2006
10	起重机　控制装置布置形式和特性第 3 部分：塔式起重机	国家标准	推荐	修订	GB/T 24817. 3—2009
11	起重机械　检查与维护规程　第 11 部分：机械式停车设备	国家标准	推荐	制定	
12	起重机械　检查与维护规程　第 3 部分：塔式起重机	国家标准	推荐	制定	
13	起重机械　检查与维护规程　第 7 部分：桅杆起重机	国家标准	推荐	制定	
14	起重机　司机室和控制站　第 3 部分：塔式起重机	国家标准	推荐	修订	GB/T 20303. 3—2006
15	轮胎起重机	行业标准	推荐	制定	
16	汽车起重机	行业标准	推荐	修订	JB/T 9738—2000
17	随车起重机	行业标准	推荐	制定	
18	电动葫芦能效限额	行业标准	推荐	制定	
19	平面移动类机械式停车设备	行业标准	推荐	修订	JB/T 10545—2006
20	起重机定子调压调速控制装置	行业标准	推荐	制定	
21	环链电动葫芦	行业标准	推荐	修订	JB/T 5317—2007

（1）国家标准和机械行业标准的制修订。

1）制定国家标准《起重机械　检查与维护规程　第 3 部分：塔式起重机》《起重机械　检查与维护规程　第 7 部分：桅杆起重机》及《起重机械　检查与维护规程　第 11 部分：机械式停车设备》。起重机械事故频发的一个主要原因是维保工作不到位，为降低起重机械的安全事故，加强在用起重机械的检查和维护工作已迫在眉睫。为配合国家质检总局今后制定法规和实行强制维保工作，受国家质检总局特种设备安全监察局的委托，起重机标委会组织申报了《起重机械　检查与维护规程　第 1 部分：总则》等 12 项国家标准计划项目，此次完成的《起重机械　检查与维护规程　第 3 部分：塔式起重机》等 3 项国家标准是其中的3 项。

2）修订 GB/T 14560—2011《履带起重机》。近年来，随着我国经济建设的高速发展，大吨位或超大吨位的履带起重机不断被开发（如国内出现了 400t、600t、750t、1 000t、1 600t、3 200t 和 3 600t 等大吨位履带起重机），新技术、新工艺也不断被广泛应用，GB/T 14560—2011《履带起重机》的部分条款已不能满足现有技术发展的要求，尤其是标准中可靠性试验的要求已不适用于400t 以上的履带起重机，因此，急需对 GB/T 14560—2011 进行修订。该标准的修订，对提高履带起重机产品质量和技术水平、避免标准制约产品技术发展、配合特种设备的监督管理打下了基础、保证履带起重机的可靠性和安全性、增强履带起重机产品的国际竞争力具有重要意义。

3）制定机械行业标准《电动葫芦　能效限额》。电动葫芦广泛应用于国民经济的各个领域，年产量上百万台，并凭借产品质量和价格优势，在国际市场中占有一席之地。由于电动葫芦的能效限额标准体系还处于空白状态，节能监督管理尚未开展，设备运行效率低，能源浪费严重。该标准的制定，填补了标准空白，对推动电动葫芦的节能降耗，提供了技术依据。

4）修订 JB/T 10545—2006《平面移动类机械式停车设备》。随着机械式停车设备技术的发展，以及 GB 17907—2010《机械式停车设备　通用安全要求》、GB/T 26559—2011《机械式停车设备　分类》等标准的发布实施，JB/T 10545—2006《平面移动类机械式停车设备》中的部分技术内容已不能满足当前技术条件的使用要求，为使标准能够适应平面移动类机械式停车设备的发展，避免标准制约技术的发展，更好地引导该类产品的生产，提高产品的可靠性、安全性和经济性，解决标龄老化问题，并与相关标准协调一致，急需对该标准进行修订。该标准的修订，将对提高平面移动类机械式停车设备的产品质量和安全性，配合特种设备的监督管理，减少人身伤害和停车设备及车辆损坏的安全事故，具有积极的推动作用。

5）制定机械行业标准《起重机定子调压调速控制装置》。定子调压调速控制装置主要安装于桥式和门式起重机的电气控制系统，用于调节起升速度和运行速度。由于桥式、门式起重机量大、面广，该类产品需求量较大，但由于没有统一的技术标准，产品质量参差不齐，安全保护措施等方面的技术要求没有得到严格控制，构成了因电气故障引发起重机事故的潜在威胁。该标准是起重机标委会组织制定的第一个起重机械电气设备标准。该标准的制定，解决了起重机定子调压调速控制装置无标准的状况，完善了起重机械标准体系，为进一步规范国内市场秩序，提高产品质量，保障人身和财产安全，配合特种设备监督管理打下了基础。

（2）积极完成上级主管部门下达的各项任务。

1）委员信息上报工作。根据中国机械工业联合会秘书处文件机联秘标〔2014〕59号“关于开展标准化技术委员会及委员信息登记工作的通知”的要求，按时完成了起重机标委会的《全国专业标准化技术委员会登记表》和49名委员的《委员基本信息登记表》统计上报工作。

2）机械行业标准制修订计划执行情况上报。根据工业和信息化部的要求，按时完成了起重机标委会的《2009—2014年机械行业标准制修订计划执行情况汇总表》编报工作。

3）强制性国家标准的梳理分析工作。为配合国家标准化管理委员会对强制性国家标准的试点改革工作，开展了对起重机械的强制性国家标准的清理整合工作，并于2014年7月22日在北京市组织召开了研讨会，并在广泛征求委员意见的基础上，确定了需保留或转化为推荐性国家标准的强制性标准项目。

4）全国专业标准化技术委员会2014年度工作报告的上报工作。根据国家标准化管理委员会“国家标准委办公室关于报送全国专业标准化技术委员会2014年度工作报告的通知”的要求，按时报送了起重机标委会的工作报告。

（3）配合特种设备开展的工作。

1）随着科学技术的发展，各种新型式的起重机不断涌现，请求鉴别其产品设计合理性、是否属于特种设备等方面的来函也越来越多。2014年度，起重机标委会收到了相关来函2份，秘书处在广泛征求委员意见的基础上，本着慎重、负责的态度给予了答复。

2）起重机标委会派出6名专家作为主要起草人，参与了《起重机械安全技术监察规程》的起草工作，并参加了5次讨论会。

（4）开展GB/T 3811—2008《起重机设计规范》和GB 6067.1—2010《起重机械安全规程　第1部分：总则》（英文版）的编译工作。

为进一步满足我国起重机国际贸易的需要，扩大我国起重机的出口量，并为我国起重机产品占领国际市场打下基础，按照国家标准委“以中国标准走出去助推中国企业、产业走出去”的指导思想，组织起重机械行业有关专家开展了对GB/T 3811—2008《起重机设计规范》和GB 6067.1—2010《起重机械安全规程　第1部分：总则》英文版的翻译工作，目前上述2项标准已完成文本翻译，等待专家审查会审查。2014年还组织申报了GB 5144—2006《塔式起重机安全规程》、GB/T 14405—2011《通用桥式起重机》、GB/T 14406—2011《通用门式起重机》三项国家标准英文版的翻译计划。

（5）积极组织完成质检公益性行业科研专项项目“物料搬运机械能效标准体系及关键标准研究”。

起重机标委会配合北京起重运输机械设计研究院完成了2012年质检公益性行业科研专项项目“物料搬运机械能效标准体系及关键标准研究”，组织召开了“物料搬运机械能效标准体系及关键标准研究专家研讨会”，并完成了《物料搬运机械能效标准体系研究报告》及《起重机械标准体系框图》的编写工作。

（6）开展重要标准的宣贯工作。

GB/T 3811—2008《起重机设计规范》是我国起重机设计领域最重要的基础标准，是起重机设计的基本准则和共同遵守的技术依据。考虑到标准实施过程中企业咨询问题较多，以及新参加工作的人员不理解该标准内容等方面原因，在上海市再次举办了“GB/T 3811—2008《起重机设计规范》第八期宣贯会”。

（7）2014年批准发布的起重机械标准情况。

2014年起重机械专业批准发布的5项国家标准和8项机械行业标准见表2。

表2　2014年起重机械专业批准发布的5项国家标准和8项机械行业标准

序号	标准号	标 准 名 称	代替标准号	实施日期
1	GB 6067.5—2014	起重机械安全规程　第5部分：桥式和门式起重机	部分代替：GB/T 21920—2008，GB/T 19912—2005，GB/T 18224—2008	2015-02-01
2	GB/T 30561—2014	起重机　刚性　桥式和门式起重机		2014-12-01
3	GB/T 31050—2014	冶金起重机能效测试方法		2015-06-01
4	GB/T 31051.1—2014	起重机　工作和非工作状态下的锚定装置　第1部分：总则		2015-06-01
5	GB/T 31052.1—2014	起重机械　检查与维护规程　第1部分：总则		2015-06-01

（续）

序号	标准号	标 准 名 称	代替标准号	实施日期
6	JB/T 5897—2014	防爆桥式起重机	JB/T 5897—2006	2014-10-01
7	JB/T 8906—2014	悬臂起重机	JB/T 8906—1999	2014-10-01
8	JB/T 9008.1—2014	钢丝绳电动葫芦　第1部分：型式与基本参数、技术条件	JB/T 9008.1-2004	2014-10-01
9	JB/T 10546—2014	汽车专用升降机	JB/T 10546—2006	2014-10-01
10	JB/T 11864—2014	长期堵转力矩电动机式电缆卷筒		2014-10-01
11	JB/T 11865—2014	塔式起重机车轮技术条件		2014-10-01
12	JB/T 11866—2014	塔式起重机用限矩型液力偶合器		2014-10-01
13	JB/T 11963—2014	气动葫芦		2014-10-01

2. 连续搬运机械标准化工作情况

全国连续搬运机械标准化技术委员会（SAC/TC331）负责连续搬运机械（包括输送机械、给料机械、装卸机械和液力偶合器等液力转动机械）国家标准和行业标准的归口管理工作。截至2014年12月31日，我国连续搬运机械行业共有现行有效标准89项，其中国家标准20项（包括2项强制性标准和18项推荐性标准），机械行业标准69项。

2014年，全国连续搬运机械标准化技术委员会（简称连续搬运机械标委会）组织连续搬运机械行业完成了国家标准《散料连续装船机　型式和基本参数》及《埋刮板输送机　安全规范》的制定及机械行业标准《无轴螺旋输送机》的制定工作，并重点完成了如下重要标准的制修订工作及其他标准化工作。

（1）制定国家标准《埋刮板输送机　安全规范》。埋刮板输送机是一种在封闭壳体内，借助于运动的刮板链条连续输送散状物料的输送设备，主要用于矿山、冶金、化工、建材、电厂、港口、粮食、食品等行业输送粉状、粒状和块状等散状物料。由于埋刮板输送机工作原理及其设备结构的特殊性，不仅应从设备的设计阶段，还应从制造、安装和使用等各阶段提出安全要求。该标准的制定，对进一步提高我国埋刮板输送机的产品质量和本质安全性，减少埋刮板输送机的安全事故，发挥重要作用。

（2）制定机械行业标准《无轴螺旋输送机》。随着资源和环境问题的日益突出，可再生新能源（生物质发电）的开发利用、城市生活废弃物处置（垃圾处理、医废处置、污泥处理行业等）均列入国家重点扶持的领域。无轴螺旋输送机克服了垃圾、生物质极易缠绕、极易堵塞，以及污泥等物料的黏着特性，广泛应用于各个领域，其独特的、其他设备无法替代的工作特性，受到了广大用户单位的青睐与认可。由于目前无轴螺旋输送机产品还没有统一的标准，各生产厂家自定产品型号和技术指标，造成了无轴螺旋输送机市场混乱，技术水平不一。因此，该标准的制定，对提高无轴螺旋输送机的产品质量，提高产品在工作稳定性和使用寿命等方面的性能，促进该行业更科学、合理的有序发展，将起到积极的推动作用。

（3）标准计划项目的立项工作。2014年，根据连续搬运机械标准体系建设方案的安排、行业需求以及连续搬运机械行业标准复审结论，结合连续搬运机械“十二五”标准化工作重点，连续搬运机械标委会组织申报1项国家标准，项目名称为修订GB/T 10595—2009《带式输送机》，申报了4项机械行业标准计划项目，项目名称分别为《电动滚筒》《滑板式输送机》《带式输送机能效测试方法》和《连续搬运机械用盘式制动器》。

（4）机械行业标准的复审。根据中国机械工业联合会的要求，组织完成了对连续搬运机械16项机械行业标准的复审，其中11项标准的复审结果为继续有效，5项标准的复审结果为修订。

（5）积极完成上级主管部门下达的各项任务。

1）委员信息上报工作。根据中国机械工业联合会秘书处文件机联秘标〔2014〕59号“关于开展标准化技术委员会及委员信息登记工作的通知”的要求，按时完成了连续搬运机械标委会的《全国专业标准化技术委员会登记表》和33名委员及1名顾问的《委员基本信息登记表》统计上报工作。

2）机械行业标准制修订计划执行情况上报。根据工业和信息化部的要求，按时完成了连续搬运机械标委会的《2009—2014年机械行业标准制修订计划执行情况汇总表》编报工作。

3）强制性国家标准的梳理分析工作。为配合国家标准化管理委员会对强制性国家标准的试点改革工作，开展了对连续搬运机械的强制性国家标准的清理整合工作，于2014年7月22日在北京市组织召开了研讨会，并在广泛征求委员意见的基础上，确定了需保留或转化为推荐性国家标准的强制性标准项目。

4）全国专业标准化技术委员会2014年度工作报告的上报工作。根据国家标准化管理委员会“国家标准委办公室关于报送全国专业标准化技术委员会2014年度工作报告的通知”的要求，按时报送了连续搬运机械标委会的工作报告。

5）重要标准的宣贯。为使标准能够得到更好的贯彻实施，2014年4月14—16日，在山东省泰安市召开“GB 14784—2013《带式输送机　安全规范》、JB/T 10380—2013《圆管带式输送机》和JB/T 8908—2013《波状挡边带式输送机》宣贯会”，宣贯会主讲老师结合由连续搬运机械标委会秘书处组织编写的宣贯教材对上述3项标准进行了宣讲，受到了与会代表的高度赞扬。通过开展上述标准的宣贯，促进了企业对标准的认识，提高了企业执行标准的自觉性。

（6）行业服务。积极配合全国工业产品生产许可证办公室完成“轻小型起重运输设备生产许可证实施细则”有关带式输送机相关要求的修订工作及征求意见工作。

（7）2014年批准发布的连续搬运机械标准情况。2014年，连续搬运机械专业批准发布了1项机械行业标准，标准编号及名称为JB/T 3926—2014《垂直斗式提升机》，代替JB/T 3926.1～3926.14—1999，实施日期为2014年10月1日。

3. 工业车辆标准化工作情况

全国工业车辆标准化技术委员会（SAC/TC332）负责工业车辆国家标准和机械行业标准的归口管理工作。截至2014年12月31日，我国工业车辆行业共有现行有效标准52项，其中国家标准38项（包括2项强制性标准和36项推荐性标准），机械行业标准14项。

2014年，全国工业车辆标准化技术委员会（简称工业车辆标委会）组织工业车辆行业共完成了5项国家标准和2项机械行业标准的制修订工作及其他相关工作。2014年已完成的工业车辆标准项目见表3。

表3　2014年已完成的工业车辆标准项目

序号	标准项目名称	标准级别	标准性质	制定或修订
1	叉车　挂钩型货叉和货叉架　安装尺寸	国际标准	推荐	修订
2	工业车辆　稳定性验证　第8部分：在门架前倾和载荷起升条件下堆垛作业的附加稳定性试验	国际标准	推荐	制定
3	工业车辆　稳定性验证　第11部分：伸缩臂式叉车	国际标准	推荐	制定
4	工业车辆　稳定性验证　第14部分：越野型伸缩臂式叉车	国际标准	推荐	制定
5	工业车辆　稳定性验证　第20部分：在使用中载荷偏置条件下作业的附加稳定性试验	国际标准	推荐	制定
6	叉车属具术语	行业标准	推荐	制定
7	叉车属具纸卷夹	行业标准	推荐	制定

（1）积极完成上级主管部门下达的各项任务。

1）委员信息上报工作。根据中国机械工业联合会秘书处文件机联秘标〔2014〕59号“关于开展标准化技术委员会及委员信息登记工作的通知”的要求，按时完成了工业车辆标委会的《全国专业标准化技术委员会登记表》和37名委员的《委员基本信息登记表》统计上报工作。

2）机械行业标准制修订计划执行情况上报。根据工业和信息化部的要求，按时完成了工业车辆标委会的《2009—2014年机械行业标准制修订计划执行情况汇总表》编报工作。

3）强制性国家标准的梳理分析工作。为配合国家标准化管理委员会对强制性国家标准的试点改革工作，开展了对工业车辆的强制性国家标准的清理整合工作，于2014年7月22日在北京市组织召开了标委会副主任委员及有关专家参加的研讨会研讨会，并在广泛征求委员意见的基础上，确定了需保留及拟制定的强制性国家标准项目。

4）全国专业标准化技术委员会2014年度工作报告的上报工作。根据国家标准化管理委员会“国家标准委办公室关于报送全国专业标准化技术委员会2014年度工作报告的通知”的要求，按时报送了工业车辆标委会的工作报告。

（2）确认第一批工业车辆中英标准互认清单。工业车辆标委会协助国家标准化管理委员会完成了第一批中英标准互认清单中4项工业车辆标准的互认。

（3）2014年批准发布的工业车辆标准情况。2014年，工业车辆专业领域批准发布了1项国家标准和2项机械行业标准。2014年批准发布的起重机械标准见表4。

表4　2014年批准发布的起重机械标准

序号	标准号	标准名称	代替标准号	实施日期
1	GB 10827.1—2014	工业车辆　安全要求和验证　第1部分：自行式工业车辆（除无人驾驶车辆、伸缩臂式叉车和载运车）	GB 10827—1999	2014-12-01
2	JB/T 11840—2014	叉车　侧移器		2014-10-01
3	JB/T 11988—2014	内燃平衡重式叉车　能效测试方法		2014-10-01

4. 物流仓储设备标准化工作情况

全国物流仓储设备标准化技术委员会（SAC/TC499）

负责物流仓储设备国家标准和机械行业标准的归口管理工作。截至2014年12月31日，物流仓储设备行业共有现行有效标准15项，其中国家标准2项，机械行业标准13项。

2014年，全国物流仓储设备标准化技术委员会（简称物流仓储设备标委会）组织物流仓储设备行业完成了2项国家标准《阁楼式货架》和《自动化立体仓库的安装与维护保养规范》的制定及2项机械行业标准《立体仓库焊接式钢结构货架技术条件》及《有轨巷道堆垛起重机》的修订，并完成了其他相关工作。

（1）2014年物流仓储设备行业正在制修订的标准项目。根据2010年国家标准制修订计划的安排，2014年物流仓储设备行业正在进行11项国家标准（其中包括与全国物流标准化技术委员会共同归口的7项国家标准项目）的制定工作。物流仓储设备行业正在制定或修订的标准项目见表5。

表5　物流仓储设备行业正在制定或修订的标准项目

序号	标准项目名称	标准性质	制定或修订	归口标委会
1	仓库货架使用规范	国家标准	制定	全国物流标准化技术委员会、全国物流仓储设备标准化技术委员会
2	搁板式货架	国家标准	制定	
3	库房货架一体化仓库	国家标准	制定	
4	冷库用货架	国家标准	制定	
5	数控升降柜技术条件	国家标准	制定	
6	悬臂式货架	国家标准	制定	
7	重力式货架	国家标准	制定	
8	物流仓储配送中心导轮式分拣机技术规范	国家标准	制定	全国物流仓储设备标准化技术委员会
9	物流仓储配送中心螺旋箱式输送机技术规范	国家标准	制定	
10	物流仓储配送中心输送、分拣系统及周边设备分类和术语	国家标准	制定	
11	物流仓储配送中心箱式多层连续升降机技术规范	国家标准	制定	

（2）积极完成上级主管部门下达的各项任务。

1）委员信息上报工作。根据中国机械工业联合会秘书处文件机联秘标［2014］59号“关于开展标准化技术委员会及委员信息登记工作的通知”的要求，按时完成了物流仓储设备标委会的《全国专业标准化技术委员会登记表》和37名委员的《委员基本信息登记表》统计上报工作。

2）机械行业标准制修订计划执行情况上报。根据工业和信息化部的要求，按时完成了物流仓储设备标委会的《2009—2014年机械行业标准制修订计划执行情况汇总表》编报工作。

3）全国专业标准化技术委员会2014年度工作报告的上报工作。根据国家标准化管理委员会“国家标准委办公室关于报送全国专业标准化技术委员会2014年度工作报告的通知”的要求，按时报送了物流仓储设备标委会的工作报告。

二、2014年起重运输机械国际标准化工作情况

北京起重运输机械设计研究院（简称北起院）作为国际标准化组织的四个技术委员ISO/TC96“起重机技术委员会”、TC101“连续机械搬运设备技术委员会”、TC110“工业车辆技术委员会”、TC111“钢制圆环连、吊链、部件及附件技术委员会”的国内技术对口单位，积极组织起重机械和工业车辆行业的专家参与国际标准化活动。2014年完成了如下国际标准化工作。

（1）2014年国际标准文件管理及投票情况。日常负责国际标准化组织的四个技术委员会ISO/TC96（起重机技术委员会）、ISO/TC101（连续机械搬运设备技术委员会）、ISO/TC110（工业车辆技术委员会）和ISO/TC111（钢制圆环链、吊链、部件及附件技术委员会）国内对口的标准化技术业务工作，包括国际标准文件的登记、存档工作，并负责对国际标准文件的投票。2014年共收到ISO/TC96文件112个，其中投票文件30个，实际投票30个，正式国际标准8个。收到ISO/TC110文件93个，其中投票文件25个，实际投票25个，无正式国际标准。收到ISO/TC111文件10个，其中投票文件4个，实际投票4个，无正式国际标准。收到ISO/TC101文件1个，其中投票文件1个，实际投票1个，无正式国际标准。

（2）2014年参加国际会议情况。

1）组团参加ISO/TC96起重机技术委员会系列会议。2014年5月5—10日，我国组成12人代表团代表国家标准化管理委员会（SAC）参加了在美国佛罗里达州圣彼得斯堡召开的“2014年ISO/TC96起重机技术委员会系列会议”，来自澳大利亚、中国、法国、芬兰、德国、日本、印度、韩国、马来西亚、挪威、波兰、南非、瑞典、俄罗斯、英国、美国共16个国家的代表出席了会议，ISO中央秘书处的Stephen Kennedy先生出席了系列会议。此次系列会议包括各个分技术委员会SC2～SC10的会议及ISO/TC96大会，中国代表团参加了所有的会议，包括：SC2

（术语分技术委员会）、SC3（钢丝绳的选择分技术委员会）、SC4（试验方法分技术委员会）、SC5（使用、操作和维护分技术委员会）、SC6（流动式起重机分技术委员会）、SC7（塔式起重机分技术委员会）、SC7/WG2（流动式自行架设塔式起重机工作组）、SC8（臂架起重机分技术委员会）、SC9（桥式和门式起重机分技术委员会）、SC10（设计原则和要求分技术委员会）会议及 ISO/TC96 大会。

此次会议是北起院继 2003 年 5 月首次组团参加于南非德班召开的 ISO/TC96 起重机技术委员会系列会议以来，第 12 次组团参加 ISO/TC96 的系列会议。

在此次系列会议期间，ISO/TC96 主席、北京起重运输机械设计研究院的张喜军总工程师利用各种机会了解各分技术委员会的工作情况及存在的问题，积极探讨解决方案。在 ISO/TC96 大会上，张喜军总工程师作为主席，以流利的英语、娴熟的主持技巧圆满地完成了会议议程规定的所有内容。在深入听取、研究有关分技术委员会存在问题的基础上，提出了解决项目交叉矛盾的方案，形成了切实可行的大会决议，得到各国与会代表和 ISO 中央秘书处官员的高度赞扬。另外，在 ISO/TC96/SC5“使用、操作和维护分技术委员会”会议上，中国提出了第一个国际标准草案“起重机遥控操作使用安全”，实现了由我国牵头制定国际标准零的突破。中国代表在会上介绍了该标准的背景、重要意义及主要框架，各国与会代表非常感兴趣，在一致通过的会议决议中要求中国于 2014 年 12 月底前起草新工作项目建议草案。

2）组团参加 ISO/TC110“工业车辆技术委员会系列会议”。2014 年 9 月 23—25 日，我国组成 5 人代表团代表国家标准化管理委员会（SAC）参加了在意大利米兰召开的“2014 年 ISO/TC110 工业车辆技术委员会系列会议”，来自澳大利亚、中国、德国、法国、日本、瑞典、英国、美国共 8 个国家的代表出席了会议。

此次系列会议包括 ISO/TC110/SC1“通用术语”分技术委员会会议、SC1/WG2“工业车辆承载属具术语”工作组会议、SC2“机动工业车辆安全”分技术委员会会议、ISO/TC110/SC2/WG11“稳定性”工作组会议及拟成立的 SC5“可持续性分技术委员会”非正式预备会议，中国代表参加了所有会议。

此次是我国第 9 次组团参加 ISO/TC110 工业车辆技术委员会系列会议，作为 P 成员，在此次会议上，我国代表能够积极参与会上的讨论，代表中国发表更多的意见。在 2014 年 9 月 24 日召开的 ISO/TC110/SC1/WG2“工业车辆承载属具术语”工作组会议上，由于我国正在起草机械行业标准《叉车属具术语》，我国代表在会上介绍了相关情况，表示愿意派专家参加工作组，并在 2014 年 11 月内部讨论最终草案后，尽快将标准译文发给工作组召集人德国的 HeikoVellinga。在 ISO/TC110/SC2“机动工业车辆安全”分技术委员会会议上，北起院的赵春晖女士代表中国在会上介绍了“中国工业车辆行业近两年批准发布的标准情况及 2014 年制修订标准情况”，与会代表对中国的报告给予高度赞扬，认为中国的报告条理清楚，近几年做了许多工作，特别是等同采用了许多国际标准。

我国在制定工业车辆能效测试方法标准方面已领先于其他国家，我国制定的机械行业标准 JB/T 11988—2014《内燃平衡重式叉车　能效测试方法》已于 2014 年 10 月 1 日正式实施，而欧洲标准化委员会（CEN）制定的能效测试方法标准正在起草中。这为我国与德国联合承担新成立的 SC5“可持续性分技术委员会”打下了基础。我国努力争取能够与德国联合承担“可持续性分技术委员会”秘书处，这将对提高我国工业车辆行业在国际标准化组织的影响力，实质性提升我国工业车辆行业国际标准化工作水平都具有非常重要的意义。同时，借助这个平台，将能够组织我国工业车辆行业的主要企业和专家研究国际标准的内容，尽快将我国具有优势的技术及工业车辆标准上升为国际标准提案，为使我国有更多的工业车辆产品进入和占领国际市场打下基础。

［撰稿人：北京起重运输机械设计研究院赵春晖　审稿人：中国重型机械工业协会李镜］

2014 年全国特种设备安全状况

一、特种设备基本情况

1. 特种设备登记数量情况

我国特种设备包括：锅炉、压力容器、电梯、起重机械、客运索道、场（厂）内专用机动车辆。截至 2014 年年底，全国特种设备总量达 1 036.46 万台，比 2013 年上升 10.63%；其中：锅炉 63.89 万台，压力容器 322.79 万台，电梯 359.85 万台，起重机械 226.26 万台，场（厂）内专用机动车辆 61.66 万辆，大型游乐设施 1.92 万台（套），客运索道 925 条。另有：气瓶 14 250 万只，压力管道 92.47 万 km。2014 年特种设备数量分类比例见表 1。

表1　2014年特种设备数量分类比例

特种设备分类	数量单位	数量	占比（%）
锅炉	万台	63.89	6.16
压力容器	万台	322.79	31.14
电梯	万台	359.85	34.72
起重机械	万台	226.26	21.83
客运索道	条	925	0.01
场（厂）内专用机动车辆	万辆	61.66	59.49
大型游乐设施	万台（套）	1.92	0.19

2. 特种设备生产和作业人员情况

截至2014年年底，全国共有特种设备生产（含设计、制造、安装、改造、维修、气体充装）单位61 518家，持有许可证68 985张，其中：设计单位3 098家，制造单位16 847家，安装改造修理单位20 928家，移动式压力容器及气瓶充装单位20 645家。2014年特种设备生产单位数量见表2。

表2　2014年特种设备生产单位数量

生产单位	数量（家）	占比（%）
设计	3 098	5.04
制造	16 847	27.39
安装改造修理	20 928	34.02
充装	20 645	33.56

全国特种设备作业人员持证963.79万张，比2013年上升16.15%，其中2014年考核发证140万张。

3. 特种设备安全监察和检验检测情况

截至2014年年底，全国质检系统共设置特种设备安全监察机构3 573个，其中国家级1个、省级33个、市级521个、县级3 018个。全国特种设备安全监察员共15 740人，较2013年增加3 249人，主要原因是市（县）级政府机构改革出现部门“二合一”“三合一”情况，使得基层监察人员数量大幅增加。

截至2014年年底，全国共有特种设备综合性检验机构489个，其中质检部门所属检验机构309个，行业检验机构和企业自检机构180个。另外还有型式试验机构45个，无损检测机构379个，气瓶检验机构1 896个，安全阀校验机构226个，房屋建筑工地和市政工程工地起重机械检验机构122个。各类检验机构检验人员持证总数85 513个。

2014年，全国各级特种设备安全监管部门开展特种设备执法监督检查125.98万人次，发出安全监察指令书13.44万份。特种设备检验机构对126.21万台特种设备及元部件的制造过程进行了监督检验，发现并督促企业处理质量安全问题4万余个；对222.57万台特种设备安装、改造、修理过程进行了监督检验，发现并督促企业处理质量安全问题42.27万个；对497.75万台在用特种设备进行了定期检验，发现并督促使用单位处理质量安全问题132.54万个。

二、特种设备安全状况

1. 事故总体情况

2014年，全国共发生特种设备事故283起，死亡282人，受伤330人，与2013年相比，事故起数增加56起，上升24.67%；死亡人数减少7人，下降2.42%；受伤人数增加56人，上升20.44%，全国未发生特种设备重特大事故。特种设备万台设备死亡人数为0.39，比2013年下降15.22%，较好地实现了国务院安委会下达的万台设备死亡人数不超过0.46的控制目标。2010—2014年万台设备死亡人数趋势见图1。

2. 事故特点

按照设备类别划分，锅炉事故22起，压力容器事故19起，气瓶事故28起，压力管道事故12起，电梯事故95起，起重机械事故62起，场（厂）内机动车辆事故38起，大型游乐设施事故6起，客运索道事故1起。其中，电梯和起重机械事故起数和死亡人数所占比重较大，事故起数分别占33.57%、21.91%，死亡人数分别占17.02%、34.75%。

按发生环节划分，发生在使用环节240起，占84.81%；维修检修环节21起，占7.42%；安装装卸环节16起，占5.65%；充装运输环节6起，占2.12%。

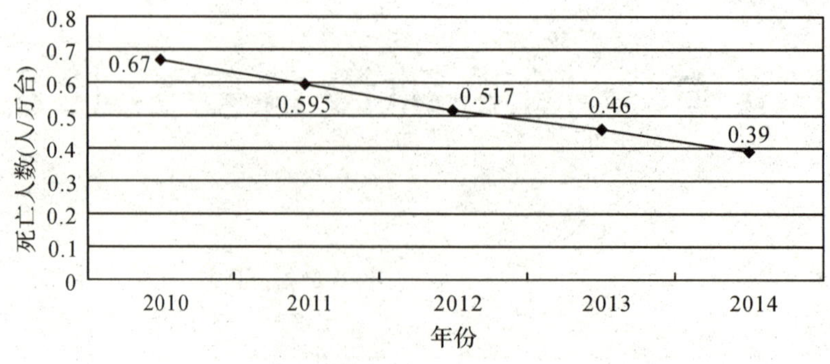

图1　2010—2014年万台设备死亡人数趋势

按照涉及行业划分，发生在制造业98起，占34.63%；发生在建设工地和建筑业29起，占10.25%；

发生在交通运输与物流业 17 起，占 6.01%；发生在社会及公共服务业 139 起，占 49.11%。

按照损坏形式划分，承压类设备（锅炉、压力容器、气瓶、压力管道）事故的主要特征是爆炸或泄漏着火；机电类设备（电梯、起重机械、客运索道、大型游乐设施、厂（场）内专用机动车辆）事故的主要特征是倒塌、坠落、撞击和剪切等。

3. 事故原因

（1）锅炉事故。事故均发生在使用环节，其中，违章作业或操作不当事故 3 起，非法生产、使用事故 12 起，设备缺陷和安全附件失效事故 4 起。

（2）压力容器事故。设备缺陷和安全附件失效事故 6 起，违章作业或操作不当事故 11 起，非法设备使用 1 起。

（3）气瓶事故。违章作业或操作不当事故 6 起，设备缺陷和安全附件失效 1 起，气体泄露引发事故 14 起，非法充装事故 2 起。

（4）压力管道事故。事故现象均为管道破裂介质泄漏，或直接造成人员伤害，或引发爆燃造成人员伤害。事故原因主要是设备质量原因或人员违章操作，其中，氨泄漏事故 2 起，燃气管道泄漏事故 5 起，蒸汽管道泄漏事故 3 起，其他介质管道泄漏事故 2 起。

（5）电梯事故。按照事故发生形态分，坠落 56 起，挤压、剪切 33 起，困人 3 起，跌倒 3 起。按照发生环节分，使用环节 76 起，安装改造环节 8 起，维保修理环节 11 起。事故原因中，安全附件或保护装置失灵事故 73 起，违章作业或操作不当事故 19 起，管理不善事故 3 起。

（6）起重机械事故。违章作业或操作不当事故 35 起，设备质量安全隐患导致的事故 9 起。

（7）场（厂）内专用机动车辆事故。38 起全部为叉车事故，原因为违章作业或操作不当。

（8）大型游乐设施及客运索道事故。事故原因为设备故障或安全附件（保护装置）失灵。

三、2014 年特种设备安全监察与节能主要工作情况

1. 积极推进改革

（1）推进职能转变。修订特种设备目录，大幅调整了监管内容和范围，提升了监管的科学性和有效性。结合《特种设备安全法》贯彻实施，组织完成了特种设备安全监管顶层设计方案的制定。

（2）深化行政许可和检验工作改革。制定了《特种设备行政许可改革方案》，向国务院审改办提出了取消、下放特种设备行政审批项目的意见。开展了非行政许可审批清理，提出了相应的处理意见。组织制定了《特种设备检验检测机构整合试点方案》，推动特种设备检验检测机构纵向整合试点。中国特检院与甘肃、青岛等 8 家单位签署了组建中国特检集团的合作协议。在江苏、福建、湖南、宁夏、广东（部分地市）等省内特检机构整合试点的基础上，2014 年湖北、河南、江西、广西等地也起动并基本完成特检机构整合。

（3）改进监管工作方式。组织修订了《特种设备现场安全监督检查规则》，将安全生产大检查与日常监督检查有机结合，建立了安全大检查长效工作机制。研究制定了改进压力管道监管方式的专项方案，与能源、安监、住建等部门建立协调机制，明确了质监部门在生产环节、检验环节和标准归口管理的监督职责。制定了全面深化电梯安全监管改革创新的方案，提出了 6 项改革创新的措施，并以质检工作专报形式上报国务院领导；出台了《推进电梯应急处置服务平台建设的指导意见》，提高应急处置能力。在改进电梯安全监管方式上，广东省以政府名义印发了电梯安全监管体制改革方案；天津、江苏、湖北探索建立电梯维保单位量化记分、评星分级等制度，进一步规范维护保养行为，提升维护保养质量；广东、新疆在全省（自治区）范围内推行电梯安全责任保险统保示范项目，各地电梯责任保险推进力度明显加大；上海以问题为导向，提出了 8 项措施的治理方案，并向全社会广泛宣传；北京明确了将电梯紧急维修纳入住宅专项维修资金使用的简化工作程序；重庆全面完成老旧住宅电梯改造更新工作。

2. 完善工作机制

（1）健全“一岗双责”责任体系。在质量工作考核指标中，建立特种设备监管“一岗双责”制度、重大质量安全隐患挂牌督办及公告制度。各地加快建立多元共治工作格局，积极推动地方政府和相关部门落实“一岗双责”。浙江在全国率先建立了由 19 个部门参加的特种设备安全工作联席会议制度；陕西省以政府名义印发了加强特种设备安全工作的意见；北京配合市编办制定了相关部门落实特种设备安全专项监管职责的意见；湖南、上海、江苏、河北等地以省（市）政府的名义印发文件，将特种设备安全纳入安全生产目标考核。

（2）创新监管手段。加快在电梯、气瓶、移动式压力容器等领域推进物联网试点应用，会同国家安全监管总局在部分大型起重机械上推广应用安全监控管理系统。北京、福州、南京、无锡、杭州、淄博积极开展电梯、气瓶等特种设备物联网示范工程建设试点；新疆、甘肃、江西、辽宁等地加大车用气瓶信息化建设力度；陕西在 A 级游乐设施使用单位安装监控系统；贵州完善特种设备监督管理平台，设备使用登记率和检验率显著提升。

（3）推进分类监管。分区域、分设备推进分类监管。针对涉氨企业事故多发的现状，以烟台、威海、舟山和海南为试点，组织 100 家涉氨制冷特种设备使用单位进行现场评价，并提出有针对性的分类监管措施。天津积极探索区域化使用单位分级监管，构建基于风险分析的使用单位分类监管工作机制；上海探索建立了风险评价方法和基于风险的综合监管方法；安徽出台相关管理办法，对电梯维护保养单位实施分类监管；青海、海南颁布实施《特种设备使用安全管理评价规则》，推动安全管理标准化。

3. 加强监督检查

（1）开展监督抽查。全系统加大对特种设备生产单位和检验检测机构的证后监督抽查力度，对不再持续满足许可条件的单位、机构进行了处理。着力开展对特种设备生产单位和检验检测机构评审后、发证前的过程监督抽查，实施鉴定评审工作的监督，对存在严重问题的3家鉴定评审机构进行了处理。利用电梯专项经费，组织对近3000台老旧电梯安全状况进行了抽查和风险分析，发现并消除了一批隐患。

（2）开展专项整治。按照国务院安委会的统一部署，配合有关部门在全国范围内开展长输油气管道、建筑施工起重机械等专项整治工作，并认真开展了全国安全生产大检查“回头看”。组织检查相关企业20 339家，累计发现长输油气管道安全问题和隐患6 722个、公用管道和工业管道以及其他特种设备的安全问题和隐患871个。

（3）开展“六打六治”专项行动。以打击盛装危化品移动式压力容器、整治长输油气管道隐患等工作为重点，集中开展了“六打六治”打非治违专项行动，打击、整治了一批突出的特种设备非法违法、违规违章行为。在实际工作中，特别注重三个结合，即专项行动与日常工作相结合，与重大活动重点工程服务保障相结合，与加强日常监察、建立长效机制相结合，取得了良好效果。

4. 服务发展大局

（1）加强高耗能特种设备节能监管。加强特种设备节能标准执行情况监督检查，落实锅炉设计文件节能审查、定型产品能效测试和定期能效测试制度；开展能效测试工作质量监督抽查及测试机构能力核查，抽查能效测试报告，促进测试质量和服务水平提升。“工业供热系统和高耗能特种设备能效促进”项目获得全球环境基金理事会批准，2015年计划推动实施。四川省积极争取政府和相关部门支持，设立专项经费，推进节能工作；上海市加强工业锅炉节能监管，推进清洁能源替代工作，成效显著；广东省组建锅炉节能公共服务平台，畅通各方信息沟通渠道，充分发挥市场机制作用，推进节能工作。

（2）大力推进燃煤锅炉节能环保综合提升工程。2014年10月，国家质检总局与发展改革委等7部委联合发布《燃煤锅炉节能环保综合提升工程实施方案》，从强化法规标准约束，加强政策激励，增强市场主体内生动力等方面，提出了进一步构建锅炉安全、节能与环保三位一体监管体系的工作要求。

（3）加大服务保障力度。圆满完成了南京青奥会、北京APEC会议等重大会议服务保障工作；上海主动服务自贸试验区建设，积极做好迪士尼乐园特种设备工程服务保障；海南、云南、浙江加强特种设备安全保障，服务超强台风、地震等灾后恢复和重建工作。

5. 夯实监管基础

（1）完善法规标准。修订了《特种设备目录》，并出台了相应的实施意见，确立了大规范制修订规划，压力容器、起重机械、使用管理等大规范试点取得突破进展。成功实现了美国ASME与我国部分锅炉压力容器钢板材料标准的互认，在国际产生重大影响。中特促进会启动多项团体标准建设；山东省坚持开门立法，积极推进《山东省特种设备安全监察条例》修订工作；河南省完成了《河南省电梯安全监督管理办法》首部地方规章；广东省将《广东省特种设备安全条例》纳入立法计划，积极推进首负责任、安全责任险等改革举措；上海市加快推进《上海市电梯安全管理办法》地方性法规的修订出台，着力解决电梯使用单位主体不明晰、责任不落实的问题。

（2）加强队伍建设。连续举办全国特种设备安全监察处长、地（市）质监局长培训班；督促指导各地逐步提高作业人员的理论和实际操作水平。加大援疆援藏工作力度，专门为新疆举办气瓶检验员资格考核班，帮助西藏特检所技术人员赴湖北罐车检验基地进行实地培训。深入开展廉政风险教育，防范队伍风险。中特促进会结合行业特点和需求，开展多层次、多渠道、多模式的教育培训，提高了基层人员的专业水平。安徽省按照国家质检总局文件要求，在县区级三局合并的新形势下，为全省2 000多名基层特种设备安全监察人员进行了系统培训。湖南省在全省首次表彰54名特种设备安全监察先进个人。

（3）强化风险管理和应急保障。着手开展了三级特种设备风险监测和应急处置机构建设相关调研，组织修订《质检总局特种设备重特大事故应急预案》，启动了特种设备事故舆情监测系统软件开发。

〔撰稿人：国家起重运输机械质量监督检验中心王顺亭　审稿人：中国重型机械工业协会李镜〕

政策法规

介绍与重型机械行业有关的政策法规

It carries the policies, laws and regulations related to the heavy machinery industry

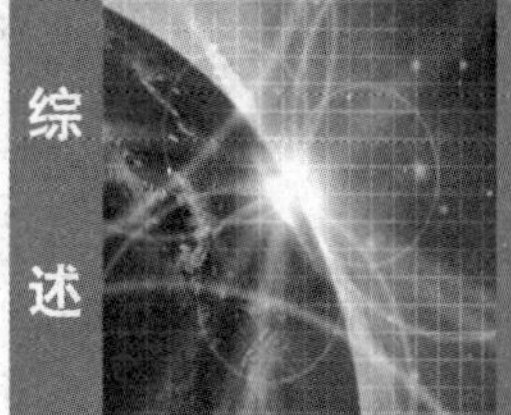

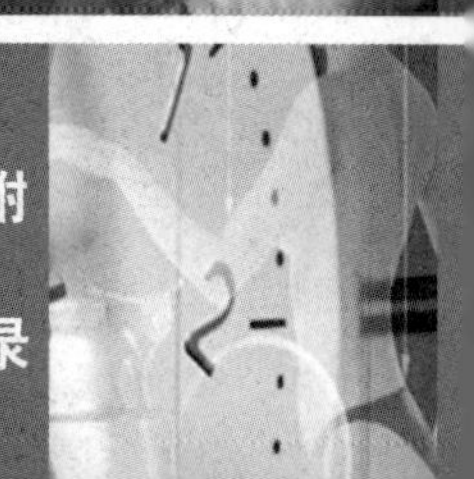

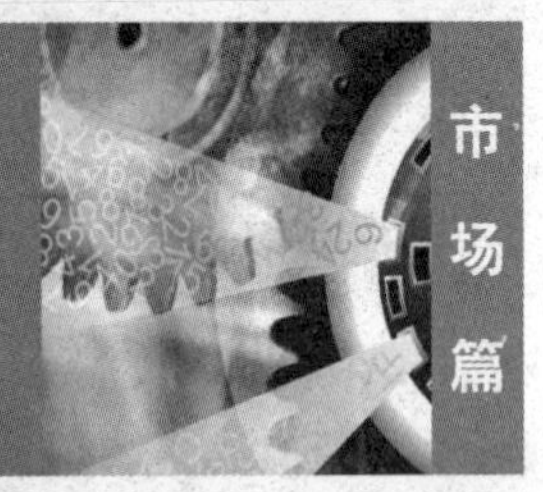

政策法规

国务院关于印发《中国制造 2025》的通知

国发〔2015〕28 号

各省、自治区、直辖市人民政府，国务院各部委、各直属机构：

现将《中国制造 2025》印发给你们，请认真贯彻执行。

(本文有删减)

国务院

2015 年 5 月 8 日

中国制造 2025

制造业是国民经济的主体，是立国之本、兴国之器、强国之基。十八世纪中叶开启工业文明以来，世界强国的兴衰史和中华民族的奋斗史一再证明，没有强大的制造业，就没有国家和民族的强盛。打造具有国际竞争力的制造业，是我国提升综合国力、保障国家安全、建设世界强国的必由之路。

新中国成立尤其是改革开放以来，我国制造业持续快速发展，建成了门类齐全、独立完整的产业体系，有力推动工业化和现代化进程，显著增强综合国力，支撑我世界大国地位。然而，与世界先进水平相比，我国制造业仍然大而不强，在自主创新能力、资源利用效率、产业结构水平、信息化程度、质量效益等方面差距明显，转型升级和跨越发展的任务紧迫而艰巨。

当前，新一轮科技革命和产业变革与我国加快转变经济发展方式形成历史性交汇，国际产业分工格局正在重塑。必须紧紧抓住这一重大历史机遇，按照“四个全面”战略布局要求，实施制造强国战略，加强统筹规划和前瞻部署，力争通过三个十年的努力，到新中国成立一百年时，把我国建设成为引领世界制造业发展的制造强国，为实现中华民族伟大复兴的中国梦打下坚实基础。

《中国制造 2025》，是我国实施制造强国战略第一个十年的行动纲领。

一、发展形势和环境

（一）全球制造业格局面临重大调整

新一代信息技术与制造业深度融合，正在引发影响深远的产业变革，形成新的生产方式、产业形态、商业模式和经济增长点。各国都在加大科技创新力度，推动三维（3D）打印、移动互联网、云计算、大数据、生物工程、新能源、新材料等领域取得新突破。基于信息物理系统的智能装备、智能工厂等智能制造正在引领制造方式变革；网络众包、协同设计、大规模个性化定制、精准供应链管理、全生命周期管理、电子商务等正在重塑产业价值链体系；可穿戴智能产品、智能家电、智能汽车等智能终端产品不断拓展制造业新领域。我国制造业转型升级、创新发展迎来重大机遇。

全球产业竞争格局正在发生重大调整，我国在新一轮发展中面临巨大挑战。国际金融危机发生后，发达国家纷纷实施“再工业化”战略，重塑制造业竞争新优势，加速推进新一轮全球贸易投资新格局。一些发展中国家也在加快谋划和布局，积极参与全球产业再分工，承接产业及资本转移，拓展国际市场空间。我国制造业面临发达国家和其他发展中国家“双向挤压”的严峻挑战，必须放眼全球，加紧战略部署，着眼建设制造强国，固本培元，化挑战为机遇，抢占制造业新一轮竞争制高点。

（二）我国经济发展环境发生重大变化

随着新型工业化、信息化、城镇化、农业现代化同步推进，超大规模内需潜力不断释放，为我国制造业发展提供了广阔空间。各行业新的装备需求、人民群众新的消费需求、社会管理和公共服务新的民生需求、国防建设新的安全需求，都要求制造业在重大技术装备创新、消费品质量和安全、公共服务设施设备供给和国防装备保障等方面迅速提升水平和能力。全面深化改革和进一步扩大开放，将不断激发制造业发展活力和创造力，促进制造业转型升级。

我国经济发展进入新常态，制造业发展面临新挑战。资源和环境约束不断强化，劳动力等生产要素成本不断上升，投资和出口增速明显放缓，主要依靠资源要素投入、规模扩张的粗放发展模式难以为继，调整结构、转型升级、提质增效刻不容缓。形成经济增长新动力，塑造国际竞争新优势，重点在制造业，难点在制造业，出路也在制造业。

（三）建设制造强国任务艰巨而紧迫

经过几十年的快速发展，我国制造业规模跃居世界第一位，建立起门类齐全、独立完整的制造体系，成为支撑我国经济社会发展的重要基石和促进世界经济发展的重要力量。持续的技术创新，大大提高了我国制造业的综合竞争力。载人航天、载人深潜、大型飞机、北斗卫星导航、超级计算机、高铁装备、百万千瓦级发电装备、万米深海石油钻探设备等一批重大技术装备取得突破，形成了若干具有国际竞争力的优势产业和骨干企业，我国已具备了建设工业强国的基础和条件。

但我国仍处于工业化进程中，与先进国家相比还有较大差距。制造业大而不强，自主创新能力弱，关键核心技术与高端装备对外依存度高，以企业为主体的制造业创新体系不完善；产品档次不高，缺乏世界知名品牌；资源能源利用效率低，环境污染问题较为突出；产业结构不合理，高端装备制造业和生产性服务业发展滞后；信息化水平不高，与工业化融合深度不够；产业国际化程度不高，企业全球化经营能力不足。推进制造强国建设，必须着力解决以上问题。

建设制造强国，必须紧紧抓住当前难得的战略机遇，积极应对挑战，加强统筹规划，突出创新驱动，制定特殊政策，发挥制度优势，动员全社会力量奋力拼搏，更多依靠中国装备、依托中国品牌，实现中国制造向中国创造的转变，中国速度向中国质量的转变，中国产品向中国品牌的转变，完成中国制造由大变强的战略任务。

二、战略方针和目标

（一）指导思想

全面贯彻党的十八大和十八届二中、三中、四中全会精神，坚持走中国特色新型工业化道路，以促进制造业创新发展为主题，以提质增效为中心，以加快新一代信息技术与制造业深度融合为主线，以推进智能制造为主攻方向，以满足经济社会发展和国防建设对重大技术装备的需求为目标，强化工业基础能力，提高综合集成水平，完善多层次多类型人才培养体系，促进产业转型升级，培育有中国特色的制造文化，实现制造业由大变强的历史跨越。基本方针是：

——创新驱动。坚持把创新摆在制造业发展全局的核心位置，完善有利于创新的制度环境，推动跨领域跨行业协同创新，突破一批重点领域关键共性技术，促进制造业数字化网络化智能化，走创新驱动的发展道路。

——质量为先。坚持把质量作为建设制造强国的生命线，强化企业质量主体责任，加强质量技术攻关、自主品牌培育。建设法规标准体系、质量监管体系、先进质量文化，营造诚信经营的市场环境，走以质取胜的发展道路。

——绿色发展。坚持把可持续发展作为建设制造强国的重要着力点，加强节能环保技术、工艺、装备推广应用，全面推行清洁生产。发展循环经济，提高资源回收利用效率，构建绿色制造体系，走生态文明的发展道路。

——结构优化。坚持把结构调整作为建设制造强国的关键环节，大力发展先进制造业，改造提升传统产业，推动生产型制造向服务型制造转变。优化产业空间布局，培育一批具有核心竞争力的产业集群和企业群体，走提质增效的发展道路。

——人才为本。坚持把人才作为建设制造强国的根本，建立健全科学合理的选人、用人、育人机制，加快培养制造业发展急需的专业技术人才、经营管理人才、技能人才。营造大众创业、万众创新的氛围，建设一支素质优良、结构合理的制造业人才队伍，走人才引领的发展道路。

（二）基本原则

市场主导，政府引导。全面深化改革，充分发挥市场在资源配置中的决定性作用，强化企业主体地位，激发企业活力和创造力。积极转变政府职能，加强战略研究和规划引导，完善相关支持政策，为企业发展创造良好环境。

立足当前，着眼长远。针对制约制造业发展的瓶颈和薄弱环节，加快转型升级和提质增效，切实提高制造业的核心竞争力和可持续发展能力。准确把握新一轮科技革命和产业变革趋势，加强战略谋划和前瞻部署，扎扎实实打基础，在未来竞争中占据制高点。

整体推进，重点突破。坚持制造业发展全国一盘棋和分类指导相结合，统筹规划，合理布局，明确创新发展方向，促进军民融合深度发展，加快推动制造业整体水平提升。围绕经济社会发展和国家安全重大需求，整合资源，突出重点，实施若干重大工程，实现率先突破。

自主发展，开放合作。在关系国计民生和产业安全的基础性、战略性、全局性领域，着力掌握关键核心技术，完善产业链条，形成自主发展能力。继续扩大开放，积极利用全球资源和市场，加强产业全球布局和国际交流合作，形成新的比较优势，提升制造业开放发展水平。

（三）战略目标

立足国情，立足现实，力争通过“三步走”实现制造强国的战略目标。

第一步：力争用十年时间，迈入制造强国行列。

到 2020 年，基本实现工业化，制造业大国地位进一步巩固，制造业信息化水平大幅提升。掌握一批重点领域关键核心技术，优势领域竞争力进一步增强，产品质量有较大提高。制造业数字化、网络化、智能化取得明显进展。重点行业单位工业增加值能耗、物耗及污染物排放明显下降。

到 2025 年，制造业整体素质大幅提升，创新能力显著增强，全员劳动生产率明显提高，两化（工业化和信息化）融合迈上新台阶。重点行业单位工业增加值能耗、物耗及污染物排放达到世界先进水平。形成一批具有较强国际竞争力的跨国公司和产业集群，在全球产业分工和价值链中的地位明显提升。

第二步：到 2035 年，我国制造业整体达到世界制造强国阵营中等水平。创新能力大幅提升，重点领域发展取得重大突破，整体竞争力明显增强，优势行业形成全球创新引领能力，全面实现工业化。

第三步：新中国成立一百年时，制造业大国地位更加巩固，综合实力进入世界制造强国前列。制造业主要领域具有创新引领能力和明显竞争优势，建成全球领先的技术体系和产业体系。

2020年和2025年制造业主要指标

类别	指　标	2013年	2015年	2020年	2025年
创新能力	规模以上制造业研发经费内部支出占主营业务收入比重（%）	0.88	0.95	1.26	1.68
	规模以上制造业每亿元主营业务收入有效发明专利数[1]（件）	0.36	0.44	0.70	1.10
质量效益	制造业质量竞争力指数[2]	83.1	83.5	84.5	85.5
	制造业增加值率提高	—	—	比2015年提高2个百分点	比2015年提高4个百分点
	制造业全员劳动生产率增速（%）	—	—	7.5左右（“十三五”期间年均增速）	6.5左右（“十四五”期间年均增速）
两化融合	宽带普及率[3]（%）	37	50	70	82
	数字化研发设计工具普及率[4]（%）	52	58	72	84
	关键工序数控化率[5]（%）	27	33	50	64
绿色发展	规模以上单位工业增加值能耗下降幅度	—	—	比2015年下降18%	比2015年下降34%
	单位工业增加值二氧化碳排放量下降幅度	—	—	比2015年下降22%	比2015年下降40%
	单位工业增加值用水量下降幅度	—	—	比2015年下降23%	比2015年下降41%
	工业固体废物综合利用率（%）	62	65	73	79

注：1. 规模以上制造业每亿元主营业务收入有效发明专利数＝规模以上制造企业有效发明专利数/规模以上制造企业主营业务收入。

2. 制造业质量竞争力指数是反映我国制造业质量整体水平的经济技术综合指标，由质量水平和发展能力两个方面共计12项具体指标计算得出。

3. 宽带普及率用固定宽带家庭普及率代表，固定宽带家庭普及率＝固定宽带家庭用户数/家庭户数。

4. 数字化研发设计工具普及率＝应用数字化研发设计工具的规模以上企业数量/规模以上企业总数量（相关数据来源于3万家样本企业，下同）。

5. 关键工序数控化率为规模以上工业企业关键工序数控化率的平均值。

三、战略任务和重点

实现制造强国的战略目标，必须坚持问题导向，统筹谋划，突出重点；必须凝聚全社会共识，加快制造业转型升级，全面提高发展质量和核心竞争力。

（一）提高国家制造业创新能力

完善以企业为主体、市场为导向、政产学研用相结合的制造业创新体系。围绕产业链部署创新链，围绕创新链配置资源链，加强关键核心技术攻关，加速科技成果产业化，提高关键环节和重点领域的创新能力。

加强关键核心技术研发。强化企业技术创新主体地位，支持企业提升创新能力，推进国家技术创新示范企业和企业技术中心建设，充分吸纳企业参与国家科技计划的决策和实施。瞄准国家重大战略需求和未来产业发展制高点，定期研究制定发布制造业重点领域技术创新路线图。继续抓紧实施国家科技重大专项，通过国家科技计划（专项、基金等）支持关键核心技术研发。发挥行业骨干企业的主导作用和高等院校、科研院所的基础作用，建立一批产业创新联盟，开展政产学研用协同创新，攻克一批对产业竞争力整体提升具有全局性影响、带动性强的关键共性技术，加快成果转化。

提高创新设计能力。在传统制造业、战略性新兴产业、现代服务业等重点领域开展创新设计示范，全面推广应用以绿色、智能、协同为特征的先进设计技术。加强设计领域共性关键技术研发，攻克信息化设计、过程集成设计、复杂过程和系统设计等共性技术，开发一批具有自主知识产权的关键设计工具软件，建设完善创新设计生态系统。建设若干具有世界影响力的创新设计集群，培育一批专业化、开放型的工业设计企业，鼓励代工企业建立研究设计中心，向代设计和出口自主品牌产品转变。发展各类创新设计教育，设立国家工业设计奖，激发全社会创新设计的积极性和主动性。

推进科技成果产业化。完善科技成果转化运行机制，研究制定促进科技成果转化和产业化的指导意见，建立完善科技成果信息发布和共享平台，健全以技术交易市场为核心的技术转移和产业化服务体系。完善科技成果转化激励机制，推动事业单位科技成果使用、处置和收益管理改革，健全科技成果科学评估和市场定价机制。完善科技成果转化协同推进机制，引导政产学研用按照市场规律和创新规律加强合作，鼓励企业和社会资本建立一批从事技术集成、熟化和工程化的中试基地。加快国防科技成果转化和产业化进程，推进军民技术双向转移转化。

完善国家制造业创新体系。加强顶层设计，加快建立以创新中心为核心载体、以公共服务平台和工程数据中心为重要支撑的制造业创新网络，建立市场化的创新方向选择机制和鼓励创新的风险分担、利益共享机制。充分利用现有科技资源，围绕制造业重大共性需求，采取政府与社会合作、政产学研用产业创新战略联盟等新机制新模式，形成一批制造业创新中心（工业技术研究基地），开展关键共性重大技术研究和产业化应用示范。建设一批促进制造业协同创新的公共服务平台，规范服务标准，开展技术研发、检验检测、技术评价、技术交易、质量认证、人才培训等专业化服务，促进科技成果转化和推广应用。建设重点领域制造业工程数据中心，为企业提供创新知识和工程数据的开放共享服务。面向制造业关键共性技术，建设一批重大科学研究和实验设施，提高核心企业系统集成能力，促进向价值链高端延伸。

专栏1　制造业创新中心（工业技术研究基地）建设工程

围绕重点行业转型升级和新一代信息技术、智能制造、增材制造、新材料、生物医药等领域创新发展的重大共性需求，形成一批制造业创新中心（工业技术研究基地），重点开展行业基础和共性关键技术研发、成果产业化、人才培训等工作。制定完善制造业创新中心遴选、考核、管理的标准和程序。

到2020年，重点形成15家左右制造业创新中心（工业技术研究基地），力争到2025年形成40家左右制造业创新中心（工业技术研究基地）。

加强标准体系建设。改革标准体系和标准化管理体制，组织实施制造业标准化提升计划，在智能制造等重点领域开展综合标准化工作。发挥企业在标准制定中的重要作用，支持组建重点领域标准推进联盟，建设标准创新研究基地，协同推进产品研发与标准制定。制定满足市场和创新需要的团体标准，建立企业产品和服务标准自我声明公开和监督制度。鼓励和支持企业、科研院所、行业组织等参与国际标准制定，加快我国标准国际化进程。大力推动国防装备采用先进的民用标准，推动军用技术标准向民用领域的转化和应用。做好标准的宣传贯彻，大力推动标准实施。

强化知识产权运用。加强制造业重点领域关键核心技术知识产权储备，构建产业化导向的专利组合和战略布局。鼓励和支持企业运用知识产权参与市场竞争，培育一批具备知识产权综合实力的优势企业，支持组建知识产权联盟，推动市场主体开展知识产权协同运用。稳妥推进国防知识产权解密和市场化应用。建立健全知识产权评议机制，鼓励和支持行业骨干企业与专业机构在重点领域合作开展专利评估、收购、运营、风险预警与应对。构建知识产权综合运用公共服务平台。鼓励开展跨国知识产权许可。研究制定降低中小企业知识产权申请、保护及维权成本的政策措施。

（二）推进信息化与工业化深度融合

加快推动新一代信息技术与制造技术融合发展，把智能制造作为两化深度融合的主攻方向；着力发展智能装备和智能产品，推进生产过程智能化，培育新型生产方式，全面提升企业研发、生产、管理和服务的智能化水平。

研究制定智能制造发展战略。编制智能制造发展规划，明确发展目标、重点任务和重大布局。加快制定智能制造技术标准，建立完善智能制造和两化融合管理标准体系。强化应用牵引，建立智能制造产业联盟，协同推动智能装备和产品研发、系统集成创新与产业化。促进工业互联网、云计算、大数据在企业研发设计、生产制造、经营管理、销售服务等全流程和全产业链的综合集成应用。加强智能制造工业控制系统网络安全保障能力建设，健全综合保障体系。

加快发展智能制造装备和产品。组织研发具有深度感知、智慧决策、自动执行功能的高档数控机床、工业机器人、增材制造装备等智能制造装备以及智能化生产线，突破新型传感器、智能测量仪表、工业控制系统、伺服电机及驱动器和减速器等智能核心装置，推进工程化和产业化。加快机械、航空、船舶、汽车、轻工、纺织、食品、电子等行业生产设备的智能化改造，提高精准制造、敏捷制造能力。统筹布局和推动智能交通工具、智能工程机械、服务机器人、智能家电、智能照明电器、可穿戴设备等产品研发和产业化。

推进制造过程智能化。在重点领域试点建设智能工厂/数字化车间，加快人机智能交互、工业机器人、智能物流管理、增材制造等技术和装备在生产过程中的应用，促进制造工艺的仿真优化、数字化控制、状态信息实时监测和自适应控制。加快产品全生命周期管理、客户关系管理、供应链管理系统的推广应用，促进集团管控、设计与制造、产供销一体、业务和财务衔接等关键环节集成，实现智能管控。加快民用爆炸物品、危险化学品、食品、印染、稀土、农药等重点行业智能检测监管体系建设，提高智能化水平。

深化互联网在制造领域的应用。制定互联网与制造业融合发展的路线图，明确发展方向、目标和路径。发展基于互联网的个性化定制、众包设计、云制造等新型制造模式，推动形成基于消费需求动态感知的研发、制造和产业组织方式。建立优势互补、合作共赢的开放型产业生态体系。加快开展物联网技术研发和应用示范，培育智能监测、远程诊断管理、全产业链追溯等工业互联网新应用。实施工业云及工业大数据创新应用试点，建设一批高质量的工业云服务和工业大数据平台，推动软件与服务、设计与制造资源、关键技术与标准的开放共享。

加强互联网基础设施建设。加强工业互联网基础设施建设规划与布局，建设低时延、高可靠、广覆盖的工业互联网。加快制造业集聚区光纤网、移动通信网和无线局域网的部署和建设，实现信息网络宽带升级，提高企业宽带接入能力。针对信息物理系统网络研发及应用需求，组织开发智能控制系统、工业应用软件、故障诊断软件和相关工具、传感和通信系统协议，实现人、设备与产品的实时联通、精确识别、有效交互与智能控制。

专栏2　智能制造工程

紧密围绕重点制造领域关键环节，开展新一代信息技术与制造装备融合的集成创新和工程应用。支持政产学研用联合攻关，开发智能产品和自主可控的智能装置并实现产业化。依托优势企业，紧扣关键工序智能化、关键岗位机器人替代、生产过程智能优化控制、供应链优化，建设重点领域智能工厂/数字化车间。在基础条件好、需求迫切的重点地区、行业和企业中，分类实施流程制造、离散制造、智能装备和产品、新业态新模式、智能化管理、智能化服务等试点示范及应用推广。建立智能制造标准体系和信息安全保障系统，搭建智能制造网络系统平台。

到2020年，制造业重点领域智能化水平显著提升，试点示范项目运营成本降低30%，产品生产周期缩短30%，不良品率降低30%。到2025年，制造业重点领域全面实现智能化，试点示范项目运营成本降低50%，产品生产周期缩短50%，不良品率降低50%。

（三）强化工业基础能力

核心基础零部件（元器件）、先进基础工艺、关键基础材料和产业技术基础（以下统称“四基”）等工业基础能力薄弱，是制约我国制造业创新发展和质量提升的症结所在。要坚持问题导向、产需结合、协同创新、重点突破的原则，着力破解制约重点产业发展的瓶颈。

统筹推进“四基”发展。制定工业强基实施方案，明确重点方向、主要目标和实施路径。制定工业“四基”发展指导目录，发布工业强基发展报告，组织实施工业强基工程。统筹军民两方面资源，开展军民两用技术联合攻关，支持军民技术相互有效利用，促进基础领域融合发展。强化基础领域标准、计量体系建设，加快实施对标达标，提升基础产品的质量、可靠性和寿命。建立多部门协调推进机制，引导各类要素向基础领域集聚。

加强“四基”创新能力建设。强化前瞻性基础研究，着力解决影响核心基础零部件（元器件）产品性能和稳定性的关键共性技术。建立基础工艺创新体系，利用现有资源建立关键共性基础工艺研究机构，开展先进成型、加工等关键制造工艺联合攻关；支持企业开展工艺创新，培养工艺专业人才。加大基础专用材料研发力度，提高专用材料自给保障能力和制备技术水平。建立国家工业基础数据库，加强企业试验检测数据和计量数据的采集、管理、应用和积累。加大对“四基”领域技术研发的支持力度，引导产业投资基金和创业投资基金投向“四基”领域重点项目。

推动整机企业和“四基”企业协同发展。注重需求侧激励，产用结合，协同攻关。依托国家科技计划（专项、基金等）和相关工程等，在数控机床、轨道交通装备、航空航天、发电设备等重点领域，引导整机企业和“四基”企业、高校、科研院所产需对接，建立产业联盟，形成协同创新、产用结合、以市场促基础产业发展的新模式，提升重大装备自主可控水平。开展工业强基示范应用，完善首台（套）、首批次政策，支持核心基础零部件（元器件）、先进基础工艺、关键基础材料推广应用。

专栏3　工业强基工程

开展示范应用，建立奖励和风险补偿机制，支持核心基础零部件（元器件）、先进基础工艺、关键基础材料的首批次或跨领域应用。组织重点突破，针对重大工程和重点装备的关键技术和产品急需，支持优势企业开展政产学研用联合攻关，突破关键基础材料、核心基础零部件的工程化、产业化瓶颈。强化平台支撑，布局和组建一批"四基"研究中心，创建一批公共服务平台，完善重点产业技术基础体系。

到2020年，40%的核心基础零部件、关键基础材料实现自主保障，受制于人的局面逐步缓解，航天装备、通信装备、发电与输变电设备、工程机械、轨道交通装备、家用电器等产业急需的核心基础零部件（元器件）和关键基础材料的先进制造工艺得到推广应用。到2025年，70%的核心基础零部件、关键基础材料实现自主保障，80种标志性先进工艺得到推广应用，部分达到国际领先水平，建成较为完善的产业技术基础服务体系，逐步形成整机牵引和基础支撑协调互动的产业创新发展格局。

（四）加强质量品牌建设

提升质量控制技术，完善质量管理机制，夯实质量发展基础，优化质量发展环境，努力实现制造业质量大幅提升。鼓励企业追求卓越品质，形成具有自主知识产权的名牌产品，不断提升企业品牌价值和中国制造整体形象。

推广先进质量管理技术和方法。建设重点产品标准符合性认定平台，推动重点产品技术、安全标准全面达到国际先进水平。开展质量标杆和领先企业示范活动，普及卓越绩效、六西格玛、精益生产、质量诊断、质量持续改进等先进生产管理模式和方法。支持企业提高质量在线监测、在线控制和产品全生命周期质量追溯能力。组织开展重点行业工艺优化行动，提升关键工艺过程控制水平。开展质量管理小组、现场改进等群众性质量管理活动示范推广。加强中小企业质量管理，开展质量安全培训、诊断和辅导活动。

加快提升产品质量。实施工业产品质量提升行动计划，针对汽车、高档数控机床、轨道交通装备、大型成套技术装备、工程机械、特种设备、关键原材料、基础零部件、电子元器件等重点行业，组织攻克一批长期困扰产品质量提升的关键共性质量技术，加强可靠性设计、试验与验证技术开发应用，推广采用先进成型和加工方法、在线检测装置、智能化生产和物流系统及检测设备等，使重点实物产品的性能稳定性、质量可靠性、环境适应性、使用寿命等指标达到国际同类产品先进水平。在食品、药品、婴童用品、家电等领域实施覆盖产品全生命周期的质量管理、质量自我声明和质量追溯制度，保障重点消费品质量安全。大力提高国防装备质量可靠性，增强国防装备实战能力。

完善质量监管体系。健全产品质量标准体系、政策规划体系和质量管理法律法规。加强关系民生和安全等重点领域的行业准入与市场退出管理。建立消费品生产经营企业产品事故强制报告制度，健全质量信用信息收集和发布制度，强化企业质量主体责任。将质量违法违规记录作为企业诚信评级的重要内容，建立质量黑名单制度，加大对质量违法和假冒品牌行为的打击和惩处力度。建立区域和行业质量安全预警制度，防范化解产品质量安全风险。严格实施产品“三包”、产品召回等制度。强化监管检查和责任追究，切实保护消费者权益。

夯实质量发展基础。制定和实施与国际先进水平接轨的制造业质量、安全、卫生、环保及节能标准。加强计量科技基础及前沿技术研究，建立一批制造业发展急需的高准确度、高稳定性计量基标准，提升与制造业相关的国家量传溯源能力。加强国家产业计量测试中心建设，构建国家计量科技创新体系。完善检验检测技术保障体系，建设一批高水平的工业产品质量控制和技术评价实验室、产品质量监督检验中心，鼓励建立专业检测技术联盟。完善认证认可管理模式，提高强制性产品认证的有效性，推动自愿性产品认证健康发展，提升管理体系认证水平，稳步推进国际互认。支持行业组织发布自律规范或公约，开展质量信誉承诺活动。

推进制造业品牌建设。引导企业制定品牌管理体系，围绕研发创新、生产制造、质量管理和营销服务全过程，提升内在素质，夯实品牌发展基础。扶持一批品牌培育和运营专业服务机构，开展品牌管理咨询、市场推广等服务。健全集体商标、证明商标注册管理制度。打造一批特色鲜明、竞争力强、市场信誉好的产业集群区域品牌。建设品牌文化，引导企业增强以质量和信誉为核心的品牌意识，树立品牌消费理念，提升品牌附加值和软实力。加速我国品牌价值评价国际化进程，充分发挥各类媒体作用，加大中国品牌宣传推广力度，树立中国制造品牌良好形象。

（五）全面推行绿色制造

加大先进节能环保技术、工艺和装备的研发力度，加快制造业绿色改造升级；积极推行低碳化、循环化和集约化，提高制造业资源利用效率；强化产品全生命周期绿色管理，努力构建高效、清洁、低碳、循环的绿色制造体系。

加快制造业绿色改造升级。全面推进钢铁、有色、化工、建材、轻工、印染等传统制造业绿色改造，大力研发推广余热余压回收、水循环利用、重金属污染减量化、有毒有害原料替代、废渣资源化、脱硫脱硝除尘等绿色工艺技术装备，加快应用清洁高效铸造、锻压、焊接、表面处理、切削等加工工艺，实现绿色生产。加强绿色产品研发应用，推广轻量化、低功耗、易回收等技术工艺，持续提升电机、锅炉、内燃机及电器等终端用能产品能效水平，加快淘汰落后机电产品和技术。积极引领新兴产业高起点绿色发展，大幅降低电子信息产品生产、使用能耗及限用物质含量，建设绿色数据中心和绿色基站，大力促进新材料、新能源、高端装备、生物产业绿色低碳发展。

推进资源高效循环利用。支持企业强化技术创新和管理，增强绿色精益制造能力，大幅降低能耗、物耗和水耗水平。持续提高绿色低碳能源使用比率，开展工业园区和企业分布式绿色智能微电网建设，控制和削减化石能源消费量。全面推行循环生产方式，促进企业、园区、行业间链接共生、原料互供、资源共享。推进资源再生利用产业规范化、规模化发展，强化技术装备支撑，提高大宗工业固体废弃物、废旧金属、废弃电器电子产品等综合利用水平。大力发展再制造产业，实施高端再制造、智能再制造、在役再制造，推进产品认定，促进再制造产业持续健康发展。

积极构建绿色制造体系。支持企业开发绿色产品，推行生态设计，显著提升产品节能环保低碳水平，引导绿色生产和绿色消费。建设绿色工厂，实现厂房集约化、原料无害化、生产洁净化、废物资源化、能源低碳化。发展绿色园区，推进工业园区产业耦合，实现近零排放。打造绿色供应链，加快建立以资源节约、环境友好为导向的采购、生产、营销、回收及物流体系，落实生产者责任延伸制度。壮大绿色企业，支持企业实施绿色战略、绿色标准、绿色管理和绿色生产。强化绿色监管，健全节能环保法规、标准体系，加强节能环保监察，推行企业社会责任报告制度，开展绿色评价。

专栏4　绿色制造工程

组织实施传统制造业能效提升、清洁生产、节水治污、循环利用等专项技术改造。开展重大节能环保、资源综合利用、再制造、低碳技术产业化示范。实施重点区域、流域、行业清洁生产水平提升计划，扎实推进大气、水、土壤污染源头防治专项。制定绿色产品、绿色工厂、绿色园区、绿色企业标准体系，开展绿色评价。

到2020年，建成千家绿色示范工厂和百家绿色示范园区，部分重化工行业能源资源消耗出现拐点，重点行业主要污染物排放强度下降20%。到2025年，制造业绿色发展和主要产品单耗达到世界先进水平，绿色制造体系基本建立。

（六）大力推动重点领域突破发展

瞄准新一代信息技术、高端装备、新材料、生物医药等战略重点，引导社会各类资源集聚，推动优势和战略产业快速发展。

1. 新一代信息技术产业

集成电路及专用装备。着力提升集成电路设计水平，不断丰富知识产权（IP）核和设计工具，突破关系国家信息与网络安全及电子整机产业发展的核心通用芯片，提升国产芯片的应用适配能力。掌握高密度封装及三维（3D）微组装技术，提升封装产业和测试的自主发展能力。形成关键制造装备供货能力。

信息通信设备。掌握新型计算、高速互联、先进存储、体系化安全保障等核心技术，全面突破第五代移动通信（5G）技术、核心路由交换技术、超高速大容量智能光传输技术、“未来网络”核心技术和体系架构，积极推动量子计算、神经网络等发展。研发高端服务器、大容量存储、新型路由交换、新型智能终端、新一代基站、网络安全等设备，推动核心信息通信设备体系化发展与规模化应用。

操作系统及工业软件。开发安全领域操作系统等工业基础软件。突破智能设计与仿真及其工具、制造物联与服务、工业大数据处理等高端工业软件核心技术，开发自主可控的高端工业平台软件和重点领域应用软件，建立完善工业软件集成标准与安全测评体系。推进自主工业软件体系化发展和产业化应用。

2. 高档数控机床和机器人

高档数控机床。开发一批精密、高速、高效、柔性数控机床与基础制造装备及集成制造系统。加快高档数控机床、增材制造等前沿技术和装备的研发。以提升可靠性、精度保持性为重点，开发高档数控系统、伺服电机、轴承、光栅等主要功能部件及关键应用软件，加快实现产业化。加强用户工艺验证能力建设。

机器人。围绕汽车、机械、电子、危险品制造、国防军工、化工、轻工等工业机器人、特种机器人，以及医疗健康、家庭服务、教育娱乐等服务机器人应用需求，积极研发新产品，促进机器人标准化、模块化发展，扩大市场应用。突破机器人本体、减速器、伺服电机、控制器、传感器与驱动器等关键零部件及系统集成设计制造等技术瓶颈。

3. 航空航天装备

航空装备。加快大型飞机研制，适时启动宽体客机研制，鼓励国际合作研制重型直升机；推进干支线飞机、直升机、无人机和通用飞机产业化。突破高推重比、先进涡桨（轴）发动机及大涵道比涡扇发动机技术，建立发动机自主发展工业体系。开发先进机载设备及系统，形成自主完整的航空产业链。

航天装备。发展新一代运载火箭、重型运载器，提升进入空间能力。加快推进国家民用空间基础设施建设，发展新型卫星等空间平台与有效载荷、空天地宽带互联网系统，形成长期持续稳定的卫星遥感、通信、导航等空间信息服务能力。推动载人航天、月球探测工程，适度发展深空探测。推进航天技术转化与空间技术应用。

4. 海洋工程装备及高技术船舶

大力发展深海探测、资源开发利用、海上作业保障装备及其关键系统和专用设备。推动深海空间站、大型浮式结构物的开发和工程化。形成海洋工程装备综合试验、检测与鉴定能力，提高海洋开发利用水平。突破豪华邮轮设计建造技术，全面提升液化天然气船等高技术船舶国际竞争力，掌握重点配套设备集成化、智能化、模块化设计制造核心技术。

5. 先进轨道交通装备

加快新材料、新技术和新工艺的应用，重点突破体系化安全保障、节能环保、数字化智能化网络化技术，研制先进可靠适用的产品和轻量化、模块化、谱系化产品。研发新一代绿色智能、高速重载轨道交通装备系统，围绕系统全寿命周期，向用户提供整体解决方案，建立世界领先的现代轨道交通产业体系。

6. 节能与新能源汽车

继续支持电动汽车、燃料电池汽车发展，掌握汽车低碳化、信息化、智能化核心技术，提升动力电池、驱动电机、高效内燃机、先进变速器、轻量化材料、智能控制等核心技术的工程化和产业化能力，形成从关键零部件到整车的完整工业体系和创新体系，推动自主品牌节能与新能源汽车同国际先进水平接轨。

7. 电力装备

推动大型高效超净排放煤电机组产业化和示范应用，进一步提高超大容量水电机组、核电机组、重型燃气轮机制造水平。推进新能源和可再生能源装备、先进储能装置、智能电网用输变电及用户端设备发展。突破大功率电力电子器件、高温超导材料等关键元器件和材料的制造及应用技术，形成产业化能力。

8. 农机装备

重点发展粮、棉、油、糖等大宗粮食和战略性经济作物育、耕、种、管、收、运、贮等主要生产过程使用的先进农机装备，加快发展大型拖拉机及其复式作业机具、大型高效联合收割机等高端农业装备及关键核心零部件。提高农机装备信息收集、智能决策和精准作业能力，推进形成面向农业生产的信息化整体解决方案。

9. 新材料

以特种金属功能材料、高性能结构材料、功能性高分子材料、特种无机非金属材料和先进复合材料为发展重点，加快研发先进熔炼、凝固成型、气相沉积、型材加工、高效合成等新材料制备关键技术和装备，加强基础研究和体系建设，突破产业化制备瓶颈。积极发展军民共用特种新材料，加快技术双向转移转化，促进新材料产业军民融合发展。高度关注颠覆性新材料对传统材料的影响，做好超导材料、纳米材料、石墨烯、生物基材料等战略前沿材料提前布局和研制。加快基础材料升级换代。

10. 生物医药及高性能医疗器械

发展针对重大疾病的化学药、中药、生物技术药物新产品，重点包括新机制和新靶点化学药、抗体药物、抗体偶联药物、全新结构蛋白及多肽药物、新型疫苗、临床优势突出的创新中药及个性化治疗药物。提高医疗器械的创新能力和产业化水平，重点发展影像设备、医用机器人等高性能诊疗设备，全降解血管支架等高值医用耗材，可穿戴、远程诊疗等移动医疗产品。实现生物3D打印、诱导多能干细胞等新技术的突破和应用。

专栏5　高端装备创新工程

组织实施大型飞机、航空发动机及燃气轮机、民用航天、智能绿色列车、节能与新能源汽车、海洋工程装备及高技术船舶、智能电网成套装备、高档数控机床、核电装备、高端诊疗设备等一批创新和产业化专项、重大工程。开发一批标志性、带动性强的重点产品和重大装备，提升自主设计水平和系统集成能力，突破共性关键技术与工程化、产业化瓶颈，组织开展应用试点和示范，提高创新发展能力和国际竞争力，抢占竞争制高点。

到2020年，上述领域实现自主研制及应用。到2025年，自主知识产权高端装备市场占有率大幅提升，核心技术对外依存度明显下降，基础配套能力显著增强，重要领域装备达到国际领先水平。

（七）深入推进制造业结构调整

推动传统产业向中高端迈进，逐步化解过剩产能，促进大企业与中小企业协调发展，进一步优化制造业布局。

持续推进企业技术改造。明确支持战略性重大项目和高端装备实施技术改造的政策方向，稳定中央技术改造引导资金规模，通过贴息等方式，建立支持企业技术改造的长效机制。推动技术改造相关立法，强化激励约束机制，完善促进企业技术改造的政策体系。支持重点行业、高端产品、关键环节进行技术改造，引导企业采用先进适用技术，优化产品结构，全面提升设计、制造、工艺、管理水平，促进钢铁、石化、工程机械、轻工、纺织等产业向价值链高端发展。研究制定重点产业技术改造投资指南和重点项目导向计划，吸引社会资金参与，优化工业投资结构。围绕两化融合、节能降耗、质量提升、安全生产等传统领域改造，推广应用新技术、新工艺、新装备、新材料，提高企业生产技术水平和效益。

稳步化解产能过剩矛盾。加强和改善宏观调控，按照“消化一批、转移一批、整合一批、淘汰一批”的原则，分业分类施策，有效化解产能过剩矛盾。加强行业规范和准入管理，推动企业提升技术装备水平，优化存量产能。加强对产能严重过剩行业的动态监测分析，建立完善预警机制，引导企业主动退出过剩行业。切实发挥市场机制作用，综合运用法律、经济、技术及必要的行政手段，加快淘汰落后产能。

促进大中小企业协调发展。强化企业市场主体地位，支持企业间战略合作和跨行业、跨区域兼并重组，提高规模化、集约化经营水平，培育一批核心竞争力强的企业集团。激发中小企业创业创新活力，发展一批主营业务突出、竞争力强、成长性好、专注于细分市场的专业化“小巨人”企业。发挥中外中小企业合作园区示范作用，利用双边、多边中小企业合作机制，支持中小企业走出去和引进来。引导大企业与中小企业通过专业分工、服务外包、订单生产等多种方式，建立协同创新、合作共赢的协作关系。推动建设一批高水平的中小企业集群。

优化制造业发展布局。落实国家区域发展总体战略和主体功能区规划，综合考虑资源能源、环境容量、市场空间等因素，制定和实施重点行业布局规划，调整优化重大生产力布局。完善产业转移指导目录，建设国家产业转移信息服务平台，创建一批承接产业转移示范园区，引导产业合理有序转移，推动东中西部制造业协调发展。积极推动京津冀和长江经济带产业协同发展。按照新型工业化的要求，改造提升现有制造业集聚区，推动产业集聚向产业集群转型升级。建设一批特色和优势突出、产业链协同高效、核心竞争力强、公共服务体系健全的新型工业化示范基地。

（八）积极发展服务型制造和生产性服务业

加快制造与服务的协同发展，推动商业模式创新和业态创新，促进生产型制造向服务型制造转变。大力发展与制造业紧密相关的生产性服务业，推动服务功能区和服务平台建设。

推动发展服务型制造。研究制定促进服务型制造发展的指导意见，实施服务型制造行动计划。开展试点示范，引导和支持制造业企业延伸服务链条，从主要提供产品制造向提供产品和服务转变。鼓励制造业企业增加服务环节投入，发展个性化定制服务、全生命周期管理、网络精准营销和在线支持服务等。支持有条件的企业由提供设备向提供系统集成总承包服务转变，由提供产品向提供整体解决方案转变。鼓励优势制造业企业“裂变”专业优势，通过业务流程再造，面向行业提供社会化、专业化服务。支持符合条件的制造业企业建立企业财务公司、金融租赁公司等金融机构，推广大型制造设备、生产线等融资租赁服务。

加快生产性服务业发展。大力发展面向制造业的信息技术服务，提高重点行业信息应用系统的方案设计、开发、综合集成能力。鼓励互联网等企业发展移动电子商务、在线定制、线上到线下等创新模式，积极发展对产品、市场的动态监控和预测预警等业务，实现与制造业企业的无缝对接，创新业务协作流程和价值创造模式。加快发展研发设计、技术转移、创业孵化、知识产权、科技咨询等科技服务业，发展壮大第三方物流、节能环保、检验检测认证、电子商务、服务外包、融资租赁、人力资源服务、售后服务、品牌建设等生产性服务业，提高对制造业转型升级的支撑能力。

强化服务功能区和公共服务平台建设。建设和提升生产性服务业功能区，重点发展研发设计、信息、物流、商务、金融等现代服务业，增强辐射能力。依托制造业集聚区，建设一批生产性服务业公共服务平台。鼓励东部地区企业加快制造业服务化转型，建立生产服务基地。支持中西部地区发展具有特色和竞争力的生产性服务业，加快产业转移承接地服务配套设施和能力建设，实现制造业和服务业协同发展。

（九）提高制造业国际化发展水平

统筹利用两种资源、两个市场，实行更加积极的开放战略，将引进来与走出去更好结合，拓展新的开放领域和空间，提升国际合作的水平和层次，推动重点产业国际化布局，引导企业提高国际竞争力。

提高利用外资与国际合作水平。进一步放开一般制造业，优化开放结构，提高开放水平。引导外资投向新一代信息技术、高端装备、新材料、生物医药等高端制造领域，鼓励境外企业和科研机构在我国设立全球研发机构。支持符合条件的企业在境外发行股票、债券，鼓励与境外企业开展多种形式的技术合作。

提升跨国经营能力和国际竞争力。支持发展一批跨国公司，通过全球资源利用、业务流程再造、产业链整合、资本市场运作等方式，加快提升核心竞争力。支持企业在境外开展并购和股权投资、创业投资，建立研发中心、实验基地和全球营销及服务体系；依托互联网开展网络协同设计、精准营销、增值服务创新、媒体品牌推广等，建立全球产业链体系，提高国际化经营能力和服务水平。鼓励优势企业加快发展国际总承包、总集成。引导企业融入当地文化，增强社会责任意识，加强投资和经营风险管理，提高企业境外本土化能力。

深化产业国际合作，加快企业走出去。加强顶层设计，制定制造业走出去发展总体战略，建立完善统筹协调机制。积极参与和推动国际产业合作，贯彻落实丝绸之路经济带和21世纪海上丝绸之路等重大战略部署，加快推进与周边国家互联互通基础设施建设，深化产业合作。发挥沿边开放优势，在有条件的国家和地区建设一批境外制造业合作园区。坚持政府推动、企业主导，创新商业模式，鼓励高端装备、先进技术、优势产能向境外转移。加强政策引导，推动产业合作由加工制造环节为主向合作研发、联合设计、市场营销、品牌培育等高端环节延伸，提高国际合作水平。创新加工贸易模式，延长加工贸易国内增值链条，推动加工贸易转型升级。

四、战略支撑与保障

建设制造强国，必须发挥制度优势，动员各方面力量，进一步深化改革，完善政策措施，建立灵活高效的实施机制，营造良好环境；必须培育创新文化和中国特色制造文化，推动制造业由大变强。

（一）深化体制机制改革

全面推进依法行政，加快转变政府职能，创新政府管理方式，加强制造业发展战略、规划、政策、标准等制定和实施，强化行业自律和公共服务能力建设，提高产业治理水平。简政放权，深化行政审批制度改革，规范审批事项，简化程序，明确时限；适时修订政府核准的投资项目目录，落实企业投资主体地位。完善政产学研用协同创新机制，改革技术创新管理体制机制和项目经费分配、成果评价和转化机制，促进科技成果资本化、产业化，激发制造业创新活力。加快生产要素价格市场化改革，完善主要由市场决定价格的机制，合理配置公共资源；推行节能量、碳排放权、排污权、水权交易制度改革，加快资源税从价计征，推动环境保护费改税。深化国有企业改革，完善公司治理结构，有序发展混合所有制经济，进一步破除各种形式的行业垄断，取消对非公有制经济的不合理限制。稳步推进国防科技工业改革，推动军民融合深度发展。健全产业安全审查机制和法规体系，加强关系国民经济命脉和国家安全的制造业重要领域投融资、并购重组、招标采购等方面的安全审查。

（二）营造公平竞争市场环境

深化市场准入制度改革，实施负面清单管理，加强事中事后监管，全面清理和废止不利于全国统一市场建设的政策措施。实施科学规范的行业准入制度，制定和完善制造业节能节地节水、环保、技术、安全等准入标准，加强对国家强制性标准实施的监督检查，统一执法，以市场化手段引导企业进行结构调整和转型升级。切实加强监管，打击制售假冒伪劣行为，严厉惩处市场垄断和不正当竞争行为，为企业创造良好生产经营环境。加快发展技术市场，健全知识产权创造、运用、管理、保护机制。完善淘汰落后产能工作涉及的职工安置、债务清偿、企业转产等政策措施，健全市场退出机制。进一步减轻企业负担，实施涉企收费清单制度，建立全国涉企收费项目库，取缔各种不合理收费和摊派，加强监督检查和问责。推进制造业企业信用体系建设，建设中国制造信用数据库，建立健全企业信用动态评价、守信激励和失信惩戒机制。强化企业社会责任建设，推行企业产品标准、质量、安全自我声明和监督制度。

（三）完善金融扶持政策

深化金融领域改革，拓宽制造业融资渠道，降低融资成本。积极发挥政策性金融、开发性金融和商业金融的优势，加大对新一代信息技术、高端装备、新材料等重点领域的支持力度。支持中国进出口银行在业务范围内加大对制造业走出去的服务力度，鼓励国家开发银行增加对制造业企业的贷款投放，引导金融机构创新符合制造业企业特点的产品和业务。健全多层次资本市场，推动区域性股权市场规范发展，支持符合条件的制造业企业在境内外上市融资、发行各类债务融资工具。引导风险投资、私募股权投资等支持制造业企业创新发展。鼓励符合条件的制造业贷款和租赁资产开展证券化试点。支持重点领域大型制造业企业集团开展产融结合试点，通过融资租赁方式促进制造业转型升级。探索开发适合制造业发展的保险产品和服务，鼓励发展贷款保证保险和信用保险业务。在风险可控和商业可持续的前提下，通过内保外贷、外汇及人民币贷款、债权融资、股权融资等方式，加大对制造业企业在境外开展资源勘探开发、设立研发中心和高技术企业以及收购兼并等的支持力度。

（四）加大财税政策支持力度

充分利用现有渠道，加强财政资金对制造业的支持，重点投向智能制造、“四基”发展、高端装备等制造业转型升级的关键领域，为制造业发展创造良好政策环境。运用政府和社会资本合作（PPP）模式，引导社会资本参与制造业重大项目建设、企业技术改造和关键基础设施建设。创新财政资金支持方式，逐步从“补建设”向“补运营”转变，提高财政资金使用效益。深化科技计划（专项、基金等）管理改革，支持制造业重点领域科技研发和示范应用，促进制造业技术创新、转型升级和结构布局调整。完善和落实支持创新的政府采购政策，推动制造业创新产品的研发和规模化应用。落实和完善使用首台（套）重大技术装备等鼓励政策，健全研制、使用单位在产品创新、增值服务和示范应用等环节的激励约束机制。实施有利于制造业转型升级的税收政策，推进增值税改革，完善企业研发费用计核方法，切实减轻制造业企业税收负担。

（五）健全多层次人才培养体系

加强制造业人才发展统筹规划和分类指导，组织实施制造业人才培养计划，加大专业技术人才、经营管理人才和技能人才的培养力度，完善从研发、转化、生产到管理的人才培养体系。以提高现代经营管理水平和企业竞争力为核心，实施企业经营管理人才素质提升工程和国家中小企业银河培训工程，培养造就一批优秀企业家和高水平经营管理人才。以高层次、急需紧缺专业技术人才和创新型人才为重点，实施专业技术人才知识更新工程和先进制造卓越工程师培养计划，在高等学校建设一批工程创新训练中心，打造高素质专业技术人才队伍。强化职业教育和技能培训，引导一批普通本科高等学校向应用技术类高等学校转型，建立一批实训基地，开展现代学徒制试点示范，形成一支门类齐全、技艺精湛的技术技能人才队伍。鼓励企业与学校合作，培养制造业急需的科研人员、技术技能人才与复合型人才，深化相关领域工程博士、硕士专业学位研究生招生和培养模式改革，积极推进产学研结合。加强产业人才需求预测，完善各类人才信息库，构建产业人才水平评价制度和信息发布平台。建立人才激励机制，加大对优秀人才的表彰和奖励力度。建立完善制造业人才服务机构，健全人才流动和使用的体制机制。采取多种形式选拔各类优秀人才重点是专业技术人才到国外学习培训，探索建立国际培训基地。加大制造业引智力度，引进领军人才和紧缺人才。

（六）完善中小微企业政策

落实和完善支持小微企业发展的财税优惠政策，优化中小企业发展专项资金使用重点和方式。发挥财政资金杠杆撬动作用，吸引社会资本，加快设立国家中小企业发展基金。支持符合条件的民营资本依法设立中小型银行等金融机构，鼓励商业银行加大小微企业金融服务专营机构建设力度，建立完善小微企业融资担保体系，创新产品和服务。加快构建中小微企业征信体系，积极发展面向小微企业的融资租赁、知识产权质押贷款、信用保险保单质押贷款等。建设完善中小企业创业基地，引导各类创业投资基金投资小微企业。鼓励大学、科研院所、工程中心等对中小企业开放共享各种实（试）验设施。加强中小微企业综合服务体系建设，完善中小微企业公共服务平台网络，建立信息互联互通机制，为中小微企业提供创业、创新、融资、咨询、培训、人才等专业化服务。

（七）进一步扩大制造业对外开放

深化外商投资管理体制改革，建立外商投资准入前国民待遇加负面清单管理机制，落实备案为主、核准为辅的管理模式，营造稳定、透明、可预期的营商环境。全面深化外汇管理、海关监管、检验检疫管理改革，提高贸易投资便利化水平。进一步放宽市场准入，修订钢铁、化工、船舶等产业政策，支持制造业企业通过委托开发、专利授权、众包众创等方式引进先进技术和高端人才，推动利用外资由重点引进技术、资金、设备向合资合作开发、对外并购及引进领军人才转变。加强对外投资立法，强化制造业企业走出去法律保障，规范企业境外经营行为，维护企业合法权益。探索利用产业基金、国有资本收益等渠道支持高铁、电力装备、汽车、工程施工等装备和优势产能走出去，实施海外投资并购。加快制造业走出去支撑服务机构建设和水平提升，建立制造业对外投资公共服务平台和出口产品技术性贸易服务平台，完善应对贸易摩擦和境外投资重大事项预警协调机制。

（八）健全组织实施机制

成立国家制造强国建设领导小组，由国务院领导同志担任组长，成员由国务院相关部门和单位负责同志担任。领导小组主要职责是：统筹协调制造强国建设全局性工作，审议重大规划、重大政策、重大工程专项、重大问题和重要工作安排，加强战略谋划，指导部门、地方开展工作。领导小组办公室设在工业和信息化部，承担领导小组日常工作。设立制造强国建设战略咨询委员会，研究制造业发展的前瞻性、战略性重大问题，对制造业重大决策提供咨询评估。支持包括社会智库、企业智库在内的多层次、多领域、多形态的中国特色新型智库建设，为制造强国建设提供强大智力支持。建立《中国制造2025》任务落实情况督促检查和第三方评价机制，完善统计监测、绩效评估、动态调整和监督考核机制。建立《中国制造2025》中期评估机制，适时对目标任务进行必要调整。

各地区、各部门要充分认识建设制造强国的重大意义，加强组织领导，健全工作机制，强化部门协同和上下联动。各地区要结合当地实际，研究制定具体实施方案，细化政策措施，确保各项任务落实到位。工业和信息化部要会同相关部门加强跟踪分析和督促指导，重大事项及时向国务院报告。

[来源：http：//www. gov. cn/zhengce/content/2015－05/19/content_ 9784. htm]

国务院关于推进国际产能和装备制造合作的指导意见

国发〔2015〕30号

各省、自治区、直辖市人民政府，国务院各部委、各直属机构：

近年来，我国装备制造业持续快速发展，产业规模、技术水平和国际竞争力大幅提升，在世界上具有重要地位，国际产能和装备制造合作初见成效。当前，全球产业结构加速调整，基础设施建设方兴未艾，发展中国家大力推进工业化、城镇化进程，为推进国际产能和装备制造合作提供了重要机遇。为抓住有利时机，推进国际产能和装备制造合作，实现我国经济提质增效升级，现提出以下意见。

一、重要意义

(一) 推进国际产能和装备制造合作，是保持我国经济中高速增长和迈向中高端水平的重大举措

当前，我国经济发展进入新常态，对转变发展方式、调整经济结构提出了新要求。积极推进国际产能和装备制造合作，有利于促进优势产能对外合作，形成我国新的经济增长点，有利于促进企业不断提升技术、质量和服务水平，增强整体素质和核心竞争力，推动经济结构调整和产业转型升级，实现从产品输出向产业输出的提升。

(二) 推进国际产能和装备制造合作，是推动新一轮高水平对外开放、增强国际竞争优势的重要内容

当前，我国对外开放已经进入新阶段，加快铁路、电力等国际产能和装备制造合作，有利于统筹国内国际两个大局，提升开放型经济发展水平，有利于实施“一带一路”、中非“三网一化”合作等重大战略。

(三) 推进国际产能和装备制造合作，是开展互利合作的重要抓手

当前，全球基础设施建设掀起新热潮，发展中国家工业化、城镇化进程加快，积极开展境外基础设施建设和产能投资合作，有利于深化我国与有关国家的互利合作，促进当地经济和社会发展。

二、总体要求

(四) 指导思想和总体思路

全面贯彻落实党的十八大和十八届二中、三中、四中全会精神，按照党中央、国务院决策部署，适应经济全球化新形势，着眼全球经济发展新格局，把握国际经济合作新方向，将我国产业优势和资金优势与国外需求相结合，以企业为主体，以市场为导向，加强政府统筹协调，创新对外合作机制，加大政策支持力度，健全服务保障体系，大力推进国际产能和装备制造合作，有力促进国内经济发展、产业转型升级，拓展产业发展新空间，打造经济增长新动力，开创对外开放新局面。

(五) 基本原则

坚持企业主导、政府推动。以企业为主体、市场为导向，按照国际惯例和商业原则开展国际产能和装备制造合作，企业自主决策、自负盈亏、自担风险。政府加强统筹协调，制定发展规划，改革管理方式，提高便利化水平，完善支持政策，营造良好环境，为企业“走出去”创造有利条件。

坚持突出重点、有序推进。国际产能和装备制造合作要选择制造能力强、技术水平高、国际竞争优势明显、国际市场有需求的领域为重点，近期以亚洲周边国家和非洲国家为主要方向，根据不同国家和行业的特点，有针对性地采用贸易、承包工程、投资等多种方式有序推进。

坚持注重实效、互利共赢。推动我装备、技术、标准和服务“走出去”，促进国内经济发展和产业转型升级。践行正确义利观，充分考虑所在国国情和实际需求，注重与当地政府和企业互利合作，创造良好的经济和社会效益，实现互利共赢、共同发展。

坚持积极稳妥、防控风险。根据国家经济外交整体战略，进一步强化我国比较优势，在充分掌握和论证相关国家政治、经济和社会情况基础上，积极谋划、合理布局，

有力有序有效地向前推进，防止一哄而起、盲目而上、恶性竞争，切实防控风险，提高国际产能和装备制造合作的效用和水平。

（六）主要目标

力争到2020年，与重点国家产能合作机制基本建立，一批重点产能合作项目取得明显进展，形成若干境外产能合作示范基地。推进国际产能和装备制造合作的体制机制进一步完善，支持政策更加有效，服务保障能力全面提升。形成一批有国际竞争力和市场开拓能力的骨干企业。国际产能和装备制造合作的经济和社会效益进一步提升，对国内经济发展和产业转型升级的促进作用明显增强。

三、主要任务

（七）总体任务

将与我装备和产能契合度高、合作愿望强烈、合作条件和基础好的发展中国家作为重点国别，并积极开拓发达国家市场，以点带面，逐步扩展。将钢铁、有色、建材、铁路、电力、化工、轻纺、汽车、通信、工程机械、航空航天、船舶和海洋工程等作为重点行业，分类实施，有序推进。

（八）立足国内优势，推动钢铁、有色行业对外产能合作

结合国内钢铁行业结构调整，以成套设备出口、投资、收购、承包工程等方式，在资源条件好、配套能力强、市场潜力大的重点国家建设炼铁、炼钢、钢材等钢铁生产基地，带动钢铁装备对外输出。结合境外矿产资源开发，延伸下游产业链，开展铜、铝、铅、锌等有色金属冶炼和深加工，带动成套设备出口。

（九）结合当地市场需求，开展建材行业优势产能国际合作

根据国内产业结构调整的需要，发挥国内行业骨干企业、工程建设企业的作用，在有市场需求、生产能力不足的发展中国家，以投资方式为主，结合设计、工程建设、设备供应等多种方式，建设水泥、平板玻璃、建筑卫生陶瓷、新型建材、新型房屋等生产线，提高所在国工业生产能力，增加当地市场供应。

（十）加快铁路“走出去”步伐，拓展轨道交通装备国际市场

以推动和实施周边铁路互联互通、非洲铁路重点区域网络建设及高速铁路项目为重点，发挥我国在铁路设计、施工、装备供应、运营维护及融资等方面的综合优势，积极开展一揽子合作。积极开发和实施城市轨道交通项目，扩大城市轨道交通车辆国际合作。在有条件的重点国家建立装配、维修基地和研发中心。加快轨道交通装备企业整合，提升骨干企业国际经营能力和综合实力。

（十一）大力开发和实施境外电力项目，提升国际市场竞争力

加大电力“走出去”力度，积极开拓有关国家火电和水电市场，鼓励以多种方式参与重大电力项目合作，扩大国产火电、水电装备和技术出口规模。积极与有关国家开展核电领域交流与磋商，推进重点项目合作，带动核电成套装备和技术出口。积极参与有关国家风电、太阳能光伏项目的投资和建设，带动风电、光伏发电国际产能和装备制造合作。积极开展境外电网项目投资、建设和运营，带动输变电设备出口。

（十二）加强境外资源开发，推动化工重点领域境外投资

充分发挥国内技术和产能优势，在市场需求大、资源条件好的发展中国家，加强资源开发和产业投资，建设石化、化肥、农药、轮胎、煤化工等生产线。以满足当地市场需求为重点，开展化工下游精深加工，延伸产业链，建设绿色生产基地，带动国内成套设备出口。

（十三）发挥竞争优势，提高轻工纺织行业国际合作水平

发挥轻纺行业较强的国际竞争优势，在有条件的国家，依托当地农产品、畜牧业资源建立加工厂，在劳动力资源丰富、生产成本低、靠近目标市场的国家投资建设棉纺、化纤、家电、食品加工等轻纺行业项目，带动相关行业装备出口。在境外条件较好的工业园区，形成上下游配套、集群式发展的轻纺产品加工基地。把握好合作节奏和尺度，推动国际合作与国内产业转型升级良性互动。

（十四）通过境外设厂等方式，加快自主品牌汽车走向国际市场

积极开拓发展中国家汽车市场，推动国产大型客车、载重汽车、小型客车、轻型客车出口。在市场潜力大、产业配套强的国家设立汽车生产厂和组装厂，建立当地分销网络和维修维护中心，带动自主品牌汽车整车及零部件出口，提升品牌影响力。鼓励汽车企业在欧美发达国家设立汽车技术和工程研发中心，同国外技术实力强的企业开展合作，提高自主品牌汽车的研发和制造技术水平。

（十五）推动创新升级，提高信息通信行业国际竞争力

发挥大型通信和网络设备制造企业的国际竞争优势，巩固传统优势市场，开拓发达国家市场，以用户为核心，以市场为导向，加强与当地运营商、集团用户的合作，强化设计研发、技术支持、运营维护、信息安全的体系建设，提高在全球通信和网络设备市场的竞争力。鼓励电信运营企业、互联网企业采取兼并收购、投资建设、设施运营等方式“走出去”，在海外建设运营信息网络、数据中心等基础设施，与通信和网络制造企业合作。鼓励企业在海外设立研发机构，利用全球智力资源，加强新一代信息技术的研发。

（十六）整合优势资源，推动工程机械等制造企业完善全球业务网络

加大工程机械、农业机械、石油装备、机床工具等制

造企业的市场开拓力度，积极开展融资租赁等业务，结合境外重大建设项目的实施，扩大出口。鼓励企业在有条件的国家投资建厂，完善运营维护服务网络建设，提高综合竞争能力。支持企业同具有品牌、技术和市场优势的国外企业合作，鼓励在发达国家设立研发中心，提高机械制造企业产品的品牌影响力和技术水平。

（十七）加强对外合作，推动航空航天装备对外输出

大力开拓发展中国家航空市场，在亚洲、非洲条件较好的国家探索设立合资航空运营企业，建设后勤保障基地，逐步形成区域航空运输网，打造若干个辐射周边国家的区域航空中心，加快与有关国家开展航空合作，带动国产飞机出口。积极开拓发达国家航空市场，推动通用飞机出口。支持优势航空企业投资国际先进制造和研发企业，建立海外研发中心，提高国产飞机的质量和水平。加强与发展中国家航天合作，积极推进对外发射服务。加强与发达国家在卫星设计、零部件制造、有效载荷研制等方面的合作，支持有条件的企业投资国外特色优势企业。

（十八）提升产品和服务水平，开拓船舶和海洋工程装备高端市场

发挥船舶产能优势，在巩固中低端船舶市场的同时，大力开拓高端船舶和海洋工程装备市场，支持有实力的企业投资建厂、建立海外研发中心及销售服务基地，提高船舶高端产品的研发和制造能力，提升深海半潜式钻井平台、浮式生产储卸装置、海洋工程船舶、液化天然气船等产品国际竞争力。

四、提高企业“走出去”能力和水平

（十九）发挥企业市场主体作用

各类企业包括民营企业要结合自身发展需要和优势，坚持以市场为导向，按照商业原则和国际惯例，明确工作重点，制定实施方案，积极开展国际产能和装备制造合作，为我拓展国际发展新空间作出积极贡献。

（二十）拓展对外合作方式

在继续发挥传统工程承包优势的同时，充分发挥我国资金、技术优势，积极开展“工程承包+融资”“工程承包+融资+运营”等合作，有条件的项目鼓励采用BOT、PPP等方式，大力开拓国际市场，开展装备制造合作。与具备条件的国家合作，形成合力，共同开发第三方市场。国际产能合作要根据所在国的实际和特点，灵活采取投资、工程建设、技术合作、技术援助等多种方式，与所在国政府和企业开展合作。

（二十一）创新商业运作模式

积极参与境外产业集聚区、经贸合作区、工业园区、经济特区等合作园区建设，营造基础设施相对完善、法律政策配套的具有集聚和辐射效应的良好区域投资环境，引导国内企业抱团出海、集群式“走出去”。通过互联网借船出海，借助互联网企业境外市场、营销网络平台，开辟新的商业渠道。通过以大带小合作出海，鼓励大企业率先走向国际市场，带动一批中小配套企业“走出去”，构建全产业链战略联盟，形成综合竞争优势。

（二十二）提高境外经营能力和水平

认真做好所在国政治、经济、法律、市场的分析和评估，加强项目可行性研究和论证，建立效益风险评估机制，注重经济性和可持续性，完善内部投资决策程序，落实各方面配套条件，精心组织实施。做好风险应对预案，妥善防范和化解项目执行中的各类风险。鼓励扎根当地、致力于长期发展，在企业用工、采购等方面努力提高本地化水平，加强当地员工培训，积极促进当地就业和经济发展。

（二十三）规范企业境外经营行为

企业要认真遵守所在国法律法规，尊重当地文化、宗教和习俗，保障员工合法权益，做好知识产权保护，坚持诚信经营，抵制商业贿赂。注重资源节约利用和生态环境保护，承担社会责任，为当地经济和社会发展积极作贡献，实现与所在国的互利共赢、共同发展。建立企业境外经营活动考核机制，推动信用制度建设。加强企业间的协调与合作，遵守公平竞争的市场秩序，坚决防止无序和恶性竞争。

五、加强政府引导和推动

（二十四）加强统筹指导和协调

根据国家经济社会发展总体规划，结合“一带一路”建设、周边基础设施互联互通、中非“三网一化”合作等，制定国际产能合作规划，明确重点方向，指导企业有重点、有目标、有组织地开展对外工作。

（二十五）完善对外合作机制

充分发挥现有多双边高层合作机制的作用，与重点国家建立产能合作机制，加强政府间交流协调以及与相关国际和地区组织的合作，搭建政府和企业对外合作平台，推动国际产能和装备制造合作取得积极进展。完善与有关国家在投资保护、金融、税收、海关、人员往来等方面合作机制，为国际产能和装备制造合作提供全方位支持和综合保障。

（二十六）改革对外合作管理体制

进一步加大简政放权力度，深化境外投资管理制度改革，取消境外投资审批，除敏感类投资外，境外投资项目和设立企业全部实行告知性备案，做好事中事后监管工作。完善对中央和地方国有企业的境外投资管理方式，从注重事前管理向加强事中事后监管转变。完善对外承包工程管理，为企业开展对外合作创造便利条件。

（二十七）做好外交服务工作

外交部门和驻外使领馆要进一步做好驻在国政府和社会各界的工作，加强对我企业的指导、协调和服务，及时提供国别情况、有关国家合作意向和合作项目等有效信息，做好风险防范和领事保护工作。

（二十八）建立综合信息服务平台

完善信息共享制度，指导相关机构建立公共信息平台，全面整合政府、商协会、企业、金融机构、中介服务机构等信息资源，及时发布国家“走出去”有关政策，以及全面准确的国外投资环境、产业发展和政策、市场需求、项目合作等信息，为企业“走出去”提供全方位的综合信息支持和服务。

（二十九）积极发挥地方政府作用

地方政府要结合本地区产业发展、结构调整和产能情况，制定有针对性的工作方案，指导和鼓励本地区有条件的企业积极有序推进国际产能和装备制造合作。

六、加大政策支持力度

（三十）完善财税支持政策

加快与有关国家商签避免双重征税协定，实现重点国家全覆盖。

（三十一）发挥优惠贷款作用

根据国际产能和装备制造合作需要，支持企业参与大型成套设备出口、工程承包和大型投资项目。

（三十二）加大金融支持力度

发挥政策性银行和开发性金融机构的积极作用，通过银团贷款、出口信贷、项目融资等多种方式，加大对国际产能和装备制造合作的融资支持力度。鼓励商业性金融机构按照商业可持续和风险可控原则，为国际产能和装备制造合作项目提供融资支持，创新金融产品，完善金融服务。鼓励金融机构开展PPP项目贷款业务，提升我国高铁、核电等重大装备和产能“走出去”的综合竞争力。鼓励国内金融机构提高对境外资产或权益的处置能力，支持“走出去”企业以境外资产和股权、矿权等权益为抵押获得贷款，提高企业融资能力。加强与相关国家的监管协调，降低和消除准入壁垒，支持中资金融机构加快境外分支机构和服务网点布局，提高融资服务能力。加强与国际金融机构的对接与协调，共同开展境外重大项目合作。

（三十三）发挥人民币国际化积极作用

支持国家开发银行、中国进出口银行和境内商业银行在境外发行人民币债券并在境外使用，取消在境外发行人民币债券的地域限制。加快建设人民币跨境支付系统，完善人民币全球清算服务体系，便利企业使用人民币进行跨境合作和投资。鼓励在境外投资、对外承包工程、大型成套设备出口、大宗商品贸易及境外经贸合作区等使用人民币计价结算，降低“走出去”的货币错配风险。推动人民币在“一带一路”建设中的使用，有序拓宽人民币回流渠道。

（三十四）扩大融资资金来源

支持符合条件的企业和金融机构通过发行股票、债券、资产证券化产品在境内外市场募集资金，用于“走出去”项目。实行境外发债备案制，募集低成本外汇资金，更好地支持企业“走出去”资金需求。

（三十五）增加股权投资来源

发挥中国投资有限责任公司作用，设立业务覆盖全球的股权投资公司（即中投海外直接投资公司）。充分发挥丝路基金、中非基金、东盟基金、中投海外直接投资公司等作用，以股权投资、债务融资等方式，积极支持国际产能和装备制造合作项目。鼓励境内私募股权基金管理机构“走出去”，充分发挥其支持企业“走出去”开展绿地投资、并购投资等的作用。

（三十六）加强和完善出口信用保险

建立出口信用保险支持大型成套设备的长期制度性安排，对风险可控的项目实现应保尽保。发挥好中长期出口信用保险的风险保障作用，扩大保险覆盖面，以有效支持大型成套设备出口，带动优势产能“走出去”。

七、强化服务保障和风险防控

（三十七）加快中国标准国际化推广

提高中国标准国际化水平，加快认证认可国际互认进程。积极参与国际标准和区域标准制定，推动与主要贸易国之间的标准互认。尽早完成高铁、电力、工程机械、化工、有色、建材等行业技术标准外文版翻译，加大中国标准国际化推广力度，推动相关产品认证认可结果互认和采信。

（三十八）强化行业协会和中介机构作用

鼓励行业协会、商会、中介机构发挥积极作用，为企业“走出去”提供市场化、社会化、国际化的法律、会计、税务、投资、咨询、知识产权、风险评估和认证等服务。建立行业自律与政府监管相结合的管理体系，完善中介服务执业规则与管理制度，提高中介机构服务质量，强化中介服务机构的责任。

（三十九）加快人才队伍建设

加大跨国经营管理人才培训力度，坚持企业自我培养与政府扶持相结合，培养一批复合型跨国经营管理人才。以培养创新型科技人才为先导，加快重点行业专业技术人才队伍建设。加大海外高层次人才引进力度，建立人才国际化交流平台，为国际产能和装备制造合作提供人才支撑。

（四十）做好政策阐释工作

积极发挥国内传统媒体和互联网新媒体作用，及时准确通报信息。加强与国际主流媒体交流合作，做好与所在国当地媒体、智库、非政府组织的沟通工作，阐释平等合作、互利共赢、共同发展的合作理念，积极推介我国装备产品、技术、标准和优势产业。

（四十一）加强风险防范和安全保障

建立健全支持“走出去”的风险评估和防控机制，定期发布重大国别风险评估报告，及时警示和通报有关国家政治、经济和社会重大风险，提出应对预案和防范措施，妥善应对国际产能和装备制造合作重大风险。综合运用外交、经济、法律等手段，切实维护我国企业境外合法权益。充分发挥境外中国公民和机构安全保护工作部际联席会议制度的作用，完善境外安全风险预警机制和突发安全事件应急处理机制，及时妥善解决和处置各类安全问题，切实保障公民和企业的境外安全。

国务院

2015年5月13日

［来源：http://news.xinhuanet.com/politics/2015-05/16/c_1115304415.htm］

煤炭清洁高效利用行动计划（2015—2020年）

国能煤炭〔2015〕141号

煤炭是我国的主体能源和重要工业原料，近年来，煤炭工业取得了长足发展，煤炭产量快速增长，生产力水平大幅提高，为经济社会健康发展做出了突出贡献，但煤炭利用方式粗放、能效低、污染重等问题没有得到根本解决。未来一个时期，煤炭在一次能源消费中仍将占主导地位。为贯彻中央财经领导小组第六次会议和新一届国家能源委员会首次会议精神，落实《国务院办公厅关于印发能源发展战略行动计划（2014-2020年）的通知》（国办发〔2014〕31号）和《关于促进煤炭安全绿色开发和清洁高效利用的意见（国能煤炭〔2014〕571号）要求，加快推动能源消费革命，进一步提高煤炭清洁高效利用水平，有效缓解资源环境压力，制定本行动计划。

一、指导思想

高举中国特色社会主义伟大旗帜，全面贯彻党的十八大和十八届三中、四中全会精神，以邓小平理论、“三个代表”重要思想、科学发展观为指导，深入贯彻习近平总书记系列重要讲话精神，按照全面建成小康社会、全面深化改革、全面依法治国、全面从严治党的战略布局，坚持稳中求进工作总基调，落实《能源发展战略行动计划（2014-2020年）》，按照源头治理、突出重点、高效转化、清洁利用的发展方针，坚持政府引导、企业主体、市场驱动、科技支撑、法律规范、社会参与的原则，加快发展高效燃煤发电和升级改造，实施燃煤锅炉提升工程，着力推动煤炭分级分质梯级利用，推进废弃物资源化综合利用，实现煤炭清洁高效利用。

二、主要任务和行动目标

加强煤炭质量管理，加快先进的煤炭优质化加工、燃煤发电技术装备攻关及产业化应用，稳步推进相关产业升级示范，建立政策引导与市场推动相结合的煤炭清洁高效利用推进机制，构建清洁、高效、低碳、安全、可持续的现代煤炭清洁利用体系。主要目标：全国新建燃煤发电机组平均供电煤耗低于300g（标准煤）/kW·h；到2017年，全国原煤入选率达到70%以上；现代煤化工产业化示范取得初步成效，燃煤工业锅炉平均运行效率比2013年提高5个百分点。到2020年，原煤入选率达到80%以上；现役燃煤发电机组改造后平均供电煤耗低于310g（标准煤）/kW·h，电煤占煤炭消费比重提高到60%以上；现代煤化工产业化示范取得阶段性成果，形成更加完整的自主技术和装备体系；燃煤工业锅炉平均运行效率比2013年提高8个百分点；稳步推进煤炭优质化加工、分质分级梯级利用、煤矿废弃物资源化利用等的示范，建设一批煤炭清洁高效利用示范工程项目。

三、重点工作

（一）推进煤炭洗选和提质加工，提高煤炭产品质量

大力发展高精度煤炭洗选加工，实现煤炭深度提质和分质分级；开发高性能、高可靠性、智能化、大型（炼焦煤600万t/a以上和动力煤1000万t/a以上）选煤装备；新建煤矿均应配套建设高效的选煤厂或群矿选煤厂，现有煤矿实施选煤设施升级改造，组织开展井下选煤厂示范工程建设。严格落实《商品煤质量管理暂行办法》，积极推广先进的煤炭提质、洁净型煤和高浓度水煤浆技术。

在矿区、港口等煤炭集散地以及用户集中区，建设和完善区域煤炭优质化配送中心、大型现代化煤炭物流园区和储配煤中心，合理规划建设全密闭煤炭优质化加工和配送中心，通过采用选煤、配煤、型煤、水煤浆、低阶煤提质等先进的煤炭优质化加工技术，提高、优化煤炭质量，形成分区域优质化清洁化供应煤炭产品的格局，实现煤炭精细化加工配送。到2020年，重点建成海西等11个大型煤炭储配基地和30个年流通规模2000万吨级煤炭物流园区。

（二）发展超低排放燃煤发电，加快现役燃煤机组升级改造

逐步提高电煤在煤炭消费中的比重，推进煤电节能减排升级改造。

根据水资源、环境容量和生态承载力，在新疆、内蒙古、陕西、山西、宁夏等煤炭资源富集地区，科学推进鄂尔多斯、锡盟、晋北、晋中、晋东、陕北、宁东、哈密、准东等9个以电力外送为主的大型煤电基地建设。

认真落实《煤电节能减排升级改造行动计划》各项任务要求，进一步加快燃煤电站节能减排改造步伐，提升煤电高效清洁利用水平，打造煤电产业升级版。

（三）改造提升传统煤化工产业，稳步推进现代煤化

工产业发展

改造提升传统煤化工产业，在煤焦化、煤制合成氨、电石等传统煤化工领域进一步推动上大压小，等量替代，淘汰落后产能。以规模化、集群化、循环化发展模式，大力发展焦炉煤气、煤焦油、电石尾气等副产品的高质高效利用。以现代煤气化技术促进煤制合成氨升级改造，开展高水平特大型示范工程建设。

适度发展现代煤化工产业，通过示范项目建设不断完善国内自主技术，加强不同技术间的耦合集成，大幅提升现代煤化工技术水平和能源转化效率，减少对生态环境的负面影响。在示范取得成功后，结合国民经济和社会发展需要，按照统一规划、合理布局、综合利用的原则，统筹推进现代煤化工产业发展。

重点在煤炭资源丰富、水资源有保障、生态环境许可、运输便捷的地区，根据生态环境、水资源保障情况，布局现代煤化工示范项目。坚持规模化、大型化、一体化、园区化、集约化发展。禁止在《全国主体功能区规划》确定的限制和禁止开发重点生态功能区内建设现代煤化工项目。严格控制缺水地区项目建设。

新建现代煤化工示范项目的主要技术指标应明显优于首批示范项目的水平，大气污染物和污水排放要符合最严格的环保要求，废渣全部无害化处理或资源化利用，推广应用废水制水煤浆、空气冷却等节水型技术，实现关键技术和装备国产化。

（四）实施燃煤锅炉提升工程，推广应用高效节能环保型锅炉

新生产和安装使用的20蒸吨/小时及以上燃煤锅炉应安装高效脱硫和高效除尘设施。在供热和燃气管网不能覆盖的地区，改用电、新能源或洁净煤，推广应用高效节能环保型锅炉，区域集中供热通过建设大型燃煤高效锅炉实现。20蒸吨/小时及以上燃煤锅炉应安装在线检测装置，并与当地的环保部门联网。

加速淘汰落后锅炉。到2017年，地级及以上城市建成区基本淘汰10蒸吨/小时及以下的燃煤锅炉；天津市、河北省地级及以上城市建成区基本淘汰35蒸吨/小时及以下燃煤锅炉。鼓励发展热电联供、集中供热等供热方式，以天然气（煤层气）、电力等清洁燃料替代分散中小燃煤锅炉。

提升锅炉污染治理水平。10蒸吨/小时及以上的燃煤锅炉要开展烟气高效脱硫、除尘改造，积极开展低氮燃烧技术及水煤浆燃烧技术改造示范，实现全面达标排放。大气污染防治重点控制区域的燃煤锅炉，要按照国家有关规定达到特别排放限值要求。开发推广工业锅炉余热、余能回收利用技术，实现余热、余能高效回收及梯级利用。

到2020年，淘汰落后燃煤锅炉60万蒸吨，京津冀、长三角、珠三角等重点区域的燃煤锅炉设施，基本完成天然气、热电联供、洁净优质煤炭产品等替代；现役低效、排放不达标锅炉基本淘汰或升级改造，高效锅炉达到50%以上。

（五）开展煤炭分质分级梯级利用，提高煤炭资源综合利用效率

鼓励低阶煤提质技术研发和示范。开展单系统年处理原料煤百万吨级中低温干馏制气、制油为主要产品路线的大规模煤炭分质利用示范，促进我国煤炭分质利用和提质技术水平的提高。

逐步实现“分质分级、能化结合、集成联产”的新型煤炭利用方式。鼓励煤－化－电－热一体化发展，加强各系统耦合集成。在具备条件的地区推进煤化工与发电、油气化工、钢铁、建材等产业间的耦合发展，实现物质的循环利用和能量的梯级利用，降低生产成本、资源消耗和污染排放。

2017年，低阶煤分级提质关键技术取得突破；2020年，建成一批百万吨级分级提质示范项目。

（六）加大民用散煤清洁化治理力度，减少煤炭分散直接燃烧

扩大城市高污染燃料禁燃区范围，逐步由城市建成区扩展到近郊，禁燃区内禁止使用散煤等高污染燃料，逐步实现无煤化。大力推广优质能源替代民用散煤，结合城市改造和城镇化建设，通过政策补偿和实施多类电价等措施，逐步推行天然气、电力及可再生能源等清洁能源替代散煤，形成多途径、多通道减少民用散煤使用的格局。农村地区综合推广使用生物质成型燃料、沼气、太阳能等清洁能源，减少散煤使用。

加大先进民用炉具的推广力度。民用优质散煤、洁净型煤等清洁能源产品，需配套先进节能炉具。制订民用先进炉具相关标准，建立民用先进炉具生产企业目录，拟定购买先进炉具的地方补贴政策。加大宣传力度，充分调动使用先进炉具的积极性。

京津冀及周边地区、长三角、珠三角限制销售和使用灰分大于16%、硫分大于1%的散煤。制定更严格的民用煤炭产品质量地方标准。加快修订优质散煤、低排放型煤等民用煤炭产品质量的地方标准，对硫分、灰分、挥发分、排放指标等进行更严格的限制，不符合标准的煤炭产品不允许销售。推行优质、低排放煤炭产品替代劣质散煤机制，全面禁止劣质散煤的销售。

（七）推进废弃物资源化利用，减少污染物排放

加大煤矸石、煤泥、煤矿瓦斯、矿井水等资源化利用的力度。推广矸石井下充填技术，推进井下模块式选煤系统开发及其示范工程建设，实现废弃物不出井；支持低热值煤（煤泥、煤矸石）循环流化床燃烧技术及锅炉的研发及应用；鼓励开展煤矿瓦斯防治利用重大技术攻关，实施瓦斯开发利用示范工程；有条件的矿区实施保水开采或煤水共采，实现矿井突水控制与水资源保护一体化；推进煤炭地下气化示范工程建设，探索适合我国国情的煤炭地下

气化发展路线。开发脱硫石膏、粉煤灰大宗量规模化利用及精细化利用技术，积极推广粉煤灰和脱硫石膏在建筑材料、土壤改良等方面的综合利用。建设与煤共伴生的铝、锗等资源精细化利用示范工程，促进矿区循环经济发展。

积极开展二氧化碳捕集、利用与封存技术研究和示范；鼓励现代煤化工企业与石油企业及相关行业合作，开展驱油、微藻吸收、地质封存等示范，为其他行业实施更大范围的碳减排积累经验。

到2020年，煤矸石综合利用率不低于80%；煤矿瓦斯抽采利用率达到60%，在水资源短缺矿区、一般水资源矿区、水资源丰富矿区，矿井水或露天矿矿坑水利用率分别不低于95%、80%、75%；煤矿塌陷土地治理率达到80%以上，排矸场和露天矿排土场复垦率达到90%以上；煤炭地下气化技术取得突破。

四、保障措施

（一）完善标准体系

积极推进《产业结构调整指导目录》修订，明确限制类、淘汰类煤炭利用技术。加快制定煤炭清洁高效利用技术和装备标准。完善煤炭及转化产品质量标准。研究建立煤炭清洁高效利用先进技术遴选、评定、认证及推广机制。建立专家库，制定认证准则。根据相关标准对煤炭清洁利用技术进行评选，发布煤炭清洁高效利用先进技术目录。

提高煤炭清洁高效利用项目建设标准。通过项目建设规模、能源转化效率、综合能耗、新鲜水耗、资源综合利用率、污废产排率等具体指标进行调控和引导，促进集约化发展，防止盲目投资和低水平重复建设。

（二）依靠科技驱动

加强基础研究和技术攻关，积极推进将煤炭清洁高效利用重大科学研究和关键技术攻关纳入国家科技重大专项计划，将示范技术列入国家重点研发计划。积极组建国家重点实验室、国家科技研发中心、产业技术创新战略联盟等创新平台，建立以企业为主体、市场为导向、产学研用相结合的创新体系，培育一批技术创新能力强、拥有自主知识产权和品牌，融研发、设计、制造、服务于一体，具备核心竞争力的煤炭清洁高效技术和装备研发企业。加快培育具有国际竞争力的专业人才队伍。

（三）加强国际合作

充分借鉴世界先进经验，高起点、高标准地引进先进技术与管理模式，并组织消化、吸收和再创新。支持优势企业积极参与境外资产并购和项目开发建设，加强与境外制造企业和研发机构合作，充分利用境外资源和市场，提高我国煤炭清洁高效利用技术、装备和产品的国际竞争力。鼓励在国外建设大型煤炭清洁高效利用商业化项目，带动我国技术服务、重大装备、人才劳务向国际市场输出，丰富合作层次，提升合作水平。

（四）完善政策支持

各有关方面要积极落实现行与煤炭清洁高效利用相关的税收优惠政策，并在此基础上，研究出台更加有力的支持政策。积极引导各类社会资本进入煤炭清洁高效利用相关领域，鼓励采用合同能源管理方式实施煤炭清洁高效技术的运行和改造。

（五）强化监督管理

强化煤炭利用项目的能效、污染物排放等运行指标实时监测和信息公开；加强煤炭经营监督管理及环保、质检、工商等部门的联合执法，建立商品煤质量标识系统，严厉打击配煤环节掺杂使假行为。加强煤炭利用项目的运行监督和管理，加大环保设施建设和运行监管力度，确保煤炭利用技术和装置污染物在线监测的真实、准确。

（六）做好组织实施

各地区要加大政策落实力度，在各自职责范围内进一步细化和分解年度目标任务，根据本地区本行业实际情况，研究出台相关实施细则和扶持政策，狠抓落实，强化监管，确保取得实效。

［来源：http：//zfxxgk. nea. gov. cn/auto85/201505/t20150505_ 1917. htm］

海洋工程装备（平台类）行业规范条件

中华人民共和国工业和信息化部

公　告

2014 年 第 87 号

一、总则

（一）为进一步加强海洋工程装备行业管理，大力培育战略性新兴产业，加快结构调整，促进转型升级，引导海洋工程装备生产企业持续健康发展，根据国家有关法律法规、产业政策和行业规划，制定本规范条件。

（二）国家鼓励企业做优做强，提高海洋工程装备设计制造能力、生产效率和产品质量，加强技术和管理创新，提升环境保护、安全生产和职业健康管理水平，提高资源利用率和降低能源消耗。

（三）国家对符合本规范条件的海洋工程装备（平台

类）（以下简称海工平台）生产企业实行公告管理，企业按自愿原则进行申请。

（四）本规范条件中的海工平台是指海上移动式作业与生产装备与设施，主要包括自升式平台、柱稳式（半潜）式平台、坐底式平台、水面（船式/驳船）式平台等［具体定义等参见中国船级社《海上移动平台入级规范》（2012）］。

二、基本要求

（五）具有独立法人资格，取得工商行政管理部门核发的、经营范围涵盖海工平台建造的有效企业法人营业执照。

（六）具有生产场所用地合法土地使用权，同时具有专业、专属的海工平台生产设施。

（七）具备有关法律法规、国家标准或行业标准规定的安全生产条件。

（八）按照 ISO 9000 或 GB/T 19000 系列、ISO14000 或 GB/T24000 系列、OHSAS18000 或 GB/T28000 系列标准的要求，建立质量、环保、职业健康安全管理体系，并通过第三方认证。

（九）合法、诚信经营，依法纳税，用工制度符合《劳动合同法》的规定，并按国家有关规定交纳各项社会保险费。金融机构信用等级达到 AA 级及以上。

（十）符合国家产业政策要求，不生产国家明令淘汰的产品，不使用国家明令淘汰的设备、材料和生产工艺。

三、技术创新与质量控制

（十一）应具有自主研发和创新能力，具有省级及以上部门认定的企业技术中心、工程研究中心、工程实验室、重点实验室等各类研发机构，年度研发经费投入不低于主营业务收入的 2%，并具有与海工平台设计建造相关的专利或专有技术。

（十二）拥有设计团队，具备研发和设计能力，专业领域覆盖结构、舾装、计算、轮机、管系、通风、电气、钻井等，具有总体性能分析、结构分析、疲劳分析、风险评估、关键系统集成的能力，能够满足同时开展两型以上产品设计需求。

（十三）应具有满足海工平台设计需要的专业软件，以用于总体性能分析、结构强度计算、管路流体分析、生产设计建模等。

（十四）具有已建成海工平台的业绩，且所建造的海工平台应符合相关的标准、法规、规范和国际公约，以及国家有关法律法规和安全、环保、节能等方面的要求。

（十五）应建立海工平台焊接质量控制体系，包括焊接工艺、焊材管理、焊工管理、过程监控、无损检测等。

（十六）具有完整的海工平台重量控制管理程序，设计、采购、建造实施全过程重量控制。

（十七）具有海工平台精度控制管理体系，包括精度控制团队建设、控制程序和范围、软硬件等。

（十八）具有完整的海工平台调试管理体系，配备调试队伍、软硬件设施等，能够完成海工平台调试工作。

（十九）具有海工平台材料管理体系，涵盖材料（设备）采购、存储、加工、安装直至交船文件的移交整个过程，保证材料的可追溯性。

（二十）具有分包控制管理体系，有效管理分包（外协）的施工进度、质量、安全等。

（二十一）具备组织开展海工平台振动噪声分析和测试、潜在失效模式与后果分析、安全分析等能力。

（二十二）应建立与所建造海工平台相适应的质量检验部门，并配备具有任职能力的专职质检人员。归档保存海工平台建造过程中全部检验资料和全套完工图样，交付时应有相关检验机构颁发的检验合格证书，并建立质量追溯和责任追究体系。

四、项目管理

（二十三）具有海工平台项目管理体系，包括组织结构，文档、计划、设计、质量、安全、成本、商务和物流管理等。

（二十四）具备与海工平台建造技术相适应的信息化管理和信息集成能力，配备有专门的项目管理软件，建立海工平台建造基础数据管理体系和分析系统，企业资源计划（ERP）系统普及率应达到 80% 以上，数字化设计工具普及率应达到 85% 以上，关键工艺流程数控化率应达到 70% 以上。

（二十五）具有海工平台计划管理体系，包括项目的单项计划、生产资源与生产任务的量化平衡分析、日程计划等，建立企业标准作业周期。

（二十六）具有海工平台商务管理体系，执行合同管理、变更管理、成本预算管理。

（二十七）具有海工平台界面管理体系，企业内部部门/专业之间，企业与业主、船级社、基本设计方、关键设备供应商（钻井包、防喷器、升降系统、锁紧系统、动力系统、中控系统等）之间的协同管理状况良好。

（二十八）拥有 3 名以上项目经理，项目经理应具有相应类型海工平台建造工程项目经理任职经历，并具有 3 年及以上海洋工程项目管理资历。

（二十九）具有完整的售后服务管理体系和保修（包修）制度，配备专门的维保部门和专业人员，为用户提供相应的技术咨询、技术培训和维修服务。

（三十）应具备从设计、采办、建造、调试到完工交付的总承包能力。

五、设施与设备

（三十一）应具备与所建造海工平台相适应的场地和设施，包括海工平台建造用坞（台）、舾装码头、起重设施、涂装设施、厂房和仓库等，并应具有良好的交通环境及供电、供水、供气能力。

（三十二）具备与所建海工平台相适应的关键部件制

造、组装、水下安装、试验、调试的条件和能力。配备与生产规模相适应的钢材加工设备、机加工设备、喷涂设备等。

（三十三）具备满足海工平台建造要求的检测手段和检测仪器设备，包括悬臂梁（自升式平台）、井架强度试验、密性试验用设备、倾斜试验用设备、无损检测设备、测厚仪等检测设备及各类计量器具。

（三十四）具有完备的海工平台设备防护体系，应包括相应的管理程序、仓储设施、以及装配后的防潮、防护、润滑等。

六、安全生产、节能环保、职业健康和社会责任

（三十五）企业应按照 AQ/T 7008《造修船企业安全生产标准化基本要求》等相关规定的要求，开展安全生产标准化建设工作，并通过安全生产标准化达标评审，两年内未发生重大及以上生产安全事故。

（三十六）应按所建立的质量、环保、职业健康管理体系有效运行，并具有良好的产品质量信用记录。

（三十七）应按照环保要求建设相应的污染防治设施并确保正常运行，实现达标排放。

（三十八）按 ISO 50001 或 GB/T 23331《能源管理体系要求》建立能源管理体系，实施节能减排措施，落实单位产品能耗限额标准和终端用能产品能效标准，选用达到 1 级能效或节能评价的产品和装备。

七、规范管理

（三十九）企业规范条件的申请、审核及公告：

1. 工业和信息化部负责海工平台生产企业规范管理工作。申请企业通过所在地省级海洋工程装备行业主管部门向工业和信息化部申请，其中中央企业（集团）总公司所属企业通过所在企业（集团）总公司向工业和信息化部申请，并抄送企业所在地省级海洋工程装备行业主管部门。

2. 各省、自治区、直辖市海洋工程装备行业主管部门负责对本地区海工平台生产企业的申请进行初审，中央企业（集团）总公司负责对所属海工平台生产企业的申请进行初审。初审须按规范条件要求对企业的相关情况进行核实，提出初审意见，附企业申请材料报送工业和信息化部。

3. 工业和信息化部委托相关专业机构依据规范条件制定相应的评审细则，并组织专家对申请企业进行评审。

4. 工业和信息化部对通过评审的企业进行审查并公示，无异议后予以公告。

（四十）工业和信息化部对公告企业名单进行动态管理。地方各级海洋工程装备行业主管部门、中央企业（集团）总公司每年要对本地区或所属公告企业执行规范条件的情况进行监督检查。工业和信息化部对公告企业进行抽查。鼓励社会各界对公告企业规范情况进行监督。公告企业有下列情况的将撤销其公告资格：

1. 填报相关资料有弄虚作假行为的；

2. 拒绝接受监督检查的；

3. 不能保持规范条件的；

4. 发生重大责任事故、造成严重社会影响的。

撤销公告资格的，应当提前告知有关企业，听取企业的陈述和申辩。

（四十一）列入公告的企业名单将作为相关政策支持的基础性依据。

八、附则

（四十二）本规范条件所引用的标准均以适用的最新有效版本为准。

（四十三）本规范条件适用于中华人民共和国境内（台湾、香港、澳门地区除外）的海工平台生产企业。

（四十四）本规范条件由工业和信息化部负责解释，并根据行业发展情况适时进行修订。

（四十五）本规范条件自 2015 年 2 月 1 日起实施。

［来源：工业和信息化网站，2014. 12. 29］

发布中国重型机械工业协会第六届理事会名单，组织机构，分会会员名录

Lists of directors, organizational frameworks, lists of members of sub-associations of the sixth boards of directors of CHMIA

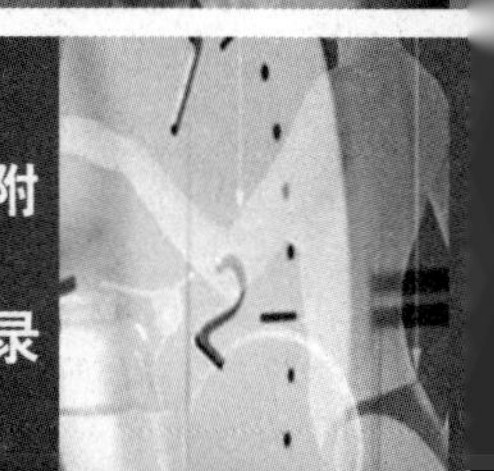

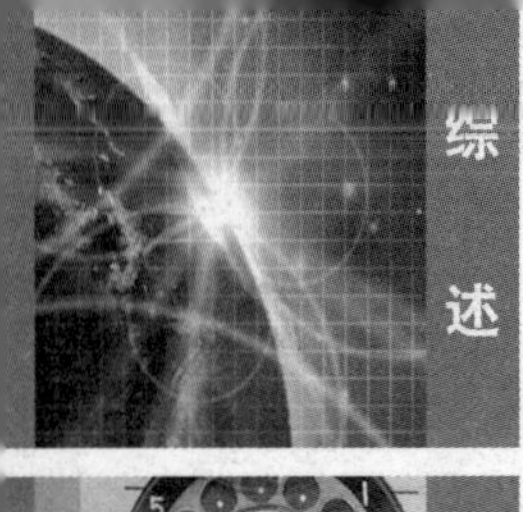

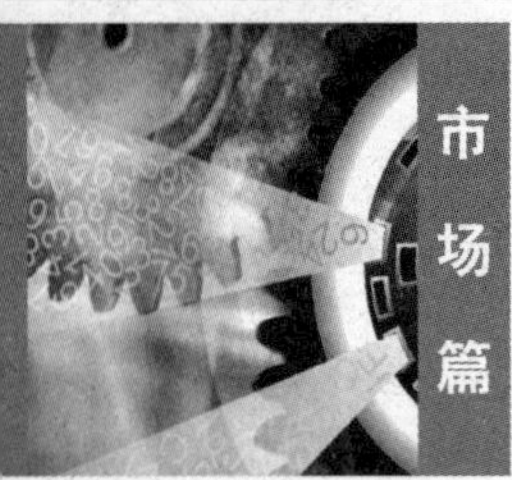

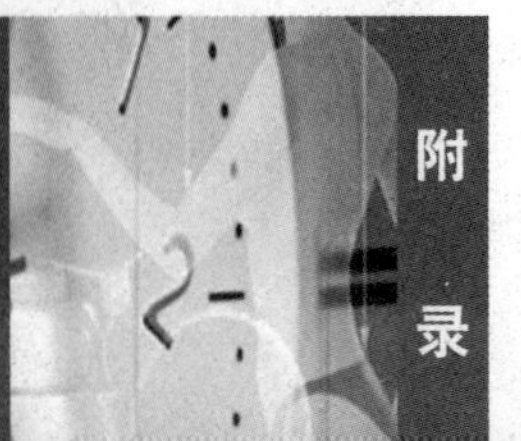

附录

中国重型机械工业协会组织机构

中国重型机械工业协会第六届理事会正副理事长、正副秘书长

中国重型机械工业协会第六届理事会常务理事、理事

中国重型机械工业协会会员名录

中国重型机械工业协会组织机构

［供稿人：中国重型机械工业协会张艳君］

中国重型机械工业协会第六届理事会正副理事长、正副秘书长

序　号	姓　名	单位名称	职　务
名誉理事长：			
1	徐善继	中国重型机械工业协会	
理事长：			
1	杨建辉	中国第二重型机械集团公司	董事长
常务副理事长：			
1	李　镜	中国重型机械工业协会	
副理事长：			
1	吴生富	中国第一重型机械集团公司	总经理
2	王创民	太原重型机械集团有限公司	董事长
3	宋甲晶	大连重工·起重集团有限公司	董事长
4	耿洪臣	北方重工集团有限公司	董事长
5	任沁新	中信重工机械股份有限公司	董事长
6	宋海良	上海振华重工（集团）股份有限公司	董事长
7	陆文俊	中国重型机械有限公司	董事长
8	张安频	上海重型机器厂有限公司	总经理
9	高继轩	国家质量监督检验检疫总局特种设备局	副局长
10	韩红安	卫华集团有限公司	董事长
11	谢东钢	中国重型机械研究院股份公司	董事长
12	刘小虎	北京起重运输机械设计研究院	院　长
13	郝　兵	洛阳矿山机械工程设计研究院有限责任公司	院　长
14	张亚红	上海电气临港重型机械装备有限公司	副总经理
15	陆鹏程	中钢设备股份有限公司	总经理
16	宋寿顺	中材装备集团有限公司	董事长
17	王汝贵	华电重工股份有限公司	总经理
18	崔培军	河南省矿山起重机有限公司	董事长
19	彭　勇	云南冶金昆明重工有限公司	总经理
秘书长、副秘书长：			
1	岳建忠	中国重型机械工业协会	秘书长
2	张维新	中国重型机械工业协会	副秘书长
3	张艳君	中国重型机械工业协会	副秘书长

［供稿人：中国重型机械工业协会张艳君］

中国重型机械工业协会第六届理事会常务理事、理事

序号	姓名	单 位 名 称	职 务
常务理事			
1	岳建忠	中国重型机械工业协会	秘书长
2	王玉敏	中国建材机械工业协会	秘书长
3	张 勇	中国煤炭机械工业协会	理事长
4	刘宏民	燕山大学	校 长
5	王国强	吉林大学机械科学与工程学院	党委书记
6	徐格宁	太原科技大学	副校长
7	尚 洪	国家质量监督检验检疫总局特种设备局	调研员
8	朱 庆	江苏通润机电集团有限公司	副总裁
9	贾建平	中钢集团衡阳重机有限公司	总经理
10	黄乐亭	天地科技股份有限公司	副总经理
11	梁敏志	上海起重运输机械厂有限公司	总经理
12	黄珑琳	凯澄起重机械有限公司	总经理
13	张满苍	北京首钢机电有限公司	总经理
14	王顺亭	国家起重运输机械质量监督检验中心	常务副主任
15	刘劲波	中色科技股份有限公司	董事长
16	马昭喜	山东山矿机械有限公司	董事长
17	杨 军	四川矿山机器（集团）有限责任公司	董事长、总经理、党委书记
18	廖纯德	衡阳运输机械有限公司	董事长
19	宾 浩	中联重科物料输送设备有限公司	副总经理
20	成固平	株洲天桥起重机股份有限公司	董事长
21	徐新民	山起重型机械股份公司	董事长
22	李 静	芜湖起重运输机器股份有限公司	董事长
23	黄庆学	重型机械教育部工程研究中心	主 任
24	陈 思	唐山冶金矿山机械厂	厂 长
25	彭国成	三一集团有限公司	副总经理
26	张观华	张家港长力机械有限公司	董事长、总经理
27	夏治中	河南长垣起重工业园区管理委员会	管委会主任
28	明艳华	中国重型机械工业协会停车设备工作委员会	理事长
29	周水妹	杭州西子石川岛停车设备有限公司	总经理
30	张战波	北京中冶设备研究设计总院有限公司	院 长
31	彭 兵	广州机械科学研究院有限公司	常务副总经理
32	李 平	上海科大重工集团有限公司	董事长
33	龚欣荣	四川省自贡运输机械集团股份有限公司	总经理、总工程师
34	郭章先	豫飞重工集团有限公司	董事长、总裁

序号	姓名	单 位 名 称	职 务
35	辜宁生	江苏三马起重机械制造有限公司	总经理
36	段京丽	焦作金箍制动器股份有限公司	董事长
37	杨永柱	鞍山重型矿山机器股份有限公司	董事长
38	齐景光	中原圣起工业有限公司	董事长
39	黄海珊	广州起重机械有限公司	董事长
40	张志华	郑州新大方重工科技有限公司	总 裁
41	张明荣	泰星减速机股份有限公司	董事长
42	殷永庆	江苏泰隆减速机股份有限公司	副董事长
43	宋济隆	宁波东力股份有限公司	董事长
44	张文忠	浙江双鸟机械有限公司	董事长
45	翁耀根	无锡华东重型机械股份有限公司	董事长
46	王玉珏	机械工业第一设计研究院	副院长
47	方 羽	中机中联工程有限公司	所 长
48	聂仲毅	中钢集团西安重机有限公司	董事长、总经理、党委书记
49	姚光辉	焦作市科瑞森机械制造有限公司	董事长总经理
50	林 均	四川川润股份有限公司	副总经理
51	张承臣	沈阳隆基电磁科技股份有限公司	董事长
52	承洪宇	常州市华立液压润滑设备有限公司	董事长
53	王兆连	山东华特磁电科技股份有限公司	总经理
54	葛 明	象王重工股份有限公司	董事长
55	黄金荣	河南太行振动机械股份有限公司	董事长
56	汪碧远	SEW－传动设备（天津）有限公司	总经理助理
57	马立民	北京约基工业股份有限公司	董事长兼总经理
58	韩红静	北京斯诺堡轴承有限公司	总经理
59	吴 建	南通润邦重机有限公司	执行董事总经理
60	杨 泽	太原通泽重工有限公司	董事长
61	吕亚臣	上海重型装备制造行业协会	会长
理事			
1	王伯芝	济南重工股份有限公司	董事长
2	张义民	东北大学机械工程与自动化学院	院 长
3	朱真才	中国矿业大学科学技术研究院	院 长
4	孙 波	湖北宜都机电集团有限责任公司	总裁助理
5	肖 熳	湖南长重机器股份有限公司	副总经理兼总工程师
6	秦春林	南宁广发重工集团有限公司	董事长
7	王红华	浙江冠林机械有限公司	董事长
8	刘 荻	北京起重工具厂	厂 长
9	陈海涛	南京起重机械总厂有限公司	董事长、总经理
10	王金发	哈尔滨重型机器有限责任公司	董事长兼总经理
11	龚秀刚	上海冶金矿山机械厂	厂 长
12	段春红	河北金马矿山机械集团公司	总经理
13	胡善宏	淮北矿山机器制造有限公司	董事长
14	金国性	南昌凯马有限公司	总经理

序号	姓名	单　位　名　称	职　　务
15	喻连生	江西起重机械总厂	董事长
16	黄凯功	广西百色矿山机械厂有限公司	总经理
17	马卫国	新疆通用机械有限公司	总经理
18	汪国春	铜陵天奇蓝天机械设备有限公司	董事长
19	周光海	重庆起重机厂有限责任公司	执行董事、总经理、党委书记
20	宋彦东	郑起重工有限公司	总经理
21	任会江	河南省新乡市矿山起重机有限公司	董事长
22	胡耀辉	河南重工起重机集团有限公司	总经理
23	郝兆庆	新乡市中原起重机械总厂有限公司	董事长
24	韩永章	河南宝起华东起重机有限公司	董事长
25	韩宜增	河南豫中起重集团有限公司	董事长
26	阮曙峰	浙江众擎起重机械制造有限公司	董事长
27	陈树义	宁夏天地奔牛银起设备有限公司	董事长
28	马首山	辽宁恒泰重机有限公司	董事长
29	王孙同	浙江东海减速机有限公司	总经理
30	龚友良	南昌矿山机械有限公司	总经理
31	孙文田	鞍钢重型机械有限责任公司	总经理
32	张志玲	柳州起重机器有限公司	董事长
33	郑世静	天水长城控制电器有限责任公司	董事长
34	蒋林苏	长春发电设备总厂	厂　长
35	梁　旭	洛阳起重机厂有限公司	常务副总经理
36	黄建华	上海电力环保设备总厂有限公司	副总经理
37	张清明	光明起重集团有限公司	董事长
38	项建忠	浙江通力重型齿轮股份有限公司	董事长兼总经理
39	杨忠良	江阴齿轮箱制造有限公司	副总经理
40	施　凡	湖州双力自动化科技装备有限公司	总经理
41	徐　敏	无锡新大力电机有限公司	董事长
42	杜　勇	武汉电力设备厂	副厂长
43	刘鼎越	辽源重型实业集团有限公司	总经理
44	朱天合	河南焦矿机器有限公司	董事长
45	吴建一	湖北银轮起重机械股份有限公司	总经理
46	李　坤	天津重钢机械装备股份有限公司	董事长兼总经理
47	李祥启	潍坊大洋自动泊车设备有限公司	总经理
48	周　卉	山东莱钢泰达车库有限公司	总经理
49	江　鹏	湖北鄂重重型机械有限公司	董事长
50	张彦五	上海嘉庆轴承制造有限公司	董事长
51	李伟敏	河南省东风起重机械有限公司	董事长
52	何国胜	八达机电有限公司	董事长
53	张瑞庆	无锡宏达重工股份有限公司	董事长兼总经理
54	操文章	安徽攀登重工股份有限公司	董事长、总经理
55	丁加新	集安佳信通用机械有限公司	董事长
56	王自远	马鞍山钢铁股份有限公司重型机械设备制造公司	经　理

序号	姓名	单 位 名 称	职 务
57	张先锋	北京锋必达矿山机械有限公司	董事长兼总经理
58	周 斌	上海润滑设备厂有限公司	董事长
59	孙振田	机科发展科技股份有限公司	部 长
60	许彦科	山西新富升机器制造有限公司	总工程师
61	纪 清	河北同力滑车有限公司	董事长
62	李 勇	江苏佳力起重机械制造有限公司	副总经理
63	孙宝才	常熟市电动平车厂	厂 长
64	王东升	北京中冶华润科技发展有限公司	董事长
65	程清丰	河南天隆输送装备有限公司	董事长
66	张俊新	天津起重设备有限公司	常务副总经理
67	谢徐洲	江西华伍制动器股份有限公司	总经理
68	单激文	大丰市重型装备产业园管理委员会	常务副主任
69	赵清林	长垣县起重行业协会	常务副会长
70	王业训	山东羊流起重机械协会	会 长
71	陈 红	马鞍山马钢表面工程技术有限公司	总经理
72	崔天雄	济南永固重型机械制造有限公司	副总经理
73	李汝勤	四平维克斯换热设备有限公司	董事长
74	万名炎	湖北省咸宁三合机电制业有限责任公司	董事长兼总经理
75	聂晓霖	南京科润工业介质有限公司	董事长、总经理
76	陈敏兆	浙江合建重工科技股份有限公司	总经理
77	黄 曦	上海精星仓储设备工程有限公司	总经理
78	冯就景	广东日丰电缆股份有限公司	董事长
79	曲 凯	沈阳北方交通重工集团有限公司	董事长、总裁
80	董久赤	河北天择重型机械有限公司	董事长
81	叶胜康	浙江恒丰泰减速机制造有限公司	董事长兼总经理
82	付小邗	浙江矿山机械有限公司	董事长
83	胡祖尧	浙江双金机械集团股份有限公司	董事长
84	开晓胜	安徽盛运重工集团	董事长
85	孙 超	哈尔滨国海星轮传动有限公司	总经理
86	韩国瑞	中冶京诚（湘潭）重工设备有限公司	董事长
87	赵文明	奔宇电机集团有限公司	总经理
88	韩景轩	河南华北起重吊钩有限公司	董事长
89	范锡生	安徽铜冠机械股份有限公司	总经理
90	金红萍	法兰泰克重工股有限公司	董事长
91	王建新	新乡县振动机械设备行业协会	理事长
92	刘存德	《重型机械》杂志社	总 编
93	周 航	《矿山机械》杂志社	主 编
94	黄 平	《起重运输机械》编辑部	主 编
95	吴 穷	《大型铸锻件》杂志	所长

特邀理事：

1	赵 兵	中国机械工业集团有限公司	总裁助理、教授级高工
2	须 雷	德马格起重机械（上海）有限公司	高级经理、教授级高工
3	王 鹰	带式输送机分会	高级顾问、教授
4	李国杰	三一集团珠海三一港口机械有限公司	院长、副总经理 教授级高工

［供稿人：中国重型机械工业协会张艳君］

中国重型机械工业协会会员名录

矿山机械

单位名称：中信重工机械股份有限公司
地　　址：河南省洛阳市涧西区建设路206号
邮　　编：471039
电　　话：0379－64088001
传　　真：0379－64214680

单位名称：矿山重型装备国家重点实验室
地　　址：河南省洛阳市涧西区建设路206号
邮　　编：471039
电　　话：0379－64088003
传　　真：0379－64214680

单位名称：洛阳矿山机械工程设计研究院有限责任公司
地　　址：河南省洛阳市涧西区建设路206号
邮　　编：471039
电　　话：0379－64087719
传　　真：0379－64221800

单位名称：太原重型机械集团有限公司
地　　址：山西省太原市万柏林区玉河街53号
邮　　编：030024
电　　话：0351－6365768
传　　真：0351－6361133

单位名称：太重煤机有限公司
地　　址：山西省太原市经济技术开发区电子街25号
邮　　编：030009
电　　话：0351－3040108
传　　真：0351－3041942

单位名称：山东山矿机械有限公司
地　　址：山东省济宁市济安桥北路11号
邮　　编：272014
电　　话：0537－2226931
传　　真：0537－2228529

单位名称：上海冶金矿山机械厂
地　　址：上海市闸北区万荣路1053号
邮　　编：200072
电　　话：021－56652175
传　　真：021－56639508

单位名称：南昌凯马有限公司
地　　址：江西省南昌市国家经济技术开发区丁香路凯马机电工业园
邮　　编：330101
电　　话：0791－83951398
传　　真：0791－83951350

单位名称：中国矿业大学科学技术研究院
地　　址：江苏省徐州市三环南路
邮　　编：221116
电　　话：0516－83590758
传　　真：0516－83590289

单位名称：山西新富升机器制造有限公司
地　　址：山西省太原市小东门街新开南巷27号
邮　　编：030013
电　　话：0351－3075217
传　　真：0351－2664710

单位名称：浙江矿山机械有限公司
地　　址：浙江省义乌市义亭工业区
邮　　编：322005
电　　话：0579－5817891
传　　真：0579－5815387

单位名称：鞍山重型矿山机器股份有限公司
地　　址：辽宁省鞍山市立山区胜利北路900号
邮　　编：114042
电　　话：0412－6215364
传　　真：0412－6216900

单位名称：济南重工股份有限公司
地　　址：山东省济南市东郊机场路
邮　　编：250109
电　　话：0531－86139298
传　　真：0531－88287286

单位名称：吉林大学机械科学与工程学院
地　　址：吉林省长春市人民大街5988号
邮　　编：130025
电　　话：0431－85094404
传　　真：0431－85095288

单位名称：太原科技大学交通与物流学院
地　　址：山西省太原市万柏林区窊流路66号
邮　　编：030024
电　　话：0351－6998056
传　　真：0351－6863369

单位名称：淄博大力矿山机械有限公司
地　　址：山东省淄博市周村区恒通路887号
邮　　编：255300
电　　话：0533－6181501
传　　真：0533－6181392

单位名称：山东省生建重工有限责任公司
地　　址：山东省淄博市淄川区昆仑路1号
邮　　编：255129
电　　话：0533－5787201
传　　真：0533－5780070

单位名称：山东泰山天盾矿山机械有限公司
地　　址：山东省新泰市开发区新兴路
邮　　编：271200
电　　话：0538－7069810－8603
传　　真：0538－7069332

单位名称：湘电重型装备股份有限公司
地　　址：湖南省湘潭市下摄司街302号
邮　　编：411101
电　　话：0731－58595647
传　　真：0731－58595267

单位名称：中钢集团衡阳重机有限公司
地　　址：湖南省衡阳市珠晖区东风路
邮　　编：421002
电　　话：0734－8352311
传　　真：0734－8332398

单位名称：四川矿山机器（集团）有限责任公司
地　　址：四川省江油市建设北路888号
邮　　编：621701
电　　话：0816－3696018
传　　真：0816－3698888

单位名称：浙江双金机械集团有限公司
地　　址：浙江省杭州市余杭区瓶窑镇
邮　　编：311115
电　　话：0571－28057991
传　　真：0571－28057991

单位名称：浙江浙矿重工股份有限公司
地　　址：浙江省长兴县和平镇工业园区
邮　　编：313103
电　　话：0572－6955888
传　　真：0572－6959977

单位名称：韶关市韶瑞重工有限公司
地　　址：广东省韶关市西郊武江科技工业园
邮　　编：512026
电　　话：0751－8136683
传　　真：0751－8136193

单位名称：贵阳高原矿山机械有限公司
地　　址：贵州省贵阳市花溪区航天路路尾
邮　　编：550025
电　　话：0851－83636103
传　　真：0851－83636113

单位名称：哈尔滨国海星轮传动有限公司
地　　址：黑龙江省哈尔滨市哈平路工业区烟台三路8号
邮　　编：150060
电　　话：0451－86522278
传　　真：0451－86530858

单位名称：重庆泰丰矿山机器有限公司
地　　址：重庆市九龙坡区石坪桥横街66号
邮　　编：400051
电　　话：023－68822731
传　　真：023－68822731

单位名称：安徽盛运机械股份有限公司
地　　址：安徽省桐城市同安路265号
邮　　编：231400
电　　话：0556－6213999
传　　真：0556－6205280

单位名称：郑州鸿源重型机械有限公司
地　　址：河南省郑州市郑上路石砦
邮　　编：450100
电　　话：0371－64629998
传　　真：0371－64602334

单位名称：洛阳百克特摩擦材料有限公司
地　　址：河南省洛阳市高新开发区孙辛辅路4号
邮　　编：471003
电　　话：0379－65112136
传　　真：0379－64183328

单位名称：洛阳大华重型机械有限公司
地　　址：河南省洛阳市洛龙区关林路280号
邮　　编：471023
电　　话：0379－65520221
传　　真：0379－65511602

单位名称：中实洛阳工程塑料有限公司
地　　址：河南省洛阳市建设路206号
邮　　编：471039
电　　话：0379－64088063
传　　真：0379－64214823

单位名称：湘煤立达矿山装备股份有限公司
地　　址：湖南省株洲市新华东路699号
邮　　编：412003
电　　话：0731－22493253
传　　真：0731－28780421

单位名称：浙江武精机器制造有限公司
地　　址：浙江省武义县城青年路106号
邮　　编：321200
电　　话：0579－87641326
传　　真：0579－87647558

单位名称：广东省韶铸企业集团
地　　址：广东省韶关市北郊十里亭
邮　　编：512031
电　　话：0751－8832578
传　　真：0751－8853784

单位名称：湖州恒通机械设备有限公司
地　　址：浙江省湖州市滨河路288号爱都花园2号楼1单元15FA
邮　　编：313000
电　　话：0572－2367341、2367342
传　　真：0572－2367343

单位名称：鹤壁市豫兴煤机有限公司
地　　址：河南省鹤壁市山城区豫兴工业园
邮　　编：458007
电　　话：0392－2560169
传　　真：0392－2566177

单位名称：鹤壁市万丰矿山机械制造有限公司
地　　址：河南省鹤壁市山城区石林乡东石林村
邮　　编：458000
电　　话：0392－2566777
传　　真：0392－2560777

单位名称：鹤壁市四达矿山设备有限公司
地　　址：河南省鹤壁市山城区汤鹤路中段
邮　　编：458000
电　　话：0392－2560391
传　　真：0392－2560800

单位名称：鹤壁市通达矿山设备有限公司
地　　址：河南省鹤壁市山城区汤鹤路中段山城工业区
邮　　编：458000
电　　话：0392－2560354
传　　真：0392－2568096

单位名称：鹤壁市星光矿山机械制造有限公司
地　　址：河南省鹤壁市山城区石林乡东石林村
邮　　编：458000
电　　话：0392－2563669
传　　真：0392－2566433

单位名称：鹤壁市双信矿山机械有限公司
地　　址：河南省鹤壁市山城区汤鹤路中段路北
邮　　编：458000
电　　话：0392－2560366
传　　真：0392－2568366

单位名称：重庆四丰矿山建筑机械有限公司
地　　址：重庆市大渡口区八桥镇互助工业园
邮　　编：400084
电　　话：023－68953208
传　　真：023－68953258

单位名称：河南太行振动机械股份有限公司
地　　址：河南省新乡市经济开发区西区中央大道北段66号
邮　　编：453731
电　　话：0373－5590168
传　　真：0373－5586881

单位名称：山东升金矿山机械有限公司
地　　址：山东省新泰市新安路53号
邮　　编：271200
电　　话：13805487285

传　　真：0538－2200111

单位名称：宁夏天地西北煤机有限公司
地　　址：宁夏回族自治区石嘴山市大武口工业园区
邮　　编：753001
电　　话：0952－2175328
传　　真：0952－2175329

单位名称：山东东平开元机械制造有限公司
地　　址：山东省泰安市东平县工业园区
邮　　编：271500
电　　话：0538－2821052
传　　真：0538－6356808

单位名称：浙江镇南精工机械有限公司
地　　址：浙江省诸暨市店口镇解放路259号
邮　　编：311835
电　　话：0575－87655388
传　　真：0575－87655618

单位名称：南昌矿山机械研究所
地　　址：江西省南昌市下罗枫林东大街168号
邮　　编：330001
电　　话：0791－83806998
传　　真：0791－83805987

单位名称：南昌矿山机械有限公司
地　　址：江西省南昌市湾里区盘龙路23号
邮　　编：330004
电　　话：0791－83798611
传　　真：0791－83761006

单位名称：山东华特磁电科技股份有限公司
地　　址：山东省潍坊市临朐县经济技术开发区华特路5777号
邮　　编：262600
电　　话：0536－3158808
传　　真：0536－3158801

单位名称：沈阳隆基电磁科技股份有限公司
地　　址：辽宁省抚顺市经济开发区文华路6号
邮　　编：113122
电　　话：0413－6700045
传　　真：0413－6605768

单位名称：浙江东海减速机有限公司
地　　址：浙江省温州市平阳县经济开发区（敖江镇）
邮　　编：325401
电　　话：0577－63675933
传　　真：0577－63635393

单位名称：石家庄油漆厂
地　　址：河北省石家庄市中山西路433号
邮　　编：050000
电　　话：0311－85233768
传　　真：0311－83013681

单位名称：鸡西永益煤矿机械制造有限公司
地　　址：黑龙江省鸡西市鸡冠区南星街47号
邮　　编：158100
电　　话：0467－2725068
传　　真：0467－2725068

单位名称：大连骅洋液力偶合器有限公司
地　　址：辽宁省大连市甘井子区营城子街道对门沟
邮　　编：116036
电　　话：0411－84444529
传　　真：0411－84444509

单位名称：遵化市君盛同合矿山机械厂
地　　址：河北省遵化市黎河桥西
邮　　编：064200
电　　话：0315－6601508
传　　真：0315－6603668

单位名称：遵化市禹铭矿山机械厂
地　　址：河北省遵化市黎河桥路西
邮　　编：064200
电　　话：0315－6883926
传　　真：0315－6603658

单位名称：河北宣化工程机械股份有限公司
地　　址：河北省张家口市宣化区东升路21号
邮　　编：075105
电　　话：0313－3186001
传　　真：0313－3186026

单位名称：洛阳百力克矿山机械有限公司
地　　址：河南省洛阳市洛新工业园双湘路12号
邮　　编：471822
电　　话：0379－65190660
传　　真：0379－67312866

单位名称：江苏三羊开泰煤矿电机制造有限公司
地　　址：江苏省丹阳市开发区胡桥大贡
邮　　编：212313

电　　话：0511－86981555
传　　真：0511－86967626

单位名称：杭州山虎集团
地　　址：浙江省杭州市余杭区仁和镇工业区
邮　　编：311107
电　　话：0571－86391375
传　　真：0571－86390372

单位名称：青岛胶六橡特胶带有限公司
地　　址：山东省青岛市市北区市场二路36号
邮　　编：266011
电　　话：0532－82825527
传　　真：0532－83809013

单位名称：山西电机制造有限公司
地　　址：山西省太原市并州南路68号
邮　　编：030012
电　　话：0351－7081088
传　　真：0351－7043811

单位名称：广州机械科学研究院
地　　址：广东省广州市黄埔区茅岗路828号
邮　　编：510700
电　　话：020－32389630
传　　真：020－32389566

单位名称：芜湖众发中运机械有限公司
地　　址：安徽省芜湖市鸠江经济开发区二期永昌路67号
邮　　编：241100
电　　话：0553－5716423
传　　真：0553－5716423

单位名称：湖南山拓机械制造有限公司
地　　址：湖南省岳阳市华容县工业园
邮　　编：414200
电　　话：0730－4108893
传　　真：0730－4108893

单位名称：中实洛阳重型机械有限公司
地　　址：河南省洛阳市建设路206号
邮　　编：471039
电　　话：0379－64088063
传　　真：0379－64086466

单位名称：四川川润液压润滑设备有限公司
地　　址：四川省成都市郫县现代工业港港北六路85号
邮　　编：611743
电　　话：028－61836518
传　　真：028－65028874

单位名称：上海辛格林纳新时达电机有限公司
地　　址：上海市嘉定区思义路1560号
邮　　编：201801
电　　话：021－69896275
传　　真：021－69926011

单位名称：洛阳超拓实业有限公司
地　　址：河南省洛阳市宜阳县西庄产业集聚区
邮　　编：471900
电　　话：13938895858
传　　真：0379－68902777

单位名称：江苏太兴隆减速机有限公司
地　　址：江苏省泰兴市城区科技工业园
邮　　编：225400
电　　话：0523－87996888
传　　真：0523－87996999

单位名称：河南黎明重工科技股份有限公司
地　　址：河南省郑州市高新区科学大道169号
邮　　编：450001
电　　话：0371－67988906
传　　真：0371－67988906

单位名称：河南省荥阳矿山机械制造厂
地　　址：河南省郑州市荥阳市荥密路三里庄
邮　　编：450100
电　　话：0371－64696896
传　　真：0371－64696386

单位名称：荆州市康海传动机械制造有限公司
地　　址：湖北省荆州市沙市区锣场工业园二号路20号
邮　　编：434000
电　　话：0716－8377491
传　　真：0716－8377493

单位名称：重庆忠惠机械有限责任公司
地　　址：重庆市九龙坡区西彭镇长安村
邮　　编：401326
电　　话：13808300938
传　　真：023－65805411

单位名称：安徽铜冠机械股份有限公司
地　　址：安徽省铜陵市经济技术开发区翠湖三路西段

998 号
邮　　编：244061
电　　话：0562－5864504
传　　真：0562－5861106

单位名称：四川俊江机械有限公司
地　　址：四川省内江市隆昌县三道桥工业园区
邮　　编：642150
电　　话：0832－3950899
传　　真：0832－3965222

单位名称：浙江双飞无油轴承股份有限公司
地　　址：浙江省嘉善县干窑工业区宏伟北路 18 号
邮　　编：314115
电　　话：0573－84519568

单位名称：无锡久申诺科技有限公司
地　　址：江苏省无锡市锡山经济开发区机械装备产业园
邮　　编：214107
电　　话：0510－88733929
传　　真：0510－88733929

单位名称：唐山拓新电器有限公司
地　　址：河北省唐山市高新区西昌路（创业中心）
邮　　编：063000
电　　话：13932554266
传　　真：0315－3851766

单位名称：遵化市一超盛方重型机械厂
地　　址：河北省遵化市苏家洼镇苏家洼村
邮　　编：064200
电　　话：13931583670

单位名称：郑州中意矿山机械有限公司
地　　址：河南省荥阳市荥密路三里庄
邮　　编：450100
电　　话：13838055736
传　　真：0371－64793555

单位名称：鄂州市恒基矿山机械制造有限公司
地　　址：湖北省鄂州市经济开发区
邮　　编：436001
电　　话：13677117578
传　　真：0711－3619268

单位名称：洛阳力为机械科技有限公司
地　　址：河南省洛阳市西工区洛阳工业园区经十路 16 号
邮　　编：471041
电　　话：0379－62189698
传　　真：0379－62189698

单位名称：天津市立鑫晟精细铸造有限公司
地　　址：天津市静海县良王庄乡良二村
邮　　编：301601
电　　话：022－68122819
传　　真：022－68122819

单位名称：德力西（杭州）变频器有限公司
地　　址：浙江省杭州市西湖区转塘科技经济区块 8 号
邮　　编：310023
电　　话：0571－85362042
传　　真：0571－85225972

单位名称：沈阳市永达有色铸造厂
地　　址：辽宁省沈阳市皇姑屯区鸭绿江北街 168 号
邮　　编：110033
电　　话：024－86671086
传　　真：024－86671086

单位名称：江阴齿轮箱制造有限公司
地　　址：江苏省江阴市澄山路 601 号
邮　　编：214437
电　　话：0510－86993113
传　　真：0510－86993519

单位名称：矿山机械杂志社
地　　址：河南省洛阳市建设路 206 号
邮　　编：471039
电　　话：0379－64087786
传　　真：0379－64087868

单位名称：全国矿山机械标准化技术委员会
地　　址：河南省洛阳市建设路 206 号
邮　　编：471039
电　　话：0379－64087746
传　　真：0379－64087746

单位名称：国家矿山机械质量监督检测中心
地　　址：河南省洛阳市建设路 206 号
邮　　编：471039
电　　话：0379－64087838
传　　真：0379－64215427

破碎粉磨设备

单位名称：四川矿山机器（集团）有限责任公司

地　　址：四川省江油市建设北路 888 号
邮　　编：621701
电　　话：13608122851
传　　真：0816－3698888

单位名称：山东山矿机械有限公司
地　　址：山东省济宁市济安桥北路 11 号
邮　　编：272041
电　　话：13905378893
传　　真：0537－2228529

单位名称：北方重工集团有限公司矿山冶金设备分公司
地　　址：辽宁省沈阳市经济技术开发区开发大路 16 号
邮　　编：110860
电　　话：13840098197
传　　真：024－25802858

单位名称：河南焦矿机器有限公司
地　　址：河南省焦作市焦东中路 28 号
邮　　编：454002
电　　话：13803918298
传　　真：0391－3929939

单位名称：南昌矿山机械有限公司
地　　址：江西省南昌市湾里区盘龙路 23 号
邮　　编：330004
电　　话：13807085540
传　　真：0791－83961006

单位名称：浙江矿山机械有限公司
地　　址：浙江省义乌市义亭镇矿机一路 96 号
邮　　编：322005
电　　话：13905796954
传　　真：0579－85815387

单位名称：常熟中材装备重型机械有限公司
地　　址：江苏省常熟市北三环 276 号
邮　　编：215500
电　　话：13901576886
传　　真：0512－52850414

单位名称：上海重型机器厂有限公司
地　　址：上海市闵行区东川路 3988 号
邮　　编：200245
电　　话：13817817662
传　　真：021－54721753

单位名称：云南冶金昆明重工有限公司
地　　址：云南省昆明市龙泉路 871 号
邮　　编：650203
电　　话：0871－66085010
传　　真：0871－66085303

单位名称：河北金马矿山机械集团公司
地　　址：河北省遵化市东新庄镇
邮　　编：064209
电　　话：13933463588
传　　真：0315－6999117

单位名称：河南省群英机械制造有限责任公司
地　　址：河南省焦作市解放中路 397 号
邮　　编：454002
电　　话：13703891625
传　　真：0391－3933430

单位名称：上海嘉庆轴承制造有限公司
地　　址：上海市民德路 158 号铭德国际广场 1802 室
邮　　编：200071
电　　话：13701723177
传　　真：021－56639899

单位名称：江苏鹏胜重工股份有限公司
地　　址：江苏省淮安市盱眙经济开发区玉兰大道
邮　　编：211700
电　　话：13915165099
传　　真：0517－88293883

单位名称：松滋市金津矿山机械有限责任公司
地　　址：湖北省松滋市城东工业园区永兴路 3 号
邮　　编：434200
电　　话：13972364370
传　　真：0716－6222339

单位名称：广西壮族自治区桂林矿山机械厂
地　　址：广西壮族自治区桂林市灵川县桂矿路 1 号
邮　　编：541200
电　　话：13807734588
传　　真：0773－6812096

单位名称：哈尔滨国海星轮传动有限公司
地　　址：黑龙江省哈尔滨市哈平路工业园区烟台三路 8 号
邮　　编：150060
电　　话：13904513290
传　　真：0451－86523288

单位名称：广西南宁金宇破碎设备有限责任公司
地　　址：广西壮族自治区南宁市秀安路15号
邮　　编：530001
电　　话：13878816318
传　　真：0771－3123361

单位名称：山东大通机械科技有限公司
地　　址：山东省淄博市博山区东良庄北首
邮　　编：255200
电　　话：13864422666
传　　真：0533－4200699

单位名称：洛阳矿山机械工程设计研究院有限责任公司
地　　址：河南省洛阳市涧西区建设路206号
邮　　编：471039
电　　话：18638871877
传　　真：0379－64221800

单位名称：上海龙阳机械厂
地　　址：上海市浦东新区龙东支路98号
邮　　编：201201
电　　话：13701798820
传　　真：021－58970007

单位名称：湖北枝江峡江矿山机械有限责任公司
地　　址：湖北省宜昌市白洋镇沿江街1号
邮　　编：443208
电　　话：13807203278
传　　真：0717－4402299

单位名称：成都大宏立机器制造有限公司
地　　址：四川省成都市大邑县工业大道128号
邮　　编：611330
电　　话：13908210932
传　　真：028－88201030

单位名称：溧阳中材重型机器有限公司
地　　址：江苏省溧阳市天目湖工业园区滨河路11号
邮　　编：213332
电　　话：13906143285
传　　真：0519－80895018

单位名称：河北万矿机械厂
地　　址：河北省张家口市西山产业集聚区（万全县）矿机路6号
邮　　编：076250
电　　话：13931302222
传　　真：0313－4811166

单位名称：上海山美重型矿山机械有限公司
地　　址：上海市奉贤区青村镇奉村路258号
邮　　编：201414
电　　话：18621366177
传　　真：021－57566188

单位名称：山东黑山路桥机械科技有限公司
地　　址：山东省淄博市博山区八陡镇黑山前165号
邮　　编：255203
电　　话：13070665544
传　　真：0533－4518147

单位名称：北京斯诺堡轴承有限公司
地　　址：北京市宣武区广安门外三义东里20号
邮　　编：100055
电　　话：13910418888
传　　真：010－63479753

单位名称：海门市重型矿山机械厂
地　　址：江苏省海门市三厂镇厂洪路28号
邮　　编：226121
电　　话：13706280280
传　　真：0513－82608081

单位名称：北京锋必达矿山机械有限公司
地　　址：北京市门头沟区中门寺街69号
邮　　编：102300
电　　话：13910036093
传　　真：010－61891117

单位名称：上海冶金矿山机械厂
地　　址：上海市闸北区万荣路1053号
邮　　编：200072
电　　话：13816098849
传　　真：021－56639508

单位名称：遵化市宏宇矿山机械有限公司
地　　址：河北省遵化市西留村乡学汉坨村
邮　　编：064200
电　　话：13603159698
传　　真：0315－6603666

单位名称：昆山多灵重型设备科技有限公司（原上海多灵沃森机械设备有限公司）
地　　址：江苏省昆山市锦溪镇锦荣路550号
邮　　编：215324
电　　话：13391061660

传　　真：0512－83639697

单位名称：山东益杰重工机械有限公司
地　　址：山东省淄博市博山经济开发区（高速路口）
邮　　编：255200
电　　话：0533－4661666
传　　真：0533－4658727

单位名称：包头市冶金矿山机械制造有限公司
地　　址：内蒙古自治区包头市铝业产业园区长征路2号
邮　　编：014040
电　　话：13848258757
传　　真：0472－4172310

单位名称：遵化新保益达重型机械制造有限公司
地　　址：河北省遵化市黎河桥西行4公里路南
邮　　编：064200
电　　话：13436669666
传　　真：0315－6989222

单位名称：成都市双流金石机械制造有限公司
地　　址：四川省成都市双流县金桥镇永和村三组
邮　　编：610200
电　　话：13908089862
传　　真：028－85851618

单位名称：山东华力电机集团股份有限公司
地　　址：山东省荣成市明珠路89号
邮　　编：264300
电　　话：0631－7551153
传　　真：0631－7553744

单位名称：中南大学机电工程学院
地　　址：湖南省长沙市岳麓山南路105号
邮　　编：454002
电　　话：18627558728
传　　真：0731－88851136

单位名称：荆州市巨鲸传动机械有限公司
地　　址：湖北省荆州市沙市区东方大道58号
邮　　编：434000
电　　话：13807212282
传　　真：0716－8303886

单位名称：河北省邯郸市邯山冶金机械备件厂
地　　址：河北省邯郸市马庄收费站东200米
邮　　编：056001
电　　话：13903209648

传　　真：0310－5276955

单位名称：山东华特磁电科技股份有限公司
地　　址：山东省潍坊市临朐县经济开发区华特路5177号
邮　　编：262600
电　　话：13791661888
传　　真：0536－3158801

单位名称：启东市南方润滑液压设备有限公司
地　　址：江苏省启东市惠萍镇工业园区
邮　　编：226255
电　　话：0513－83792888
传　　真：0513－83795028

单位名称：浙江镇南精工机械有限公司
地　　址：浙江省诸暨市店口镇解放路259号
邮　　编：311835
电　　话：13395758888
传　　真：0575－87655618

单位名称：朝阳华亿重工机械制造有限责任公司
地　　址：辽宁省朝阳市中山大街一段35号
邮　　编：122000
电　　话：0421－3724900
传　　真：0421－3724900

单位名称：章丘市东风水泥机械有限公司
地　　址：山东省章丘市相公庄镇四村
邮　　编：250203
电　　话：13705418314
传　　真：0531－83821626

单位名称：洛阳市豫跃矿业设备有限公司
地　　址：河南省洛阳市建设路133号
邮　　编：471039
电　　话：13703497561
传　　真：0379－64250589

单位名称：定襄县佳敏机械锻造有限公司
地　　址：山西省忻州市定襄县九龙湾工业区
邮　　编：035400
电　　话：13803468830
传　　真：0350－6090911

单位名称：宁波市实立矿山机械制造有限公司
地　　址：浙江省宁波市象山县石浦镇兴港路100号
邮　　编：315731
电　　话：13906600218

传　　真：0574－65912665

单位名称：邯郸四达电机股份有限公司
地　　址：河北省邯郸市中华北大街680号
邮　　编：056004
电　　话：18603201856
传　　真：0310－3178506

单位名称：陕西蒲城秦星建设机械有限公司
地　　址：陕西省渭南市蒲城县苏坊镇东大街
邮　　编：715514
电　　话：13709132485
传　　真：0913－7325552

单位名称：唐山鑫虎重型矿山机械有限公司
地　　址：河北省遵化市团瓢庄乡山里各庄村
邮　　编：064209
电　　话：13903383909
传　　真：0315－6986868

单位名称：遵化市宏盛大诚矿山机械厂
地　　址：河北省遵化市城南黎河桥西1公里
邮　　编：064200
电　　话：13832892566
传　　真：0315－6601489

单位名称：遵化市大明矿山机械有限公司
地　　址：河北省遵化市团瓢庄乡兴隆店村
邮　　编：064200
电　　话：13933492624
传　　真：0315－6991788

单位名称：山东省东平县开元机械制造有限公司
地　　址：山东省泰安市东平县工业园
邮　　编：271500
电　　话：13563816799
传　　真：0538－6356808

单位名称：吉林大学机械生物学与工程学院
地　　址：吉林省长春市人民大街5988号吉林大学南岭校区
邮　　编：130025
电　　话：13578886504
传　　真：0431－85095288

单位名称：济南义和轴承有限公司
地　　址：山东省济南市蓝翔路15号－6区－2号
邮　　编：250023
电　　话：13869113518
传　　真：0531－85980518

单位名称：固安百滤得机械制造有限公司
地　　址：河北省固安县温泉园区
邮　　编：065501
电　　话：15231621888
传　　真：0316－6228358

单位名称：淄博市博山万雷机械设备厂
地　　址：山东省淄博市博山区颜北路192路
邮　　编：255200
电　　话：13864477888
传　　真：0533－4235111

单位名称：巢湖诺信建材机械设备有限公司
地　　址：安徽省巢湖市烔炀工业区
邮　　编：238072
电　　话：13905652860
传　　真：0511－88512652

单位名称：国茂减速机集团有限公司
地　　址：江苏省常州市武进高新区西湖路111号
邮　　编：213164
电　　话：0519－86568898
传　　真：0519－86581901

单位名称：天津赛瑞机器设备有限公司齿轮制造分公司
地　　址：天津市东丽区滨海重机园3号
邮　　编：300350
电　　话：15522892170
传　　真：022－24355100

单位名称：山西东皇风电法兰制造有限公司
地　　址：山西省定襄县崔家庄工业园
邮　　编：035400
电　　话：13681912969
传　　真：021－66093403

单位名称：广东磊蒙重型机械制造有限公司
地　　址：广东省韶关市镇江区工业园产业转移工业园
邮　　编：512000
电　　话：13926276188
传　　真：0751－32002551

单位名称：山东九昌重工科技有限公司
地　　址：山东省潍坊市临朐东城工业区朐阳路368号
邮　　编：262600

电　　话：18905361559
传　　真：0536－3157006

单位名称：济南永固重型机械制造有限公司
地　　址：山东省济南市堤口路177号
邮　　编：250203
电　　话：13589069833
传　　真：0531－85994678

单位名称：上海创申重型装备制造有限公司
地　　址：上海市奉贤区塘外工业园地8号
邮　　编：201411
电　　话：021－53011861－8001
传　　真：021－53011873

单位名称：杭州山虎机械有限公司
地　　址：浙江省杭州市余杭区仁和镇
邮　　编：311107
电　　话：13906505309
传　　真：0571－86390372

单位名称：浙江双金机械集团股份有限公司
地　　址：浙江省杭州市余杭区瓶窑镇南山村
邮　　编：311115
电　　话：18667175880
传　　真：0571－88503532

单位名称：新乡市鼎力矿山设备有限公司
地　　址：河南省卫辉市唐庄工业园区
邮　　编：453100
电　　话：13949635260
传　　真：0373－4222222

单位名称：山东金宝山机械有限公司
地　　址：山东省临沂市金宝山路1号
邮　　编：276000
电　　话：13793925888
传　　真：0539－8529099

单位名称：哈尔滨和泰电力设备有限公司
地　　址：黑龙江省哈尔滨市南岗区长江路380号宏洋大厦
邮　　编：150090
电　　话：13904636631
传　　真：0451－82314178

单位名称：沈阳远大科技电工有限公司
地　　址：辽宁省沈阳市经济技术开发区十六号街6号
邮　　编：110027
电　　话：15802458102
传　　真：024－25273535

单位名称：新乡市通用电机有限公司
地　　址：河南省新乡市国家经济技术开发区丰收路
邮　　编：453000
电　　话：13937303339
传　　真：0373－3686333

单位名称：无锡久申诺科技有限公司
地　　址：江苏省无锡市锡山区羊尖镇工业园区
邮　　编：214107
电　　话：13771111977
传　　真：0510－88733929

单位名称：天津市立鑫晟精细铸造有限公司
地　　址：天津市静海县良王庄乡良二村
邮　　编：301601
电　　话：18622676065
传　　真：022－68120451

单位名称：江阴兴澄特种钢铁有限公司
地　　址：江苏省江阴市滨江东路297号
邮　　编：214400
电　　话：13706163609
传　　真：0510－86191400

单位名称：莒州集团有限公司
地　　址：山东省莒县浮来工业园
邮　　编：276511
电　　话：15806336838
传　　真：0633－6269678

洗选设备

单位名称：北方重工集团（沈阳）工程设计研究院有限公司
地　　址：辽宁省沈阳市经济技术开发区开发大路16号
邮　　编：110860
电　　话：024－25197497
传　　真：024－25197493

单位名称：中信重工机械股份有限公司矿山机器厂
地　　址：河南省洛阳市涧西区建设路206号
邮　　编：471039
电　　话：15690660259
传　　真：0379－64088626

单位名称：沈阳隆基电磁科技有限公司
地　　址：辽宁省抚顺市经济开发区文华路6号
邮　　编：113122
电　　话：13804933905
传　　真：0413－56605768

单位名称：山东华特磁电科技股份有限公司
地　　址：山东省潍坊市临朐县经济开发区华特路5777号
邮　　编：262600
电　　话：13791661888
传　　真：0536－3158801

单位名称：鞍山重型矿山机器股份有限公司
地　　址：辽宁省鞍山市鞍千路294号
邮　　编：114051
电　　话：13904120312
传　　真：0412－5239900

单位名称：淮北矿山机器制造有限公司
地　　址：安徽省淮北市濉溪经济开发区工业园白杨路15号
邮　　编：235005
电　　话：13965876158
传　　真：0561－6063318

单位名称：东北大学资源与土木工程学院
地　　址：辽宁省沈阳市东北大学265信箱
邮　　编：110006
电　　话：15904051956
传　　真：024－23890448

单位名称：镇江电磁设备厂有限责任公司
地　　址：江苏省镇江市丹徒新城谷阳大道东延99号
邮　　编：212004
电　　话：13805282608
传　　真：0511－85622591

单位名称：南昌矿山机械有限公司
地　　址：江西省南昌市湾里区盘龙路23号
邮　　编：330004
电　　话：13807085540
传　　真：0791－83761006

单位名称：海安县万力振动机械有限公司
地　　址：江苏省南通市海安县城江海西路168号
邮　　编：226600
电　　话：13706277726
传　　真：0513－88814780

单位名称：北京矿冶研究总院机械研究所
地　　址：北京市丰台区南四环西路188号总部基地18区23号楼
邮　　编：100044
电　　话：13701325849
传　　真：010－68336186

单位名称：煤炭科学研究总院唐山设计研究院
地　　址：河北省唐山市新华西道21号
邮　　编：063012
电　　话：13703348985
传　　真：0315－2829275

单位名称：上海盾牌筛网滤器有限公司
地　　址：上海市闸北区天目中路383号海文大楼1503室
邮　　编：200070
电　　话：18930850700
传　　真：021－23010291

单位名称：唐山汇力科技有限公司
地　　址：河北省唐山市路南区唐古街3号
邮　　编：063001
电　　话：13503152229
传　　真：0315－2876709

单位名称：河南威猛振动设备股份有限公司
地　　址：河南省新乡市新乡县工业路1号
邮　　编：453700
电　　话：13837359259
传　　真：0373－5590098

单位名称：江阴齿轮箱制造有限公司
地　　址：江苏省江阴市工业园区澄山路601号
邮　　编：214437
电　　话：13656165722
传　　真：0510－86993196

单位名称：上海山美重型矿山机械有限公司
地　　址：上海市奉贤区青村镇奉村路258号
邮　　编：453731
电　　话：13700863691
传　　真：021－58200089

单位名称：钟祥市新宇机电制造有限公司
地　　址：湖北省钟祥市经济开发区西环二路8号
邮　　编：431900

电　　话：13707264888
传　　真：0724－4223279

单位名称：沈阳鸿翔复合弹性设备有限公司
地　　址：辽宁省沈阳市大东区大什字街 80－1 号 23－4
邮　　编：110014
电　　话：13604904882
传　　真：024－88472546

单位名称：上海嘉庆轴承制造有限公司
地　　址：上海市闸北区民德路 158 号铭德国际广场 1802 室
邮　　编：200070
电　　话：13564241799
传　　真：021－56559515

单位名称：河南太行振动机械股份有限公司
地　　址：河南省新乡市经济开发区中央大道 66 号
邮　　编：453731
电　　话：13803738509
传　　真：0373－5586811

单位名称：辽源通工机械有限公司
地　　址：吉林省辽源市工业开发区向阳工业园福兴路 1 号
邮　　编：136200
电　　话：13604375653
传　　真：0437－3170955

单位名称：郑州一帆机械设备有限公司
地　　址：河南省郑州市荥阳开发区郑源路中段
邮　　编：450131
电　　话：13849040105
传　　真：0371－88380880

单位名称：河南师大振动机械有限公司
地　　址：河南省新乡市建设东路 46 号
邮　　编：543007
电　　话：13603737789
传　　真：0373－3326999

单位名称：江苏保龙机电制造有限公司
地　　址：江苏省溧阳市昆仑开发区昆仑北路 75 号
邮　　编：213300
电　　话：13906143181
传　　真：0519－87301886

单位名称：江苏省姜堰市橡胶制品厂
地　　址：江苏省姜堰市民营经济产业中心
邮　　编：225500

电　　话：13705268229
传　　真：0523－88286079

单位名称：柳州中特高压电器有限公司
地　　址：广西壮族自治区柳州市柳东路 222 号
邮　　编：545006
电　　话：13707726048
传　　真：0772－2615882

单位名称：河南省群英机械制造有限责任公司
地　　址：河南省焦作市解放中路 397 号
邮　　编：454002
电　　话：13782713789
传　　真：0391－3911397

单位名称：辽阳市望水橡胶制品厂
地　　址：辽宁省辽阳市振兴路下王家 256 号
邮　　编：111004
电　　话：13704196882
传　　真：0419－3306825

单位名称：江都市金马矿机配件有限公司
地　　址：江苏省扬州市江都区通江路 43 号
邮　　编：225200
电　　话：13705250833
传　　真：0514－86893833

单位名称：淮北市协力重型机器有限责任公司
地　　址：安徽省淮北市濉溪经济开发区工业园金桂西路 2 号
邮　　编：235000
电　　话：13905612169
传　　真：0561－4080808

单位名称：淮北市一环矿山机械有限公司
地　　址：安徽省淮北市南黎路西段
邮　　编：235000
电　　话：13909615455
传　　真：0561－3015222

单位名称：淮北科源矿山机器有限公司
地　　址：安徽省淮北市杜集经济开发区滂汪工业园
邮　　编：235037
电　　话：13905610939
传　　真：0561－3038516

单位名称：北京有色冶金设计研究总院选矿室
地　　址：北京市海淀区复兴路戊 12 号

邮　　编：100038
电　　话：13641233600
传　　真：010－63963662

单位名称：沈阳永翔科技有限公司
地　　址：辽宁省沈阳市和平区十三纬路39号（1－21－10）
邮　　编：110002
电　　话：13804077264
传　　真：024－22722669

单位名称：镇江市鸿兴磁选设备有限公司
地　　址：江苏省镇江市润州区润兴路33号
邮　　编：212002
电　　话：13705283961
传　　真：0511－85287677

单位名称：松滋市金津矿山机械有限责任公司
地　　址：湖北省松滋市城东工业园永兴路3号
邮　　编：434200
电　　话：13972364370
传　　真：0716－5951166

单位名称：抚顺沃尔普机电设备有限公司
地　　址：辽宁省抚顺市望花区铁岭街12－1号
邮　　编：113001
电　　话：13904934942
传　　真：024－56380540

单位名称：辽宁志远筛子王制造有限公司
地　　址：辽宁省鞍山市达到湾工业园区C05－6
邮　　编：114044
电　　话：13204233336
传　　真：0412－5210599

单位名称：镇江市江南矿山机电设备有限公司
地　　址：江苏省镇江市丁卯开发区南纬四路10号
邮　　编：212009
电　　话：13906104105
传　　真：0511－88893966

单位名称：淮北中芬矿山机器有限公司
地　　址：安徽省淮北市杜集区孙谢庄工业园腾飞路1号
邮　　编：235000
电　　话：13905610503
传　　真：0561－3091224

单位名称：河南省平原矿山机械有限公司
地　　址：河南省新乡市黄河大道289号
邮　　编：453700
电　　话：13803802825
传　　真：0373－5071699

单位名称：河北金马矿山机械集团公司
地　　址：河北省遵化市新东庄镇
邮　　编：064209
电　　话：13933336380
传　　真：0315－6998918

单位名称：唐山陆凯科技有限公司
地　　址：河北省唐山市高新技术产业园区火炬路208号
邮　　编：063020
电　　话：18733371027
传　　真：0315－3859960

单位名称：江都市亚业筛网厂
地　　址：江苏省江都市城南工业园刘桥路
邮　　编：225200
电　　话：13905258171
传　　真：0514－86545138

单位名称：柳州市远健磁力设备制造有限责任公司
地　　址：广西壮族自治区柳州市柳江县新兴工业园兴福路12号
邮　　编：545112
电　　话：13807722327
传　　真：0772－3269178

单位名称：中煤国际工程集团南京设计研究院
地　　址：江苏省南京市浦口区浦东路20号
邮　　编：210031
电　　话：025－85046362
传　　真：025－85046441

单位名称：马鞍山矿山研究院网络信息中心
地　　址：安徽省马鞍山市花山区湖北路9号
邮　　编：243004
电　　话：13955581566
传　　真：0555－2475796

单位名称：河南省金特振动机械有限公司
地　　址：河南省新乡市经济开发区太行北路西段
邮　　编：453731
电　　话：13803734948
传　　真：0373－5597320

单位名称：江苏科行环境工程技术有限公司

地　　址：江苏省盐城市新洋经济区新洋路9号
邮　　编：224003
电　　话：13705103032
传　　真：0515－88566200

单位名称：黑旋风工程机械开发有限公司
地　　址：湖北省宜昌市大连路8号
邮　　编：443005
电　　话：13607200788
传　　真：0717－6467192

单位名称：浙江镇南精工机械有限公司
地　　址：浙江省诸暨市店口镇解放路259号
邮　　编：311835
电　　话：13395758888
传　　真：0575－87655618

单位名称：淄博九州润滑科技有限公司
地　　址：山东省淄博市高新区万杰路108号1208室
邮　　编：255086
电　　话：13355281819
传　　真：0533－3588387

单位名称：江苏金基特钢有限公司
地　　址：江苏省句容市宝华镇和平村汤龙公路旁
邮　　编：212415
电　　话：13705183558
传　　真：025－85818226

单位名称：济南中燃科技发展有限公司
地　　址：山东省济南高新开发区开拓路1251号
邮　　编：250101
电　　话：0531－81212379
传　　真：0531－81212387

单位名称：赣州金环磁选设备有限公司
地　　址：江西省赣州市章贡区沙河工业园
邮　　编：325000
电　　话：13970765025
传　　真：0797－8325798

单位名称：威海市润泽矿山洗选设备有限公司
地　　址：山东省威海市环翠区桥头镇临港科技创业园
邮　　编：264212
电　　话：13863138508
传　　真：0631－5800797

单位名称：新乡市高科机械设备有限公司
地　　址：河南省新乡市新乡县小冀镇21号桥西800米路北
邮　　编：453731
电　　话：13903734412
传　　真：0373－5593617

单位名称：山东科力华电磁设备有限公司
地　　址：山东省潍坊市临朐县城南工业园
邮　　编：262600
电　　话：13953602126
传　　真：0536－3181099

单位名称：岳阳科德科技有限责任公司
地　　址：湖南省岳阳市经济开发区科德工业园
邮　　编：414000
电　　话：13332509188
传　　真：0730－8729288

单位名称：辽宁翔宇压滤机有限公司
地　　址：辽宁省沈阳市于洪区太湖街1－3－1号
邮　　编：110141
电　　话：024－25835556
传　　真：024－25300270

单位名称：东阳市天力磁电有限公司
地　　址：浙江省金华市东阳市开发八华南路18号
邮　　编：322100
电　　话：13605727760
传　　真：0579－86816587

单位名称：上海恒源冶金设备有限公司
地　　址：上海市浦东新区东胜路1001号
邮　　编：201201
电　　话：13701688151
传　　真：021－58975926

单位名称：凤城市矿冶齿轮有限责任公司
地　　址：辽宁省凤城市边门镇边门街
邮　　编：118119
电　　话：13941542271
传　　真：0415－8072666

单位名称：西安船舶工程研究院有限公司
地　　址：陕西省西安市雁塔区团结南路35号航海科技园三层
邮　　编：710077
电　　话：15991797102
传　　真：029－88891530

单位名称：沈阳博众重型机械制造有限公司
地　　址：辽宁省沈阳市皇姑区三台子经济开发区方溪湖村
邮　　编：110034
电　　话：13909838049
传　　真：024－89340303

单位名称：四川高德特科技有限公司
地　　址：四川省攀枝花市攀枝花大道南段234号
邮　　编：617000
电　　话：13508236601
传　　真：0812－2512388

单位名称：昆明华扬机械制造有限公司
地　　址：云南省昆明市晋宁县晋宁工业园区上蒜片区
邮　　编：620215
电　　话：13312589333
传　　真：0871－67822912

单位名称：淮北市金牛源矿山机器有限公司
地　　址：安徽省淮北市濉溪乾隆湖工业园
邮　　编：235100
电　　话：15905610861
传　　真：0561－7518061

单位名称：烟台龙腾机械设备有限公司
地　　址：山东省招远市初山东路99号
邮　　编：265400
电　　话：18660012388
传　　真：0535－8113099

单位名称：扬州宝飞优斯特振动器制造有限公司
地　　址：江苏省宝应县安宜创业园22栋
邮　　编：225800
电　　话：13901440380
传　　真：0514－88279611

单位名称：朝阳市宏晟机械制造有限公司
地　　址：辽宁省朝阳市下府经济开发区
邮　　编：122113
电　　话：13841306326
传　　真：024－58345885

单位名称：沈阳斯瑞重型机械制造有限公司
地　　址：辽宁省沈阳市辽中县满都户镇满东村
邮　　编：110000
电　　话：13504043811
传　　真：024－87901804

单位名称：河南省荥阳市矿山机械制造厂
地　　址：河南省荥阳市三里庄
邮　　编：450100
电　　话：15890055500
传　　真：0371－646496896

单位名称：天津市立鑫晟精细铸造有限公司
地　　址：天津市静海县良王庄乡良二村
邮　　编：301600
电　　话：13920890723
传　　真：022－68122819

单位名称：中国矿业大学化工学院
地　　址：江苏省徐州市大学路1号
邮　　编：222116
电　　话：0516－83985486
传　　真：0516－83591056

单位名称：福州大学紫金矿业学院
地　　址：福建省福州市福州地区大学新区学园路2号
邮　　编：350108
电　　话：15806038882
传　　真：0591－22865213

单位名称：沈阳永达有色铸造厂
地　　址：辽宁省沈阳市皇姑区鸭绿江北街168号
邮　　编：110033
电　　话：13904020959
传　　真：024－86673763

单位名称：沈阳有色金属研究院
地　　址：辽宁省沈阳经济开发区七号路七甲六号
邮　　编：110141
电　　话：13904051507
传　　真：024－25375511

单位名称：韶关市邵瑞重工有限公司
地　　址：广东省韶关市武江区西郊六公里科技工业园
邮　　编：512029
电　　话：18948839999
传　　真：0751－8136871

单位名称：臣桀（上海）橡胶工业技术有限公司
地　　址：上海市金山区吕巷镇溪南路86号
邮　　编：201500
电　　话：18321344000

传　　真：021－61842333

单位名称：兴东不锈钢制件厂
地　　址：福建省晋江市西园街道仕头
邮　　编：362200
电　　话：13505975666
传　　真：0595－85602756

物料搬运机械

单位名称：华电重工股份有限公司
地　　址：北京市丰台区汽车博物馆东路华电产业园B座11层
邮　　编：100070
电　　话：010－63919213
传　　真：010－63919230

单位名称：北京起重运输机械设计研究院
地　　址：北京市东城区雍和宫大街52号
邮　　编：100007
电　　话：010－64031452，63919910
传　　真：010－64052584，63919910

单位名称：大连华锐重工集团股份有限公司
地　　址：辽宁省大连市西岗区八一路169号
邮　　编：116013
电　　话：0411－86852736
传　　真：0411－86852013

单位名称：太原重型机械集团有限公司
地　　址：山西省太原市万柏林区玉河街53号
邮　　编：030024
电　　话：0351－6364118
传　　真：0351－6361133

单位名称：上海振华重工（集团）股份有限公司
地　　址：上海市浦东新区东方路3261号
邮　　编：200125
电　　话：021－31191929
传　　真：021－31191955

单位名称：中国重型机械有限公司
地　　址：北京市海淀区公主坟复兴路甲23号
邮　　编：100036
电　　话：010－68211861
传　　真：010－68296106

单位名称：卫华集团有限公司
地　　址：河南省新乡市长垣县卫华大道西段
邮　　编：453400
电　　话：0373－8887646
传　　真：0373－8887665

单位名称：三一港口机械有限公司
地　　址：湖南省长沙市经济开发区三一工业城广东省珠海市金湾区三一科技大厦
邮　　编：410100
电　　话：0731－84031697
传　　真：0731－84031999－1162

单位名称：株洲天桥起重机股份有限公司
地　　址：湖南省株洲市石峰区新民路266号
邮　　编：412004
电　　话：0731－22337000
传　　真：0731－22337798

单位名称：衡阳运输机械有限公司
地　　址：湖南省衡阳市珠晖区狮山路1号
邮　　编：421002
电　　话：0734－3172006
传　　真：0734－3172066

单位名称：双鸟集团有限公司
地　　址：浙江省嵊州市黄泽镇工业功能区玉龙路16号
邮　　编：312455
电　　话：0575－83503801
传　　真：0575－83503801

单位名称：中煤西安设计工程有限责任公司
地　　址：陕西省西安市雁塔路北段66号
邮　　编：710054
电　　话：029－87858161
传　　真：029－87855534

单位名称：中煤科工集团沈阳设计研究院有限公司
地　　址：辽宁省沈阳市沈河区先农坛路12号
邮　　编：110015
电　　话：024－24156292
传　　真：024－24156292

单位名称：中冶南方武汉钢铁设计院有限公司
地　　址：湖北省武汉市青山区红钢城15街坊
邮　　编：430080
电　　话：027－51319084
传　　真：027－86805606

单位名称：中国电力工程顾问集团西北电力设计院
地　　址：陕西省西安市高新技术产业开发区团结南路22号
邮　　编：710075
电　　话：029－24156292
传　　真：029－24156292

单位名称：中国电力工程顾问集团西南电力设计院
地　　址：四川省成都市东风路18号
邮　　编：610016
电　　话：028－81724493
传　　真：028－81724242

单位名称：中交一航局安装工程有限公司
地　　址：天津市经济技术开发区滨海金融街广场东20号E3ABC座5层
邮　　编：300457
电　　话：022－66283176
传　　真：022－66282879

单位名称：上海工业自动化仪表研究院
地　　址：上海市徐汇区漕宝路193号
邮　　编：200233
电　　话：021－64368180
传　　真：021－64845510

单位名称：交通运输部水运科学研究院
地　　址：北京市海淀区西土城路8号
邮　　编：100088
电　　话：010－62079013
传　　真：010－62079013

单位名称：河北港口集团有限公司信息与技术中心
地　　址：河北省秦皇岛市海滨路35号
邮　　编：66002
电　　话：0335－3097232
传　　真：0335－3097232

单位名称：同济大学机械学院
地　　址：上海市杨浦区四平路1239号
邮　　编：200092
电　　话：021－69589750
传　　真：021－69589750

单位名称：北京科技大学国家板带生产先进装备工程技术研究中心
地　　址：北京市海淀区学院路30号
邮　　编：100083
电　　话：010－62332598
传　　真：010－62334255

单位名称：焦作市科瑞森机械制造有限公司
地　　址：河南省焦作新区神州路2878号
邮　　编：454000
电　　话：0391－3683685
传　　真：0391－3683672

单位名称：宁夏天地西北煤机有限公司
地　　址：宁夏回族自治区石嘴山市大武口工业园区长安路1号
邮　　编：753001
电　　话：0952－2175329
传　　真：0952－2175357

单位名称：杭州华新机电工程有限公司
地　　址：浙江省杭州市西湖科技园区西园路二号
邮　　编：310030
电　　话：0571－89905122
传　　真：0571－89905117

单位名称：山东山矿机械有限公司
地　　址：山东省济宁市济安桥北路11号
邮　　编：272041
电　　话：0537－2783813
传　　真：0537－2228529

单位名称：广州起重机械有限公司
地　　址：广东省广州市广园中路283号
邮　　编：510405
电　　话：020－86798728
传　　真：020－86796828

单位名称：四川省自贡运输机械集团股份有限公司
地　　址：四川省自贡市国家工业园区富川路3号
邮　　编：643000
电　　话：0813－8233607
传　　真：0813－8233588

单位名称：上海科大重工集团有限公司
地　　址：上海市青浦区青浦工业园华青路815号
邮　　编：201707
电　　话：021－69211568
传　　真：021－69210321

单位名称：力博重工科技股份有限公司
地　　址：山东省泰安市宁阳经济开发区

邮　　编：271411
电　　话：0538－2133862
传　　真：0538－6962086

单位名称：SEW－传动设备（天津）有限公司
地　　址：天津市天津经济技术开发区第七大街46号
邮　　编：300457
电　　话：022－50880140
传　　真：022－25323273

单位名称：河南恒达机电设备有限公司
地　　址：河南省新乡市长垣县起重工业园区纬四路东侧
邮　　编：453424
电　　话：0373－2156199
传　　真：0373－2156189

单位名称：浙江东海减速机有限公司
地　　址：浙江省温州市平阳经济开发区（敖江镇鸽巢路）
邮　　编：325401
电　　话：0577－63631862
传　　真：0577－63635393

单位名称：吉林大学
地　　址：吉林省长春市人民大街5988号
邮　　编：130025
电　　话：0431－85094404
传　　真：0431－85095288

单位名称：上海海事大学
地　　址：上海市浦东新区临港新城海港大道1550号
邮　　编：201306
电　　话：021－38282600
传　　真：021－38282600

单位名称：《起重运输机械》杂志社
地　　址：北京市东城区雍和宫大街52号
邮　　编：100007
电　　话：010－64031987
传　　真：010－64031987

单位名称：凯盛重工有限公司
地　　址：安徽省淮南市谢家集区蔡新路
邮　　编：232058
电　　话：0554－5717600
传　　真：0554－5717383

单位名称：中国大唐集团科技工程有限公司
地　　址：北京市海淀区紫竹园路120号7楼
邮　　编：100097
电　　话：010－58389999
传　　真：010－58389810

单位名称：象王重工股份有限公司
地　　址：江苏省盐城市建湖经济开发区明珠东路1号
邮　　编：224700
电　　话：0515－82068933
传　　真：0515－86312253

单位名称：湖州电动滚筒有限公司
地　　址：浙江省湖州市西凤路888号
邮　　编：313000
电　　话：0572－2111325
传　　真：0572－2174376

单位名称：江西华伍制动器股份有限公司
地　　址：江西省丰城市工业园区新梅路7号
邮　　编：331100
电　　话：0795－6242073
传　　真：0795－6241080

单位名称：江阴齿轮箱制造有限公司
地　　址：江苏省江阴市高新区澄山路601号
邮　　编：214437
电　　话：0510－86993519
传　　真：0510－86993519

单位名称：四川东林矿山运输机械有限公司
地　　址：四川省内江市中区工业集中发展区乐贤大道398号
邮　　编：641005
电　　话：0832－2112515
传　　真：0832－2112500

单位名称：江西特种电机股份有限公司
地　　址：江西省宜春市环城南路581号
邮　　编：336000
电　　话：0795－3288626
传　　真：0795－3274523

单位名称：中国能源建设集团山西电力设备厂
地　　址：山西省太原市北营南路30号
邮　　编：30031
电　　话：0351－7662041
传　　真：0351－7662246

单位名称：通化市起重运输机械制造有限责任公司
地 址：吉林省通化市东昌区保安路2369号
邮 编：134000
电 话：0435－3652139
传 真：0435－3617752

单位名称：江苏万富安机械有限公司
地 址：江苏省张家港经济开发区南区
邮 编：215614
电 话：0512－58459230
传 真：0512－58421395

单位名称：沈阳皆爱喜输送设备有限责任公司
地 址：辽宁省沈阳经济技术开发区五号路19号
邮 编：110141
电 话：024－25370291－8032
传 真：024－25370290

单位名称：上海贯博起重设备有限公司
地 址：上海市浦东新区周浦镇3736号2幢2楼
邮 编：201318
电 话：021－50880140
传 真：021－50880140

单位名称：江苏兴洲工矿设备有限公司
地 址：江苏省泰州市高港科技创业园许庄许南
邮 编：225323
电 话：0523－86161162
传 真：0523－86112111

单位名称：哈尔滨和泰电力设备有限公司
地 址：黑龙江省哈尔滨市南岗区长江路380号宏洋大厦
邮 编：150090
电 话：0451－82279918
传 真：0451－82314178

单位名称：唐山德伯特机械有限公司
地 址：河北省唐山市缸窑路2号
邮 编：63027
电 话：0315－8090500
传 真：0315－3203438

单位名称：天津三岛输送机械有限公司
地 址：天津市塘沽区新北路创新创业园21－B401室
邮 编：300451
电 话：022－25213279
传 真：022－25213279

单位名称：宁波探索机械制造有限公司
地 址：浙江省宁波市象山县丹城白鹤路206号
邮 编：315700
电 话：0574－65782295
传 真：0574－65751946

单位名称：武汉新华源电力设备有限公司
地 址：湖北省武汉市武昌区中北路148号东沙大厦A座8层
邮 编：430077
电 话：027－87260868
传 真：027－87260858

单位名称：宁波华臣输送设备制造有限公司
地 址：浙江省宁波市象山经济开发区滨海工业园金商路20号
邮 编：315712
电 话：13906601166
传 真：0574－65803687

单位名称：上海博强机械制造工程有限公司
地 址：上海市普陀区交通路4621弄4号1401室
邮 编：200331
电 话：021－52926332
传 真：021－52956605

单位名称：吴江市麒麟起重机械有限公司
地 址：江苏省吴江市铜罗镇人民街20号
邮 编：215237
电 话：0512－63881241
传 真：0512－63881774

单位名称：山西顾德宝丰重工机械有限公司
地 址：山西省忻州原平市京原北路108国道（原种场）
邮 编：34100
电 话：0350－3318959
传 真：0350－8238358

单位名称：河北义坤矿山机械有限公司
地 址：河北省衡水市武邑县循环经济园区威武大街88号
邮 编：53400
电 话：0318－2281199
传 真：0318－2281000

单位名称：哈尔滨国海星轮传动有限公司
地 址：黑龙江省哈尔滨市平房区烟台三路8号

邮　　编：150060
电　　话：0451－86530858
传　　真：0451－86530858

单位名称：启东金利润滑设备有限公司
地　　址：江苏省启东市中央大道东首
邮　　编：226200
电　　话：0513－83655222
传　　真：0513－83655222

单位名称：无锡市安能滑触电器有限公司
地　　址：江苏省无锡市锡山区东北塘农坝工业园
邮　　编：214191
电　　话：0510－83776272
传　　真：0510－83776126

单位名称：江苏鼎阳机电科技实业有限公司
地　　址：江苏省南京市山西路68号颐和商厦10层A－D座
邮　　编：210009
电　　话：025－83696880
传　　真：025－83696871

单位名称：常州市潞城常东塑料五金厂
地　　址：江苏省常州市戚墅堰区潞城街道光明村委李家塘村
邮　　编：213025
电　　话：0519－88402188
传　　真：0519－88400668

单位名称：淄博九州润滑科技有限公司
地　　址：山东省淄博高新区万杰路108号博士楼
邮　　编：255086
电　　话：0533－6200711
传　　真：0533－3588387

单位名称：厦门力祺环境工程有限公司
地　　址：福建省厦门市环东海域工业区湖里工业园美溪道98号
邮　　编：361000
电　　话：0592－5725120
传　　真：0592－5725125

桥式起重机

单位名称：北京起重运输机械设计研究院
地　　址：北京市东城区雍和宫大街52号
邮　　编：100007
电　　话：010－64031010
传　　真：010－84037436

单位名称：大连重工·起重集团有限公司
地　　址：辽宁省大连市西岗区八一路169号
邮　　编：116013
电　　话：0411－86852166
传　　真：0411－86852222

单位名称：卫华集团有限公司
地　　址：河南省新乡市长垣县博爱路6号
邮　　编：453400
电　　话：0373－8887699
传　　真：0373－8887646

单位名称：太原重工股份有限公司
地　　址：山西省太原市万柏林区玉河街53号
邮　　编：030024
电　　话：0351－6362824
传　　真：0351－6362554

单位名称：河南省矿山起重机有限公司
地　　址：河南省新乡市长垣县长恼工业区18号
邮　　编：453400
电　　话：0373－8735555
传　　真：0373－8735555

单位名称：上海起重运输机械厂有限公司
地　　址：上海市嘉定区安亭镇昌吉路28号
邮　　编：201805
电　　话：021－65564735
传　　真：021－56639864

单位名称：株洲天桥起重机股份有限公司
地　　址：湖南省株洲市田心北门
邮　　编：412001
电　　话：0731－28462032
传　　真：0731－28462033

单位名称：山起重型机械股份公司
地　　址：山东省青州市昭德北路2198号
邮　　编：262515
电　　话：0536－3203038
传　　真：0536－3203037

单位名称：广州起重机械有限公司
地　　址：广东省广州市广园中路283号
邮　　编：510405

电　　话：020－86798891
传　　真：020－86796828

单位名称：象王重工股份有限公司
地　　址：江苏省盐城市建湖经济开发区明珠东路1号
邮　　编：224700
电　　话：0515－86317221
传　　真：0515－86317221

单位名称：宁夏天地奔牛银起设备有限公司
地　　址：宁夏回族自治区银川市西夏区金波南街160号
邮　　编：750021
电　　话：0951－5615026
传　　真：0951－3067126

单位名称：法兰泰克重工股份有限公司
地　　址：江苏省苏州市汾湖高新技术产业开发区汾越路288号
邮　　编：215211
电　　话：0512－82072999
传　　真：0512－82072999

单位名称：北京起重运输机械设计研究院运营管理部
地　　址：北京市东城区雍和宫大街52号
邮　　编：100007
电　　话：010－64053039
传　　真：010－84037436

单位名称：武汉钢铁重工集团冶金重工有限公司
地　　址：湖北省武汉市青山区厂前街青王路10号
邮　　编：430083
电　　话：027－86303703
传　　真：027－86865751

单位名称：重庆起重机厂有限责任公司
地　　址：重庆市九龙坡区中梁山人和场
邮　　编：400052
电　　话：023－65269394
传　　真：023－65258916

单位名称：南京起重机械总厂有限公司
地　　址：江苏省南京市江宁滨江开发区翔凤路9号
邮　　编：211178
电　　话：025－58842388
传　　真：025－58841693

单位名称：洛阳起重机厂
地　　址：河南省洛阳市老城区唐宫东路10号
邮　　编：471009
电　　话：0379－63415918
传　　真：0379－63415999

单位名称：常州市常欣电子衡器有限公司
地　　址：江苏省常州市中凉亭
邮　　编：213001
电　　话：0519－86643942
传　　真：0519－86640473

单位名称：杭州起重机械有限公司
地　　址：浙江省海宁市连杭经济区新一路10号
邮　　编：311112
电　　话：0571－88747563
传　　真：0571－88747388

单位名称：黑龙江富锦富华起重机有限公司
地　　址：黑龙江省富锦市富福路西段
邮　　编：156101
电　　话：0454－2350200
传　　真：0454－2349210

单位名称：柳州起重机器有限公司
地　　址：广西壮族自治区柳州市荣军路226号
邮　　编：545005
电　　话：0772－3117615
传　　真：0772－3117615

单位名称：德马格起重机械（上海）有限公司
地　　址：上海市奉贤区叶庄公路125号
邮　　编：201415
电　　话：021－37182205
传　　真：021－57464558

单位名称：河南豫飞重工集团有限公司
地　　址：河南省新乡市新飞大道北段81号
邮　　编：453002
电　　话：0373－3321000
传　　真：0373－3321906

单位名称：辽宁清原第一缓冲器制造有限公司
地　　址：辽宁省抚顺市146信箱
邮　　编：113103
电　　话：0413－53022438
传　　真：0413－53020828

单位名称：云南冶金昆明重工有限公司
地　　址：云南省昆明市龙泉路871号

邮　　编：650203
电　　话：0871－66085085
传　　真：0871－66085285

单位名称：江苏泰隆减速机股份有限公司
地　　址：江苏省泰兴市大庆东路88号
邮　　编：225400
电　　话：0523－87668088
传　　真：0523－87665426

单位名称：湖北银轮起重机械股份有限公司
地　　址：湖北省赤壁市河北大道170号
邮　　编：437300
电　　话：0715－5337928
传　　真：0715－5337966

单位名称：辽宁恒泰重机有限公司
地　　址：辽宁省本溪市明山区文化路14号
邮　　编：117022
电　　话：024－44845903
传　　真：024－44829202

单位名称：河南省郑起起重设备有限公司
地　　址：河南省郑州市化工路158号
邮　　编：450066
电　　话：0371－67848168
传　　真：0371－67848299

单位名称：新乡市中原起重电器厂有限公司
地　　址：河南省新乡市长垣县东关工业区工业路
邮　　编：453400
电　　话：0373－8810889
传　　真：0373－8812882

单位名称：河南省东风起重机械有限公司
地　　址：河南省新乡市长垣县工业园区纬二路1号
邮　　编：453400
电　　话：0373－8814223
传　　真：0373－8814996

单位名称：广东永通起重机械实业有限公司
地　　址：广东省顺德市陈村镇潭村工业区三路
邮　　编：528313
电　　话：0757－23329912
传　　真：0757－23833832

单位名称：河南重工起重机集团有限公司
地　　址：河南省新乡市长垣县魏庄工业园区6号

邮　　编：453424
电　　话：0373－8927999
传　　真：0373－8927999

单位名称：河南宝起华东起重机有限公司
地　　址：河南省新乡市长垣县起重工业园区巨人大道
邮　　编：453400
电　　话：0373－8619880
传　　真：0373－8619880

单位名称：江西起重机械总厂
地　　址：江西省樟树市共和东路82号
邮　　编：331200
电　　话：0795－7364266
传　　真：0795－7364566

单位名称：浙江众擎起重机械制造有限公司
地　　址：浙江省诸暨市城西工业区千禧路1号
邮　　编：311800
电　　话：0575－87385688
传　　真：0575－87387610

单位名称：无锡新大力电机有限公司
地　　址：江苏省无锡市惠山区惠畅路19号
邮　　编：214177
电　　话：0510－83761037
传　　真：0510－83621022

单位名称：丹东振安建工机械有限公司
地　　址：辽宁省丹东市振安区鸭绿江村89号
邮　　编：118003
电　　话：0415－3147945
传　　真：0415－4188606

单位名称：四川川起起重设备有限公司
地　　址：四川省成都市金堂县成金大道1666号
邮　　编：610400
电　　话：028－84932244
传　　真：028－84932244

单位名称：山东安信起重设备有限公司
地　　址：山东省新泰市羊流工业区
邮　　编：271208
电　　话：0538－7440328
传　　真：0538－7444617

单位名称：江苏三马起重机械制造有限公司
地　　址：江苏省靖江市城南园区江防西路3号

邮　　编：214500
电　　话：0523－84866933
传　　真：0523－856778610

单位名称：新乡市起重设备厂有限责任公司
地　　址：河南省新乡市榆东工业园区
邮　　编：453003
电　　话：0373－3054082
传　　真：0373－3058094

单位名称：中原圣起有限公司
地　　址：河南省新乡市长垣县魏庄工业园区1号
邮　　编：453424
电　　话：0373－8710562
传　　真：0373－8711808

单位名称：河南豫中起重集团有限公司
地　　址：河南省新乡市长垣县城南工业区
邮　　编：453424
电　　话：0373－8791368
传　　真：0373－8791898

单位名称：新乡市中原起重机械总厂有限公司
地　　址：河南省新乡市长垣县东关工业区
邮　　编：453400
电　　话：0373－8814682
传　　真：0373－8810258

单位名称：新疆通用机械有限公司
地　　址：新疆维吾尔自治区米泉市振兴路1号
邮　　编：831400
电　　话：0991－6868164
传　　真：0991－6868363

单位名称：河南省新乡市矿山起重机有限公司
地　　址：河南省新乡市长恼工业区
邮　　编：453423
电　　话：0373－8732008
传　　真：0373－8732014

单位名称：浙江通力重型齿轮股份有限公司
地　　址：浙江省瑞安市林垟工业区
邮　　编：325207
电　　话：0577－65599838
传　　真：0577－65598888

单位名称：上海豪力起重机械有限公司
地　　址：上海市浦东新区凌白公路1128号
邮　　编：201201
电　　话：021－58971138
传　　真：021－58971159

单位名称：温州合力建设机械有限公司
地　　址：浙江省温州市平阳县鳌江镇墨城临港工业小区4号路
邮　　编：325401
电　　话：0577－63196610
传　　真：0577－63196610

单位名称：宁波市凹凸重工有限公司
地　　址：浙江省宁波市机场路3998号
邮　　编：315176
电　　话：0574－88008778
传　　真：0574－88008779

单位名称：焦作制动器股份有限公司
地　　址：河南省焦作市博爱县发展大道中段1688号
邮　　编：454461
电　　话：0391－2931288
传　　真：0391－2924446

单位名称：宁波东力传动设备股份有限公司
地　　址：浙江省宁波市江北工业区银海路1号
邮　　编：315033
电　　话：0574－87587777
传　　真：0574－88388889

单位名称：河南华北起重吊钩有限公司
地　　址：河南省新乡市长垣县位庄工业区
邮　　编：453424
电　　话：0373－8791377
传　　真：0373－8710503

单位名称：奔宇电机集团有限公司
地　　址：河南省新乡市长垣县起重工业园纬二路西段
邮　　编：453400
电　　话：0373－8622311
传　　真：0373－8622313

单位名称：郑州凯澄起重设备有限公司
地　　址：河南省郑州市新郑双湖开发区磨河桥南
邮　　编：451191
电　　话：0371－62579688
传　　真：0371－62575699

单位名称：甘肃省定西起重机厂有限责任公司

地　　址：甘肃省定西市安定区西川园区教育大道1号
邮　　编：743000
电　　话：0932－8216532
传　　真：0932－8221013

单位名称：青岛立邦达电气有限公司
地　　址：山东省青岛市国家高新技术开发区锦业路1号高新科技园A4栋
邮　　编：266033
电　　话：0532－58717660
传　　真：0532－58717670

单位名称：泰星减速机股份有限公司
地　　址：江苏省泰兴市姚王镇
邮　　编：225402
电　　话：0523－87635681
传　　真：0523－87635683

单位名称：宝鼎重工股份有限公司
地　　址：浙江省杭州市郊塘栖镇一号桥南
邮　　编：311106
电　　话：0571－86380888
传　　真：0571－86380688

单位名称：江西特种电机股份有限公司
地　　址：江西省宜春市环城南路581号
邮　　编：336000
电　　话：0795－3285285
传　　真：0795－3263554

单位名称：大连辽南起重机器有限公司
地　　址：辽宁省大连市旅顺区营顺路102号
邮　　编：116065
电　　话：0411－86233046
传　　真：0411－86233046

单位名称：新乡市起重机厂有限公司
地　　址：河南省新乡市南环路东1号
邮　　编：453003
电　　话：0373－5795338
传　　真：0373－5797669

单位名称：辽宁国远科技有限公司
地　　址：辽宁省鞍山市千山区通海大道427号
邮　　编：114041
电　　话：0412－2566888
传　　真：0412－5644681

单位名称：常州常矿起重机械有限公司
地　　址：江苏省常州市武进高新区凤鸣路18－2号
邮　　编：213119
电　　话：0519－88609206
传　　真：0519－88609203

单位名称：常州市潞城常东塑料五金厂
地　　址：江苏省常州市潞城镇潞横路中段
邮　　编：213025
电　　话：0519－88402188
传　　真：0519－88400668

单位名称：山东省生建重工有限责任公司
地　　址：山东省淄博市淄川区昆仑镇昆仑路1号
邮　　编：255129
电　　话：0533－5787381
传　　真：0533－5780070

单位名称：西安标准起重机械有限公司
地　　址：陕西省西安市西郊红光路72号
邮　　编：710077
电　　话：029－84253907
传　　真：029－84236974

单位名称：大连起重矿山机械有限公司
地　　址：辽宁省大连市甘井子区营口路10号
邮　　编：116036
电　　话：0411－86704818
传　　真：0411－86704184

单位名称：上海伯瑞制动器有限公司
地　　址：上海市奉贤区奉城镇东街98号
邮　　编：201411
电　　话：021－57522358
传　　真：021－57522350

单位名称：上海雄风起重设备厂有限公司
地　　址：上海市松江区佘北公路2199号
邮　　编：201602
电　　话：021－57796242
传　　真：021－57792656

单位名称：常州市海之杰港口起重机设备有限公司
地　　址：江苏省常州市新区汤庄叶汤公路
邮　　编：213133
电　　话：0519－83205268
传　　真：0519－83205568

单位名称：天津津起起重设备有限公司
地　　址：天津市津南区葛沽镇
邮　　编：300352
电　　话：022－28682369
传　　真：022－28682369

单位名称：扬戈科技股份有限公司
地　　址：浙江省台州市三门县海游镇沙田洋经济开发区
邮　　编：317100
电　　话：0576－83337758
传　　真：0576－83373755

单位名称：浙江立新起重开关厂
地　　址：浙江省乐清市柳市镇柳黄路1658号西仁宕工业区
邮　　编：325604
电　　话：0577－62718111
传　　真：0577－62718999

单位名称：河南省中原起重机械总厂
地　　址：河南省新乡市长垣县文明路402号
邮　　编：453400
电　　话：0373－8810848
传　　真：0373－8813875

单位名称：常州市武进起重电器有限公司
地　　址：江苏省常州市武进区横林镇莲蓉村
邮　　编：213103
电　　话：0519－88501043
传　　真：0519－88501298

单位名称：河南省飞马起重机械有限公司
地　　址：河南省长垣县魏庄工业园区纬五东路
邮　　编：453400
电　　话：0373－8712222
传　　真：0373－8711976

单位名称：江阴真良机械有限公司
地　　址：江苏省江阴市利港镇
邮　　编：214444
电　　话：0510－86636637
传　　真：0510－86636637

单位名称：昌乐县东田聚氨酯厂
地　　址：山东省维坊市昌乐县红河镇
邮　　编：262413
电　　话：0536－6973111
传　　真：0536－69732555

单位名称：天水长城控制电器厂起重电气设备厂
地　　址：甘肃省天水市秦城区南廓路11号
邮　　编：741018
电　　话：0938－8383411
传　　真：0938－8383411

单位名称：新乡克瑞重型机械科技股份有限公司
地　　址：河南省新乡市长垣县华垣路西段
邮　　编：453400
电　　话：0373－8887988
传　　真：0373－8887999

单位名称：山东烟起起重设备有限公司
地　　址：山东省烟台市福山区金凤路50号
邮　　编：265500
电　　话：0535－6362473
传　　真：0535－6367663

单位名称：焦作市长江制动器有限公司
地　　址：河南省焦作市武陟县大司马工业区888号
邮　　编：454981
电　　话：0391－7517888
传　　真：0391－7515658

单位名称：焦作市制动器开发有限公司
地　　址：河南省焦作市武陟工业园
邮　　编：454950
电　　话：0391－7268818
传　　真：0391－7268019

单位名称：南京开关厂有限公司
地　　址：江苏省南京市江宁区滨江开发区绣王路2号
邮　　编：210078
电　　话：025－86106952
传　　真：025－86106515

单位名称：泰兴市华东减速机制造有限公司
地　　址：江苏省泰兴市鑫泰路318号
邮　　编：225400
电　　话：0523－87694282
传　　真：0523－87694337

单位名称：无锡市宏泰起重电机有限公司
地　　址：江苏省无锡市惠山区前州镇园区万寿路17号
邮　　编：214181
电　　话：0510－83392288
传　　真：0510－83395888

单位名称：新乡市鹏升起重设备有限公司
地　　址：河南省新乡市长垣县位梁工业区
邮　　编：453424
电　　话：0373－8719619
传　　真：0373－8719398

单位名称：施耐德电气（中国）投资有限公司
地　　址：上海市普陀区云岭东路89号长风国际大厦8层
邮　　编：200062
电　　话：021－62848800
传　　真：021－62848800

单位名称：江苏太兴隆减速机有限公司
地　　址：江苏省泰兴市城区科技工业园
邮　　编：225400
电　　话：0523－87996888
传　　真：0523－87996999

单位名称：江苏泰宏减速机有限公司
地　　址：江苏省泰兴市姚王镇大庆东路999号
邮　　编：225400
电　　话：0523－87548779
传　　真：0523－87540655

单位名称：无锡石油化工起重机有限公司
地　　址：江苏省无锡市惠山区长安张村路9号
邮　　编：214178
电　　话：0510－83592637
传　　真：0510－83591226

单位名称：中国长江航运集团电机厂
地　　址：湖北省武汉市江夏区藏龙岛科技园九凤街5号
邮　　编：430205
电　　话：027－81977307
传　　真：027－87801309

单位名称：焦作市虹桥重工科技发展股份有限公司
地　　址：河南省武陟县云台大道东侧2号
邮　　编：454981
电　　话：0391－7541888
传　　真：0391－7541666

单位名称：中国有色（沈阳）冶金机械有限公司
地　　址：辽宁省沈阳市经济技术开发区沈辽路2号
邮　　编：110141
电　　话：024－25285707
传　　真：024－25378205

单位名称：上海嘉庆轴承制造有限公司
地　　址：上海市闸北区普善路239弄19号101室
邮　　编：200070
电　　话：021－56559515
传　　真：021－56559517

单位名称：河南省力源重型起重机有限公司
地　　址：河南省新乡市长垣县位庄工业园区纬七路15号
邮　　编：453424
电　　话：0373－8710919
传　　真：0373－8710919

单位名称：江苏锦友减速机制造有限公司
地　　址：江苏省泰兴市城东工业园戴王路1号
邮　　编：225400
电　　话：0523－87692335
传　　真：0523－87694775

单位名称：上海宝松重型机械工程有限公司
地　　址：上海市宝山区盘古路732号
邮　　编：201900
电　　话：021－56698880
传　　真：021－56690455

单位名称：无锡大力起重机械有限公司
地　　址：江苏省无锡市华清路148号
邮　　编：214124
电　　话：0510－85628988
传　　真：0510－85627005

单位名称：山东益杰重工机械有限公司
地　　址：山东省淄博市博山区博莱高速路口
邮　　编：255213
电　　话：0533－4658626
传　　真：0533－4658727

单位名称：江西飞达电器设备有限公司
地　　址：江西省宜春市工业园区长青大道
邮　　编：336000
电　　话：0795－2192198
传　　真：0795－3245060

单位名称：山东泰峰起重设备制造有限公司
地　　址：山东省新泰市羊流工业区
邮　　编：271208
电　　话：0538－7442272
传　　真：0538－7442858

单位名称：山东德鲁克起重机有限公司
地　　址：山东省新泰市羊流工业区
邮　　编：271208
电　　话：0538－7442429
传　　真：0538－7442118

单位名称：山东泰山起重机械有限公司
地　　址：山东省新泰市羊流工业区
邮　　编：271208
电　　话：0538－7442312
传　　真：0538－7442366

单位名称：江苏格雷特起重机械有限公司
地　　址：江苏省通州市平潮镇沿江工业园蛟龙路18号
邮　　编：226361
电　　话：0513－86725777
传　　真：0513－86725777

单位名称：山东柳杭减速机有限公司
地　　址：山东省淄博市博山区水河路中段
邮　　编：255200
电　　话：0533－4266859
传　　真：0533－4182198

单位名称：淄博市博山起重机器厂
地　　址：山东省淄博市博山区白塔镇小庄村17号
邮　　编：255202
电　　话：0533－4680509
传　　真：0533－4680509

单位名称：南京特种电机厂有限公司
地　　址：江苏省南京市六合区雄州东路289号
邮　　编：211500
电　　话：025－57512565
传　　真：025－57512565

单位名称：湖北鄂南起重运输机械有限公司
地　　址：湖北省赤壁市发展大道159号
邮　　编：437300
电　　话：0715－5250777
传　　真：0715－5250326

单位名称：江苏宏达起重电机有限公司
地　　址：江苏省无锡市惠山区前州镇开发区惠和路3号
邮　　编：214181
电　　话：0510－83396666
传　　真：0510－83396666

单位名称：山东华通机械有限公司
地　　址：山东省新泰市羊流工业区
邮　　编：271208
电　　话：0538－7442393
传　　真：0538－7442003

单位名称：山东开元重型机械有限公司
地　　址：山东省新泰市羊流工业区
邮　　编：271208
电　　话：0538－7443936
传　　真：0538－7443936

单位名称：上海海希工业通讯股份有限公司
地　　址：上海市松江区莘砖公路518号15幢
邮　　编：201612
电　　话：021－54902525
传　　真：021－54902626

单位名称：无锡市安特防爆机电制造有限公司
地　　址：江苏省无锡市惠山区长安长东
邮　　编：214177
电　　话：0510－83620477
传　　真：0510－83622120

单位名称：湖北蒲圻起重机械有限公司
地　　址：湖北省赤壁市经济开发区起重机械工业园区
邮　　编：437300
电　　话：0715－5250377
传　　真：0715－5250489

单位名称：重庆金象起重设备制造有限公司
地　　址：重庆市江津区德感工业园18号
邮　　编：402284
电　　话：023－87063693
传　　真：023－87063693

单位名称：焦作市长控液压制动器有限公司
地　　址：河南省修武县集聚产业区
邮　　编：454950
电　　话：0391－7260558
传　　真：0391－7260558

单位名称：湖北省咸宁三合机电制造有限责任公司
地　　址：湖北省咸宁市咸安区同心路138号
邮　　编：437000
电　　话：0715－8322725
传　　真：0715－8322725

单位名称：无锡市安能滑触电器有限公司
地　　址：江苏省无锡市锡山区东北塘镇农坝村
邮　　编：214191
电　　话：0510－83776272
传　　真：0510－83776272

单位名称：河南华豫起重集团有限公司
地　　址：河南省新乡市长垣县起重工业园区华豫大道
邮　　编：453400
电　　话：0373－8717666
传　　真：0373－8717555

单位名称：四平市海格起重机器制造有限公司
地　　址：吉林省四平市红嘴开发区兴红路1515号
邮　　编：136000
电　　话：0434－5016806
传　　真：0434－5016816

单位名称：河南诚信起重设备有限公司
地　　址：河南省新乡市长垣县起重机工业园区
邮　　编：453400
电　　话：0373－8927066
传　　真：0373－8928878

单位名称：武汉正通传动技术有限公司
地　　址：湖北省武汉市黄陂区横店街正通大道99号
邮　　编：430301
电　　话：027－84674487
传　　真：027－84631790

单位名称：上海共久电气有限公司
地　　址：上海市松江区石湖荡镇育新路88号
邮　　编：201617
电　　话：021－57841571
传　　真：021－57841775

单位名称：上海美绿起重设备有限公司
地　　址：上海市崇明县港沿镇富强路807号
邮　　编：202158
电　　话：021－59465126
传　　真：021－66206651

单位名称：南通力威机械有限公司
地　　址：江苏省如皋市如城镇东部工业园区兴源大道6号
邮　　编：226522
电　　话：0513－87268999
传　　真：0513－87268999

单位名称：江苏省泰宇减速机有限公司
地　　址：江苏省泰兴市姚王镇石桥村工业园
邮　　编：225402
电　　话：0523－87540099
传　　真：0523－87540099

单位名称：上海申江锻造有限公司
地　　址：上海市嘉定区曹安公路16号桥南
邮　　编：201812
电　　话：021－69134181
传　　真：021－69134181

单位名称：天津重钢机械装备股份有限公司
地　　址：天津市滨海新区塘沽厦门路139号
邮　　编：300459
电　　话：022－25211535
传　　真：022－25211535

单位名称：天府重工有限公司
地　　址：山东省烟台市福山区上庄路81号
邮　　编：265500
电　　话：0535－6331648
传　　真：0535－6331648

单位名称：南京一嘉起重机械制造有限公司
地　　址：江苏省南京市栖霞区靖安街道飞花工园
邮　　编：210059
电　　话：025－85738622
传　　真：025－85738622

单位名称：诸暨劼力起重吊索具有限公司
地　　址：浙江省诸暨市人民中路75号
邮　　编：311800
电　　话：0575－88791616
传　　真：0575－88791616

单位名称：浙江赛诺起重机械有限公司
地　　址：浙江省杭州市拱墅工业园区康惠路1号
邮　　编：310015
电　　话：0571－86331468
传　　真：0571－86331468

单位名称：象山万邦电器有限公司
地　　址：浙江省宁波市象山县城东工业园望海路5号
邮　　编：315700
电　　话：0574－65626626
传　　真：0574－65626626

单位名称：新乡市志远起重配件厂
地　　址：河南省新乡市长垣县起重机工业园区
邮　　编：453400
电　　话：0373－8615167
传　　真：0373－8615167

单位名称：河南新起腾升起重设备有限公司
地　　址：河南省新乡市榆东产业聚集区
邮　　编：453000
电　　话：0373－7722088
传　　真：0373－7722088

单位名称：河南恒达机电设备有限公司
地　　址：河南省新乡市长垣县起重机工业园区纬四路
邮　　编：453424
电　　话：0373－8615219
传　　真：0373－8615319

单位名称：绍兴起重机总厂
地　　址：浙江省绍兴市袍江新区洋江东路38号
邮　　编：312000
电　　话：0575－88265977
传　　真：0575－88265977

单位名称：江阴市起重运输机械有限公司
地　　址：江苏省江阴市申港街道申新路33号
邮　　编：214443
电　　话：0510－86621524
传　　真：0510－86621524

单位名称：四川合能起重设备有限公司
地　　址：四川省成都市金堂县淮口工业园现代大道999号
邮　　编：610400
电　　话：028－84901618
传　　真：028－84903300

单位名称：成都三江起重机制造有限公司
地　　址：四川省成都市金堂县三中园区钢城路西段
邮　　编：610400
电　　话：028－84934393
传　　真：028－84934393

单位名称：江西华伍制动器股份有限公司
地　　址：江西省丰城市剑邑大道779号
邮　　编：331100
电　　话：0795－6203200
传　　真：0795－6203200

单位名称：郑州市华中路桥设备有限公司
地　　址：河南省郑州市上街区洛宁路88号
邮　　编：450041
电　　话：0371－68117266
传　　真：0371－68117258

单位名称：长沙起重机厂有限公司
地　　址：湖南省长沙市韶山南路123号
邮　　编：410004
电　　话：0731－85590525
传　　真：0731－87807779

单位名称：江苏金长城减速机有限公司
地　　址：江苏省泰兴市经济开发区城东工业园
邮　　编：225400
电　　话：0523－87700018
传　　真：0523－87552788

单位名称：四川成启起重机制造有限公司
地　　址：四川省什邡市经济开发区北区海淀路
邮　　编：610083
电　　话：028－82572910
传　　真：028－82572910

单位名称：湖北创新电气有限公司
地　　址：湖北省宜昌市伍家岗临江坪科技园
邮　　编：443000
电　　话：022－84893995
传　　真：022－6572412

单位名称：无锡文鼎线缆有限公司
地　　址：江苏省宜兴市官林镇工业区张来路
邮　　编：214251
电　　话：0510－87206210
传　　真：0510－87209409

单位名称：银川银重（集团）起重机有限公司
地　　址：宁夏回族自治区银川市金凤区贺兰山中路533号
邮　　编：750011
电　　话：0951－3073729
传　　真：0951－3072981

单位名称：伟肯（中国）电气传动有限公司
地　　址：北京市朝阳区光华路甲8号和乔大厦A座528室
邮　　编：100026
电　　话：010－51280006

传　　真：010－51280006

单位名称：宁波市鄞州中久电子有限公司
地　　址：浙江省宁波市鄞州横溪镇上畈村
邮　　编：315000
电　　话：0574－88136553
传　　真：0574－88136553

单位名称：宜昌市微特电子设备有限责任公司
地　　址：湖北省宜昌市发展大道28号
邮　　编：443005
电　　话：0717－6922999
传　　真：0717－6906018

单位名称：无锡宏达特种电机厂
地　　址：江苏省无锡市前州镇工业区兴州路23号
邮　　编：214181
电　　话：0510－83393888
传　　真：0510－83393188

单位名称：南京高锐特起重机械有限公司
地　　址：江苏省南京市六合区东沟镇前街
邮　　编：211514
电　　话：025－68902298
传　　真：025－68902298

单位名称：深圳市汇川技术股份有限公司
地　　址：广东省深圳市宝安区宝城70区留仙二路鸿威工业区E栋
邮　　编：518101
电　　话：0755－29799595
传　　真：0755－29799579

单位名称：云南昆钢重型装备制造集团有限公司
地　　址：云南省昆明市安宁市昆钢
邮　　编：650302
电　　话：0871－68602490
传　　真：0871－68602490

单位名称：上海君睿起重设备安装工程有限公司
地　　址：上海市闸北区永和路398号315室
邮　　编：200072
电　　话：021－56652336
传　　真：021－56652336

单位名称：河南省恒远起重机械集团有限公司
地　　址：河南省新乡市长垣县起重工业园区巨人大道6号
邮　　编：453400
电　　话：0373－8622265
传　　真：0373－8726666

单位名称：岳阳科德科技有限责任公司
地　　址：湖南省岳阳市经济开发区188号
邮　　编：414000
电　　话：0730－8729888
传　　真：0730－8729288

单位名称：浙江三港起重电器有限公司
地　　址：浙江省台州市三门县滨海新城永盛路8号
邮　　编：317100
电　　话：0576－83351555
传　　真：0576－83351555

单位名称：南京神天起重机械设备有限公司
地　　址：江苏省南京市江宁区禄口街道石埝社区
邮　　编：211156
电　　话：025－87191633
传　　真：025－87191633

单位名称：宜昌三思科技有限公司
地　　址：湖北省宜昌市发展大道30号
邮　　编：443000
电　　话：0717－6341110
传　　真：0717－6342020

单位名称：无锡市西塘宏达机电有限公司
地　　址：江苏省无锡市惠山区前洲镇西塘村
邮　　编：214181
电　　话：0510－83396588
传　　真：0510－83396588

单位名称：上海乐派特机电科技有限公司
地　　址：上海市闸北区中山北路2130号万千大厦23层
邮　　编：200063
电　　话：021－52911319
传　　真：021－52911319

单位名称：新起起重机有限公司
地　　址：河南省新乡市长垣县位庄起重工业区
邮　　编：453424
电　　话：0373－8672222
传　　真：0373－8672222

单位名称：意凯希通信设备（北京）有限公司
地　　址：北京市朝阳区望京阜通东大街方恒国际中心C座902

邮　　编：100102
电　　话：010－84674921
传　　真：010－84674931

单位名称：索肯和平（上海）电气有限公司
地　　址：上海市宝山区沪太路8017号
邮　　编：201908
电　　话：021－36659997
传　　真：021－36659997

单位名称：上海辛格林纳新时达电机有限公司
地　　址：上海市嘉定区思义路1560号
邮　　编：201801
电　　话：021－69926036
传　　真：021－69926011

单位名称：辽宁铭鹏防爆起重机有限公司
地　　址：辽宁省铁岭市清河区工业园区
邮　　编：112003
电　　话：024－2131180
传　　真：024－2131180

单位名称：宁波新大通电机有限公司
地　　址：浙江省宁波市象山产业区城东工业园万隆路587号
邮　　编：315706
电　　话：0574－65626009
传　　真：0574－65626009

单位名称：象山亿佳电器有限公司
地　　址：浙江省宁波市象山滨海工业园金开路80号
邮　　编：315712
电　　话：0574－65626626
传　　真：0574－65803535

单位名称：石家庄科一重工有限公司
地　　址：河北省石家庄市和平西路595号
邮　　编：050071
电　　话：0311－87752097
传　　真：0311－87772060

单位名称：湖北神力起重机械有限公司
地　　址：湖北省赤壁市经济开发区起重机工业园发展大道93号
邮　　编：437300
电　　话：0715－5251589
传　　真：0715－5251589

单位名称：湖北重工蒲圻机械有限公司
地　　址：湖北省赤壁市经济开发区赤马港园区11号路
邮　　编：437300
电　　话：0715－5362978
传　　真：0715－5362978

单位名称：江苏上上电缆集团有限公司
地　　址：江苏省溧阳市上上路68号
邮　　编：213300
电　　话：0519－87308866
传　　真：0519－87308866

单位名称：山东天源重型起重机械有限公司
地　　址：山东省新泰市羊流工业园
邮　　编：271208
电　　话：0538－7443456
传　　真：0538－7443456

单位名称：河南省龙祥电力电缆有限公司
地　　址：河南省新乡市长垣县人民路西段路南
邮　　编：453400
电　　话：0373－8881932
传　　真：0373－8881932

单位名称：武汉金地球起重设备有限责任公司
地　　址：湖北省武汉市中南路14号世纪广场802室
邮　　编：430071
电　　话：027－5981426
传　　真：027－5981426

单位名称：奥力通起重机（北京）有限公司
地　　址：北京市通州区张家湾镇枣林庄南口
邮　　编：101103
电　　话：010－61509780
传　　真：010－61509780

单位名称：上海辽清缓实业有限公司
地　　址：上海市宝山区爱辉路27弄4号102
邮　　编：200431
电　　话：021－66207428
传　　真：021－66207428

单位名称：广东日丰电缆股份有限公司
地　　址：广东省中山市西区广丰工业园
邮　　编：528401
电　　话：0760－88166388
传　　真：0760－88166388

单位名称：丹东万达电缆卷筒有限公司
地　　址：辽宁省丹东市元宝区八道街 165 号
邮　　编：118000
电　　话：0415－3128544
传　　真：0415－3131002

单位名称：河南江河重工集团有限公司
地　　址：河南省郑州市嵩山北路 83 号中机四建三楼江河集团
邮　　编：450000
电　　话：0371－55173989
传　　真：0371－55173989

单位名称：鞍山市起重机械有限公司
地　　址：辽宁省鞍山市立山区羊草庄工业园区强工路 369 号
邮　　编：114031
电　　话：0412－6612568
传　　真：0412－6600118

单位名称：开原市起重机总厂
地　　址：辽宁省开原市工业区铁西北街 86 号
邮　　编：112300
电　　话：024－73715036
传　　真：024－73715036

单位名称：开原星都起重设备有限公司
地　　址：辽宁省开原市工业区北区北环路 4 号
邮　　编：112000
电　　话：024－73115556
传　　真：024－73115559

单位名称：山东巨人重工机械有限公司
地　　址：山东省新泰市羊流工业园区园北路 186 号
邮　　编：271208
电　　话：0538－7446986
传　　真：0538－7446986

单位名称：山东天力重工集团有限公司
地　　址：山东省新泰市羊流工业园区
邮　　编：271208
电　　话：0538－7442126
传　　真：0538－7442126

单位名称：山东益统重工机械有限公司
地　　址：山东省新泰市羊流工业园区
邮　　编：271208
电　　话：0538－7446888
传　　真：0538－7446777

单位名称：山东鲁新起重设备有限公司
地　　址：山东省新泰市羊流工业园区
邮　　编：271208
电　　话：0538－7442439
传　　真：0538－7442439

单位名称：深圳市英威腾电气股份有限公司
地　　址：广东省深圳市南山区龙井路高发科技园 4#楼英威腾大厦
邮　　编：518055
电　　话：0755－86312603
传　　真：0755－86312603

单位名称：石家庄铁道大学国防交通研究所
地　　址：河北省石家庄市北二环东路 17 号
邮　　编：050043
电　　话：0311－87935570
传　　真：0311－87935570

单位名称：西安宝德自动化股份有限公司
地　　址：陕西省西安市高新区草堂科技产业基地秦岭大道西四号
邮　　编：710034
电　　话：029－88323387 转 8231
传　　真：029－88323336

单位名称：浙江麒龙起重机械有限公司
地　　址：浙江省绍兴市绍兴县兰亭镇工业园区
邮　　编：312043
电　　话：0575－84608897
传　　真：0575－84608897

单位名称：浙江天正电气股份有限公司
地　　址：上海市浦东新区康桥东路 388 号
邮　　编：201319
电　　话：021－31167247
传　　真：021－31198729

单位名称：上海佩纳沙士吉打机械有限公司
地　　址：上海市青浦区朱家角镇沪清平公路 6098 号
邮　　编：201713
电　　话：021－59232408
传　　真：021－33864157

单位名称：江西工埠机械有限责任公司
地　　址：江西省樟树市大桥工业园

邮　　编：331200
电　　话：0795－7776368
传　　真：0795－7776268

邮　　编：035400
电　　话：0350－6090911
传　　真：0350－6090911

单位名称：江阴市三叶机械有限公司
地　　址：江苏省江阴市申港镇申港路259号
邮　　编：214443
电　　话：0510－86629737
传　　真：0510－86682877

单位名称：江阴市正盛机械制造有限公司
地　　址：江苏省江阴市申港镇于门工业园68号
邮　　编：214443
电　　话：0510－86688868
传　　真：0510－86623128

单位名称：乐清市东方胶塑电器开关有限公司
地　　址：浙江省乐清市柳市镇苏吕村苏太路418号
邮　　编：325604
电　　话：0577－62790993
传　　真：0577－62790784

单位名称：浙江欧迈特减速机械有限公司
地　　址：浙江省平阳县宋桥镇工业园
邮　　编：325409
电　　话：0577－63770881
传　　真：0577－63775678

单位名称：德马科起重机械有限公司
地　　址：河南省新乡市长垣起重工业园区纬四路一号
邮　　编：453400
电　　话：0373－8614789
传　　真：0373－8614455

单位名称：天津市百业机械制造有限公司
地　　址：天津市东丽区民族路2号
邮　　编：300300
电　　话：022－84893995
传　　真：022－84893985

单位名称：浙江协成起重机械有限公司
地　　址：浙江省嘉兴市嘉善县惠民街道成功路101号
邮　　编：314100
电　　话：4008041010－810
传　　真：0573－84648605

单位名称：河南省盛华起重机有限公司
地　　址：河南省新乡市长垣县起重机工业园区
邮　　编：453400
电　　话：0373－8712503
传　　真：0373－8710509

单位名称：北京北起百莱玛机械有限公司
地　　址：北京市通州区永乐经济开发区
邮　　编：101115
电　　话：010－80513958
传　　真：010－80513958

单位名称：河南省发达起重机有限公司
地　　址：河南省新乡市长垣县起重机工业园区
邮　　编：453400
电　　话：0373－8791378
传　　真：0373－8710378

单位名称：常熟市江南锻造有限公司
地　　址：江苏省常熟市海虞镇海虹路6号
邮　　编：215519
电　　话：0512－52561250
传　　真：0512－52568466

单位名称：江西省宜春市建达安全装置设备有限公司
地　　址：江西省宜春市明月南路267号
邮　　编：336000
电　　话：0795－7040312
传　　真：0795－7040312

单位名称：浙江众磊起重设备制造有限公司
地　　址：浙江省诸暨市江龙工业开发区
邮　　编：311800
电　　话：0575－87398028
传　　真：0575－87398028

单位名称：江西冠华重工机械有限公司
地　　址：江西省宜春市袁州区环城南路599号
邮　　编：336000
电　　话：0795－3248111 3241888
传　　真：0795－3241288

单位名称：定襄县佳敏机械锻造有限公司
地　　址：山西省忻州市定襄县九龙湾工业区

单位名称：河南省新科起重机有限公司
地　　址：河南省新乡市长垣县起重机工业园区纬七路

邮　　编：453400
电　　话：0373－8622113
传　　真：0373－8622900

单位名称：无锡市新宏达电机有限公司
地　　址：江苏省无锡市惠山区玉祁民主新桥
邮　　编：214183
电　　话：0510－80226838
传　　真：0510－80226978

单位名称：江苏沃得起重机有限公司
地　　址：江苏省镇江市丹徒新区勤政南路
邮　　编：212143
电　　话：0511－85935166
传　　真：0511－85935226

单位名称：河南振强起重机械有限公司
地　　址：河南省新乡市长垣县恼里镇碱场工业区
邮　　编：453400
电　　话：0373－8639293
传　　真：0373－8639288

单位名称：江阴市兴科起重机械有限公司
地　　址：江苏省江阴市申港镇申港村工业园
邮　　编：214443
电　　话：0510－86621891
传　　真：0510－86621891

单位名称：河南省宏业起重设备有限公司
地　　址：河南省新乡市长垣县长恼工业区
邮　　编：453423
电　　话：0373－8639350
传　　真：0373－8639059

单位名称：咸宁起重机械有限公司
地　　址：湖北省咸宁市巨宁大道56号
邮　　编：437000
电　　话：0715－8343666
传　　真：0715－8312668

单位名称：常州达卡重工机械制造有限公司
地　　址：江苏省常州市新北区薛冶路20号
邮　　编：213000
电　　话：0519－85135677
传　　真：0519－85135627

单位名称：河北金马矿山机械集团公司
地　　址：河北省遵化市东新庄镇

邮　　编：064209
电　　话：0315－6999117
传　　真：0315－6999117

单位名称：河南省中威金属制品有限公司
地　　址：河南省新乡市长垣县长城大道199号
邮　　编：453400
电　　话：0373－8885868
传　　真：0373－8885868

单位名称：云南劲力重型机器有限公司
地　　址：云南省安宁市昆钢金泰物流园区
邮　　编：650238
电　　话：0871－8712750
传　　真：0871－8712749

单位名称：淄博九州润滑科技有限公司
地　　址：山东省淄博市高新区万杰路108号
邮　　编：255086
电　　话：0533－4548567
传　　真：0533－4546336

单位名称：河南省盛达起重机械有限公司
地　　址：河南省新乡市长垣县长恼工业区
邮　　编：453423
电　　话：0373－8731356
传　　真：0373－8731355

单位名称：河南省远征起重机械有限公司
地　　址：河南省新乡市长垣县位庄工业区南
邮　　编：453400
电　　话：0373－8611999
传　　真：0373－8611997

单位名称：开封起重机有限公司
地　　址：河南省开封市经济技术开发区周天路西段6号
邮　　编：475004
电　　话：0378－2521555
传　　真：0378－2536387

单位名称：上海神安起重运输机械制造有限公司
地　　址：上海市青浦区西岑莲西路4398号
邮　　编：201721
电　　话：0391－59294306
传　　真：0391－59295355

单位名称：新乡市广增起重设备有限公司
地　　址：河南省新乡市长垣县长恼工业区

邮　　编：453423
电　　话：0373 - 8639183
传　　真：0373 - 8639488

起重葫芦

单位名称：江阴凯澄起重机械有限公司
地　　址：江苏省江阴市澄江东路 18 号
邮　　编：214429
电　　话：0510 - 86199688
传　　真：0510 - 86196633

单位名称：纽科伦（新乡）起重机有限公司
地　　址：河南省新乡市长垣县河南起重机械工业园区
邮　　编：453424
电　　话：0373 - 8622060
传　　真：0373 - 8622060

单位名称：北京起重运输机械设计研究院
地　　址：北京市东城区雍和宫大街 52 号
邮　　编：100007
电　　话：010 - 84037438
传　　真：010 - 64079406

单位名称：天津起重设备有限公司
地　　址：天津市经济开发区西区中南一街 29 号
邮　　编：300462
电　　话：022 - 28331506
传　　真：022 - 28331506

单位名称：南京起重机械总厂有限公司
地　　址：江苏省南京市江宁滨江经济技术开发区翔凤路 9 号
邮　　编：210032
电　　话：025 - 58749786
传　　真：025 - 58841693

单位名称：北京起重工具厂
地　　址：北京市朝阳区红庙首都经贸大学内
邮　　编：100026
电　　话：010 - 65976750
传　　真：010 - 65067014

单位名称：浙江双鸟机械有限公司
地　　址：浙江省嵊州市黄泽镇工业功能区玉龙路 16 号
邮　　编：312455
电　　话：0575 - 83055888
传　　真：0575 - 83503801

单位名称：浙江冠林机械有限公司
地　　址：浙江省湖州市安吉县天子湖园区五福路 7 号
邮　　编：313310
电　　话：0571 - 86249998
传　　真：0571 - 86224369

单位名称：浙江五一机械有限公司
地　　址：浙江省衢州市衢江区百灵南路 888 号
邮　　编：324000
电　　话：0570 - 3850169
传　　真：0570 - 3850060

单位名称：江苏二马起重机械制造有限公司
地　　址：江苏省靖江市开发区城南园区江防西路 3 号
邮　　编：214500
电　　话：0523 - 84866933
传　　真：0523 - 84866284

单位名称：上海雄风起重设备厂有限公司
地　　址：上海市松江区佘北公路 2199 号
邮　　编：201602
电　　话：021 - 57796432
传　　真：021 - 57796450

单位名称：江西起重机械总厂
邮　　编：江西省樟树市共和东路 82 号
邮　　编：331200
电　　话：0795 - 7364266
传　　真：0795 - 7364566

单位名称：新乡市起重设备厂有限责任公司
地　　址：河南省新乡市红旗区南干道 111 号
邮　　编：453003
电　　话：0373 - 3838082
传　　真：0373 - 3058094

单位名称：湖北银起机械有限公司
地　　址：湖北省赤壁市河北大道 170 号
邮　　编：437300
电　　话：0715 - 5337938
传　　真：0715 - 5337959

单位名称：八达机电有限公司
地　　址：浙江省瑞安市经济开发区毓蒙路 8 号
邮　　编：325200
电　　话：0577 - 65156661
传　　真：0577 - 65156699

单位名称：南阳起重机械厂有限公司
地　　址：河南省南阳市光武中路 1615 号
邮　　编：473000
电　　话：0377－63382500
传　　真：0377－63380410

单位名称：洛阳起重机厂有限公司
地　　址：河南省洛阳市老城区唐宫东路 10 号
邮　　编：471000
电　　话：0379－63415988
传　　真：0379－63415999

单位名称：象王重工股份有限公司
地　　址：江苏省盐城市建湖县经济开发区明珠东路 1 号
邮　　编：224700
电　　话：0515－82068988
传　　真：0515－86312253

单位名称：《起重运输机械》杂志社
地　　址：北京市东城区雍和宫大街 52 号
邮　　编：100007
电　　话：010－64031987
传　　真：010－64031987

单位名称：德马格起重机械（上海）有限公司
地　　址：上海市闵行区沪闵路 6088 号 18 楼莘庄龙之梦广场
邮　　编：201199
电　　话：021－37182205
传　　真：021－57464558

单位名称：科尼起重机设备（上海）有限公司
地　　址：上海市普陀区祁连山南路 2891 弄四号楼 1－3 层
邮　　编：200331
电　　话：021－26061051
传　　真：021－26061069

单位名称：诺威起重设备（苏州）有限公司
地　　址：江苏省苏州市吴江经济开发区庞金路 1288 号
邮　　编：215211
电　　话：0512－63120889
传　　真：0512－63120886

单位名称：甘肃省定西起重机厂有限责任公司
地　　址：甘肃省定西市安定区焦家坡新村 3 号
邮　　编：743000
电　　话：0932－8212961
传　　真：0932－8227125

单位名称：西安起重机械总厂
地　　址：陕西省西安市莲湖区红光路 72 号
邮　　编：710077
电　　话：029－84241163
传　　真：029－84236974

单位名称：江阴市鼎力起重机械有限公司
地　　址：江苏省江阴市金山路 303 号
邮　　编：214437
电　　话：0510－86996868
传　　真：0510－86996666

单位名称：上海浦东明昌起重机械制造有限公司
地　　址：上海市浦东新区川沙镇川六公路 1851 号
邮　　编：201202
电　　话：021－58590038
传　　真：021－58590038

单位名称：广东超宇起重设备有限公司
地　　址：广东省梅州市梅江区城北新田福瑞岗
邮　　编：514089
电　　话：0753－2382083
传　　真：0753－2382063

单位名称：聊城五环机械有限公司
地　　址：山东省聊城市经济开发区嫩江路 55 号
邮　　编：252000
电　　话：0635－8880688
传　　真：0635－8880699

单位名称：山东聊城科顺机械有限公司
地　　址：山东省聊城市东昌府区凤凰工业园纬二路 18 号
邮　　编：252000
电　　话：0635－8578888
传　　真：0635－8579988

单位名称：重庆凯荣机械有限责任公司
地　　址：重庆市九龙坡区九龙工业园区华龙大道 9 号
邮　　编：400052
电　　话：023－68466289
传　　真：023－68466279

单位名称：山西潞城公建机械有限责任公司
地　　址：山西省潞城市公建路 1 号
邮　　编：047500

电　　话：0355－5688718
传　　真：0355－5688760

单位名称：杭州电机有限公司
地　　址：浙江省杭州市西湖区文三路上宁巷1号
邮　　编：310012
电　　话：0571－88833358
传　　真：0571－88077935

单位名称：河南省飞马起重机械有限公司
地　　址：河南省新乡市长垣县起重工业园区纬五路11号
邮　　编：453400
电　　话：0373－8712222
传　　真：0373－8711976

单位名称：北京北起科瑞起重设备制造有限公司
地　　址：北京市大兴区工业开发区金苑路19号
邮　　编：100078
电　　话：010－60213147
传　　真：010－60215417

单位名称：慈溪市捷豹起重机械有限公司
地　　址：浙江省慈溪市庵东镇沿江路258号
邮　　编：315327
电　　话：0574－63479928
传　　真：0574－63479899

单位名称：慈溪市勤丰机械有限公司
地　　址：浙江省慈溪市庵东镇七二三大街11弄3号
邮　　编：315327
电　　话：0574－63477188
传　　真：0574－63479188

单位名称：南京宝龙起重机械有限公司
地　　址：江苏省南京市鼓楼区热河路50号
邮　　编：210031
电　　话：025－58802630
传　　真：025－58806417

单位名称：常州市常欣电子衡器有限公司
地　　址：江苏省常州市中凉亭夏雷路68号
邮　　编：213001
电　　话：0519－86643943
传　　真：0519－86640473

单位名称：河南恒达机电设备有限公司
地　　址：河南省新乡市长垣起重工业园区纬四路东侧
邮　　编：453424

电　　话：0373－2156199
传　　真：0373－2156189

单位名称：南京特种电机厂有限公司
地　　址：江苏省南京市六合区雄州东路289号
邮　　编：211500
电　　话：025－57512568
传　　真：025－57107279

单位名称：南京起重电机总厂
地　　址：江苏省南京市江宁区东山科宁路268号
邮　　编：211100
电　　话：025－51191919
传　　真：025－52282652

单位名称：南京开关厂有限公司
地　　址：江苏省南京市江宁区滨江开发区绣玉路2号
邮　　编：211178
电　　话：025－86106608
传　　真：025－86106515

单位名称：杭州浙起机械有限公司
地　　址：浙江省杭州市富阳市东洲工业园区7号路9号
邮　　编：311401
电　　话：0571－87191609
传　　真：0571－87191609

单位名称：重庆市飞鹰起重设备有限责任公司
地　　址：重庆市九龙坡区中梁山起重新村1号
邮　　编：400052
电　　话：023－65263714
传　　真：023－65263714

单位名称：江苏佳力起重机械制造有限公司
地　　址：江苏省淮安市盱眙工业园区工六路
邮　　编：211700
电　　话：0517－88298123
传　　真：0517－88298123

单位名称：湖北三六重工有限公司
地　　址：湖北省咸宁市巨宁大道36号
邮　　编：437000
电　　话：0715－8312668
传　　真：0715－8312668

单位名称：南京禄口起重机械有限公司
地　　址：江苏省南京市江宁区禄口街道燕湖路
邮　　编：211113

电　　话：025－52775660
传　　真：025－52775660

单位名称：北京双泰气动设备有限公司
地　　址：北京市通州区张家湾枣林庄工业大院
邮　　编：101113
电　　话：010－61569872
传　　真：010－61569872

单位名称：常熟海鸥起重机械有限公司
地　　址：江苏省常熟市碧溪镇留下村
邮　　编：215512
电　　话：0512－52637785
传　　真：0512－52637785

单位名称：四川莱斯特机械制造有限公司
地　　址：四川省眉山市丹棱县关帝路 69 号
邮　　编：620200
电　　话：028－37263222
传　　真：028－37263222

单位名称：南京神天起重机械设备有限公司
地　　址：江苏省南京市江宁区禄口街道石埝社区
邮　　编：211156
电　　话：025－87191633
传　　真：025－87191633

单位名称：上海万铂起重机械有限公司
地　　址：上海市嘉定区丰功路 628 号
邮　　编：201801
电　　话：021－69151468
传　　真：021－69151468

单位名称：浙江凯勋机电有限公司
地　　址：浙江省瑞安市林垟工业区八达路 35 号
邮　　编：325207
电　　话：0577－65590198
传　　真：0577－65590198

单位名称：上海劲雕起重设备厂有限公司
地　　址：上海市嘉定区金园六路 396 号
邮　　编：201812
电　　话：021－56650541
传　　真：021－56650541

单位名称：宁波市凹凸重工有限公司
地　　址：浙江省宁波市鄞州区机场路 3998 号
邮　　编：315176
电　　话：0574－88008778
传　　真：0574－88008779

单位名称：杭州力拉带索具有限公司
地　　址：上海市浦东新区张江高科技园区毕升路 289 弄 6 号 501
邮　　编：201204
电　　话：021－38820620
传　　真：021－38820619

单位名称：高博（天津）起重设备有限公司
地　　址：天津市经济技术开发区第十三大街 58 号
邮　　编：300457
电　　话：022－59822285
传　　真：022－59822286

单位名称：星都起重设备（辽宁）有限公司
地　　址：辽宁省沈阳市沈北新区佳阳路 18 号
邮　　编：110164
电　　话：024－88087557
传　　真：024－88087007

单位名称：吴江市麒麟起重机械有限公司
地　　址：江苏省苏州市吴江区铜锣镇人民街 20 号
邮　　编：215237
电　　话：0512－63881419
传　　真：0512－63881774

单位名称：四川合能起重设备有限公司
地　　址：四川省成都市金堂县清江工业开发区
邮　　编：610400
电　　话：028－84903622
传　　真：028－84903300

单位名称：慈溪市金鑫机械有限公司
地　　址：浙江省慈溪市庵东镇工业园区南侧
邮　　编：315327
电　　话：0574－63471402
传　　真：0574－63475858

单位名称：湖北蒲圻起重机械有限公司
地　　址：湖北省赤壁市经济开发区发展大道 131 号
邮　　编：437300
电　　话：0715－5250377
传　　真：0715－5250489

单位名称：赤壁市蒲圻起重运输机械有限责任公司
地　　址：湖北省赤壁市经济开发区凤凰山路

邮　　编：437300
电　　话：0715－5250338
传　　真：0715－5250823

单位名称：江阴市兴科起重机械有限公司
地　　址：江苏省江阴市申港镇东徐路9号
邮　　编：214443
电　　话：0510－86685317
传　　真：0510－86621770

单位名称：无锡市永昌起重机械厂
地　　址：江苏省无锡市锡山区东港镇
邮　　编：214199
电　　话：0510－88761429
传　　真：0510－88760121

单位名称：安徽九华机械有限公司
地　　址：安徽省池州市经济技术开发区金科东路
邮　　编：247000
电　　话：0566－2220792
传　　真：0566－2222099

单位名称：山东省聊城市隆达实业有限公司
地　　址：山东省聊城市开发区东城工业园九洲路7号
邮　　编：252000
电　　话：0635－6976982
传　　真：0635－8346011

单位名称：常州市沪力起重机械有限公司
地　　址：江苏省常州市青龙镇纺织工业园
邮　　编：213017
电　　话：0519－85509090
传　　真：0519－85503356

单位名称：广州广鸽起重设备有限公司
地　　址：广东省广州市荔湾区芳村白鹤洞罗冲岗1号之十三
邮　　编：510380
电　　话：020－81502431
传　　真：020－81515587

单位名称：保定怀鸽起重机械制造有限公司
地　　址：河北省保定市清苑县东吕村
邮　　编：071100
电　　话：0312－8151581
传　　真：0312－8152866

单位名称：清苑县川岛起重机械制造有限公司
地　　址：河北省保定市清苑县东吕村
邮　　编：071100
电　　话：0312－8151230
传　　真：0312－8152011

单位名称：杭州恒力机械厂
地　　址：浙江省杭州市余杭区瓶窑镇凤都工业园区羊城路8号
邮　　编：311115
电　　话：0571－88533080
传　　真：0571－88533038

单位名称：天津永恒泰科技有限公司
地　　址：天津市西青区西青经济技术开发区津淄公路大祥工业园祥瑞路7号
邮　　编：300385
电　　话：022－23789800
传　　真：022－23786763

单位名称：南京江陵机电制造有限责任公司
地　　址：江苏省南京市江宁区上坊镇魏村
邮　　编：211103
电　　话：025－52702818
传　　真：025－52705288

单位名称：合康变频科技（武汉）有限公司
地　　址：湖北省武汉市东湖高新开发区佛祖岭三路6号
邮　　编：430205
电　　话：027－81650223
传　　真：027－81650200

单位名称：扬戈科技股份有限公司
地　　址：浙江省台州市三门县滨海新城滨港路16号
邮　　编：317100
电　　话：0576－83337758
传　　真：0576－83373755

单位名称：杭州四达机械电子有限公司
地　　址：浙江省杭州市余杭区瓶窑镇凤都工业园区
邮　　编：311115
电　　话：0571－88531361
传　　真：0571－88531629

单位名称：常州市武进起重电器有限公司
地　　址：江苏省常州市武进区横林镇莲蓉村
邮　　编：213103
电　　话：0519－88501043
传　　真：0519－88501298

单位名称：江苏宇泰电器有限公司
地　　址：江苏省泰兴市分界工业一区
邮　　编：225416
电　　话：0523－87261026
传　　真：0523－87265388

单位名称：杭州勤裕昌机械设备制造有限公司
地　　址：浙江省杭州市余杭区瓶窑镇工业园区
邮　　编：311115
电　　话：0571－88545633
传　　真：0571－88545611

单位名称：泰安金龙起重配件有限公司
地　　址：山东省泰安市泰山区省庄镇东羊楼工业区
邮　　编：271039
电　　话：0538－6512088
传　　真：0538－6512798

单位名称：乐清市东方胶塑电器开关有限公司
地　　址：浙江省乐清市柳市镇苏吕村苏太路418号
邮　　编：325604
电　　话：0577－62790993
传　　真：0577－62790780

单位名称：浙江中富电气有限公司
地　　址：浙江省乐清市乐清经济开发区纬十一路259号
邮　　编：325600
电　　话：0577－62998000
传　　真：0577－62998111

单位名称：江西飞达电气设备有限公司
地　　址：江西省宜春市经济开发区宜工大道
邮　　编：336000
电　　话：0795－3245168
传　　真：0795－3245060

单位名称：浙江立新起重开关厂
地　　址：浙江省乐清市柳市镇西仁宕工业区柳黄路1658号
邮　　编：325604
电　　话：0577－62711333
传　　真：0577－62718999

单位名称：衡水起重机械配件厂
地　　址：河北省衡水市和平西路肖屯新区60号
邮　　编：053000
电　　话：0318－2328038
传　　真：0318－2328038

单位名称：慈溪市锦华机械实业有限公司
地　　址：浙江省慈溪市古塘街道新潮塘368号
邮　　编：315303
电　　话：0574－63272222
传　　真：0574－63272727

单位名称：慈溪市平浪实业有限公司
地　　址：浙江省慈溪市古塘街道新潮村
邮　　编：315300
电　　话：0574－63286888
传　　真：0574－63286888

单位名称：慈溪市华表五金厂
地　　址：浙江省慈溪市庵东镇北路515号
邮　　编：315327
电　　话：0574－63474222
传　　真：0574－63471848

单位名称：慈溪市腾达滚子有限公司
地　　址：浙江省慈溪市庵东镇工业园区纬三西路
邮　　编：315327
电　　话：0574－63472021
传　　真：0574－63472822

单位名称：慈溪市通发机械有限公司
地　　址：浙江省慈溪市坎墩工业开发区A区
邮　　编：315303
电　　话：0574－63288185
传　　真：0574－63282993

单位名称：浙江省慈溪市精驰齿轮有限公司
地　　址：浙江省慈溪市坎墩街道坎中路75号
邮　　编：315303
电　　话：0574－63289280
传　　真：0574－63288255

单位名称：慈溪市威宁机械有限公司
地　　址：浙江省慈溪市坎墩街道五房弄11号
邮　　编：315303
电　　话：0574－63273238
传　　真：0574－63273237

单位名称：慈溪市庵东镇勤丰机械厂
地　　址：浙江省慈溪市庵东镇宏兴路449弄6号
邮　　编：315327
电　　话：0574－63471095

传　　真：0574－63476158

单位名称：慈溪市神州机电实业有限公司
地　　址：浙江省慈溪市坎墩街道兴安路250号
邮　　编：315303
电　　话：0574－63286681
传　　真：0574－63288238

单位名称：慈溪市朝阳机械有限公司
地　　址：浙江省慈溪市庵东镇府北路34号
邮　　编：315327
电　　话：0574－63471257
传　　真：0574－63472257

单位名称：慈溪市庵东镇红光滚柱厂
地　　址：浙江省慈溪市庵东镇南七二三大街
邮　　编：315327
电　　话：13906745562

单位名称：慈溪市文祥机械实业有限公司
地　　址：浙江省慈溪市坎墩街道坎中路1号
邮　　编：315303
电　　话：0574－63283758
传　　真：0574－63283488

单位名称：慈溪市金祥机械配件有限公司
地　　址：浙江省慈溪市坎墩街道坎墩大道606号
邮　　编：315303
电　　话：0574－63288363
传　　真：0574－63288011

单位名称：宁波博今机械有限公司
地　　址：浙江省慈溪市长河镇大牌头路7号
邮　　编：315326
电　　话：0574－63418700
传　　真：0574－63419928

单位名称：慈溪市慈春机械有限公司
地　　址：浙江省慈溪市坎墩街道坎中村郑家甲北路
邮　　编：315303
电　　话：0574－63273105
传　　真：0574－63273105

单位名称：慈溪市启力机械厂
地　　址：浙江省慈溪市坎墩镇中路302号
邮　　编：315303
电　　话：0574－56337822
传　　真：0574－56338380

单位名称：慈溪市动力机械配件厂
地　　址：浙江省慈溪市坎墩街道长白路9号
邮　　编：315303
电　　话：0574－63273010
传　　真：0574－63273010

单位名称：慈溪市通发汽车配件有限公司
地　　址：浙江省慈溪市坎墩街道沈家甲北路96号
邮　　编：315303
电　　话：0574－63287578
传　　真：0574－63275628

单位名称：慈溪市兴迪机械配件有限公司
地　　址：浙江省慈溪市坎墩镇街42号
邮　　编：315303
电　　话：0574－63288032
传　　真：0574－63288297

单位名称：慈溪市庵东镇建兴机械配件厂
地　　址：浙江省慈溪市庵东镇元祥村
邮　　编：315327
电　　话：0574－63475790
传　　真：0574－63475790

单位名称：慈溪市海锐机械配件厂
地　　址：浙江省慈溪市坎墩街道坎中村坎中路118号
邮　　编：315303
电　　话：0574－63282081
传　　真：0574－63289281

单位名称：常州深兰工程材料有限公司
地　　址：江苏省常州市关河东路66号九州环宇商务广场1318室
邮　　编：213004
电　　话：0519－89890325
传　　真：0519－89890326

单位名称：慈溪益通机械有限公司
地　　址：浙江省慈溪市坎墩街道坎中村严家路1号
邮　　编：315303
电　　话：0574－63273202
传　　真：0574－63273223

单位名称：慈溪市航林机械配件厂
地　　址：浙江省慈溪市坎墩九甲弄
邮　　编：315303
电　　话：0574－63289316

传　　真：0574－56337602

单位名称：广东日丰电缆股份有限公司
地　　址：广东省中山市西区广丰工业园
邮　　编：528401
电　　话：0760－88166388
传　　真：0760－88166383

单位名称：上海鑫斌机械有限公司
地　　址：上海市嘉定区安亭镇漳翔路1189号
邮　　编：201814
电　　话：021－59508789
传　　真：021－59505086

单位名称：宁波吉业机电有限公司
地　　址：浙江省慈溪市古塘街道天和家园5号楼501室
邮　　编：315300
电　　话：0574－63887357
传　　真：0574－63887357

单位名称：鞍山起重控制设备有限公司
地　　址：辽宁省鞍山市千山区解家堡新工街18号
邮　　编：114041
电　　话：0412－2516379
传　　真：0412－2516356

单位名称：咸宁三宁机电有限公司
地　　址：湖北省咸宁市长江产业园（旗鼓大道12号）
邮　　编：437000
电　　话：0715－7200919
传　　真：0715－8200937

单位名称：南通合兴铁链有限责任公司
地　　址：江苏省南通市如东县新店镇工业集中区
邮　　编：226432
电　　话：0513－84399999
传　　真：0513－84386666

单位名称：上海精浦机电有限公司
地　　址：上海市普陀区交暨路185号5幢3层
邮　　编：200331
电　　话：021－36320991
传　　真：021－36320990

单位名称：临安华龙摩擦材料有限公司
地　　址：浙江省临安市龙岗镇龙岗街130号
邮　　编：311322
电　　话：0571－63631188

传　　真：0571－63631988

单位名称：无锡文鼎线缆有限公司
地　　址：江苏省宜兴市官林镇工业集中区
邮　　编：214251
电　　话：0510－87211101
传　　真：0510－87206210

单位名称：上海冠威工具有限公司
地　　址：上海市宝山区共康路726号
邮　　编：200443
电　　话：021－56405418
传　　真：021－56405418

单位名称：江西省宜春市建达安全装置设备有限公司
地　　址：江西省宜春市明月南路267号
邮　　编：336000
电　　话：0795－7040312
传　　真：0795－7040312

单位名称：江苏欧玛机械有限公司
地　　址：江苏省常熟市碧溪新区迎宾路19－1号
邮　　编：215513
电　　话：0512－52639735
传　　真：0512－52296322

单位名称：重庆维大力起重设备有限公司
地　　址：重庆市渝北区黄山大道中段77号
邮　　编：401121
电　　话：023－88505800
传　　真：023－88505859

单位名称：郑州市泰德尔电机厂
地　　址：河南省郑州市郑上路李克寨
邮　　编：450100
电　　话：0371－64951411
传　　真：0371－64951411

单位名称：华德起重机（天津）有限公司
地　　址：天津市武清区京滨工业园泰元道5号
邮　　编：301712
电　　话：022－22199090
传　　真：022－29467189

单位名称：河北神力索具有限公司
地　　址：河北省保定市清苑县东吕工业区
邮　　编：071100
电　　话：0312－8156666

传　　真：0312－8153333

单位名称：江西工埠机械有限责任公司
地　　址：江西省樟树市大桥工业园
邮　　编：331200
电　　话：0795－7776368
传　　真：0795－7776268

单位名称：上海宏欣电线电缆有限公司
地　　址：上海浦东新区新场镇祝桥一灶240号
邮　　编：201314
电　　话：021－68158306
传　　真：021－68158268

传动部件

单位名称：焦作金箍制动器股份有限公司
地　　址：河南省焦作市博爱县发展大道1688号
邮　　编：454461
电　　话：0391－2086231
传　　真：0391－2083888

单位名称：大连华锐重工集团股份有限公司通用减速机厂
地　　址：辽宁省大连市甘井子区新水泥路78号减速机厂
邮　　编：116035
电　　话：0411－86426007
传　　真：0411－86426190－801

单位名称：北京起重运输机械设计研究院
地　　址：北京市东城区雍和宫大街52号
邮　　编：100007
电　　话：010－64053039
传　　真：010－64052584

单位名称：太原重工股份有限公司齿轮传动分公司
地　　址：山西省太原市万柏林区玉河街53号
邮　　编：030024
电　　话：0351－6366732
传　　真：0351－6366732

单位名称：江西华伍制动器股份有限公司
地　　址：江西省丰城市工业园区新梅路7号
邮　　编：331100
电　　话：0795－6203200
传　　真：0795－6241080

单位名称：焦作市长江制动器有限公司
地　　址：河南省焦作市武陟县大司马工业区888号
邮　　编：454951
电　　话：0391－7515618
传　　真：0391－7515658

单位名称：南京起重电器厂
地　　址：江苏省南京市江宁区淳化镇七里岗12号
邮　　编：211123
电　　话：025－52262856
传　　真：025－52252014

单位名称：天水长城控制电器有限责任公司制动器分公司
地　　址：甘肃天水市秦州区南廓路11号
邮　　编：741018
电　　话：0938－8371588
传　　真：0938－8385894

单位名称：云南冶金昆明重工有限公司
地　　址：云南省昆明市龙泉路871号
邮　　编：650203
电　　话：0871－65150091
传　　真：0871－65150151

单位名称：沈阳市起重电器厂
地　　址：辽宁省沈阳市经济技术开发区二十六号路22号
邮　　编：110023
电　　话：024－25922592
传　　真：024－25922582

单位名称：嘉兴嘉冶机械制造有限公司
地　　址：浙江省嘉兴市角里街112号
邮　　编：314000
电　　话：0573－82820184
传　　真：0573－82818650

单位名称：广州劲草减速机机械有限公司
地　　址：广东省广州市白云区爱国11路1－1号
邮　　编：510450
电　　话：020－86601532
传　　真：020－86601532

单位名称：荆州市巨鲸传动机械有限公司
地　　址：湖北省荆州市经济技术开发区东方大道58号
邮　　编：434000
电　　话：0716－8303888
传　　真：0716－8303905

单位名称：《起重运输机械》杂志社
地　　址：北京市东城区雍和宫大街52号

邮　　编：100007
电　　话：010－64031987
传　　真：010－64031987

单位名称：太原科技大学起机教研室
地　　址：山西省太原市万柏林区瓦流路66号
邮　　编：030024
电　　话：0351－6963399
传　　真：0351－6998027

单位名称：上海伯瑞制动器有限公司
地　　址：上海市奉贤区奉城镇东街108号
邮　　编：201411
电　　话：021－57522358
传　　真：021－57522350

单位名称：大连世源机电设备有限公司
地　　址：辽宁省大连市甘井子区棠梨工业区
邮　　编：116033
电　　话：0411－84288606
传　　真：0411－84288616

单位名称：青岛星轮实业有限责任公司
地　　址：山东省青岛市城阳区流亭建材工业园春雨西路8号
邮　　编：266108
电　　话：0532－84909022
传　　真：0532－84909003

单位名称：焦作市虹桥重工科技发展有限公司
地　　址：河南省焦作市武陟县小徐岗高速路口向北1000米
邮　　编：454981
电　　话：0391－7543555
传　　真：0391－7541666

单位名称：晋城江淮工贸有限公司
地　　址：山西省晋城市凤台东街2755号
邮　　编：048026
电　　话：0356－2191600
传　　真：0356－2190689

单位名称：贵阳天龙摩擦材料有限公司
地　　址：贵州省贵阳市宝山北路372号贵州报业大厦16层
邮　　编：550001
电　　话：0851－86612735
传　　真：0851－86612763

单位名称：潍坊利达起重电器有限公司
地　　址：山东省潍坊市经济开发区民主西街2088号
邮　　编：261021
电　　话：0536－8321809
传　　真：0536－8323208

单位名称：宁波华阳起重电器有限公司
地　　址：浙江省宁波市象山县大徐新凉亭工业园
邮　　编：315700
电　　话：0574－65625818
传　　真：0574－65765355

单位名称：宁波名泰天力机械制造有限公司
地　　址：浙江省宁波市象山县丹城西丹路18号
邮　　编：315700
电　　话：0574－65723356
传　　真：0574－65723165

单位名称：焦作市研发制动器有限公司
地　　址：河南省焦作市武陟县司马岗
邮　　编：454981
电　　话：0391－7515111
传　　真：0391－7515333

单位名称：衡水昕龙制动绝缘材料有限公司
地　　址：河北省衡水市人民西路电厂西侧
邮　　编：053000
电　　话：0318－2157566
传　　真：0318－2124019

单位名称：重庆起重电器厂
地　　址：重庆市大渡口茄子溪刘家坝
邮　　编：400084
电　　话：023－68825728
传　　真：023－68855478

单位名称：焦作市制动器有限公司
地　　址：河南省焦作市武陟工业园朝阳三路999号
邮　　编：454950
电　　话：0391－7202100
传　　真：0391－7202555

单位名称：象山万邦电器有限公司
地　　址：浙江省宁波市象山产业区域工业园望海路5号
邮　　编：315706
电　　话：0574－65626628
传　　真：0574－65622768

单位名称：焦作市银星制动器有限公司

地　　址：河南省孟州市东韩工业区
邮　　编：454762
电　　话：0391－8169889
传　　真：0391－8169385

单位名称：焦作市虹发制动器有限公司
地　　址：河南省焦作市武陟县虹桥工业区
邮　　编：454981
电　　话：0391－7541838
传　　真：0391－7542897

单位名称：焦作液压制动器股份有限公司
地　　址：河南省焦作市武陟县大虹桥乡彭庄西村
邮　　编：454981
电　　话：0391－7545666
传　　真：0391－7541058

单位名称：焦作市虹起制动器有限公司
地　　址：河南省焦作市虹桥工业区
邮　　编：454981
电　　话：0391－7541080
传　　真：0391－7541088

单位名称：石家庄三元机电有限公司
地　　址：河北省石家庄市桥西区西二环与南二环交口东风日产4S店西南
邮　　编：050091
电　　话：0311－86814291
传　　真：0311－86814291

单位名称：焦作市制动器开发有限公司
地　　址：河南省焦作市武陟县工业园区工业南路202号
邮　　编：454950
电　　话：0391－7230880
传　　真：0391－7268019

单位名称：焦作市江河制动器有限公司
地　　址：河南省焦作市虹桥工业区
邮　　编：454981
电　　话：0391－7541060
传　　真：0391－7541132

单位名称：宁夏天地奔牛实业集团有限公司
地　　址：宁夏回族自治区银川市上海西路475号
邮　　编：750011
电　　话：0951－3073858
传　　真：0951－3067126

单位名称：西安环力传动机械股份有限公司
地　　址：陕西省西安市经济技术开发区凤城11路91号
邮　　编：710018
电　　话：029－86171905
传　　真：029－85251911

单位名称：唐冶减速机制造有限公司
地　　址：河北省唐山市路北区缸窑路4号
邮　　编：063027
电　　话：0315－3202616
传　　真：0315－3202214

单位名称：包头市起重机械有限公司
地　　址：内蒙古自治区包头市东河区西脑乡135号
邮　　编：014040
电　　话：0472－4874100
传　　真：0472－4862406

单位名称：内蒙兴华机械制造厂
地　　址：内蒙古自治区呼和浩特市南郊小黑河
邮　　编：010070
电　　话：0471－5686313
传　　真：0471－5686313

单位名称：石家庄科一重工有限公司
地　　址：河北省石家庄市和平西路595号
邮　　编：050071
电　　话：0311－87796242
传　　真：0311－87756244

单位名称：山西新富生机器制造有限公司
地　　址：山西省太原市小东门新开南巷27号
邮　　编：030013
电　　话：0351－3074892
传　　真：0351－3074892

单位名称：山西平遥减速机厂
地　　址：山西省平遥市古城南路138号
邮　　编：031100
电　　话：0354－5622828
传　　真：0354－5622828

单位名称：沈阳金龟减速机厂有限公司
地　　址：辽宁省沈阳市辽中县商业街15号
邮　　编：110200
电　　话：024－87880508
传　　真：024－87881361

单位名称：青岛减速机厂
地　　址：山东省胶州市铺集镇铺集二村
邮　　编：266326
电　　话：0532－87737569
传　　真：0532－86250253 转 0075

单位名称：龙口市减速机机械有限公司
地　　址：山东省龙口市黄城区西市场 1 号
邮　　编：265701
电　　话：0535－8519156
传　　真：0535－8517471 转 8506871

单位名称：重庆减速机有限责任公司
地　　址：重庆市璧山县牛角湾
邮　　编：402760
电　　话：023－41432059
传　　真：023－41436677

单位名称：衡阳起重运输机械有限公司
地　　址：湖南省衡阳市珠晖区狮山路 1 号
邮　　编：421005
电　　话：0734－3172069
传　　真：0734－8290779

单位名称：宁波誉力冶金矿山机械有限公司
地　　址：浙江省宁波市鄞州区鄞州镇经济工业园
邮　　编：315151
电　　话：0574－88431146
传　　真：0574－88432207

单位名称：浙江东海减速机有限公司
地　　址：浙江省温州市平阳经济开发区（敖江镇鸽巢路）
邮　　编：325401
电　　话：0577－63631862
传　　真：0577－63635393

千斤顶

单位名称：江苏通润集团常熟市千斤顶厂
地　　址：江苏省常熟市虞山工业园联丰路 58－1 号
邮　　编：215500
电　　话：0512－52820788
传　　真：0512－52822288

单位名称：北京起重运输机械设计研究院
地　　址：北京市东城区雍和宫大街 52 号
邮　　编：100007
电　　话：010－64032277
传　　真：010－64052584

单位名称：一汽四环随车工具总厂
地　　址：吉林省长春市吉林大路 3473 号
邮　　编：130031
电　　话：0431－84842054
传　　真：0431－84842054

单位名称：嘉兴金腾机械实业有限公司
地　　址：浙江省嘉兴市海盐县西塘桥中乐路 6 号
邮　　编：314305
电　　话：0573－86811167
传　　真：0573－86811167

单位名称：上海宝山液压工具有限公司
地　　址：上海市宝山区宝杨路 3055 号
邮　　编：201901
电　　话：021－56801448
传　　真：021－56801448

单位名称：山东临沂启阳工具有限公司
地　　址：山东省临沂市河东区双桥街东段
邮　　编：276000
电　　话：0539－8082188
传　　真：0539－8082929

单位名称：嘉兴市正发机械厂
地　　址：浙江省嘉兴市南胡区凤桥镇
邮　　编：314008
电　　话：0573－83131171
传　　真：0573－83131171

单位名称：上海千斤顶厂
地　　址：上海市虹口区周家嘴路 500 号
邮　　编：200080
电　　话：021－65455036
传　　真：021－65415171

单位名称：承德胜利千斤顶有限公司
地　　址：河北省承德市承德县孟家院街 6 号
邮　　编：067411
电　　话：0314－3056478
传　　真：0314－3056478

单位名称：上海宝山千斤顶总厂有限公司
地　　址：上海市宝山区江杨南路 1085 号
邮　　编：200434
电　　话：021－56881711

传　　真：021－56881711

单位名称：承德润韩千斤顶有限公司
地　　址：河北省承德市西大街142号
邮　　编：067000
电　　话：0314－2185487
传　　真：0314－2185589

单位名称：安徽黄山密封件厂
地　　址：安徽省黄山市屯溪区黎阳街261号
邮　　编：245000
电　　话：0559－2512084
传　　真：0559－2519614

单位名称：安徽黄山市鑫佳橡塑有限责任公司
地　　址：安徽省黄山市屯溪区新潭东源口8号
邮　　编：245000
电　　话：0559－2557850
传　　真：0559－2557850

单位名称：国家起重运输机械质量监督检验中心
地　　址：北京市东城区雍和宫大街52号
邮　　编：100007
电　　话：010－64018780
传　　真：010－64052252

单位名称：抚顺市南山城螺旋千斤顶厂
地　　址：辽宁省抚顺市清原县南山城镇中街
邮　　编：113308
电　　话：0413－3555035
传　　真：0413－3555605

单位名称：杭州临安市橡胶有限公司
地　　址：浙江省临安市昌化工业园区1号
邮　　编：311321
电　　话：13906815862
传　　真：0571－63668866

单位名称：嘉兴市大通机械厂
地　　址：浙江省嘉兴市余新镇
邮　　编：314009
电　　话：0573－83166238
传　　真：0573－83165918

单位名称：海盐忠鑫五金机械厂
地　　址：浙江省嘉兴市海盐城北西路388号
邮　　编：314300
电　　话：13706835781

传　　真：0573－86882048

单位名称：绵阳市金象机械有限公司
地　　址：四川省绵阳市涪城区塘汛镇群丰东街154号
邮　　编：621000
电　　话：0816－2212022
传　　真：0816－2213008

单位名称：上海沪南千斤顶厂
地　　址：上海市浦东新区六灶镇东首
邮　　编：201322
电　　话：021－58162999
传　　真：021－58162126

单位名称：上海金星机械实业有限公司
地　　址：上海市奉贤县庄行镇丁宁路28号
邮　　编：201415
电　　话：021－57469550
传　　真：021－57469550

单位名称：重庆千斤顶厂
地　　址：重庆市北涪区静宁路44号
邮　　编：400700
电　　话：13883161056
传　　真：023－68863296

单位名称：奉化南方机械制造有限公司
地　　址：浙江省宁波市奉化市尚田镇
邮　　编：315511
电　　话：13105588888
传　　真：0574－56377771

单位名称：杭州三星机械有限公司
地　　址：浙江省杭州市丁桥镇
邮　　编：310021
电　　话：0571－88111937
传　　真：0571－88111040

单位名称：上海江南千斤顶厂
地　　址：上海市奉贤区庄行镇邬桥安东路25号
邮　　编：201402
电　　话：13801704932
传　　真：021－57401566

单位名称：长春一汽技术中心
地　　址：吉林省长春市创业大街35号
邮　　编：130011
电　　话：13596499516

传　　真： 0431－85788125

单位名称： 杭州天恒机械有限公司
地　　址： 浙江省杭州市临安板桥乡下板桥113号
邮　　编： 311301
电　　话： 0571－63780362
传　　真： 0571－63780362

单位名称： 海盐金鑫机械有限公司
地　　址： 浙江省嘉兴市海盐县西塘桥镇曙光村
邮　　编： 314305
电　　话： 0573－86819668
传　　真： 0573－86819668

单位名称： 嘉兴大隆机械有限公司
地　　址： 浙江省嘉兴市海盐县大桥新区西场路58号
邮　　编： 314305
电　　话： 0573－86811151
传　　真： 0573－86811151

单位名称： 山西太谷县永星铸造有限公司
地　　址： 山西省晋中市太古县胡村镇墩坊村
邮　　编： 030800
电　　话： 13903446563
传　　真： 0354－6325038

单位名称： 上海鑫栋钢球轴承有限公司
地　　址： 上海市浦东新区川周公路3239号
邮　　编： 201319
电　　话： 021－58116922
传　　真： 021－58116995

单位名称： 承德相一机械有限公司
地　　址： 河北省承德市平泉县红山嘴开发区
邮　　编： 067500
电　　话： 13663142639
传　　真： 0314－6105654

单位名称： 嘉兴力托机械有限公司
地　　址： 浙江省嘉兴市海盐县西塘桥镇
邮　　编： 314305
电　　话： 13957328571
传　　真： 0573－86815636

单位名称： 南德认证检测（中国）有限公司上海分公司
地　　址： 上海市闸北区恒通路88号
邮　　编： 200070
电　　话： 13918815583
传　　真： 021－32957866

单位名称： 海盐亿达电子科技有限公司
地　　址： 浙江省嘉兴市海盐县武原镇盐北路211号
邮　　编： 314305
电　　话： 13666772017
传　　真： 0573－86188133

物流与仓储机械

单位名称： 北京起重运输机械设计研究院
地　　址： 北京市东城区雍和宫大街52号
邮　　编： 100007
电　　话： 010－64031452
传　　真： 010－64052584

单位名称： 北京机械工业自动化研究所自动控制与物流技术工程研究中心
地　　址： 北京市德胜门外教场口1号
邮　　编： 100011
电　　话： 010－82285800
传　　真： 010－62050838

单位名称： 上海精星仓储设备工程有限公司
地　　址： 上海市松江区车墩镇泖亭路398号
邮　　编： 201611
电　　话： 021－37620999
传　　真： 021－37837356

单位名称： 昆明昆船物流信息产业有限公司
地　　址： 云南省昆明市人民中路6号昆船大厦
邮　　编： 650051
电　　话： 0871－63172565
传　　真： 0871－63173570

单位名称： 北京伍强科技有限公司
地　　址： 北京市海淀区上地三街9号嘉华大厦C608室
邮　　编： 100086
电　　话： 010－82783336
传　　真： 010－82782140

单位名称： 中国中元国际工程有限公司物流系统工程中心
地　　址： 北京市海淀区西三环北路5号
邮　　编： 100089
电　　话： 010－68732798
传　　真： 010－68478686

单位名称： 沈阳飞机工业集团物流装备有限公司

地　　址：辽宁省沈阳市皇姑区松山路11号
邮　　编：110034
电　　话：024－86598228
传　　真：024－86598218

单位名称：沈阳新松机器人自动化有限公司物流与仓储自动化事业部
地　　址：辽宁省沈阳市浑南新区金辉街16号
邮　　编：110168
电　　话：024－31699677
传　　真：024－31699275

单位名称：天海欧康科技信息（厦门）有限公司
地　　址：福建省厦门市火炬高新区软件园创新大厦A区
邮　　编：361005
电　　话：0592－2521388
传　　真：0592－2521399

单位名称：山西东杰智能物流装备股份有限公司
地　　址：山西省太原市新兰路51号
邮　　编：030008
电　　话：0351－3633818
传　　真：0351－3666521

单位名称：总后勤部建筑工程研究所
地　　址：陕西省西安市金花北路16号
邮　　编：710032
电　　话：029－84755477
传　　真：029－84755557

单位名称：北京博途物流设备有限公司
地　　址：北京市朝阳区南新园西路6号香榭舍公寓2B1室
邮　　编：100122
电　　话：010－61556047
传　　真：010－61552161

单位名称：浙江德马科技有限公司德马物流技术研究院
地　　址：上海市徐汇区虹漕路461号软件大厦7楼A座
邮　　编：313023
电　　话：021－64855075－806
传　　真：021－54260092

单位名称：北京科技大学物流工程系
地　　址：北京市海淀区学院路30号
邮　　编：100083
电　　话：010－62332914
传　　真：010－62329145

单位名称：太原刚玉物流工程有限公司
地　　址：山西省太原市民营经济开发区工业新区
邮　　编：030110
电　　话：0351－5501262
传　　真：0351－5501262

单位名称：中邮科技有限责任公司
地　　址：北京市海淀区西三旗建材城西路65号
邮　　编：100096
电　　话：010－82913002
传　　真：010－82915761

单位名称：北京康拓红外技术有限公司
地　　址：北京市海淀区中关村南一条6号
邮　　编：100190
电　　话：010－62549641
传　　真：010－62573969

单位名称：江苏六维物流设备实业有限公司
地　　址：江苏省南京市建邺区奥林大街118号紫金西城1栋905室
邮　　编：210019
电　　话：025－51873969
传　　真：025－51873970

单位名称：交通部公路科学研究院交通物流工程研究中心
地　　址：北京市海淀区西土城路8号
邮　　编：100088
电　　话：010－62354860－218
传　　真：010－62016944

单位名称：天奇自动化工程股份有限公司工程五公司
地　　址：江苏省无锡市惠山区洛社镇洛藕路288号
邮　　编：214187
电　　话：0510－83311041
传　　真：0510－83313751

单位名称：江苏前程工业包装有限公司
地　　址：江苏省无锡市梅村镇新泰工业园锡鸿路18号
邮　　编：214112
电　　话：0510－88551666－8035
传　　真：0510－88551919

单位名称：上海天睿物流咨询有限公司
地　　址：上海市徐汇区虹漕南路718号1号楼9B室
邮　　编：200233
电　　话：021－54190656
传　　真：021－54198876

单位名称：北京邮电大学自动化学院物流工程系
地　　址：北京市海淀区西土城路10号
邮　　编：100876
电　　话：010－62283296
传　　真：010－62283296

单位名称：同济大学机械与能源工程学院
地　　址：上海市嘉定区曹安公路4800号
邮　　编：201804
电　　话：021－69589736
传　　真：021－69589485

单位名称：承德天宝机械股份有限公司
地　　址：河北省承德市双滦区双塔山
邮　　编：067101
电　　话：0314－4320186
传　　真：0314－4044797

单位名称：南京音飞货架制造有限公司
地　　址：江苏省南京市江宁经济技术开发区殷华街470号
邮　　编：211102
电　　话：025－52726325
传　　真：025－52726328

单位名称：武汉理工大学物流工程学院
地　　址：湖北省武汉市和平大道1178号
邮　　编：430063
电　　话：027－86533992
传　　真：027－86533992

单位名称：全国物流仓储设备标准化技术委员会
地　　址：北京市东城区雍和宫大街52号
邮　　编：100007
电　　话：010－64035247
传　　真：010－64035403

单位名称：国家起重运输机械质量监督检验中心
地　　址：北京市东城区雍和宫大街52号
邮　　编：100007
电　　话：010－64004968
传　　真：010－64052252

单位名称：苏州鼎虎科技有限公司
地　　址：江苏省苏州市工业园区扬和路9号
邮　　编：215122
电　　话：0512－62950798－863
传　　真：0512－62950798

单位名称：三维通信股份有限公司
地　　址：浙江省杭州市滨江区火炬大道581号
邮　　编：310053
电　　话：0571－88866999
传　　真：0571－88923311

单位名称：湖州德能物流设备有限公司
地　　址：浙江省湖州市八里店镇吴兴科技创业D楼9层
邮　　编：313000
电　　话：0572－2282001
传　　真：0572－2282210

单位名称：黄石邦柯科技股份有限公司
地　　址：湖北省黄石市杭州西路194号
邮　　编：435000
电　　话：0714－3090018
传　　真：0714－6352817

单位名称：南京华德仓储设备制造有限公司
地　　址：江苏省南京市江宁区科学园侯焦路111号（淳化邮局）
邮　　编：211122
电　　话：025－87151647
传　　真：025－52643200

单位名称：机科发展科技股份有限公司
地　　址：北京市海淀区首体南路2号
邮　　编：100044
电　　话：010－88301241
传　　真：010－68343180

单位名称：苏州市普成机械有限公司
地　　址：江苏省苏州市吴中区天鹅荡路2555号
邮　　编：215103
电　　话：0512－65466477
传　　真：0512－65466577

单位名称：无锡中鼎物流设备有限公司
地　　址：江苏省无锡市惠山区洛社镇盛巷工业园新雅路68号
邮　　编：214072
电　　话：0510－81175555－8028
传　　真：0510－83318379

单位名称：湖北三丰智能输送机装备股份公司
地　　址：湖北省黄石市黄金山工业新区金山大道398号
邮　　编：435000

电　　话：0714－6359320
传　　真：0714－6359320

单位名称：上海睿丰自动化系统有限公司
地　　址：上海市普陀区中江路889号曹杨商务大厦1313室
邮　　编：200032
电　　话：021－61170109－203
传　　真：021－61170109－201

单位名称：SEW－传动设备（天津）有限公司北京分公司
地　　址：北京市朝阳区望京北路9号叶青大厦C座C407室
邮　　编：100102
电　　话：010－66411861
传　　真：010－66411017

单位名称：劳易测电子贸易（深圳）有限公司
地　　址：广东省深圳市南山区桃园路1号西海明珠大厦F501－510室
邮　　编：518059
电　　话：0755－86264909－811
传　　真：0755－86264901

单位名称：湖州锐格物流科技有限公司
地　　址：浙江省湖州市南太湖高新区环渚路518号
邮　　编：313000
电　　话：0572－2582598
传　　真：0572－2293680

单位名称：永恒力叉车（上海）有限公司
地　　址：上海市普陀区绥德路2弄12号
邮　　编：200331
电　　话：021－26020371
传　　真：021－26020301

单位名称：沈阳沈飞电子科技发展有限公司
地　　址：辽宁省沈阳市皇姑区松山路11号
邮　　编：110034
电　　话：024－86500156
传　　真：024－86545727

单位名称：哈尔滨龙航仓储设备制造有限公司
地　　址：黑龙江省哈尔滨市南岗区闵建璐18号
邮　　编：150080
电　　话：0451－82467705
传　　真：0451－86655026

输送机给料机

单位名称：芜湖起重运输机器股份有限公司
地　　址：安徽省芜湖市三山经济开发区官河路5号
邮　　编：241001
电　　话：0553－3916777
传　　真：0553－5852711

单位名称：北京起重运输机械设计研究院
地　　址：北京市东城区雍和宫大街52号
邮　　编：100007
电　　话：010－64032296
传　　真：010－64047537

单位名称：太原科技大学华科学院
地　　址：山西省太原市万柏林区窊流路66号
邮　　编：030024
电　　话：0351－6998039
传　　真：0351－6998005

单位名称：广西百色矿山机械厂有限公司
地　　址：广西壮族自治区百色市工业园区银海路（六塘）
邮　　编：533000
电　　话：0776－2770823
传　　真：0776－2770488

单位名称：湖北博尔德科技股份有限公司
地　　址：湖北省宜昌市珍珠路69号盈嘉酒店23楼
邮　　编：443300
电　　话：0717－8868868
传　　真：0717－8868877

单位名称：上海科大重工集团有限公司
地　　址：上海市青浦工业园区华青路815号
邮　　编：201707
电　　话：021－69213885
传　　真：021－69211138

单位名称：四川省自贡运输机械有限公司
地　　址：四川省自贡市自井区大岩洞1号
邮　　编：643000
电　　话：0813－8236964
传　　真：0813－8236016

单位名称：甘肃二通机械制造有限公司
地　　址：甘肃省兰州市皋兰县三川口开发区
邮　　编：730070
电　　话：0931－7752255
传　　真：0931－5786512

单位名称：江阴齿轮箱制造有限公司

地　　址：江苏省江阴市山观工业园澄山路601号
邮　　编：214437
电　　话：0510－86993222
传　　真：0510－86993196

单位名称：诸暨链条总厂
地　　址：浙江省诸暨市牌头镇五一路1号
邮　　编：311825
电　　话：0575－87051296
传　　真：0575－87051296

单位名称：芜湖市爱德运输机械有限公司
地　　址：安徽省芜湖市高新技术开发区纬十路
邮　　编：241001
电　　话：0553－5682728
传　　真：0553－5687666

单位名称：浙江恒丰泰减速机制造有限公司
地　　址：浙江省温州市瓯海区梅屿工业区2—5号
邮　　编：325016
电　　话：0577－86113799
传　　真：0577－86111989

单位名称：仪征市橡胶制品有限公司
地　　址：江苏省仪征市陈集镇江淮街37号
邮　　编：211400
电　　话：0514－86113799
传　　真：0514－86111989

单位名称：天津减速机股份有限公司
地　　址：天津市河东区程林庄路8号
邮　　编：300160
电　　话：022－24328922
传　　真：022－24326558

单位名称：石家庄科一重工有限公司减速机分公司
地　　址：河北省石家庄市和平西路595号
邮　　编：050071
电　　话：0311－87731909
传　　真：0311－87772060

单位名称：邯郸市红星机械制造有限公司
地　　址：河北省邯郸市峰峰矿区太行东路25号
邮　　编：056200
电　　话：0310－5167699
传　　真：0310－5167188

单位名称：大连理工大学
地　　址：辽宁省大连市甘井子区凌工路2号
邮　　编：116024
电　　话：0411－84708409
传　　真：0411－84707507

单位名称：鹤壁链条有限责任公司
地　　址：河南省鹤壁市红旗街150号
邮　　编：458000
电　　话：0329－2912392
传　　真：0329－2891112

单位名称：焦作市新链条输送设备制造有限公司
地　　址：河南省焦作市解放西路中段54号
邮　　编：454191
电　　话：0391－2947975
传　　真：0391－2947487

单位名称：昆明市输送机械有限公司
地　　址：云南省昆明市五华区人民西路684号
邮　　编：650106
电　　话：0871－68184910
传　　真：0871－68184910

单位名称：福州提升机厂
地　　址：福建省福州市仓山公园路5号
邮　　编：050007
电　　话：0591－83471735
传　　真：0591－83441278

单位名称：荆州市巨鲸传动机械有限公司
地　　址：湖北省荆州市开发区东方大道58号
邮　　编：434000
电　　话：0716－8303900
传　　真：0716－8303809

单位名称：宜昌三峡输送机械制造总公司
地　　址：湖北省宜昌市本陵区窑湾乡东山村
邮　　编：443000
电　　话：0717－6445067
传　　真：0717－6445067

单位名称：启东天地机械制造有限公司
地　　址：江苏省启东市和平南路105号
邮　　编：226200
电　　话：0513－83312668
传　　真：0513－83312649

单位名称：巢湖市工矿配件有限公司

地　　址：安徽省巢湖市中旱工业区
邮　　编：238074
电　　话：0565－8531058
传　　真：0565－8531246

单位名称：江苏双菱链传动有限公司
地　　址：江苏省常州市武进区湟里镇卜东路1号
邮　　编：213151
电　　话：0519－83341135
传　　真：0519－83341270

单位名称：扬州市精固链传动机械有限公司
地　　址：江苏省扬州市朴席工业规划区
邮　　编：211426
电　　话：0514－83617988
传　　真：0514－83615003

单位名称：通化市起重运输机械制造有限责任公司
地　　址：吉林省通化市保安路2369号
邮　　编：134001
电　　话：0435－3652137
传　　真：0435－3617752

单位名称：宏兴机械制造有限公司
地　　址：黑龙江省鹤岗市红旗路69号
邮　　编：154101
电　　话：0468－3342098
传　　真：0468－3342098

单位名称：沈阳市通用电器研究所
地　　址：辽宁省沈阳市沈河区乐郊路35甲4号
邮　　编：110011
电　　话：024－24804947
传　　真：024－24804947

单位名称：江阴华东机械有限公司
地　　址：江苏省江阴市澄张公路518号
邮　　编：214429
电　　话：0510－86195578
传　　真：0510－86190678

单位名称：江苏泰兴隆减速机有限公司
地　　址：江苏省泰兴市城区科技工业园
邮　　编：225400
电　　话：0523－87996888
传　　真：0523－87996999

单位名称：国茂减速机集团有限公司

地　　址：江苏省常州市武进高新区西湖路111号
邮　　编：213161
电　　话：0519－86581901
传　　真：0519－86578002

单位名称：朝阳东大运输机械有限公司
地　　址：辽宁省朝阳市中山大街二段38号
邮　　编：122000
电　　话：0421－3853370
传　　真：0421－3853370

单位名称：长沙起重运输机械厂
地　　址：湖南省长沙市临乡县华夏工业园新康路9号
邮　　编：410005
电　　话：0731－85555999
传　　真：0731－85010292

单位名称：黄山市轴承有限责任公司
地　　址：安徽省黄山市黟县马道路9号
邮　　编：242700
电　　话：0559－5522179
传　　真：0559－5522926

单位名称：安徽省黄山市健力输送机械有限公司
地　　址：安徽省黄山市黟县马道路
邮　　编：242700
电　　话：0559－5527927
传　　真：0559－5527927

单位名称：常州东吴链传动制造有限公司
地　　址：江苏省常州市遥观镇东开发区洪庄路
邮　　编：213102
电　　话：0519－88700518
传　　真：0519－88700526

单位名称：滁州市宏伟橡胶制品有限公司
地　　址：安徽省滁州市南谯区担子街道
邮　　编：239000
电　　话：0550－3023152
传　　真：0550－2133810

单位名称：湖南中特液力传动机械有限公司
地　　址：湖南省益阳市泉交河镇万利工业园
邮　　编：413000
电　　话：0737－4743608
传　　真：0737－6181199

单位名称：安徽省无为神力运输机器制造有限公司

地　　址：安徽省巢湖市无为县苏塘
邮　　编：238366
电　　话：0565－6285091
传　　真：0565－6285008

单位名称：安徽省无为煤矿机械制造有限公司
地　　址：安徽省巢湖市无为县赫店镇工业区
邮　　编：238300
电　　话：0565－6200038
传　　真：0565－6202198

单位名称：上虞华运输送设备有限公司
地　　址：浙江省上虞市五夫工业园区
邮　　编：312353
电　　话：0575－82415928
传　　真：0575－82415626

单位名称：杭州临安输送机械链条厂
地　　址：浙江省临安市青山工业园区
邮　　编：311300
电　　话：0571－63783450
传　　真：0571－63783450

单位名称：湖州电动滚筒有限公司
地　　址：浙江省湖州市经济开发区西凤路888号
邮　　编：313000
电　　话：0572－2022263
传　　真：0572－2022202

单位名称：芜湖市通达成套输送设备有限公司
地　　址：安徽省芜湖市清水工业园区
邮　　编：241060
电　　话：0553－8294780
传　　真：0553－8292361

单位名称：芜湖中南轴承实业有限公司
地　　址：安徽省芜湖市五一广场南侧
邮　　编：241002
电　　话：0553－4110362
传　　真：0553－4110363

单位名称：南京起重电器厂
地　　址：江苏省南京市江宁区淳化七里岗12号
邮　　编：211123
电　　话：025－52262925
传　　真：025－52252014

单位名称：焦作市华武制动器厂
地　　址：河南省焦作市虹桥工业区
邮　　编：454981
电　　话：0391－7543668
传　　真：0391－7543168

单位名称：盐城康威特橡塑有限公司
地　　址：江苏省大丰市大桥镇潘丿街39号
邮　　编：224000
电　　话：0515－3384848
传　　真：0515－3382398

单位名称：上海交华液力机械有限公司
地　　址：上海市崇明县绿华镇新建路575号
邮　　编：202151
电　　话：021－59353159
传　　真：021－59351202

单位名称：天津重钢机械装备股份有限公司
地　　址：天津市塘沽海洋高新技术开发区厦门路139号
邮　　编：300459
电　　话：022－25214993
传　　真：022－25211535

单位名称：安徽盛运机械股份有限公司
地　　址：安徽省桐城市同安路265号
邮　　编：231400
电　　话：0556－6206966
传　　真：0556－6205280

单位名称：湖北天宜机械股份有限公司
地　　址：湖北省宜都市陆城十里铺工业园区
邮　　编：443000
电　　话：0717－4823199
传　　真：0717－4828111

单位名称：中德（扬州）输送工程技术有限公司
地　　址：江苏省扬州市开发区鸿扬路66号
邮　　编：225009
电　　话：0514－85881696
传　　真：0514－85881690

单位名称：哈尔滨和泰电力设备有限公司
地　　址：黑龙江省哈尔滨市南岗区长江路380号宏洋大厦
邮　　编：150090
电　　话：0451－82314958
传　　真：0451－82314178

单位名称：临安格林输送机械有限公司
地　　址：浙江省临安市横畈镇（雅观村）工业区
邮　　编：311307
电　　话：0571－63773958
传　　真：0571－63771566

单位名称：山东中一橡胶有限公司
地　　址：山东省东营市大王经济开发区
邮　　编：257355
电　　话：0546－6890999
传　　真：0546－6890988

单位名称：海安县万力振动机械有限公司
地　　址：江苏省南通市海安县江海西路168号
邮　　编：226600
电　　话：0513－8898572
传　　真：0513－88814780

单位名称：盐城市羽佳有色金属制品有限公司
地　　址：江苏盐城市省建湖县汇文东路576号
邮　　编：224700
电　　话：0515－86200056
传　　真：0515－86203388

带式输送机

单位名称：北方重工集团有限公司
地　　址：辽宁省沈阳市经济技术开发区开发大路16号
邮　　编：110141
电　　话：024－25802099
传　　真：024－24835186

单位名称：北京起重运输机械设计研究院
地　　址：北京市东城区雍和宫大街52号
邮　　编：100007
电　　话：010－64032598
传　　真：010－64032570

单位名称：山东山矿机械有限公司
地　　址：山东省济宁市济安桥北路11号
邮　　编：272041
电　　话：0537－2783800
传　　真：0537－2228529

单位名称：衡阳运输机械有限公司
地　　址：湖南省衡阳市珠晖区狮山路1号
邮　　编：421002
电　　话：0734－3172006
传　　真：0734－3172066

单位名称：四川省自贡运输机械集团股份有限公司
地　　址：四川省自贡市高新工业园区富川路3号
邮　　编：643000
电　　话：0813－8233678
传　　真：0813－8233588

单位名称：上海科大重工集团有限公司
地　　址：上海市青浦工业园区华青路815号
邮　　编：201707
电　　话：021－69213885
传　　真：021－69211138

单位名称：太原科技大学机械工程学院
地　　址：山西省太原市万柏林区窊流路66号
邮　　编：030024
电　　话：0351－6998032
传　　真：0351－6998032

单位名称：焦作市科瑞森机械制造有限公司
地　　址：河南省焦作市高新区神州路2878号
邮　　编：454000
电　　话：0391－3663601
传　　真：0391－3683672

单位名称：铜陵天奇蓝天机械设备有限公司
地　　址：安徽省铜陵市经济技术开发区翠湖三路1355号
邮　　编：244061
电　　话：0562－2686168
传　　真：0562－2686167

单位名称：北京约基工业股份有限公司
地　　址：北京市通州区中关村科技园通州园光机电一体化产业基地嘉创路10号C4座
邮　　编：101111
电　　话：010－57601117
传　　真：010－57601100

单位名称：集安佳信通用机械有限公司
地　　址：吉林省集安市工业园区创业路3号
邮　　编：134200
电　　话：0435－6225696
传　　真：0435－6225918

单位名称：东北大学机械工程学院
地　　址：辽宁省沈阳市和平区文化路3号巷11号
邮　　编：110819

电　　话：024－83670898
传　　真：024－83679731

单位名称：大连液力机械有限公司
地　　址：辽宁省大连市甘井子区营城子工业园营辉路5号
邮　　编：116036
电　　话：0411－85993888
传　　真：0411－86642765

单位名称：SEW－传动设备（天津）有限公司
地　　址：天津市经济技术开发区第七大街46号
邮　　编：300457
电　　话：022－25322612
传　　真：022－25348795

单位名称：包头市万里机械有限责任公司
地　　址：内蒙古自治区包头市东河区南二里半
邮　　编：014040
电　　话：0472－4604508
传　　真：0472－4604234

单位名称：青岛华夏橡胶工业有限公司
地　　址：山东省即墨市通济区城马路146号
邮　　编：266228
电　　话：0532－82519338
传　　真：0532－82519876

单位名称：唐山重型装备集团有限责任公司
地　　址：河北省唐山市路北区缸窑路4号
邮　　编：063027
电　　话：0315－3100968
传　　真：0315－3100968

单位名称：唐山开元自动焊接装备有限公司
地　　址：河北省唐山市高新区火炬路189号
邮　　编：063000
电　　话：0315－3855257
传　　真：0315－3859644

单位名称：华电重工股份有限公司
地　　址：北京市丰台区汽车博物馆东路6号华电产业园B座7层
邮　　编：100077
电　　话：010－51966621
传　　真：010－68710552

单位名称：芜湖起重运输机器有限公司
地　　址：安徽省芜湖市三山经济开发区官河路5号
邮　　编：241080
电　　话：0553－5859945
传　　真：0553－5852711

单位名称：中发电气（铜陵）海德精密工业有限公司
地　　址：安徽省铜陵市经济技术开发区西湖一路中发产业园区内
邮　　编：244000
电　　话：0562－2627644
传　　真：0562－2627501

单位名称：徐州光环钢管（集团）有限公司
地　　址：江苏省徐州市经济技术开发区三环东路19号
邮　　编：221004
电　　话：0516－87779220
传　　真：0516－87779220

单位名称：江阴齿轮箱制造有限公司
地　　址：江苏省江阴市澄山路601号
邮　　编：214437
电　　话：0510－86991225
传　　真：0510－86993196

单位名称：安徽盛运环保（集团）股份有限公司
地　　址：安徽省桐城市经济开发区东环路1号
邮　　编：231400
电　　话：0556－6191666
传　　真：0556－6205898

单位名称：安徽攀登重工股份有限公司
地　　址：安徽省桐城市南岛日华广场
邮　　编：231400
电　　话：0556－6131226
传　　真：0556－6127222

单位名称：江阴市鹏锦机械制造有限公司
地　　址：江苏省江阴市南闸观山东盟科技园10号
邮　　编：214405
电　　话：13706168197
传　　真：0510－86271878

单位名称：安徽马钢输送设备制造有限公司
地　　址：安徽省马鞍山市经济技术开发区阳湖路499号
邮　　编：243000
电　　话：0555－2109765
传　　真：0555－2109765

单位名称：浙江双箭橡胶股份有限公司

地　　址：浙江省桐乡市洲泉镇工业园区
邮　　编：314513
电　　话：0573－88533806
传　　真：0573－88531385

单位名称：东莞市奥能实业有限公司
地　　址：广东省东莞市望牛墩镇洲涡工业区
邮　　编：523206
电　　话：0769－88560099
传　　真：0769－88563508

单位名称：东莞市隆泰实业有限公司
地　　址：广东省东莞市石碣镇民丰路421号
邮　　编：523291
电　　话：0769－86347218
传　　真：0769－86623390

单位名称：湖州电动滚筒有限公司
地　　址：浙江省湖州市经济技术开发区西凤路888号
邮　　编：313000
电　　话：0572－2022263
传　　真：0572－2111316

单位名称：桐乡机械厂有限公司
地　　址：浙江省桐乡市崇福镇锦绣路1082号
邮　　编：314511
电　　话：0573－88381709
传　　真：0573－88381709

单位名称：宝鸡杭叉工程机械有限责任公司
地　　址：陕西省宝鸡市金台区十里铺纺西村111号
邮　　编：721004
电　　话：0917－3454663
传　　真：0917－3415180

单位名称：太原向明机械制造有限公司
地　　址：山西省太原市高新技术开发区中心街晨雨大厦6楼
邮　　编：030006
电　　话：0351－2533227
传　　真：0351－2533227

单位名称：河南天隆输送装备有限公司
地　　址：河南省新乡市高新一街
邮　　编：453000
电　　话：18790518089
传　　真：0373－7763882

单位名称：中平能化集团机械制造有限公司
地　　址：河南省平顶山市卫东区矿工路东段11号院
地　　址：467021
电　　话：18637559196
传　　真：0375－2743018

单位名称：国家起重运输机械质量监督检验中心
地　　址：北京市东城区雍和宫大街52号
邮　　编：100007
电　　话：010－64004968
传　　真：010－64052252

单位名称：沈阳泰丰胶带制造有限公司
地　　址：辽宁省新民市大河沟村88号
邮　　编：110000
电　　话：024－24363002
传　　真：024－24363002

单位名称：四川东林矿山运输机械有限公司
地　　址：四川省内江市中区工业集中发展区乐贤大道398号
邮　　编：641005
电　　话：0832－2190099
传　　真：0832－2112500

单位名称：佳信通用机械泰州有限公司
地　　址：江苏省泰州市海陵工业园区泰安路46号
邮　　编：225300
电　　话：0523－86650182
传　　真：0523－86558037

单位名称：本溪市运输机械配件厂
地　　址：辽宁省本溪市平山区生源街7号
邮　　编：117021
电　　话：024－42372156
传　　真：024－42372594

单位名称：本溪华隆清扫器制造有限公司
地　　址：辽宁省本溪市明山区大峪
邮　　编：117022
电　　话：024－44592675
传　　真：024－44592676

单位名称：鞍钢附企炼铁建筑安装工程公司
地　　址：辽宁省鞍山市铁东区团结街38号甲
邮　　编：114002
电　　话：0412－6318878
传　　真：0412－6318878

单位名称：鞍钢附属企业公司烧结安装公司
地　　址：辽宁省鞍山市鞍钢南门内 100 米
邮　　编：114021
电　　话：0412－6724579
传　　真：0412－6728698

单位名称：鞍钢矿建建设工业公司
地　　址：辽宁省鞍山市立山区鞍千路 143 号
邮　　编：114031
电　　话：13050038165
传　　真：0412－6961145

单位名称：沈阳市煤机配件厂
地　　址：辽宁省沈阳市于洪区长江北街 58 号
邮　　编：110034
电　　话：024－86808449
传　　真：024－86808506

单位名称：沈阳市通用电器研究所
地　　址：辽宁省沈阳市沈河区乐郊路 35 甲 4 号
邮　　编：110011
电　　话：024－24804947
传　　真：024－62465178

单位名称：沈阳万捷重工机械有限公司
地　　址：辽宁省沈阳市经济技术开发区 8 号路 8 甲 6 号
邮　　编：110127
电　　话：024－23814646
传　　真：024－23814545

单位名称：沈阳德蒙福特电力设备制造有限公司
地　　址：辽宁省沈阳市沈北新区沈北路 160 甲
邮　　编：110146
电　　话：024－88260201
传　　真：024－88260069

单位名称：沈阳沈起技术工程有限责任公司
地　　址：辽宁省沈阳市于洪区造化镇永强工业园 206－600 号
邮　　编：110034
电　　话：024－86000177
传　　真：024－86000155

单位名称：沈阳制动电磁铁厂（有限公司）
地　　址：辽宁省沈阳市铁西区路官一街 31 号
邮　　编：110023
电　　话：024－25369240
传　　真：024－25295198

单位名称：沈阳市三原电器研究所
地　　址：辽宁省沈阳市大东区珠林路 71 号
邮　　编：110042
电　　话：024－88738001
传　　真：024－88738002

单位名称：辽宁起重机械有限公司
地　　址：辽宁省沈阳市和平区十三纬路格林大厦 2302 室
邮　　编：110000
电　　话：024－62669688
传　　真：024－23253200

单位名称：朝阳宏达机械有限公司
地　　址：辽宁省朝阳市龙城区工业园区文化路 5 段 108 号
邮　　编：122005
电　　话：0421－3931700
传　　真：0421－3931590

单位名称：大连营城液力偶合器厂
地　　址：辽宁省大连市甘井子区营城子工业园区
邮　　编：116036
电　　话：0411－86690271
传　　真：0411－86690273

单位名称：大连骅洋液力偶合器有限公司
地　　址：辽宁省大连市甘井子区营城子街道对门沟
邮　　编：116036
电　　话：0411－84444529
传　　真：0411－84444509

单位名称：黑龙江鹤岗斯达机电公司
地　　址：黑龙江省鹤岗市南山区跃进路 87 号
邮　　编：154103
电　　话：0468－3731415
传　　真：0468－3382480

单位名称：青岛银龙特种胶带有限公司
地　　址：山东省胶州市胶东纺织工业园
邮　　编：266317
电　　话：0532－88268130
传　　真：0532－88268288

单位名称：青岛港（集团）公司机械维修中心
地　　址：山东省青岛市黄岛区黄河东路 114 号
邮　　编：266500
电　　话：0532－82988639

传　　真：0532－82988190

单位名称：山东省生建重工有限责任公司
地　　址：山东省淄博市淄川区昆仑镇昆仑路1号
邮　　编：255129
电　　话：18053324001
传　　真：0533－7910977

单位名称：山东益杰重工机械有限公司
地　　址：山东省淄博市博山区博莱高速路口南邻
邮　　编：255200
电　　话：0533－4658626
传　　真：0533－4658727

单位名称：北京新兴超越离合器有限公司
地　　址：北京市昌平区沙河镇踩河新村南500米
邮　　编：102206
电　　话：010－80712591
传　　真：010－80712591

单位名称：天津减速机股份有限公司
地　　址：天津市河东区卫国路112号
邮　　编：300160
电　　话：022－24419736
传　　真：022－24326558

单位名称：河北港口集团港口机械有限公司
地　　址：河北省秦皇岛市开滦路5号
邮　　编：066000
电　　话：0335－3093143
传　　真：0335－3094743

单位名称：唐山市协力胶带输送设备公司
地　　址：河北省唐山市路南工业园区北小街2号
邮　　编：063000
电　　话：0315－2867507
传　　真：0315－3187508

单位名称：保定华月胶带有限公司
地　　址：河北省保定市博野县橡胶工业区
邮　　编：071300
电　　话：0312－8349877
传　　真：0312－8349877

单位名称：玉田县金利冷拔钢有限责任公司
地　　址：河北省唐山市玉田县东关
邮　　编：064100
电　　话：0315－5052666
传　　真：0315－6114075

单位名称：包头钢建新科机械设备制造有限公司
地　　址：内蒙古包头市昆区包钢厂区北门外三角地
邮　　编：010070
电　　话：0472－2186528
传　　真：0472－2188139

单位名称：呼和浩特市强力煤矿机械有限责任公司
地　　址：内蒙古呼和浩特市回民区攸攸板镇西侧
邮　　编：010070
电　　话：0471－3682479
传　　真：0471－3682146

单位名称：天津宝来工贸有限公司
地　　址：天津市静海县大邱庄
邮　　编：301606
电　　话：022－68588001
传　　真：022－68587681

单位名称：天津成科传动机电技术股份有限公司
地　　址：天津市华苑产业区（环外）海泰发展一路6号
邮　　编：300384
电　　话：022－83711199
传　　真：022－83711200

单位名称：山东华特磁电科技股份有限公司
地　　址：山东省潍坊市临朐县经济开发区中段
邮　　编：262600
传　　真：0536－3158808

单位名称：内蒙古神华皮带机有限公司
地　　址：内蒙古鄂尔多斯市伊金霍洛旗
邮　　编：017209
电　　话：0477－8284692
传　　真：0477－8284692

单位名称：兖矿集团大陆机械有限公司
地　　址：山东省兖州市经济技术开发区
邮　　编：272109
电　　话：0537－3472966
传　　真：0537－3472482

单位名称：海汇集团有限公司
地　　址：山东省日照市莒县工业园
邮　　编：276500
电　　话：0633－6269999
传　　真：0633－6269678

单位名称：安徽扬帆机电设备制造有限公司
地　　址：安徽省桐城市西环线西南工业园
邮　　编：231404
电　　话：0556－6138888
传　　真：0556－6127788

单位名称：安徽永生机械股份有限公司
地　　址：安徽省桐城市龙眠街道同安北路245号
邮　　编：231400
电　　话：0556－6968699
传　　真：0556－6968699

单位名称：凯盛重工有限公司
地　　址：安徽省淮南市谢家集区蔡新路
邮　　编：232058
电　　话：0554－5727529
传　　真：0554－5717376

单位名称：铜陵飞特运输机械厂
地　　址：安徽省铜陵市西湖经济开发区
邮　　编：244000
电　　话：0562－6865379
传　　真：0562－6866021

单位名称：滁州市宏伟橡胶制品有限公司
地　　址：安徽省滁州市担子理想创业园北区一号
邮　　编：239000
电　　话：0550－3023965
传　　真：0550－3034157

单位名称：安徽省无为神力运输机器制造有限公司
地　　址：安徽省巢湖市无为县赫店镇苏塘
邮　　编：238366
电　　话：0565－6285091
传　　真：0565－6285008

单位名称：安徽省无为煤矿机械制造有限公司
地　　址：安徽省巢湖市无为县赫店工业区
邮　　编：238367
电　　话：0553－6600038
传　　真：0553－6602198

单位名称：芜湖市爱德运输机械有限公司
地　　址：安徽省芜湖市高新技术开发区珩琅山路8号
邮　　编：241002
电　　话：0553－5682700
传　　真：0553－5687666

单位名称：黄山市轴承有限责任公司
地　　址：安徽省黄山市黟县马道路009号
邮　　编：245500
电　　话：0559－5522179
传　　真：0559－5522926

单位名称：上虞华运输送设备有限公司
地　　址：浙江省绍兴市上虞区驿亭镇五夫工业园区驿五东路55号
邮　　编：312353
电　　话：0575－82415818
传　　真：0575－82415626

单位名称：宁波甬港起重运输设备有限公司
地　　址：浙江省宁波市鄞州区潘火街道王家弄村
邮　　编：315105
电　　话：0574－88235492
传　　真：0574－88546211

单位名称：象山光明输送机有限公司
地　　址：浙江省宁波市象山县石浦光明路1号
邮　　编：315731
电　　话：0574－65983991
传　　真：0574－65977491

单位名称：宁波华臣输送设备制造有限公司
地　　址：浙江省宁波市象山经济开发区滨海工业园金商路20号
邮　　编：315712
电　　话：0574－65803687
传　　真：0574－65803687

单位名称：杭州雄鹰机械有限公司
地　　址：浙江省杭州市萧山区南阳街道南兴路
邮　　编：311227
电　　话：0571－82188686
传　　真：0571－82180111

单位名称：浙江宇龙机械有限公司
地　　址：浙江省瑞安市塘下镇鲍四工业区
邮　　编：325204
电　　话：0577－65205101
传　　真：0577－65211889

单位名称：浙江通力重型齿轮股份有限公司
地　　址：浙江省瑞安市林垟工业区
邮　　编：325207

电　　话：0577－65592000
传　　真：0577－6559888

单位名称：浙江鑫隆机械制造有限公司
地　　址：浙江省瑞安市塘下镇前进工业区
邮　　编：325205
电　　话：0577－65275038
传　　真：0577－65279868

单位名称：湖州新天翔橡胶厂
地　　址：浙江省湖州市杨家埠镇九九桥北
邮　　编：313000
电　　话：0572－2351969
传　　真：0572－2361386

单位名称：上海一钢南翔传动设备厂
地　　址：上海市嘉定区于湾路469号
邮　　编：201808
电　　话：021－59123997
传　　真：021－59129910

单位名称：上海嘉庆轴承制造有限公司
地　　址：上海市闸北区民德路158号铭德国际广场1802室
邮　　编：200072
电　　话：021－56559515
传　　真：021－56639899

单位名称：上海起重运输机械厂有限公司
地　　址：上海市嘉定区安亭镇昌吉路28号
邮　　编：201805
电　　话：021－59921261
传　　真：021－56639864

单位名称：上海富运运输机械有限公司
地　　址：上海市虹口区保定路437号
邮　　编：200082
电　　话：021－65590898
传　　真：021－65418294

单位名称：江西省萍乡市永固冶金矿山机械有限公司
地　　址：江西省萍乡市高坑镇铁桥背
邮　　编：337042
电　　话：0799－6378096
传　　真：0799－6378096

单位名称：江西铜业集团（贵溪）冶金机械厂
地　　址：江西省贵溪市320国道1号江铜技校院内
邮　　编：335421
电　　话：0701－3338669
传　　真：0701－3331861

单位名称：江西华伍制动器股份有限公司
地　　址：江西省丰城市剑邑大道779号
邮　　编：331000
电　　话：0791－3770652
传　　真：0791－3770710

单位名称：南京梅山工程技术新产业开发有限公司
地　　址：江苏省南京市雨花台区梅山街道中兴路
邮　　编：210039
电　　话：025－86707834
传　　真：025－86707834

单位名称：南京三户机械制造有限公司
地　　址：江苏省南京市沿江工业开发区新华路148号
邮　　编：210048
电　　话：025－57791473
传　　真：025－57058515

单位名称：南京夏元机械设备制造有限公司
地　　址：江苏省南京市六合区冶山镇迎山村299号
邮　　编：211523
电　　话：025－57570017
传　　真：025－57570570

单位名称：南京飞达机械有限公司
地　　址：江苏省南京市沿江工业开发区中山科技园汇鑫路16号
邮　　编：210048
电　　话：025－58399016
传　　真：025－58395616

单位名称：无锡迪达钢管有限公司
地　　址：江苏省无锡市锡山区羊尖镇龙凤巷工业区
邮　　编：214101
电　　话：0510－88738228
传　　真：0510－88738218

单位名称：无锡宝通带业股份有限公司
地　　址：江苏省无锡市新区张公路19号
邮　　编：214112
电　　话：0510－88155778
传　　真：0510－88157553

单位名称：江阴市特种运输机械有限公司

地　　址：江苏省江阴市云亭工业园C区松文头路8号
邮　　编：214422
电　　话：0510－86010318
传　　真：0510－88615981

单位名称：江苏牧羊集团输送设备分公司
地　　址：江苏省扬州市邗江工业园牧羊路1号
邮　　编：225127
电　　话：0514－87848801
传　　真：0514－87848802

单位名称：国茂减速机集团有限公司
地　　址：江苏省常州市武进高新区西湖路111号
邮　　编：213161
电　　话：0519－86588878
传　　真：0519－86583315

单位名称：江苏环宇起重运输机械有限责任公司
地　　址：江苏省扬州市宝应县运西工业园区
邮　　编：225825
电　　话：0514－88356868
传　　真：0514－88351351

单位名称：徐州光环皮带机托辊有限公司
地　　址：江苏省徐州市解放南路矿大南都国际公寓4号楼1002室
邮　　编：221004
电　　话：0516－83876198
传　　真：0516－83876098

单位名称：江苏上齿集团有限公司
地　　址：江苏省溧阳市天目湖工业园区溪缘路6号
邮　　编：213333
电　　话：0519－83101153
传　　真：0519－88301184

单位名称：响水县寇龙轴承座制造有限公司
地　　址：江苏省盐城市响水县张集工业园区
邮　　编：224600
电　　话：0515－86616568
传　　真：0515－86616586

单位名称：江苏山鑫重工有限公司
地　　址：江苏省靖江市生祠镇江平路21号
邮　　编：214531
电　　话：0523－81386620
传　　真：0523－81389188

单位名称：常州市传动输送机械有限公司
地　　址：江苏省常州市武进高新技术产业开发区龙惠路27号
邮　　编：213166
电　　话：0519－86485188
传　　真：0519－86480737

单位名称：台州千里马汽车零部件制造有限公司
地　　址：浙江省临海市沿江工业区
邮　　编：317022
电　　话：0576－85695777
传　　真：0576－85695600

单位名称：江阴华峰特种运输机械有限公司
地　　址：江苏省江阴市临港新城璜土工业园区蓝湫路13号
邮　　编：214440
电　　话：0510－86273273
传　　真：0510－86272216

单位名称：江苏泰隆减速机股份有限公司
地　　址：江苏省泰兴市大庆东路88号
邮　　编：225400
电　　话：0523－87762233
传　　真：0523－87668163

单位名称：广西壮族自治区百色矿山机械厂有限公司
地　　址：广西壮族自治区百色市右江区（六塘）工业园区
邮　　编：533000
电　　话：0776－2770802
传　　真：0776－2770802

单位名称：长沙第三机床厂
地　　址：湖南省长沙市岳麓区含浦科教园（湖南工业职业技术学院实习工厂）
邮　　编：410208
电　　话：0731－82946288
传　　真：0731－82946290

单位名称：昆明运输机械有限公司
地　　址：云南省昆明市人民西路684号
邮　　编：650106
电　　话：0871－68184208
传　　真：0871－68184910

单位名称：武汉武钢北湖机械制造有限公司
地　　址：湖北省武汉市青山区武钢北湖农场39号

邮　　编：430085
电　　话：027－86469165
传　　真：027－86469165

单位名称：武汉泛达机电有限公司
地　　址：湖北省武汉市青山区前龚家岭
邮　　编：430083
电　　话：027－86465086
传　　真：027－86465872

单位名称：武汉洪源机械制造有限公司
地　　址：湖北省武汉市洪山区狮子山街南湖汽校7011工厂
邮　　编：430064
电　　话：027－88035450
传　　真：027－88035450

单位名称：武汉丰凡科技开发有限责任公司
地　　址：湖北省武汉市青山区冶金大道12号
邮　　编：430080
电　　话：027－86879863
传　　真：027－86866860

单位名称：福州鑫广盛机电有限公司
地　　址：福建省福州市五一南路186号和平大厦
邮　　编：350009
电　　话：0591－83284295
传　　真：0591－83284295

单位名称：江门市振达机械制造有限公司
地　　址：广东省江门市江海区外海东升路187号1座
邮　　编：529000
电　　话：0750－3065012
传　　真：0750－3869690

单位名称：广东中兴液力传动有限公司
地　　址：广东省云浮市郁南县都城镇河堤路45号
邮　　编：527100
电　　话：0766－7592180
传　　真：0766－7596216

单位名称：广州液力传动设备有限公司
地　　址：广东省广州市花都区炭步镇茶塘工业区
邮　　编：510820
电　　话：020－86735308
传　　真：020－86735228

单位名称：中联重科物料输送设备有限公司
地　　址：湖南省长沙市芙蓉中路三段613号
邮　　编：410007
电　　话：0731－88998380
传　　真：0731－88998333

单位名称：许昌煤机制造有限公司
地　　址：河南省许昌市五一路17号
邮　　编：461000
电　　话：0374－3328666
传　　真：0374－3314613

单位名称：河南鹤壁市起重运输机械厂
地　　址：河南省鹤壁市长风路北段
邮　　编：458020
电　　话：0392－2897342
传　　真：0392－2897342

单位名称：郑州同力重型机械有限公司
地　　址：河南省郑州市高新区瑞达路华夏村18号
邮　　编：450001
电　　话：0371－63657050
传　　真：0371－63657050

单位名称：焦作市正洁机械制造有限公司
地　　址：河南省焦作市高新区中纬路
邮　　编：454003
电　　话：0391－8865566
传　　真：0391－8865511

单位名称：焦作市中和通用机械有限责任公司
地　　址：河南省焦作市焦西矿西200米铁路北
邮　　编：454000
电　　话：0391－2933380
传　　真：0391－2916939

单位名称：鑫恒重工机械有限公司
地　　址：河南省焦作市解放东路827号
邮　　编：454003
电　　话：0391－3955009
传　　真：0391－3958123

单位名称：焦作市虹发制动器有限公司
地　　址：河南省焦作市武陟县大虹桥乡
邮　　编：454981
电　　话：0391－7541838
传　　真：0391－7542897

单位名称：焦作制动器股份有限公司

地　　址：河南省焦作市博爱县发展大道 1688 号
邮　　编：454450
电　　话：0391－2086210
传　　真：0391－2086210

单位名称：洛阳豫新工程技术有限公司
地　　址：河南省洛阳市文新科技开发区
邮　　编：471000
电　　话：13526902740
传　　真：0379－64122126

单位名称：新乡中新环保输送设备有限责任公司
地　　址：河南省新乡市 4281 信箱
邮　　编：453000
电　　话：0373－2682193
传　　真：0373－5466125

单位名称：长治市潞安合力机械有限责任公司
地　　址：山西省长治市南环东街 138 号
邮　　编：046000
电　　话：0355－3137324
传　　真：0355－3137324

单位名称：原平凯世达机械制造有限公司
地　　址：山西省原平市大牛店镇中神山村
邮　　编：034100
电　　话：0350－8352588
传　　真：0350－8352580

单位名称：原平市宝丰机械制造有限公司
地　　址：山西省原平市城西大运路
邮　　编：034100
电　　话：0350－8273788
传　　真：0350－8373360

单位名称：原平市丰峰起重运输机械有限公司
地　　址：山西省原平市永康南路 42 号
邮　　编：034100
电　　话：0350－8234366
传　　真：0350－8277010

单位名称：原平市宇峰起重运输机械有限公司
地　　址：山西省原平市原五路南（东营）
邮　　编：034100
电　　话：0350－8341112
传　　真：0350－8341115

单位名称：原平市兴胜机械制造有限公司

地　　址：山西省原平市东原南路 538 号
邮　　编：034100
电　　话：0350－8258123
传　　真：0350－8258123

单位名称：原平维达机械制造有限公司
地　　址：山西省原平市城南大运路西东泥河
邮　　编：034100
电　　话：0350－8256588
传　　真：0350－8586588

单位名称：长冶市潞安飞虹煤机有限公司
地　　址：山西省长冶市郊区
邮　　编：046011
电　　话：0355－2131119
传　　真：0355－2130560

单位名称：焦作宏德重型机器制造有限公司
地　　址：河南省焦作市太行街北侧 61 号
邮　　编：454000
电　　话：0391－2858229
传　　真：0391－3519129

单位名称：焦作三岛输送机械有限公司
地　　址：河南省焦作市高新区神州路东段
邮　　编：454003
电　　话：0391－3683692
传　　真：0391－3683690

单位名称：义马永兴矿山机械设备修造有限公司
地　　址：河南省义马市毛沟开发区
邮　　编：472300
电　　话：0398－5637130
传　　真：0398－5637112

单位名称：山东淄博电动滚筒厂有限公司
地　　址：山东省淄博市博山岭西
邮　　编：255213
电　　话：0533－4140168
传　　真：0533－4140088

单位名称：天津中外建输送机械有限公司
地　　址：天津市津南区双港工业园发港路 27 号
邮　　编：300350
电　　话：022－88822043
传　　真：022－88822043

单位名称：天津市电动滚筒厂

地　　址：天津市东丽区津塘公路7号桥
邮　　编：300300
电　　话：022－24991119
传　　真：022－24995599

单位名称：泰州市运达电动滚筒制造有限公司
地　　址：江苏省泰州市东花园路11号（钢厂大院内）
邮　　编：225300
电　　话：0523－86231268
传　　真：0523－86214599

单位名称：福伊特驱动技术系统（上海）有限公司北京销售分公司
地　　址：北京市朝阳区曙光西里甲5号凤凰置地广场F座1801
邮　　编：100028
电　　话：010－56653388
传　　真：010－56653333

单位名称：南宁市劲源电机有限责任公司
地　　址：广西壮族自治区南宁市北湖南路30号
邮　　编：530001
电　　话：0771－3323116
传　　真：0771－3323116

单位名称：桐乡市梧桐东方齿轮厂
地　　址：浙江省桐乡市梧桐街道文华路519号
邮　　编：314500
电　　话：0573－88119699
传　　真：0573－88112774

单位名称：阜阳轴承有限公司
地　　址：安徽省阜阳市阜埠路58号
邮　　编：236023
电　　话：0558－2323393
传　　真：0558－2323368

单位名称：山西凤凰胶带有限公司
地　　址：山西省长治市太行西街168号
邮　　编：046011
电　　话：0355－2085924
传　　真：0355－2085924

单位名称：中交第三航务工程勘察设计院有限公司
地　　址：上海市徐汇区肇嘉浜路831号
邮　　编：200032
电　　话：021－64381730－3226
传　　真：021－64335958

单位名称：安徽芜湖市宝丰输送机械有限公司
地　　址：安徽省芜湖市无为县无城工业园
邮　　编：238300
电　　话：0553－6316855
传　　真：0553－6316728

单位名称：孚乐率传输设备制造（上海）有限公司
地　　址：上海市松江区新润路388号17幢
邮　　编：201612
电　　话：021－33528388
传　　真：021－33528058

单位名称：山东华城中德传动设备有限公司
地　　址：山东省淄博市博山经济开发区
邮　　编：255200
电　　话：0533－4662478
传　　真：0533－4661009

单位名称：通化建新科技有限公司
地　　址：吉林省通化市二道江路2326号
邮　　编：134001
电　　话：0435－3656911
传　　真：0435－3942661

单位名称：安徽省巢湖运输机械制造有限公司
地　　址：安徽省芜湖市无为县无城无开路9号
邮　　编：238300
电　　话：0565－6311696
传　　真：0565－6311616

单位名称：湖南鸿韵传送科技发展有限公司
地　　址：湖南省长沙市雨花区人民中路568号融圣国际公寓3栋1703房
邮　　编：421001
电　　话：0731－89787996
传　　真：0731－89787559

单位名称：比塞洛斯（淮南）机械有限公司
地　　址：安徽省淮南市经济技术开发区
邮　　编：232008
电　　话：0554－3609708
传　　真：0554－3660921

单位名称：山东祥通橡塑集团有限公司
地　　址：山东省济宁市高新区凯旋路1号（祥通工业园）
邮　　编：272000
电　　话：0537－2078989

传　　真：0537－2935111

单位名称：萧爱矿业设备（天津）有限公司
地　　址：天津市西青开发区赛达汇亚工业园13A
邮　　编：300385
电　　话：022－23889075
传　　真：022－23889071

单位名称：瑞安市康泰机械制造有限公司
地　　址：浙江省瑞安市塘下镇海安凤山村凤凰西路6号
邮　　编：325205
电　　话：0577－65272511
传　　真：0577－65273956

单位名称：浙江宝科机械有限公司
地　　址：浙江省台州市天台县洪畴洪三工业园区
邮　　编：317200
电　　话：0576－83018858
传　　真：0576－83018898

单位名称：沧州国峰精密钢管有限公司
地　　址：河北省沧州市南皮县冯家口开发区（南冯路西）
邮　　编：061504
电　　话：0317－8781199
传　　真：0317－8783155

单位名称：山西晋煤集团金鼎公司皮带机分公司
地　　址：山西省晋城市北石店镇
邮　　编：048006
电　　话：0356－3667597
传　　真：0356－3667597

单位名称：北京雨润华科技开发有限公司
地　　址：北京市东城区草园胡同76号聚才大厦A－308室
邮　　编：100007
电　　话：010－84001165
传　　真：010－64063037

单位名称：四川自贡起重输送机械制造有限公司
地　　址：四川省自贡市高新工业园区金川路33号
邮　　编：643000
电　　话：0813－2703285
传　　真：0813－2703183

单位名称：铜陵百瑞豪科技股份有限公司
地　　址：安徽省铜陵市经济开发区翠湖六路西段
邮　　编：244000
电　　话：0562－5859007
传　　真：0562－5859009

单位名称：自贡市倍特逆止器制造有限公司
地　　址：四川省成都市新都区工业园东区创业路189号
邮　　编：616500
电　　话：028－83939059
传　　真：028－83939059

单位名称：力博重工科技股份有限公司
地　　址：山东省泰安市宁阳经济开发区
邮　　编：271044
电　　话：0538－2133993
传　　真：0538－6962086

单位名称：唐山东亚重工装备集团有限公司
地　　址：河北省唐山市玉田县西环路玉泰工业区
邮　　编：064100
电　　话：0315－5053344
传　　真：0315－6136126

单位名称：广州飞旋橡胶有限公司
地　　址：广东省广州市花都区赤坭镇橡胶路3号
邮　　编：510828
电　　话：020－86748413
传　　真：020－86748418

单位名称：河北鲁梅卡机械制造股份有限公司
地　　址：河北省沧州市盐山县正港工业园18号
邮　　编：061300
电　　话：0317－6193011
传　　真：0317－6193922

单位名称：四川自贡红光输送机械制造有限公司
地　　址：四川省自贡市火车站东侧（原高阀总厂）大楼内
邮　　编：643000
电　　话：0813－2701219
传　　真：0813－2701219

单位名称：衡水金太阳输送机械工程有限公司
地　　址：河北省衡水市桃城区北方工业基地橡塑路6号
邮　　编：053020
电　　话：0318－2257600
传　　真：0318－2892988

单位名称：霍州煤电集团辛置多种经营公司
地　　址：山西省霍州市辛置矿区

邮　　编：031412
电　　话：0357－5632096
传　　真：0357－5633132

单位名称：湖南中特液力传动机械有限公司
地　　址：湖南省益阳市泉交河镇万利工业园
邮　　编：413043
电　　话：0737－6181876
传　　真：0737－6181199

单位名称：重庆市九龙橡胶制品制造有限公司
地　　址：重庆市长寿经济技术开发区齐心大道46号
邮　　编：401221
电　　话：023－85330687
传　　真：023－85330695

单位名称：山东横滨橡胶工业制品有限公司
地　　址：山东省潍坊市临朐县辛寨镇
邮　　编：262610
电　　话：0536－3440237
传　　真：0536－3342597

单位名称：西安重装韩城煤矿机械有限公司
地　　址：陕西省韩城市新城区苏山路
邮　　编：715401
电　　话：0913－5265031
传　　真：0913－5290676

单位名称：阳煤集团奥伦胶带公司
地　　址：山西省阳永市开发区大连东路99号
邮　　编：045000
电　　话：0353－7088466
传　　真：0353－7088466

单位名称：山东胶六橡特胶带有限公司
地　　址：山东省高密市胶河疏港物流园区胶平路1号
邮　　编：261503
电　　话：0536－82825527
传　　真：0536－83809013

单位名称：浙江龙圣华橡胶有限公司
地　　址：浙江省台州市天台县洪三工业区
邮　　编：317200
电　　话：0576－83013082
传　　真：0576－83013099

单位名称：江阴华东机械有限公司
地　　址：江苏省江阴市杨宦路8号
邮　　编：214400
电　　话：13961617793
传　　真：0510－86190678

单位名称：艾克玛（惠州）输送设备有限公司
地　　址：广东省惠州市惠阳区新圩镇红卫村
邮　　编：516225
电　　话：0752－6516777
传　　真：0752－6516777

单位名称：江苏泰来减速机有限公司
地　　址：江苏省泰兴市江平南路588号
邮　　编：225400
电　　话：0523－8756598
传　　真：0523－87566000

单位名称：江苏鼎阳机电科技实业有限公司
地　　址：江苏省南京市栖霞区紫东路2号紫东创意园区A2栋
邮　　编：210046
电　　话：025－83696880
传　　真：025－83696880

单位名称：福建龙净环保股份有限公司
地　　址：福建省龙岩市新罗区陵园路81号
邮　　编：364000
电　　话：0597－2886020
传　　真：0597－2988512

单位名称：阳泉煤业集团华越机械有限公司
地　　址：山西省阳泉市矿区桃南中路112号
邮　　编：045008
电　　话：0353－7024666
传　　真：0353－7024666

单位名称：湖州恒通机械设备有限公司
地　　址：浙江省湖州市埭溪工业园区（国道路8号）
邮　　编：313032
电　　话：0572－3827830
传　　真：0572－3827036

单位名称：日照港机工程有限公司
地　　址：山东省日照市黄海一路126号
邮　　编：276826
电　　话：0633－8380632
传　　真：0633－8380167

单位名称：苏州大力神起重运输机械制造有限公司

地　　址：江苏省苏州市吴江区汾湖镇芦墟梗田路183号
邮　　编：215211
电　　话：0512-63263288
传　　真：0512-63263166

单位名称：宁夏天地西北煤机有限公司
地　　址：宁夏回族自治区石嘴山市大武口区工业园区长安路1号
邮　　编：753001
电　　话：0952-2175329
传　　真：0952-2175357

单位名称：山东泰丰钢业有限公司
地　　址：山东省新泰市经济技术开发区
邮　　编：271200
电　　话：0538-7059589
传　　真：0538-7059915

单位名称：献县通利达机械设备制造有限公司
地　　址：河北省沧州市献县南河头乡抛庄工业区
邮　　编：062250
电　　话：0317-6010168
传　　真：0317-6010160

单位名称：山东省莱州市金桥实业总公司
地　　址：山东省莱州市虎头崖镇后桥工业园
邮　　编：261415
电　　话：0535-2329191
传　　真：0535-2329134

单位名称：大连长盛海华输送设备制造有限公司
地　　址：辽宁省大连市金州区亮甲店镇石城村
邮　　编：116104
电　　话：0411-87275188
传　　真：0411-87275757

单位名称：山西东昌实业有限公司
地　　址：山西省原平市108国道薛孤
邮　　编：034100
电　　话：0350-8552158
传　　真：0350-8552158

单位名称：开封铁塔橡胶（集团）有限公司
地　　址：河南省开封市汴西新区周天路109号
邮　　编：475000
电　　话：0371-23978341
传　　真：0371-23978341

散料装卸机械与搬运车辆

单位名称：大连重工·起重集团有限公司
地　　址：辽宁省大连市西岗区八一路169号
邮　　编：116013
电　　话：0411-86852166
传　　真：0411-86852222

单位名称：湖南长重机器股份有限公司
地　　址：湖南省长沙市雨花区东二环一段56号
邮　　编：410014
电　　话：0731-85318082
传　　真：0731-85318081

单位名称：哈尔滨重型机器有限责任公司
地　　址：黑龙江省哈尔滨市高新技术开发区哈平路集中区大连北路15号
邮　　编：150060
电　　话：0451-87091666
传　　真：0451-87091617

单位名称：北京起重运输机械设计研究院
地　　址：北京市东城区雍和宫大街52号
邮　　编：100007
电　　话：010-64023392
传　　真：010-64052584

单位名称：常熟市电动平车厂
地　　址：江苏省常熟市梅李镇聚沙路5号
邮　　编：215511
电　　话：0512-52661892
传　　真：0512-52661886

单位名称：长春发电设备总厂
地　　址：吉林省长春市经济技术开发区世纪大街3388号
邮　　编：130033
电　　话：0431-81966709
传　　真：0431-85868500

单位名称：秦皇岛秦冶重工有限公司
地　　址：河北省秦皇岛市经济技术开发区鄱阳湖路2号
邮　　编：066318
电　　话：0335-8358085
传　　真：0335-8586258

单位名称：上海电力环保设备总厂有限公司
地　　址：上海市闸北区共和新路3155号

邮　　编：200072
电　　话：021－36161515
传　　真：021－56657888

单位名称：丹东振安建工机械有限公司
地　　址：辽宁省丹东市振安区鸭绿江村89号
邮　　编：118002
电　　话：0415－4188608
传　　真：0415－4188606

单位名称：上海振华重工（集团）股份有限公司
地　　址：上海市浦东新区东方路3261号
邮　　编：200125
电　　话：021－31195630
传　　真：021－31195918

单位名称：浙江双鸟机械有限公司
地　　址：浙江省嵊州市黄泽镇
邮　　编：312455
电　　话：0575－83503888
传　　真：0575－3503801

单位名称：中联重科物料输送设备有限公司
地　　址：湖南省长沙市雨花区芙蓉中路613号
邮　　编：410205
电　　话：0731－88998360
传　　真：0731－88998325

单位名称：北方重工集团有限公司装卸设备公司
地　　址：辽宁省沈阳市经济技术开发区开发大路16号
邮　　编：110042
电　　话：024－25802505
传　　真：024－24325449

单位名称：岳阳强力电磁设备有限公司
地　　址：湖南省岳阳市京珠连线5公里处（137信箱）
邮　　编：414000
电　　话：0730－8799598
传　　真：0730－8799009

单位名称：江阴市万事达液压机械有限公司
地　　址：江苏省江阴市周庄镇周西工业园区高僧桥
邮　　编：214423
电　　话：0510－86221271
传　　真：0510－86903068

单位名称：浙江特种电机有限公司
地　　址：浙江省嵊州市经济开发区加佳路18号
邮　　编：312400
电　　话：0575－83000258
传　　真：0575－83000507

单位名称：上海公茂起重设备有限公司
地　　址：上海市浦东新区云台路145号云台大厦2803室
邮　　编：200126
电　　话：021－50871759
传　　真：021－50871665

单位名称：常熟市亿安电动平车有限公司
地　　址：江苏省常熟市董浜镇徐市安庆路北
邮　　编：215535
电　　话：0512－52496081
传　　真：0512－52496082

单位名称：康稳移动供电设备（上海）有限公司
地　　址：上海市浦东新区世纪大道1500号东方大厦925室
邮　　编：200122
电　　话：021－68407060
传　　真：021－68407060

单位名称：武汉电力设备厂
地　　址：湖北省武汉市武昌区白沙洲特3号
邮　　编：430064
电　　话：027－68888403
传　　真：027－88113825

单位名称：上海特国斯传动设备有限公司
地　　址：上海市曲阜西路268号恒安大厦1302室
邮　　编：200122
电　　话：021－63812226
传　　真：021－63810571

单位名称：浙江东海减速机有限公司
地　　址：浙江省温州市平阳经济开发区敖江镇鸽巢路
邮　　编：325401
电　　话：0577－63679809
传　　真：0577－63679809

单位名称：哈尔滨龙鑫重型机械有限公司
地　　址：黑龙江省哈尔滨市香坊区珠江路29号
邮　　编：150040
电　　话：0451－55626600
传　　真：0451－55626600

单位名称：大连长盛输送设备制造有限公司
地　　址：辽宁省大连市金州区亮甲店镇石城村

邮　　编：116104
电　　话：0411－87275136
传　　真：0411－87275757

单位名称：大连通达矿冶机械有限公司
地　　址：辽宁省大连市金州区三十里堡镇
邮　　编：116104
电　　话：0411－87362498
传　　真：0411－87350008

单位名称：大连重工机电动力有限公司
地　　址：辽宁省大连市沙河口区中山路594号金玉星海大厦19层
邮　　编：116023
电　　话：0411－39757578
传　　真：0411－39757528

单位名称：常熟市凯龙电动平车有限公司
地　　址：江苏省常熟市梅李镇珍南路18号
邮　　编：215500
电　　话：0512－52664298
传　　真：0512－52262798

单位名称：湖南省映鸿科技有限公司
地　　址：湖南省娄底市新化县向红工业园一区
邮　　编：417600
电　　话：0738－3537338
传　　真：0738－3537909

单位名称：无锡巨力电动平车有限公司
地　　址：江苏省无锡市新区新光工业园5号地块
邮　　编：214028
电　　话：0510－82255086
传　　真：0510－85210217

单位名称：哈尔滨国海星轮传动有限公司
地　　址：黑龙江省哈尔滨市哈平路工业区烟台三路8号
邮　　编：150060
电　　话：0451－86530788
传　　真：0451－86530858

单位名称：华电重工股份有限公司
地　　址：上海市浦东新区福山路458号同盛大厦21F
邮　　编：200122
电　　话：021－60126207
传　　真：021－60126207

单位名称：湖北三六重工有限公司
地　　址：湖北省咸宁市巨宁大道36号
邮　　编：437000
电　　话：0715－8343111
传　　真：0715－8312668

单位名称：哈尔滨和泰电力设备有限公司
地　　址：黑龙江省哈尔滨市南岗区长江路380号
邮　　编：150090
电　　话：0451－82314958
传　　真：0451－82314178

单位名称：大连天重散装机械设备有限公司
地　　址：辽宁省大连市沙河口区会展路33号环球金融中心7A
邮　　编：116023
电　　话：0411－62631977
传　　真：0411－62631978

单位名称：南京三埃工控股份有限公司
地　　址：江苏省南京市江宁经济开发区胜利路12号
邮　　编：211100
电　　话：025－52124028
传　　真：025－52124028

冶金压延机械

单位名称：中国第一重型机械集团公司
地　　址：黑龙江省齐齐哈尔市富拉尔基区厂前路9号
邮　　编：161042
电　　话：0452－6810186
传　　真：0452－6810111

单位名称：中国重型机械研究院股份公司
地　　址：陕西省西安市未央区东元路209号
邮　　编：710032
电　　话：029－86322669
传　　真：029－86713965

单位名称：中国重型机械有限公司
地　　址：北京市海淀区公主坟复兴路甲23号
邮　　编：100036
电　　话：010－68221576
传　　真：010－68296106

单位名称：大连重工·起重集团有限公司设计研究院
地　　址：辽宁省大连市西岗区八一路169号
邮　　编：116013
电　　话：0411－86852288

传　　真：0411－86852283

单位名称：云南冶金昆明重工有限公司
地　　址：云南省昆明市龙泉路871号
邮　　编：650203
电　　话：0871－66085233
传　　真：0871－66085085

单位名称：上海市机电设计研究院有限公司
地　　址：上海市静安区北京西路1287号
邮　　编：200040
电　　话：021－62479741
传　　真：021－62479741

单位名称：中国第二重型机械集团公司
地　　址：四川省德阳市珠江路460号
邮　　编：618013
电　　话：0838－2341817
传　　真：0838－2201998

单位名称：上海重型机器厂有限公司
地　　址：上海市闵行区江川路1800号
邮　　编：200245
电　　话：021－54721141－2110
传　　真：021－54722933

单位名称：北方重工集团有限公司
地　　址：辽宁省沈阳市铁西区兴华北街8号
邮　　编：110025
电　　话：024－25802406
传　　真：024－25802416

单位名称：天津天重重型机器有限公司
地　　址：天津市北辰区高峰路
邮　　编：300400
电　　话：022－26341079
传　　真：022－26340718

单位名称：燕山大学机械学院
地　　址：河北省秦皇岛市河北大街169号
邮　　编：066044
电　　话：0335－8057040
传　　真：0335－8050148

单位名称：浙江省宁波凯特机械有限公司
地　　址：浙江省宁波市宁海县越龙街道西郊路55号
邮　　编：315600
电　　话：0574－65210558
传　　真：0574－65562620

单位名称：包头市冶金矿山机械制造有限公司
地　　址：内蒙古包头市东河区巴彦塔拉大街15号
邮　　编：014040
电　　话：0472－4111538
传　　真：0472－4172310

单位名称：一重集团大连设计研究院有限公司
地　　址：辽宁省大连市经济技术开发区东北大街96号
邮　　编：116600
电　　话：0411－39243301
传　　真：0411－39243345

单位名称：昆明（重工）股份有限公司拉丝成套设备制造分公司
地　　址：云南省昆明市茨坝路31号
邮　　编：650203
电　　话：0871－65150091－2241
传　　真：0871－65150151

单位名称：一重集团大连设计研究院有限公司冷轧部
地　　址：辽宁省大连市经济技术开发区东北大街96号
邮　　编：116600
电　　话：0411－39243366
传　　真：0411－39243133

单位名称：中冶京诚工程技术有限公司
地　　址：北京市经济技术开发区建安街7号
邮　　编：100176
电　　话：010－83587839
传　　真：010－83587998

单位名称：北京科技大学机械工程学院
地　　址：北京市海淀区学院路30号
邮　　编：100083
电　　话：010－62334723
传　　真：010－62329145

单位名称：北京有色冶金设计研究院
地　　址：北京市海淀区复兴路12号
邮　　编：100038
电　　话：010－63936451
传　　真：010－63936618

单位名称：邢台冶金机械轧辊厂
地　　址：河北省邢台市新兴西大街1号
邮　　编：054025

电　　话：0319－2116090
传　　真：0319－2022061

单位名称：哈尔滨环保制氢设备工业公司
地　　址：黑龙江省哈尔滨市南岗区哈西大街107号
邮　　编：150080
电　　话：0451－86662954
传　　真：0451－86662954

单位名称：沈阳冶金机械有限公司
地　　址：辽宁省沈阳市技术开发区沈辽路2号
邮　　编：110141
电　　话：024－25810645
传　　真：024－25810645

单位名称：太原重型机械集团有限公司
地　　址：山西省太原市万柏林区玉河街53号
邮　　编：030024
电　　话：0351－6362594－8018
传　　真：0351－6365903

单位名称：太原矿山机器集团有限公司
地　　址：山西省太原市解放北路75号
邮　　编：030009
电　　话：0351－3041086
传　　真：0351－3041086

单位名称：太原科技大学冶金机械学院
地　　址：山西省太原市万柏林区瓦流路66号
邮　　编：030024
电　　话：0351－6963332
传　　真：0351－6963332

单位名称：鞍山矿山机械股份有限公司
地　　址：辽宁省鞍山市立山区励工街5号
邮　　编：114032
电　　话：0412－6612676
传　　真：0412－6612313

单位名称：上海冶金矿山机械厂
地　　址：上海市闸北区汶水路210号
邮　　编：200072
电　　话：021－56771254
传　　真：021－56639508

单位名称：洛阳矿山机械工程设计研究院有限责任公司
地　　址：河南省洛阳市涧西区建设路206号
邮　　编：471039
电　　话：0379－64087777
传　　真：0379－64087818

单位名称：杭州拉丝机制造厂
地　　址：浙江省杭州市桐庐县富春江镇子陵路10号
邮　　编：311504
电　　话：0571－64653908
传　　真：0571－64653411

单位名称：西安忠义金属制品设备总厂
地　　址：陕西省西安市未央宫乡小白杨路20号
邮　　编：710016
电　　话：029－86312404
传　　真：029－86312404

单位名称：锡山大象机械制造有限公司
地　　址：江苏省无锡市锡山区荡口镇人民路63号
邮　　编：214116
电　　话：0510－88741471
传　　真：0510－88741471

润滑液压设备

单位名称：太原矿山机器润滑液压设备有限公司
地　　址：山西省太原经济技术开发区电子街25号
邮　　编：030032
电　　话：0351－3045918
传　　真：0351－3045918

单位名称：中国重型机械研究院有限公司
地　　址：陕西省西安市未央区东元路209号
邮　　编：710032
电　　话：029－86322543
传　　真：029－86322431

单位名称：四川川润液压润滑设备有限公司
地　　址：四川省成都市郫县现代工业港北区港北六路85号
邮　　编：611743
电　　话：028－61836200
传　　真：028－61777787

单位名称：常州市华立液压润滑设备有限公司
地　　址：江苏省常州市天宁区郑陆镇三河口
邮　　编：213115
电　　话：0519－88675056
传　　真：0519－88675343

单位名称：启东润滑设备有限公司
地　　址：江苏省启东市和平中路306号
邮　　编：226200
电　　话：0513－83356668
传　　真：0513－83312646

单位名称：上海澳瑞特润滑设备有限公司
地　　址：上海市虹口区丰镇路788号
邮　　编：200434
电　　话：021－65288155
传　　真：021－65288155

单位名称：一重集团大连设计研究院有限公司
地　　址：辽宁省大连市经济技术开发区东北大街96号
邮　　编：116600
电　　话：0411－39243635
传　　真：0411－39243366

单位名称：太原科技大学机电工程学院
地　　址：山西省太原市万柏林区窊流路66号
邮　　编：030024
电　　话：0351－6963399
传　　真：0351－6963399

单位名称：启东市南方润滑液压设备有限公司
地　　址：江苏省启东市惠萍镇工业园区
邮　　编：226255
电　　话：0513－83792888
传　　真：0513－83795028

单位名称：燕山大学
地　　址：河北省秦皇岛市河北大街西段438号
邮　　编：066004
电　　话：0335－8051166
传　　真：0335－8074498

单位名称：上海润滑设备厂有限公司
地　　址：上海市奉贤区平港路655号
邮　　编：201413
电　　话：021－65430543
传　　真：021－65431871

单位名称：吉林四平维克斯换热设备有限公司
地　　址：吉林省四平市铁东区南一经街5665号
邮　　编：136001
电　　话：0434－3335589
传　　真：0434－3335515

单位名称：北方重工集团公司设计研究院
地　　址：辽宁省沈阳经济技术开发区开发大路16号
邮　　编：110141
电　　话：024－25802407
传　　真：024－25802416

单位名称：辽宁省机械研究院有限公司
地　　址：辽宁省沈阳市皇姑区北陵大街56号
邮　　编：110032
电　　话：024－86890291
传　　真：024－86890291

单位名称：中冶京诚工程技术有限公司技术研究院
地　　址：北京市亦庄经济技术开发区建安街7号
邮　　编：100176
电　　话：010－67835821
传　　真：010－67835154

单位名称：中色科技股份有限公司装备所
地　　址：河南省洛阳市西苑路1号
邮　　编：471039
电　　话：0379－64872373
传　　真：0379－64872352

单位名称：二重集团重型机械设计研究院
地　　址：四川省德阳市珠江路1号
邮　　编：618013
电　　话：0838－2342292
传　　真：0838－2204416

单位名称：北京冶金设备研究设计总院
地　　址：北京市东城区安定门外胜古庄2号
邮　　编：100029
电　　话：010－64428432
传　　真：010－64418694

单位名称：北京科技大学
地　　址：北京市海淀区学院路30号
邮　　编：100083
电　　话：010－62332916
传　　真：010－62332916

单位名称：大连华锐股份有限公司液压装备厂
地　　址：辽宁省大连市甘井子区新水泥路78－7号
邮　　编：116035
电　　话：0411－86426269
传　　真：0411－86427852

单位名称：宁波盛发液压有限公司
地　　址：浙江省宁波市鄞洲区望春宋家漕
邮　　编：315175
电　　话：0574 – 88449050
传　　真：0574 – 88055152

单位名称：江苏澳瑞思液压润滑设备有限公司
地　　址：江苏省启东市城北工业园经济开发区杨沙路2号
邮　　编：226200
电　　话：0513 – 83637418
传　　真：0513 – 83637448

单位名称：沈阳市北方润滑设备制造有限公司
地　　址：辽宁省沈阳市沈河区文化东路99号
邮　　编：110015
电　　话：024 – 24824187
传　　真：024 – 24206028

单位名称：淄博九洲润滑科技有限公司
地　　址：山东省淄博市博山区北博山
邮　　编：255207
电　　话：0533 – 4548567
传　　真：0533 – 4546336

单位名称：温州中合润滑设备制造有限公司
地　　址：浙江省温州市双屿镇屿头工业区3号 – 2
邮　　编：325007
电　　话：0577 – 88781219
传　　真：0577 – 88781270

单位名称：温州市龙湾润滑液压设备厂
地　　址：浙江省温州市飞鹏巷6号（新14号）
邮　　编：325000
电　　话：0577 – 88290271
传　　真：0577 – 88295568

单位名称：温州市三丰润滑设备制造有限公司
地　　址：浙江省温州市双屿镇嵇师新街11号
邮　　编：325007
电　　话：0577 – 88763177
传　　真：0577 – 88766885

单位名称：沈阳市大金润滑设备厂
地　　址：辽宁省沈阳市沈河区沈洲路185 – 2号
邮　　编：110014
电　　话：024 – 22907338
传　　真：024 – 22940938

单位名称：南通市南方润滑液压设备有限公司
地　　址：江苏省启东市开发区纬二路236 – 238号
邮　　编：226200
电　　话：0513 – 83110190
传　　真：0513 – 83110290

单位名称：启东安升润液设备有限公司
地　　址：江苏省启东市久隆新巷工业集中118号
邮　　编：226222
电　　话：0513 – 83852668
传　　真：0513 – 83852108

单位名称：苏州宝宇液压设备制造有限公司
地　　址：江苏省太仑市浏河镇听海路106号
邮　　编：215431
电　　话：0512 – 53601818
传　　真：0512 – 53601155

单位名称：沈阳市北方润华冷却设备有限公司
地　　址：辽宁省沈阳市东陵区泉园二路15 – 4 – 212
邮　　编：110015
电　　话：024 – 86670917
传　　真：024 – 86670451

单位名称：启东中冶润滑设备有限公司
地　　址：江苏省启东市台角工业园区跃龙路16号
邮　　编：226200
电　　话：0513 – 83250190
传　　真：0513 – 83250310

单位名称：四平市隆百洲机电科技有限公司
地　　址：吉林省四平市铁东区山门镇
邮　　编：136002
电　　话：0434 – 3301333
传　　真：0434 – 3301598

单位名称：启东丰汇润滑设备有限公司
地　　址：江苏省启东市南苑西路999号
邮　　编：226200
电　　话：0513 – 83113685
传　　真：0513 – 83349800

单位名称：沈阳三丰液压润滑设备有限公司
地　　址：辽宁省沈阳市于洪区平罗镇陆家村
邮　　编：110147
电　　话：024 – 89286088
传　　真：024 – 89286893

单位名称：江苏恒泰自动化润滑设备有限公司
地　　址：江苏省启东市南苑工业园区恒丰路28号
邮　　编：226200
电　　话：0513－80286900
传　　真：0513－83307018

单位名称：北京中冶华润科技发展有限公司
地　　址：北京市丰台区南四环西路188号三区21号楼
邮　　编：100070
电　　话：010－63964536
传　　真：010－63964534

单位名称：美润思（北京）科技有限公司
地　　址：河北省秦皇岛市北戴河区海宁路225号
邮　　编：066102
电　　话：0335－4289066
传　　真：0335－4289066

单位名称：浙江镇南精工机械有限公司
地　　址：浙江省诸暨市店口镇解放路259号
邮　　编：311835
电　　话：0575－87655388
传　　真：0575－87655618

单位名称：陕西中润液压设备有限公司
地　　址：陕西省西安市经济技术开发区泾渭工业园泾高南路中段22号
邮　　编：710201
电　　话：029－86963180
传　　真：029－86963166

单位名称：黄山工业泵制造有限公司
地　　址：安徽省黄山市屯溪区九龙工业园区九龙大道5号
邮　　编：245021
电　　话：0559－2553898
传　　真：0559－2568248

单位名称：淄博市博山润丰油泵厂
地　　址：山东省淄博市博山区博山镇博沂路
邮　　编：255207
电　　话：0533－4544888
传　　真：0533－4548198

单位名称：南通博南润滑液压设备有限公司
地　　址：江苏省启东市开发区精工路7号（一区）
邮　　编：226200
电　　话：0513－83122033
传　　真：0513－83228811

单位名称：泰州市远望换热设备有限公司
地　　址：江苏省泰州市姜堰区娄庄镇
邮　　编：225300
电　　话：0523－88691628
传　　真：0523－88696288

重型基础件

单位名称：中国重型机械研究院股份公司
地　　址：陕西省西安市未央区东元路209号
邮　　编：710032
电　　话：029－86322583
传　　真：029－86322583

单位名称：宁波东力传动设备股份有限公司
地　　址：浙江省宁波市江北工业区银海路1号
邮　　编：315000
电　　话：0574－88398990
传　　真：0574－88398840

单位名称：浙江通力重型齿轮股份有限公司
地　　址：浙江省瑞安市林垟通力大道
邮　　编：325207
电　　话：0577－65590088
传　　真：0577－65598888

单位名称：江苏省金象传动设备股份有限公司
地　　址：江苏省淮安市清河区青龙湖路1号
邮　　编：223001
电　　话：0517－83649806
传　　真：0517－83649839

单位名称：安徽泰尔重工股份有限公司
地　　址：安徽省马鞍山市开发区红旗南路18号
邮　　编：243000
电　　话：0555－2229329
传　　真：0555－2229287

单位名称：杭州杰牌传动科技有限公司
地　　址：浙江省杭州市空港新城（萧山靖江）
邮　　编：311223
电　　话：0571－82996826
传　　真：0571－82994444

单位名称：荆州市巨鲸传动机械有限公司
地　　址：湖北省荆州市高新技术开发区东方大道58号
邮　　编：434000

电　　话：0716－8303805
传　　真：0716－8303886

单位名称：恒星科技控股集团有限公司
地　　址：浙江省杭州市萧山经济技术开发区鸿达路66号
邮　　编：311215
电　　话：0571－22892986
传　　真：0571－82605888

单位名称：襄阳宇清机械有限公司
地　　址：湖北省襄阳市高新区十二号路
邮　　编：441058
电　　话：0710－3332586
传　　真：0710－3564322

单位名称：泰星减速机股份有限公司
地　　址：江苏省泰兴市姚王镇
邮　　编：225402
电　　话：0523－87541669
传　　真：0523－87548888

单位名称：山西省平遥减速器有限责任公司
地　　址：山西省晋中市平遥县古城南路138号
邮　　编：031100
电　　话：0354－5650091
传　　真：0354－5650268

单位名称：浙江长城减速机有限公司
地　　址：浙江省温州市鹿城区轻工产业园戌浦江路28号
邮　　编：325019
电　　话：0577－88628620
传　　真：0577－88628622

单位名称：浙江东海减速机有限公司
地　　址：浙江省温州市平阳经济开发区敖江镇鸽巢路
邮　　编：325401
电　　话：0577－63631862
传　　真：0577－63635393

单位名称：意宁液压股份有限公司
地　　址：浙江省宁波市北仑区坝头西路288号
邮　　编：315806
电　　话：0574－86115072
传　　真：0574－86115070

单位名称：昆山荣星动力传动有限公司
地　　址：江苏省昆山市高新区中华园西路1869号
邮　　编：215347
电　　话：0512－57781849
传　　真：0512－57797398

单位名称：中信重工机械股份有限公司
地　　址：河南省洛阳市涧西区建设路206号
邮　　编：471039
电　　话：0379－64088608
传　　真：0379－64211297

单位名称：天津市万新减速机有限公司
地　　址：天津市东丽经济开发区一经路31号
邮　　编：300300
电　　话：022－24830967
传　　真：022－24374550

单位名称：重庆齿轮箱有限责任公司
地　　址：重庆市江津区东方红工业区
邮　　编：402263
电　　话：023－47211757
传　　真：023－47211161

单位名称：燕山大学机械工程学院
地　　址：河北省秦皇岛市燕山大学机械工程学院
邮　　编：066004
电　　话：13081889632

单位名称：西安理工大学
地　　址：陕西省西安市金花南路5号
邮　　编：710048
电　　话：029－82319700
传　　真：029－83230026

单位名称：江阴齿轮箱制造有限公司
地　　址：江苏省江阴市山观工业园区澄山路601号
邮　　编：214437
电　　话：0510－86993103
传　　真：0510－86993196

单位名称：安徽省湖滨机械厂
地　　址：安徽省巢湖市巢湖北路369号
邮　　编：238013
电　　话：0565－2393587
传　　真：0565－2317765

单位名称：上海茂德企业集团
地　　址：上海市浦东新区南汇工业园区沪南公路9408

号茂德工业园
邮　　编：201300
电　　话：021－68016659
传　　真：021－68016458

单位名称：南京高精齿轮集团有限公司
地　　址：江苏省南京市江宁科学园莱茵达路299号
邮　　编：211100
电　　话：025－52172828
传　　真：025－52172700

单位名称：哈尔滨国海星轮传动有限公司
地　　址：黑龙江省哈尔滨市哈平路工业区内烟台三路8号
邮　　编：150060
电　　话：0451－86530788
传　　真：0451－86530858

单位名称：内蒙古兴华机械制造厂
地　　址：内蒙古自治区呼和浩特市昭君路玉泉区政府西侧
邮　　编：010070
电　　话：0471－2397262
传　　真：0471－5686313

单位名称：宁波市镇海减变速机制造有限公司
地　　址：浙江省宁波市镇海经济开发区青青路168号
邮　　编：315200
电　　话：0574－86302258
传　　真：0574－86302358

单位名称：第二重集团公司精衡传动设备公司
地　　址：四川省德阳市珠江西路460号
邮　　编：618000
电　　话：0838－2341179
传　　真：0838－2341179

单位名称：北方重工集团有限公司传动设备分公司
地　　址：辽宁省沈阳经济技术开区开发大路16号
邮　　编：110142
电　　话：024－85834628
传　　真：024－85834325

单位名称：太原重工股份有限公司技术中心
地　　址：山西省太原市万柏林区玉河街53号
邮　　编：030024
电　　话：13513638123

单位名称：上海尔华杰机电装备制造有限公司
地　　址：上海市嘉定区宝安公路1785号
邮　　编：201907
传　　真：021－66028006
电　　话：021－56022054

单位名称：江苏上齿集团有限公司
地　　址：江苏省溧阳市天目湖工业园溪缘路6号
邮　　编：213333
电　　话：0519－88301181
传　　真：0519－87229638

单位名称：宁波中意液压马达有限公司
地　　址：浙江省宁波市镇海经济开发区中意路88号
邮　　编：315200
电　　话：0574－86264491
传　　真：0574－86264387

单位名称：石家庄科一重工有限公司
地　　址：河北省石家庄市和平西路595号
邮　　编：050071
电　　话：0311－87796242
传　　真：0311－87783772

单位名称：德阳立达基础件有限公司
地　　址：四川省德阳市庐山南路3段32号
邮　　编：618000
电　　话：0838－2903951
传　　真：0838－2903848

单位名称：山东省德州市金宇机械有限公司
地　　址：山东省德州市德城区湖滨北路888号
邮　　编：253015
电　　话：0534－2745032
传　　真：0534－2745033

单位名称：冀州市联轴器厂
地　　址：河北省冀州市刘杨村180号
邮　　编：053200
电　　话：0318－8693695
传　　真：0318－8691484

单位名称：乐清重型机械配件厂
地　　址：浙江省乐清市宁康西路157号
邮　　编：325600
电　　话：0577－62522038
传　　真：0577－61527608

单位名称：宁波市实立矿山机械制造有限公司

地　　址：浙江省宁波市象山县石铺镇兴港路100号
邮　　编：315731
电　　话：0574－65982886
传　　真：0574－65982886

单位名称：宁波市东钱湖旅游度假区华实传动机械厂
地　　址：浙江省宁波市东钱湖工业园区莫高公路58号
邮　　编：315121
电　　话：0574－88370903
传　　真：0574－88370903

单位名称：乐清市联轴器厂
地　　址：浙江省乐清市柳市镇上金垟
邮　　编：325604
电　　话：0577－62722326
传　　真：0577－62728326

单位名称：乐清虹桥万向轴有限公司
地　　址：浙江省乐清市虹桥镇西工业区E2－1号
邮　　编：325608
电　　话：0577－62311811
传　　真：0577－62322180

单位名称：常州市二传机械有限公司
地　　址：江苏省常州市武进区漕桥镇运村
邮　　编：213175
电　　话：0519－86131020
传　　真：0519－86133108

单位名称：陕西博特齿轮有限公司
地　　址：陕西省西安市西咸新区泾河新城泾阳县工业密集区
邮　　编：713702
电　　话：029－36386088
传　　真：029－36386092

单位名称：盐城华兴液压机械有限公司
地　　址：江苏省盐城市建湖县严桥
邮　　编：224700
电　　话：13921851333

单位名称：中钢西重传动机械公司
地　　址：陕西省西安市汉城北路99号
邮　　编：710077
电　　话：029－8461974
传　　真：029－84619371

单位名称：西安环力传动机械股份有限公司
地　　址：陕西省西安市经济技术开发区凤城十一路91号
邮　　编：710018
电　　话：029－86171905
传　　真：029－85251460

单位名称：乐清机械厂有限公司
地　　址：浙江省乐清市城西路55号
邮　　编：325600
电　　话：0577－62522885
传　　真：0577－62522885

单位名称：上海合纵重工机械有限公司
地　　址：上海市金山工业区金流路879号
邮　　编：201506
电　　话：021－67276715
传　　真：021－67277700

单位名称：杨中市金星联轴器制造有限公司
地　　址：江苏省杨中市新坝科技园区
邮　　编：212212
电　　话：0511－88433602
传　　真：0511－88436976

单位名称：陕西秦川机械发展股份有限公司
地　　址：陕西省宝鸡市姜谭路22号
邮　　编：721009
电　　话：0917－3670640
传　　真：0917－3393841

单位名称：青海华鼎齿轮箱有限公司
地　　址：青海省西宁市南川东路75号
邮　　编：810021
电　　话：0971－4310385
传　　真：0971－4310004

单位名称：山东博山减速机厂
地　　址：山东省淄博市博山区水河路中段
邮　　编：255200
电　　话：0533－4264888
传　　真：0533－4184888

单位名称：唐山重型装备集团有限责任公司
地　　址：河北省唐山市缸窑路
邮　　编：063027
电　　话：0315－3202248
传　　真：0315－3202208

单位名称：镇江通宇传动机械有限公司

地　　址：江苏省镇江市矿机路5号
邮　　编：212003
电　　话：0511－84421221
传　　真：0511－84422078

单位名称：江苏新瑞戴维布朗齿轮系统有限公司
地　　址：江苏省常州市武进开发区西太湖大道1号
邮　　编：213149
电　　话：0519－83163480
传　　真：0519－86361355

单位名称：江苏东方万向重型机械有限公司
地　　址：江苏省镇江市辛丰镇
邮　　编：212141
电　　话：0511－3321074
传　　真：0511－3322338

油膜轴承

单位名称：太原重型机械集团有限公司
地　　址：山西省太原市万柏林区玉河街53号
邮　　编：030024
电　　话：0351－6364208
传　　真：0351－6364208

单位名称：宝钢股份公司
地　　址：上海市宝山区富锦路宝钢指挥中心
邮　　编：201900
电　　话：021－56780055
传　　真：021－26648046

单位名称：本钢采购中心
地　　址：辽宁省本溪市北光路6号
邮　　编：117000
电　　话：024－47839817
传　　真：024－47824158

单位名称：鞍钢新轧钢股份有限公司
地　　址：辽宁省鞍山市南中华路396号
邮　　编：114021
电　　话：0412－8419192
传　　真：0412－6727772

单位名称：太钢不锈钢股份有限公司
地　　址：山西省太原市尖草坪区尖草坪
邮　　编：030003
电　　话：0351－3011010
传　　真：0351－3134170

单位名称：太原科技大学
邮　　编：山西省太原市窊流路66号
邮　　编：030024
电　　话：0351－6222894
传　　真：0351－6220233

单位名称：太原重工股份有限公司油膜轴承分公司
地　　址：山西省太原市万柏林区玉河街53号
邮　　编：030024
电　　话：0351－6367118
传　　真：0351－6367203

单位名称：鞍钢股份有限公司采购部长
地　　址：辽宁省鞍山市鞍钢厂区北部
邮　　编：114021
电　　话：0412－6751512
传　　真：0412－6751512

单位名称：本溪钢铁集团有限公司采购部
地　　址：辽宁省本溪市平山区轧钢路
邮　　编：117021
电　　话：024－47820053
传　　真：024－47825049

单位名称：秦皇岛首秦金属材料有限公司
地　　址：河北省秦皇岛市杜庄
邮　　编：066326
电　　话：0335－6086238
传　　真：0335－6089252

单位名称：河北钢铁唐山分公司第一轧钢厂
地　　址：河北省唐山市滨河路9号
邮　　编：063013
电　　话：0315－3707227
传　　真：0315－3707227

单位名称：首钢京唐钢铁联合有限责任公司热轧部
地　　址：河北省唐山市曹妃甸工业区
邮　　编：100043
电　　话：0315－8829215
传　　真：0315－8871799

单位名称：安阳钢铁股份有限公司第二炼轧厂
地　　址：河南省安阳市殷都区梅园庄
邮　　编：455004
电　　话：0372－3120928
传　　真：0372－3120909

单位名称：舞阳钢铁有限责任公司4100宽厚板厂
地　　址：河南省舞钢市湖滨大道
邮　　编：462500
电　　话：0375－8113800
传　　真：0375－8113800

单位名称：武汉钢铁集团公司热轧总厂
地　　址：湖北省武汉市青山区厂前
邮　　编：430083
电　　话：027－86891525
传　　真：027－86891525

单位名称：湘潭钢铁集团有限公司
地　　址：湖南省湘潭市岳塘
邮　　编：411101
电　　话：0731－58654951
传　　真：0731－58654951

单位名称：攀钢集团攀枝花钢钒公司热连轧厂
地　　址：四川省攀枝花市向阳区
邮　　编：617062
电　　话：0812－3393260
传　　真：0812－3396573

单位名称：太原不锈钢股份有限公司热连轧厂
地　　址：山西省太原市尖草坪区尖草坪
邮　　编：030003
电　　话：0351－3016907
传　　真：0351－3016907

单位名称：宝钢集团宝钢分公司设备部
地　　址：上海市宝山区同济路3521号
邮　　编：201900
电　　话：021－26646629
传　　真：021－26648830

单位名称：山东钢铁有限公司济南分公司宽厚板厂
地　　址：山东省济南市工业北路21号
邮　　编：250101
电　　话：0531－88847758
传　　真：0531－88847461

单位名称：宝钢梅山钢铁热轧厂
地　　址：江苏省南京市中华门外新建
邮　　编：210039
电　　话：025－58082132
传　　真：025－86702446

单位名称：重庆钢铁股份有限公司中板厂机动科
地　　址：重庆市大渡口区车家坪58号
邮　　编：400082
电　　话：023－68871499
传　　真：023－68871380

单位名称：鞍钢股份有限公司连轧厂
地　　址：辽宁省鞍山市鞍钢厂区北部
邮　　编：114021
电　　话：0412－6752915
传　　真：0412－6752915

单位名称：鞍钢股份有限公司中板厂设备科
地　　址：辽宁省鞍山市鞍钢厂区北部
邮　　编：114021
电　　话：0412－6752034
传　　真：0412－6753575

单位名称：本钢股份有限公司冷轧厂
地　　址：辽宁省本溪市平山区轧钢路
邮　　编：117021
电　　话：024－47821239
传　　真：024－47821496

单位名称：唐山中厚板有限公司
地　　址：河北省唐山市乐亭县玉滩镇
邮　　编：063610
电　　话：0315－4959888
传　　真：0315－4959336

单位名称：唐山港陆钢铁有限公司热连轧部
地　　址：河北省遵化市镇海东街
邮　　编：064200
电　　话：0315－6075518
传　　真：0315－6075518

单位名称：唐山不锈钢有限公司设备部
地　　址：河北省唐山市古冶区唐家庄
邮　　编：063105
电　　话：0315－3765888
传　　真：0315－3768802

单位名称：秦皇岛首钢板材有限公司经营部
地　　址：河北省秦皇岛市建设大街409号
邮　　编：066000
电　　话：0335－3011421
传　　真：0335－3011421

单位名称：安钢股份有限公司第二轧钢厂
地　　址：河南省安阳市殷都区梅园庄
邮　　编：455004
电　　话：0372－3123012
传　　真：0372－3123613

单位名称：武汉钢铁集团公司冷轧厂
地　　址：湖北省武汉市青山区厂前
邮　　编：430083
电　　话：027－86894638
传　　真：027－86891470

单位名称：涟源钢铁集团公司热轧板厂
地　　址：湖南省娄底市轧钢东路
邮　　编：417009
电　　话：0738－8663655
传　　真：0738－8663726

单位名称：攀钢集团攀枝花钢钒公司冷轧厂
地　　址：四川省攀枝花市向阳区
邮　　编：617062
电　　话：0812－3380118
传　　真：0812－3380137

单位名称：攀钢集团公司供应公司
地　　址：四川省攀枝花市向阳区
邮　　编：617062
电　　话：0812－3391151
传　　真：0812－3396418

单位名称：广州珠江钢铁有限责任公司
地　　址：广东省广州市经济开发区西基工业区
邮　　编：510730
电　　话：020－82222392
传　　真：020－82222400

单位名称：山东钢铁有限公司济南分公司中板厂
地　　址：山东省济南市工业北路21号
邮　　编：250101
电　　话：0531－88866255
传　　真：0531－88866255

单位名称：宁波钢铁有限公司热轧厂
地　　址：浙江省宁波市北仑区霞浦临港二路168号
邮　　编：315800
电　　话：0574－86859108
传　　真：0574－86859126

单位名称：江苏沙钢集团有限公司
地　　址：江苏省张家港市锦丰镇
邮　　编：215625
电　　话：0512－58568831
传　　真：0512－58550681

单位名称：太钢不锈临汾钢铁公司中板厂
地　　址：山西省临汾市尧都区
邮　　编：041000
电　　话：0357－3091338
传　　真：0357－3091338

单位名称：包头钢铁（集团）有限责任公司薄板厂
地　　址：内蒙古包头市昆都仑区河西工业区
邮　　编：014010
电　　话：0472－2188168
传　　真：0472－2181118

单位名称：宝钛集团宽厚板材料公司
地　　址：陕西省宝鸡市71号信箱
邮　　编：721014
电　　话：0917－3360180
传　　真：0917－3360180

单位名称：宝钢集团新疆八一钢铁有限公司冷轧厂
地　　址：新疆乌鲁木齐市头屯河区八一路
邮　　编：830022
电　　话：0991－3893838
传　　真：0991－3890035

单位名称：天津轧一有限公司
地　　址：天津市大沽南路928号
邮　　编：300220
电　　话：022－63255800
传　　真：022－63255888

单位名称：南京钢铁联合有限公司中板厂
地　　址：江苏省南京市大厂区卸甲店
邮　　编：210035
电　　话：025－57074699
传　　真：025－57072545

单位名称：宝钢不锈钢分公司热轧厂
地　　址：上海市宝山区长江路735号
邮　　编：200431
电　　话：021－26033369
传　　真：021－26034661

单位名称：广西柳钢热轧板带厂
地　　址：广西壮族自治区省柳州市北雀路117号
邮　　编：545002
电　　话：0772－2596358
传　　真：0772－2596355

单位名称：新余钢铁有限责任公司
地　　址：江西省新余市新钢冶金路
邮　　编：338001
电　　话：0790－6293328
传　　真：0790－6294999

单位名称：五矿营口中板有限责任公司中板厂
地　　址：辽宁省营口市老边区
邮　　编：115005
电　　话：0417－3256501
传　　真：0417－3256503

单位名称：吉林通化钢铁股份公司设备处
地　　址：吉林省通化市二道江区
邮　　编：134003
电　　话：0432－63010617
传　　真：0432－63010610

单位名称：河北首钢迁钢股份有限公司热连轧厂
地　　址：河北省迁安市扬店子镇滨河村
邮　　编：064404
电　　话：0315－7703962
传　　真：0315－7703011

单位名称：河北钢铁股有限公司邯郸分公司中板厂
地　　址：河北省邯郸市复兴路232号
邮　　编：056015
电　　话：0310－6075426
传　　真：0310－4959971

单位名称：酒钢集团热轧薄板厂
地　　址：甘肃省嘉峪关市五一北路1号
邮　　编：735100
电　　话：0937－6711948
传　　真：0937－6711982

单位名称：河北钢铁承德分公司热连轧厂
地　　址：河北省承德市双滦区滦河镇
邮　　编：067002
电　　话：0314－4079789
传　　真：0314－4314947

单位名称：广东韶钢松山股份有限公司宽板厂
地　　址：广东省韶关市曲江区马坝镇
邮　　编：512123
电　　话：0751－8795907
传　　真：0751－8792504

单位名称：马钢股份有限公司第四钢轧总厂
地　　址：安徽省马鞍山市三台路
邮　　编：243051
电　　话：0555－2890809
传　　真：0555－2890805

单位名称：江苏飞达薄板材股份公司
地　　址：江苏省镇江市丹阳县高士桥工业园
邮　　编：212312
电　　话：0511－86326852
传　　真：0511－6326852

单位名称：江阴兴澄特种钢铁有限公司钢板厂
地　　址：江苏省江阴市滨江东路297号
邮　　编：214429
电　　话：0510－86193388－6718
传　　真：0510－86190970

单位名称：四川金广集团西南不锈钢公司
地　　址：四川省乐山市沙湾区嘉农镇泰山路
邮　　编：614951
电　　话：0833－5208601
传　　真：0833－5208998

单位名称：河北敬业钢铁公司中厚板厂
地　　址：河北省石家庄市平山县南甸镇
邮　　编：050400
电　　话：0311－82873502
传　　真：0311－82873502

单位名称：河北普阳钢铁有限公司
地　　址：河北省武安市阳邑镇
邮　　编：056300
电　　话：0310－5178962
传　　真：0310－5178962

单位名称：沧州中铁装备制造材料有限公司
地　　址：河北省沧州市渤海新区
邮　　编：061113
电　　话：0317－5761678
传　　真：0317－5761614

单位名称：山西百一机械制造有限公司
地　　址：山西省太原市尖草坪2号
邮　　编：030003
电　　话：0351－3016342
传　　真：0351－3016803

单位名称：铁岭五星油膜橡胶密封研究所
地　　址：辽宁省铁岭市辽海北路15号
邮　　编：112000
电　　话：0410－4564226
传　　真：0410－4501500

单位名称：优必胜（大连）轴承制造有限公司
地　　址：辽宁省瓦房店市北三家瓦窝工业园北路18号
邮　　编：116300
电　　话：0411－85508388
传　　真：0411－85545658

单位名称：广州机械科学研究院密封研究所
地　　址：广东省广州市黄浦区茅岗
邮　　编：510700
电　　话：020－32388050
传　　真：020－32389624

单位名称：中国石化润滑油公司北京研发中心
地　　址：北京市2852#研发中心
邮　　编：100085
电　　话：010－62949743
传　　真：010－62949751

单位名称：上海大学机自学院
地　　址：上海市闸北区延长路149号
邮　　编：200072
电　　话：021－82669152

单位名称：中国一重集团大连设计研究院
地　　址：辽宁省大连市经济技术开发区
邮　　编：116600
电　　话：0411－39243235
传　　真：0411－39243366

单位名称：二重集团重机公司
地　　址：四川省德阳市珠江西路1号
邮　　编：618013
电　　话：0838－2208846
传　　真：0838－2204416

单位名称：上海重型机器厂有限公司设计研究院
地　　址：上海市闵行区江川路1388号
邮　　编：200245
电　　话：021－64632262
传　　真：021－54722933

单位名称：中钢设备公司国际部
地　　址：北京市朝阳区芳园街1号
邮　　编：100016
电　　话：010－62688018
传　　真：010－62688098

单位名称：欧洛普过滤技术开发公司
地　　址：北京市中关村科技园区通州园
邮　　编：100176
电　　话：010－61279203
传　　真：010－61279958

单位名称：上海海联润滑材料科技有限公司
地　　址：上海市徐汇区钦州路100号
邮　　编：200235
电　　话：021－64834393
传　　真：021－64837197

停车设备

单位名称：中国重型机械工业协会停车设备工作委员会
地　　址：北京市西城区月坛南街26号1号楼4076室
邮　　编：100825
电　　话：010－68584668
传　　真：010－68584667

单位名称：杭州西子石川岛停车设备有限公司
地　　址：浙江省杭州市机场路176号
邮　　编：310021
电　　话：0571－88143666
传　　真：0571－88139678

单位名称：山东莱钢泰达车库有限公司
地　　址：山东省莱芜市经济开发区钢城分区莱钢工业园
邮　　编：271129
电　　话：0634－6899999
传　　真：0634－6894958

单位名称：深圳怡丰自动化科技有限公司
地　　址：广东省深圳市龙岗区龙城大道龙西路口龙岗高科技园
邮　　编：518116

电　　话：0755－84879829
传　　真：0755－84879397

单位名称：河南中继威尔停车系统股份有限公司
地　　址：河南省许昌市中原电气谷魏武大道与尚德路交汇处
邮　　编：461000
电　　话：0374－3219228
传　　真：0374－3219091

单位名称：北京航天汇信科技有限公司
地　　址：北京市经济技术开发区中和街20号
邮　　编：100176
电　　话：010－67886601
传　　真：010－67874871

单位名称：浙江子华停车设备有限公司
地　　址：浙江省绍兴市绍兴县滨海工业区思源路782号
邮　　编：312071
电　　话：0575－81199858
传　　真：0575－81199877

单位名称：唐山通宝停车设备有限公司
地　　址：河北省唐山市丰润区公园道138号
邮　　编：063030
电　　话：0315－3080599
传　　真：0315－3080690

单位名称：大洋泊车股份有限公司
地　　址：山东省潍坊市高新开发区东明路北首806号
邮　　编：261031
电　　话：0536－8797707
传　　真：0536－8791526

单位名称：山东天辰智能停车设备有限公司
地　　址：山东省济南市高新区天辰大街天辰工业园
邮　　编：250101
电　　话：0531－88878888
传　　真：0531－88877018

单位名称：上海赐宝停车设备制造有限公司
地　　址：上海市黄浦区打浦路1号906室
邮　　编：200023
电　　话：021－53960436
传　　真：021－53960435

单位名称：北京起重运输机械设计研究院
地　　址：北京市东城区雍和宫大街52号
邮　　编：100007
电　　话：010－84044106
传　　真：010－64052584

单位名称：明椿电气机械股份有限公司
地　　址：上海市嘉定区南翔镇田旺路65号－16
邮　　编：201802
电　　话：021－69123815
传　　真：021－59177920

单位名称：杭州友佳精密机械有限公司
地　　址：浙江省萧山市经济技术开发区市心北路120号
邮　　编：311215
电　　话：0571－82831393
传　　真：0571－82831353

单位名称：上海万强机械车库制造有限公司
地　　址：上海市金山区松金公路2502号
邮　　编：201514
电　　话：021－57213927
传　　真：021－57213333

单位名称：上海浦东新区远东立体停车装备有限公司
地　　址：上海市浦东新区东川公路7447号
邮　　编：201201
电　　话：021－68907170
传　　真：021－68901921

单位名称：北京天宏恩机电科技有限公司
地　　址：北京市海淀区复兴路12号
邮　　编：100038
电　　话：010－63963040
传　　真：010－63962898

单位名称：敬稳（北京）机电设备有限公司
地　　址：北京市东城区建国门外大街19号国际大厦202室
邮　　编：100004
电　　话：010－85261141
传　　真：010－85261145

单位名称：广州广日智能停车设备有限公司
地　　址：广东省广州市高新技术产业开发区科学城科林路1号
邮　　编：510660
电　　话：020－82075622
传　　真：020－82075606

单位名称：上海天地岛川停车设备制造有限公司
地　　址：上海市虹口区东宝兴路157号17A、D
邮　　编：200080
电　　话：021－63563092
传　　真：021－63243053

单位名称：北京鑫华源机械制造有限责任公司
地　　址：北京市门头沟区矿后街47号
邮　　编：102300
电　　话：010－61814331
传　　真：010－61815320

单位名称：江苏启良停车设备有限公司
地　　址：江苏省江阴市大桥北路26号
邮　　编：214400
电　　话：0510－86634998
传　　真：0510－80667733

单位名称：杭州福瑞科技有限公司
地　　址：浙江省杭州市西湖区塘苗路18号华星工业村1号楼2楼
邮　　编：310013
电　　话：0571－85123559
传　　真：0571－85123228

单位名称：青岛金华工业集团有限公司
地　　址：山东省青岛市市北区辽阳西路51号
邮　　编：266034
电　　话：0532－85656888
传　　真：0532－85665098

单位名称：深圳市伟创自动化设备有限公司
地　　址：广东省深圳市南山高新区北区第五工业区彩虹科技大楼B2－2号
邮　　编：518057
电　　话：0755－82445970
传　　真：0755－82445970

单位名称：浙江镭蒙机械设备有限公司
地　　址：浙江省诸暨市城西工业区千禧路8－1号
邮　　编：311800
电　　话：0575－87380088
传　　真：0575－87399280

单位名称：车立方（北京）新能源科技有限公司
地　　址：北京市朝阳区曙光西里甲1号第三置业B座1601室
邮　　编：100020
电　　话：010－59073288
传　　真：010－59073269

单位名称：江苏金冠立体停车系统工程有限公司
地　　址：江苏省南通市工农路245号成功大厦北6楼
邮　　编：226007
电　　话：0513－81552638
传　　真：0513－81552629

单位名称：广东三浦车库股份有限公司
地　　址：广东省广州市海珠区新港西路一号银华大厦20楼
邮　　编：518067
电　　话：020－34112922
传　　真：020－34061599

单位名称：江苏普腾停车设备有限公司
地　　址：江苏省南通市经济技术开发区通盛南路32－9号
邮　　编：226017
电　　话：0513－80770518
传　　真：0513－80770077

单位名称：日立（上海）贸易有限公司
地　　址：上海市黄浦区茂名南路205号瑞金大厦18楼
邮　　编：200020
电　　话：021－64721002
传　　真：021－64724990

单位名称：苏州东力机电工业有限公司
地　　址：北京市朝阳区朝外大街乙12号昆泰国际公寓2204室
邮　　编：200020
电　　话：010－58790418
传　　真：010－58790065

单位名称：苏州仲益电机设备有限公司
地　　址：江苏省苏州市相城经济开发区富元路402号
邮　　编：215153
电　　话：0512－65793566
传　　真：0512－65793569

单位名称：天马华源停车设备（北京）有限公司
地　　址：北京市朝阳区东四环中路195号华腾新天地大厦1003室
邮　　编：100022
电　　话：010－87952553
传　　真：010－87952559

单位名称：北京大兆新元停车设备有限公司
地　　址：北京市海淀区北小马厂6号华天大厦12层13－16室
邮　　编：100038
电　　话：010－63319787
传　　真：010－63319786

单位名称：北京宏地车港科技有限公司
地　　址：北京市东城区建国门内大街18号恒基中心办公楼第三座818－819室
邮　　编：100005
电　　话：010－63383023
传　　真：010－63331279

单位名称：北京海亮机械制造有限公司
地　　址：北京市通州区漷县镇觅子店组团鑫隅四街2号
邮　　编：101112
电　　话：010－80569770
传　　真：010－80569770

单位名称：北京博锐奥盛科技发展有限公司
地　　址：北京市朝阳区北苑路170号凯旋中心C座1606室
邮　　编：100101
电　　话：010－59273969
传　　真：010－58235608

单位名称：上海机械设备成套集团物流工程有限公司
地　　址：上海市虹口区四川北路1851号18楼
邮　　编：200081
电　　话：021－51053310
传　　真：021－51053309

单位名称：上海西飞三精机械有限公司
地　　址：上海市外高桥保税区华申路221号
邮　　编：200131
电　　话：021－58660159
传　　真：021－58665105

单位名称：上海远急国际贸易有限公司
地　　址：上海市静安区铜仁路258号九安广场金6B座
邮　　编：200040
电　　话：021－62890790
传　　真：021－62890788

单位名称：上海人本旭川自动化机械有限公司
地　　址：上海市闵行区顾戴路2525号
邮　　编：201100
电　　话：021－54888730
传　　真：021－54887736

单位名称：上海日荣樱天客金属工业有限公司
地　　址：上海市松江区茸北工业区施惠路258号
邮　　编：201613
电　　话：021－57783889
传　　真：021－57783859

单位名称：上海爱登堡电梯有限公司
地　　址：上海市闵行区浦星公路1601号
邮　　编：201114
电　　话：021－54331601
传　　真：021－64970181

单位名称：上海沈中停车设备有限公司
地　　址：上海市浦东新区浦建路729号804室
邮　　编：200127
电　　话：021－61460138
传　　真：021－61460108

单位名称：上海禾通涌源停车设备有限公司
地　　址：上海市松江区车墩镇茸昌路100－1号
邮　　编：201611
电　　话：021－57609563
传　　真：021－57609565

单位名称：上海剑峰停车设备工程有限公司
地　　址：上海市黄浦区南京东路61号新黄浦金融大厦607室
邮　　编：200002
电　　话：021－63392097
传　　真：021－63391924

单位名称：上海席尔诺停车设备有限公司
地　　址：上海市普陀区怒江北路598号1619室
邮　　编：200333
电　　话：021－61671489
传　　真：021－62169365

单位名称：天津鑫基机械停车设备有限公司
地　　址：天津市东丽开发区二纬路27号
邮　　编：300300
电　　话：022－24982100
传　　真：022－24990569

单位名称：天津通广集团专用设备有限公司

地　　址：天津市河北区新大路185号
邮　　编：300140
电　　话：022－26237315
传　　真：022－26224197

单位名称：天津市天兴机械制造有限公司
地　　址：天津市大港区中塘镇港中公路899号
邮　　编：300270
电　　话：022－63276278
传　　真：022－63270525

单位名称：天津市中环富士智能设备有限公司
地　　址：天津市西青区李七庄街天祥工业区祥玖路12号
邮　　编：300385
电　　话：022－23966109
传　　真：022－23962205

单位名称：石家庄舒玛停车设备有限公司
地　　址：河北省石家庄市正定县金河国际A座15楼
邮　　编：050800
电　　话：0311－83507709
传　　真：0311－83507708

单位名称：重庆桥瑞工程机械制造有限公司
地　　址：重庆市九龙坡区巴国公馆6号楼13－7室
邮　　编：400039
电　　话：023－68193631
传　　真：023－68193301

单位名称：唐山市朋鼎停车设备制造有限公司
地　　址：河北省唐山市丰南区小集镇草泊东部、大碱路西侧
邮　　编：063300
电　　话：0315－8657777
传　　真：0315－8209777

单位名称：廊坊三联停车设备有限公司
地　　址：河北省廊坊市经济技术开发区蓝多廊公寓6－1－301室
邮　　编：065001
电　　话：0316－6081133
传　　真：0316－6081133

单位名称：保定市永和钢结构工程有限公司
地　　址：河北省保定市富昌路119号
邮　　编：071058
电　　话：0312－3211600
传　　真：0312－3211600

单位名称：唐山德玛停车设备制造有限公司
地　　址：河北省唐山市曹妃甸区曹妃甸装备制造产业园区
邮　　编：63200
电　　话：0315－8850196
传　　真：0315－8850198

单位名称：河北津西钢铁集团大方重工科技有限公司
地　　址：河北省唐山市迁西县三屯营镇
邮　　编：64302
电　　话：0315－5838696
传　　真：0315－5838695

单位名称：太原刚玉产业发展有限公司
地　　址：山西省太原市阳曲县侯村乡赵庄村刚玉工业园区
邮　　编：030110
电　　话：0351－5565986
传　　真：0351－5565986

单位名称：山西金源凯祥科技制造有限公司
地　　址：山西省太原市高新区中心北街3号晨雨大厦2层
邮　　编：30032
电　　话：0351－2533001
传　　真：0351－2533001

单位名称：山西华博科技有限公司
地　　址：山西省太原市长治路249号403室
邮　　编：030006
电　　话：0351－7024987
传　　真：0351－7024987

单位名称：大连华锐股份有限公司备料厂
地　　址：辽宁省大连市甘井子区中华东路3号
邮　　编：116031
电　　话：0411－86855206
传　　真：0411－86855208

单位名称：沈阳华德机械工程安装有限公司
地　　址：辽宁省沈阳市大东区联合路176号甲
邮　　编：110044
电　　话：024－88093011
传　　真：024－88423105

单位名称：沈阳远大立体车库有限公司

地　　址：辽宁省沈阳市经济技术开发区十三号街22号
邮　　编：110023
电　　话：024－25273686
传　　真：024－25271612

单位名称：中船重工（沈阳）辽海电梯有限公司
地　　址：辽宁省沈阳市和平区十三纬路23号
邮　　编：110003
电　　话：024－23707527
传　　真：024－23707525

单位名称：沈阳圣泰机电设备有限公司
地　　址：辽宁省沈阳市苏家屯区瑰香北街20－1号
邮　　编：110101
电　　话：024－89468828
传　　真：024－89463888

单位名称：营口智文机械设备制造有限公司
地　　址：辽宁省营口市经济技术开发区熊岳大铁工业园
邮　　编：115009
电　　话：0417－7022222
传　　真：0417－7016789

单位名称：尚志市田地立体车库设备制造有限公司
地　　址：黑龙江省尚志市经济开发区
邮　　编：150600
电　　话：0451－56757878
传　　真：0451－56757979

单位名称：大连鸿升立体泊车建造有限公司
地　　址：辽宁省大连市甘井子区大连湾街道苏家村
邮　　编：116000
电　　话：0411－39322999
传　　真：0411－39322990

单位名称：苏州江南嘉捷电梯股份有限公司
地　　址：江苏省苏州市工业园区娄江路（葑亭大道）88号
邮　　编：215122
电　　话：0512－62746790
传　　真：0512－62741517

单位名称：无锡许继富通达停车设备有限公司
地　　址：江苏省无锡市惠河路65号
邮　　编：214062
电　　话：0510－85877716
传　　真：0510－85877716

单位名称：江苏顺达工程科技有限公司
地　　址：江苏省如皋市九华工业园
邮　　编：226541
电　　话：0513－82913888
传　　真：0513－82913888

单位名称：江苏安华机电工程有限公司
地　　址：江苏省徐州市贾汪区安华产业园
邮　　编：221000
电　　话：0516－87036977
传　　真：0516－87036795

单位名称：昆山通祐电梯有限公司
地　　址：江苏省昆山市陆杨镇财贸路3号
邮　　编：215213
电　　话：0512－57646892
传　　真：0512－57646808

单位名称：江苏润邦智能停车设备有限公司
地　　址：江苏省南京市浦口区星甸工业园
邮　　编：211803
电　　话：025－58264788
传　　真：025－58265566

单位名称：江苏中泰停车产业有限公司
地　　址：江苏省南京市汉中路180号星汉大厦21楼A座
邮　　编：210029
电　　话：025－58007188
传　　真：025－86619953

单位名称：江苏冠宇机械设备制造有限公司
地　　址：江苏省溧阳市中关村科技产业园吴潭渡路9号
邮　　编：213300
电　　话：0519－87034567
传　　真：0519－87034567

单位名称：江苏省宏展机械有限公司
地　　址：江苏省大丰市经济开发区申丰路（七灶河桥北200米）
邮　　编：224100
电　　话：0515－83532158
传　　真：0515－83532158

单位名称：昆山华恒焊接股份有限公司
地　　址：江苏省昆山市巴城镇博士路1588号
邮　　编：215300
电　　话：0512－81866666
传　　真：0512－87880400

单位名称：江苏瑞科停车系统科技有限公司
地　　址：江苏省金坛市儒林镇府前路68号218室
邮　　编：213225
电　　话：0514－85869366
传　　真：0514－85869366

单位名称：昆山翔固机械有限公司
地　　址：江苏省昆山市周市镇长兴路219号
邮　　编：215313
电　　话：0512－83663988
传　　真：0512－83663988

单位名称：江苏精诚电工有限公司
地　　址：江苏省南京市溧水区和凤镇工业集中区
邮　　编：211218
电　　话：025－57466288
传　　真：025－57466222

单位名称：南京力霸智能停车设备制造有限公司
地　　址：江苏省南京市江宁区滨江开发区绣玉路1号
邮　　编：211178
电　　话：025－83340638
传　　真：025－58707353

单位名称：吴江市聚力机械有限公司
地　　址：江苏省苏州市吴江区汾湖经济开发区新黎路300号
邮　　编：215211
电　　话：0512－82880000
传　　真：0512－82855666

单位名称：安徽马钢吉顺智能停车设备有限公司
地　　址：安徽省马鞍山市经济技术开发区
邮　　编：243000
电　　话：0555－2253421
传　　真：0555－2253778

单位名称：中国一航合肥皖安航空装备有限责任公司
地　　址：安徽省合肥市望江西路205号
邮　　编：230022
电　　话：0551－5587053
传　　真：0551－5569754

单位名称：安徽鸿路钢结构（集团）股份有限公司
地　　址：安徽省合肥市双凤工业区鸿路大厦
邮　　编：231131
电　　话：0551－6391971
传　　真：0551－6391793

单位名称：安徽华星智能停车设备有限公司
地　　址：安徽省合肥市肥东新城开发区燎原路25号
邮　　编：231600
电　　话：0551－67758520
传　　真：0551－67744350

单位名称：安徽凯旋停车设备有限公司
地　　址：安徽省合肥市包河区花园路葛大店花园路15号
邮　　编：230051
电　　话：0551－3475498
传　　真：0551－3475418

单位名称：安徽乐库智能停车设备有限公司
地　　址：安徽省合肥市肥东经济开发区金阳路东侧
邮　　编：231600
电　　话：0551－62533979
传　　真：0551－62533977

单位名称：合肥巍华智能停车设备有限公司
地　　址：安徽省合肥市肥东经济开发区公园路12号
邮　　编：231600
电　　话：0551－67266669
传　　真：0551－67799556

单位名称：兰州远达工程设备有限责任公司
地　　址：甘肃省兰州市西固西路59号
邮　　编：730060
电　　话：0931－7981190
传　　真：0931－7961566

单位名称：宁夏鑫华源智能立体停车设备制造有限公司
地　　址：甘肃省银川市金凤区正源南街534号天乐苑大厦3楼
邮　　编：750002
电　　话：0951－5113155
传　　真：0951－5113155

单位名称：山东齐星铁塔科技股份有限公司
地　　址：山东省滨州市邹平开发区会仙二路齐星大厦
邮　　编：256200
电　　话：0543－4305222
传　　真：0543－4305222

单位名称：青岛昊悦机械有限公司
地　　址：山东省青岛市遵义路3号

邮　　编：266043
电　　话：0532－84815754
传　　真：0532－84816885

单位名称：山东同力达智能机械有限公司
地　　址：山东省济南市槐荫区槐村街73号
邮　　编：250022
电　　话：0531－88305461
传　　真：0531－88305505

单位名称：山东诺德机械制造有限公司
地　　址：山东省聊城市开发区辽河路东首路北
邮　　编：252000
电　　话：0635－5051010
传　　真：0635－5051019

单位名称：烟台华安智能停车设备制造有限公司
地　　址：山东省烟台市开发区华山路7号
邮　　编：265304
电　　话：0535－6393888
传　　真：0535－6393888

单位名称：青岛车的家车库有限公司
地　　址：山东省青岛市城阳区玉皇岭工业园
邮　　编：266107
电　　话：0532－66736759
传　　真：0532－66736769

单位名称：山东金冠机械有限公司
地　　址：山东省聊城市冠县新世纪工业园区
邮　　编：252500
电　　话：0635－5261777
传　　真：0635－5261777

单位名称：德州科博智能仓储物流设备限公司
地　　址：山东省德州市经济开发区高速东路
邮　　编：253000
电　　话：0534－2722667
传　　真：0534－2722667

单位名称：山东海龙机械有限公司
地　　址：山东省滨州市博兴县东上疃工业园
邮　　编：256600
电　　话：0543－2301877
传　　真：0543－2301877

单位名称：山东上冶仓储科技有限公司
地　　址：山东省安丘市青云山路青云商务中心13楼

邮　　编：262100
电　　话：0536－4398678
传　　真：0536－4613888

单位名称：山东华亿钢机股份有限公司
地　　址：山东省曲阜市王庄主体功能区华亿路1号
邮　　编：273100
电　　话：0537－4653666
传　　真：0537－4653666

单位名称：山东沃尔重工科技有限公司
地　　址：山东省泰安市泰山工业园区科技中路
邮　　编：271000
电　　话：0538－8883788
传　　真：0538－8883788

单位名称：山东天宇结构工程有限公司
地　　址：山东省曲阜市经济开发区（东区）发展大道西首路北
邮　　编：273100
电　　话：0537－4483999
传　　真：0537－4483999

单位名称：山东昊骏机电工程有限公司
地　　址：山东省济宁市梁山县拳铺工业园区
邮　　编：272600
电　　话：0537－7732333
传　　真：0537－7732333

单位名称：山东恒运自动化泊车设备股份有限公司
地　　址：山东省淄博市桓台县荆家镇起马路102号
邮　　编：256406
电　　话：0533－6121866
传　　真：0533－8788878

单位名称：杭州大中泊奥科技有限公司
地　　址：浙江省杭州市萧山经济技术开发区桥南区高新5路
邮　　编：311231
电　　话：0571－82696679
传　　真：0571－82695083

单位名称：绍兴永利环保科技有限公司
地　　址：浙江省绍兴市杨讯桥镇永利新村
邮　　编：312028
电　　话：0575－84575387
传　　真：0575－84575387

单位名称：浙江越宫钢结构有限公司
地　　址：浙江省绍兴市绍三线永仁路口
邮　　编：312000
电　　话：0575 – 8200390
传　　真：0575 – 8011958

单位名称：浙江双金机械集团股份有限公司
地　　址：浙江省杭州市余杭区瓶窑镇南山村
邮　　编：311115
电　　话：0571 – 88566529
传　　真：0571 – 88566529

单位名称：宁波神舟立体车库制造有限公司
地　　址：浙江省宁波市象山县爵溪镇新瀛路 3 号
邮　　编：315708
电　　话：0574 – 65605780
传　　真：0574 – 65605657

单位名称：宁波邦达实业有限公司
地　　址：浙江省宁波市国家高新区木槿路 99 号
邮　　编：315013
电　　话：0574 – 88416668
传　　真：0574 – 88411233

单位名称：宁波祥云停车设备有限公司
地　　址：浙江省余姚市泗门镇小路下村
邮　　编：315472
电　　话：0574 – 62125892
传　　真：0574 – 62125891

单位名称：莱茵电梯（中国）有限公司
地　　址：浙江省湖州市练市工业园区
邮　　编：313013
电　　话：010 – 66132097
传　　真：010 – 66132097

单位名称：浙江越宫钢结构有限公司
地　　址：浙江省绍兴市袍中南路 166 号
邮　　编：312017
电　　话：0575 – 89103776
传　　真：0575 – 89103776

单位名称：浙江巨人控股有限公司
地　　址：浙江省湖州市南浔镇胜利路 698 号
邮　　编：313009
电　　话：0572 – 3912111
传　　真：0572 – 3912112

单位名称：绍兴市中立钢业建筑工程有限公司
地　　址：浙江省绍兴市袍江新区袍渎路 15 号 – 3
邮　　编：312000
电　　话：0575 – 88331447
传　　真：0575 – 88331447

单位名称：浙江天马停车设备有限公司
地　　址：浙江省杭州市拱墅区石祥路 208 号
邮　　编：325014
电　　话：0571 – 86479167
传　　真：0571 – 86479167

单位名称：浙江正立钢结构有限公司
地　　址：浙江省温州市火车站广场瓯江大厦主楼 1607 室
邮　　编：325014
电　　话：0577 – 86788201
传　　真：0577 – 86788061

单位名称：浙江嘉联电梯有限公司
地　　址：浙江省海宁市硖川路 399 号
邮　　编：314400
电　　话：0577 – 87251687
传　　真：0577 – 87251685

单位名称：湖南安然立体停车系统有限公司
地　　址：湖南省长沙市高新区林语路 158 号
邮　　编：410006
电　　话：0731 – 89835193
传　　真：0731 – 89835193

单位名称：湖南地生工业设备有限公司
地　　址：湖南省长沙市雨花区湘府中路 117 号西雅大酒店高升金典商务中心 18 楼
邮　　编：410000
电　　话：0731 – 85781519
传　　真：0731 – 85781519

单位名称：湖南宇恒立体停车立体停车设备有限公司
地　　址：湖南省湘潭市九华示范区银盖南路
邮　　编：411100
电　　话：0731 – 52650708
传　　真：0731 – 52650708

单位名称：国家建筑城建机械质量监督检验中心
地　　址：湖南省长沙市银盆南路 361 号
邮　　编：410013
电　　话：0731 – 88923869
传　　真：0731 – 88910912

单位名称：郴州泰安智能立体车库设备有限公司
地　　址：湖南省郴州市槐树下北湖区工业园
邮　　编：423000
电　　话：0735－2176988
传　　真：0735－2176887

单位名称：湖南环通科技有限公司
地　　址：湖南省常德市常德大道2128号
邮　　编：415000
电　　话：0736－7306111
传　　真：0736－7306111

单位名称：新乡市宏丰停车设备制造有限公司
地　　址：河南省新乡市经济开发区环城北路
邮　　编：453700
电　　话：0373－5635559
传　　真：0373－5636844

单位名称：洛阳龙辇居停车设备有限公司
地　　址：河南省洛阳市黄河小浪底风景区工业园
邮　　编：471000
电　　话：0379－67822295
传　　真：0379－67822295

单位名称：中国船舶重工集团第713研究所海神停车设备公司
地　　址：河南省郑州市京广南路126号
邮　　编：450052
电　　话：0371－68717574
传　　真：0371－68733635

单位名称：河南省盛茂永代机械制造有限责任公司
地　　址：河南省郑州市惠济区绿源路与丰硕街交叉口北
邮　　编：450000
电　　话：0371－63779865
传　　真：0371－63779865

单位名称：新乡市中重停车装备有限公司
地　　址：河南省新乡市新乡经济开发区中央大道71号
邮　　编：453002
电　　话：0373－5586110
传　　真：0373－5586119

单位名称：新乡天丰机械制造有限公司
地　　址：河南省新乡市开发区新一街17号
邮　　编：453002
电　　话：0373－3526678
传　　真：0373－3526676

单位名称：河南中州起重集团有限公司
地　　址：河南省新乡市长垣县位庄镇工业区
邮　　编：453400
电　　话：0373－8611564
传　　真：0373－8611564

单位名称：河南祥鼎机械设备有限公司
地　　址：河南省郑州市惠济区新城街道办事处固城村118号
邮　　编：450000
电　　话：0371－86178680
传　　真：0371－86178680

单位名称：南阳力神重型机器有限公司
地　　址：河南省南阳市镇平县遮山镇
邮　　编：474250
电　　话：0377－65625455
传　　真：0377－65625455

单位名称：河南柯尼达智能停车设备有限公司
地　　址：河南省许昌市尚集产业集聚区兴平路中段99号
邮　　编：461111
电　　话：0374－5218889
传　　真：0374－5218699

单位名称：洛阳凯德数控设备有限公司
地　　址：河南省洛阳市老城区邙山镇中沟村
邮　　编：471011
电　　话：0379－62239798
传　　真：0379－62263667

单位名称：佛山市南海高达建筑机械有限公司
地　　址：广东省佛山市南海区平洲五斗桥北侧
邮　　编：528251
电　　话：0575－86795321
传　　真：0575－86778582

单位名称：深圳中集天达空港设备有限公司
地　　址：广东省深圳市蛇口工业区工业四路4号
邮　　编：518067
电　　话：0755－26688488
传　　真：0755－26671643

单位名称：深圳市中科利亨车库设备有限公司
地　　址：广东省深圳市宝安区福永街道福海工业区13号

邮　　编：518103
电　　话：0755－29981555
传　　真：0755－29981777

单位名称：广东溢隆实业有限公司
地　　址：广东省广州市东风东路753号天誉大厦109室
邮　　编：510000
电　　话：020－37885775
传　　真：020－37885775

单位名称：深圳市擎天达科技有限公司
地　　址：广东省深圳市龙华新区大浪街道工业园路1号凯豪达大厦18楼
邮　　编：518103
电　　话：0755－28030881
传　　真：0755－28030881

单位名称：深圳精智机器有限公司
地　　址：广东省深圳市南山区科技园科研路9号比克科技大厦11楼
邮　　编：518057
电　　话：0755－86017789
传　　真：0755－86017528

单位名称：广西景和停车设备有限责任公司
地　　址：广西壮族自治区南宁市民族大道115－1号现代国际905－908室
邮　　编：530028
电　　话：0771－5595654
传　　真：0771－5596031

单位名称：成都东风停车设备制造有限公司
地　　址：四川省成都市外东沙河堡大观堰1号
邮　　编：610066
电　　话：028－84789033
传　　真：028－84785619

单位名称：四川五新智能设备有限公司
地　　址：四川省成都市双流县西南航空港经济开发区工业集中发展区
邮　　编：610200
电　　话：028－85744268
传　　真：028－85676688

单位名称：昆明松骋汽修设备有限公司
地　　址：云南省昆明市关雨路东聚小车汽配城B区11幢
邮　　编：650214
电　　话：0871－68024888
传　　真：0871－68024888

单位名称：陕西中汽合力停车系统有限公司
地　　址：陕西省西安市高新区唐延路23号
邮　　编：710075
电　　话：029－87305008
传　　真：029－87305158

单位名称：陕西福宝立体停车设备有限公司
地　　址：陕西省西安市高新区新型工业园发展大道21号
邮　　编：710065
电　　话：029－85692233
传　　真：029－85692233

单位名称：陕西吉亨自动化科技有限公司
地　　址：陕西省西安市长安区王寺镇108国道旁西安兄弟纸业院内
邮　　编：710116
电　　话：029－89238089
传　　真：029－89238089

单位名称：陕西仑堡工程科技有限公司
地　　址：陕西省咸阳市人民东路鼎城花园1号楼601室
邮　　编：712000
电　　话：029－33215560
传　　真：029－33215560

单位名称：龙岩市广通钢结构工程有限公司
地　　址：福建省龙岩市龙州工业园高新区A－06－2地块正合精密模具公司内
邮　　编：364000
电　　话：0597－2383630
传　　真：0597－2211639

单位名称：泉州市东盛钢结构发展有限公司
地　　址：福建省厦门市湖里区五缘湾海富中心B座17C
邮　　编：362342
电　　话：0592－5795913
传　　真：0592－5793912

单位名称：福建轻安智能仓储设备有限公司
地　　址：福建省邵武市经济开发区紫金工业园区香林大道中段
邮　　编：354000
电　　话：0599－6228228
传　　真：0599－6228228

单位名称：福建敏捷机械有限公司

地　　址：福建省南安市官桥镇洪邦工业区
地　　址：362341
电　　话：0595－86881520
传　　真：0595－86881520

单位名称：厦门市华尔曼泊车设备有限公司
地　　址：福建省厦门市湖里区安岭路1001号1楼
邮　　编：361015
电　　话：0592－8808989
传　　真：0592－2612566

单位名称：武汉泊度停车投资管理有限公司
地　　址：湖北省武汉市武昌区友谊大道2号2008新长江广场3单元14层1号
邮　　编：430061
电　　话：027－88185166
传　　真：027－88185166

单位名称：湖北广兴停车设备有限公司
地　　址：湖北省仙桃市胡场镇发展大道特1号
邮　　编：433000
电　　话：0728－2812669
传　　真：0728－2812669

单位名称：武汉电力设备厂
地　　址：湖北省武汉市武昌区白沙洲特1号
邮　　编：430064
电　　话：027－68888670
传　　真：027－88113825

单位名称：湖北众达智能停车设备有限公司
地　　址：湖北省黄石市金山大道398号
邮　　编：435000
电　　话：027－6399998
传　　真：027－6399998

单位名称：宣化冶金工业有限责任公司
地　　址：河北省张家口市宣化县姚家房镇东房子村
邮　　编：075132
电　　话：0313－5012958
传　　真：0313－5012958

单位名称：欧姆龙自动化（中国）统辖集团
地　　址：上海市浦东新区银城中路200号中银大厦2211室
邮　　编：200120
电　　话：021－50372222
传　　真：021－50372200

单位名称：上海亚赦机电科技有限公司
地　　址：上海市青浦区沪青平公路9188号
邮　　编：201404
电　　话：021－59266855
传　　真：021－59266855

单位名称：北京亚博瑞思科技开发有限责任公司
地　　址：北京市海淀区祁家豁子甲2号健德商务楼107A（B座）
邮　　编：100191
电　　话：010－58537965
传　　真：010－82076094

单位名称：昆山达嘉传动设备有限公司
地　　址：江苏省昆山市横长泾路515号
邮　　编：215300
电　　话：0512－57938806
传　　真：0512－57938806

单位名称：江西特种电机股份有限公司
地　　址：江西省宜春市环城南路581号
邮　　编：336000
电　　话：0795－3512060
传　　真：0795－3512060

单位名称：贵州高矿重工（长顺）有限公司
地　　址：贵州省黔南州长顺县威远工业园区
邮　　编：550704
电　　话：0854－6644666
传　　真：0854－6644666

单位名称：松下电器（中国）有限公司
地　　址：北京市朝阳区建国路79号华贸中心2#写字楼6F
邮　　编：100025
电　　话：010－59255988
传　　真：010－59255980

单位名称：北京第一机床电器厂有限公司
地　　址：北京市海淀区知春路114号华源写字楼
邮　　编：100191
电　　话：010－61233595
传　　真：010－61233595

单位名称：天津市杰泰克自动化技术有限公司
地　　址：天津市南开区科研西路9号B2座
邮　　编：300192

电　　话：022－23050231
传　　真：022－23050231

单位名称：施瑞克（北京）电气自动化技术有限公司
地　　址：北京市石景山区八大处高科技园区
邮　　编：100041
电　　话：010－68647505
传　　真：010－68647505

单位名称：北京中通广联自动化设备有限公司
地　　址：北京市门头沟区双峪路熙旺中心B座1715室
邮　　编：102300
电　　话：010－57553360
传　　真：010－57553360

单位名称：上海山电电机有限公司
地　　址：上海市普陀区绥德路889弄5号楼4楼
邮　　编：200331
电　　话：021－62841028
传　　真：021－52841755

单位名称：上海兰宝传感科技股份有限公司
地　　址：上海市奉贤区金汇工业园区金碧路228号
邮　　编：201404
电　　话：021－57486188
传　　真：021－57486199

单位名称：史克马机电（上海）有限公司
地　　址：上海市青浦区漕盈路3588号
邮　　编：201712
电　　话：021－59228711
传　　真：021－59228711

单位名称：上海佐逸电器有限公司
地　　址：上海市浦东新区金港路333号禹州国际大厦3期2号楼
邮　　编：201206
电　　话：021－60446564
传　　真：021－58100927

单位名称：台达集团－中达电通股份有限公司
地　　址：上海市浦东新区民夏路238号
邮　　编：201209
电　　话：021－63012827
传　　真：021－63012827

单位名称：乐清市凯昆贸易有限公司
地　　址：浙江省乐清市柳市镇柳翁西路6号
邮　　编：325604
电　　话：0577－62769205
传　　真：0577－62766030

单位名称：深圳市汇川技术股份有限公司
地　　址：广东省深圳市宝安区新安街道留仙二路鸿威工业园E栋
邮　　编：518101
电　　话：0755－29619876
传　　真：0755－29799579

单位名称：杭州东华链条集团有限公司
地　　址：浙江省杭州市机场路218号
邮　　编：310021
电　　话：0571－85041448
传　　真：0571－85040765

单位名称：杭州澳琪同济停车配件制造有限公司
地　　址：浙江省杭州市下城区香积寺路白石路灯塔西苑
邮　　编：310004
电　　话：0571－85362212
传　　真：0571－85362212

单位名称：浙江诸暨链条总厂
地　　址：浙江省诸暨市牌头五一路1号
邮　　编：311825
电　　话：0575－87051296
传　　真：0575－87056868

单位名称：浙江神牛机械制造有限公司
地　　址：浙江省诸暨市丰南路8号
邮　　编：311800
电　　话：0575－87181152
传　　真：0575－87185255

单位名称：浙江恒久机械集团诸暨特种链条厂
地　　址：浙江省诸暨城西开发区
邮　　编：311800
电　　话：0575－87213808
传　　真：0575－87214388

单位名称：武义东风链条有限公司
地　　址：浙江省金华市武义县黄龙工业区
邮　　编：321200
电　　话：0579－87988090
传　　真：0579－87698070

单位名称：浙江康明斯机械有限公司

地　　址：浙江省温岭市新河镇中厢工业园
邮　　编：317502
电　　话：0576－86578602
传　　真：0576－86578336

单位名称：浙江永美链条有限公司
地　　址：浙江省金华市经济技术开发区南二环西路2768号
邮　　编：321312
电　　话：0579－89119537
传　　真：0579－89119251

单位名称：苏州环球链传动有限公司
地　　址：江苏省苏州市吴中区藏书镇石中路53号
邮　　编：215156
电　　话：0571－88126215
传　　真：0571－88126227

单位名称：无锡市三爱电器厂
地　　址：江苏省无锡市苏锡路553号
邮　　编：214121
电　　话：0512－66955388
传　　真：0512－66235388

单位名称：无锡市明达电器有限公司
地　　址：江苏省无锡市滨湖经济技术开发区立业路7号
邮　　编：214142
电　　话：0510－85072580
传　　真：0510－85072581

单位名称：射阳达金机械厂
地　　址：江苏省盐城市射阳县合德镇创业园宏峰路10号
邮　　编：224300
电　　话：0515－82391680
传　　真：0515－82391080

单位名称：中航工业金城集团进出口有限公司
地　　址：江苏省南京市龙蟠中路216号金城大厦26楼
邮　　编：210002
电　　话：025－51815963
传　　真：025－51815379

单位名称：天津滨新科技贸易发展有限公司
地　　址：天津市河北区新开路与胜利路交口北斗花园8－1－2804室
邮　　编：300011
电　　话：022－24388262
传　　真：022－24127208

单位名称：厦门正黎明冶金机械有限公司
地　　址：福建省厦门市集美区杏林杏前路187号
邮　　编：361022
电　　话：0579－87988090
传　　真：0579－87699988

单位名称：北京双马飞腾传动机械设备有限公司
地　　址：北京市大兴区旧宫工业区北西区甲5号
邮　　编：100076
电　　话：010－59751579
传　　真：010－59751579

单位名称：任丘市华兴机械传动配件厂
地　　址：河北省任丘市石门桥磨盘街工业区
邮　　编：062550
电　　话：0317－2802538
传　　真：0317－2802538

单位名称：济南锦强经贸有限公司
地　　址：山东省济南市历城区工业北路161－1号
邮　　编：250100
电　　话：0537－83130517
传　　真：0537－83130517

单位名称：杭州台创实业有限公司
地　　址：浙江省杭州市瓶窑镇毛元岭
邮　　编：311115
电　　话：0571－86771291
传　　真：0571－86778253

单位名称：上海万鸿国际贸易有限公司
地　　址：上海市宝山区友谊路1588弄钢领一号楼1606室
邮　　编：201999
电　　话：021－51261971
传　　真：021－51261971

单位名称：潍坊奥腾冷弯机械有限公司
地　　址：山东省潍坊市坊子区北海路与翠坊街路口西700米路北
邮　　编：261200
电　　话：0537－7665055
传　　真：0537－7658855

单位名称：济南燎原数控机械有限公司
地　　址：山东省济南市高新区舜华东路666号A座5楼
邮　　编：250012
电　　话：0537－55585077

传　　真：0537－55585077

单位名称：山东法因数控机械股份有限公司
地　　址：山东省济南市高新区天辰大街389号
邮　　编：250101
电　　话：0537－88875517
传　　真：0537－88875517

单位名称：洛阳宝岛停车设备有限公司
地　　址：河南省洛阳市老城区道北五路老城区中沟村工业园6号
邮　　编：471011
电　　话：0379－65938883
传　　真：0379－65938883

单位名称：南京意力停车设备制造有限公司
地　　址：江苏省南京市六合区金牛工业集中区一区
邮　　编：210000
电　　话：025－58854243
传　　真：025－83750297

单位名称：陕西省机械研究院
地　　址：陕西省咸阳市渭城区文汇西路13号
邮　　编：712000
电　　话：029－38182938
传　　真：029－38132665

单位名称：河北睿众机械停车设备销售有限公司
地　　址：河北省石家庄市裕华区翟营南大街43号金马国际大厦A2座
邮　　编：050800
电　　话：0311－80669387
传　　真：0311－85031244

单位名称：南京一招人力资源有限公司
地　　址：江苏省南京市鼓楼区中央路417号先锋广场1033－1034室
邮　　编：210012
电　　话：400－884－1004
传　　真：025－66639971

单位名称：杭州赛翔科技有限公司
地　　址：浙江省杭州市西湖区文三路408号综合楼218室
邮　　编：310013
电　　话：0571－89738802
传　　真：0571－87357542

单位名称：上海正盟精密传动有限公司
地　　址：上海市浦东新区良欣路265号
邮　　编：201302
电　　话：021－60273626
传　　真：021－60273620

单位名称：深圳市盛世基业智能交通投资管理有限公司
地　　址：广东省深圳市宝安区街道桃花源科技创新园主楼511
邮　　编：518067
电　　话：0755－29089397
传　　真：0755－29089397

单位名称：杭州永利百合实业有限公司
地　　址：浙江省杭州市萧山区义桥工业园区
邮　　编：311256
电　　话：0571－82419116
传　　真：0571－82409363

大型铸锻件

单位名称：中国第二重型机械集团公司
地　　址：四川省德阳市珠江西路460号
邮　　编：618013
电　　话：0838－2341482
传　　真：0838－2201998

单位名称：中国第一重型机械集团公司
地　　址：黑龙江省齐齐哈尔市富拉尔基区厂前路9号
邮　　编：161042
电　　话：0452－6810111
传　　真：0452－6810111

单位名称：上海重型机器厂有限公司
地　　址：上海市闵行区江川路1800号
邮　　编：200245
电　　话：021－34098018
传　　真：021－54721132

单位名称：洛阳中重铸锻有限责任公司
地　　址：河南省洛阳市涧西区建设路206号
邮　　编：471039
电　　话：0379－64088936
传　　真：0379－64088936

单位名称：太原科技大学材料科学与工程学院
地　　址：山西省太原市万柏林区瓦流路66号
邮　　编：030024
电　　话：13303517782

传　　真：0351－6963369

单位名称：鞍钢重型机械有限责任公司
地　　址：辽宁省鞍山市铁东区东山街77号
邮　　编：114042
电　　话：0412－6611161
传　　真：0412－6613458

单位名称：中原特钢股份有限公司
地　　址：河南省济源市第九号信箱
邮　　编：454685
电　　话：0391－6099019
传　　真：0391－6099019

单位名称：内蒙古北方重工业集团有限公司
地　　址：内蒙古包头市青山区
邮　　编：014033
电　　话：0472－3386880
传　　真：0472－3335641

单位名称：中国中元国际工程有限公司工业工程设计研究院
地　　址：北京市西三环北路5号
邮　　编：100089
电　　话：010－68732550
传　　真：010－68732550

单位名称：天津市天重江天重工有限公司
地　　址：天津市北辰区西堤头镇津榆公路609号
邮　　编：300400
电　　话：022－86885899
传　　真：022－26340718

单位名称：南车资阳机车有限公司
地　　址：四川省资阳市雁江区
邮　　编：641301
电　　话：028－26282650
传　　真：028－26653416

单位名称：中钢集团邢台机械轧辊有限公司
地　　址：河北省邢台市新兴西大街1号
邮　　编：054025
电　　话：13833911011
传　　真：0319－2022061

单位名称：北京科技大学材料科学与工程学院
地　　址：北京市海淀区学院路30号主楼201室
邮　　编：100083
电　　话：010－62332572
传　　真：010－62397463

单位名称：清华大学材料学院
地　　址：北京市海淀区清华大学材料学院
邮　　编：100084
电　　话：010－62789922
传　　真：010－62773637

单位名称：燕山大学教务处
地　　址：河北省秦皇岛市海港区河北大街西段438号
邮　　编：066004
电　　话：0335－8074036
传　　真：0335－8387472

单位名称：东方汽轮机有限公司
地　　址：四川省德阳市高新技术产业园金沙江西路666号
邮　　编：618000
电　　话：0838－2687289
传　　真：0838－2687289

单位名称：上海电气电站设备有限公司
地　　址：上海市闵行江川路333号
邮　　编：200240
电　　话：021－64358331－2110
传　　真：021－64358331－2110

单位名称：哈尔滨汽轮机厂有限责任公司
地　　址：黑龙江省哈尔滨市香坊区三大动力路345号
邮　　编：150046
电　　话：0451－82953194
传　　真：0451－82681364

单位名称：山东山一重工机械有限公司
地　　址：山东省泰安市山口镇
邮　　编：271000
电　　话：13505385358
传　　真：0538－8611063

单位名称：石钢京诚装备技术有限公司
地　　址：辽宁省营口市老边区柳树镇
邮　　编：115004
电　　话：0417－3257899
传　　真：0417－3257900

单位名称：沈阳铸锻工业有限公司锻造分会司
地　　址：辽宁省沈阳经济技术开发区沈辽西路188号
邮　　编：110142

电　　话：13700028365
传　　真：024－25336788

单位名称：烟台台海马努尔核电设备股份有限公司
地　　址：山东省烟台市莱山经济开发区恒源路6号
邮　　编：264003
电　　话：15275350717
传　　真：0535－6919121

单位名称：天津重型装备工程研究有限公司
地　　址：天津市经济技术开发区服务外包产业园中国一重研发大楼
邮　　编：300457
电　　话：15002267088
传　　真：022－59887888

单位名称：中国第一重型机械集团公司铸锻钢事业部
地　　址：黑龙江省齐齐哈尔市厂前路9号中国一重铸锻钢事业部
邮　　编：161042
电　　话：13846279566
传　　真：0452－6810030

单位名称：内蒙古北方重工业集团有限公司特殊钢公司
地　　址：内蒙古包头市青山区
邮　　编：014033
电　　话：0472－3385721
传　　真：0472－3322346

单位名称：大连华锐重工铸钢股份有限公司
地　　址：辽宁省大连市甘井子区新水泥路78号
邮　　编：116035
电　　话：0411－86427062
传　　真：0411－86427062

单位名称：武汉重工铸锻有限责任公司技术中心
地　　址：湖北省武汉市青山区武东路1号
邮　　编：430084
电　　话：027－68861955
传　　真：027－68861955

单位名称：云南冶金昆明重工有限公司锻造分公司
地　　址：云南省昆明市龙泉路871号
邮　　编：650203
电　　话：13700685245
传　　真：0871－66085054

单位名称：沈阳铸造研究所
地　　址：辽宁省沈阳市铁西区云峰南街17号
邮　　编：110025
电　　话：13332430936
传　　真：024－25851306

单位名称：中国第二重型机械集团公司铸锻公司
地　　址：四川省德阳市珠江西路460号
邮　　编：618013
电　　话：0838－2341715
传　　真：0838－2341715

单位名称：中国第二重型机械集团德阳万航模锻有限责任公司
地　　址：四川省德阳市珠江西路460号
邮　　编：618013
电　　话：0838－2342304
传　　真：0838－2342304

单位名称：太原重工股份有限公司冶铸分公司
地　　址：山西省太原市万柏林区玉河街53号
邮　　编：030024
电　　话：0351－6366750
传　　真：0351－6366750

单位名称：大连理工大学材料学院
地　　址：辽宁省大连市高新园区凌工路2号
邮　　编：116024
电　　话：0411－84706183
传　　真：0411－84709284

单位名称：上海重型机器厂有限公司大锻所
地　　址：上海市闵行区江川路1800号
邮　　编：200245
电　　话：021－34098183
传　　真：021－34098183

单位名称：鞍钢重型机械有限责任公司锻造厂
地　　址：辽宁省鞍山市立山区灵山红旗路19号
邮　　编：114042
电　　话：0412－6762398
传　　真：0412－6763038

单位名称：大同电力机车有限责任公司技术中心
地　　址：山西省大同市大庆路前进街1号
邮　　编：037038
电　　话：0352－7162511
传　　真：0352－7162440

单位名称：中冶陕压重工设备有限公司
地　　址：陕西省渭南市富平县庄里镇
邮　　编：714000
电　　话：0913－8622969
传　　真：0913－8622000

单位名称：中山市广重铸轧钢有限公司
地　　址：广东省中山市黄圃镇鲤鱼嘴工业开发区
邮　　编：528429
电　　话：13925107069
传　　真：0760－23212227

单位名称：无锡宏达重工股份有限公司
地　　址：江苏省无锡市南泉壬港
邮　　编：214128
电　　话：0510－85952557
传　　真：0510－85953536

单位名称：重庆焱炼重型机械设备有限公司
地　　址：重庆市江津区德感工业园
邮　　编：400084
电　　话：023－47840708
传　　真：023－68883622

单位名称：天津天重车轴制造有限公司
地　　址：天津市北辰区天穆镇马庄村
邮　　编：300400
电　　话：022－26626168
传　　真：022－26341806

单位名称：宝鼎重工股份有限公司
地　　址：浙江省杭州市余杭区塘栖工业园区塘兴街 9 号
邮　　编：311106
电　　话：0571－86319009
传　　真：0571－86380688

单位名称：上海申模计算机系统集成有限公司
地　　址：上海市徐汇区华山路 1954 号
邮　　编：200030
电　　话：021－62813430－8026
传　　真：021－62946388

单位名称：江苏国光重型机械有限公司
地　　址：江苏省江阴市利港镇镇澄路 2600 号
邮　　编：214441
电　　话：0510－86631242
传　　真：0510－86600851

单位名称：德阳万鑫电站产品开发有限公司
地　　址：四川省广汉市高坪镇龙潭村八社
邮　　编：618306
电　　话：13778220999
传　　真：0838－2225133

单位名称：中国长江动力集团有限公司
地　　址：湖北省武汉市关山一路 105 号
邮　　编：430074
电　　话：13971236952
传　　真：027－87801455

单位名称：鞍钢重型机械有限责任公司铸钢有限公司
地　　址：辽宁省鞍山市立山区灵山红旗路 28 号
邮　　编：114042
电　　话：15104120799
传　　真：0412－6765193

单位名称：太原重工股份有限公司锻造分公司
地　　址：山西省太原市万柏林区玉河街 53 号
邮　　编：030024
电　　话：0351－6364756
传　　真：0351－6361174

单位名称：青岛华东工程机械有限公司开发部
地　　址：山东省青岛市高新区（棘洪滩）春阳路
邮　　编：266071
电　　话：0532－85011825
传　　真：0532－85011825

单位名称：烟台台海玛努尔核电设备股份有限公司
地　　址：山东省烟台市莱山经济开发区恒源路 6 号
邮　　编：264003
电　　话：0535－6919263
传　　真：0535－6919121

单位名称：武汉迈特炉业科技有限公司
地　　址：湖北省武汉市东湖高新区光谷大道 303 号光谷芯中心 2－1－503 号
邮　　编：430223
电　　话：027－87806707
传　　真：027－87677372

单位名称：绵阳科奥表面涂层技术有限公司
地　　址：四川省绵阳市绵州大道北段 13 号
邮　　编：621000
电　　话：0816－6390391
传　　真：0816－6390392

单位名称：天津市中达电热设备有限公司
地　　址：天津市西青区南河工业园
邮　　编：300382
电　　话：022－23811661
传　　真：022－23811991

单位名称：中国联合工程公司工业装备分公司
地　　址：浙江省杭州市石桥路 338 号
邮　　编：310022
电　　话：0571－88155018
传　　真：0571－88155018

单位名称：中航卓越锻造（无锡）有限公司
地　　址：江苏省无锡市玉祁工业园区
邮　　编：214183
电　　话：0510－83896502
传　　真：0510－83896512

重型锻压机械

单位名称：中国第二重型机械集团公司
地　　址：四川省德阳市珠江西路 460 号
邮　　编：618013
电　　话：0838－2341482
传　　真：0838－2201998

单位名称：中国重型机械有限公司
地　　址：北京市海淀区公主坟复兴路甲 23 号
邮　　编：100036
电　　话：010－68221576
传　　真：010－68217772

单位名称：中国重型机械研究院有限公司
地　　址：陕西省西安市未央区东元路 209 号
邮　　编：710032
电　　话：029－86322300
传　　真：029－86713965

单位名称：太原重型机械集团有限公司
地　　址：山西省太原市河西区和平北路
邮　　编：030024
电　　话：0351－6045384
传　　真：0351－6064467

单位名称：清华大学机械系
地　　址：北京市海淀区清华园
邮　　编：100084
电　　话：010－62771476
传　　真：010－62783387

单位名称：北方重工沈阳重型机械集团有限责任公司
地　　址：辽宁省沈阳市铁西区兴华北街 8 号
邮　　编：110025
电　　话：024－25802599
传　　真：024－25851610

单位名称：中国第一重型机械集团公司
地　　址：黑龙江省齐齐哈尔市富拉尔基区厂前路 9 号
邮　　编：116600
电　　话：0452－6810123
传　　真：0452－6810111

单位名称：中信重工机械股份有限公司
地　　址：河南省洛阳市涧西区建设路 206 号
邮　　编：471039
电　　话：0379－64008888

单位名称：上海重型机械厂锻件厂
地　　址：上海市闵行区江川路 1800 号
邮　　编：200240
电　　话：021－54721141－2651
传　　真：021－64300132

单位名称：中国重型机械有限公司综合管理三部
地　　址：北京市海淀区公主坟复兴路甲 23 号
邮　　编：100036
电　　话：010－68296095
传　　真：010－68217772

单位名称：德阳立达基础件有限公司
地　　址：四川省德阳市庐山南路三段 32 号
邮　　编：618000
电　　话：0838－2903979
传　　真：0838－2903979

[供稿人：中国重型机械工业协会张艳君]